古典・新作 落語事典

瀧口雅仁 [著]

丸善出版

まえがき

　寄席や落語会などで演じられている江戸・東京落語の数は一体どれくらいの数になるだろうか。

　いわゆる古典落語を中心に，次々につくられていく新作落語や漫談系の噺，小噺やそれを引き伸ばしたような噺，復活して演じられるようになった噺…と，数え上げればキリはないが，一席物としてはおそらく300席前後で，時代によって，盛んに演じられたり，反対に演じられなくなったりと，それを繰り返しているというのが実情であろう。加えて上方との交流が盛んになったことで，上方から輸入されて演じられるようになった噺や講釈などから移された噺も増えてきている。

　これまで落語の概説を記した事典としては，東大落語会編著の『落語事典』（青蛙房）が知られていたが，近年になり，先に挙げたように演じられる落語にも変化が生じ，あわせて落語研究も随分と進んだことで，噺の背景などで詳らかになったことも多々あり，そうしたものを盛り込んだ事典があるべきと，今回の本書の刊行となった。

　ただし，すべての落語を取り上げることは不可能であるので，掲載する落語に関しては，次のような基準と方針を設けた。

▷近年，寄席や落語会で演じられることの多い，汎用性の高い江戸・東京落語を極力収載した。
▷演題は掲示されることの多い表記を第一とし，それ以外の演題は別題として示した。
▷圓朝作品をはじめとする連続物や人情噺，怪談噺に関しても，近年，演じられることの多いものを取り上げた。その際，原作にあっても演じられない部分は解説などで，そのあらすじを示した。
▷いわゆる新作落語も収載した。ただし，つくられてから年月が経ち，すでに古典落語として位置付けられている作品だけでなく，近年の作品であっても，すでに複数の演者が演じるようになり，今後も演じられていくであろう汎用性の高い準古典化されている新作落語も選定した。

▷漫談系の作品であっても，その演者だけが演じ，映像や音を含めて後世に残るべき作品と考えられるものはコラムなどで取り上げた。
▷江戸・東京落語以外でも，東京の落語家が演じることの多くなった上方落語は極力掲載をした。ただし，東京の落語家が演じている演出や展開，サゲを優先した。
▷各演題の解説では，原話のわかるものは再調査をし，より原話に近いと思われるものを掲げた。

　落語は日本文化とともに生き続けるものであり，演じる落語家によって舞台や人物といった固有名詞などは異なることが多い。その場合は，比較的演じられることの多いものをあらすじで記し，それ以外のものは解説部で示した。
　なお，時代の流れを受けて，噺の演出や中味は大きく変わっていく。したがって，既に多くの落語がそうであるように，以上の基準や方針は執筆，編集時のものであるので，文化の中で息をし続ける落語が，今後，変更し得る可能性は高いことをお断り申し上げたい。

2016 年　初夏

著　　　者

凡　例

▷本書には約700編の落語のあらすじとその解説を収録した。

▷一般的に古典落語と呼ばれる江戸・東京落語の他，近年になってつくられた新作落語については，すでに古典化されているものや，複数の演者によって演じられるようになった，汎用性が高く，今後も演じられていくべき落語を収録した。またその際に，近年演じられなくなった落語で採録しなかったものがある。

▷演題は最も一般的に使用されるものを本題とし，五十音順に配列をした。東京と上方の両方で演じられるものは原則として東京の題を本題とした。また，演じ手によって使われる演題の異なるものは，より一般的に使用される演題を本題として，それ以外の題は別題として本題の後に記したが，現在使われなくなった演題などは省略した。なお，別題については，「百花園」や「文藝倶楽部」といった，過去の連記本に散見されるものをすべては取り上げなかった。

▷演題目次には，本題と別題を全部収録した。

▷各演目の下に「種別」とあるのは，その演目の特徴を表すとともに，巻末の「種別索引」から検索できる言葉であることを示している。

▷解説の中で原話や作者の分かるものについては，極力，掲載をした。

▷表記の統一はある程度まで行ったが，動植物名に関しては本書全体での統一を図らず，各演目の中での統一を優先した
　【例】「ウナギ」の場合。『鰻の幇間』においては，演題・あらすじ・解説ともに「鰻」で表示。その他の落語の解説部では「ウナギ」とするところもある。

▷計量を指し示す場合は，原則，漢数字を用いたが，解説部においては分かりやすさを優先し，一部，アラビア数字を用いた。

▷「女郎」「紺屋」のように，実際には「じょうろ」「こんや」と読まれるものであっても，「じょろう」「こうや」といったように，一般的な読み方で表記した。

▷登場人物の名前や名称，舞台の固有名詞などは演者によって異なることが多いが，解説部で示した演者などの演出などに準拠した。

▷圓朝作品をはじめ，速記に残るものは，速記をベースにして，現在ならびに音に残す演者が演じている形を優先した。なお，その噺を演じる演者の名前を，極力，掲載をした。

▷本書の特徴の一つに索引がある。索引は大別して「種別索引」と「キーワード索引」の二つに分かれている。「種別索引」では，長屋噺，人情噺，艶笑噺，怪談噺，旅の噺，春の噺，夏の噺などから演題を検索することができる。ただし，滑稽噺は採録した演題の多くがその範疇に入るので種別から省いた。

▷「キーワード索引」では，落語の舞台，落語に登場する人物，食べ物，行事などから演題を検索することができる。一例を示せば「与太郎」や「八五郎」が登場する落語や，「酒」や「祭り」が出てくる落語を検索することができる。

▷「落語江戸歴史地名事典」では，原則として本書に採録した落語演題で触れられている地名，俗称，橋，坂，寺社，大名家，料亭，店舗名を取り上げたが，採録しなかった演題や，その他の江戸・東京で知られる地名などで重要と思われるものは収載した。

▷演題ごとの解説の他，一つのジャンルでまとめられる落語であったり，前出の方針により本文で取りあげられなかった演題などについてはコラムとしてまとめて掲載した。コラム目次を巻頭に掲げたので参照されたい。
　【例】　禁演落語，SWAによる新しい新作落語像

▷本書には不適切な表現が含まれている場合があるが，伝統芸能である落語を後世に伝えるという企画趣旨から，そのまま収載した。

目　次

まえがき ……………………………………………………………… *1*
凡　例 ………………………………………………………………… *3*
演題目次 ……………………………………………………………… *7*
コラム目次 …………………………………………………………… *24*

本　文 ……………………………………………………………… *1*

落語江戸歴史地名事典 ………………………………………… *317*

種別索引 …………………………………………………………… *339*
 季節の噺 ………………………………………………………… *340*
  新春 ………………………………………………………… *340*
  春 …………………………………………………………… *340*
  夏 …………………………………………………………… *340*
  秋 …………………………………………………………… *340*
  冬 …………………………………………………………… *340*
 長屋噺 …………………………………………………………… *341*
 武家噺 …………………………………………………………… *342*
 旅の噺 …………………………………………………………… *343*
 地　噺 …………………………………………………………… *343*
 廓　噺 …………………………………………………………… *343*
 艶笑噺 …………………………………………………………… *344*
 禁演落語 ………………………………………………………… *344*
 禁演落語（戦後） ……………………………………………… *344*
 圓朝物 …………………………………………………………… *344*
 人情噺 …………………………………………………………… *345*
 怪談噺 …………………………………………………………… *345*
 芝居噺 …………………………………………………………… *345*

音曲噺……………………………………………………………… 345
　　文芸物……………………………………………………………… 346
　　新作落語…………………………………………………………… 346

検索ワード索引……………………………………………………… 348
　　場所・舞台索引…………………………………………………… 350
　　季節索引…………………………………………………………… 363
　　職業・人物（普通名詞）索引…………………………………… 364
　　人物（固有名詞）索引…………………………………………… 384
　　動植物索引………………………………………………………… 396
　　食べ物・嗜好品索引……………………………………………… 400
　　行事・行動・習慣索引…………………………………………… 407
　　事物・事象・その他索引………………………………………… 424

主な参考文献…………………………………………………………… 441
あとがき………………………………………………………………… 443

演題目次

　演題，別題，長編落語の章題，およびコラムで簡潔な解説を付した演題を五十音順に掲げた。また，末尾にコラムの目次（掲載順）を掲げた。

　なお，「→」が付された演題は以下を指す。

【例1】　先の仏→ざこ八　　111
　『先の仏』は『ざこ八』の別題（『ざこ八』が本題）であり，111ページの『ざこ八』にあらすじと解説が記されている。

【例2】　牛若丸→源平盛衰記　　90
　『牛若丸』は『源平盛衰記』に関連する噺として，90ページの『源平盛衰記』の解説部で紹介をしている。

【例3】　バールのようなもの→コ）志の輔らくご　　45
　『バールのようなもの』は45ページに掲載したコラム『志の輔らくご』の中で取り上げている。コラム名に関しては，スペースの都合上，ここでは略記している。

8　演題目次

あ

青畳の女→コ）SWA	241
青　菜	1
青馬の別れ→塩原多助一代記	123
赤子ほめ→子ほめ	103
あくぬけ→酢豆腐	151
→ちりとてちん	183
あくび指南	1
あくびの稽古→あくび指南	1
明　烏	2
朝　友	2
麻のれん	3
朝這い→三人旅	118
アジアそば	3
明日に架ける橋→コ）SWA	241
東男→祇園祭	73
愛宕山	3
あたま山	4
あたま山の花見→あたま山	4
熱海土産温泉利書→コ）圓朝作品	55
仇娘好八丈→髪結新三	68
アドバルーン→コ）金語楼	81
穴子でからぬけ	4
穴釣り三次→闇夜の梅	291
穴どろ	4
あべこべ夫婦→反対夫婦	243
尼買い→三人旅	118
尼寺の怪	5
網棚の荷物→コ）金語楼	81
雨の将棋→笠碁	61
雨のベルサイユ→任侠流山動物園	217
荒大名の茶の湯→荒茶	5
荒茶の湯→荒茶	5
荒　茶	5
有馬のおふじ	6
粟田口	6
粟田口霰笛竹→粟田口	6
あわて者→堀の内	264
鮑のし	8
粟　餅	8
安　産	9

按七→七の字	129
安中草三→コ）圓朝作品	55
安中草三牢破り→コ）圓朝作品	55
あんま→コ）正蔵文芸物	62
あんま幸治→緑林門松竹	273
按摩の蚊帳→麻のれん	3
按摩の炬燵	9

い

言訳座頭	10
家ほめ→牛ほめ	22
家見舞	10
いかき屋→ざる屋	114
いが栗	10
いかけ屋	11
幾代餅	11
幾代餅の由来→幾代餅	11
池田大助→佐々木政談	111
池田の牛ほめ→牛ほめ	22
池田の猪買い→猪買い	125
池田屋	12
居酒屋	12
石返し	12
意地くらべ	13
医者秀永の家→緑林門松竹	273
イスラムの世界→コ）オンリーワン	60
居候→湯屋番	298
居候講釈→五日講釈	105
磯の鮑	13
磯の白浪→梅若礼三郎	25
一眼国	14
市助酒	14
一分線香→コ）三笑亭笑三	122
一分茶番	14
一枚起請→写真の仇討	136
一文惜しみ→五貫裁き	96
一文笛→コ）上方落語	259
E.T.→コ）シネマ落語	153
井戸の茶碗	15
稲　川	15
稲葉さんの大冒険	16
犬の災難→猫の災難	224

犬の目	16
居残り→居残り佐平次	17
居残り佐平次	17
位牌屋	17
異母兄弟→コ）三笑亭笑三	122
今どきの作文→生徒の作文	154
今戸の狐	18
今戸焼	18
芋　俵	19
いもりの黒焼→薬違い	82
いらち車→反対車	242
いらちの愛宕詣り→堀の内	264
色事指南→稽古屋	89
祝いの瓶→家見舞	10
祝いのし→鮑のし	8
因果塚の由来→お若伊之助	49

う

植木のお化け	20
植木屋娘	20
上野の釣→噺の釣	37
浮かれの掛け取り→掛取万歳	59
浮かれの屑より→紙屑屋	67
浮世床	20
浮世根問	21
請地の土手→名人長二	277
氏子中	21
宇治の柴船	22
牛ほめ	22
牛若丸→源平盛衰記	90
宇宙戦争→コ）桂米丸	219
鶉　衣→コ）圓生文芸物	149
うそつき弥次郎→弥次郎	285
歌火事→稽古屋	89
歌根問→雪てん	295
歌は世につれ→ガーコン	59
打飼盗人→夏どろ	209
うどん屋	23
鰻のかざ→さんま火事	121
鰻の幇間	23
うなぎ屋	24
馬大家	24

馬の尾→馬のす	24
馬のす	24
馬の田楽	25
厩火事	25
梅若礼三郎	25
占い八百長→お神酒徳利	47
浦島屋→龍宮	307
うんつく→長者番付	181
うんつく酒→長者番付	181
運廻し→ん廻し	316

え

英会話→コ）金語楼	81
英国の落語→試し酒	176
永代橋	27
江島屋→江島屋騒動	27
江島屋騒動	27
越後屋	28
江戸の夢→コ）圓生文芸物	149
江戸前カーナビ→コ）SWA	241
江の島の風→須磨の浦風	152
縁切榎	28
延陽伯→たらちね	177

お

追いだき→将門	266
おいてけ堀→化物娘	231
扇の的→源平盛衰記	90
応挙の幽霊	30
王子の狐	30
王子の幇間	31
鶯宿梅	31
阿武松	31
近江八景	32
大坂屋花鳥	32
大つごもり→コ）春風亭柳昇	294
大どこの犬	33
大べらぼう→やんま久次	291
大安売り	33
大山家の人々→コ）オンリーワン	60
大山詣り	34

演題	頁
おかふい	34
おかめ団子	35
お菊の皿	35
おきせ口説き→怪談乳房榎	52
置どろ→夏どろ	209
臆病源兵衛	36
後開榛名の梅ヶ香→コ）圓朝作品	55
お血脈	36
桶屋裁き→佐々木政談	111
おごろもち盗人→もぐら泥	281
お紺殺し→戸田の渡し	201
幼友達→コ）春風亭柳昇	294
阿三の森→怪談阿三の森	51
おしくら→三人旅	118
お七	36
→お七の十	37
お七の十	37
お七火の用心→お七	36
噓の釣	37
おしゃべり往生	38
お白洲→名人長二	277
おしる粉や→石返し	12
お隅の仇討→真景累ヶ淵	145
おすわどん	38
おせつ徳三郎	39
おせつ徳三郎連理の梅枝→おせつ徳三郎	39
Oh！タカラヅカ→コ）オンリーワン	60
お茶汲み	39
おつとめ→尼寺の怪	5
お露新三郎→怪談牡丹灯籠	54
男旅牛太郎→任侠流山動物園	217
男の井戸端会議→コ）オンリーワン	60
男の勲章→コ）オンリーワン	60
男の花道	39
お富与三郎	40
踊るファックス→コ）志の輔らくご	45
お直し	41
鬼背参り→コ）SWA	241
お化け長屋	42
お初徳兵衛	42
お初徳兵衛浮名桟橋→お初徳兵衛	42
お花半七→宮戸川	275
おはらい	43
帯　久	43
お久殺し→真景累ヶ淵	145
お藤松五郎	44
お藤松五郎恋の手違い→お藤松五郎	44
お札はがし→怪談牡丹灯籠	54
お文様	45
お文さん→お文様	45
お祭佐七	46
→雪とん	295
お神酒徳利	47
お見立て	47
おみね殺し→怪談牡丹灯籠	54
おもと違い	48
親子酒	48
親子茶屋	48
親の顔→コ）志の輔らくご	45
泳ぎの医者	49
およく→祇園祭	73
お累の婚礼→真景累ヶ淵	145
お累の自害→真景累ヶ淵	145
お若伊之助	49
お笑い定九郎→五段目	101
女天下	50
女の子別れ→子別れ	105

か

演題	頁
蚊いくさ	51
怪談市川堤→戸田の渡し	201
怪談阿三の森	51
怪談累草紙	52
怪談乳房榎	52
怪談牡丹灯籠	54
開帳→開帳の雪隠	56
開帳の雪隠	56
会長への道→コ）オンリーワン	60
腕食い→団子坂奇談	177
貝野村	56
貝の村→貝野村	56
海野村→貝野村	56
開明奇談写真廻仇討→写真の仇討	136
買い物ぶぎ→コ）志の輔らくご	45
改良善哉→ぜんざい公社	156

火焰太鼓	57	かぼちゃ屋	65
顔の医者→金玉医者	79	釜どろ	66
加賀の千代	57	釜盗人→釜どろ	66
鏡ヶ池操松影→江島屋騒動	27	がまの油	66
鏡のない国→松山鏡	268	紙入れ	67
鏡のない村→松山鏡	268	紙入れ間男→紙入れ	67
書置違い→ふたなり	253	上方芝居→長崎の赤飯	205
書割盗人→だくだく	168	紙屑屋	67
角兵衛の婚礼→越後屋	28	髪結新三	68
鶴満寺	58	カラオケ病院→コ）春風亭柳昇	294
景清	58	からくり屋	69
掛け取り→掛取万歳	59	雁とり→鷺とり	110
掛け取り上野動物園→任侠流山動物園	217	かわいや→たけのこ	169
掛取早慶戦→掛取万歳	59	蛙茶番	69
掛取風景→掛取万歳	59	替り目	69
掛取万歳	59	歓喜の歌→コ）志の輔らくご	45
掛取美智也→掛取万歳	58	かんしゃく	70
掛万→掛取万歳	58	勘定板	70
加古川本蔵→九段目	83	勘蔵の最期→真景累ヶ淵	145
ガーコン	59, 60	勘蔵の死→真景累ヶ淵	145
笠碁	61	堪忍袋	71
笠と赤い風車	61	看板のピン	71
重ね菊→なめる	211	雁風呂	72
累草紙→怪談累草紙	52	岸柳島	72
鰍沢	62	巌流島→岸柳島	72
鰍沢二席目→鰍沢	62		
鰍沢雪の夜噺→鰍沢	62		
火事息子	63	**き**	
かぜうどん→うどん屋	23	祇園会→祇園祭	73
風の神送り	64	祇園祭	73
敵討札所の霊験→コ）圓朝作品	55	義眼	73
刀屋→おせつ徳三郎	39	菊江の仏壇	73
→怪談牡丹灯籠	54	菊江仏壇→菊江の仏壇	73
片棒	64	菊重ね→なめる	211
課長の犬→コ）春風亭柳昇	294	菊模様皿山奇談→コ）圓朝作品	55
かつぎや	64	木更津→お富与三郎	40
かつぎ屋五兵衛→かつぎや	64	紀州	74
神奈川宿→三人旅	118	喜撰→悋気の独楽	308
金は廻る→持参金	126	喜撰小僧→悋気の独楽	308
花瓶→しびん	135	気の長短→長短	182
カフカの虚無僧→極道のバイト達	98	擬宝珠	74
壁金	65	君よモーツァルトを聴け→コ）文枝作品	239
果報の遊客→とんちき	204	肝つぶし	75

きゃいのう	75	蔵丁稚→四段目	301
伽羅の下駄	76	蔵前駕籠	86
九州吹き戻し	76	倶利伽羅峠の戦い→源平盛衰記	90
狂歌家主	77	栗橋宿→怪談牡丹灯籠	54
京見物→祇園祭	73	廓大学	87
京の茶漬	77	鍬 潟	87
胸肋鼠→生兵法	211	桑名船	87
御 慶	77	→岸柳島	72
きらいきらいど坊主		鍬盗人	88
→きらいきらい坊主	78	鍬の狂歌→鍬盗人	88
きらいきらい坊主	78	くわばら→おしゃべり往生	38
金魚のお目見得→金魚の芸者	78		
金魚の芸者	78	**け**	
近日息子	78		
禁酒関所→禁酒番屋	78	稽古屋	89
禁酒番屋	78	傾城瀬川→雪の瀬川	296
金玉医者	79	袈裟御前	89
黄金の大黒	79	袈裟茶屋→錦の袈裟	213
金明竹	80	月給日→コ）三遊亭圓歌	261
		結婚式風景→コ）春風亭柳昇	294
く		ゲバラ自伝→コ）柳家つばめ	138
		喧嘩長屋	90
杭盗人	82	玄関の扉→コ）桂米丸	219
公家でおじゃる→極道のバイト達	98	源太の産	90
くしゃみ義太夫→くしゃみ講釈	81	源平→源平盛衰記	90
くしゃみ講釈	81	源平盛衰記	90
くず湯	82	源兵衛玉→樟脳玉	141
薬違い	83	賢明な女性たち→コ）桂米丸	219
九段八景→両国八景	307	玄冶店→お富与三郎	40
九段目	83		
口合小町→洒落小町	137	**こ**	
口入屋→引っ越しの夢	244		
口惜しい→鼻ほしい	237	肥がめ→家見舞	10
国訛り	84	鯉こく→鯉盗人	92
首提灯	84	鯉どろ→鯉盗人	92
首ったけ	85	鯉盗人	92
首 屋	85	ご印文	92
熊の皮	85	孝行糖	92
熊野の牛王→権助魚	106	強情→意地くらべ	13
汲み立て	86	強情灸	92
蜘蛛駕籠	86	庚申待→宿屋の仇討	287
くやみ→胡椒のくやみ	99	孝助の槍→怪談牡丹灯籠	54
くやみ丁稚→胡椒のくやみ	99	幸助餅	93

演題目次　　13

碁打盗人→碁どろ	102
高津の富→宿屋の富	287
鴻池の犬→大どこの犬	33
国府台の紅葉狩り→粟田口	6
甲府い	93
紺屋高尾	94
高野違い	94
肥辰一代記	95
五月幟	95
黄金餅	95
小烏丸	96
五貫裁き	96
故郷へ錦	97
国定忠治→国訛り	84
極道のバイト達	97
小倉舟→龍宮	307
後家殺し	98
五光→いが栗	10
小言幸兵衛	98
小言念仏	99
心のともしび→コ）圓生文芸物	149
莫座松→お富与三郎	40
小猿七之助	99
後生鰻	100
胡椒のくやみ	99
小雀長吉→双蝶々	252
御膳汁粉→ぜんざい公社	156
五銭の遊び	100
御前落語→コ）三遊亭圓歌	261
五段目	101
骨釣り→野ざらし	228
小　粒	101
骨寄せ→お血脈	36
碁どろ	102
子なさせ地蔵→コ）三遊亭金馬	210
五人廻し	102
子は鎹→子別れ	106
小判一両→コ）圓生文芸物	149
碁盤割→柳田格之進	288
五百羅漢	102
こぶとり爺さん→コ）志の輔らくご	45
子ほめ	103
子ほり相撲→相撲風景	152
小　町	103
小町桜→鶴満寺	57
駒　長	104
小間物屋政談	104
米揚げ笊→ざる屋	114
五目講釈	105
凝り相撲→相撲風景	152
子別れ	105
強飯→子別れ	105
強飯の女郎買い→子別れ	105
権九郎殺し→双蝶々	252
権助魚	106
権助芝居→一分茶番	14
権助提灯	107
紺田屋	107
誉田屋→紺田屋	107
こんな顔→のっぺらぼう	229
蒟蒻問答	108
金比羅ワンニャン獣の花道　→任侠流山動物園	217
権兵衛狸	108

さ

西　行	109
西行鼓ヶ滝→鼓ヶ滝	187
賽の殿様→将軍の賽	140
逆さの葬礼→持参金	126
盃の殿様	109
佐賀町河岸→粟田口	6
魚根問→やかん	284
鷺とり	110
桜　鯛	110
桜の宮→花見の仇討	237
さくらんぼ→あたま山	4
酒の粕	110
酒の癖→にせ金	214
酒の素→コ）金語楼	81
酒に乱れ飛ぶ→コ）金語楼	81
ざこ八	111
佐々木裁き→佐々木政談	111
佐々木政談	111
匙加減	112

指物師名人長二→名人長二	277	塩原多助後日譚→塩原多助一代記	123
幸手堤→怪談牡丹灯籠	54	仕返し→品川心中	131
雑俳→雪てん	295	鹿政談	124
→りん廻し	310	重信殺し→怪談乳房榎	52
佐藤栄作の正体→コ）柳家つばめ	138	地獄八景→地獄巡り	124
里帰り	112	地獄八景亡者戯→地獄巡り	124
真田小僧	113	地獄巡り	124
佐野山	114	持参金	125
佐原の喜三郎→大坂屋花鳥	32	猪買い	126
五月雨坊主→コ）正蔵文芸物	62	しじみ売り	126
侍の素見→万病円	269	しじみや→しじみ売り	126
鮫講釈→桑名船	87	四宿の屁	126
皿屋→崇徳院	151	地蔵の散髪→ざんぎり地蔵	115
皿屋敷→お菊の皿	35	士族のうなぎ→素人鰻	143
猿後家	114	士族の商法→素人鰻	143
ざる屋	114	支度部屋外伝→コ）オンリーワン	60
ざんぎり地蔵	115	仕立おろし	127
三軒長屋	115	下谷五人男→緑林門松竹	273
山号寺号	116	紫檀楼古木	127
三国誌	116	七段目	128
三十石	116	七度狐	128
三十石夢の通い路→三十石	116	七人廻し→五人廻し	101
山上詣り→いかけ屋	11	七の字	129
三助の遊び	117	七福神→かつぎや	64
三人片輪	117	七福神→一目上がり	245
三人兄弟→三人息子	119	七面堂	129
三人旅	118	質屋庫	130
三人息子	119	質屋芝居	130
三人無筆	119	十　徳	130
三年目	120	品川心中	131
三百餅→狂歌家主	77	品川の豆	131
三方一両損	120	支那の代脈→代脈	165
三方目出度い→三方一両損	120	支那の野ざらし→野ざらし	228
三枚起請	121	死　神	132
さんま火事	121	死ぬなら今	133
さんま芝居	122	しの字嫌い	133
三両残し→星野屋	262	忍岡義賊の隠家→緑林門松竹	273
		忍岡恋の釣穴→闇夜の梅	291
		芝居の喧嘩	134
し		芝　浜	134
G&G→コ）三遊亭圓歌	55	芝浜の革財布→芝浜	134
汐留の蜆売り→しじみ売り	126	柴船→宇治の柴船	22
塩原多助一代記	123	しびん	135

しびんの花活け→しびん	135
渋 酒	135
島衞沖白浪→大坂屋花鳥	32
始末の極意→しわいや	143
島抜け→お富与三郎	40
地見屋→身投げ屋	274
締め込み	135
蛇含草	136
蛇眼草→蛇含草	136
借家怪談→お化け長屋	42
借家借り→小言幸兵衛	98
写真の仇討	136
社長の電話→コ）三笑亭笑三	122
しゃっくり政談	136
三味線栗毛	137
三味線堀の殺し→緑林門松竹	273
洒落小町	137
洒落番頭→庭蟹	217
ジャンバラヤ→コ）オンリーワン	60
十二社の滝→怪談乳房榎	52
十八檀林→鈴振り	150
十郎ヶ峰の仇討→怪談牡丹灯籠	54
宗 論	138
授業中→コ）三遊亭圓歌	261
縮辞→コ）三笑亭笑三	122
寿限無	138
出世豆腐→甲府い	93
→祖徠豆腐	161
出世の鼻→鼻利き源兵衛	235
純情日記池袋編→純情日記横浜編	139
純情日記渋谷編→純情日記横浜編	39
純情日記中山編→純情日記横浜編	139
純情日記横浜編	139
順礼陰門→遍照金剛	258
正月丁稚→かつぎや	64
将棋の殿様	139
将軍の賽	140
正直清兵衛→もう半分	281
ジョーズ→コ）桂米丸	219
ジョーズのキャー→コ）桂米丸	219
丈助の最期→粟田口	6

松竹梅	141
聖天山→真景累ヶ淵	145
樟脳玉	141
女給の文→ラブレター	304
蜀山人	142
除夜の雪→コ）上方落語	259
女郎の文→ラブレター	304
白井権八→鈴ヶ森	150
白井左近→ちきり伊勢屋	179
虱茶屋	142
しりとり都々逸→都々逸親子	201
尻ひねり→粗忽の使者	160
尻 餅	142
素人鰻	143
→うなぎ屋	24
素人義太夫→寝床	226
素人芝居→一分茶番	14
→九段目	83
→五段目	101
素人浄瑠璃→寝床	226
素人汁粉→素人鰻	143
城木屋	143
白木屋→城木屋	143
白子屋政談→髪結新三	68
白ざつま→菊江の仏壇	73
しわいや	143
心 眼	144
真景累ヶ淵	145
甚五郎→竹の水仙	169
→三井の大黒	272
→ねずみ	225
心中時雨傘→コ）圓朝作品	55
新・寿限無→寿限無	128
新助市の最期→緑林門松竹	273
人生鳴門劇場→任侠流山動物園	217
新・月のじゃがりこ→月のじゃがりこ	185
シンデレラ伝説	146
新版三十石→夕立勘五郎	293
新聞記事	146
深夜のタクシー→幽霊タクシー	294
新・ランゴランゴ→ランゴランゴ	305

す

水　神	148
水門前→真景累ヶ淵	145
菅原息子	148
杉良→コ）オンリーワン	60
杉良太郎の世界→コ）オンリーワン	60
寿司屋水滸伝	149
鈴ヶ森	150
鈴振り	150
ずっこけ	150
すててこ誕生→コ）正蔵文芸物	62
酢豆腐	151
崇徳院	151
脛かじり→団子坂奇談	177
スマチュウ→コ）志の輔らくご	45
須磨の浦風	152
隅田の馴染め→おせつ徳三郎	39
住吉駕籠→蜘蛛駕籠	86
相撲場風景→相撲風景	152
相撲風景	152

せ

清正公酒屋	154
清書無筆	154
政談月の鏡→コ）圓朝作品	55
生徒の作文	154
清兵衛縁切り→名人長二	277
関口屋→怪談牡丹灯籠	54
関口屋のゆすり→怪談牡丹灯籠	54
関取千両幟→稲川	15
世帯念仏→小言念仏	99
石鹸→酢豆腐	151
→ちりとてちん	183
雪隠壺→家見舞	10
節　分	155
背なで老いてる唐獅子牡丹→コ）文枝作品	239
せむし茶屋	155
善悪双葉の松	155
疝気の虫	156
善光寺骨寄せ→お血脈	36
善光寺の由来→お血脈	36
線香の立ち切れ→たちきり	170
ぜんざい公社	156
仙台高尾→高尾	166
先の仏→ざこ八	111
先用後利→コ）志の輔らくご	45
千両幟→稲川	15
千両みかん	157

そ

宗悦殺し→真景累ヶ淵	145
宗悦の亡霊→真景累ヶ淵	145
惣右衛門殺し→真景累ヶ淵	145
宗　漢	158
臓器移植→コ）オンリーワン	60
崇禅寺馬場→鈴ヶ森	150
相馬良門雪夜話→将門	266
宗珉の滝	158
粗忽長屋	159
粗忽の釘	159
粗忽の使者	160
そば清	160
そば処ベートーベン→時そば	199
蕎麦の殿様	160
蕎麦の羽織→そば清	160
染　色	161
ぞめき→三人息子	119
徂徠豆腐	161
空に願いを→コ）SWA	241
ぞろぞろ	162

た

鯛→コ）文枝作品	239
大ガーコン→ガーコン	59
大河への道→コ）志の輔らくご	45
大工調べ	163
タイタニック→コ）シネマ落語	153
幇間の炬燵→按摩の炬燵	9
太鼓腹	163
大師の杵	164
代書→代書屋	164

代書屋	164	たばこ好き→六郷の煙草	311
代診→代脈	165	たばこ道成寺→六郷の煙草	311
大神宮→おはらい	43	たばこの火	174
大神宮の女郎買い→おはらい	43	旅の里扶持	175
台東区の老人達→コ）オンリーワン	60	魂違い→魂の入れ替え	175
大仏の眼	165	魂の入れ替え	175
大仏餅	165	たまや→コ）シネマ落語	153
代　脈	165	手向けのかもじ	176
大名将棋→将棋の殿様	139	試し酒	176
大名道具	166	たらちね	177
大名の賽→将軍の賽	140	たらちめ→たらちね	177
大名房五郎→コ）圓生文芸物	149	団子坂奇談	177
高　尾	166	団子兵衛→きゃいのう	75
→反魂香	242	探偵うどん	178
高倉狐→王子の狐	30	短　命	178
高砂や	167		
高瀬舟→コ）春風亭柳昇	294	**ち**	
高田馬場	167		
たがや	167	ちきり伊勢屋	179
滝口入道→コ）春風亭柳昇	294	縮み上がり	179
他　行	168	千早振る	180
他行医者→他行	168	乳房榎→怪談乳房榎	52
だくだく	168	茶　金	180
たけのこ	169	チャーザー村→コ）オンリーワン	60
竹の水仙	169	茶漬幽霊→三年目	120
蛸坊主	169	茶の湯	181
叩き蟹	170	茶瓶ねずり→やかんなめ	285
畳水練→泳ぎの医者	49	チャボ子絶唱→任侠流山動物園	217
たちきり	170	茶屋迎い→不孝者	250
たちぎれ線香→たちきり	170	忠僕孝助→怪談牡丹灯籠	54
橘ノ圓物語→コ）オンリーワン	60	長吉の生い立ち→双蝶々	252
辰巳の辻占	171	調合→五目講釈	105
館　林	171	長者番付	181
谷風情相撲→佐野山	114	手水廻し→貝野村	
狸	172	長　短	182
狸寝入り	172	提灯屋	182
狸の遊び	172	提灯屋相撲→花筏	235
狸の釜	172	町内の若い衆	183
狸の鯉	172	長命→短命	178
狸の札	173	ちりとてちん	183
狸の化寺	173	ちん輪→錦の袈裟	213
狸　賽	173		
田能久	173		

つ

付き馬	184
突き落とし	184
次の御用日→しゃっくり政談	136
月のじゃがりこ	185
継信→初音の鼓	234
搗屋幸兵衛→小言幸兵衛	98
搗屋無間	185
佃 島	186
佃 祭	186
辻占→辰巳の辻占	171
辻占茶屋→辰巳の辻占	171
辻駕籠	187
辻八卦	187
鼓ヶ滝	187
つづら	188
つづら泥	188
つづらの間男→つづら	188
壺 算	188
妻の酒→釣りの酒	189
妻の旅行→コ）文枝作品	239
釣りの酒	189
つ る	189
鶴亀→御慶	77
つるつる	190
鶴屋善兵衛→三人旅	118

て

ディア・ファミリー→コ）志の輔らくご	45
帝国浴場→湯屋番	298
手紙無筆	191
出来心	191
鉄 拐	192
てれすこ	192
田楽食い→ん廻し	316
天狗裁き	193
天 災	193
転失気	194
天神山→安兵衛狐	286
転 宅	194

天王寺代官切り→任侠流山動物園	217
電話室→電話の遊び	195
電話の遊び	195
電話の散財→電話の遊び	195

と

トイレット部長→コ）柳家つばめ	138
道 灌	196
湯灌場→真景累ヶ淵	145
稲荷堀→お富与三郎	40
胴斬り	196
道具屋	197
道具屋芝居→道具屋曽我	197
道具屋曽我	197
峠の歌→コ）オンリーワン	60
同棲したい→コ）SWA	241
胴取り→館林	172
唐茄子屋→かぼちゃ屋	65
→唐茄子屋政談	198
唐茄子屋政談	198
動物園	198
東北の宿	199
東北弁金明竹→金明竹	81
胴乱の幸助	199
時うどん→時そば	200
時そば	200
トキそば→アジアそば	3
常盤カフェー→源平盛衰記	90
読書の時間→コ）文枝作品	239
徳ちゃん	200
ドクトル	201
髑髏柳→コ）正蔵文芸物	62
吐血→五段目	101
戸田川→戸田の渡し	201
戸田の屋敷→塩原多助一代記	123
戸田の渡し	201
土手の甚蔵→真景累ヶ淵	145
都々逸親子	201
都々逸坊や→都々逸親子	201
隣の桜→鼻ねじ	236
殿様団子	202
富 久	203

富八→御慶	77		
鳥屋坊主→万金丹	268	**に**	
豊志賀→真景累ヶ淵	145	二階ぞめき	213
豊志賀の死→真景累ヶ淵	145	錦木検校→三味線栗毛	137
豊竹屋	203	錦の袈裟	213
トラタク→コ）三笑亭笑三	122	錦の舞衣→コ）圓朝作品	55
取り次ぎ電話→コ）三笑亭笑三	122	二十四孝	213
西の市	203	にせ金	214
豚次誕生秩父でブー→任侠流山動物園	217	にせ金使い→にせ金	214
とんちき	204	二丁ろうそく	214
頓智の医者→金玉医者	79	日照権→コ）春風亭柳昇	294
頓智の藤兵衛→松田加賀	266	二度のご馳走→ざこ八	111
トンビの夫婦	204	二人癖→のめる	229
頓馬の使者→真二つ	267	二人旅	215
		二番煎じ	216
な		にゅう	216
		にらみ返し	216
長崎の赤飯	205	庭　蟹	217
中沢家の人々→コ）三遊亭圓歌	261	人形買い	217
菜刀息子	205	任侠流山動物園	217
長名の伜→寿限無	138	人情八百屋	218
中村仲蔵	206		
長　持	207	**ぬ**	
長屋の花見	207		
流山の決闘→任侠流山動物園	217	抜け裏	220
泣き塩	208	抜け雀	220
名古屋弁金明竹→金明竹	81	盗人の仲裁→締め込み	135
ナースコール	208		
茄子娘	208	**ね**	
名違い→平林	248		
納豆や	209	ねぎまの殿様	221
夏どろ	209	猫怪談	221
夏の医者	209	猫　久	221
七　草	210	猫災→猫の災難	224
鍋草履	210	猫　定	222
生兵法	211	猫　忠	223
なめる	211	猫と金魚	223
奈良名所→大仏の眼	165	猫と電車→猫と金魚	223
奈良名所	211	猫の恩返し	224
成田の間男→つづら	188	猫の災難	224
業平文治漂流奇談→コ）圓朝作品	55	猫の皿	224
南京屋政談→唐茄子屋政談	198	猫の忠信→猫忠	223
煮売屋→二人旅	215		

猫の茶碗→猫の皿	224	花色木綿→出来心	191
ねずみ	225	鼻利き源兵衛	235
ねずみ穴	225	鼻利き長兵衛→鼻利き源兵衛	235
鼠の懸賞→藪入り	289	噺家の夢	236
寝床	226	鼻ねじ	236
年枝の怪談	227	鼻の狂歌→鼻ほしい	237
		鼻ほしい	237

の

		花見扇→崇徳院	151
		花見小僧→おせつ徳三郎	39
能狂言	228	花見酒	237
野ざらし	228	花見の仇討	237
後の船徳→お初徳兵衛	42	はなむけ	238
のっぺらぼう	229	馬入→芝浜	134
のめる	229	母恋いくらげ	238
		ぱぴぷぺぽ→コ) オンリーワン	60
		パフィーで甲子園→ガーコン	59

は

		浜野矩随	238
俳優の命日→今戸焼	18	早桶屋→付き馬	184
羽団扇→天狗裁き	193	林家彦六伝→コ) オンリーワン	60
羽織の遊び	230	原の郷の捕物→緑林門松竹	273
羽織の女郎買い→羽織の遊び	230	遥かなるたぬきうどん	239
墓見→安兵衛狐	286	春雨茶屋→鶯宿梅	31
爆笑龍馬伝→コ) オンリーワン	60	春雨宿	240
白銅→五銭の遊び	100	バールのようなもの→コ) 志の輔らくご	45
白銅の女郎買い→五銭の遊び	100	春の夜話→雪とん	295
幕末龍馬伝→コ) オンリーワン	60	ハワイの雪	240
化け物使い	230	樊噲→野ざらし	228
化物娘	231	ハンカチ→コ) 上方落語	259
羽衣→羽衣の松	231	反魂香	242
羽衣の松	231	反対車	242
橋の婚礼	231	反対夫婦	243
橋場の雪	232	半分垢	243
バスガール	232		
八月下旬→コ) SWA	241	## ひ	
八五郎出世→妾馬	278		
八問答	233	東の旅(伊勢神宮神乃賑)	
八九升	233	→うんつく酒→長者番付	181
八笑人→花見の仇討	237	→三十石	116
初天神	234	→七度狐	128
初音の鼓	234	→大仏の眼	165
はてなの茶碗→茶金	180	→長者番付	181
派手彦	235	→奈良名所	211
花筏	235	→煮売屋→七度狐	128

→二人旅	215	武助馬		251
→野辺→七度狐	128	札所の霊験	55,	252
B型人間→コ）オンリーワン	60	双蝶々		252
非常線→探偵うどん	178	二つ面→コ）正蔵文芸物		62
備前徳利	244	ふたなり		253
びっくりレストラン→コ）桂米丸	219	普段の袴		254
びっこ馬→三人旅	118	二日酔→ずっこけ		150
引っ越しの夢	244	仏壇叩き→名人長二		277
秘伝書→夜店風景	302	不動坊		254
人俵→芋俵	19	不動坊火焔→不動坊		254
一つ穴	245	船徳		254
一目上がり	245	文違い		255
一人酒盛	246	冬のそなた→コ）三笑亭笑三		122
雛鍔	246	古累→怪談累草紙		52
ひねりや	246	風呂敷		255
姫かたり	247	風呂敷の間男→風呂敷		255
干物箱	247	フロ野球→コ）オンリーワン		60
百人坊主→大山詣り	34	文七元結		256
百年目	248			
百物語→尼寺の怪	5	**へ**		
兵庫渡海鱶魅入→桑名船	87			
兵庫船→桑名船	87	兵隊落語→コ）金語楼		81
表札→コ）金語楼	81	ぺたりこん		257
表彰状→コ）三遊亭金馬	210	へっつい泥棒→へっつい幽霊		258
日和違い	248	へっつい盗人		257
平の蔭→手紙無筆	191	へっつい幽霊		258
平林	248	勉強→清書無筆		154
悲恋かみなり山→任侠流山動物園	217	遍照金剛		258
貧乏花見→長屋の花見	207			
		ほ		
ふ				
		法事の茶		260
フィツ	250	坊主茶屋→坊主の遊び		260
夫婦に乾杯→コ）SWA	241	坊主の遊び		260
深見新五郎→真景累ヶ淵	145	棒だら		260
吹替息子→干物箱	247	包丁		261
ふぐ汁→ふぐ鍋	250	包丁間男→包丁		261
ふぐ鍋	250	棒屋		262
福禄寿	250	干しガキ→<u>おしゃべり往生</u>		38
不孝者	250	星野屋		262
富士の雪→半分垢	243	牡丹灯籠→怪談牡丹灯籠		54
富士詣り	251	法華豆腐→甲府い		93
無精床	251	法華長屋		263

仏　馬	263	身代わりポン太→コ）志の輔らくご	45
骨皮→金明竹	80	みかん屋→かぼちゃ屋	65
骨違い	263	操競女学校→コ）圓朝作品	55
誉れの幇間→死神	132	水屋の富	271
ぼやき酒屋→コ）文枝作品	239	晦日の月の輪→鰍沢	62
堀の内	264	味噌蔵	271
WHITE LION→動物園	198	味噌豆	272
盆唄→ぼんぼん唄	255	三井の大黒	272
本郷刀屋→怪談牡丹灯籠	54	緑林門松竹	273
ぽんこん→初音の鼓	234	みどりの窓口→コ）志の輔らくご	45
本所七不思議→化物娘	231	身投げ屋	274
本　膳	264	三保の松原→羽衣の松	231
ほんとは怖い松竹梅→松竹梅	140	耳なし芳一→コ）正蔵文芸物	62
ぼんぼん唄	265	宮戸川	275
		茗荷屋→茗荷宿	275
ま		茗荷宿	275
		茗荷宿屋→茗荷宿	275
マキシム・ド・のん兵衛	266	未練の夫婦	276
将　門	266		
増位山物語→コ）オンリーワン	60	**む**	
またかのお関→緑林門松竹	273		
松倉町の捕物→真景累ヶ淵	145	無学者→浮世根問	21
松下幸之助伝→コ）柳家つばめ	138	無学者→やかん	284
松田加賀	267	向う付け→三人無筆	119
松葉屋瀬川→雪の瀬川	296	息子の結婚→コ）三笑亭笑三	122
松曳き	267	無筆の親→清書無筆	154
真二つ	267		
松山鏡	268	**め**	
まめだ→コ）上方落語	259		
豆　や	268	名工矩随→浜野矩随	238
迷いの駕籠→真景累ヶ淵	145	名人競べ→コ）圓朝作品	55
真夜中の襲名→コ）SWA	241	名人長二	277
万金丹	268	名人への道→コ）オンリーワン	60
万歳の遊び	269	名刀捨丸→善悪双葉の松	155
まんじゅうこわい	269	冥途の雪→朝友	2
万病円	269	名優と名医→男の花道	39
万両→お文様	45	妾　馬	278
万両婿→小間物屋政談	104	めがね泥	279
		眼鏡屋泥棒→めがね泥	279
み		目　薬	279
		目黒のさんま	280
木乃伊取り	271	めだか→コ）正蔵文芸物	62
身代り杵→大師の杵	164	目玉→真二つ	267

| 免許証→コ）春風亭柳昇 | 294 | やんま久次 | 291 |

も

毛氈芝居	281
毛沢東本伝→）柳家つばめ	138
もう半分	281
もぐら泥	281
餅屋問答→蒟蒻問答	108
元 犬	282
元帳→替り目	69
百 川	282
桃太郎	283
貰い風呂→コ）桂米丸	219
紋三郎稲荷	283

や

やいと丁稚→強情灸	92
八百屋お七→お七の十	37
やかん	284
やかん泥	284
やかんなめ	284
野球小僧→四段目	301
厄払い	285
弥次郎	285
安兵衛狐	286
宿替え→粗忽の釘	159
宿屋仇→宿屋の仇討	287
宿屋の仇討	287
宿屋の富	287
谷中天龍院→名人長二	277
柳田格之進	288
柳田の堪忍袋→柳田格之進	288
柳の馬場	289
藪医者	289
藪入り	289
病を楽しむ男→コ）三遊亭金馬	210
山岡角兵衛	290
山口屋のゆすり→塩原多助一代記	123
山崎屋	290
ヤマダゴイチ→コ）オンリーワン	60
闇夜の梅	291

ゆ

幽女買い	293
夕立勘五郎	293
幽霊自動車→幽霊タクシー	294
幽霊タクシー	294
幽霊の辻→コ）上方落語	259
湯河原→名人長二	277
雪てん	295
雪とん	295
雪の子別れ→双蝶々	252
雪の瀬川	296
→橋場の雪	232
雪の戸田川→戸田の渡し	201
遊山船	296
指切り→写真の仇討	136
指政談→帯久	43
夢 金	297
夢の酒	297
夢の瀬川→橋場の雪	232
夢 八	297
夢見の八兵衛→夢八	297
湯屋番	298

よ

よいよい蕎麦	299
よかちょろ	299
夜桜→親子茶屋	48
吉住万蔵	299
吉田御殿	300
夜鷹そば屋→ラーメン屋	304
与太郎戦記→コ）春風亭柳昇	294
四段目	301
四つ目小町→塩原多助一代記	123
淀川→後生鰻	100
淀五郎	301
四人癖	302
呼び出し電話→コ）三笑亭笑三	122
夜店風景	302
嫁取り→コ）金語楼	81

寄合酒	302
寄合酒→ん廻し	316
夜の慣用句	303
弱法師→菜刀息子	205
与話情浮名横櫛→お富与三郎	40

ら

ラーメン屋	304
ライオン→動物園	198
落語家の兵隊→コ）金語楼	81
落語家の夢→噺家の夢	236
らくだ	304
らくだの葬礼→らくだ	304
ラブレター	304
ランゴランゴ	305

り

龍宮	307
竜宮界龍の都→龍宮	307
両国八景	307
両手に花→縁切榎	28
両どろ	308
旅行日記	308
悋気の独楽	308
悋気の火の玉	309

悋気の見本	309
りん廻し	310

ろ

老人天国→コ）オンリーワン	60
浪曲社長→コ）三遊亭圓歌	261
六郷の煙草	311
六尺棒	311
六文銭→真田小僧	113
ろくろ首	311
路地裏の伝説→コ）SWA	241
ローマの休日→コ）シネマ落語	153

わ

和歌三神	314
わさび茶屋→磯の鮑	13
綿医者	314
笑い茸	314
藁人形	315
我忘れ→粗忽の釘	159

ん

ん廻し	316

コラム目次

現代の新作落語−円丈以前，円丈以降，円丈中①	19
現代の新作落語−円丈以前，円丈以降，円丈中②	26
現代の新作落語−円丈以前，円丈以降，円丈中③	29
現代と落語の世界を結びつけた"志の輔らくご"	45
三遊亭圓朝の残したその他の噺	55
東京のオンリーワン落語	60
八代目林家正蔵の文芸物	62
落語芸術協会の新作落語【三笑亭笑三】	122
柳家つばめの時事落語	138
六代目三遊亭圓生の文芸物	149
四代目三遊亭金馬が育てた新作落語	210
東京で演じられる六代目桂文枝の新作落語	239
SWAによる新しい新作落語像	241
東京へやってきた上方の新作落語	259
三代目三遊亭圓歌と新作落語	261
落語芸術協会の新作落語【春風亭柳昇】	295
禁演落語	312

青菜（あおな）

【種別】　滑稽，長屋，夏

【あらすじ】　あるお屋敷でひと仕事終えた植木屋が，その家の主人が大阪の友人からもらった柳蔭（やなぎかげ）という，東京では直しと呼んでいる酒と鯉の洗いをご馳走になった。主人がさらに「植木屋さんは菜をお上がりか？」と尋ねてきたので，「大好きだ」と答えると，手を叩いて奥方を呼び，菜を持ってくるように伝えた。すると奥方が「鞍馬から牛若丸が出でまして，その名を九郎判官」。それに対して主人が「義経にしておけ」と返した。不思議に思った植木屋が尋ねると，お屋敷の隠し言葉で，菜は食べてしまってないので「その名（菜）を九郎（食ろう）判官」。それに「よしておけ」という意味で「義経」と言ったのだという。感心した植木屋は女房にそのことを話し，早速，真似をしてみることにする。そして，訪ねて来た友達の半公を相手に酒や魚を勧めるが，肝心の半公は散々飲み食いした挙句に，菜は嫌いだと言い出す。それでも無理矢理食べさせようと，手を叩いて菜を取り寄せようとすると，押し入れに隠しておいた女房が汗だくになって，「鞍馬から牛若丸が出でまして，その菜を九郎判官義経」。そこで亭主は「う〜ん，じゃあ弁慶にしておけ」。

【解説】　元は上方落語で，三代目柳家小さんが東京へ移したとされるが，弁慶が義経に食事を振るまうという話は安永7年（1778）『当世話』や天保15年（1844）『往古噺の魁二篇』の「武蔵坊のつかみ料理」に見ることができる。サゲにある「弁慶」とは，大尽客を義経に見立て，それを取り巻く幇間（ほうかん）などを指して呼んだもので，人のおごりで振る舞われることをも指している。古今東西の多くの演者が四季を問わずに演じている。

あくび指南（あくびしなん）

【別題】　あくびの稽古

【種別】　滑稽，夏

【あらすじ】　町内に「あくび指南所」という稽古屋ができた。不器用なくせに物好きな男が，嫌がる友達に無理やり付き合ってもらい，あくびを習いに行くことにする。普段するあくびは「駄あくび」で，四季のあくびがあるということで，早速教えてもらったのは夏のあくび。内容は船遊びをしているうちにあくびが出るといった設定で，のんびりと揺れる船の上で片手にキセルを持ちながら，「おい船頭さん。舟を上手へやっておくれ。これから堀へ上がって一杯やって，夜は廓へ行って新造でも買って遊ぼうか。舟もいいが，一日乗ってると，退屈で，退屈で，あ〜あ，ならねえ」とあくびをするというもの。ところがやってみると難しく，繰り返しても思ったようにあくびが出ない。それを見ていた連れの男が，「くだらねえことやってら。教える奴も教える奴だが，教わる野郎も教わる野郎だ。お前たちはいいよ。待っている俺の身になってみろよ。退屈で，退屈で，あ〜あ，ならねえや」とあくびをする。それを見た師匠が「お連れさんは器用だ。見ていて覚えた」。

【解説】　各所にあくびを売り歩く「あくびの寄合」という原話に近い話が，安永5年（1776）『立春噺大集』にある。上方落語の『あくびの稽古』が東京へ移されたもので，月を見ながら長湯をしてあくびが出る秋のあくびに，炬燵の中であくびをする冬のあくびなどが盛り込まれることがある。途中で繰り出されるあくびのセリフは「おい船頭さん。舟を上手へやっておくれ。舟もいいが，一日乗ってると，退屈で，退屈で，あ〜あ，ならねえ」という短いバージョンのものもある。またサゲも「ああ，お連れさんは器用だ」と短くする場合も多い。『喧嘩指南』や『釣り指南』といったマクラを付ける場合や，短く刈り込んで演じることもできるので，寄席などでよく聞ける噺である。

明烏（あけがらす）

【種別】　滑稽, 廓, 禁演

【あらすじ】　日本橋田所町の日向屋半兵衛の息子時次郎は、堅すぎるので父親が心配をしている。ある日、町内の札付きの悪である源兵衛と太助の二人から、観音様の裏手にあるお稲荷でのお籠りに誘われたと言って来たので、それを察した半兵衛は時次郎にいい着物を着せ、金を持たせて行かせることにした。吉原とは知らずについてきた時次郎だが、さすがに店に上がって、綺麗に着飾った女性を目にしたときには、ここがどこなのか気付かない訳がなく、帰ると騒ぎ出したので、源兵衛と太助は「一人で帰れるもんならお帰りなさい。吉原には規則があって、大門（おおもん）の番所で三人でやって来たと断ってきたから、一人で帰ると怪しい奴だと留められますよ」と騙して、帰るのをあきらめさせた。嫌がる若旦那の相方は浦里という年が十八の絶世の美女で、花魁（おいらん）の方からのお見立てで一晩過ごすことに。翌朝、相方に振られた源兵衛と太助がなかなか起きてこない時次郎の部屋に行くと、布団の中で「結構なお籠りで」とか「花魁が私のことを離さない」とか言うので、源兵衛と太助があきれて先に帰ると言うと、「あなた方、先へ帰れるものなら帰ってごらんなさい。大門で留められます」。

【解説】　新内の『明烏夢泡雪』の主人公である浦里・時次郎の名前を借りたものであるが、その出会いの発端という設定にしたことから『明烏』という演題となった。八代目桂文楽が長年練り上げて十八番とした噺。三人は一旦茶屋に向かい、その案内で登楼するというシステムで遊ぶので、幕末から明治20年代の吉原が舞台と考えられる。噺の中で「一人で帰ると大門で縛られる」ことを受けて、本来のサゲは「大門で縛られます」というものであるが、最近では「留められます」とサゲることが多くなってきた。

朝友（あさとも）

【別題】　冥土の雪（めいどのゆき）

【種別】　滑稽, 冬

【あらすじ】　日本橋伊勢町の文屋検校の息子康次郎が病気で亡くなり、冥土を歩いていると、小日向（こひなた）水道町の松月堂の娘お朝と出会った。生きていた頃に稽古所で惚れ合った仲であり、知っている者も他にいないので夫婦になることにした。三途の川を渡り、閻魔大王の前に呼ばれると、「夫婦が一つで死ねる訳がない。嘘をつくんではない」と、お朝は三途の川にいる正塚婆（しょうづかのばば）に預けられ、青鬼と赤鬼に連れて行かれてしまった。閻魔大王がちょうど妾を探していたところで、お朝に目をつけたということを聞いた康次郎は、大王の邪魔になるからとぶち生かされることになった。乱暴をされるのは嫌なので、鬼を買収して婆さへ出る道を教えてもらうと、やがて雪が降り出して正塚婆の家の前へたどり着いた。すると閻魔大王から命じられた婆の言うことを聞かないばかりに、松の木に縛られているお朝を見つけたので、それを助けると、途端にお朝が生き返って、棺の中から「康次郎さんはいませんか」と口にした。驚いた家族の者達は、お朝から地獄で二人が出会って、夫婦約束をして帰って来たと聞いたので、先方に問い合わせをすると、康次郎も生き返ったという。それを聞いた和尚が「結構な話じゃないか。こういうことはあるものだ。昔、伊勢国の文屋康秀が亡くなって地獄へ行ったが、調べてみるとまだ命数が尽きていないので、娑婆へ戻されることになった。ところが亡骸を火葬にしてしまったので、帰ることができない。すると同月同日同刻に日向国の松月朝友という人が亡くなっていたので、その身体を借りて生き返らせたという話がある。日向国の松月朝友と、こちらは小日向の松月堂のお朝。伊勢国の文屋康秀と、こちらは伊勢町の文屋康次郎。似ているではないか。わしが仲立ちをするから早くお嫁にやりなさい」「でも向こうでも都合があるといけません」「なに、幽霊同士の約束だ。足はあるまい」。

【解説】　平安時代の歌人である文屋康秀にまつわる伝説と、『日本霊異記』や『今昔物語集』等に見られる蘇生譚が合わさってできた噺と思われる。お朝が正塚婆に松の木に縛られる場面は、新内で知られる『明烏夢泡雪』に出てくる、時次郎に操を立てる浦里が雪の中で折檻される場面を取っている。明和5年（1768）『軽口

春の山』の「西寺町の幽霊」や天明3年（1783）『軽口夜明烏』の「死んでも盗人」を原話とする説もあるが，前者は出てきた穴を封じられてしまった幽霊が，「もはやおれが命もこれぎりじゃ」と蘇生を意味するサゲであること。後者は三途の川で盗みをした泥棒が地獄の門番に打擲されて「あたりどころが悪かりけん，つい蘇りぬ」と生き返ることを表した話で，この噺の原話とまでは言いがたい。四代目橘家圓喬の速記が残り，近年，桃月庵白酒や柳亭左龍の他，鈴々舎馬桜は『冥土の雪』と題して復活させた。

麻のれん（あさのれん）
【別題】 按摩の蚊帳（あんまのかや）
【種別】 滑稽，夏
【あらすじ】 杢市という按摩が出入りの家へ療治に行き，夜も遅くなったので泊まっていけと言われた。離れ座敷に床が用意され，夏のことなので本麻の上等な蚊帳（かや）まで吊ってくれた。女中が部屋まで連れていくというのを見栄と強情から断り，一人で部屋に入るが，入口にかけてあった麻のれんを蚊帳と間違え，それをまくったところで座ってしまった。布団もないと文句を言っているうちに蚊の大群が襲ってきたので，一晩中眠ることができず，コブだらけになってしまった。それからしばらくして，また泊って行けと言われたので，前回の話をすると，主人は杢市に謝まって女中を叱り，「今夜は意地を張らずに女中に連れて行ってもらいなさい」と案内させようとするも，杢市はまた一人で離れ座敷へ。今晩は女中が気をきかせて麻のれんを外しておいたのを知らず，杢市は蚊帳を手で探り出して，「これは麻のれん。してみると，今度のが蚊帳だな」と，またまくったので，蚊帳の外へ出てしまった…。
【解説】 見る落語の一つであり，速記や音もあまり残っていない。以前は九代目入船亭扇橋が得意とし，現在では一門の入船亭扇辰が好演している。絵本『花軿麁相床（はなうつぼそうしょう）』の中に，按摩ではないが，噺に相似した蚊帳の失敗談がある。

アジアそば
【種別】 滑稽，新作
【あらすじ】 ある男が昼飯を食べようと店を探していると，インド人が目の前に現れて「うちの店に来ませんか？ いい子揃ってますよ」と声を掛けてきた。「そばでも食べようと思っている」と返すと，「これは神様のお導き！ うちはそば屋です。いい粉揃ってます」「インド人のそば屋なんて聞いたことないよ」「うちは三代続くそば屋です。創業は平成元年！」。修業は有名店でしていると言うも，立ち食いそば屋の名前を挙げるので心配をしながら店にやって来ると立派な店構え。お手製のメニューを渡され，安いもりそばを注文すると「分かりません」。代わりにざるそばを頼むと「日本語分かりません」。「じゃあ君の分かる物でいいや」「注文入りま～す。特上天せいろ２枚～」。そばが来たので食べてみると，なかなかの味。食べ終わると「How are you？」「ああ，そば湯か。勘定をしてくれ」と言うと「38万…ルピーです」「こうやってお金儲けをして，インドは物価が安いから，国へ帰って楽な暮らしをしようと思っているんじゃないのかい？」「そんなことありません。私の国では人種問題や宗教問題や大変なことになってます。だから私はお金を持って帰って，仲良くしてもらいたいと思っています」「さすがそば屋だ，手打ちがうまい」。
【解説】 三遊亭白鳥による新作落語で，柳家一琴も手掛けている。他に白鳥によるそば屋を題材とした新作に，銭をごまかした男を真似しようとした粗忽な男が「時はいくつだ？」と尋ねると，新潟出身のそば屋が「時」を鳥の「トキ」と勘違いしたり，そばを打つ仕草をするのに座布団をそば生地がわりにして高座で叩いてみせる『トキそば』という落語がある。

愛宕山（あたごやま）
【種別】 滑稽，春
【あらすじ】 旦那のお供で京都に行った幇間（たいこもち）の一八が，大勢で愛宕山へ山遊びに出かけることになった。山登りなんかは朝飯前とうそぶきながら登り始めるが，次第に辛くなってきて，仲間の幇間である繁八の力を借りて，何とか山の

中腹までやって来た。すると旦那が茶店で土器（かわらけ）を買い求め，的に投げる土器投げをはじめた。一八も旦那の向こうを張って，土器投げに興じるがなかなかうまくいかないでいると，今度は旦那が土器の代わりに小判を三十枚，一八がもったいないというのを聞かないですべて投げてしまった。小判は拾った人の物だと言われた一八は，それを拾うために茶店で傘を借りてきて，崖下に飛び降りようとするがなかなかうまくいかない。旦那に命令された繁八が一八の背中を押すと，傘につかまってうまく谷底に降りることができた。一八は落ちていた小判を夢中で拾い上げるが，はるか頭上から「どうして上がる？」と言われて大慌て。考えた挙句，着ていた着物を脱いで，それを裂いて縄をない，竹の先端にくくりつけて，竹のしなりを利用して飛び上がって来た。「旦那，ただいま帰りました」「偉い奴だな。生涯贔屓（ひいき）にしてやるぞ」「ありがとう存じます」「金はどうした」「あ，忘れて来た」。
【解説】　元は上方落語で，三代目三遊亭圓馬が東京へ移した。圓馬から教わった八代目桂文楽が得意とし，近年では古今亭志ん朝が演じた。愛宕山は京都市右京区にある標高924mの山で，山頂に愛宕神社を祭っている。

あたま山（あたまやま）
【別題】　あたま山の花見／さくらんぼ
【種別】　滑稽，長屋，春
【あらすじ】　ケチ兵衛という男が花見へ行ったが，名前の通りケチなので飲まず食わずで歩いて，落ちていたサクランボを食べて帰って来た。すると頭の上に桜の木が芽吹き，大木に成長した。そうなると多くの人が花見にやってくるは，茶店は出るはでドンチャン騒ぎが続くのでたまらない。そこでケチ兵衛は頭の桜の木を引っこ抜いてしまった。ところが根が深く張っていたので，抜いた後に大きな穴が出来てしまい，夕立にあった時に，そこへ水がたまってしまった。根がケチだけに水を捨てないで置くと，今度はボウフラがわく，フナがわく，コイがわくで，今度は釣り人が大勢集まって大騒ぎ。ケチ兵衛はたまりかねて，自分の頭の池へ

身を投げてしまった……。
【解説】　マクラで小噺程度に演じることもあれば，マクラを沢山振ったり，花見の場面で入れ事をして，一席として演じることもある。2002年に山村浩二によって作られたアニメ映画『頭山』の原作として知られる。安永2年（1773）『坐笑産（ざしょうみやげ）』の「梅の木」や安永2年（1773）『口拍子』の「天窓の池」，安永10年（1781）『いかのぼり』の「身投」などに原話が見られる。

穴子でからぬけ（あなごでからぬけ）
【種別】　滑稽，長屋
【あらすじ】　与太郎が源さんとなぞなぞの賭けをする。最初に十円賭けて「まっ黒で大きくて，角が二本あって足が四本あって，モーッと鳴くもの，なーんだ」「ウシだろう」と，この調子でカラスとイヌの問題を出して，簡単に当てられてしまう。今度は五十円に値上げをして「長いのもあれば短いのもある。太いのもあれば細いのもあって，つかむとヌルヌルするもの，なーんだ」「この野郎，俺がヘビと言ったらウナギ，ウナギと言ったらヘビと言うつもりだな」「両方言ってもいいよ」「ヘビにウナギだ」「へへ，アナゴだよ」。
【解説】　ラストは「へへ，アナゴでからぬけだ」というものと，与太郎がさらに続けて同じ問題を出すので，源さんが「ヘビにウナギにアナゴだ」「へへ，今度はずいきの腐ったのだ」とするものもある。原話は明和9年（1772）『楽牽頭（がくたいこ）』の「謎」や安永2年（1773）『聞上手二篇』の「なぞ」にある。また演題と本来のサゲにある「からぬけ（力抜け）」とは「張りつめていた心がゆるんで力が抜けること」で，なぞなぞで出し抜いた意味と，アナゴがすり抜けた意味をかけている。かつては噺家が芸のことで喧嘩になったときに「俺は『穴子でからぬけ』からやったんだ」と，芸の第一歩から正式に稽古したことの自慢にしたという。

穴どろ（あなどろ）
【種別】　滑稽，冬
【あらすじ】　大晦日に三両の工面ができないでいる男が，女房に嫌味を言われて，家を飛び出

した。あてもなく歩いていると、戸を開けっ放しにしている店の前にやってきた。不用心だから教えてやろうと中に入ると、宴会の後らしく、酒や料理が残っているので、それに手を付けはじめた。段々と酔いが回ってくる中、赤ん坊が這ってきたので、面白がってあやしているうちに穴蔵へ落ちてしまった。すると店では、穴蔵に泥棒がいるというので大騒ぎになり、鳶(とび)の頭(かしら)のところにいる威勢のいい若い者を呼びに行き、泥棒を捕まえさせようとするが、穴蔵の中で「降りて来い、お前の股ぐらを突き上げてやるから」とどなっているので尻ごみをしてしまう。旦那から「一両あげるから降りておくれ」と言われたので降りようとすると、「降りて来い、お前のふくらはぎを食い取ってやる」。「二両あげるから」と言われて降りようとすると、「降りてきたら、お前の足を割ってやる」。最後に旦那が「三両あげるから降りておくれ」。それを聞いていた男が「なに、三両？ 三両なら、俺の方から上って行く」。
【解説】 原話は嘉永頃の『今年はなし』の「どろ棒」にある。穴蔵とは商家などで、土間に六尺四方程度の穴を掘って物を蓄えておく場所のこと。八代目桂文楽が得意にした。

尼寺の怪 (あまでらのかい)
【別題】 おつとめ／百物語
【種別】 滑稽、怪談
【あらすじ】 若い連中が集まってそば屋の二階で百物語をやろうということになった。ただし自分の番になって、話すことがないとか知らないということになったら、罰として酒をご馳走すると決まったので、怪談を知らない男が寺の和尚に聞きに行くことにする。すると和尚から若い頃、托鉢をしていたときに経験した「尼寺の怪」という話を聞くことができた。山道で迷ってしまったときのこと。尼寺を見つけた和尚は頼み込んで本堂に泊めてもらうことになった。すると真夜中時分に闇の中から木魚を叩いてお勤めをしている音が聞こえてきたが、邪魔してはならないとそのまま眠ってしまい、翌朝、夜中のお勤めについて尋ねてみると、夜中にお勤めはしていないと言われた。「それでは誰がしていたのだろう」と尋ねると、「この先の村で新仏が出ると、夜中になって寺へやって来てお勤めをする」と言われたので、それが大層怖かったという話であった。男は和尚に「他の人が尋ねて来ても教えちゃいけません。もし教えたら寺に火を点ける」と言い捨てて、そば屋の二階で聞いてきた話をはじめると、付け焼刃なので、托鉢ではなく散髪をしたとか、「夜中に木魚を叩いてお勤めをしている」というところを「木魚を叩いておつけの実を刻んでいる」と言ってしまったりチンプンカンプンなことを言うのでまったく怖くない。話を聞いている者が「誰がおつけの実を刻んでいたのか？」と尋ねると、「この先に村があって、シンコ細工をつくっている人がいて、その人が疲れるとおつけの実を刻む」と言うので、「お前一人の知恵じゃないな。寺へ行って和尚さんに聞いてきたんだろ？」「こんなことをしていられない。これからお寺へ行って火を点けなきゃならない」。
【解説】 近年では八代目林家正蔵門下にあった橘家文蔵が演じたことから、橘家文左衛門や春風亭百栄といった一門に引き継がれている。サゲは文蔵が演じた型を示したが、熊の話を聞いていた者が「キツネにつままれたような話じゃないか」と言うと、「刻んでいたのが油揚げ」とするものもある。百物語とは夜中に数人が集まり、火を点けた灯心を百本用意しておき、順番に怪談を語り合い、一話終わるごとに一本ずつ消していき、百話目が終わって真っ暗になったときに化け物が現れるとされたものである。

荒茶 (あらちゃ)
【別題】 荒大名の茶の湯／荒茶の湯
【種別】 滑稽、武家
【あらすじ】 豊臣秀吉の死後、加藤肥後守清正、福島左衛門大夫正則、池田三左衛門尉輝政、浅野左京大夫幸長、黒田甲斐守長政、加藤左馬助嘉明、細川越中守忠興の七人衆が豊臣家を守っていたが、ある日のこと、天下を狙う徳川家康側にいる本多佐渡守正信から茶の湯の誘いがあった。七人の中で茶の心得があるのは、

千利休の弟子である細川越中守忠興ただ一人で，あとの六人はまったく分からない。そこで細川忠興の真似をすることにして，茶会の末席であり，重要な役回りであるお詰めは福島正則に決まった。茶席の当日になり本多正信と細川忠興が挨拶を交わすと，他の六人もまったく同じセリフで挨拶をし，細川忠興の首が曲がっていると，それまで真似をしてしまう。それに気づいた細川が隣に座る加藤清正の脇腹を小突くと，加藤は馬鹿力で池田の脇腹を，池田は浅野を…と，順々に小突いていく始末。細川が作法通りに茶を喫し，それを加藤に渡すと，茶碗を持ち上げたときに清正の長い髭が茶の中に入ってしまった。すると茶碗を下ろし，自慢の髭を絞り下ろしたので，それを見た池田は驚き，一旦口に含んだ茶を茶碗に吐き出してしまい，次の浅野は飲む振りをする。最後の福島正則が一気に飲み干し，菓子鉢にある菓子を凄い勢いで食べ始め，最後にゲラゲラと大声で笑い始めた。茶の席で笑うのは失礼なことなので，それを見ていた加藤清正が「わしがヘマをしたばかりに，おぬし，茶を飲んで気が変になったのか？」「いいや，おかしくって（お菓子食って）笑った」。

【解説】　茶の席での失敗談としては『茶の湯』に似ているが，元は講談の『関ヶ原軍記』の中にある『荒茶の湯』を落語に移したものであり，『本膳』と同工異曲の噺である。元々上方で演じられていたもので，東京でも細川忠興が福島のしでかしたことを収めようと，「正則，茶碗を回せ」と言うと，茶碗を独楽のように回してしまい，最後には茶ではなく酒を飲み始めることになったりと，特にサゲを設けることのない上方型で演じられることもある。ここでは六代目春風亭柳朝や春風亭勢朝，林家三平が演じる東京型を示した。

有馬のおふじ（ありまのおふじ）
【種別】　滑稽，春
【あらすじ】　ある大店の旦那が上方へ行った際に，有馬出身のおふじという女と出逢い，浅草の馬道に囲っていた。本妻がそれに気づき，旦那に「別に一軒持って，そこに住まわせていると物入りになるので，家へ連れていらっしゃい」と言うので，おふじを連れて来て三人で睦まじく暮らしていたが，おふじは心苦しくなり上方へ帰ってもらった。その翌年の五月の晦日のこと。旦那と一緒に出かけていった権助だけが先に帰って来て，「旦那は馬道のおふじさんへ回りました」と告げた。本妻が「まだ馬道に囲っていたのか」と権助に当たり出したので，「馬道の富士横丁のお富士様へ参詣に行ったのだ」と話すと，本妻は怒ったことを恥ずかしがり，旦那には内緒にしてくれと頼んだ。「言いやしねえが，おっかねえもんでがす。おふじさんの話をしたら，お前様の顔が蛇のようになった」。

【解説】　今も浅草にある富士浅間神社では，毎年6月1日（現在は7月1日）が山開きで，その前日から参詣客で賑わった。その富士参詣の土産として「麦藁蛇」（麦わら細工の蛇）を買うのが風習であることがサゲになっている。現在でも5月と6月に行われる植木市と，元日から1月3日までの間に頒布が行われている。柳家小満んが演じている。

粟田口（あわたぐち）
【別題】　粟田口霑笛竹／佐賀町河岸／国府台の紅葉狩り／丈助の最期
【種別】　人情，圓朝，新春，秋
【あらすじ】
▷佐賀町河岸（さがちょうがし）
　正月五日の夕暮れのこと，刀屋岡本政七の番頭重三郎は，酒に酔って佐賀町河岸で動けなくなってしまった。供の小僧が誰か連れてくると言って店に向かい，重三郎が一人になったときに黒装束の男が現れて，金森家から預かった家宝である名刀「粟田口国綱」を奪った上に，重三郎を川の中に投げ込んでしまう。それを近くで見ていた駕籠屋の一人も口封じに切られて，川の中に落とされてしまう。その様子を見ていた河岸にもやってある荷足船の船頭である仙太は男に向かって板子を振り上げるが，体をかわされたので船に逃げ帰る。泳ぎが得意である重三郎は，店と金森家の重役である稲垣小左衛門に迷惑を掛けてしまうと首をつろうとする

が，船頭の仙太がそれを止める。仙太は芝の伊皿子台町で若い者を雇っているので，刀を探そうと芝口で重三郎と舟を上がると，相方を殺された駕籠屋の一人が飛び込んできて一緒に刀を探すことにした。

▷国府台の紅葉狩り（こうのだいのもみじがり）
　金森家の重役である稲垣小左衛門は刀を盗まれたことからお暇となり，家来の丈助とともに市川の真間で荒物屋を始めると大繁盛。二人が八幡（やわた）の八幡宮へ参詣に出掛けた帰りに駕籠屋と喧嘩になり，駕籠屋が置いていった長持を開けると，中から一人の娘が現れた。危うくかどわかされそうになったその娘は小左衛門の息子である小三郎の許嫁で，田原町に暮らす石川藤左衛門の娘おみえであった。ある日のこと，小左衛門が国府台（こうのだい）の総寧寺（そうねいじ）へ丈助と百姓の清助を連れて紅葉狩りに出掛け，そこで一節切（ひとよぎり）の笛を吹いていると，そこへ黒装束の男が現れて，小左衛門を斬り殺して江戸川へと落とした。それを見ていた清助も同じく切られて川に落とされるが，丈助は手を掛けられないでいた。黒装束の男が手にしていたのは名刀「粟田口国綱」で，男は丈助が手引きをした大野惣兵衛という武士であった。その惣兵衛がおみえを女房にしたいと丈助に相談を持ちかけると，丈助は「刀は見つかったが，二百両の金が必要であるという」小三郎からの偽の手紙をおみえに見せ，吉原に身を売らせて，おみえを身請けすればいい。それからしばらくして金森家に刀を見つけたことを進言すれば，重役に返り咲くことができ，そのときには自分を大野の下で召し抱えてもらいたいという約束を交わす。

▷丈助の最期（じょうすけのさいご）
　おみえは吉原の山口屋に身を沈め，音羽という遊女になった。ある日，吉原で火事が起こり，店も燃えてしまったので，山口屋は仮店を深川仲町に出した。するとそこへ丈助が尋ねてきて，「二百両の金で刀を手に入れることはできたが，金森家にご帰参するために百両の金がかかる」と相談を持ちかけてきた。今は音羽という名のおみえには百両という大金を用意することはできないので困っていると，店の新造が，隣の座敷にいる目の悪い客が着替えるときに百両の金を落としたので，それを巻き上げてはどうかと話してきた。丈助がそれならばと男のあとをつけて木場までやって来て，刀で斬りつけようとすると，男は腕に覚えがあるらしく，丈助は肩を切られただけで助かった。そこへ音羽が駆けつけてきたので丈助は逃げたが，その男が神影流の達人で，おみえの許嫁である小三郎であり，おみえが吉原にいることを知ったので百両と手紙を置いて来たのだと口にした。そしておみえも，その手紙を読んだので小三郎を追ってきたのだと言う。二人はおみえの乳母であるおしのがいる矢切へ行き，おみえは吉原を足抜けの形になってしまったので，仙太がその一切の面倒を見てくれることになった。丈助の悪事を知った実母であるおしのは，丈助がやって来て，今度，金森家に仕えることになったことを告げると，喜ぶ振りをして，父親の形見である天正祐定の刀を手渡すと見せて丈助を刺し殺す。丈助は今際（いまわ）の際に，刀を盗んだのも，稲垣小左衛門を殺したのも自分の手引きであったことを白状をし，大野総兵衛が国府台の総寧寺にいることを教える。それを知った小三郎は大野総兵衛を追って父の仇を討ち，粟田口を取り戻し，おみえと夫婦になって，金森家に帰参をする。

【解説】　三遊亭圓朝が「国綱の刀」「一節切」「船頭」という題からつくった三題噺に，金森家の仇討話を取り入れてつくり上げた，原題を『粟田口霽笛竹（しめすふえだけ）』という長編人情噺（明治21年（1888）6～11月に「やまと新聞」に連載）で，ここでは八代目林家正蔵とその芸を引き継いでいる林家正雀によるストーリー展開を示した。八代目正蔵は『国府台の紅葉狩り』の場を芝居噺で演じたこともある。他にも五代目古今亭志ん生が演じ，最近になって八代目橘家圓太郎が高座にかけた。実際の物語はここで示したものの倍以上あり，以下に口演以外の部分を簡潔に示す。

▷発端
　鋏鍛冶の娘であるお富は質両替商を営む紀伊国屋の息子伊之助に恋心を抱くも，伊之助が吉原松葉屋の八重花に入れあげていると聞き，自分も吉原に身を売り，若草という女郎になり，

伊之助と馴染みになる。
▷佐賀町河岸の後
　刀屋岡本政七の母親と政七の妹お雪が川崎大師への参詣の途中に，羽田に暮らす番頭重三郎の父重助を訪れ，重三郎がいなくなったことを話す。家の外には一節切を吹く修行者がおり，それが稲垣小三郎であったので，刀を奪われた話をする。お雪は駕籠屋に連れ去られるが小三郎によって助けられる。一方で伊之助は若草のいる吉原に通いつめ，ある日，侍にからまれる。そこに割って入った仙太は刀を奪った男に似ていると追い掛けるも見失ってしまう。大金を使い込んだ伊之助は堀切の寮（別荘）へ押し込められて，やがて病気になり，許婚者であるお雪が看病に来ると伊之助の子を宿す。そこへやはり伊之助の子を宿した若草がやって来るが仲を割かれ，伊之助を呪いながら死産とともに自分もまた死んでしまう。伊之助はお雪に離縁状を渡す。
▷国府台の紅葉狩りの後
　お雪は尼になろうとするが寺で断られて，身投げをしようとするところを仙太に助けられる。仙太は巡礼をする重三郎の父重助が浪人者に斬られるところを助け，二人を岡本政七宅に連れて行き，重助がお雪を助けたことにして詫びを入れる。その夜，政七宅へ賊が入り，重助を襲った萩原と船頭の二人が捕えられる。伊之助が成田山への参詣の帰り，以前，羽田でお雪をさらおうとした駕籠屋の原文に襲われるが，それを小三郎が助ける。小三郎は父の死とその仇が大野であることを知り，仇討に出立する。

鮑のし　（あわびのし）

【別題】　祝いのし
【種別】　滑稽，長屋
【あらすじ】　腹を空かせた甚兵衛が女房の入れ知恵で，借りてきた五十銭で尾頭付きの魚を買い，それを地主の家の婚礼の祝いに持って行き，そのお返しで米を買おうということにした。ところが魚屋に行くと，五十銭では負けてもらった鮑しか買うことができず，それをお祝いに持って行ったところ，「『磯の鮑の片思い』といって，目出度い婚礼の祝いに縁起でもない」とつき返されてしまった。甚兵衛が帰る途中で頭（かしら）に会って事情を話すと，「もう一度鮑を持って行って，お宅様では方々からお祝いをもらうでしょうが，のしだけ返しますかと聞いてやれ。返さないと言ったら，ケツをまくって威張ってな，鮑は祝い物についているのしの根本なんだ」と啖呵（たんか）を教わる。再び地主の家を訪れた甚兵衛がたどたどしく教わった啖呵を切ると，地主はそれに感心して「よく杖つきのしといって，一本杖をついたような『乃』の字があるだろう。あれはなんだ？」と尋ねてきたので，「あれは鮑のおじいさんです」。
【解説】　元は『祝いのし』という上方落語で，時間がない場合は，褌（ふんどし）をしめていない甚兵衛が啖呵を切り終えて，「本当なら，ここでケツをまくるところだが，事情があるからまくらない」というところでサゲることがある。

粟餅　（あわもち）

【種別】　滑稽，廓，禁演
【あらすじ】　町内の若い衆がみんなして吉原で遊ぶことにするが，ただ行くだけではおもしろくないので，何かいたずらをしてやろうと，粟餅と灰色がかった砂糖を買った。登楼してしばらくすると，与太郎が腹が痛いと言って別の部屋で寝ることにして，その間，粟餅に砂糖をまぜてこねながら，人糞の形につくり上げ，煙草盆の中の灰を捨てて，その中へ入れて便所に向かった。仲間が「あいつはどうした？」と聞くと，「今，便所に行ったようですよ」「あいつは尻癖が悪くて，便所へ行ったときには決まって寝ぐそを垂れるんだ」と，布団を見ると山盛りになっている。一人が「しょうがねえなあ。俺はあいつの友達だから始末してやろう」と言うと，「おれが，おれが」と言い合いになり，「くそ食らえ」「ああ食ってやらあ」と煙草盆の中の灰をまぶして食べてしまった。女がそれを止める中，与太郎が帰ってきて「あれ，みんな食っちまって俺の分がない。そんなことだろうと思って，神棚へ上げて置いたんだ」「神棚へ上げるなんて罰が当たるよ」「なに，もったいないことはない。食べる前にお初に上げたんだ」。
【解説】　落語の中でも汚さを感じる筆頭にあた

るような一席で，戦時中には禁演落語の一つに選ばれた。古今亭志ん好が演じ，現在でも五街道雲助が演じることがある。

安産（あんざん）
【種別】　滑稽，長屋
【あらすじ】　女房が初めての子を宿し，臨月を迎えた。いよいよ生まれそうなので亭主が産婆を迎えにいくと，産婆は潮時を見て向かうと言うので，湯を沸かしておこうとして，薪と間違えてゴボウをくべたりと落ち着かないでいる。やっとやって来た産婆はありがたいお札を並べ始める。鹽竈様の安産のお札，水天宮様の戌の年戌の月戌の日のお札，成田さんは身代りのお札，能勢の黒札，それに寄席の木戸札…。苦しいときの神頼みで，「南無天神様，金毘羅様，鹽竈様，道陸神様，無事安産しましたら，お札に金無垢の鳥居一対ずつ差し上げます」。その甲斐あってか，めでたく安産。「大きいなあ，鉢巻してうなってる」「それはおっかさんの方よ」「あんまり立派すぎると思ったよ。おばあさん，できたのは女かい，男かい」「お喜びなさい。男のお子さん」「ありがてぇ，ちょいと歩かせろぃ」。
【解説】　時間のないときなどに演じる「逃げ」の噺の一つ。『越後屋』の中に出てくる出産の場面でこの噺をそっくり入れて演じたこともあったという。

按摩の炬燵（あんまのこたつ）
【別題】　幇間の炬燵（たいこもちのこたつ）
【種別】　滑稽，冬
【あらすじ】　ある寒い夜，店の奉公人たちが寒くて眠ることができないと番頭に訴える。火を使うことができないので，番頭は酒好きの按摩の米市を呼び，酒を飲ませるから身体が温まったら炬燵になってくれと頼むことにした。米市は約束通り酒をご馳走になり，うずくまって炬燵の形になると，番頭ばかりでなく，待ってましたとばかりに奉公人が手足を突っ込んできて，すぐに寝込んでしまった。しばらくすると小僧が夢で喧嘩をはじめたらしく，寝言を言い始めたかと思うと，「もう我慢ができないから，このドブでやっちまうよ」といって寝小便をしたので，米市が飛び起きた。番頭が「もう一度炬燵になっておくれ」「だめです。小僧さんがこの通り，火を消してしまいました」。
【解説】　上方落語で四代目桂文吾から教わった三代目柳家小さんが東京へ移した。原話は寛文12年（1672）『つれづれ御伽草』の「船中の火燵」で，その後の元禄11年（1698）『露新軽口ばなし』の「上戸の火燵」，宝永8年（1711）『当世軽口七福神』の「唐人道中の寒気」，明和5年（1768）『軽口春の山』の「旅の火燵」，安永8年（1779）『鯛の味噌津』の「乞食」などに見える。それぞれ炬燵代わりになるのは，水夫であったり，犬であったりする。近年，柳家喜多八が『幇間の炬燵』として演じている。

い

言訳座頭 (いいわけざとう)
【種別】 滑稽, 長屋, 冬
【あらすじ】 大晦日に借金が払えずに困っている甚兵衛夫婦が, 口のうまい座頭の富の市に一円払って借金の言い訳を頼んだ。富の市が言うには「戦で言えば, 待っていれば受け太刀になって負けてしまうから, こちらから行かなければだめだ」。さらに「万事わたしが口をきくから, お前さんはひと言も口をきかないように」と忠告をして, 最初に米屋を訪ねる。米屋では店先に居座って, 旦那を困らせて春まで待ってもらうことに。次の炭屋では買った炭にケチをつけ, 借金を待ってくれないなら殺せと言って待ってもらい, 魚屋には甚兵衛が病気で仕事に出られず, 借りを返せないから待ってくれと泣き落とす。次へ廻ろうというところで除夜の鐘が鳴り出すと, 「おい甚兵衛さん, 急いで帰ろうじゃないか」「頼むよ, まだ三軒ばかりある」「そうしちゃいられねえ。これから家へ帰って, 自分の言い訳をしなくちゃならねぇ」。
【解説】 三代目柳家小さんが四代目橘家圓喬から『催促座頭』という噺があったことを聞き, その反対の噺をつくってみようというのでできた一席。四代目小さんから七代目三笑亭可楽, そして五代目小さんを経由し, 現在に伝わっている。サゲは『にらみ返し』とほぼ同一。

家見舞 (いえみまい)
【別題】 肥がめ／祝いの瓶
【種別】 滑稽, 長屋
【あらすじ】 引越しをした兄貴分に何か贈り物をしようと男二人が道具屋を訪ねる。水瓶を贈ろうと考えるも持ち合わせが足りなくて困っていると, 道具屋から店の裏に置いてある汚い瓶ならタダで持って行ってもいいと言われた。それは家の取り壊しがあって, 掘り出してきた便所の瓶。二人がそれを洗って水瓶として持って行くと, 喜んだ兄貴分は酒をご馳走してくれた。すると最初に肴に出てきたのは冷奴。それを口にすると, 相棒が「豆腐が浮かんでいる水はどこの水だ」と言い出した。兄貴分に尋ねると「お前たちが持ってきてくれた瓶の水だ」。あわてて「豆腐は断ちました」と言うと, 今度はお新香をつまめというが, それも水でしぼるので断る。兄貴分は仕方がないからご飯を食べて行けと言うので, おかずを尋ねると焼き海苔。海苔は水は使わないからと安心して食べ始めると, 米を炊いた水が瓶のものと知って慌てる。二人の様子を見た兄貴分が瓶を見に行くと, 「おい, 瓶にオリが浮いてるから, 今度来るときにフナを持ってきてくれ」「フナには及ばねえ。今までコイが入っていた」。
【解説】 『肥がめ』と呼ぶことがあるが, ネタバレをしてしまうのと, 汚らしい演題なので『家見舞』とすることが多くなってきた。兄貴分に何が欲しいか尋ねたところ, 水瓶が欲しいと言ってきたので, それを贈るという展開や, サゲではご飯を食べていると, それが瓶の水で炊いたと知って, あわててむせ返るので, 兄貴分が「しょうがねえなあ, 水を汲んで来てやれ」といってサゲる場合もある。上方落語には家相を見てもらうと, 雪隠（トイレ）をつくって一度だけ使いなさいと言われたので, 使い終わったあとに道具屋に売りにきたものを, 違う男がそれを買い求めて新築祝いに持って行く『雪隠壺』（せっちんつぼ）という似た噺がある。

いが栗 (いがぐり)
【種別】 滑稽, 旅
【あらすじ】 旅人が山中で道に迷っていると, 辻堂の前でボロボロの衣を着た, 顔中鬚だらけでいが栗頭の坊主が無言の行を行っており, 何を聞いても返事をせず, 旅人を睨むその顔は凄い形相をしている。逃げるように道を進むと, 一軒のあばら家に行き当たったので, そこで暮らすお婆さんに「一晩泊めて下さい」と頼み込むと, 「泊めてやりたいが, 娘が病気で寝てい

るし，あの家に泊まらなかったら，あんな恐ろしい思いをしなくて済んだのにと後悔させるのが辛いから泊めることはできない」と言われる。それでも泊めてくれと頼むと家に上げてくれたので，病気の娘を見ると大層な美人だが，顔は病のためか青白く見える。旅人が食事を済ませ，着の身着のまま寝入ってしまうと，真夜中に娘のうなされる声で目を覚ました。娘の様子を見ると，その枕元には辻堂で会ったいが栗頭の行者が呪文を唱えながら，娘の頭に手をかざしている。朝を迎えると坊主の姿が消えてしまったので，そのことをお婆さんに話し，「もしかすると娘さんの病気を治せるかも知れません」と言って辻堂に向かうと，坊主が座って呪文を唱えているので，「お前があんなことをするので，可哀相にあの娘は今朝亡くなった」と伝えると，「娘は死にましたか」と言って，坊主の身体が崩れて白骨になってしまった。旅人があばら家に戻ると娘は元気になったとのこと。お婆さんが言うには，娘が病気になったことから村を離れて暮らしていたので，村に帰って事情を話すと，村の衆も「ここ数年，作物も育たないでいたのに，作物が今朝から生長をはじめた」と大喜び。旅人は歓迎を受け，娘の婿になることになって村で暮らすことになった。そして婚礼の晩，ネズミが天井で騒ぎ始め，その途端に天井に仕掛けてあったネズミ除けのいが栗が花嫁の頭に落ちてきた。「しつこい坊さんだ。いが栗がまだ祟っている」。

【解説】 上方にある『五光』という噺の前半部分を二代目三遊亭圓馬が一席物にしたとされる。桂歌丸が復活させ，現在，落語芸術協会の若手によって引き継がれている。『五光』という噺では，旅人は白骨になった坊主を見届けて出発するも，途中で雨が降ってきたので辻堂へ引き戻す。堂内は厨子の蒔絵が桜模様で，欄間が松に日の出と桐に鳳凰。旅人が合掌すると後光が差し込む。桜に松に桐に，坊主がいて雨が降れば五光（後光）は当たり前と，花札の役がサゲにかかっている。

いかけ屋 （いかけや）

【別題】 山上詣り

【種別】 滑稽，長屋

【あらすじ】 いかけ屋が仕事をしていると，近所の悪がきどもがやって来たので，今日もいたずらをするのではと気が気でない。早速，子ども達は大人のような口をきいてきたり，揚げ足を取るような質問を投げかけてくる。あまりにもうるさいので，いかけ屋が怒り出すと，子供達の標的は鰻屋へ。鰻屋は子ども達の日頃のいたずらを注意するが，ウナギが飲み込んだ針を探そうとしたりして，今日も次々に仕掛けてくるいたずらをかわしていく。ところがいたずらっ子の攻撃はやまず，「とうとう鰻をこがしちゃった」。

【解説】 東京では二代目桂小南が得意にし，現在では柳家喜多八が演じている。元は初代桂春団治が十八番にした『山上詣り』という上方落語で，ここで紹介したのはその中盤までの部分である。このあと山伏が鰻屋に現れ「あなたが持っているのは何ですか」と尋ねてくる。「これは団扇です」と答えると，「何，団扇？ここは外だから，ソトワいうのでは？」とやり込められる。それを悔しがっていると，鰻屋の友人が「ならば仕返しをしてやれ。お前山伏だろ？山伏なら，町を歩くな。山を歩け」と教えてくれたので，早速山伏を追っかけて，その通りに言うと「わしは山伏ではない。山上詣りだ」「ああ，ごきげんようお詣り」と山上詣りと「あんじょう（うまく）詣り」を掛けたもののサゲである。噺の中に登場する「いかけ屋」という商売も見られなくなった。辞書を引いて見ると，「いかけ（鋳掛）：鍋・釜など金物の壊れた部分を修理すること」とある。この噺でも見られるように，道端で火を熾しての商売であったことから，いかけ屋にとって子ども達の登場は嬉しいものであるはずもなく，子ども達にしてみれば，そうした態度を知っていたずらを仕掛けていくのが噺の聴きどころとなる。

幾代餅 （いくよもち）

【別題】 幾代餅の由来

【種別】 人情，廓，春

【あらすじ】 搗米屋の清蔵が病の床についた。事情を聞くと，人形町の絵草紙屋で見た吉原の

幾代太夫に一目惚れをするも，相手は大名道具と言われるくらいの花魁(おいらん)だけに，遊ぶ夢も叶うまいと思っているうちに病気になったという。親方から一年間一所懸命に働いて金を貯めれば会うことができると聞き，清蔵はその金を貯めて，吉原に詳しい医者の薮井竹庵に連れて行ってもらうことになった。ただし，搗米屋の職人と知ると相手にしてくれないので，野田の醤油問屋の息子という触れ込みで訪ねることにした。念願の幾代太夫に会えた清蔵は「今度はいつ来てくんなます」と聞かれたので，本当のことを話すと，事情を知った幾代は心を打たれ，年季があけたら清蔵と夫婦になると約束をする。年が明けて三月十五日になると，幾代は約束通り清蔵のところへ現れて夫婦になる。そして餅屋を開いて，幾代餅という名前で売ると，大層繁昌したという。
【解説】 『紺屋高尾』や『搗屋無間(つきやむげん)』と同工異曲の噺。五代目古今亭志ん生や十代目金原亭馬生が演じ，主に古今亭の一門の落語家が手掛けてきたが，近年，柳家さん喬や柳家権太楼など，他の一門も多く演じるようになってきた。

池田屋 (いけだや)
【種別】 滑稽，地噺
【あらすじ】 元治元年（1864）6月5日。この日に新選組を有名にした池田屋事件が起こった。古高俊太郎を捕らえた新選組の土方歳三は，拷問により古高を自白させ，尊皇派の動きを掌握して，長州や土佐をはじめとする尊王攘夷派志士が潜伏していた池田屋を襲撃する。その隊長である近藤勇は亥の刻（午後10時頃）を迎える頃に9名で突入を図った。沖田総司が一番に屋内に踏みこみ，槍の名手である永倉新八が活躍をし，これから階段落ちのシーン等々，面白い場面があるのだが，前の方で肘と肩（土方）をつけて寝ているお客様がいらっしゃるので，今度（近藤）また起きた（沖田）ときにお話し致します…。
【解説】 春風亭小朝が得意にしていた地噺で，ここでは寄席で演じることの多い春風亭勢朝の型を示した。地噺という演者の語りを中心に進めていく噺であるので，筋立てよりも，噺の間に挟まれるクスグリを楽しむ内容であり，演者のセンスを感じ取ることのできる噺でもある。

居酒屋 (いざかや)
【種別】 滑稽
【あらすじ】 居酒屋で店の小僧を相手に男が飲んでいる。酒を注がせたり，その酒にケチをつけたりしていると，酒の肴を勧められた。「できますものは，つゆ，柱，鱈，昆布，鮟鱇(あんこう)のようなもの，鰤(ぶり)にお芋に酢ダコでございます。えぃ～」と言うので，「じゃ，すまないが，その『ようなもの』を一人前持ってきてくれ」とからかってみたり，壁に貼ってあるものは何でもできると聞くと，最初に書いてある「『口上』を一人前持って来い」と言う。さらに「どぜう汁」を「とせうけ」と読むと，小僧がいろは四十八文字，濁りを打てば音が変わると言うので，「『い』は？『ろ』は？『ま』は？」と混ぜ返したりする。すると，ぶら下がっている鮟鱇の隣で，印半纏(しるしばんてん)を着て鉢巻きして出刃包丁を持っている男を見て，「あれはなんだ？」「あれはうちの番頭でございます」「あいつを番頭鍋にして一人前持ってきてくれ」。
【解説】 三代目三遊亭金馬の十八番であり，『ずっこけ』の前半部分を独立させたものという（『両国八景』という噺にも居酒屋の場面がある）。原話に文化3年（1806）『噺の見世開』の「酒呑の横着」がある。現在は古今亭志ん橋が得意にし，小僧に『君が代』を唄わせたり，サゲもこのあとに「それは無理なんです。番頭さんは半人前なんです」として演じている。

石返し (いしがえし)
【種別】 滑稽，長屋
【あらすじ】 腰を痛めた父親の代わりに，夜鳴きそばを売りに出た松公が，教えられた通りに人通りの少ない武家屋敷に入っていった。ある屋敷の石垣の上の窓から声が掛かり，持参したそば全部に注文が入り，窓から下された鍋にでき上がったそばを入れると引き上げられた。「そばの代金は投げると見失うこともあるので，門番がいるのでそこでもらえ」と言われたので，受け取りに行くと，門番は「あんなところ

に人間がいる訳がない。あれはタヌキだ」と言われてしまう。帰宅した松公から話を聞いた父親は，「狸でも何でもない。あそこは番町の鍋屋敷といって，たちの悪い浪人者が，夜，商人の売る物をただ食いするところだ」と言って，行灯を「汁粉屋」と書き変えて，松公と屋敷下まで出掛けた。すると案の定，「汁粉屋」と声を掛けられたので，下りてきた鍋の代わりに石を縛って「お待ちどうさま」と引き上げさせると，上にいた者がびっくり。「なんだ，これは！」「先ほどの石返し（意趣返し）でございます」。

【解説】　古くから江戸にある噺で，そば屋と汁粉屋の順番は逆になることもあるが，ここでは五代目柳家小さんの型を示した。柳家金語楼はこの噺を『おしる粉や』という題で演じていた。他に八代目林家正蔵や六代目蝶花楼馬楽などが寄席の高座で演じていた。

意地くらべ　（いじくらべ）
【別題】　強情
【種別】　滑稽
【あらすじ】　ある旦那のところへ「何でもいいから『うん』と言ってくれ」と八五郎がやってきた。詳しく聞くと，五十円貸してほしいと言う。「五十円とまとまった金は用立てできない」と返すと，「ここで借りようと思ってやってきたんだから，貸してくれるまでここを動かない」と言い出す。その訳はというと，ある隠居のところへ金を借りに行ったら，無利息，無証文，無催促，楽なときに返してくれと貸してくれた。その恩に報いるために一ヵ月で返そうと決めたが，今日は晦日なのに返せるあてがないので借りに来たのだと言う。そういうことなら，旦那から借りることのできた金を持って隠居のところへ行くと，「楽な金ができたら返してくれといったはずだ」といって頑として受け取らない。仕方がないので旦那の元へ返しに行くと，「二ヵ月待ってやると言って貸したんだから，それまでは受け取らない」と言われる。八五郎が再び隠居のところへ行くと，明日が一ヵ月目なので，明日の昼間までは受け取れないと言う。ならば明日の昼までここから動かない

と言うので，すき焼きで一杯やろうということになるが，八五郎は食わず嫌い。隠居は「今日は何が何でもお前に牛肉を食わせたい」と息子に牛肉を買いに行かせるが，いつまで待っても帰ってこないので様子を見に行くと，往来で知らない男と向かい合って立っていた。「出会いがしらにこの人と向かい合ったので，この人がどくまでこうしている」と言うので，相手の男に「お前さんも左か右にどいたらどうなんだ？」と意見すると，「お前さんの息子かい？強情な奴だね。私だって負けちゃいられない」と返してくる。「せがれ負けるんじゃないぞ。しかし八っつぁんが腹を空かせて待っているだろうからな…。せがれ，いいから牛肉を買ってきな」「そんなことしたら，私が負けになります」「その間，代わりに俺が立っててやる」。

【解説】　劇作家の岡鬼太郎（1872〜1943）が明治の末に初代三遊亭円左のために書き下ろした落語で，近年では五代目柳家小さんが手掛け，現在は柳家小三治や柳亭小燕枝といった小さん一門の落語家が演じている。ラストの息子に肉を買いに行かせる場面が，中国の笑話本『笑府』の「性剛」に見られる。

磯の鮑　（いそのあわび）
【別題】　わさび茶屋
【種別】　滑稽，廓，禁演
【あらすじ】　女郎買いへ行ったことがないという与太郎に，近所の若い連中が「女郎買いの師匠がいるから，そこへ行って教わってこい。ただしなかなか教えてくれないから，そのときはそこに居座るくらいでないと教えてくれないぞ」と，担がれていることも分からないで，紹介状を持って訪ねることにする。師匠という相手はからかわれてきたことを知っているので，若い頃に知った吉原の行き方にはじまって，店のひやかし方，気に入った店への上がり方を話して聞かせる。そして花魁を目の前にしたら，「『花魁は私を知らないだろうが，私はお前を知っている。店に上がろうと思っていたが，いい折がなくて，今日はやっとの思いで上がったんだ。お前の方じゃ何とも思うまいが，私の方はこんなに思っているんだよ。磯の鮑の片思いだ

よ』と持ち上げて，花魁の膝をつねってみろ。そうすれば惚れられる」と教える。与太郎は早速準備をして出掛け，教わった通りに遊びにかかり，花魁に「私の方はこんなに思っているんだ。磯のワサビの片思いだよ」と言ってギュッとつねる。花魁は痛いので「痛いじゃないか。涙が出たよ」「それじゃ今のワサビがきいたんだろう」。

【解説】　廓噺を得意にした初代柳家小せんの十八番であり，昭和に入ってからは八代目林家正蔵や二代目桂枝太郎が演じていた。一時期演じる落語家が少なかったが，近年，若手で演じる者が増えてきた。上方では『わさび茶屋』という。演題や本題の中にも登場し，『鮑のし』にも出てくる「磯の鮑の片思い（鮑の貝の片思い）」とは，鮑は二枚貝の片方だけのように見えるところから，自分が慕っているだけで相手にはその気のない恋を指している。

一眼国（いちがんこく）
【種別】　滑稽，長屋，旅
【あらすじ】　諸国を巡る六十六部（ろくじゅうろくぶ）の世話をし，何か珍しいものを見なかったかと尋ねた香具師が，眼が一つしかない人ばかりが暮らす，一眼国の話を聞き出す。早速，教わった通りに旅に出てみると，ある原っぱで遊んでいた一つ目の女の子と出会った。そこで連れて行こうとすると，大きな声で泣き叫んだことから大勢に取り押さえられて，代官所に連れて行かれた。回りの様子を伺うと，みんな一つ目なので驚いていると，代官が香具師の顔を見て，「面を上げ，こいつには目が二つある。調べは後回しだ，早速見世物に出せ」。

【解説】　短い噺なので，マクラで見世物の小噺を並べて本題に入ることが多い。原話は嘉永2年（1849）『はなし蔵』の「取りに来て取られた」にある。六十六部は六部ともいい，法華経を六十六回書き写して，その一部ずつを六十六ヵ所の霊場に納めて歩いた巡礼者のこと。また香具師は縁日や祭礼などで興行をし，商売をする露天商人のことである。

市助酒（いちすけざけ）
【種別】　滑稽，長屋，冬
【あらすじ】　町内で番太郎をしている市助という男は，冬になると火の用心の夜回りをしている。ところが酒好きで，ある夜，酔っ払って火の廻りをしたときに，伊勢屋という質屋から灯りがもれているので，「火の用心をお頼み申します」と声を掛けたところ，番頭の清兵衛に「また酔ってやがる。うるさいな」と追い払われた。するとそのやり取りを耳にした旦那が「本来であれば，町内の表店から火の番を出さなければならないところを，市助は代わりにやってくれている。酔っていても務めを果たしているのだから，いたわってやらなくてはいけない」と番頭を叱った。翌晩になって心を入れ替えた伊勢屋の番頭は市助が火の用心にやって来たので，店に呼び入れて酒をご馳走した。最初は遠慮をしていたが，飲み始めると止まらなくなり，酔っ払って番小屋へと帰って行った。一眠りしてから再び火の用心に廻ると，伊勢屋の番頭は市助が酔っ払っているのを見て，昨晩とは反対にこっちから挨拶をしてやろうと，「ご苦労様。うちではきちんと気を付けているよ」と声を掛けると，「なに，お宅は焼けたってようございます」。

【解説】　原話は元禄14年（1701）『軽口百登瓢箪（かるくちひゃくなりひょうたん）』の「番太郎」にあり，寛延4年（1751）の『開口新語』や安永2年（1773）『再成餅（ふたたびもち）』の「火の用心」などにも見られる。古くから東西で演じられている噺で，現在は東京でも柳家小満んや桂文生，柳家さん助などが演じている。

一分茶番（いちぶちゃばん）
【別題】　権助芝居／素人芝居
【種別】　滑稽，芝居
【あらすじ】　ある大家で素人芝居をやることになった。ところがその当日，『鎌倉山』の権平役（たいけ）が役不足だと言ってやって来ないので，飯炊きの権助に芝居ができるかと尋ねると，「疑るのはよくない。田舎で『ちょうちんぶら』を演じたことがある」と言う。「ちょうちんぶら」とは『忠臣蔵』のことで，「七段目」でお軽を

演じたのだとか。そこで一分の金を与えて舞台に上がってもらうことにした。演じる権平は家宝の鏡を盗み出すが見つかってしまい、縛られて尋問を受ける役。家宝を盗んだ理由を長セリフで言わなければならないが、セリフもうろ覚えだし、田舎言葉丸出しで、それを野次る客に文句を言ったりするので、芝居がめちゃくちゃになってしまう。やっと尋問の場面になると、相手の役者が頭にきて、権助のことを本当に縛り、「何者に頼まれた」「一分もらって番頭さんに頼まれた」。

【解説】 権助の田舎芝居での失敗談にスポットをあて、権助演じるお軽の相手の由良之助を演じた茂十がセリフを忘れ、権助がその穴を埋めようと、ふんどしをしないで尻をまくって現れたので、「今年のお軽はオスだんべ」としてサゲることもある。そのことから『権助芝居』という演題で演じることも増えてきた。

井戸の茶碗（いどのちゃわん）
【種別】 人情，長屋，武家
【あらすじ】 麻布の谷町に暮らす正直者で知られる屑屋の清兵衛がある裏長屋を通りかかると、千代田卜斎という浪人から屑の他に仏像を引き取ってくれと言われたので二百文で買い取る。その仏像を笊の中に入れ、白金の細川家の窓下を通ると、高木作左衛門という侍が目を止め、大層気に入ったので三百文で買い求める。作左衛門がその仏像を磨いていると、台座がはがれて中から五十両の小判が出てきた。作左衛門は屑屋が再びやって来るのを待ち受け、訳を話して五十両を相手方に返すようにと言うので、屑屋が卜斎のもとを訪ねると、卜斎は一度手放した物は自分のものではないと受け取らず、また作左衛門も返せと言って頑として受け付けない。困った清兵衛が家主に相談をすると、卜斎に二十両、作左衛門に二十両、間に入った清兵衛に十両という案を出してきた。ところが卜斎がそれでも受け取らないので、何か作左衛門に差し上げたらいいと提案をすると、卜斎はいつも茶を飲んでいる薄汚い茶碗を作左衛門に渡すことにする。正直者同士の話を聞いて感心した細川の殿様が茶碗を見てみたいと言うので、茶碗を磨いて差し出すと、それは井戸の茶碗という名器であることが分かり、作左衛門から三百両で買い上げた。困った作左衛門は屑屋を呼んで、先例にならい半分の百五十両を卜斎に渡して来いというが、やはり卜斎は受け取らない。だが、作左衛門が独り身であるなら、娘を嫁に差し上げたいと言う。それを聞いた作左衛門は卜斎の娘であれば間違いないと、嫁にもらうことにする。それを聞いた屑屋が安心をして「今は汚い身なりをしていますが、あれで磨いてごらんなさい。たいした美人になりますよ」「いや、磨くのはよそう。また小判が出るといけない」。

【解説】 講談の『茶碗屋敷』（『細川の茶碗屋敷』）を落語に移したとされる。三代目柳家小さんの残した速記によると「講談物を初代の柳枝が落を附けて可笑しく拵へましたもの」とあることから、初代春風亭柳枝が移したと思われる。古い速記では「磨くとまた騒動が起こります」というサゲが見られるが、現行は「小判が出るといけない」とサゲることが多い。一時期、講釈師に転じていたことのある五代目古今亭志ん生が得意にしており、古今亭志ん朝も演じた他、近年では柳家さん喬や柳家権太楼、春風亭小柳枝などが演じている。

稲川（いながわ）
【別題】 関取千両幟／千両幟
【種別】 人情，滑稽，長屋
【あらすじ】 江戸時代に大坂から江戸へやってきた稲川という力士は十日間全勝するも贔屓がまるでつかなかった。「相撲には勝ったが、江戸の水は合わないのだ」と大坂に帰ろうと考えていると、乞食が現れて、稲川に会いたいと言う。そして贔屓になりたいので、ご馳走をしたいと竹の皮に包まれた蕎麦とふちの欠けた茶碗を差し出すと、稲川は「大名衆でもおこもさんでも贔屓の二文字には変わらない」と喜んでそれを食べた。そして「恥を話すようだが、江戸へやって来てご贔屓になってくれたのは、あなたが最初だ。大坂へ帰ったら、江戸ではおこもさんまでもが贔屓にしてくれると自慢ができます。どうか私のことを忘れないでもらいたい」

と頭を下げた。実はその乞食は日本橋魚河岸新井屋の若い衆で、「上方見物をしたとき、あなたの相撲を見て、いい関取だと思って、こっちへ来たら贔屓にしようと思っていた。ところが忙しくて何もできなかった。そのうち、仲間内の寄り合いで、稲川という相撲取りは強いが人気が出ない。仮に乞食が何か持って行ったら食べてくれるだろうかと言うと、誰一人、食べるという者がいなかったので、もし食べたら河岸のみんなで贔屓になってやろうと話がまとまり、こうしてひと芝居打った。大名衆でもおこもさんでも贔屓という二文字は変わらないと言うのを聞いて嬉しかった。今度は私たちが大坂に帰さないよ」と、河岸の連中が酒や肴を運び込んで大いにもてなした。これを機に江戸で稲川の人気が出たという「関取千両幟」という一席。

【解説】　浄瑠璃にある『関取千両幟』のモデルにもなった稲川の逸話の一つ。江戸の頃、大坂で人気のあった稲川と千田川をモデルにしており、その二段目にあたる「岩川（稲川）内」と「相撲場」は、歌舞伎でも演じられている。六代目三遊亭圓生が演じたが、今日では森武蔵という四股名で相撲を取っていた三遊亭歌武蔵が、相撲に関する裏話や名力士の逸話を交えて演じている。

稲葉さんの大冒険（いなばさんのだいぼうけん）
【種別】　滑稽、新作
【あらすじ】　真面目で判で押したような生活をしている稲葉さんが、街角で配っているティッシュをもらった。それは風俗店の宣伝ティッシュで、こんなものを家に持って帰っては何を言われるか分からないと、気の小さい稲葉さんはゴミ箱に捨てようとするが、警察官が近づいてきたので疑われるとまずいと思い、捨てることができない。このままでは近所の人に「こんな店に行っているのか」と思われてしまうので、再び捨てようとすると、今度は小学生が近づいてきて、子どものためにならないから無闇には捨てられないと、公園のトイレに流そうとするが、トイレが詰まったら区の担当者が来てしまうと流すこともできない。そこで植え込みに埋めようと穴を掘っていると、そこへ犬を連れた男の人がやって来て、「そんなところで何をやっているんだ？盆栽用の土が欲しいのだろう」と、手に持っていたビニール袋に土を入れて渡されてしまった。その男が去ったあとに、今度こそはと埋めようとすると、再び帰って来て、「本当は釣りが好きでミミズが欲しかったんでしょう」と、今度はミミズを捕って、稲葉さんの持っている土に入れてよこした。稲葉さんがミミズを逃がしてやると、またまた男が帰って来て「あなたが欲しかったのは、この松の木でしょう」と言って、植え込みに生えている松の木を引っこ抜いて、稲葉さんに背負わせてしまった。松の木を背にした稲葉さんはどういう言い訳をしようかと考えながら自宅へ向かうと、ベランダから見ていた妻が「お帰りなさい、どうしたの？」「ただいま、会社の女の子からのプレゼント」。

【解説】　三遊亭円丈が柳家さん喬のために昭和55年（1980）に書き下ろした落語で、現在は円丈の他、柳家喬太郎や柳家喬志郎などが演じている。元々稲葉さんがもらうのはキャバレーのマッチであったが、喬太郎が演じるように、ここではポケットティッシュとした。

犬の目（いぬのめ）
【種別】　滑稽
【あらすじ】　眼を悪くした男がヘボンの弟子でシャボンという先生に診てもらうと、目玉をくり抜いて洗わなければならないと言われた。早速手術をするが、洗った目玉がふやけてしまい、元に戻せなくなってしまった。そこで乾かすのに干しておくと、犬がそれを食べてしまったので、その犬の目玉をくり抜いて、男にはめ込むことにした。しばらくして男が再びやって来たので具合を尋ねると、犬の目玉を入れてから遠目がきくようになったとか、夜中に物音がするとすぐに目が覚めるとか言い、一つ困ったことがあると口にする。「電信柱を見ると小便がしたくなります」。

【解説】　原話は安永2年（1773）『聞上手三篇』の「眼玉」にあり、そのサゲでは「おかげで目はよふござりますが、変わつた事で、紙屑拾ひ

を見ますると，どふも吠へとふてなりませぬ」としてある。サゲはこの他にも，犬の目を入れた男が「これは表へ出られない。まだ鑑札を受けていません」であるとか，再び医者を訪れた際に「小便する時，自然に足が持ち上がります」。また「小便をするときに足を上げたくなる」というもの。さらに「夜，女房と取り組むときに後ろからしたくなる」といった艶っぽいものもある。

居残り佐平次（いのこりさへいじ）
【別題】　居残り
【種別】　滑稽，廓，禁演
【あらすじ】　佐平次という男が友達四人と連れ立って品川へ遊びに行く。さんざん騒いで，一人一円という安い割り前で，あとは俺に任せろという遊びで，ドンチャン騒ぎをしたあと，佐平次は四人を呼んで，約束の割り前を一旦もらう。そして「明日は明るくなったら帰ってくれ。自分はこのまま居残るから，その金は母親に渡してくれ。最近，調子が悪いので，ここで転地療養をする」と言い出した。翌朝，若い衆が勘定を請求しにくるが，佐平次は昨日の四人が裏を返しにくるから待っていると言う。その次の日に若い衆が再び勘定を取りに来ると，「金がない」と言い，一緒にやって来た友達も「昨日，軍鶏屋で飲んでいたときに知り合ったので，どこに住んでいるのか分からない」と言い，驚いた若い衆を制して，佐平次は自ら志願をして布団部屋へ行き，居残りを決め込むことにする。店の方ではケチがつくかと思いきや，佐平次は酒の相手ができて，言うことも面白く，また座持ちがうまいことから客の評判も良いので，馴染みもできて，中には芸者ではなくて，居残りを呼んでくれと言われるまでになった。すると店の若い衆から苦情が出るようになったので，店の主人に呼ばれ，ひとまず家に帰ってはどうかと言われる。ところが佐平次が「自分が悪者で，追い手に追われている身なので，かくまってもらいたい」と口にすると，主人はとばっちりが来ると困るので，二十円の金と着る物を与えて店を追い出すことにした。店を出た佐平次を若い衆がつけると，「俺は居残りを稼業にしている佐平次というもんだ。お前も俺の顔を覚えておけよ。品川ではいっぺんもやったことがないから，お前の店を見込んでやったんだ」と言ってきたので主人に報告をする。「ちきしょう，どこまで人をおこわにかけるんだ」「へへ，あなたの頭がごま塩でございます」。
【解説】　『子別れ』の作者としても知られる初代春風亭柳枝（1813～68）の作で，日本映画の名作『幕末太陽伝』（川島雄三監督，日活，1957）の原作になった噺としても知られている。明治時代に廓噺を得意にした初代柳家小せんが十八番とし，昭和になってこの噺を演じた五代目古今亭志ん生や六代目三遊亭圓生も，この小せんに教わったという。サゲの「おこわにかける」とは「おお怖い」から来た言葉で「うまい口を使ってだますこと」を指している。また「佐平次」という言葉も，浄瑠璃の社会の隠語で「べんちゃら。いらぬ世話をやくこと。でしゃばること。またその人。ペテン師」を意味する。サゲが分かりにくくなってきていることから，サゲを変える演者も増えてきており，立川談志は主人が店の表から佐平次を帰そうとするのを若い衆が止めて，「裏から帰したらどうですか」「裏を返されたらあとが怖い」。十代目柳家小三治は追って来た若い衆に「またちょくちょく来ると言ってくれ」とし，それを主人に告げると「冗談じゃない，二度も三度も来られてたまるか」「旦那が仏と言われていますから」としている。

位牌屋（いはいや）
【種別】　滑稽
【あらすじ】　番頭が「旦那様，おめでとうございます」と祝いの言葉を述べると，「何か儲かったのか？」「赤さんがお生まれでございます」「入費がかかるのに何がめでたい」と小言を言うようなケチで知られる赤螺屋吝兵衛。「お祝いですから味噌汁に何か入るでしょう」と聞かれると，「この間，すりこぎを見たら，随分と減っていたから，あれが入っている」と言ってくる仕末。するとつまみ菜売りがやって来たので，小僧に莚を敷かせて，そこへつまみ菜を開

けさせた。馬鹿みたいに安い値に負けさせるので，菜売りが怒って帰ってしまうと，庭にこびりついた菜を拾い集めて，それを味噌汁の具にしろと言う。次に芋屋がやって来たので，売っている芋を「昔，琉球から薩摩へ献上した芋みたいにいい芋だ」と褒めちぎっては，二，三本せしめて，芋屋の商いや暮らしぶりをあれこれと繰り返し訪ねる上に，芋屋の持っていた煙草入れの中の葉まで巻き上げてしまうので，芋屋も芋を置いたまま怒って帰ってしまった。その様子を一部始終見ていた定吉に，横丁の位牌屋にあつらえておいた位牌を取って来いと命じると，定吉は呑兵衛の真似をして，煙草をせしめて，「昔，琉球から薩摩へ献上した位牌みたいにいい位牌だ」と妙な褒め方をしながら，子どもの位牌を余計にもらって帰ってくる。店へ帰って来た定吉からそれを聞いた呑兵衛が，「こんな小さな位牌をもらってきてどうするんだ」「夕べ生まれた坊ちゃんのになさい」。
【解説】『味噌蔵』や『二丁ろうそく』にも登場する赤螺屋呑兵衛が主人公の噺。『二丁ろうそく』はこの噺の後半であったともいう。原話と思われるものは土佐の民話の他，数々あり，類話としては位牌ではなく棺桶を買いに行かせる安永6年（1777）『喜美賀楽寿』の「勘弁者」などに，現行の噺に近いものとしては文政7年（1824）『咄土産』の「律義者」に見られる。

今戸の狐（いまどのきつね）
【種別】　滑稽，長屋
【あらすじ】　乾坤坊良斎の門人菅良輔（良助）は年も取ったことなので，初代三笑亭可楽に勧められて，今戸で暮らしながら副職で今戸焼の狐の泥人形の彩色をしていた。良輔の筋向こうに暮らしている小間物屋の女房は元は千住（コツ）の女郎で，働き者なので良輔に頼んで彩色の仕事を回してもらうことにした。一方，中橋に住む可楽の家では弟子が寄席でクジを売って儲けた金を勘定しており，それを音だけ聞いたやくざ者が，禁じられている博打をしているに違いないと思い，可楽のもとを訪れ「最近，取られてばかりなので，少し回してくれ。狐をやっているんだろう」と口にする。可楽は相手にしないが，男があまりにも「狐」だとか「狐ができている」と言うので，弟子の乃楽が「狐のできているのは今戸の良輔の家だ」と教える。男が良輔の家を訪ね，同じように頼み込むと，話が噛み合うようで噛み合わない。「お前のところでは狐ができているな」「内緒にして下さい。苦しいもんですから」「最近はどうだい？」「やっと顔が揃うようになりました」「どんな顔だい？」「金張りに銀張りです」「俺にもこしらえてもらいたいんだが」「まとまってなら」「どこでできてんだ？」「戸棚の中です」と，戸棚を開けると泥の狐が並んでいる。「俺が探しているのは，コツの賽だ」「コツ（千住）の妻なら，お向こうのおかみさんです」。
【解説】　サイコロを三つ使って行う博打である「狐」。骨でできたサイコロを「コツ」と言い，千住周辺をかつて小塚原と呼んだことから，通称「コツ」と呼んだ件。さらに賭場が開かれることを「できる」と言ったことを，マクラや噺の中で仕込んでおかないと，サゲどころか噺の展開が分かりにくい。そのせいもあってか，演者が少なくなった。かつては五代目古今亭志ん生の独断場であり，十代目金原亭馬生と古今亭志ん朝に伝わったことから，今でも馬生一門や志ん朝一門の落語家が演じている。ここでは主に志ん生の演じた型を記した。

今戸焼（いまどやき）
【別題】　俳優の命日
【種別】　滑稽，長屋
【あらすじ】　女房の留守中に帰ってきた亭主。どうせいつものように芝居でも見に行ったのだろうと愚痴を言いながら，七輪の火を起こしている。友達の夫婦について考えてみると，夫思いの女房ばかりだったり，仲のいい夫婦ばかりだったりと，他人の芝はどうしても青く見えてしまう。そこへ帰ってきた女房は，悪びれもせずに，見てきたばかりの芝居について語り出す。しかも，よその亭主を二枚目の俳優にたとえて，自分の亭主のことはそっちのけ。不機嫌になる亭主を持ち上げようと，やっとたとえたのは，人気俳優の福助。喜んだ亭主が「役者のか」「なに，今戸焼の福助だよ」。

【解説】 題名にもある「今戸焼」は, 浅草の今戸で焼かれていた焼物で,「今戸焼の福助」は福助の形をした陶磁器を示している。九代目桂文治は『俳優の命日』という題で, 当時の俳優や映画を次々に取り上げて, 今風に演じていた。

今戸焼きの「おかめ」と「福助」

芋俵 (いもだわら)
【種別】 滑稽
【あらすじ】 泥棒がある大店に盗みに入ろうと相談をするが, 奉公人も多く, 締まりが厳重なので, ある方法を考える。それは一人が芋俵に入り, 他の二人がそれを運び,「お店の前に少し置かせてもらおう」と頼んで帰るが, 店を閉める時分になっても取りに行かずにいる。店の者は俵を店の中へ入れるので, そうしたら俵を切り破って, 中から戸締りを外して仕事にかかろうというものであった。いざ実行に移すと, 店の中へ入れたのはいいが, 俵を逆さに立てられてしまった上に, 小僧と女中が, 腹が空いたので芋俵から芋をもらって食べようと, 俵の中に手を入れてきた。中に入っていた泥棒はあちこち体を触られるものだから, くすぐったくなって, それをこらえた途端におならをブーッ。「ははは, 気の早いお芋だ」。

【解説】 似たような噺に『人俵』というのがあり, 最後が「中は人(四斗)だぜ」「それじゃ二斗づつ分けよう」というものがあるが, 最近では演じられていない。安永2年(1773)『聞上手二篇』に「いもや」という原作と思われる噺が収載されている。

現代の新作落語－円丈以前, 円丈以降, 円丈中 ①

　名人が活躍し, ホール落語ブームが続いた昭和の落語黎明期。落語といえば古典落語を指し, 新作落語は特異な眼で見られていたといっていい。60ページ等のコラムで取り上げたような漫談や地噺の他, 日本芸術協会(現・落語芸術協会)では, 創立期から新作落語が演じられてきたが, その多くは人情噺風の作品であったり, 舞台を長屋から団地へ, 登場人物を職人から会社員へ置き換えるといった, 古典落語の焼き直しのような噺が多かった。

　昭和37年に落語家自身が, そしてラジオやテレビ番組を支えた演芸作家達による新しい落語を作る動きが始まる。前者は「創作落語会」のスタートで, 後者は「落語漫才作家長屋」の誕生である。優れた台本の制作と後進の育成がコンセプトにあった作家長屋にしても, 実演するためには落語家は不可欠であり, 前者には歌奴(三代目圓歌), 三平(初代), 米丸, 柳昇, 小金馬(四代目金馬), つばめ(五代目)が, 後者には今輔(五代目), 痴楽(四代目), 伸治(十代目文治), 歌丸, 圓鏡(八代目圓蔵)といった落語家が顔を連ねた。

　新作落語の集団は老舗の東京落語会で芸術祭奨励賞を受賞する結果を出す一方で,「新作落語会」(笑三, つばめ, さん生など)といった会を生むきっかけとなるなど, その後の新作落語の活躍への礎石を作ったのは間違いない。この動きの中で生まれた作品には, 小金馬が演じた『表彰状』(大野桂・作), 柳昇『義理堅い男』(玉川一郎・作)などがある。

植木のお化け（うえきのおばけ）
【種別】 滑稽，音曲
【あらすじ】 隠居のところへお化けが出るという噂を聞いて，長屋の熊がやって来た。隠居が言うには「毎晩，それを見ながら晩酌をやっている」とのことで，「どんなお化けですか？」と尋ねると，「下男の権助が植木に煮え湯をかけたことから，それを恨んで出るようになった植木のお化けだ」と答える。熊がぜひ見たいと言うので，夜中に二人で庭を眺めながら酒を飲んでいると，丑三つ頃に庭の築山からお化けが出てきた。『梅は咲いたか』の歌にのせて出てきたのは，酔っ払った態の榊（酒気）に蘭（乱）で，つまり酒乱。大津絵の『苅萱道心（かるかやどうしん）』で出てきたのは稚児桜（ちござくら）に苅萱。清元の『三千歳（みちとせ）』では雪の下に女郎花。何も言わないでただ通り過ぎるだけのお化けはクチナシ。『勧進帳』では石菖（関所）に弁慶草が出てくる。最後に「南無妙法蓮華経，南無妙法蓮華経」と賑やかなお化けが出てきたので，「あれは南無妙法蓮草（ホウレンソウ）ですか」「なに，蓮華に橘だ」。
【解説】 演者が噺の中で得意の喉を披露する音曲噺の一つで，音曲師であった七代目春風亭枝雀の音が残る。最近では春風亭一朝がこの噺を演じている。サゲは経の中に出てくる「蓮華」と日蓮宗の紋所である「井桁に橘」がかかっている。

植木屋娘（うえきやむすめ）
【種別】 滑稽
【あらすじ】 植木屋の幸右衛門は妻と娘のお花と三人暮らしをしている。幸右衛門は無筆なので書き出し（請求書）を檀那寺の和尚に書いてもらっているが，その日は和尚が忙しいので伝吉に書かせると，要領よく仕事を進めるので，幸右衛門は伝吉のことをすっかり気に入ってしまう。そこで幸右衛門は今年十八になり，今小町と言われているお花に虫がつかないよう，伝吉を婿養子に取って自分達は隠居をしたいと，和尚のところへ掛け合いに行く。ところが「伝吉はさる所から預かっており，そろそろ家へ帰そうと思っているのでだめだ」と言われてしまう。諦めきれない幸右衛門は伝吉が家へやって来たときに，お花と二人きりにして一緒にしてしまおうと考える。ところがなかなかうまくいかないのでイライラしていると，しばらくして女房から「産婆からお花のお腹には赤ん坊がいるんじゃないかと言われた」と耳にした。そこでお花に尋ねると「相手は伝吉だ」と言うので，父親は大喜びで寺に駆け込む。そして「伝吉を婿にもらいたい」と和尚に詰め寄ると，「根回しがうまいな」「ええ，植木屋ですから」。
【解説】 元々は上方落語で，サゲも植木屋が和尚に掛けあうと，伝吉が「商売が植木屋でございます。根はこしらえものかと存じます」と，縁日などで売っている植木には根がなかったりインチキな物が多かったことを入れ込んだものや，植木屋と和尚が伝吉に本来の家督を継がせなければならないとやり取りをしたうえに，「家を取ったり継いだりできる訳がない」「接ぎ木も根分けもうちの秘伝です」といったものがある。東京でも近年，三遊亭歌武蔵がサゲを「さすがに植木屋だ。根回しがいいな」「いいえ，お花が咲いて身をつけた」と変えて演じている。

浮世床（うきよどこ）
【種別】 滑稽
【あらすじ】 昔の髪結床は，町内の連中のたまり場で，今日も若い者が集まっては，思い思いの時間を過ごしている。王将を取られてもなお将棋を夢中で指していたり，その横では将棋を指している者の二本のキセルの，雁首は雁首，吸口は吸口同士でくっつけるといったいたずらや，駒を将棋盤の横で叩く癖があるので，そこへ鬢付け油を塗っていたずらをしたりしている者もいる。また暇に任せて，かくし芸を披露し

ようと言うと，裸になって尻にロウソクを挟んで踊る「宇治の蛍踊り」とか，「戦争ごっこ」といってロウソクを屁で吹き消して「互いの兵力(屁ィ力)を争う」とか馬鹿なことを言ったりしている者もいる。本を読んでいる男がいるので，声を出してみんなに読んで聞かせると，「姉川の合戦」のことを「姉様の合戦」と言ってみたり，「敵にむかついた真柄十郎左衛門が一尺五寸（約45cm）の大太刀で敵に切りかかる」と，むちゃくちゃな読み方をしたりする。するとそばで寝ている男がいるので，起こしてみると「乙な年増に惚れられて」とのろけ話をはじめる。芝居小屋で出会った女といい仲になり，その女の家に行き，酒に酔ったところで，いよいよ一緒にお床入り…というところで，「起こしたのは誰だ」と夢の話を聞かせたりしている。あまりにも騒がしいので，床屋の親方が「静かにして下さいよ。あんまり賑やかなんで，気を取られていたら，銭を置かずに帰っちまった奴がいる。ここにいた印半纏を着た男だ」「あれは畳屋の職人だ」「それで床を踏みに来たんだ」。

【解説】　全編を演じると長いので，持ち時間の短い寄席などでは，将棋・芸・本・夢の中から一場面，または「芸と本」「本と夢」のように抜粋して演じることが多い。元々上方にあった落語を初代柳家小せんが移したとされるが，式亭三馬の代表作である『浮世床』（文化9年，1812）を題材にしてつくられた落語と言えよう。原話は本の場面で「一尺五寸の大太刀」とするのは，安永2年（1773）『聞上手三篇』の「大太刀」に，サゲの「床を踏む」は安永2年（1773）『芳野山』の「髪結床」に見られる。サゲは畳屋が藺草を踏んで作業をする様と「床」屋の料金を踏み倒すをかけたもの。演じられることの多い「夢」の場面で噺を切る場合は「長い夢を見やがったな」や，夢の中で小便で絵を描いてみせたというのを受けて，「何か一つくらい本当のことはないのか？」「着物が冷たくなってらぁ」等々でサゲることが多い。

浮世根問（うきよねどい）

【別題】　無学者

【種別】　滑稽，長屋

【あらすじ】　知らないことはないという隠居のところに，八五郎がやって来て，「がんもどきの裏表は？」をはじめとして，次々に質問をしていく。「婚礼のことを，よく嫁入りと言いますが，女が来るんだから，女入りとか娘入りと言うべきだ」と言うと，「それは男の方に目が二つ，女の方に目が二つ。それを合わせて『四目入り』だ」。「鶴は千年亀は万年と言うけれど，鶴亀が死んだらどこへ行くんです？」「めでたいものだから極楽へ行く」「極楽てぇのはどこにあるんで？」「地獄の隣だ」「地獄はどこにあるんで？」と質問が続くので，隠居は「極楽はここだ」と仏壇を見せる。「死ぬと，ここへ行けるんですか？じゃあ鶴亀も極楽へ行って仏になれますか？」「ああいうものは畜生だから仏にはなれない」「何になるんです？」「この通りロウソク立てになる」。

【解説】　物事の根本までをつきつめて問いただす「根問」物の一席で，初代柳家小せんが上方より移したとされるが，亀の背に鶴が立ち，その頭の上にロウソクを立てる形をした燭台に由来するロウソク立ての件は，安永5年（1776）『鳥の町』の「根問」に見られる。この他，宇宙の果てまで飛んで行ったらどうなるかという質問があったりと，根問の量で噺の長さを調整できる。別題として『無学者』を挙げたが，同種の噺である『やかん』を指すこともある。ただし，この噺を得意にした五代目柳家小さんによると「この噺を，『薬缶』と取り違えて演ずる人がいますが，『薬缶』に出てくる隠居は，物を知らない隠居だが，この『浮世根問』の隠居は物を知っている（中略）その辺を区別しなければなりません」（『柳家小さん集』）としている。今も小さん一門の落語家が演じている。

氏子中（うじこちゅう）

【種別】　滑稽，長屋，艶笑，禁演

【あらすじ】　商用で越後に出かけていた与太郎が一年半ぶりに帰宅すると，女房が妊娠をしていた。驚いた与太郎が「そのお腹はどうしたんだ？」と尋ねると，「お前さんが日頃から子どもが欲しいと言っていたから，氏神様の神田明

神に日参をして，そのご利益で子どもを授かった」と答えた。与太郎が留守を頼んでおいた親分へ相談をすると，「お前の留守中に町内の若い奴らが出入りしていたんで，意見をしていたんだが，おそらく相手はその中の一人に違いない。お七夜を迎えたら，子どもができたから一口差し上げたいと言ってみんなを呼び，そこで荒神様（こうじんさま）へのお神酒（みき）で胞衣（えな）を洗ってみろ。そうすれば，その胞衣に相手の男の紋が浮き出るから，そいつに女房と子どもをくれてやって，お前は新しい女房をもらえ」と言ってきた。そして子どもが生まれ，お七夜の日に親分に言われた通りに男達を集め，その席で胞衣を洗うと「神田明神」という文字が浮かび上がってきた。平気な顔をしている女房が「それごらん。バチが当たるよ」と言うと，親分が「まだそばに何か出ているぞ」「何と出ています」「そばに氏子中としてある」。

【解説】　現代のようにDNA鑑定のない時代，特に江戸時代には「アライゴ」といって，父親が不詳で子どもが産まれた場合に，誰が父であるかを見定めるために胞衣（出産した後に残る胎児を包んでいた膜や胎盤）を洗い，そこに浮き出る紋を見るという習慣があった。胞衣を洗われた子どもは成長後に「アライゴ」と呼ばれたという[1]。そうした習慣も分からなくなったことから，近年ではあまり演じられなくなった一席。『町内の若い衆』の別題とする資料も見られるが，展開やストーリーが異なり，禁演落語に選ばれたのも，この『氏子中』である。原話は正徳2年（1712）『新話笑眉』の「水中のためし」にあり，現行の形に近い話としては，宝暦12年（1762）『軽口東方朔』の「一人娘懐妊」に見られる。氏子中とは同じ氏神を祭る氏子の仲間のことである。

1）　島野裕子，神戸大学大学院人間発達環境学研究科研究紀要「胞衣にみる産と育への配慮：近世産育書における子どもと母の関係」，4(1)，27-36（2010）．

宇治の柴船（うじのしばぶね）
【別題】　柴船
【種別】　滑稽，夏

【あらすじ】　ある材木問屋の若旦那が病気になったが，原因がまったく分からない。そこで，熊五郎が旦那の命を受けて聞き出してみると，骨董屋で見掛けた井上素山という人が描いた絵の女に惚れたと言う。絵を入手することができないので，田舎へ行けば同じような女性に会うこともできるだろうと，若旦那を連れて宇治に療養に行くことにした。すると，ある雨の日の午後，若旦那が宿の二階から外を眺めていると，伏見に帰るための船を探している女性の姿を見掛けた。若旦那は船頭の格好をして船を操り，「お心持でいいので，船に乗って下さい」と女に声を掛ける。しばらくすると，船を岸辺にもやい，夢の話と絵に描いた女にあなたが生き写しであることを話してくどいてみるが，女は亭主がいるといって断る。二人がもみ合っているうちに，船のもやいが解け，船が急流の中を進み始めた。若旦那はどうにでもなれと女にしがみつくと，女は若旦那を突いたので，宇治川へまっさかさま。「若旦那，若旦那！」「ああ，夢か」。

【解説】　大阪の桂文屋の作ともいわれ，東京では二代目桂小南が演じ，今でもその一門が京都のままや，舞台を東京に移して演じることがある。サゲは多様で，小南はこのあとに「掛け軸に描いた女に会えた」「若旦那，その掛け軸の女に会えたおかげで病気も治った。ええ（絵）夢ですな」とサゲることもあった。

牛ほめ（うしほめ）
【別題】　池田の牛ほめ
【種別】　滑稽，長屋

【あらすじ】　佐兵衛伯父さんが家を新築したので，与太郎が父親から「家は総体檜（ひのき）づくりでございます。畳は備後の五分縁（ごぶべり）で，左右の壁は砂（すな）摺りで，天井は薩摩の鶉木目でございます…」と，家の褒め言葉を教わるがなかなか覚えられない。おじさんの家にやって来ると，「家は総体ヘノコづくりで，畳は貧乏でボロボロで，佐兵衛のかかあはひきずりで，天井は薩摩芋やうずら豆…」と言ってしまい，父親に書いてもらったものを読んで，なんとか挨拶を済ますことができた。最後に台所の節穴を見せてもらい，父

親に小遣い稼ぎになるからと教えてもらったように，「心配することはありません。ここに秋葉様のお札をお貼んなさい。穴が隠れて火の用心になります」と言うと，おじさんはいたく感心をし，父親の言っていた通りにお小遣いをもらうことができた。それに気を良くした与太郎は伯父さん自慢の牛を見せてもらい，これも父親から教わった通りに「この牛は天角地眼一黒鹿頭耳小歯違」と褒めると，牛は与太郎に尻を向けて糞をし出した。すると与太郎が「おじさん，あの穴なら気にすることはねえ。秋葉様のお札をお貼りなさい。穴が隠れて屁の用心になる」。
【解説】　秋葉様は火伏せの神様であり，台所に火難除けのためにそのお札を貼った。十代目桂文治はその秋葉様のお札が分かりにくくなったことから，「防火宣伝のお札」として演じていた。寄席などで時間がないときには，家を褒めるだけの『家ほめ』として演じられることもある。家の柱に節穴があることから対処をしようという噺は『醒睡笑』にも見られるが，そこに火除けの札を貼るという試みは，貞享4年（1687）『はなし大全』の「火除けの札」や，元禄11年（1698）『初音草噺大鑑』の「世は金が利発」から発した。初代林屋正蔵による『笑富林』の「牛の講釈」に見られる。

うどん屋（うどんや）
【別題】　かぜうどん
【種別】　滑稽，冬
【あらすじ】　屋台を担ぎ，鍋焼きうどんを売り歩くうどん屋が，酔っ払いにつかまってしまった。その酔っ払いは自分の知り合いの仕立屋の太兵衛と，その娘が所帯を持ったことを知っているかと，何度も繰り返して聞かせるので，うどん屋がそれに合わせると，今度は「生意気を言うな」と返してくるので困ってしまう。酔っ払いがひと通り話を聞かせたところで，水を飲んで帰ろうとするので，何とかうどんを食べてもらおうとしても，酒飲みにうどんを勧めるのかと怒って帰られてしまう。次に呼びかけられたのは，「うどん屋さん，子どもが寝たばかりなので静かにして頂戴」。ますますやりきれないでいるうどん屋に，最後に声をかけたのは大店の若い衆。小声で声を掛けてきたので，これは商売になるかもしれないと期待をして，喜んで注文を聞くと，やはり小声で「一つ」。訝しがりながら差し出したうどんを食べ終えた客が代金を支払い終えると，おもむろに「うどん屋さん」。一歩乗り出して「へぇい」「お前さんも風邪を引いたのかい」。
【解説】　三代目柳家小さんが大阪から移した噺で，そば文化圏にある江戸落語の中では珍しく，うどんを扱った落語である。大きな声で呼ばれたときには儲けが少ないというマクラを仕込むことでサゲがいきる噺である。原話は安永2年（1773）『近目貫（きんめぬき）』の「小声」にある。

鰻の幇間（うなぎのたいこ）
【種別】　滑稽，夏
【あらすじ】　野幇間の一八（いっぱち）が，今日も客を探して町中を歩いていると，どこかで会ったことのある男とバッタリ出くわした。名前も住まいも分からないが，何とか口裏を合わせて取り巻いていると，「鰻でも食べに行こう」と言ってきたので大喜び。ところが，やって来た鰻屋はあまり綺麗とは言えない店。男の機嫌を取りつつ，出てきた酒と鰻を誉めまくる一八だが，その男が手洗いに行くと言って，出て行ったきり戻ってこない。店の者に事情を聞くと，先に帰ったというので，ご馳走になれたと喜んでいると，初めて来た客で，しかも勘定を払わずに，おみやげまで持って帰ったと言われて驚く。一八が文句を言いながら帰ろうとすると，「おい下足（げそ）だよ。履物だ」「そこへ出ております」「こんな汚い下駄ァ履くかい。今朝買った五円の下駄だ」「あれはお供さんが履いてまいりました」。
【解説】　明治中期に実際にあった話を落語化したもので，八代目桂文楽が仕上げて十八番にした。文楽の好敵手であった五代目古今亭志ん生はラストの場面で，「履物が出てないよ」「ありませんよ」「ありませんってこたぁないだろう。糸柾（いとまさ）の通った下駄があったろ」「あれはお供さんが履いて帰りましたよ」「じゃ，あいつの汚い草履（ぞうり）を出しな」「新聞紙にくるんでお持ち帰

りになりました」とダメ押しをして演じた。

うなぎ屋（うなぎや）
【別題】 素人鰻
【種別】 滑稽
【あらすじ】 町内に新しくできたうなぎ屋に行ったものの，うなぎ割きの職人がいなかったので，出されたお新香でタダ酒を飲んできたという男。今日も職人が出かけて留守であるところを見たので，タダ酒がまた飲めるはずだからと友達を誘ってうなぎ屋へ行くことにする。うなぎ屋は男の顔を覚えていて，今度はタダ酒を飲ませまいと，自分でうなぎを割こうとする。ところが肝心のうなぎをつかむことができず，やっとつかめたかと思うと，手からうなぎの頭が飛び出してしまう。またつかんでも，ぬるりと前へ。這い出すうなぎをつかもうと，少しずつ前へ出て行くうちに，やがてうなぎ屋は店の外へ飛び出してしまった。「おい親方，どこ行くんだい？」「どこへ行くか，前へまわってうなぎにお聞きなさい」。
【解説】 同工異曲の噺に士族の商法を扱った『素人鰻』がある。ここで取り上げた噺のことも『素人鰻』と呼ぶことがあるが，最近では混乱を防ぐこともあって『うなぎ屋』とすることが多い。原話は安永6年（1777）『時勢噺綱目』に，市から戻った鰻屋が逃げ出した鰻を相手に「嬶（かか），よう留守せい」と結ぶ「俄旅」にある。サゲは本来の『妾馬（ぬかうま）』のサゲと同種である。『素人鰻』と同様に主人の指の間を逃げていく鰻を，両手の親指で見立てる場面が見どころの落語である。

馬大家（うまおおや）
【種別】 滑稽，長屋，新作
【あらすじ】 ある男が空き家を借りたいと大家の住んでいる場所を尋ねると，「大家は『馬大家』と言われていて，午年生まれ以外の者には貸さないし，午年の午の月の午の日の午の刻に南部で生まれたので，馬の悪口は言ってはいけない」と教えられる。そこで「私は午年生まれの者です。空いている一万二千円の家を借りたいのですが，いかがでしょうか？」と言って大家を訪ねると，早速，男の身上を尋ねてくる。「若い頃は曲馬団（サーカス）にいたが，馬を攻めすぎて，片足が不自由になったが，それ以後は馬を大事にしました」。すると大家は「馬になり代わってお礼を言うよ」と言って，六千円に家賃を負けてくれた。「横浜の馬車道に長く暮らし，その後，浅草の馬道へ。厩橋と駒形橋の間で焼け出されて練馬の方に引っ越して，伯母が日本橋の小伝馬町と馬喰町の間にいて，叔父が渋谷の先の駒沢と上馬にいます。生まれは群馬県の相馬村です」「何かご馳走したいな。ところで好物は？」「うま煮で，馬鈴薯が好きで，酒は白馬（しろうま）（どぶろく）をいただきます」。馬場進という名前の大家さんも連れのおかみさんも午年と聞きて，名前を本馬幾蔵ということで，男はすっかり気に入られて，「明後日の午の日に越して来い」と言われる。最後に今の職業を尋ねられると，「バケツをつくっています。最大の馬力を掛けています」と答えると，とうとう家賃はタダに。「婆さんや，いい若い人が越してきてくれるよ」「初めからしまいまで馬を器用に操っていましたね」「それもそのはずだ。前の商売が曲馬団だ」。
【解説】 鈴木凸太による作で二代目三遊亭円歌や二代目柳家さん助が演じた。現在では三代目三遊亭歌笑や四代目柳家小せんの他，若手落語家が演じるようになった。

馬のす（うまのす）
【別題】 馬の尾
【種別】 滑稽，長屋
【あらすじ】 釣りに行こうと，ある男が道具の手入れをしていると，テグス（釣り糸）が古くなってしまって使い物にならない。どうしようと思っているところへ，家の前へ馬をつないでいった者があるので馬の尻尾を代用しようと，引っこ抜いたところで友達が現れ，馬の尻尾を抜くと大変なことになると言い出す。どういうことになるんだと尋ねても教えてくれず，一杯飲ませれば教えるというので飲ませるも，なかなか教えてくれない。しびれを切らした頃にやっと，「馬のしっぽを抜くとね，馬が痛がるんだよ」。

【解説】 小品ではあるが、八代目桂文楽が答えを教えてくれない男の会話に工夫を凝らして一席物に仕上げた。原話は正徳2年（1712）『新話笑眉』の「秘事はまつげ」や安永4年（1775）『花笑顔』の「新口馬尾」、寛政9年（1797）『詞葉の花』の「むまのす」などに見られる。演題の「馬のす」とは馬の尾の毛を水こしや味噌こしなどの簀にすること。漫才の獅子てんや・瀬戸わんやが漫才に直してやっていた。

馬の田楽 （うまのでんがく）
【種別】 滑稽
【あらすじ】 頼まれた味噌の荷を馬の背に積んで、届け先の三州屋にやってきたが、いくら店の者を呼んでも出て来ない。出直すのも大変なので、店先で待っているといつの間にか居眠りをしてしまった。目を覚ますと店の者がいるので、味噌を運んで来たことを告げると、それは三州屋でなく三河屋の荷物の間違いであることが分かる。それでは出発しようと、繋いであった馬を見るとそこにいないので、近くで遊んでいた子どもに尋ねると、尻尾の毛を抜いたら驚いて走って行ってしまったと言う。男は馬を探し回るが、途中で行方を尋ねると耳の遠い婆さんであったり、延々と関係のない話を聞かせられたりと要領を得ない。最後に知り合いの虎十郎が酔っ払ってやって来たので、「味噌付けた馬を知らねえか」と尋ねると、「味噌付けた馬だってぇ、おら、この歳になるまで、馬の田楽は食ったこたあねえ」。
【解説】 三代目柳家小さんが上方から東京へ移した噺。途中で馬子唄を聞かせる演者もいたりと、牧歌的な雰囲気を持つ落語である。

厩火事 （うまやかじ）
【種別】 滑稽、長屋
【あらすじ】 年下で遊び人の亭主を持つ腕利きの髪結いであるお崎が夫婦喧嘩をして、仲人の旦那のところにやってきた。口では愛想も小想も尽き果てたというが、亭主の自分に対する本心を知りたいのだと言うと、旦那が孔子と麹町のさる旦那の話を聞かせた。「唐土の孔子とい

う学者は、留守の間に厩から火事が出て、日頃から大切にしていた白馬が焼け死んでも、そのことは一切口にせずに家来の安否を気遣った。それに対して、麹町のさる屋敷の旦那は、大切にしていた皿を手にして足を滑らせた奥方の体のことをまるで心配しなかった。人間の本心というものは、そういうところで分かる。お前の亭主は瀬戸物を大切にしているというから、皿をどこかにぶつけて割ってみろ。そのときにお前の身体を心配すればよし、瀬戸物のことばかり気にしているようであれば見込みがないから別れてしまえ」。お崎は家に帰ると、教えられた通りに亭主の瀬戸物を持って、台所で転んで割ってしまう。するとそれを見た亭主が「お前大丈夫か、どこもケガはないか」とお崎のことを案じてみせるので、「ありがたい。そんなに私の体が大事かい？」「当たり前じゃねえか。お前に怪我でもされてみろ、明日っから遊んでて酒を飲むことができねぇ」。
【解説】 いわゆる「髪結いの亭主」（稼ぎのよい髪結いを女房にもち、女房の働きで養われている男）を扱った江戸時代から伝わる落語で、三代目柳家小さんから伝えられた八代目桂文楽が十八番にした。噺の中で取り上げられる孔子の話は、『論語』第十郷党編にある「厩焚、子退朝曰、傷人乎、不問馬（厩焚けたり。子、朝より退きて曰く、人を傷えりや。馬を問わず）」からきている。現在でも多くの演者が演じている。

梅若礼三郎 （うめわかれいざぶろう）
【別題】 磯の白浪
【種別】 人情、長屋、冬
【あらすじ】 梅若礼三郎という能役者が、芸に行き詰まりを感じて、大名や大店から金品を盗み、それを貧乏人に分け与える盗人になった。神田鍋町の長屋に暮らす小間物屋の利兵衛は、三年越しの思いで商売にも出られず、女房のおかのが昼は手内職をし、夜は利兵衛に内緒で鎌倉河岸で物乞いをしていた。ある寒い夜、貰いが少ないので困っているところへ、身なりの立派な武士から小粒で九両二分という大金を恵んでもらった。亭主には何も言わず、一両だけは

生活費にあて，仏壇の引き出しに隠しておくと，隣に住む遊び人の栄吉がそれを目にし，八両二分の金を盗み出した。栄吉はそのまま吉原で馴染みの池田屋に上がり散財をすると，いつもと違って使い方が派手なので，不審に思った店の若い衆が主人に報告をして金を調べてみると，山型に三の刻印があり，芝伊皿子台町の三右衛門方から盗まれた六百七十両の金の一部であることが分かり，栄吉は店を出たところで捕えられる。番屋に連れて行かれた栄吉は，最初は博打で儲けた金だと言い張るが，ついに利兵衛の家から盗んだことを白状し，捕り方が利兵衛宅に踏み込むと，大家が仲に入って，利兵衛の仕業ではないことを話す。おかのは事情を聞かれ，武士からもらったことは話すが，恩義を感じ，夜のことなので人相は分からないとごまかしたので，縄を打たれて番所に連れて行かれる。長屋の連中は両国の垢離場に出掛け，おかのの無事を神仏に祈るが，暮のことでもあり，身体が冷えてしまって，近くの居酒屋に入り，今回の一件の話をしていた。それを聴いていた梅若礼三郎は自分がやったことだと言い，善意でしたことがかえって迷惑になったと，南町奉行島田出雲守に訴え出て，貞女であるおかのを助け出す。

【解説】 八代目林家正蔵が三遊亭一朝の型で演じた他，六代目三遊亭圓生が七代目土橋亭里う馬の速記を元にしてまとめた型があり，現在は三遊亭圓橘や林家正雀などが演じている。通しで演じると長い噺なので，栄吉が捕まるあたりまでを「上」，その後を「下」などと分けて演じることも多い。なお，里う馬の速記は明治期の速記本「百花園」に『磯の白浪』という題で掲載されている。

現代の新作落語－円丈以前，円丈以降，円丈中 ②

　現代の新作落語のムーブメントを生んだのは三遊亭円丈の登場にあると記しても過言ではないだろう。

　古典落語の大家ともいえる六代目三遊亭圓生に入門した円丈は，二ツ目の頃より，『即興詩人』（東海林さだお・作）『競走馬イッソー』『ぺたりこん』『恐怖のNHK』といった新作を発表してきたが，昭和51年にアマチュア作家グループとともに「日本ボールペンクラブ」を結成すると，翌52年には「今までになかったまったく新しい落語を作ろうと思ったとき，従来の古典落語，そして芸術協会の古典の焼き直しのような落語を否定し」「一度，形式の破壊をしなければならないと思い，着物をやめてみたり，現代モノの新作をやるためなら，洋服でイスに座ってとか」「新たな実験という意味が込められた」実験落語会を旗揚げする（三遊亭円丈『ろんだいえん』より引用）。

　そして新作落語を成功に導くには仲間を増やそうと，渋谷のライブハウス，ジァンジァンをメインの拠点とし，当時，ぬう生といった円丈をはじめ，歌麿（清麿），談之助，しん平，小ゑん，米助といった仲間と活動をはじめる。そして既存の新作落語からの脱却を目指したこの会からは，のちの代表作や影響作ともなる，円丈が第一回で演じた『下町せんべい』（菊地1040・作）をはじめ，『悲しみは埼玉に向けて』『グリコ少年』『パニック・イン・落語界』，歌麿『バスドライバー』『優しさだけが怖かった』，談之助が早変わりで見せる『懐かしのスーパーヒーロー』，革ジャンにサングラスで演じたしん平『ウルトラマン』『アメリカングラフティ』，メルヘン落語と呼ばれた小ゑんによる『ぐつぐつ』などが生まれた。

永代橋（えいたいばし）

【種別】滑稽, 夏

【あらすじ】 古着屋の太兵衛と同居人で同商の武兵衛は大層そそっかしい。深川八幡の祭礼の日, 武兵衛は太兵衛に留守を頼んで出掛けるが, 永代橋の人ごみの中で紙入れをすられてしまった。仕方がないので帰ろうとすると, 知り合いの山田屋に出会って, 家でご馳走になった。するとそこへ, 大勢の人の重みで永代橋が落ちたという知らせが入る。武兵衛はその日は山田屋に泊まり, 翌朝になって帰宅すると, 太兵衛から「昨日, 永代橋で橋が落ちて, お前は溺れ死んで, 今から死骸を取りに行くから, 一緒に来い」と言われる。武兵衛が言われるがまま太兵衛と現場にやって来て, 自分の死骸を目の前にすると「俺じゃない。死んだなんて間尺に合わない」と言い出すので, 次第に言い合いになり, 二人が喧嘩を始める。それを見ていた役人が「スリが武兵衛の書きつけが入った紙入れを取って, それを懐に入れていたから勘違いしたのだ」と止めに入った。武兵衛はそれを聞いても腹の虫がおさまらない。すると役人が「太兵衛（勢）に武兵衛（無勢）はかなわない」。

【解説】 噺の前半は『佃祭』に, 後半は『粗忽長屋』に似ている。文化4年（1807）に実際に起こった深川八幡の祭礼時の永代橋での事件を扱っており, 今も目黒区の海福寺（明治43年（1910）に深川から移転）門前に「永代橋沈溺横死諸亡霊塚」が建っている。六代目三遊亭圓生と八代目林家正蔵が演じた。

江島屋騒動（えじまやそうどう）

【別題】 鏡ヶ池操松影（かがみがいけみさおのまつかげ）／江島屋

【種別】 人情, 怪談, 圓朝

【あらすじ】

▷上

　深川佐賀町に暮らす倉岡元庵という医者が亡くなり, 残された女房のお松と娘のお里は故郷である下総の大貫村へ帰った。ある日のこと, 村の権右衛門が訪ねて来て,「名主の源右衛門の倅である源太郎がお里を見初めたので嫁に欲しい」と言ってきた。支度金として五十両出すということと, お松の面倒をみるということで, 頼みを聞き入れ, 早速, 婚礼衣装を用意するが, 婚礼は早い方がいいということで, 江戸は芝日陰町の江島屋という古着屋で四十五両二分という金で揃えることにした。婚礼の当日, 仲人を務める権右衛門が迎えに来て, 花嫁は馬に乗って名主の家へ向かうが, その途中で雨が降り出してずぶ濡れになってしまう。すると婚礼の途中で婚礼衣装が糊付けしただけのイカモノであったことが分かり, 腰から下が破れて取れてしまった。お里は泣き崩れ, 名主の源右衛門は恥をかかされたと怒り出し, 婚礼は破談になってしまう。お里は神崎川の土手で, 花嫁衣裳の片袖をちぎって柳の木に掛けて, 身を投げて死んでしまう。

▷下

　江島屋の番頭である金兵衛が商用で下総に行き, 夜になって藤ヶ谷新田のあたりで道に迷ってしまう。すると田んぼの中に明かりが見えたので, その家を訪ねて一晩泊めてもらうことになった。そこには年の頃なら六十七, 八の白髪交じりの痩せた老婆が一人で住んでおり, 金兵衛が眠りにつくと, しばらくしてきな臭い匂いが漂ってきた。目を覚ました金兵衛は老婆が友禅の切れ端を裂いて, それを囲炉裏にくべて, 火箸で何か文字を書いてはそれを突き刺しているのを目にする。驚いた金兵衛がお松という老婆に訳を聞くと, 芝日陰町の江島屋でイカモノを買わされたために婚礼が破談になり, 娘が自害したことと, 店の者を呪い殺すのに灰の中に「目」の字を書いて, それを突いては壁に貼ってある受取証に五寸釘を打ちこんでいると話して聞かせた。金兵衛は夜の明けるのを待たずに

その家を立ち去り、店へ帰ってみると、店のおかみさんが急死し、小僧が二階から落ちて亡くなったことを知る。ある夜、金兵衛が蔵に入ると、島田に髪を結った若い娘が立っている。濡れた身体には腰から下がないので、金兵衛は蔵を飛び出して主人の所へ駆けつけ、藤ヶ谷新田の老婆の話をして聞かせた。そして老婆が灰に目の字を書いてそこを火箸で突き刺していたことを仕草付きで話すと、主人が痛いと言って目を押さえた。繰り返すとますます痛がるので、おかしいと思い縁側を見ると老婆が立っていた。それがもとで江島屋が潰れてしまう。

【解説】 明治2年(1869)、三遊亭圓朝が30歳のときに創作したと言われる、本題を『鏡ヶ池操松影』という全15席の長講の中から、五代目古今亭志ん生が演じた抜き読み部分を示した。志ん生はお里が身を投げるところまでを「上」、江島屋の番頭金兵衛が藤ヶ谷新田を訪ねるところからを「下」と分けて演じていた。本題に見える「鏡ヶ池」は現在の台東区清川にあった池で、玉姫という娘が悲恋の末に池に身を投げたという伝説が残り、今も玉姫神社が残っている。『鏡ヶ池操松影』はストーリーが複雑で、江島屋と老婆の一件の前には、お松(おすが)の夫であった倉岡元庵(倉岡元仲)は悪党で、呉服屋の丁稚・安次郎の父を殺すばかりでなく、金子を盗み、安次郎を川に放り込む。その安次郎を助けたのが江島屋の番頭・金兵衛であり、安次郎は父の仇を討つために剣術の稽古をし、江島屋の養子となり、名を治平と改める。そしてここで示した噺のあと、治平はお菊という許嫁と一緒になるが、元仲の策略にはまり、お菊とその間に生まれたおみちという娘と離れて暮らすことになる。最後にはお菊が自分の父親である久津見半左衛門とお雪を元仲に殺されたことを知り、鏡ヶ池で仇を討つという展開になる。志ん生の他、五代目古今亭今輔や十代目金原亭馬生が演じ、現在では桂歌丸、金原亭伯楽、林家正雀、柳家蝠丸といった演者が演じている。

越後屋 (えちごや)
【別題】 角兵衛の婚礼

【種別】 滑稽、長屋

【あらすじ】 兄貴分が八五郎を訪ねると病で伏せている。原因を尋ねると恋煩いで、相手は越後屋という豆腐屋の娘のお勝だと言う。お勝といえば今小町と呼ばれるほどの美人で、反対に八五郎は貧乏で醜男。そんな八五郎が豆を買いに行ったときに、商品を渡してくれる手と手が触れ合って夢中になってしまった。越後屋は長屋の便所を使うというのを知っていたので、お勝を待ち伏せしようと、八五郎が便所に入ってしゃがんでいると、長屋の婆さんがおまるの中味を戸の上から捨てて行ったので、それをかぶり恋煩いになった。「お前の言うのは下肥の肥えじゃねえか」「恋(肥え)に上下の隔てはない」。

【解説】 ここで挙げたのは本来の噺のごく一部で、現在、桂歌丸とその一門が演じている箇所を示した。このあと八五郎はお勝と一緒になることができたが、お勝から「うちの先祖は越後の角兵衛獅子をやっていたので、おめでたいときには女房が笛を吹く真似をして、亭主は獅子舞をしなければならない」と言われて承知をする。そのうちに女房の腹に子供ができるが、なかなか生まれないので角兵衛獅子の真似をすると男の子が生まれる。「子がえりをして生まれましたよ」「なあに洞返り(はらがえ)です」というサゲであった。角兵衛獅子が見られなくなったことと、その獅子が今で言う、とんぼ返りを指す「洞返り」をすることと、その言葉が分からなくなったので、近年ここまで演じる落語家はいなくなった。七代目春風亭柳枝が『恋わずらい』という題で、ここで挙げた形で演じた音を残している。

縁切榎 (えんきりえのき)
【別題】 両手に花

【種別】 滑稽、圓朝

【あらすじ】 ある男が女房にしなければならない女が二人いて迷っている。一人は器量が良くて芸もよい柳橋の芸者小伊代。もう一人は幼なじみのお留という娘。すると「人の心を試すのはよくないことだが『店を継ぐために奉公に出なければいけない。二、三年は掛かり、その間

は会うことはできない。その間に気になる人が出来たら一緒になってもいい』と言ってみろ」と提案されたので、早速試すことにした。事情を聞いた二人はともに、「私が嫌いになったのか。何年でも待てるが、他に好きな人ができたのでは」と言ってくるのでまた困ってしまう。すると今度は「縁切榎を飲ませてみろ」と言われるが、どちらに飲ませればいいのか分からないから、両方に飲ませて効き目の薄い方を選ぶことにしようということになった。いざ男が板橋の縁切榎にやってくると二人とバッタリ。「相手の女に榎を飲ませようとしたんだろ」。二人は声を揃えて「いいえ、あなたと縁が切りたいから…」。

【解説】 三遊亭圓朝による作。初代三遊亭金馬の速記が残り、『両手に花』という題がついている。板橋に、その樹皮を煎じて飲ませれば悪縁を断ち切れるという縁切榎があり、現在でも多くの人達によって信仰されている。近年では春風亭正朝や柳家喬太郎などが演じたことがある。

中山道は板橋宿に根を下ろす縁切榎

現代の新作落語－円丈以前，円丈以降，円丈中 ③

　円丈らによる新作落語の動きは、他にもアウトドア落語会や超実験落語会、池袋演芸場の定席では高座をリングに見立てて落語の対決をするというプロレス大会も行われたり、さらに小ゑんによる池袋サンシャインプラネタリウムにおける星空寄席と、新しい動きも見られるようになった。また、こうした動きに刺激され、志笑（二代目ブラック）や左談次、談之助による「放送禁止落語会」、実験落語会のときには前座であったきん歌（歌之介）、竹丸、昇太による「らくご倶楽部109」といった会も生まれていった。

　実験落語会は昭和61年に解散するが、平成3年には円丈、小ゑん、新潟（白鳥）らによる、ネタおろしの新作を毎月演じていく「応用落語」が結成され、池袋の文芸坐ル・ピリエを中心に、円丈『横松和平』、小ゑん『おたくの恋』といった落語が生まれる一方で、そこからはのちに「円丈チルドレン」と呼ばれるようになる三遊亭新潟、柳家喬太郎、林家彦いちといった若手も育っていった。

　その後は新宿プーク人形劇場へ舞台を移し、「落語21」「落語ちゃん」。平成18年からはお江戸日本橋亭で「無限落語」「にゅ」と形は変えても、円丈が道をつけた現代の新作落語は、常に新しい落語を生み出している。

お

応挙の幽霊（おうきょのゆうれい）

【種別】　滑稽，幽霊，夏

【あらすじ】　ある画商が応挙の手による幽霊の軸を見つけ，お得意様の旦那に高い額でそれを売ることになった。品物は次の日に届けることになったので，軸を床の間に飾り，酒と肴を供えて自分も飲んでいると，だんだんとあたりも暗くなってきた。すると，軸の中から女の幽霊が現れ出て，「どこに買われても幽霊は恐がられて，じきに箱の中にしまわれてしまう。ところがあなたはこうして酒と肴を供えてくれたので，うれしくて出て来た」と言う。そこで，画商と幽霊が飲み始めると，幽霊はご機嫌になり，三味線を弾いたり歌を歌ったりで大騒ぎ。しまいに酔っ払って，軸の中に戻って眠り込んでしまった。「困ったなあ。明日の朝までに酔いが醒めればいいが…」。

【解説】　江戸時代に活躍した画家・円山応挙の「幽霊画」を題材に，記者であり作家の鶯亭金升がつくったとされている。三遊亭圓弥はこの続きとして，翌朝になっても画商が軸を持ってこないので旦那が心配をしていると，そこへ手ぶらで画商が現れて，「どうして持ってきてくれなかった。店に置いておいても仕方がないだろう」「もう少し寝かせておきたいのです」。六代目蝶花楼馬楽は「もうじき夜が明けそうだ。起きておくんなさいよ。いつまで寝てるんだい」「明日の丑三つ時まで寝かせて下さい」とサゲていた。

王子の狐（おうじのきつね）

【別題】　高倉狐

【種別】　滑稽，長屋

【あらすじ】　ある男が王子稲荷へ参詣の途中，キツネが若い女に化けるところを見た。周囲には誰もいないので，こちらから化かしてやろうと，声を掛けて料理屋に入ることにした。飲み食いをして，キツネが酔いつぶれて寝込んだすきに，男はみやげを持って帰ってしまい，目を覚ましたキツネは勘定がまだだと聞いてびっくりした途端に，尻尾を出してしまったので大騒ぎ。店の者に追い回されたキツネは最後の一発を放って逃げ出した。男の方は友達の家へ行き，みやげを渡してキツネをだました話をすると，そんなことをしたらお稲荷様の怒りに触れると言われ，翌日，手土産を持ってキツネのところへ詫びに行く。そこへ現れた子ギツネにそれを渡すと，母親のところへ戻り，「昨日おっかさんを化かした人間がやってきて，お詫びだからって何かくれたよ。あ，おいしそうなボタモチだ」「食べるんじゃないよ。馬の糞かも知れない」。

【解説】　上方の『高倉狐』という噺を初代の三遊亭圓右が東京へ移したとされるが，江戸小噺や正徳2年（1712）『新話笑眉』の「初心なきつね」などに原話が見られる。王子稲荷境内にはキツネが暮らしていた祠が祀られているほか，料理屋の舞台になっている「扇屋」は，現在は料亭を閉め，土産物屋として王子駅前で名物の王子焼きを発売している。

王子稲荷神社にある「お穴さま」（狐の穴跡）と，やさしい表情をした狐の石像

王子の幇間（おうじのたいこ）
【種別】　滑稽
【あらすじ】　神田の平助という幇間（たいこもち）は、晶屓（ひいき）の旦那のところへやってきては、小僧や女中、婆やさん、出入りの鳶の頭に声を掛けて、あれこれ毒舌で接するので煙たがられ、とうとう頭に張り倒されてしまった。そして奥さんのところへ顔を出すと、「旦那が四日も帰ってこないのは、あなたが連れ回しているんでしょ」と言われたので、濡れ衣を晴らすために旦那の秘密を話すことにする。それは「近々、稲本の瀬川花魁（らん）を身請けして、あなたを追い出す」というもので、涙をこぼしながら話すと、奥さんからは目に茶殻がついていると言われてしまう。奥さんが「旦那がその気なら、私はあなたと駈け落ちをしよう」と口にして、喜ぶ平助につづらを背負わすところへ旦那が帰って来た。「平助、なんてぇざまだ」「これは御近火のお手伝いでございます」。
【解説】　初代三遊亭圓遊の作と言われ、八代目桂文楽の独壇場であった。主人公は神田の平助であり、王子とは関係ないが、初代圓遊の速記に「何人でも一日の中に東京を半分歩行（あるい）て仕舞はないと溜飲が下らないと云ふ妙な癖の有る王子の幇間と申す人物で御座います」とあるので、あちこちを飛び回っては客の機嫌をとる、行動力のある調子のいい幇間という意味が演題に含まれていると思われる。

鶯宿梅（おうしゅくばい）
【別題】　春雨茶屋
【種別】　滑稽
【あらすじ】　伊勢屋の若旦那が知り合いに呼ばれ、「この間、柳橋で血相を変えて歩いていたのはどういう訳だ」と質問される。若旦那が言うには、柳橋で集まりがあり、付き合いで茶屋に上がったが、自分は養子で女房がいるので、別のところにいて帰ろうとしたら、おかみさんからまた来てくれないと恨みますよと言われた。翌日尋ねると芸者を呼ばれ、「身まま気ままになるならば、養子くさいじゃないかいな」と歌の文句でからかわれたので、嫌になって外に飛び出したのだと言う。知り合いはそれは『春雨』という歌の聞き違いで「養子くさいではなくて、『鶯宿梅じゃないかいな』」と話し、そのいわれを説明する。天暦年間（947〜956）に京都御所の清涼殿の梅の木が枯れてしまい、村上帝が悲しがっていると、西の京に立派な枝垂れ梅が生えているのを見つけた。紀貫之の娘で紀内侍（きのないし）という人が出てきて、謹んで差し上げますと言って差し替えた。その枝には短冊があって「勅なればいともかしこし鶯（うぐいす）の宿はと問はばいかが答えむ」とあったので元の庭に返した。すると、いつもの鶯がやってきて鳴いたということから「鶯宿梅」と名付けられたという。真面目すぎるとかえって馬鹿にされることがあるので、洒落の一つも分からないといけないと諭された若旦那は柳橋へ。そして芸者を呼んで「鶯宿梅」のいわれをたどたどしく説明しはじめる。それを聞いた芸者も意味が分からないでいると、若旦那が「これは大しくじりじゃないかいな」。
【解説】　上方にあった噺で、近年演じられることがなかった。噺の冒頭は以前は養子の若旦那が遊びが過ぎるので、仲人に意見をされるという展開であったが、ここでは柳家小満んが演じ、五代目三遊亭圓生も速記に残した型をあげた。

阿武松（おうのまつ）
【種別】　人情
【あらすじ】　能登国から江戸に出てきた男が、京橋の武隈文右衛門に弟子入りし、小車（たけぐるま）という名を貰い、相撲の修業をはじめた。ところが大飯食いという理由で、一分の金を持たされて国へ帰れと言われてしまう。小車は死んでしまおうと思ったが、その前に金を使ってしまおうと、板橋の橘屋善兵衛という旅籠（はたご）に泊まり、好きなだけ飯を食わせてほしいと一分の金を渡した。この世の飯の食い納めというだけあって、食いっぷりがあまりにもいいので、主人が小車から事情を聞いた。そこで食い扶持とともに、根津七軒町の錣山喜平次の所へ世話をしてやると、親方はひと目見ただけで立派な関取になるに違いないと入門を許し、小緑（こみどり）という、錣山が前相撲のときに名乗っていた四股名を与えた。

その後出世街道を歩み，以前の師匠である武隈との取り組みが長州侯の目にとまり，阿武松緑之助と改名し六代目の横綱になったという出世噺。
【解説】　講釈から来た噺でありサゲはない。六代目三遊亭圓生が史実を考証し，今に伝わる落語とした。

富岡八幡宮に建つ「横綱力士碑」

近江八景（おうみはっけい）
【種別】　滑稽
【あらすじ】　ある男が大道易者に，吉原の紅梅という女郎と約束通り年季が明けたら一緒になれるかどうかを見てもらうことにする。すると一緒にはなれるが，落ち着いたら，今いる情夫のところに行ってしまうと言われてしまう。そこで「恋しき君の面影をしがほども三井もせず，文も矢橋の通い路に，心堅田の雁ならで，われ唐崎の袖の雨，濡れて乾かぬ比良の雪，瀬田の夕べとうち解けて，堅き心も石山の，月も隠るる恋の闇，粟津に暮らすわが思い，不憫と察しあるならば，また来る春に近江路や，八つの景色に戯れて書き送る，あらあらかしこ」という，女からもらった近江八景づくしの手紙を見せる。易者も八景づくしで「…どうも落（道楽）雁の強い女だけに，しょせん瀬田い（世帯）はもちかねる。粟津（会わず）に晴嵐（添わん）としろ」と言うので，男はそのまま立ち

去ろうとする。「見料を置いていかんか」「八卦（八景）に銭（膳所）はなかった」。
【解説】　近江八景とは琵琶湖周辺の8ヵ所の名勝で，三井の晩鐘，石山の秋月，堅田の落雁，粟津の晴嵐，唐崎の夜雨，瀬田の夕照，矢橋の帰帆，比良の暮雪で，膳所が入っていないことからのサゲになる。元々上方落語で原話は安永10年（1781）『民話新繁』の「鞴の懸」にある。

大坂屋花鳥（おおさかやかちょう）
【別題】　島衞沖白浪（しまちどりおきつしらなみ）／佐原の喜三郎
【種別】　人情，廓，武家
【あらすじ】　梅津長門という四百石取りの旗本は無役であるが，親が財産を残したこともあり，不自由なく暮らしている。ある日，仲間に吉原へ連れて行かれ，そのときに相手となった大坂屋の花鳥花魁を気に行って通うようになった。ところが次第に悪い取り巻きに囲まれ，博打にまでのめり込むようになり，気付いたときには家も財産もすべてなくし，奉公人や伯父の内藤守善にも見放されてしまう。伯父の家を出た長門が花鳥のことを思いながら下谷の坂本までやって来ると，商家の旦那風の男と帯持が歩いていた。話を聞いていると，懐に二百両の金を持っているとのことで，長門は大音寺前までやって来たときに金の無心をすると，「泥棒だ！」という大声を出されたので旦那の方を斬り殺してしまった。二百両の金を手にした長門は花鳥に会いに吉原へ向かうが，御用聞き（岡っ引き）の三蔵がたまたまそこを通りかかり，道の中央で倒れている男を見つけ，先に行く男の犯行とみて，そのあとをつけていくことにした。吉原土手まで来たときに，三蔵がつけてきた男の顔を見ると，「三蔵か。屋敷の方にも遊びに来いよ」と声を掛けられたので驚いた。顔なじみの長門であり，尾行してきたことを知られたのではないかと思ったのでその場を逃げ出した。吉原の高札場の陰に隠れた三蔵は長門が引手茶屋に入り，江戸町二丁目の大坂屋に送られていくのを見届けると，聖天町の金蔵親分にそれを知らせた。捕り方を揃えて吉原に向かい，茶屋の主人から長門が登楼していることを

確かめ，大坂屋を訪ねて捕物があることを伝え，さらに花鳥を内緒で呼び出し，「長門が人を殺し，二百両の金をとったので酒を飲ませて寝かせ，大引け過ぎに御用とする」ことを伝えた。それを聞いた花鳥は油の入った器を持って部屋に戻り，長門に脇差を渡した。計略通りに大引け過ぎになって，三蔵が部屋に入って来ると，長門は三蔵を斬り捨て，花鳥が行灯(あんどん)を倒し，火が天井に伝わって火事になった。火事騒ぎに乗じて長門と花鳥は逃げることにするが，二人でいれば捕まってしまうからと，長門は雨戸を開けて屋根の上を逃げ，途中，捕り方を斬り捨てて逃げにかかる。群衆に交じって吉原を抜け出て，何とか根岸の里までやって来ると，吉原は炎上していた。長門は「花鳥すまない」と口にして，谷中の方へ去って行った…。

【解説】 初代談州楼燕枝が演じた長編人情噺『島衛沖白浪』の発端にあたる部分で，十代目金原亭馬生が一話完結型として演じ，近年ではその弟子のむかし家今松が演じた。また，柳家三三が三話に分けて『島衛沖白浪』を復活させて演じている。元の噺は三代目春風亭柳枝が『佐原の喜三郎』という題で速記本を残すように，本来の主人公は下総の博徒・佐原喜三郎とおとら（花鳥）で，ここでの噺のあと，花鳥は放火の罪で入牢し，後に三宅島に遠島となる。そこで吉原に身売りする前に成田で命を助けてもらった喜三郎と再会。喜三郎は家を勘当され，喧嘩で人を殺して三宅島へ流されていた。花鳥と喜三郎は，同様に三宅島に流されていた，吉原の大火のときに殺人を犯した坊主の玄若，島の先輩である小菅の勝五郎，喜三郎の子分である三日月小僧の庄吉の五人と一緒に舟で島抜けをする。銚子の浜に上がった花鳥は喜三郎と江戸へ出ると，知り合いであった春木道斎を通じて梅津長門と再会するが，道斎の女中は大恩寺前で長門が殺した男の妹であり，兄の仇を訴えたことから，玄若を殺した喜三郎ともども一同に召し捕られる。

大どこの犬（おおどこのいぬ）
【別題】 鴻池の犬
【種別】 滑稽

【あらすじ】 石町のある乾物屋(こくちょう)に，黒と白とぶちの三匹の子犬が捨てられてあったのを小僧が拾い上げて育てることにした。中でも黒犬をかわいがっていると，その黒犬を譲ってほしいという人が現れた。何でも大坂の鴻池の出店の者で，本家の坊ちゃんが大切にしていた黒犬が死んでしまったので，その代わりを探していたところ，そっくりの犬を見つけたので欲しいのだと言う。鴻池にもらわれていったクロは食べものが良かったせいか，立派な体躯に見事な毛並になり，近隣の犬の親分になった。ある日のこと，見なれないみすぼらしい犬がやって来たので事情を聞くと，鴻池のクロという犬を探して，江戸からやって来たという。クロがもらわれていった後，兄のブチとともに追い出されてしまい，兄が殺されてしまったので，大坂までやって来たのだと言う。それを聞いたクロが「俺に任せろ」と請けあうと，「クーロ，クロ，クロ」を呼ぶ声がした。クロがそちらへ行くと，鯛やカステラをくわえて持って来ては弟に食べさせる。また呼ばれたから，今度は何を持ってくるのかと見ていると，何も口にしてこないので，「今度は何でした？」「坊ちゃんのオシッコをするところだった」。

【解説】 子どもに小便をさせるときに「シー，こいこい」と声を掛けることが分かっていないとサゲが映えない。上方では『鴻池の犬』という題で，クロを呼ぶときも「来ーい，来い，来い」とするために，サゲで「ぽんにおしっこさしてはったんや」となる。東京では八代目林家正蔵が演じており，一門の林家正雀は兄がくわえてきた鯉を前に，「こんな立派な鯉，どこの池にいるんですか？」「鴻池」とサゲを設けている。また，柳家さん喬は追い出されたシロが，大坂に向かう途中に知り合った伊勢参りに出掛ける犬とのやり取りをロードムービー的に盛り込んだ形で，その道中を人情噺風に演じている。原話は安永２年（1773）『聞上手三篇』の「犬のとくゐ」にある。

大安売り（おおやすうり）
【種別】 滑稽
【あらすじ】 往来で若い者が町内にいる相撲取

りに声を掛けた。しばらく顔を見せなかったがどうしたと尋ねたところ，上方巡業に行っていたと言う。本場所の土も踏んだということで，その結果を聞いたところ，「勝ったり，負けたり」だったとか。ところが取り組みの内容を聞いてみると全敗なので，訳を聞くと「相手が勝ったり，こちらが負けたり」。大阪からの帰りに寄った地での巡業では黒星無しというが，それは病気で休場していたという。こんなことではダメなので，今度四股名を「大安売り」に変えると言う。「なんでそんな変な名前に変えるんだ」「これからは誰にでもどんどん負けてやります」。
【解説】 元々上方落語で橘ノ圓都が演じていた。笑いどころも多いので，寄席では時間に合わせて「相手が勝ったり，こちらが負けたり」のところでサゲにしたり，また最後に「『丸焼け』にしたらどうだ？ 全勝（全焼）間違いないだろう」と締めることもある。取り組みの内容や決り手などを演じ手が自在に変えることもでき，重宝される噺である。

大山詣り（おおやままいり）
【別題】 百人坊主
【種別】 滑稽，長屋，夏
【あらすじ】 町内の連中が毎年恒例の大山詣りに行くことになった。だが，いつも道中で揉め事が起こるので，今回は腹を立てた者からは二分，暴れた者は坊主にするという決め式で出掛けることにした。お山は無事にすんだが，江戸へ帰る途中で泊まった神奈川宿で気が緩んだのか，酒癖の悪い熊五郎が酔っ払って大暴れ。そこで喧嘩相手が決め式だからと熊の寝ている間に坊主にしてしまい，おまけに翌朝，熊を宿屋に置いてきぼりにしてしまった。目を覚まして，髪を剃られたことを知った熊は，手拭いで頭を隠し，通しの早駕籠でひと足先に長屋に帰ると，かみさん連中を集める。そして「一行が帰りに立ち寄った金沢八景のあと，船で米ヶ浜のお祖師様へお詣りに向かうときに，その船が事故に遭い，自分以外は誰も助からずに死んでしまった。自分はみんなを弔おうと，こうして坊主頭になった」と，そこで手拭いを外して頭を見せた。すると最初は信用していなかったかみさん連中もにわかに信じて，次々に髪を剃って坊主になって百万遍を唱え始めた。そこへ一行が帰って来ると，熊が先に帰って，女房を坊主にしたことに怒り出すが，先達さんは「こんなめでたいことはない」と言い出す。「かかあを坊主にされて，何がめでてぇんですか」「考えてごらん。お山は晴天，うちへ帰ってみれば，みんなお毛が（お怪我）なくっておめでたい」。
【解説】 『百人坊主』という上方落語を東京へ移したものとされる。狂言に，三人の男が道中の間は喧嘩をしないことを約束して寺参りをするが，一人が寝たところを二人が坊主にしてしまったので，それに腹を立てた男が先に家へ帰り，事故で二人が亡くなったと嘘をついて，二人の女房を尼さんにすると，帰宅した夫とみんなが一念発起をして坊主になるという『六人僧』という物語があり，そちらに原話が求められる。十返舎一九はそれを『滑稽しつこなし』という滑稽本で，江の島への三人旅の物語に仕上げた。六代目三遊亭圓生や古今亭志ん朝などが得意にした。

おかふい
【種別】 滑稽
【あらすじ】 麹町三丁目の万屋卯兵衛という質屋の番頭が，新宿の遊廓で病気をもらい，鼻が削げ落ちてしまった。一方，主人の卯兵衛は美人のおりえを妻にして仲良く暮らしていたが病気になり，医者も匙を投げてしまった。「私はもう助からない。気がかりなのは，私が死んだあと，再婚をして幸せになると思うと死ぬことができない」と言うので，おりえはそんなことはないと返すが，「番頭のように，お前の鼻を削いで，私におくれ」と頼み込むと，剃刀で自分の鼻を削いで，旦那の前に差し出した。ところが旦那は全快してしまい，そうなると鼻のないおかみさんが嫌になり，乱暴を働くようになるので，親戚が奉行所に訴え出ると，判決は喧嘩両成敗で旦那の鼻も削ぎ落とされることになった。すると再び夫婦仲良くなり，「私ァ，お前がかわふい（かわいい）」「私も旦那様がおい

とふぃ（いとおしい）」。それを聞いていた番頭が「こいつはおかふい（おかしい）」。
【解説】　寛永頃の咄本『きのふはけふの物語』の上巻に原話が見られる。

おかめ団子（おかめだんご）
【種別】　人情，長屋，冬
【あらすじ】　麻布の飯倉片町におかめ団子という団子屋があり，一人娘の十八になるおかめという娘が美人であったこともあり繁盛をしていた。ある風の強い日，早じまいをしようとしていると，大根売りが団子を売ってくれと言って現れた。多助と名乗る大根売りの言うには，年を取って患っている母親がおかめ団子が大好きで，団子を食べて喜ぶ顔を見るのが何よりとのこと。すると目の前で主人が一日の売り上げを勘定しているのを見て多助は驚いた。多助は家に帰り，母親の面倒を見ながら分厚い布団で寝かせて上げたいと思いつつ，団子屋の主人が売上を勘定していた姿がちらついてしまう。そこで団子屋の家に忍び込むと，おかめが庭へ出て来て首をくくろうとしているので，あわててそれを止めた。店の者が泥棒が入ったと大騒ぎをしている中，主人がおかめに事情を聞くと，無理矢理に婿を取らされるのを苦にしての行いとのこと。娘を助けてくれた大根売りに，なぜここにいるのかを尋ね，大根売りの思いを聞いた主人は，罪を許すばかりでなく金も与える。その親孝行振りに感心をして，娘の婿にすると，若夫婦は三人の子をなし，家も明治の初めまで富み栄えたという。
【解説】　おかめ団子は実際に維新の頃まで飯倉片町にあった店。噺の最後は団子屋の夫婦が多助の親孝行振りに感心をして，「こんな親孝行な方は世の中にいないね」「あなた，この方は親孝行な訳です。ご商売が大根売りだから」と「親孝行」と「御香々（漬物）」をかけたサゲを用いる場合もある。初代三遊亭圓右の十八番であり，五代目古今亭志ん生や八代目林家正蔵が演じた。現在は志ん生の孫弟子や，最近になって，林家たい平が演じ始めた。

お菊の皿（おきくのさら）
【別題】　皿屋敷
【種別】　滑稽，怪談，夏
【あらすじ】　ある男が皿屋敷の話を聞いてきたと隠居のところにやって来ると，番町にも同じ話があるといって聞かせる。その昔，青山鉄山という武士の屋敷に器量よしのお菊という奉公人がいた。鉄山はお菊を気に入って，自分のものにしようとしたが，お菊には三平という夫がいたので首を縦に振らなかった。そこで十枚組の皿を一枚だけ隠して預け，それを持ってこさせると，何回数えても一枚足りないので盗んだに違いないと，お菊を斬り殺して井戸に放り込んでしまう。すると，毎晩のようにお菊の幽霊が現れて「一枚，二枚，三枚，…，九枚」と皿を数えるので，鉄山はとうとう狂い死にをしてしまったというのだ。それを聞いた男が見に行こうとすると，隠居から最後の「九枚」という数を聞いてしまうと死んでしまうので気を付けろと注意を受ける。早速，井戸の回りで待っていると，お菊が現れて皿の数を数えはじめる。その幽霊があまりにもいい女なので，次の日もその次の日も見に行くうちに，評判が評判を呼んでついには興行師まで出て来た。それでも見に通うと，お菊がいつものように，「一枚，二枚，三枚，…」と数えはじめた。「七枚，八枚」というところまで来たので逃げようとすると，見物客が大勢で逃げることができない。「九枚」という数を耳にしたら死んでしまうので，何とかして逃げようと慌てているうちに，「八枚，九枚，十枚，十一枚，…十八枚，おしまい」。「お菊さん，なんで十八枚数えるんだ？」「分からない人達だね，明日は休むんだよ」。
【解説】　播州姫路の「播州皿屋敷」がベースにあり，岡本綺堂が大正期に新作として発表した「番町皿屋敷」も視野に入れた落語。文化頃に刊行された『噺の大寄』にある「皿屋敷お菊が幽霊」という噺が原話で，天保頃の『新板落しばなし』にも再出したり，さらに同じ文化年間に編まれた『写本落噺桂の花』にも同題の話が掲載されている。上方では『皿屋敷』という題で演じられており，二代目桂三木助から六代目三遊亭圓生が東京へ移したとされる。

臆病源兵衛（おくびょうげんべえ）

【種別】 滑稽，長屋，夏

【あらすじ】 八五郎と兄貴分が夏の暑い夜に一杯やりながら，臆病者の源兵衛をおどかすことにした。夜は絶対に外出をしない源兵衛だが，根津とか深川といった「地獄」と呼ばれる遊び場所で昼遊びに夢中になるぐらいの女性好きだから，好みの女性が待っているといって呼び出して，そこへ白い着物を着て驚かそうというのだ。早速やって来た源兵衛を幽霊の格好をした八五郎が驚かすと，源兵衛が持っていた一升瓶で叩いたので八五郎が倒れてしまった。死んでしまった八五郎をこのまま置いておくことはできないから捨てに行こうとつづらに入れて，不忍池あたりに捨てさせに行くと，途中で酔っ払いとぶつかったので，源兵衛はつづらを放って逃げ帰ってしまった。八五郎は気絶をしていただけで，つづらの中で立ち上がると，死に装束を着けているので，死んでしまったと勘違い。目の前には蓮の花が咲いている池があるので，ここは極楽だと喜んでいると，池の番人に怒られたので地獄の鬼と思ってしまった。根津の遊廓へとやってきて，客に「ここは地獄ですか？」と尋ねると，「こんな極楽はありません」。遊女たちを弁天様と思い「ここは極楽ですか？」と尋ねると，「ここは地獄の真ん中だよ」。それから女郎屋の裏手へやって来ると，白髪頭の婆さんがニワトリの羽をむしっているので，「ここは地獄ですか？」「あたしは娘のおかげで極楽さ」。

【解説】 十代目金原亭馬生が演じた珍しい噺で，近年では馬生の高弟である五街道雲助とその一門などが演じている。本来のサゲは「ここは地獄ですか？」「表向きは銘酒屋だよ」というものであったが，二代目三遊亭金馬の型を馬生が継承し，人物の設定などにアレンジを加えて今に伝えた。

お血脈（おけちみゃく）

【別題】 善光寺の由来／骨寄せ／善光寺骨寄せ

【種別】 滑稽，地噺

【あらすじ】 その昔，天竺から閻浮檀金という一寸八分（5.5 cm）の仏様が日本にやってきたが，仏教に反対した守屋大臣（物部守屋）らの手によって，難波池に捨てられた。後の世になり，近くを通った本多善光がその仏を見つけ，現在の信州に連れて行き，お祀りしたところが，その名を取って「善光寺」となった。その善光寺が知られるきっかけになったのが「血脈の御印」である。この御印をいただくと，どんな悪事を働いた者でも極楽へ行けるというので，地獄へ落ちる者が少なくなった。困り果てた閻魔大王は石川五右衛門に血脈の御印を盗んで来いと命じると，五右衛門は善光寺に忍び込み，御印を盗み出したものの，「ありがてぇ，かたじけねぇ」と芝居がかりになったところで，御印を額におしいただいたので極楽へ行ってしまった…。

【解説】 登場人物の会話ではなく，一つのストーリーに演者がクスグリ（笑い）を上乗せして語り進めていく「地噺」の一つである。寄席などで演じるときには，前半の『善光寺の由来』だけをクスグリをふんだんに取り入れて演じたり，前半部分を略して，五右衛門が登場する後半部分のみを演じるやり方もある。現在でも独自のクスグリを取り入れて演じられることが多い噺の一つである。上方では『骨寄せ』といい，地獄で責め苦にあってバラバラになっていた五右衛門の骨を寄せ集め，元の身体に戻してから，善光寺に出発させる，歌舞伎『骨寄せの岩藤』に見られる趣向を用いている。

お七（おしち）

【別題】 お七火の用心

【種別】 滑稽，長屋

【あらすじ】 吉兵衛という縁起をかつぐ男に子供が生まれた。するとそこへいつも縁起の悪いことばかりを言ってくる熊五郎が現れて，「初七日は済んだのか？ 戒名はつけたのか」とはじまった。「初めての女の子で，縁起のいいようにお初とつけた」と話すと，「徳兵衛という男と心中する」などと，言いたい放題並べて帰ってしまう。吉兵衛が悔しがっていると，翌月になり熊のところでも女の子が生まれたと聞いたので，意趣返しにと出掛けて行くことにする。ところが，熊の方から縁起の悪いことを言

ってきて，名前を聞くと「うちでは七人目の子供だからお七とつけた」と言うが，何も言い返せずに帰って来てしまった。すると女房から「お七なら吉三という男といい仲になって，火をつけると言ってやれ」と尻を押されたので再び熊の家にやって来ると，またしても「お前は放火をして捕まって火あぶりになると言いたいんだろう？　火をつけたら，お前どうするんだ？」「う，うん，だから火の用心に気をつけねえ」。

【解説】　六代目三遊亭圓生が演じた地噺に近い落語で，原話は寛延4年（1751）『軽口浮瓢箪』の「名の仕返し」に，親分の息子が元服を迎えて名前を替える際にケチをつけるという話が見られる。現行の形に近いものとしては，文化5年（1808）『浪速みやげ』の「八百屋お七」にある。『お七』と単に呼ぶと，ここで挙げた噺を指し，お七が登場し「片足ャ本郷へ行くわいな」でサゲる，戦後の禁演落語に選定された噺は『お七の十』と呼ぶことが多い。

お七の十　（おしちのじゅう）
【別題】　お七／八百屋お七
【種別】　滑稽，禁演（戦後）
【あらすじ】　本郷の八百屋の娘お七は大変な美人。江戸の大火でお七一家が寺へ避難をしたときに，寺の小姓で大変な美男子の吉三に一目惚れをし，じきに二人はいい仲になってしまう。やがて本郷の家も再建され，お七は「あたしゃ本郷へ行くわいな」と言い残して吉三と別れることになるが，会いたい気持ちは募るばかりで，前のように火事があれば，また吉三に会えると放火をしたために捕まって，江戸市中引き回しの上，鈴ヶ森で火あぶりの刑にあった。それを聞いた吉三も生きる気力を無くし，川へ身を投げて死ぬと，地獄で二人は出会うことができた。「お七か」「吉三さんか」と抱き合うと，その途端にジュウと消えてしまった。お七が火で死んで，吉三が水で死んだので，火と水が合ったのでジュウ。お七と吉三で，七に三を足してジュウ。そのうちにお七が幽霊となり，毎夜現れるようになるので，一人の武士が退治をしようと，持っていた刀で両手片足を切り落と

してしまう。するとお七が一本足で逃げ出したので，「お七，一本足でいずれへ参る」「片足ャ（あたしゃ）本郷へ行くわいな」。

【解説】　四代目柳亭痴楽が得意にし，『お七』という題で演じていたが，『お七火の用心』の方を『お七』と呼ぶことがあるので，こちらは『お七の十』とした。時間がないときには，地獄で二人が出会ってジュウと消えてしまう場面を省略したり，反対に「片足ャ（あたしゃ）本郷へ行くわいな」のところまでやらずに，ジュウと消えてしまうところで噺を終えることもある。明和7年（1770）『軽口片頰笑』の「其筈の事」に，江戸から大火事を伝える飛脚が出立し，大阪からは大水の知らせを伝える飛脚が出立し，箱根山で二人が出会ったのでジュウと消えてしまうという話が見て取れる。戦後の禁演落語に選定された一席。

啞の釣　（おしのつり）
【別題】　上野の釣
【種別】　滑稽，長屋
【あらすじ】　七兵衛と与太郎が殺生禁断の場である寛永寺の池へ釣りに行くことにする。見廻りに見つかったときには「一人の父親がございまして，長の患いで余命いくばくもありません。いまわの際に鯉が食べたいと申しましたが，私には買う金がございません。悪いこととは知りながら，ここに来て鯉を釣り上げ，親に食べさせて喜ぶ顔を見たら，名乗って出てお縄にかかる所存でございました」と言えば，親孝行の徳に免じて許してくれると与太郎に教える。池へ着くと，どちらかが見つかったら大声を出して知らせる約束をして，別の場所で釣りをはじめることにする。すると釣りに夢中になって大騒ぎをしている与太郎が番人に見つかってしまい，殴られながらしどろもどろで親孝行の説明をすると許してもらえたので，合図を出さないで逃げ帰ってしまった。続いて七兵衛が見つかると，驚いた拍子に舌がつってしまって，口をきくことができなくなった。そこで何を聞かれても身振り手振りで答えていると，やはり親孝行の徳で許してもらえたので，思わず「どうもありがとうございます」「器用な啞だ。

口をきいた」。
【解説】 元々は上方の『噓の魚釣り』という噺であった。八代目林家正蔵が二代目桂三木助から教わり、舞台設定を上野に変え、他にも人物設定や噺の展開に手を加えて演じはじめた、見る落語の一つである。元禄11年（1698）『露新軽口ばなし（つゆしんかるくちばなし）』の「又ひさうな者」や寛延4年（1751）『開口新語』の中に、唖を装う乞食が最後に口をきいてしまう噺がある。

おしゃべり往生（おしゃべりおうじょう）
【種別】 滑稽，新作
【あらすじ】 おしゃべりで知られる清さんが大好きな鯛の煮付けをおしゃべりしながら食べていたら、喉に骨を引っ掛けて死んでしまった。息子と女房は大好きな物を食べて、大好きなおしゃべりをしながら死んでいったのだから大往生だと話していると、その頃、三途の川を前にした清さんは目の前に見える風景について、あれこれと独り言を口にしている。三途の川の渡し船に乗ると、同船している人ばかりでなく、犬にまで声を掛けたり、歌を陽気に唄ったりしはじめる。泥棒をして死んだので地獄行きだと暗くなっている二人連れが、清さんが騒いでいるので「うるせい野郎だなあ」と文句を言うと、船べりにいる男女の二人連れは心中だとか、さもありなんという話を芝居がかりで賑やかに話して聞かせてきた。すると七歳になる子どもが一人で乗っており、「寂しいだろうが、おじさんが一緒にいてやるよ」と言いながら、先の二人連れを茶化すので、そのうちの一人が興奮して川に落っこちてしまった。泳ぎの達者な清さんは男を助けると、子どもに色々な泳ぎを披露して見せているうちに、はじめにいた岸の方へ近づいていく…。清さんの息子が父親が泳ぐ形を見せて、何か言っているようなので、「お父っつぁん」と声を掛けると、女房が「ダメだよ、起こしちゃ。生き返ったらどうするんだよ」「そうだね、弔いぐらいはせめて静かにやりたいもの」。
【解説】 中央大学の教授で劇作家でもある黒田絵美子による作品。柳家さん喬が寄席や落語会などでよく演じている他、弟子の柳家さん助や柳家喬の字などが演じている。さん喬が手掛ける黒田作品は他に、ある男が干物屋でお湯で戻すと子どもになるという、「難あり」いう男の子の干物を買い求めて育てる『干しガキ』。井戸に閉じ込められていた雷様が「くわばら」と口にすれば、雷が落ちないと教えて逃がしてもらう『くわばら』は、弟子の柳家喬志郎も演じている。

おすわどん
【種別】 滑稽
【あらすじ】 阿部川町で呉服商を営む上州屋徳三郎とお染夫婦は大変に仲の良い夫婦であったが、お染が病の床につき、「あなたに尽してくれる人と結ばれてほしい」と言い残して亡くなってしまった。四十九日が過ぎ、徳三郎は親戚の勧めもあって、女中のおすわを後妻に迎えた。ある晩のこと、徳三郎が用を足して寝室に戻ろうと廊下を歩いていると、バタバタと表の戸を叩くような音がして「おすわどーん」という声が聞こえてきた。それが毎晩つづき、前妻の幽霊ではないかと奉公人は怖がり、おすわも病気になってしまう。そこで町内に住む浪人の荒木又ずれに幽霊の正体を見破るように頼むと、その日の夜、やはり同じように戸を叩く音と「おすわどーん」という声が聞こえてきた。「待て」と荒木が飛び出すと、そこには屋台のそば屋がいた。バタバタという音はうちわで七輪をあおぐ音で、「おそば、うどーん」という売り声を聴き違えていたらしい。荒木は事情を話し「武士として手ぶらで帰るわけにはいかないので、首をもらいたい」と言う。するとそば屋は「自分の首は上げられないが、身代りとして息子を身代りに立てる」と言って差し出したのはそば粉。そば屋の子だからそば粉という訳だ。荒木がそれを聞いて「これを何とするのだ」「手打ちになさいまし」。
【解説】 桂歌丸が長く埋もれていた噺を復活させたものだが、歌丸の大師匠にあたる五代目古今亭今輔が演じていた。本来、おすわは性格の悪い女で、徳三郎はそれを妾にする。そして本妻の勧めもあっておすわを本宅へ迎えるが、おすわにいじめられて本妻は井戸へ身を投げる。

すると夜な夜な「おすわどーん」という声が聞こえてくる…といった怪談めいた噺であり、「おそば、うどーん」と売り声の正体が分かったところで噺を終えていた。ここでは桂歌丸が現在演じる型を取り上げた。

おせつ徳三郎 (おせつとくさぶろう)

【別題】　おせつ徳三郎連理の梅枝／花見小僧／隅田川の馴染め／刀屋
【種別】　滑稽，人情，春
【あらすじ】
▷上・花見小僧（はなみこぞう）
　ある大店の一人娘であるおせつは何度見合いを勧めてもいい返事をしない。父親である主人は番頭から奉公人の徳三郎と深い仲になっているらしいと耳にし，花見にお供をした小僧の定吉から詳細を尋ねることにした。ところが定吉は口止めされているのでなかなか喋ろうとしない。そこで飴と鞭で，柳橋から船で向島へ行き，植半で食事をしたときに，奥の座敷で二人きりになったことを聞き出すことができた。徳三郎は主人から暇を出されて，叔父さんの所に預けられることになる。

▷下・刀屋（かたなや）
　おせつが婿を取り，婚礼を開くと聞いた徳三郎は裏切られたと思い，日本橋村松町の一軒の刀屋に飛び込む。とにかく切れる刀が欲しい，二人だけ切れればいいと妙なことを言うので，主人が訳を聞くと，徳三郎は友人のことだとすり替えて，式に乗り込んで二人の仲を裂いておせつと婿を切り殺してしまうと口にする。主人がそれはとんだ了見違いだと意見をしているところに，頭が婚礼から逃げ出した女の迷子を捜しているといってやって来た。すると徳三郎が飛び出していった。両国橋で二人は出会い，手に手を取って木場までやって来て，こうなったら生きていられないからと，「南無妙法蓮華経」とお題目を唱えながら川に飛び込む。だが，川には一面の筏があり，その上へ。「徳や死ねないね」「今の御材木（お題目）で助かりました」。

【解説】　初代春風亭柳枝の作とされる『おせつ徳三郎連理の梅枝』が原題で，初代三遊亭圓遊がその前半部分を独立させて『隅田の馴染め』（『花見小僧』）とした。「下」だけを指して『刀屋』とすることがあるが，『怪談牡丹燈籠』の発端を『刀屋』と呼ぶことがある。サゲは『鰍沢』と同じである。六代目春風亭柳橋と五代目古今亭志ん生がリレーで演じた音が残るように，二人の演者が上と下を分けて演じることもある。

お茶汲み (おちゃくみ)

【種別】　滑稽，廓，禁演
【あらすじ】　ある男が吉原の店に上がると，田毎という花魁が部屋に現れるやいなや悲鳴を上げたという話を友達に聞かせた。なんでも女は涙を浮かべながら，「生国から江戸に駆け落ちした男がいて，商売を開くために自分が吉原に身を沈めて金をこしらえたが，相手の男が病気で亡くなってしまい，その男にそっくりだったので驚いた。こうして出会ったのは何かの縁なので，年季が明けたら一緒になりたいから，私を捨てないでほしい」と言ったというのだ。ところが女の顔を見ると，目のふちにそれまでなかったほくろがあったので，よく見ると湯呑みに入れたお茶を目のふちに塗っていて，その茶殻が付いていた。男は怒ったが，このままモテていようと黙って遊んできたと言う。それを聞いた友達が自分ももててやろうと田毎に会いに行き，女が入って来た途端に，逆に悲鳴を上げて，聞いてきた言葉をそっくり投げ掛けてみた。そして泣くふりをはじめると，女が部屋を出て行こうとするので「花魁，どこへ行くんだ？」「お待ちなさい，今，お茶を汲んであげるから」。

【解説】　『源氏物語』の「末摘花」や『堤中納言物語』の「はいずみ」，さらに狂言の『墨塗り』にも同種の噺が見られる。上方落語の『黒玉つぶし』の改作とされるが，その原話としては安永3年（1774）『軽口五色紙』の「墨塗り」や安永10年（1781）『はつ鰹』の「なじみ」などがある。

男の花道 (おとこのはなみち)

【別題】　名優と名医

【種別】　人情，旅，芝居

【あらすじ】　長崎で医術を学んだ眼科医の半井源太郎が江戸への帰り道，東海道は金谷で宿を取るが，扱いも粗末で宿が騒がしいので事情を尋ねると，大坂の俳優・中村歌右衛門が同宿しているという。その夜，歌右衛門が眼の病で苦しみ出したので源太郎が診ると，風眼という難病であり，「舞台が命なので治してほしい」と言われたので，その心意気を感じて手当を施すと，病気を治すことができた。半井が礼を受け取らないので，歌右衛門は「お役に立つことがありましたなら，何時でもお声掛け下さい。すぐに駆けつけます」という約束をした。それから三年，歌右衛門は中村座の座頭になり，名実ともに日本一の役者に。一方，源太郎は神田お玉が池の棟割長屋で相変わらずの貧乏暮らしをしている。ある日のこと，向島の植半で土方縫之助という武士を相手に源太郎が酒肴に興じていると，「何か芸を見せろ」と迫られるも，それを固辞し続けるうちに歌右衛門の言葉を思い出し，「歌右衛門に舞わせましょう」と言うが，「貧乏医者にそんなことができるはずがない」と言われてしまう。そこで「一刻（二時間）の間に来ない場合には，男の意地として腹を切って見せる」と口にして，中村座に手紙を出した。次の幕の準備をしている歌右衛門が届いた手紙を読み，「恩人を見殺しにはできない」と出掛けようとするが，そこへ座元が現れて「座頭がいなくなっては困る。舞台へ出て口上を述べてから行ってもらいたい」と言うので，歌右衛門が満員の見物客の前で，事情を話して聞かせると，客席は水を打ったような静けさ。口上を言い述べると江戸っ子の涙声が聞こえてきて，「お前が帰ってくるまで，俺達は待っているよ。行って来い」という声を背中に，歌右衛門は向島へ向かう。約束の時間が迫り，腹を切る準備にかかろうとしている半井のところに歌右衛門が現れ，「ご挨拶は後ほど申し上げます。先生になり代わりまして，拙い舞の一手をご覧いただきます」と見事に舞って見せた。そして歌右衛門は半井を連れて中村座へ戻り，十八番の『熊谷陣屋』を務めてみせた。歌右衛門の人気はますます増し，半井は将軍・家斉の目を治したことから半井法眼の名を賜り，立派な医者になったという。男と男の約束を描いた一席。

【解説】　江戸時代に活躍した歌舞伎役者で，屋号を加賀屋といった三代目中村歌右衛門（1778～1838）と，江戸時代の眼科医である土生玄碩（1762～1848）をモデルにした，講談や映画で知られる話を，林家正雀が落語に移した。素噺で演じているが，背景を置いての芝居噺で演じることもある。春風亭小朝も演じるようになった。

お富与三郎（おとみよさぶろう）

【別題】　与話情浮名横櫛（よわなさけうきなのよこぐし）／木更津／玄冶店／稲荷堀／蒐藶松／島抜け

【種別】　人情

【あらすじ】

▷発端

横山町三丁目の鼈甲問屋伊豆屋の若旦那である与三郎は，「今業平」と呼ばれるほどの美男子で遊び好き。ある日，吉原からの帰りに友達の神田下田屋の息子茂吉が舟から落ちて行方不明になるが，船頭仙太郎の口車に乗り，それを隠すことにすると，それを種に仙太郎が毎日のように強請りに来る。そこで若旦那はほとぼりのさめる間，木更津で紺屋をしている伯父に預けられることになる。

▷木更津（きさらづ）

祭礼の日，与三郎が祭り見物に出掛けると，年の頃二十二，三歳の美人と出会う。この女はもとは深川芸者で，今は木更津の親分，赤間源左衛門の妾で横櫛のお富という名。料理屋の二階で隣の部屋になったことがきっかけで，互いに互いが気にかかり，二人がいい仲になるまでに時間はかからなかった。子分から噂を聞いた源左衛門が二人が逢引をしているところに踏み込むと，与三郎を縛り上げ，お富の見ている前で，顔中，体中を三十四ヵ所切りつける。隙を見てお富はその場から逃げ出し，木更津の海に身を投げてしまう。虫の息になった与三郎は俵に詰められ，伯父に百両の金で引き取られ，源左衛門はその金を持って木更津をあとにする。

▷玄冶店（げんやだな）

名医により命を救われた与三郎は江戸に戻ると、稼業に精を出すと両親に誓うが、切られ与三と呼ばれるようになり、傷だらけの身体を見られるのを嫌って家に籠るようになる。三年経ったある日、気晴らしに両国の花火を観に行った帰りに、見覚えのある女の姿を見つける。お富ではないかと、その後をつけると玄冶店の立派な家に入って行った。お富は与三郎が死んだと思い、供養をしながら暮らしており、与三郎が家を覗いていると、そこへお富のところへ強請りにきた土地のならず者である蝙蝠安（こうもりやす）という男が声を掛けてきた。与三郎は訳を話し、強請りの場に付き合い、お富の顔を見ることにする。お富は強請りにきた男達をすげない態度で迎えるので、与三郎が「お富、久し振りだなあ」と被っていた手拭いを取り、恨みつらみを話し始める。

▷稲荷堀（とうかんぼり）
　お富が世話になっている井筒屋に事情を話すと、井筒屋はきっぱりと身を引き、二人で暮らすために与三郎は家を勘当になる。暮らしに困っていたときに蝙蝠安がやってきて、二人が暮らす家を博打場として貸す提案をしてきたので、それを引き受ける。するとそこへ熱心に通ってくる奥州屋がお富に惚れ、お富も身を任せるようになる。ある夜、お富が湯屋に出掛けたところに奥州屋が訪れると、そこへ目の富八という男がやって来て、お富の素性をあることないことを含めて話して聞かせたので、奥州屋はお富に愛想尽かしをする。一部始終を隠れて聞いていた与三郎は富八を追い掛けると、稲荷堀で富八を刺し、お富がとどめを刺す。

▷蒟蒻松（こざまつ）
　目玉の富八を殺したことを蝙蝠安に知られ、お富と与三郎は金をたかられるようになったので元柳橋へと引っ越す。ある雨の日、軒下に老人が駆け込んできたので、お富は家の中で雨宿りをするように勧める。芝田町で畳問屋を営む蒟蒻松という名で知られる隠居と、吊った蚊帳の中で酒を酌み交わしていると、雷が落ちたのをきっかけにお富に手を出そうとしたところで、与三郎が包丁を持って二人に責め入る。五十両の金を要求すると、明日持参すると言

う。蒟蒻松は自分の持つ家作に住む伊之助という男に美人局（つつもたせ）にあったことを相談をする。伊之助が翌日になり与三郎を訪ねると、以前、知り合いであったことから、与三郎に家に戻ることを勧め、それが無理な場合は奉行所へ訴え出ると言い、十両で話をつける。それから数日して、ある小間物屋からお富が蒟蒻松と伊之助のたくらみを偶然に耳にし、伊之助の家に怒鳴り込み、さらに蒟蒻松の店に駆け込むが、そこで二人は召し捕られてしまう。

▷島抜け（しまぬけ）
　裁きの結果、美人局の罪でお富は永牢、与三郎は佐渡に島流しとなる。佐渡へ送られた与三郎は金山坑内の水搔き人足となり、過酷な労働と粗末な食事を強いられる。そしてお富に会いたいという思いを募らせ、激しく雨の降る夜に仲間とともに島を抜け出し、命からがら越後の柏崎の鯨波に上がることができた。江戸へ向かう与三郎は、その途中で再会した赤間源左衛門を殺し、今は品川にいるお富のもとにたどり着くが、お富は疎ましく思う与三郎のことを殺し、そのことで捕まり斬首の刑を受ける。

【解説】長唄の四代目芳村伊三郎（1800～47）の若い頃の体験談がモデルと言われ、初代三笑亭可楽の門人であった初代菅良助（乾坤坊良斎）の作とされる。のちに初代古今亭志ん生や講釈師の一立斎文車が得意にし、三代目瀬川如皋の脚本で『与話情浮名横櫛』として舞台化された。春錦亭柳桜の速記が残る他、近年では十代目金原亭馬生が演じ、一門にあたる十一代目金原亭馬生や五街道雲助、隅田川馬石などが演じている。ここで挙げたあらすじと各章の演題は五街道雲助が演じた型のものを示した。春日八郎が昭和29年（1954）に唄ってヒットした『お富さん』（作詞・山崎正作、作曲・渡久地政信）は、歌舞伎でいえば三幕目にあたる『源氏店（げんやだな）』の場面を歌にしたものである。

お直し（おなおし）
【種別】滑稽、廓
【あらすじ】盛りを過ぎた花魁（おいらん）と店の若い衆が深い仲になり、主人の計らいもあって所帯を持つことになった。女は遊女をやめ、客と女郎の

間を取り持つ遣り手となって，夫婦二人で通いで店で働くことになった。そのうち，亭主が博打に手を出すようになると，家の金に手を付けるようになり，仕事も休みがちになったので，吉原の羅生門河岸で蹴転という最下級の女郎屋をはじめようと女房に相談をもちかけてきた。それは亭主が客を引っ張り上げて，線香一本が燃え切るまでを遊ぶ時間とし，時間が来ると「直してもらいなよ」と声を掛けて，改めて金を取って遊んでもらうといった商売であった。ところが最初にやって来た男が，女房と仲良く遊んでいるので，亭主は妬いて「直してもらいなよ」とすぐに何度も声を掛けてくる。客が帰った後に，亭主は「俺はこんなことはよした。お前はあいつの女房になるのか？」とふてくされながら言い出すので，女房は「あたしだって，こんなことはしたかないよ。お前さんと一緒にいたいから，こんなことをしているんじゃないか」と返し，二人が仲直りをして話していると，先程出て行った客が戻って来て，「おう，直してもらいなよ」。

【解説】 三代目柳家小さんから受け継いだ，五代目古今亭志ん生が独壇場とした噺で，江戸時代から伝わる廓噺。古今亭志ん朝が継承し，近年では古今亭の一門の落語家が演じている。

お化け長屋（おばけながや）

【別題】 借家怪談
【種別】 滑稽，長屋，怪談，夏
【あらすじ】 ある長屋に一軒の空き家があり，みんなして物置代わりに使っていたのを家主に見つかってしまった。長屋の連中はこれまで通り使ってやろうと一計をめぐらす。それは古狸の杢兵衛と呼ばれる男が差配になりすまし，借りに来た人を相手に「お化けが出る」と言って脅かし，越してこないようにするというもの。一人目の男は財布を置き忘れるくらいに驚いて帰ってしまったが，二人目にやって来た男は「お化けなんて怖くない」と言って，まったく動じずに越してきてしまった。長屋の連中は男が湯に出掛けた隙をみて，部屋に忍び込み，お化けを出す準備をする。そして引っ越してくる前に話したように，仏壇の鉦を鳴らしたり，音もなく障子を開けたり，濡れた雑巾で顔をなでたりしたので，その男は親分のところに逃げてしまった。すると今度はその留守に按摩を布団に寝かせて，足と腰は別の男に出させて，大入道を出してやろうと用意をする。そこへ男が親分を連れて帰ってきたので，足と腰役の男が世話になっている親分がやって来たと知って逃げてしまい，部屋には按摩が一人になってしまった。「按摩だけ置きっぱなしにして逃げるとは，尻腰（しっこし）のねえ野郎だ」「へえ，足と腰はさっき逃げてしまいました」。

【解説】 サゲに出てくる「尻腰のない」とは，度胸がないとか意気地がないということ。そのサゲが分かりにくくなってきたことと，男を驚かす後半部分まで演じると長くなることもあって，最近では二人目の男にお化けが出ることを話しているうちに，男を驚かすために用意しておいた雑巾で，反対に顔をなでられてしまい，「何か置いて行ったか？」「あ，さっきの財布を持って行っちゃった」としてサゲることが多くなってきた。そこだけを演じる場合を『お化け長屋・上』とすることもある。原話は滝亭鯉丈『滑稽和合人』の中にあり，上方にも『借家怪談』という噺がある。

お初徳兵衛（おはつとくべえ）

【別題】 お初徳兵衛浮名桟橋
【種別】 人情，夏
【あらすじ】 若旦那の徳兵衛は道楽が過ぎて勘当となる。喜んで吉原の花魁のところに転がり込むが，金の切れ目が縁の切れ目で，やがて体よく追い出されてしまい，知り合いの家を転々とした上に，柳橋の大松屋という船宿の二階に厄介になった。そんなある日，実家で夫婦養子を取ったということを聞き，このままではいられないと徳兵衛は船頭になることにする。はじめのうちは失敗ばかりしているが，やがて猪牙舟から屋根船を扱えるようにまでなり，男っぷりもいいので人気を得るようになる。四万六千日の日，木綿問屋の番頭が油屋の九兵衛と芸者のお初を連れて，暑い日なので大桟橋まで舟を出してもらいたいと大松屋へやって来た。そこで徳兵衛が船頭を務めると，九兵衛と天満屋は

このまま吉原に行こうという算段で山谷堀まで舟を進めるが、吉原へ他の芸者を連れて行くと嫌がられるということで、お初を帰らせることにする。一人船頭一人芸者はご法度ということで心配をするも、徳兵衛を信用して舟で送らせることに。すると雷雨が近づいてきたので、首尾の松のところで舟を止めて雨宿りをすることになった。お初は徳兵衛を舟の中へ呼び寄せると、自分は徳兵衛の家が持っていた家作に住んでいた鋳掛屋の松蔵の娘で、芸者になる前から知っていたと話し出した。そして徳兵衛が柳橋で遊んでいるということを聞いていたので、芸者になれば徳兵衛に会えると思い、今の身の上となり、船頭になった徳兵衛と、こうして会えたことが嬉しいと思いを伝えてくる。お初は徳兵衛にすり寄ると、そこへ落雷があったので、徳兵衛にすがり付く…。お初徳兵衛馴れ初めの一席。

【解説】 初代古今亭志ん生による作と言われる人情噺で、近松門左衛門の『曽根崎心中』から、お初、徳兵衛、油屋九兵衛と登場人物の名を借りている。初代三遊亭圓遊が明治に入り、この噺の発端の部分を独立させ、滑稽噺としたのが『船徳』である（『船徳』の項参照）。五代目古今亭志ん生や十代目金原亭馬生が演じ、現在では主に古今亭や金原亭の一門に伝わっている。初代志ん生による筋立ては不明で、四代目橘家圓喬が残した『船徳』と『後の船徳』の速記で続きを見ることができる。それによると、徳兵衛がお初を柳橋に送り届けると、そこへお初に思いを寄せている油屋九兵衛が先に駕籠で柳橋の大松屋へ舞い戻って来ており、帰って来た二人の様子を見ておかしいと思う。二人の仲の噂が広まったので、徳兵衛は大松屋を出て、船頭仲間の吉五郎の家へ転がり込む。ある日、お初から手紙が届いたので、二人は会うと、あれこれ話をしているうちに心中をしようということになり、両国橋までやって来る。飛び込んだ徳兵衛は死に切れず、橋の上に上がるとお初の姿が見えない。もう一度飛び込もうというところへ乞食が近づいてきて、九兵衛という男が飛び込む前にお初を連れ去ったと言う。橋の上で吉五郎と出会った徳兵衛が経緯を話すと、吉五郎が大松屋に話をしてくれ、大松屋の骨折りでお初を取り戻し、お初と徳兵衛は夫婦になることができた…としている。『後の船徳』は吉五郎と徳兵衛が両国橋で出会うところまでで、お初を取り戻す以降の場面は地で語られている。したがって、元々は「馴れ初め」と「心中」と「取り戻して夫婦になる」と、三つの場面で構成されていたと考えられる。

おはらい

【種別】 滑稽、廓、禁演
【別題】 大神宮／大神宮の女郎買い／神仏混淆
【あらすじ】 浅草雷門横の磯部大神宮は吉原へ遊びに行く人の待ち合わせや、その日の首尾を話す場所なので、いつも多くの人で賑わっている。大神宮様はいつも吉原の話を耳にしているので、「女郎買いというものは面白いものに違いないから出掛けてみよう」と、阿弥陀様を誘って、一軒の見世へ上がって大騒ぎ。翌朝になって、若い衆が勘定書きを持ってくると、身なりの立派な阿弥陀様へと手渡した。「恐れ入りますが、おつとめをお願いしたいのですが…」「お勤めは弱りましたな。合掌をしなさい。南無阿弥陀仏…」「これはおからかいを。お払いを願います」「お祓いなら大神宮様へ行きなさい」。

【解説】 明治期に活躍をし、廓噺を得意にした初代柳家小せんや、『神仏混淆』と題した三代目三遊亭圓遊などの速記が残る。近年演じる人がいなかったが、最近になって橘ノ圓満が復活させた。サゲ直前に使われる「おつとめ」とは廓言葉の一つで「勘定」を意味する。出開帳で浅草へやって来た善光寺の如来様が地蔵や風の神に連れられて吉原へ遊びに出掛ける「善光寺」という話が、享和4年（1804）の『商内上手』の中に見え、この噺の原話の一つと思われる。

帯久 （おびきゅう）

【別題】 指政談
【種別】 人情、武家
【あらすじ】 本町四丁目に和泉屋与兵衛という大変に繁昌していた呉服屋があった。本町二丁

目にも同じ呉服屋を営むも、こちらはあまり繁昌していない帯屋久七という店があり、ある日、その帯久が和泉屋のところへ二十両の金を無心に来たので、和泉屋が証文無しで貸すと二十日ばかり経って返済に来た。すると同じように三十両、五十両、百両と貸し借りが続き、大晦日に帯久が百両を返しに来たときに、忙しさのあまり和泉屋が受け取った百両を置いたまま退散したので、帯久は百両の金を懐へ入れて帰ってしまった。和泉屋はそのことに気が付くが、そのままにしてしまうと、それをきっかけにツキが入れ替わり、和泉屋の方では娘と女房を立て続けに亡くし、火事で店を失い、自分も病に臥し、以前に分家をしたものの、今は日雇いをしている元の番頭の所へ身を寄せることとなった。それから十年。具合も良くなったので、番頭に店を持たせようと帯久の店を訪ね、昔のこともあるので幾らか貸してほしいと頼むも断られ、以前の百両の件を持ち出すとキセルで額を打たれ、店先に放り出されてしまった。我が身を情けなく思った和泉屋が帯久の家に火を点けようとしているところを人に見つかり、その正体が以前は仏と言われた和泉屋であり、相手が評判の悪い帯屋であったので、みんなは三両の金を渡して帰してやった。ところが帯屋の方は面白くなく、またこれを機に百両の件が露見するのを恐れて奉行所に訴え出る。時の名奉行大岡越前守の裁きにより、帯屋が百両をネコババしたことが分かり、百両とこれまでの利息百五十両を足して和泉屋へ支払うことになった。ただし五十両だけは年一両ずつの年賦とした。和泉屋は火つけという天下の大罪を犯したので、火あぶりの刑を申し受けるが、五十両の年賦金を受け取り終えたあとに死罪を受けることとなった。安心した和泉屋に越前守が「その方、何歳にあいなる」「六十一でございます」「還暦か。本卦（本家）じゃのう」「今は分家の居候でございます」。

【解説】　元々は大阪の噺で、二代目桂文枝の『名奉行』という速記を読んだ六代目三遊亭圓生が江戸へ舞台を移し、構成し直した一席で、現在は三遊亭圓窓や立川志の輔などが演じている。圓窓は和泉屋が「六十一でございます」と答えると、越前守が「だから店を持つのじゃ」「本家帰り（本卦返り）ができます」とし、志の輔は圓生型のサゲをさらに押して、「還暦の祝いにこの上ない見事なお裁き、ありがとうございます」「相手が帯屋だから少々きつめに締め上げておいた」としている。サゲの「本卦返り」とは、六十年経って自分の生まれたときの干支に戻ることを指し、店の本家と分家と掛けている。

お藤松五郎（おふじまつごろう）
【別題】　お藤松五郎恋の手違い
【種別】　人情
【あらすじ】　両国に並ぶ茶店の中で、いろはという店の十九歳になるお藤は大変な美人で、両国の裏河岸に母親と住んでいたが、横山町三丁目で道具屋を営む万屋清三郎という旦那がいたので裕福な暮らしをしていた。ある夕暮れ、お藤が母親と酒を飲んでいるところへ、菅野松五郎という、元は武士で、今は一中節の三味線弾きが「雨が降って来たので傘を貸してもらいたい」と駆け込んで来た。お藤は松五郎を家に上げて二人で飲み始め、旦那と別れて身を固めたいという相談をもちかけると、普段から互いに思い合っているので、酒の勢いも手伝っていい仲になる。するとそこへ幇間を二人連れ立って旦那がやって来た。酒盛りがはじまってしばらくすると、二階で息を潜めていた松五郎が幇間に見つかってしまったので、お藤は母親と飲んでいたと言い訳をするが、旦那は自分のところへ松五郎を呼び出し、嫌味を言い放った挙句、持っていた盃を松五郎に投げつけたので、二人は言い合いになってしまう。そして松五郎は家を飛び出し、旦那も幇間を連れて吉原へ出掛けてしまった。その翌日、お藤は松五郎と会う約束をしていた霞町の佃長へ出掛けるが、通りかかった米沢町の草加屋という料理屋で旦那に見つかり、店へ引っ張り上げられる。松五郎はお藤がなかなかやって来ないので、お藤の家へ使いをやるが、旦那からの使いと勘違いをして、使いを追い返されてしまう。松五郎は草加屋にお藤がいるのを見つけたので、女将を通して呼び出してもらうが、お藤は旦那の元を離れられ

現代と落語の世界を結びつけた"志の輔らくご"

　富山出身の立川志の輔にとって，落語には江戸っ子の粋が描かれていると言われても分かりにくかった。そこで地方の人が聞いても笑える落語を話すのに，今，自分が興味を持っているテーマに近い古典落語があればそれを演じ，そうした落語がなければ自分なりにこしらえてみようと生まれたのが「志の輔らくご」であり，沢山の名作を生んできた。

　強盗が入ったというテレビのニュースで使われる言葉に疑問を抱く『バールのようなもの』と，駅の切符売り場で切符を買い求める客が無理難題を投げかける『みどりの窓口』は清水義則の原作であるが，「志の輔らくご」の初期の代表作となった。他に，呼び出された学校で息子の試験の珍解答に納得をしてしまう『親の顔』や買い物に対する男女の考えの違いを描いた『買い物ぶぎ』がある。

　近年，新作発表の場は正月に1ヵ月公演を行っていた「志の輔 in PARCO」がメインとなっていた。その中で生まれたのが，自分が注文した店屋物の間違いを通して，予約のダブルブッキングに対する自らの態度を変えていく，映画にもなった『歓喜の歌』。上司から送られた引っ越し祝いに当惑する『ディア・ファミリー』。おとぎ話に隠れている何気ない謎を解き明かしていく『こぶ取り爺さん』。次々に送られてくるファックスに翻弄される『踊るファックス』。スマホ中毒の息子を叱るも，スマホに送られてきたメッセージを妻に見られて動揺する『スマチュウ』。町おこしの一環で巨大な狸の置物をつくるが，予算が打ち切られて，下半身だけの完成に終わってしまう村の騒動を描いた『身代わりポン太』。

　また時代物として，地図の完成を待たずに亡くなってしまった伊能忠敬の壮大な人生を描いた『大河への道』や，富山の薬売りの商売形態に疑問を感じることでドタバタ劇が起こる『先用後利』などがあり，毎年のように生み出されてきた「志の輔らくご」には，日常生活とシンクロするテーマもあるので，この先，どんな落語が生まれ，それが時代とともにどう改変されていくのか。そして志の輔以外の演者による"志の輔らくご"の展開も期待されるところだ。

ることを幸いに，そのまま草加屋を出て行ってしまった。松五郎は家に帰ったのだろうと，再びお藤の家を訪ねると，またしても旦那の使いが来たのかと追い返されてしまい，お藤が心変わりがしたのだろうと我慢ができなくなり，家へ帰ってたしなみの一刀を取り出し，二階で寝ている母親へ，恨みの者を殺して無念を晴らすと心の中で詫びを言い，お藤をはじめ五人の者を殺害する。

【解説】　三遊亭圓朝が若い頃に芝居噺で演じたと言われ，三遊亭一朝から八代目林家正蔵と六代目三遊亭圓生に伝えられ，圓生も一度道具仕立てで演じたことがあると言う。八代目正蔵が演じた芝居噺は，現在，林家正雀に伝えられている。噺の最後でわかるように『お藤松五郎恋の手違い』というのが正式な演題である。

お文様 （おふみさま）
【別題】　お文さん／万両
【種別】　滑稽
【あらすじ】　日本橋の大きな酒屋に，赤ん坊を抱いた男がやってきて，酒を買い求めたうえに祝い物を届けたいからと，小僧の定吉を連れて店を出た。しばらく歩いたところで，定吉に赤

ん坊を預かってほしいと小遣いを渡して去ったまま男は帰って来なかった。するとそこへ番頭が現れて，定吉と赤ん坊を店へ連れて帰ると，「どうかこの赤ん坊を育ててほしい」という男からの手紙を見つけた。子供を欲しがっていた店の女房は自分の子供として育てたいと言うので，旦那もそれを承知し，それなら乳母を置かなければならないと，店に連れてきたのは，女房に二度と近寄らないと約束をさせられた妾であった。実は柳橋に暮らすお文というその女との間に子供ができてしまったので，捨て子として店に連れて来させ，それを機にお文を乳母にして赤ん坊とともに店へ迎え入れようという，旦那と番頭が考えた計略であったのだ。問題は旦那と妾宅に出入りをしていた小僧の定吉で，旦那は定吉に「これからは乳母なのだから，決してお文に様をつけてはいけない。もし口を滑らせたら暇を出す」と口止めをする。ところがある日，女中から二人の仲が怪しいと聞いた女房が，定吉に「旦那はどこにおいでだね」と尋ねると，「離れでお文をよんでいらっしゃいます」と返すので，「同じ家にいながら文を取り交わすとは…」と，離れに向かうと旦那は真宗のお文様を読誦していた。「定吉，旦那がよんでいるのは御文章，お文様というもの。お文様なら，なんで『さま』をつけないんだい？」「お文に『さま』をつけると，暇を出されます」。

【解説】　演題にもある「お文様」とは浄土真宗で「御文章」ともいい，本願寺中興の祖といわれる八世蓮如による消息（手紙）形式の法話のこと。お文さんの相手は旦那ではなく，若旦那という設定がある他，定吉が口を滑らせたら「裸で追い出される」と言われるものもある。元々上方落語で，舞台は大阪船場の万両という酒屋であるため，『万両』という別題を持つ他，上方では『お文さん』と呼んでいる。橘家二三蔵や柳家さん助が演じている。

お祭佐七（おまつりさしち）
【種別】　滑稽
【あらすじ】　元は久留米藩士で，御番頭を務めた飯島佐右衛門という父親を持つ飯島佐七郎は，文武に長けた立派な人物であったが，美男子すぎて，あまりにもてたことから朋輩からのねたみを買い，本人も武士でいることに嫌気がさして，今は浪人という身。父親の知り合いであった，め組の鳶頭である清五郎の家に転がり込み，火消しになりたいと言うが，反対されて居候をしている。すると佐七郎が二，三日姿を見せないので，どうしたのだろうと思っていると，若い連中と品川へ遊びに行き，居残りをしているという。清五郎がそれを聞き，遊びの代金四両三分を持って行かせようとするところへ佐七郎が帰って来た。何でも行灯部屋へ入れられて面白くなかったので，廊下に出てブラブラしていると，雑巾がけをしている者がいて，それを手伝う隙に抜け出してきたのだと言う。佐七郎が湯屋へ出掛けている間に，若い連中が佐七郎を仲間に入れてやってほしいと頭に進言。身体は痩せてはいるが力持ちで，この間も米屋にいる四紋竜と呼ばれている大力の大男が殴りかかってきたのをかわして，担ぎ上げたかと思うと，砂糖屋の前に山のように積んである砂糖の中へ放り込んで，四紋竜を砂糖漬けにしてしまったと言う。するとそのとき，佐七郎が「野郎を担ぎあげたときに金物屋へ放り込もうと思ったが，怪我をさせるといけねぇから，砂糖屋へ放り込んだ。相手が乱暴な野郎だから，砂糖漬けにしたのは正当（精糖）防衛だ」。

【解説】　禽語楼小さんが得意にした江戸から伝わる「お祭佐七伝説」を踏まえた人情噺の一節で，小さんの速記から六代目三遊亭圓生が短く構成をし直して，本来なかったサゲを付けて一席物にした。このあと佐七郎は鳶になりたいが，清五郎から許してもらえないでいたところ，ある日，火事が起こったので，佐七郎も褌姿になるが清五郎はそれを留める。しかし清五郎宅の二階から抜け出した佐七郎が火事場に駆けつけ，結果，め組の消口を取ることになり，奉行から「武士の帯刀を捨て，鳶になっての感心な働きに感服致した」「今度は火をのんでみせます」と，奉行の取り持ちで火消となり，お祭佐七として名を知らしめたという展開を持つ。『雪とん』という噺の別名を『お祭佐七』と呼ぶが，この噺から生まれた一席とされる。

お神酒徳利（おみきどっくり）
【別題】　占い八百屋
【種別】　滑稽，長屋，旅
【あらすじ】　馬喰町に刈豆屋吉左衛門という旅籠屋があり，年に一度の大掃除のときに，通い番頭の善六が徳川家から頂戴したお神酒徳利が転がっているのを見て，水瓶の中に入れておいたことを忘れてしまった。徳利が無くなったと大騒ぎの中，帰宅した善六は水瓶の中に入れたことを思い出す。今更自分がしたこととも言いにくいので，女房の知恵でそろばん占いをして見つけるということにした。徳利が見つかると主人は大喜びしたが，そのときに宿泊していた鴻池善右衛門の支配人が主人の娘が病気なので，善六に易を立ててほしいとお願いをしてきた。大坂へ向かう途中，神奈川宿の新羽屋源兵衛という宿に泊ると，金の入った武士の巾着が盗まれ，その行方を善六が占うことになった。困った善六が夜逃げをしようと思っていたところへ宿の女中が現れて，自分が盗んだと白状をした。親の病気のための行状と聞いて，善六は許してやり，再び易で見つけると，新羽屋では大喜び。大坂に着いた善六が水垢離をして神頼みをすると，神奈川宿の稲荷大明神が現れて，鴻池の乾の隅の柱の土中に観音像が埋もれているから，それを掘り出してあがめよと言う。言われた通りにすると娘は全快し，善六はそのお礼に金をもらい，馬喰町に旅籠を建てて生活が桁違いになった。桁違いになるはずで，そろばん占いですから…。
【解説】　六代目三遊亭圓生が御前公演でも演じたことがある『お神酒徳利』のあらすじを記したが，一方で三代目柳家小さんが大阪より移し，別名『占い八百屋』という噺もあり，現在でも両方の型が演じられている。『占い八百屋』の内容は，お得意の店で八百屋が注文を取ろうとすると，新しい女中に無下に断られたので，頭に来た八百屋が女中を困らせてやろうと，お神酒徳利を水瓶の中に隠してしまう。店が大騒ぎになる中，八百屋がそろばん占いで徳利のある場所を探しあてる。するとその店の実家のある三島で仏像が行方不明になったので易を立てることになる。三島へ向かう途中の小田原宿で，宿泊客の荷物が無くなって困っている宿屋のために易を立てようとすると，盗んだ者が自首をしに来る。紛失物を見つけたということで評判となり，色々な人が無くなったものの行方を尋ねに来るので，八百屋は夜逃げをする。すると「今度は先生が紛失をした」というもの。この噺を演じた三代目桂三木助は「神奈川の稲荷大明神のおかげだ」「なあに，かかあ大明神のおかげだ」でサゲていた。

お見立て（おみたて）
【種別】　滑稽，廓，禁演
【あらすじ】　吉原の喜瀬川花魁は，田舎者の杢兵衛大尽のことがあまり好きでないので，若い衆である喜助に，「相手にしたくないから，病気だと話して断ってほしい」と頼む。ところが杢兵衛は自分がしばらく顔を見せなかったから病気になったのだから見舞ってやりたいと言ってきた。それを聞いた喜瀬川は「お大尽に長いこと会えなかったのが原因で，恋焦がれて亡くなってしまった」と伝えるように告げる。喜助が言われるがまま杢兵衛に事情を説明すると，今度は泣きながら，「喜瀬川の墓に連れて行け」と言い出すので，困った喜助が喜瀬川に相談すると，「ならば墓に連れて行けばいいじゃないか」と無責任なことを言い出す始末。杢兵衛を山谷にある寺へと連れ出した喜助だが，喜瀬川の墓なんてあるはずがないので，あちこちの墓を連れ回していると，杢兵衛が「どれが喜瀬川の墓だ」「ズラリと並んでおります。よろしいのをお見立て願います」。
【解説】　全盛期の吉原には，店の格子の前で花魁が顔見せをする「張り見世」というシステムがあった。遊びに来た客は，格子越しにその様子を眺めながら，「ズラリと並んでおります。よろしいのをお見立て願います」という若い衆の言葉を聞いて，その晩の女性を選んだ。噺のサゲは，張り見世の前で若い衆が発したその言葉が元になっている。原話は文化8年（1811）『種がしま』の「手くだの裏」。

おもと違い（おもとちがい）

【種別】　滑稽，長屋

【あらすじ】　金が必要になった大工の棟梁が，兄貴分から預かった墨流しという高価な万年青を質屋にぶち殺して洞穴を埋めた。そのことについて話しているのを耳にした酔っ払いが，自分の働いている店の旦那が姪のおもとを預かっているが，悪い虫がつかないように，今度，身持ちが堅いと評判の棟梁の家へ預けたところ，娘をぶち殺して洞穴に埋めたと勘違いをしてしまった。早速，そのことを店の旦那に報告すると，驚いた旦那は静かに事を収めたいので，棟梁の兄貴分に相談をすることにした。そこで早速，下男を使いにやり，兄貴分が弟分の棟梁を呼んで事情を尋ねると，川上という質屋へ万年青を質入れしたことが分かり，兄貴分は「それならあの万年青を川上へ放り込んだのか？」と聞き返したところへ下男が飛び出してきて，「その川上へ放り込んだのはいつです？」「九ヵ月ばかり前のことだ」「それじゃあ，もうに流れたんべ」「安心しなさい。利上げがしてございます」。

【解説】　噺の中に出てくる「ぶち殺して洞穴を埋める」とは「質入れをして金の手当てをすること」で，「利上げ」とは借り主が利息を入れて質草が流れるのを防ぐことを指す。さらに質流れの期限が八ヵ月であること（が多かった）がサゲにかかっている。棟梁は川上という質屋へ万年青を質入れしたのに対し，下男は河川の上流へおもとさんを放り込んだと勘違いしたのがサゲにつながっている。なお，質入れすることを「ぶち殺す」というのは『骨違い』のサゲでも用いられている。万年青とはユリ科の常緑樹で園芸植物である。初代三遊亭圓左や八代目桂文治の速記が残っており，近年では五代目古今亭志ん生が演じた他，圓左の速記から起こして柳家小満んが演じている。

親子酒（おやこざけ）

【種別】　滑稽

【あらすじ】　酒好きの父親が，やはり酒好きの息子の将来を心配し，二人で禁酒の約束をした。ところがある晩，息子が外出しているのをいいことに，父親が女房に頼み込んで一杯だけという約束で飲ませてもらうが，一杯で済む訳はなく，二杯，三杯と飲んでいるうちにベロベロに酔ってしまう。そこへ息子が帰ってきたので，その場を取り繕おうとするが，息子もベロベロに酔っ払っている。聞けば出入り先の旦那と二升五合飲んでしまったとか。父親は説教をしながら，「何だお前は，顔が七つにも八つにも見える。こんな化け物に，この家の身代は譲れません」。すると息子が大笑いをして，「冗談言っちゃいけない。あたしだって，こんなぐるぐる回るような家はもらったってしょうがねえや」。

【解説】　近代落語の祖とされる三遊亭圓朝の作品とされることもあるが，原話は宝永4年（1707）『露休置土産』の「親子共に大上戸」にあり，安永2年（1773）『坐笑産』の「親子生酔」に再掲されたものが見られる。上方では息子が家に帰る前に，うどん屋へ立ち寄って，酔ってクダを巻く場面があるが，東京では演じられることは少ない。五代目柳家小さんが得意とし，十代目桂文治は父親が飲み進める際に，塩辛を美味しそうに食べる仕草を見せた。その演出は現在では十一代目に継承されている。

親子茶屋（おやこぢゃや）

【別題】　夜桜

【種別】　滑稽，禁演

【あらすじ】　ある商家の大旦那が謹慎させている息子を呼んで，その放蕩振りを戒めるが，息子は理屈をこねては口答えをするばかり。あきれた大旦那は外出をするが，その行先は柳橋の料亭で，なじみの芸妓を呼んで愉快に遊び始める。すると同じ店へ息子が現れて，下の座敷で芸者を呼ぶと，上の座敷で「七段目」の曲にのせた遊びをしているのを知り，一緒に遊ばせてもらおうと二階へやって来る。するとそこで自分を叱りつけた父親とバッタリ。「お前は倅じゃないか…。倅，博打はならんぞ」。

【解説】　今も上方で演じられる落語であるが，明和7年（1770）『友達ばなし』の「中の町」に吉原で父と息子が出会ってしまい，「これ，ばくちをうつなよ」という話が収載されるよう

に江戸小噺に原話が求められる。同じサゲの小噺には，安永2年（1773）『坐笑産』の「中の町」がある。六代目桂文治は「飲み過ぎるなよ」とサゲる速記を残している。サゲは落語でよく取り上げられる「飲む・打つ・買う」の三道楽の内，飲むと買う（ここでは芸者遊び）を二人でしてしまっているので，残された「打つ」はいけないとしたもの。なお，父親と息子が座敷で出会うときに見せる踊りは，上方では「狐釣り」であり，東京でかつて演じていた八代目桂文治は吉原に夜桜見物に行くという設定であったが，最近になって演じはじめた林家正雀の演出をここでは示した。

泳ぎの医者（およぎのいしゃ）

【別題】　畳水練
【種別】　滑稽
【あらすじ】　ある田舎に暮らす娘の具合が悪くなり，使用人の権助が江戸から最近越して来た医者を連れてきた。早速，容体を診てもらい，医者が調合した薬を飲ませると，最初はよく寝ていたが，しばらく経つと高熱が出て，舌がつり，唇の色が変わって亡くなってしまった。そこへ帰ってきた父親が経緯を聞いて，全身紫色になった娘の姿を見て驚く。父親は薬屋へ奉公していたこともあり，飲ませた薬が熱を増す薬であることを知って怒り出した。そして権助に「娘の具合がよくなったので，もう一度お見舞い願います」と医者を呼びに行かせた。医者がやって来ると，父親は医者を殴りつけ，裏の川の中へ放り込んだ。医者は泳ぎを知らないと見えて，溺れては殴られ，殴られては溺れで，ほうほうの体で帰宅。すると息子が医者になる勉強をしているので，「お前は何をしているんだ？」「立派な医者になろうと思い，医学の勉強をしております」「馬鹿め，医者になるなら泳ぎを先に習え」。
【解説】　落語によくある藪医者を扱った噺の一つで，原話は『笑府』（中国・明朝末期）の「学游水」にある。一時期演じられなかったが，近年，春風亭一之輔や柳家三語楼が新しい演出を取り入れて演じはじめている。

お若伊之助（おわかいのすけ）

【別題】　因果塚の由来
【種別】　人情，圓朝
【あらすじ】　日本橋横山町三丁目の栄屋という生薬屋の一人娘のお若は，歳は十七で栄屋小町と言われるほどの美人であった。一中節を習うことになり，元武士の菅野伊之助という師匠を紹介され，稽古のために伊之助が毎日お若のもとを訪ねるようになった。程なくして二人がいい仲になると，お若の母親は鳶の初五郎に間に入ってもらい，伊之助に手切れ金を渡して別れさせ，お若は根岸お行の松で道場を開いている伯父の長尾一角に預けられた。伊之助を思うお若の気持ちは募るばかりで，ある日，伊之助が訪ねてきたので，部屋に招き入れ，それからは毎日会うことに。するとお若がお腹に子供を宿したので，さすがの長尾一角もそれに気づき，その相手が伊之助と知ると，初五郎を呼び出し事情を話す。初五郎が伊之助を問い詰めると，昨夜は初五郎と一晩中吉原で遊んでいたので，根岸に行ける訳がないと話す。そこで一角と初五郎が二人してお若の相手が誰かと見張っていると，やはり伊之助が現れたので火縄銃で撃ち抜くと，それは伊之助に化けたタヌキであ

台東区根岸の西蔵院不動堂境内の「お行の松」（上）の石碑の左側にある狸の置物と「狸塚」の石碑（下）

った。月満ちてお若が産んだのは双子のタヌキで，それを葬ったのが根岸お行の松のほとりの因果塚である。
【解説】「圓朝全集」に収録されるが，三遊亭圓朝作であるという確証はない。噺には続きがあり，お若が産み落としたのはタヌキではなくて人間の双子で，男児に伊之吉，女児にお米と名付ける。伊之吉を大工に，お米を大阪へ養子に出し，母親のお若は髪を下ろす。伊之助とお若は再会し，駆け落ちをして岩次という男児をもうける。そして不義理を重ねた初五郎のもとを訪ねると，何故かそこにもう一人のお若がいる。そんなとき伊之吉は品川の女郎に転じたお米と深い関係になり，互いが兄弟であったことを知り，綾瀬川に身を投げてしまう。お若は離魂病という人の身体が分身する病にかかっており，分身した体が一箇所に集まったことで命を落としてしまう。伊之助も自死を選び，岩次は仏門に入り，因果塚を建立するというものであるが，現在は演じ手がいない。

女天下（おんなてんが）
【種別】 滑稽，新作
【あらすじ】 魚屋の金太は女房の尻に敷かれており，今日も仕事で稼いできたと言っては，女房に耳の痛いことを言われている。湯に出掛けるついでに，隣で暮らす銀行員の山田に，女房に意見をしてもらおうと訪ねると，自分の家と負けず劣らずの女房の尻に敷かれっぷり。そこで二人して根津先生のところへ行くことにする。先生は二人から事情を聞くと，「日本男児であるならば，そんな女は斬り捨てろ。そんなだらしのない男の顔は見たくない」と言う。ところが，そこへ奥さんが帰って来た途端に平身低頭。そして先生の奥さんに意見をされてしまう。先生が二人の前で開き直ると，山田が「先生，世の趨勢ですかね。陸蒸気（おかじょうき）が汽車から電車になったそうです。電化されたそうです」「なに，電化された？かかあ天下の世の中だ」。
【解説】 実業家であり，劇作家であった益田太郎冠者（1875〜1953）による新作落語。六代目蝶花楼馬楽が演じ，現在では柳家小袁治が演じており，ここではその型を示した。なお，本来は先生の家を出た金太と山田さんが身投げをしようとすると，そこへ先生もやって来て，「わしは君たちの細君に意見をするから，君たち二人で僕の家内にとくとご説諭願いたい」という結び方であった。

蚊いくさ（かいくさ）

【種別】　滑稽，長屋，夏
【あらすじ】　長屋の久六は剣術に凝って商売を怠けており，去年の暮れに蚊帳を質入れしたままなので，女房に子どもを蚊に食わせておいて平気なのかと言われてしまう。暮らしのこともあるので稽古を休ませてもらおうと先生に申し出て，ついでに家に蚊が出て仕方がないことを話すと，先生は「今宵，蚊と一戦交えろ」と言い出す。「家を城，お前は城持ち大名，おかみさんは北の方，ご子息を若君とみなし，家へ戻ったら，蚊帳を吊らず，表を大手，裏口を搦手，引き窓を櫓と思って開け放ち，蚊が入ってきたところで，狼煙（蚊いぶし）を上げ，四方を開けろ」と命じる。感心した久六が家に帰り，先生に言われた通りに取り掛かると，蚊が続々と家に入って来た。蚊いぶしを焚いたので煙たくて咳が止まらないが，敵は退散した。だが夜討ちをかけてくるかも知れないと，久六が寝ないで待っていると，やはり夜中にブーンとやって来たので，「落武者の分際で大将へ一騎打ちの勝負とは」と次々にやって来る蚊を相手にするが，数が多いので退治できなくなった。「北の方，とてもかなわん。城を明け渡そう」。
【解説】　町人が剣術を習いはじめるようになった幕末の頃にできた噺と思われる。六代目三遊亭圓生が演じたことから，主に圓生一門に伝わったが，近年，演じる若手が増えてきた。

怪談阿三の森（かいだんおさんのもり）

【別題】　阿三の森
【種別】　怪談，武家，圓朝
【あらすじ】　本所に松岡半之進という二千石を取る旗本がいた。そこに奉公に上がっていたのが，十八になるおこのという深川蛤町の漁師善兵衛の娘で，いつの間にか半之進のお手がつき妊娠をしてしまった。宿下がりをして生まれた女の子に阿三という名前をつけ，半之進も家を訪ね，何不自由のない生活を送っていたが，おこのと半之進は流行り病にかかり，亡くなってしまった。困窮した善兵衛夫妻は亀戸天神の近くで団子屋を始め，梅見団子を売り出すと大繁盛。大きくなった阿三は看板娘として評判をよんだ。ある日，松井源哲という幇間医者が，本所割下水に暮らす阿部新十郎という旗本の息子を連れて店にやって来た。新十郎と阿三は互いに一目惚れをし，新十郎は阿三のもとを訪ねるようになった。ところが新十郎は，容体の悪い母親から，昔，父親が奉公人に手を出し，阿三という娘を生ませ，今はその子が亀戸の団子屋で働いているので，陰ながら面倒を見てほしいと言われる。母を見送った新十郎が実の妹とあってはならない仲になったことに悩んでいると，源哲が現れ，阿三が亡くなったことを伝えられる。新十郎が住まいを向島の寮へ移し，気分を変えて暮らしていると，盆の十三日の寝苦しい夜，カランコロンと下駄の音を鳴らしながらやって来る者があった。それは紛れもない阿三であって，私は死んではいないと言い，それをきっかけに新十郎のもとを訪れるようになる。毎晩のように女の声がすることを不審に思った寮番の婆やが部屋を覗いてみると，新十郎は煙のようなものと話しているので，驚いて良観和尚に話すと，怨霊退散をしなくてはいけないことを新三郎に話し，あらゆる窓にお札を貼った。すると，その晩から阿三は現れなくなり，新十郎も快復をし，割下水の屋敷に戻った。その後，新十郎は麻布の方から妻を迎え，婚礼を迎えたが，寝間へ入ると小さな蛇が鎌首をもたげていた。それが毎晩のように現れるので，再び良観和尚に相談をすると，阿三が蛇に化身して出てくるということで，和尚の衣にくるんで庭へ出すように言われる。そして和尚が捕えた蛇を雀の森に埋めて祠を建てた。新十郎は妻を亡くし，阿部家を養子に継がせ，自分は頭を丸め，祠の隣に庵を立てて，名を愚呂と改めて菩提を弔った。時代が経ち，この祠は子供

の生まれるお産と言い違えられ，深川牡丹町の雀の森も阿三の森と言われるようになった。
【解説】　三遊亭圓朝作と言われるが確証はない。思い焦れて命を落とした女性がカランコロンと下駄を鳴らして相手の元にやって来る場面と，それを封じようとお札を貼る場面は『怪談牡丹燈籠』と同じ趣向である。人物名は『圓朝全集』（角川書店）に拠ったが，五代目古今亭志ん生や十代目金原亭馬生は，幇間医者を藪井竹庵，和尚の名を顎堂として演じていた。なお，阿三の森は今も江東区牡丹に「於三稲荷神社」として建っている。

怪談累草紙（かいだんかさねぞうし）
【別題】　累草紙（かさねぞうし）／古累
【種別】　人情，怪談
【あらすじ】　巣鴨鶏声ヶ窪にいた吉田監物の奥家老で，堀越与左衛門の次男・与右衛門は，十二歳のときに越中の麻和田村に養子に出された。それから十年が経ち，江戸が恋しく，また実父にも会いたくなり，養子先を飛び出し，父からもらった関兼吉の脇差を手にして江戸へ向かった。途中，越後の歌の宿にある菊屋という宿屋へ泊まると，階下から女の声で上方唄が聞こえてきた。その声音と音締めに惚れた与右衛門が女中に尋ねると，お磯という江戸の生まれで年は十九。能登の七尾に行く途中であることを知る。与右衛門が女の座敷を覗くと明かりが消えたので，それをきっかけに中へ入り，女に訳を話し，自分の真剣な思いの証として大事な脇差を渡した。翌朝，お磯の顔をはじめて見た与右衛門は驚く。その顔は病と火傷でふた目と見られず，目も見えない。江戸へ向かう与右衛門は親不知までやって来ると，お磯に脇差を返してもらいたいと頼むが，江戸に着くまではそれは出来ないと断わられてしまう。与右衛門が「亭主の言うこと聞かない不実な奴は離縁だ」と言い放つと，お磯が持っていた脇差を黙って抜き取ったので，それを握り締めていたお磯の指が切れてしまう。そしてお磯を殺害し，脇差を取り戻して江戸へ向かう。
【解説】　下総羽生村で起きた累の怨念を巡る事件がもとで，芝居の方では「累もの」として多くの作品を残している。落語では『真景累ヶ淵』の先行作品にあたるものとして，二代目三遊亭圓生（1806～62）がつくり，『真景累ヶ淵』に対して『古累』と呼ばれている。現在，多く演じられるのは，ここで取り上げた「親不知の場」であるが，発端にあたる「熊谷堤の場」も演じられることがある。その物語は堀越与左衛門の長男・与惣次の放蕩と熊谷堤で女の巡礼を殺める悪事が描かれている。この「親不知の場」後，与右衛門は兄の与惣次が助けた女と一緒になるが，吉原へ遊びに行った際に，やはり兄の与惣次が馴染みであった遊女といい仲になり逐電をし，与右衛門の妻は自死。後に遊女が自分の子供と知って，与右衛門もまた自死し，遊女は尼になるという物語が待つ（原話では与惣次は弥太郎，与右衛門は山三郎，遊女の名は高窓である）。八代目林家正蔵が芝居噺で演じ，林家正雀が受け継いで演じている。

怪談乳房榎（かいだんちぶさえのき）
【別題】　乳房榎／おきせ口説き／重信殺し／十二社の滝
【種別】　怪談，武家，圓朝，夏
【あらすじ】
▷おきせ口説き（おきせくどき）
　秋元越中守に仕え，二百五十石を取っていた間与島伊惣次という武士は，絵の趣味が高じて菱川重信という絵師になり，妻のおきせと生まれて間もない真与太郎の三人で柳島に仲良く暮らしていた。本所の撞木橋に住む浪人の磯貝浪江は梅若詣での途中，地紙折りの竹六と出会い，向島に花見に来ていた重信とおきせの姿を見掛けて，竹六の世話で重信の弟子になった。宝暦二年（1752）五月，重信は高田砂利場村の南蔵院の天井に龍の絵を頼まれ，下男である正介を伴って，泊まり込みで描くことになった。浪江は重信の留守に乗じて，柳島の家を毎日のように訪れ，病を装って泊めてもらったある夜，思いを募らせていたおきせに迫る。すると激しく抵抗されたので，真与太郎に刀をかざして，一度の約束ということで思いを遂げるが，二度三度と逢瀬を重ねるうちに，おきせも浪江に好意を寄せるようになった。

▷ **重信殺し**（しげのぶごろし）

　浪江はおきせが自分のものにはなったが，天井画を完成させたら重信が帰ってきてしまい，二人の関係は終わってしまうことから，ある算段を巡らす…。南蔵院を訪ねた浪江は，重信が描き進めている天井画の雌龍と雄龍が素晴らしい出来栄えであり，残りが雌龍の片腕を描くだけであることを知る。下男の正介を料理屋に誘った浪江は，酒を飲み進めていくうちに，金を与えて伯父甥の杯を交わし，おきせと密通していることを打ち明け，重信殺しの手伝いを相談する。正介は一旦は断るが，殺すと脅されたために承諾。そして重信を落合の蛍見物に誘い出し，その帰り道に田島橋の近くまで来たときに，隠れていた浪江が竹槍で重信を突き，正介の助太刀を得て，重信の命を奪うことに成功した。正介が南蔵院に帰り，重信が襲われたことを知らせると，重信はいつものように絵に向かい，雌龍の片腕を描き上げて，最後に落款を押しているところであった。「正介，何を覗く」と言われたので正介が驚くと，そのときに重信の姿は既になく，墨も乾かず落款が手に付くように濡れていた…。

▷ **十二社の滝**（じゅうにそうのたき）

　おきせは竹六に再婚を勧められたこともあり，浪江と夫婦になると，やがて浪江の子を宿す。おきせの乳が出ないので，真与太郎を里子に出してはどうかと言う正介に，浪江はいずれ敵になる重信の子である真与太郎を殺害するように命じる。正介は浪江の命令通りに角筈村の十二社の滝を訪ねて真与太郎を投げ込むと，滝壺から真与太郎を抱いた重信の亡霊が現れて，正介をにらみながら真与太郎の養育と仇討を命じる。それを聞いた正介は改心をして，浪江からもらった金を懐に，真与太郎を連れて，その晩は内藤新宿の宿に泊まり，万屋の女房に貰い乳をし，生まれ故郷の赤塚村の松月院という寺の門番となり，真与太郎を密かに養育する。

▷ **大団円**

　乳の出なくなった万屋の女房が夢のお告げに従い，赤塚村へやって来る。そして松月院の境内に立つ乳房の形をした榎からしたたり落ちる露で治ったという噂が広まり，正介は真与太郎にも榎の露を乳の代わりにして育てる。乳房榎の評判は江戸中に広まり，露を求めて参詣する人が増えた。ある日のこと，正介は松月院を訪れた竹六と再会をした。おきせは浪江の子を生んだが，乳が出ずにその子を死なせてしまい，乳房に腫物ができて苦しむようになったので露をもらいに使いに来たと言う。大きくなった真与太郎の姿を見た竹六に，正介は口止めをする。おきせは竹六が貰ってきた露をつけると，その晩，重信が夢の中に現れ，乳の痛みに苦しむので，浪江が小刀で膿を取り出そうとすると，傷口から雀が飛び出して浪江を襲ってくるので，誤っておきせを殺してしまう。おきせの葬儀を終わらせた浪江は，竹六から正介と真与太郎が生きていることを聞き，松月院を訪ねる。正介は真与太郎に真実を告げ，父の敵を討つことを話すと，浪江が現れたので，仏壇の香炉を投げつけて，正介の助太刀と重信の亡霊が差し添えをして浪江を討つ。正介はその後，剃髪をして廻国をし，真与太郎は間与島家を継ぐことを許される。

【解説】　三遊亭圓朝の創作で，東京絵入新聞への連載後，明治21年（1888）に単行本で出版された。映画化や舞台化もされ，特に十八世中村勘三郎による早替りが知られている。近年では六代目三遊亭圓生による『おきせ口説き』と『重信殺し』の名演が知られ，歌舞伎座での独

乳房榎のモデルとされる赤塚諏訪神社（東京都板橋区）の「こぶ欅」

演会で『四条の橋から』を唄いながら、落合の蛍狩りの場面を回り舞台で演じたのが評判を呼んだ。『重信殺し』より後の場面である『十二社の滝』と『大団円』のあらすじは林家正雀による口演を基に、圓朝全集で補足をした。

怪談牡丹灯籠（かいだんぼたんどうろう）

【別題】　牡丹灯籠／刀屋／本郷刀屋／お露新三郎／お札はがし／忠僕孝助／孝助の槍／栗橋宿／おみね殺し／幸手堤／関口屋のゆすり／関口屋／十郎ヶ峰の仇討
【種別】　人情、怪談、武家、圓朝、夏
【あらすじ】

▷発端／刀屋（かたなや）／本郷刀屋（ほんごうかたなや）

　旗本の飯島平太郎が、ある日、本郷の刀屋藤村屋の店先にいるところを、酔っ払った黒川孝蔵という男に絡まれて斬り捨てた。

▷お露新三郎（おつゆしんざぶろう）

　平太郎は家督を継いで平左衛門と改名し、その妻はお露という娘を生んで亡くなってしまった。平左衛門は女中のお国を後妻に迎えるが、お露はお国と折り合いが悪いこともあって、柳島の寮で暮らしはじめる。そして医者の山本志丈に連れられてやって来た浪人の萩原新三郎に一目惚れをしてしまう。新三郎も同じ思いになるが、なかなか会いに行けないうちに、お露と女中のお米が亡くなったという知らせが入る。

▷お札はがし（おふだはがし）

　新三郎が長屋に一人いると、カランコロンと下駄の音がして、牡丹灯籠を手に提げた、お露とお米がやって来た。死んだというのは志丈のついた嘘で、今は谷中の三崎で暮らしていると言う。それから毎晩のように二人は通ってくるが、新三郎の身の回りの世話をしている伴蔵が様子をうかがうと、新三郎が骸骨と会っているので驚く。白翁堂勇斎という人相見に見てもらうと、死相が出ていると言われた新三郎は、お露の家を探すも見つけることができず、同じ谷中に建つ新幡随院という寺に牡丹燈籠と二人の墓を見つけたので良石和尚に相談をする。そして家にお札を貼り、海音如来の仏像を放さずに身に付け、雨宝陀羅尼経を唱えるように言われ

たことを守ると、その晩から幽霊は近づかなくなった。お露とお米は伴蔵にお札をはがしてもらうように頼むと、伴蔵夫妻は百両の金との引き換えを条件に、お札をはがし、海音如来の像を奪い、それによって新三郎は幽霊に命を奪われてしまう。

▷忠僕孝助（ちゅうぼくこうすけ）／孝助の槍（こうすけのやり）

　平左衛門が雇い入れた孝助は主人思いの男で、剣術を教えてほしいと頼んでくる。その訳を尋ねると、自分の父親である黒川孝蔵の仇を討ちたいのだと言う。平左衛門は孝助との因縁を感じ、いつか孝助に討たれようと心に決め、剣術を教える。その孝助は平左衛門の妻お国が隣家の宮野辺源次郎と密通し、平左衛門を殺す計画を知ったので、二人を殺して主人を守ることを決める。そんな中、御家人の相川新五兵衛が飯島家を訪れ、孝助を娘お徳の婿にもらいたいと平左衛門に伝える。源次郎とお国は自分達の関係を知った孝助を殺そうとするが、ことごとく失敗に終わる。そして孝助がお国と源次郎が密会をしている部屋に槍を突き入れると、そこにいたのは平左衛門であって、平左衛門は自分が孝助の父親の仇であることと、飯島家を再興してほしい旨を伝える。深手を負った平左衛門は、源次郎を殺しに向かうが返り討ちにあってしまい、源次郎とお国は逐電をし、相川家でお徳と祝言をあげた孝助は二人を追い掛ける。

▷栗橋宿（くりはしじゅく）／おみね殺し（おみねごろし）／幸手堤（さってづつみ）

　伴蔵とおみねの夫婦は百両を元手に、故郷の栗橋宿で関口屋という荒物屋をはじめる。金回りのよくなった伴蔵は笹屋という料理屋で働くお国といい仲になる。二人の関係を怪しむおみねは馬子からその関係を聞き出し、新三郎と幽霊の件を持ち出してまで伴蔵に責め入るので、伴蔵は幸手堤でおみねを殺害する。

▷関口屋のゆすり（せきぐちやのゆすり）／関口屋（せきぐちや）

　死んだおみねは関口屋の女中に憑りつき、伴蔵の悪事を口走るようになるが、伴蔵はその女中に暇を出すこともできないので医者に診せることにする。丁度江戸からやって来ていた医者

に来てもらうと，それは旧知の山本志丈であった。病人のうわ言からこれまでの経緯を知った志丈に伴蔵はすべてを話し，笹屋で一献かわすことにする。するとそこでお国と志丈が対面し，志丈は飯島家で起こったことを伴蔵に話して聞かせる。源次郎が伴蔵のところにやって来て，お国との間のことで強請りにかかると，志丈から聞いていた話を盾にとって伴蔵は源次郎を追い返してしまう。

▷十郎ヶ峰の仇討（じゅうろうがみねのあだうち）
／大団円

仇を見つけることができないでいる孝助が一旦江戸へ戻ると，妻であるお徳との間に息子孝太郎が生まれていた。同じく志丈とともに江戸に戻っていた伴蔵は，埋めておいた海音如来の仏像を掘り出し，悪事露見を恐れて志丈を斬り殺し，御用になるところを孝助に取り押さえられる。孝助は新幡随院の良石和尚の言葉に従い，白翁堂勇斎を訪ねると，そこで小さい頃に別れた母親のおりえと再会をする。そこで孝助の探しているお国が，母親おりえの再婚相手の連れ子であることと，宇都宮で源次郎と暮らしていることを知る。おりえが手引きをしてくれるということで孝助は宇都宮に出向くが，おりえは夫への義理立てからお国と源次郎を逃がして自害をする。二人を追った孝助は本懐を遂げ，息子の孝太郎をもって飯島家を再興し，新三郎のために濡れ仏を建立する。

三遊亭圓朝の残したその他の噺

　本書では，現在演じられることの多い作品を優先して，三遊亭圓朝の連続物や一席物を収載したが，近年になり復活口演されたり，回数こそ少ないが，今も演じられている作品もあり，ここでその作品名と簡単なあらすじを紹介する。
　義侠心にあふれた侠客の浪島文治郎が敵である大伴蟠龍軒の一派と対決をする『業平文治漂流奇談（なりひらぶんじひょうりゅうきだん）』。
　安中草三が剣術の師匠である恒川半三郎の罪をかぶり入牢するが，後に牢破りを決行し盗賊となる『後開榛名の梅ヶ香（おくれざきはるなのうめがか）』（『安中草三（あんなかそうざ）』『安中草三牢破り』）。
　深川で実際にあった仇討を元にした話で，高田藩の水司又市が女郎を巡って人を殺め，高岡で僧になるが，再び悪の道へ戻る『敵討札所の霊験（かたきうちふだしょのれいげん）』（『札所の霊験』）。
　お民，お蝶，お里，お辰，お婉の5人の烈女を描いた銘々伝である『操競女学校（みさおくらべおんながっこう）』。
　勘当となった愛した男を八王子まで探しに行った娘が，ある男に騙されて女郎にされる『熱海土産温泉利書（あたみみやげゆのきがき）』。
　お家乗っ取りを計画した松蔭大蔵が敵対する渡辺織江を殺し，病身の若殿紋之丞をなきものにしようとする圓朝初期の長編作品である『菊模様皿山奇談（きくもようさらやまきだん）』。
　ヴィクトリアン・サルドゥーの戯曲『ラ・トスカ』の翻案物で，荻江露友の弟子である伊三郎が荻江節の奥義を体得し，一方で自分の絵を酷評された狩野毬信が修業をするも大塩の乱の残党を匿ったことで獄死をしてしまう『名人競べ（めいじんくらべ）』（『錦の舞衣（にしきのまいぎぬ）』）。
　番太郎という男が侍に毒殺されるが，その動機が見当たらないという推理小説仕立ての『政談月の鏡（せいだんつきのかがみ）』。
　他に，実際には圓朝作ではないとされる作品で，手籠めになりそうなところを助けた金三郎という職人が，それを機にお初と一緒になるが，火事で母親を助けようとして大怪我を負い，それが元で最後に夫婦で心中をする『心中時雨傘（しんじゅうしぐれがさ）』などがある。

【解説】 中国明代の怪奇小説集『剪灯新話』の中の「牡丹燈記」を翻案した『伽婢子』の中の「牡丹燈籠」を軸にして創作した三遊亭圓朝の作品。明治17年（1884）に日本で最初の速記本として出版され、二葉亭四迷が圓朝の速記本から言文一致体を編み出すなどの影響を与えた。圓朝が残した速記本では22章から成り立ち、伴蔵伝と孝助伝が交互に進められているが、ここでは実際に演じられることの多い型であらすじを示した。『関口屋のゆすり』までは八代目林家正蔵や六代目三遊亭圓生などが演じ、現在でも桂歌丸や、正蔵の怪談噺の型を受け継いでいる林家正雀などが通しで演じているが、「大団円」にあたる『十郎ヶ峰の仇討』については柳家一琴が演じる際の演題を示した。

三遊亭圓朝による『怪談牡丹燈籠』速記本。明治17年（1884）に東京稗史出版社により発行された初版本（右）と明治18年に発売された文事堂発行の本。筆記者はともに若林玵蔵

開帳の雪隠（かいちょうのせっちん）
【別題】 開帳
【種別】 滑稽
【あらすじ】 回向院の近くでおじいさんとおばあさんが二人で駄菓子屋を開いている。開帳で人出があるのに店を訪れるのは雪隠（便所）を借りる人ばかりなので「お便所をお貸し致します。一垂れ八文」という張り紙をすると儲かり始めた。ところが二三日すると、立派な便所を貸す商売敵が現れ、再び客が来なくなった。翌日、おじいさんが弁当を持って出かけたかと思うと、にわかに店に客がやって来るようになった。夕方になり、くたびれた姿のおじいさんが帰ってきたので、「どこへ行っていたの？お前さんが出掛けると間もなく忙しくなったのよ」「向こうの雪隠で一日中しゃがんでいたんだ」。
【解説】 小噺程度の噺で、前に『ご印文』を付けて演じることが多い。延宝3年（1675）『軽口曲手鞠』の「辻雪隠の事」や明和9年（1772）『鹿の子餅』の「借雪隠」などに原話が求められる。

貝野村（かいのむら）
【別題】 貝の村／海野村／手水廻し
【種別】 滑稽、旅
【あらすじ】 大阪の船場に伊勢屋という大店があった。若旦那は二十二歳で「今業平」と呼ばれるようないい男。そこへ丹波の貝野村から、おもよという、歳が十八の大変な器量良しの女が女中としてやってきて、大旦那と若旦那の世話をすることになった。ある日のこと若旦那が商用で九州に出掛けている間に、おもよのもとへ使いが来て、母親が病気なので帰って来てほしいとのことで、代わりの女中がやってきた。その女の名前もおもよであったが、容姿は正反対で大変な不器量。そんなことを知らずに帰って来た若旦那がいつものように風呂へ入り、おもよに背中を流してもらうのを楽しみにしていたが、いくら待っても来ないので、食事のときにおもよを呼ぶと、まったくの別人が現れて驚く。里へ帰ったことを聞いた若旦那はおもよを思ううちに病気になり、明日をも知れぬ命になってしまった。若旦那が恋煩いと聞いた大旦那は、おもよを世話した大工の熊に貝野村へ行かせることにするが、片道十八里あり、往復したら四、五日かかると言われる。礼に三千両もらえると聞いて急いで貝野村まで来てみると、おもよも病気で寝ており、明日の昼までしか持たないという。熊の話を聞いたおもよが「大阪へ行きたい」と言うので、駕籠を仕立てて船場の店へ。再会した若旦那とおもよはやがて夫婦となり、二人して貝野村へ里帰り。朝になって、手水を使いたいからと女中を呼んで「手水を二人前廻してくれ」と頼むと、誰も手水を知らないので、物知りの和尚へ尋ねることにした。す

ると「長頭とは長い頭で，その頭を回すことだ」と言われ，隣村に暮らす市兵衛の頭が長いことから，部屋へ連れて行って頭を回してもらうと，若旦那とおもよはそれを見て，急いで大阪へ帰ってしまった。手水とはどんなものか知りたいと，村の旦那と料理番は大阪の宿へ泊り，翌朝「手水を廻してもらいたい」と宿の者へ頼んだ。するとアカ（銅）の金だらいにお湯が八分目，それに盆の上に歯磨き粉と塩と房楊枝がのっていた。ところが使い方が分からないので，「これは飲むものだ」と，塩と歯磨き粉を入れて，二人して飲むことに。やっとのことで飲み干したところへ，もう一人分の手水が来たので，「おねえさん，ちょっと待ってくれ。これは昼から回してくれ」。

【解説】 上方落語で，ここでは四代目桂文団治から教わったという二代目桂小南が演じた形を示した。寄席などでは後半の手水を廻す件だけを独立させて，おもよと若旦那ではなく，一人の旅人が田舎の宿屋へ泊るという設定にし，サゲも「あとの一人前はお昼にして下さい」と，『手水廻し』という演題で演じる場合が多い。その件は元和頃の『戯言養気集』をはじめ，寛永10年（1633）の『きのふはけふの物語』には，比丘尼が地方へ出掛け，風呂に入る際に「手水の粉を参らせよ」と言うも，田舎者がそれを分からないで対応をしてしまう噺などに原話が求められる。また，手水と長頭を引っ掛ける噺は，文化11年（1814）の十返舎一九による『続膝栗毛』や地方に伝わる昔話などにも見られる。

火焔太鼓（かえんだいこ）

【種別】 滑稽

【あらすじ】 いつも怪しげな品ばかりを買ってきては女房に叱られている道具屋の甚兵衛が，今日，市から仕入れてきたのは古くて汚い太鼓。一分出して買ってきたというので，女房はそんなのを買ってきたって，売れる訳がないと言い合いになる。小僧の定吉にほこりをはたかせると，いい音がするので太鼓を叩いて遊び出してしまう。するとそこに一人の侍がやって来て，「今，太鼓を叩いたのはその方の店か？駕籠で通りかかった殿が太鼓の音を気に入られたので，屋敷まで持参致せ」と言ってきた。甚兵衛は大喜びで屋敷に向かおうとすると，「そんな汚い太鼓が売れる訳がない。かえって殿様の怒りに触れて，大変なことになる」と女房に脅かされるので，ビクビクしながら屋敷に太鼓を持参すると，三百両で買い上げたいと言われる。何でも「火焔太鼓」という世に二つとない名器なのだという。太鼓と引き換えに得た大金を持って帰宅した甚兵衛が，女房に金を見せると，「これからは音のするものに限るねぇ」「今度は半鐘を買ってきて叩くよ」「半鐘はいけないよ，おじゃんになるから」。

【解説】 初代三遊亭遊三が演じていたものを五代目古今亭志ん生が前座時代に神田白梅亭で聞き覚え，多くの部分を今演じられるような形へと変えてみせた，志ん生十八番で，かつ独壇場であった一席。サゲも志ん生流で，遊三が残した速記ではサゲをつけずに，今度は半鐘を買ったらどんなに儲かるだろうと，小僧に買ってきた半鐘を叩かせると，火事だと大騒ぎになって，近所の人が道具屋へ駆けつけてきたから，道具がメチャクチャになり，「ドンと占めた太鼓の儲けが半鐘でおヂャンになつたといふ，御笑ひのお話でございます」と結んでいる（明治40年（1907）12月『文藝倶楽部』）。志ん生は正月バージョンとして，「太鼓はいいね，ドンドンと儲かる」という縁起のよい形のサゲも残している。この他，近年では立川志らくらが「あんな素晴らしい儲かる太鼓は二度と買えないね」「どうして？」「だって買えん太鼓」として演じている。

加賀の千代（かがのちよ）

【種別】 滑稽，長屋，冬

【あらすじ】 大晦日に金の都合がつかずに困っている女房が，亭主の甚兵衛に隠居のところへ借りに行かせることにする。「ご隠居さんはお前が可愛くてしょうがないんだ。昔，加賀国に千代という歌の上手な女性がいて，ある朝，水を汲もうと思って井戸端に行くと，朝顔が釣瓶に蔓を巻き付けて花を咲かせているので，ご近所に水をもらい廻った。そのときに詠んだ句が

『朝顔やつるべ取られてもらい水』。朝顔だって可愛がる人がいる。お前さんもご隠居さんに可愛がってもらっているんだから，何とかなる」と女房に言われ，借り方を教わり，隠居のところを訪ねた。甚兵衛は教わった通りに言うことはできないものの，隠居から金を貸してもらえることになった。「どうもすみません。やっぱり朝顔だ」「何だい朝顔とは」「朝顔やつるべ取られてもらい水」「加賀の千代か」「ううん，嬶（かか）の知恵」。

【解説】 上方俄（にわか）にあった話を橘ノ圓都が落語に起こし，三代目桂三木助が東京へ伝えた。現在でも多くの落語家が演じている。噺の中に登場する加賀の千代（1703〜75）は江戸中期の女流俳人で，実際に詠んだのは「朝顔や」ではなく「朝顔に」とされる。東京には，ある旦那が毎晩二階に寝ている女中のところへ夜這いに行くので，女房が怒って梯子を外してしまったため，朝まで下に降りられずにいると，女房から「起きてみつ寝てみつ寝屋の広さかな」（元歌「起きてみつ寝てみつ蚊帳の広さかな」）という句を送られると，隣の奥方からご飯をもらった旦那が「けさかかにはしごとられてもらい飯」と返歌をする同題の噺があったが，現在では演じられなくなった。

鶴満寺（かくまんじ）
【別題】 小町桜
【種別】 滑稽，春
【あらすじ】 旦那が幇間の一八と芸妓を連れて，鶴満寺へ花見にやって来た。寺男の権助がいるので声を掛けると，「住持が変わって，花見客は庭を汚して困るので入れることはできない」と言われたので，旦那から百文の銭を貰って権助に握らせると，住職は留守だからと中へ入れてもらえ，宴を開けることになった。すると権助がそれを羨ましそうに見ているので，声を掛けて酒を勧めると，一旦は断るが「一杯だけもらうかな」と言って，うまそうに飲み干したのをきっかけに，愚痴を言いながら盃を重ねていく。一八が歌に踊りを披露しようと言うと，権助がとんでもないと言うので，今度は一朱握らせるとそれを許し，とうとう酔っ払って寝てしまった。旦那や一八たちと入れ替わるように帰って来た住持が，庭が汚れている上に，権助が酔って寝ているので，「花見の客を何故入れた？ それにお前は酔っ払っているな」「歌詠みの連中が来ていた」「どんな歌を詠んだ？」「花の色は移りにけりないたづらに 我が身世にふるながめせしまに」「それは百人一首の小町の歌だ」「最初が百で，あとが一朱だ」。

【解説】 狂言の『花折』が原典の上方落語で，天保10年（1839）『噺の種』の中に「百人一首」という原話が見られる。鶴満寺は実際に大阪市北区にある天台宗の寺院で，枝垂桜で知られる。三代目三遊亭圓馬から教わった八代目桂文楽が演じ，最近では柳家小満んや桂文雀などが演じている。

景清（かげきよ）
【種別】 人情，禁演（戦後）
【あらすじ】 目の見えなくなった木彫師の定次郎が往来で石田の旦那と出会った。医者にも見放されたので，赤坂円通寺の日朝様に二十一日間通いつめると開眼しかかったが，お題目を唱えていると，隣から同じように願掛けをしている女の声が聞こえてきたので，ちょっかいを出したところ，再び目の前が真っ暗になってしまったので，啖呵を切って帰ってきてしまったと言う。すると旦那から，かつて豪傑で知られた景清が自分の眼をくり抜き，それを京都の清水寺に納めたと言われているので，上野の清水様で願掛けすることを勧められる。定次郎は百日間通いつづけるもご利益がないので，今度は観音様を罵倒しているところへ，石田の旦那が現れて，「百日でだめなら二百日でも三百日でも通え」と意見をされる。そしてその帰り道，雷雨にあって定次郎は気を失って倒れてしまう。しばらくして息を吹き返すと，定次郎の目が開き，翌朝，母親を伴ってお礼参りをしたという，目がないお方に目ができたという，おめでたい話。

【解説】 米沢彦八の『軽口大矢数（かるくちおおやかず）』にある「祇園景清」を元に初代笑福亭吾竹がつくった上方落語であり，三代目三遊亭圓馬が大阪から移した噺であるが，正徳2年（1712）『新話笑眉』

の「盲人の七日参」など，江戸小噺にも原話が見られる。上方ではこのあと定次郎が大名の行列に出会い，景清がのり移ったかのように乱暴を働くので，「そちは気でも違うたか？」「いいえ，眼が違うた」とサゲることもあり，これは安永2年（1773）『坐笑産』の「眼の玉」に見られる。東京では三遊亭百生がこの型で演じた。なお，桂米朝は定次郎の眼が開くと，足元に自分の眼玉が落ちている。それを持って行こうとすると，観音様が「定次郎，下取りの眼は置いて行け」と，師である四代目桂米団治の型で演じていた。東京では八代目桂文楽が十八番とした。

赤坂円通寺の「時の鐘」

掛取万歳 （かけとりまんざい）

【別題】 掛け取り／掛取風景／掛万／浮かれの掛け取り

【種別】 滑稽，長屋，冬

【あらすじ】 舞台は長屋の大晦日。借金を払えないでいる夫婦は，掛け取り（集金人）をごまかして，何とか帰ってもらおうと算段をめぐらす。そこで次々にやってくる掛け取りの好きなものを披露して言い訳をしようと，亭主は狂歌に凝っている家主には貧乏やら借金の狂歌を並べて引き取ってもらう。次にやってきた魚屋は喧嘩が好きなので，先に喧嘩を吹っかけたその勢いで勘定を踏み倒し，義太夫好きには義太夫，芝居好きには芝居を演じて言い訳をして成功する。最後にやって来たのは万歳の大好きな三河屋の旦那で，万歳で言い訳をいいはじめると，三河屋の旦那が「待ってくれなら待っちゃろか，ひと月ィか，ふた月か」「なかなか，そんなことでは勘定なんざあできねぇ」「できなければ，ずっと待って一年か，二年べぇも待っちゃろか」「なかなか，そんなことでは勘定なんざあできねぇ」「できなければ十年か二十年が三十年，これらでどうだんべ」「なかなか，そんなことじゃ勘定なんざあできねぇ」。すると旦那が「じゃあ，いったいいつ払えるんだ」「ああら，百万年も経ってのち払います」。

【解説】 文化年間に上方落語家の初代林家蘭丸がつくり，明治に入って二代目菊丸が改作した噺とされるが，初代林屋正蔵作の天保4年（1833）『笑富林』にも「しやれもの」として，借金の言い訳を相撲と万歳で行う噺が見られる。やって来る掛け取りの好きなものはアレンジがきくこともあり，六代目春風亭柳橋は昭和の初期に流行していた野球の早慶戦をベースに，両校の応援歌の替え歌などを取り入れた『掛取り早慶戦』を，近年では柳亭市馬が得意の喉をいかして，三橋美智也の唄を披露する形もある（『掛取美智也』）。狂歌のところで切って『狂歌家主』とすることもあるが，同題で別の噺がある。三代目三遊亭金馬は『節分』という題で演じていた（節分を参照）。

ガーコン

【別題】 歌は世につれ／大ガーコン／パフィーで甲子園

【種別】 滑稽，新作

【あらすじ】 日本は明治期に入り，文明開化の時代を迎え，西洋文化を輸入した。西洋の音楽が入ってくる一方で，『荒城の月』や『花』という名曲を残した滝廉太郎のような作曲家も現れた。時代が進み，太平洋戦争を迎えると，外国の歌は敵性歌とされて演奏をするのも歌を唄うのも禁止。ラジオから流れてくるのは軍歌ばかりとなった。日本が奇襲攻撃を仕掛け，まだ勝っている間は『真珠湾攻撃の歌』や『若鷲の歌』『大東亜決戦の歌』『英国東洋艦隊潰滅』『空の新兵』『加藤隼戦闘隊』『ラバウル航空隊』『月月火水木金金』のような明るい歌が多く，

東京のオンリーワン落語

　落語には「地噺」というジャンルがある。登場人物の語りや行動で噺が進められるものではなく、演者自身の語りがメインの落語である。

　昭和を代表する地噺では、初代林家三平の『源平盛衰記』(『源平盛衰記』の項参照）がその代表として挙げられるが、その三平のライバルと称された三代目三遊亭圓歌の『中沢家の人々』（三遊亭圓歌コラム（261ページ）参照）がそうであるように、演者のオンリーワンとなる地噺も落語には多い。

　落語協会では古今亭し ん朝が寄席で演じた、年を重ねて体も老いてきたと話す『男の勲章』（『ヤマダゴイチ』)。八代目橘家圓蔵による圓蔵家の実態を描いた『大山家の人々』。鈴々舎馬風は芸人達の噂話『男の井戸端会議』（『会長への道』）や弟子達を従えて最後に歌謡ショーを行う『峠の歌』。川柳川柳の『ガーコン』（『ガーコン』の項を参照)。林家こん平による故郷新潟での面白エピソードを紹介した『チャーザー村』。林家木久扇による師匠八代目林家正蔵（彦六）の逸話を紹介した『林家彦六伝』。柳家権太楼の豪華客船に乗った体験談である『ジャンバラヤ』。区役所に集まる老人達の様子を描いた桂才賀による『台東区の老人達』。三遊亭歌之介による血液型がB型であることの暢気さを描いていった『B型人間』に、坂本龍馬の人生を紹介した『爆笑龍馬伝』（『幕末龍馬伝』)。落語家の前に力士経験のある三遊亭歌武蔵が相撲界を斬る『支度部屋外伝』。自身の宝塚好き振りを披露する林家しゅう平の『Oh！タカラヅカ』。

　落語芸術協会では、三代目三遊亭遊三が色々な歌を「ぱぴぷぺぽ」だけで唄ってみせる『ぱぴぷぺぽ』や九代目三笑亭可楽による、その演題通りの『臓器移植』や『イスラムの世界』。古今亭寿輔は『杉良太郎の世界』（『杉良』）や日本のプロ野球界は風呂のように生ぬるいと批判する『フロ野球』、さらに芸人の辛さや悲しさを話す『名人への道』に、高齢者の生き方について話す『老人天国』。若手では桂夏丸が大先輩の逸話を紹介する『橘ノ圓物語』に、往年の相撲取り『増位山物語』といった噺を演じている。

　その演者だけが演じる噺であり、この他にも沢山挙げられるが、この落語家のこの一席に挙げられる噺として落語史の一部を彩る噺であることに変わりはない。

気持ちも盛り上がったが、やがて戦争が長引いてくると日本は不利な戦局に追い込まれ、流れてくる歌も『同期の桜』のような暗い歌ばかり。ところが昭和二十年(1945)八月十五日に終戦を迎えると、今度はそれまで唄ってきた軍歌はすべて禁止となり、その代わりジャズのような西洋音楽が入ってきた。若者はジャズに夢中になり、学校をさぼっては指を鳴らしながら、ジャズのステップを踏んでばかり。同じ頃、田舎では少しでも仕送りをしてやりたいと両親は新しい農耕機を買うことができず、刈った稲を古い足踏み式のガーコンガーコンと唸る脱穀機で脱穀をする始末。息子は足を踏みながらジャズのステップ、父親は母親から「父ちゃん頑張れ、父ちゃん頑張れ」と稲を渡され、足を踏みながら息子と同じ格好をしている…。

【解説】「歌謡曲の穴」と言える一席で、川柳川柳自作自演の十八番。何曲か歌を披露し、歌の場面で終える場合を『ガーコン』、父親の脱穀機の場面まで演じると『大ガーコン』と呼んでいる。なお、ガーコンとは脱穀機の動作音のことである。入れ事によって時間も変わり、秩

父出身の川柳が『東京の屋根の下』や『東京ラプソディ』を聞いて，東京に憧れを持って出てきたという話が中心になるときは『歌は世につれ』。高校野球の時期になり，新旧の行進曲の話をし，『栄冠は君に輝く』などを唄い，最後に女性デュオPUFFYの『これが私の生きる道』を唄って終わると『パフィーで甲子園』などと呼んだりもする。川柳の独壇場であったが，古今亭右朝が演じたり，最近になって五代目柳家小せんが自身の好きな歌を取り入れて，この噺を演じるようになった。

笠碁 (かさご)

【別題】 雨の将棋
【種別】 滑稽，秋
【あらすじ】 碁がたき同士が待ったなしという約束で碁を打ち始めるが，いつもの癖ですぐに待ったをする。約束をしたのだからと断ると，何年か前に金を貸して，返却日を過ぎても待ってあげたことを持ち出すので，しまいには「へぼ」「ざる」と互いに相手をののしって喧嘩別れをしてしまう。最初の間は我慢もできたが，数日が経ち，しかも雨が降り続くとなると相手のことが気にかかって仕方がない。そこで様子見に出掛けてみようと思うが，肝心の傘がないので，山登りをしたときに使った被り笠を被って出掛けることにする。しかし，喧嘩をしてしまった手前，なかなか店へ入ることができない。相手の方では手持ち無沙汰でいるところへ，店の前を妙な格好で歩いてきたのを目にするが，こちらも声を掛けられず見送るだけ。そのうちに我慢ができなくなって，「へぼ」と声を掛けると，「ヘボかヘボでないか一番来るか」というのがきっかけで，碁を打ち始めることになった。互いに喜んで石を置いていくと，何度拭いても盤の上に水が落ちてくる。「お前さん，まだ被り笠を取っていない」。
【解説】 五代目柳家小さんは笠を被って店の中を伺うのに，首を振りながら行ったり来たりする姿を描いているが，三代目柳家小さんの型では店の中からその様子をキセルをくわえて見ているだけの描写であったという。近年では五代目小さんの型が多く広まっている。五代目古今亭志ん生は将棋が好きであったので，仲良しが将棋を指す『雨の将棋』として演じていた。原話は元禄4年（1691）『軽口露がはなし』の「この碁は手みせ禁」にある。「碁がたきは憎さも憎しなつかしし」という川柳をそのまま描いたような一席。

笠と赤い風車 (かさとあかいかざぐるま)

【種別】 人情，文芸，新作
【あらすじ】 浅草馬道で豆腐屋を営む嘉吉夫婦の間に男の子が生まれるが，女房は産後の肥立が悪く三日目に亡くなってしまう。女房の実の妹であるおせんが面倒を見ているうちに，周りの者の勧めもあって後添いとなった。男の子は常吉と名付けられて育てられるが，成長するにつれて悪の道に進み，二十歳のときに嘉吉を亡くしてからは遠縁で気立ての良いお花を迎えたが難癖を付けて，おきんという莫連女と親しくなった。ある日，おせんのもとへ大家が訪ねて来て，生前嘉吉が法華講に積んでおいた金と満期になった無尽が合わせて十五両になったというので届けに来た。ついては身延に参詣に行くことになったので，一緒に行こうと言われた。それを嗅ぎつけたおきんのヒモである仙太が，その金を巻き上げろとおきんに悪知恵を与えると，常吉の行状が変わり，家業に精を出し，おせんの世話もするようになった。そこでおせんが十五両の話をすると，常吉が身延へ行くと言い出した。おせんは旅の仕度を整え，最後に実の母親の形見である赤い風車を縫い付けた笠を，母親だと思って身延に収めてほしいと持たせた。東海道を下る最初の宿は戸塚。常吉は一行と離れておきんと落ち会って上方に向かうことにする。おきんから笠についた風車を取れと言われるが，なかなか取ることができないので，途中で休んだ茶店に笠をわざと忘れると，小田原の宿に先に届けられていた。箱根へ向かう途中で笠を捨てても，また茶店に届けられているので常吉は驚く。湯本で宿を取り，おきんと散歩をしていると，常吉は後ろから突き飛ばされて谷底に落ちてしまった。常吉が目を覚ましたのは宿泊をしていた宿で，炭焼きが谷底に赤いものがあるのに気がつき，近づいて見ると

八代目林家正蔵の文芸物

　三遊亭圓朝が若き日に得意にした芝居噺や怪談噺を，圓朝の高弟である三遊亭一朝（三遊一朝トモ）から受け継ぎ，昭和の世に伝えた八代目林家正蔵。昭和40年（1965）に『笠と赤い風車』（『笠と赤い風車』の項参照）で芸術祭賞を受賞すると，小説家や劇作家の作品を落語に移して演じる「文芸物」といったジャンルに積極的に取り組んで行った。

　代表作としては，一人語りで按摩の思いを語りあげる『あんま』。薬問屋の後添いが悪党を引き込み店の乗っ取りを考える『五月雨坊主』（村上元三・作）。戊申戦争で戦った二人が再会し，髑髏の様子を見に行く『髑髏柳(どくろやなぎ)』（正岡容・作）に，小泉八雲の原作で知られる『耳なし芳一』。廻船問屋を営んでいた男が養子にした男児と故郷を訪れる『めだか』（浜本浩・作）。自作に，明治時代に珍芸四天王の一人として数えられた初代三遊亭圓遊の姿を描いた『すててこ誕生』や怪談物を描いた『二つ面』といった作品がある。

　いずれも自らを落語家ではなく「噺家」と呼び，どんな噺であっても確かな語り口で聞かせた正蔵の話芸の真骨頂という作品ばかりである。その一部は芝居噺の形で演じられ，東京の岩波ホールで昭和40年2月から偶数月に開催された「芝居噺・林家正蔵の会」の高座が映像として残されている。本書に採録した『旅の里扶持』や『戸田の渡し』，『年枝の怪談』もその中の一席であり，正蔵の没後，芝居噺を受け継いだ林家正雀が演じている。

それは赤い風車のついた笠で，常吉はその上に倒れていたのだという。継母の温情を知った常吉は居ても立ってもいられなくなって帰宅をすると，おせんは亡くなっていた。お花が言うには，常吉が旅立ってからずっと手を合わせていたが，昨夜，両手を伸ばして重いものを支えるような格好で息絶えていたというのだ。常吉は安心したような穏やかな母親の顔を見て，「おっ母さん，おっ母さ〜ん」と泣きじゃくると，常吉が背負っている笠の赤い風車が，くるくる，くるくる，くるくるくる…。

【解説】　八代目林家正蔵が取り組みはじめた文芸物に注目をしたNHKが，平岩弓枝に書き下ろしをしてもらった作品を，昭和40年（1965）11月12日の「第77回東京落語会」で正蔵が初演をした。このときの高座で正蔵は芸術祭奨励賞を受賞した。原作ではラストは地の文で終わっているが，正蔵はここで記したような擬音を使ってのサゲとした。現在は正蔵の芸譜を受け継ぐ林家正雀などが演じている。なお，冒頭で詠まれる「人の親の心は闇にあらねども 子を思ふ道に惑ひぬるかな」は藤原兼輔が詠んだもので，この噺の主軸にもなる歌である。

鰍沢（かじかざわ）

【別題】　鰍沢雪の夜噺
【種別】　人情，圓朝，冬
【あらすじ】　身延山へ参詣の途中，大雪に見舞われて道に迷った新助が一軒のあばら家を見つけて，一晩泊めてもらうことにする。囲炉裏の向うにいるのは身なりは粗末であるが年増の大変な美人。ところが顎から喉へかけて突き傷があった。新助は話しているいちに，その女が吉原の熊蔵丸屋の月の輪（月の兎）花魁(おいらん)であると気付き，心中をし損ない，今はお熊と名を変えて，ここで暮らしているという話を聞き，心付けだと言って金を包んで差し出す。新助がお熊から勧められた玉子酒を飲んで横になると，お熊は酒を買い足しに出掛けた。入れ違いにお熊の亭主で，熊の膏薬売りの伝三郎が帰って来

て，残っていた玉子酒を飲むと，にわかに苦しみ出した。お熊はその様子を見て，旅人の金を盗むために玉子酒の中にしびれ薬を入れたことを話す。それを聞いた新助は驚き，しびれる身体でなんとか外へ飛び出し，小室山で授かった毒消しの護符を飲み込むと，身体が動くようになったので逃げることにした。それに気づいたお熊は鉄砲を持って追いかけてきた。新助が行き着いたのは絶壁で，見下ろせば東海道は岩淵に流れる釜が淵は鰍沢の流れ。雪崩とともに川に落ちると，そこは山筏の上。繋ぎ止めてあった藤蔓が切れ，筏は流れ出したがバラバラになった。一本だけになった材木につかまった新助は「南無妙法蓮華経」とお題目を唱える。お熊が放った鉄砲は新助のまげをかすめて，後ろの岩に当たった。「この大難を逃れたのも御利益，お材木（お題目）で助かった」。

【解説】 三遊亭圓朝による三題噺で，題は「小室山の護符・玉子酒・熊の膏薬」や「鉄砲・玉子酒・毒消しの護符」「遊女・熊の膏薬・身延詣り」などとされるが，最近の研究では「玉子酒・筏・熊膏薬」からできた河竹黙阿弥による作という説が有力である。八代目林家正蔵は芝居噺で最後の場面を芝居掛りで演じ，現在は林家正雀がその型を受け継いでいる。また，河竹黙阿弥による「花火・後家・峠茶屋」の三題噺として『鰍沢二席目』（『晦日の月の輪』）という噺が残っている。その内容は，新潟の荒物屋の息子である宗次がお花という女に入れあげ，二人して長野の善光寺へ駆け落ちをする。その途中，明神峠にある峠の茶屋で伝三という男に撃ち殺される。実はこのお花は月の輪お熊で，伝三は玉子酒を飲んだものの助かった亭主の伝三郎。そこへ旅人の新助と幽霊となった宗次が現れ，お熊と伝三郎に詰め寄るので，二人は逃げ出す。旅人が谷間へ落ちた二人を見たのが噺の峠，二人が落ち。「しめり切った花火を見るようにいつでも中途で立ち消えだ。そうして趣向と題と別々で，ふつりあいな噺だ」「不取り合わせなところが後家でございます」と終わるもので，初代三遊亭圓右の速記が残る。近年，柳家小満んが演じたくらいで，あまり演じ手がいない。

小室山妙法寺の毒消しの護符

火事息子 （かじむすこ）

【種別】 人情

【あらすじ】 神田三河町の伊勢屋という質屋の息子は生まれついての火事好きで，臥煙（がえん）と呼ばれる町火消の人足になり，勘当されてしまった。ある日，近所で火事があったときに，火事見物の人達が「伊勢屋は他人様の品物を預かる商売なのに蔵に目塗りがしていない」と話しているのを耳にしたので，早速左官に頼むも，先に自分達でできる作業は進めておこうと，旦那と番頭が慣れない手つきで危なっかしく目塗りをはじめた。すると屋根伝いにやって来た男が蔵に上っている番頭を助けてくれた。それは勘当された若旦那であったので，番頭が間に入り，親子が対面することに。身体一面に彫物を入れ，すっかり臥煙に姿を変えている息子の様子を見て，厳しい言葉を投げ掛ける父親に対し，知らせを聞いた母親は喜びを見せる。法被一枚でいる息子の姿を見て，着物をあげようとするが，父親は勘当をしている者に着物をあげる訳にはいかないので，「小遣いでもなんでもつけて捨てちまえば，拾っていくから捨てろ」と言う。母親が「黒羽二重の紋付に，仙台平の袴を履かせて，脇差に雪駄履き，さらに小僧をともにつけて捨てましょう」と言い出すので，「勘当した伜に，そんな格好をさせて，どうするつもりだ」「火事のおかげで会えたんですから，火元へ礼にやりましょう」。

【解説】 原話は享和元年（1801）『笑の友』の「恩愛」や文政7年（1824）『咄土産』の「火

事」に見える。八代目林家正蔵や六代目三遊亭圓生など，多くの昭和の名人が演じたが，三代目桂三木助は噺の冒頭で，勘当された息子が具合の悪い母親の夢を見て，母親のことを思っているときに火事が起こり，蔵にかけつけるという演出で演じており，現在でもここで挙げた正蔵型と，その三木助型の両方が演じられている。

風の神送り（かぜのかみおくり）
【種別】滑稽，長屋
【あらすじ】　昔は町内に悪い風邪が流行ると，一軒から一人ずつ出て「おーくれ，送れ，風の神送れ，ドンドン送れ」と賑やかに囃しながら，最後に風の神を川に送り込むということをやった。ある町内で風の神送りをすることになり，「おーくれ，送れ，風の神送れ，ドンドン送れ」と囃し立てると，片隅から「お名残惜しい」という声が聞こえてきた。「そんなことを言う奴は誰だ」と犯人捜しをして，引きずり出すと頭巾をかぶっている。そこで「この野郎だ。被り物を取ってみろ」と取ってみると町内の薬屋だった。町内のみんなで何とか風の神を川の中へ放り込むと，大川で夜網を打っている者が大物を釣り上げた。網を引き上げてみると，人間らしきものが引っ掛かっているので，「お前は何だ？」「俺は風の神だ」「風の神？夜網（弱み）につけこんだな」。
【解説】　元々は上方の噺で，原話も大阪の笑話本である安永5年（1776）『夕涼新話集』の「風の神」に見える。東京には二代目桂三木助から教わった八代目林家正蔵が伝えた。小噺程度で演じることも多く，その場合は被り物を取ってみると町内の薬屋だったというところまでを演じ，明治期に活躍をした二代目談洲楼燕枝や三代目蝶花楼馬楽などの速記が残っている。現在では正蔵門下にあった三遊亭好楽や桂ablariä兵衛の他，柳家小満ん，むかし家今松などが演じている。

片棒（かたぼう）
【種別】滑稽
【あらすじ】　爪に火を灯すように過ごすしまり

やで，一代で大きな身代を築いた赤螺屋吝兵衛（あかにしやけちべえ）は，自分の老い先が心配になり，三人の息子のうち，誰に身代を譲ればよいかを考えた。すると番頭から金の使い道を尋ねたらいいと言われ，自分が死んだときにどんな葬式を上げるのかをそれぞれに聞くことにした。道楽者の長男は通夜は二晩行い，本葬は大きな寺を借り切り，会葬者全員にお膳と豪華な引き出物，そして交通費を渡すなどと言って父親を呆れさせる。次男は誰もやったことのないような葬式を，町内中に紅白の幕を張り巡らせて，木遣唄（きやりうた）や芸妓衆の踊り，そして父親そっくりのからくり人形を載せた山車に，父親の遺骨をのせた神輿を担がせ，最後に花火を打ち上げて，みんなで万歳を唱えると言って，これまた父親を怒らせる。三男は父親以上のしまりやなので，なるべく簡素に葬式は行うと言って，「葬儀は十二時と伝えておいて，実際には十時に済ませてしまえば，会葬者へのお礼もしなくていい。そして菜漬の樽を早桶代わりにして差し担ぎで寺へ運ぶことにする。ただし人足を雇うと金がかかるので，片棒は自分が担ぐ」と言う。父親が感心をしていると，「もう一方の担ぎ手がいなくて困ります」「心配するな。あとの片棒は私が担ぐ」。
【解説】　原話は宝永2年（1705）『軽口あられ酒』の「気ままな親仁」に現行のサゲとほぼ同じものが見られる他，安永3年（1774）『茶のこもち』の「始末」には，ケチな父親が遺言通りに葬式が行われそうにないことを知り，「それならばもう死ぬまい」という話が見られる。ケチ振りの逸話を多く残す九代目桂文治が得意にしており，現在でも多くの演者が高座でかけている。寄席などで時間がないときには，次男が花火を打ち上げて，みんなで「バンザイ！」をする場面で終えることもある。兄弟の名前は松太郎・竹次郎・梅三郎の他，金太郎・銀次郎・鉄三郎といった設定があるので，ここでは長男・次男・三男と記した。

かつぎや
【別題】　正月丁稚／七福神／かつぎや五兵衛
【種別】　滑稽，新春

【あらすじ】 呉服屋の五兵衛は大変な御幣かつぎ（縁起かつぎ）。元日に飯炊きの権助に「新玉の年立ち返るあしたには　若柳水を汲みそめにけり」という歌を添えて，井戸神様に橙を供えてこいと言うと，「目の玉のでんぐりげえる明日には　末期の水を汲みそめにけり」と権助が言って供えてきたと聞いて機嫌を悪くする。みんなして雑煮を食べているときに，番頭の餅の中から釘が出て来たので，「餅の中から金が出て来たので，この家はますます金持ちになります」と言って旦那を喜ばせたかと思うと，またしても権助が「金の中から餅が出れば金持ちだが，餅の中から出たんだから，この家は持ちかねる」と口にするので，再び不機嫌に。年始に訪れる客が来たので，旦那が自ら記帳をしようと，小僧に名前を読み上げさせるが，伊勢屋の久兵衛であれば「イセキュウ」で事足りるからと言うので，油屋の九兵衛を「アブク」，渋屋の藤吉を「シブト」，湯屋の勘太郎を「ユカン」と不吉な言い方をするので，またまた不愉快な思いをする。翌二日には宝船売りがやって来たので，番頭が宝船売りに縁起のよいことを言ってくれと頼むと，旦那を喜ばせるようなことを次々に並べる。気を良くした旦那が祝儀をはずむと，「旦那様が大黒様で，娘さんが弁天様で，この家には七福神がお揃いで」と言うので，「娘が弁天で，私が大黒。これじゃ二福じゃないか」「こちらのご商売が呉服（五福）でございます」。

【解説】 冒頭の「餅から釘」の話は『しの字嫌い』でも用いられる。古く禽語楼小さんは『かつぎや五兵衛』（御幣かつぎを逆にした）と題して演じていたが，現在ではほとんどが『かつぎや』の題で演じている。内容にふさわしい正月の寄席興行では，時間がないので客人の名前を記帳する場面を中心に演じることも多い。桂文朝は「焼き芋屋の馬兵衛で『ヤキバ』，交通公社上尾支店で『コツアゲ』」などと，この場面だけをよく演じていた。安永6年（1777）『畔のおち穂』の「七福神」などに原話が見られる。

壁金 （かべきん）
【種別】 滑稽，長屋
【あらすじ】 金太楼飴を売っている飴屋が「飴の中から金太さんがとんで出たよ」と唄いながら歩いていると，酔っ払いが「俺は左官の金太って言うんだが，いつ，俺が飴の中からとんで出た」とからんできた。そこへ兄貴分が現れて，金太をなだめて家まで連れて行くと，金太の女房に「あまり酒を飲ませるな」と意見をする。すると「この人は勝手に飲むんですよ。私は兄さんみたいに飲まない人がうらやましい…」と話しているので，金太は間男をしていると勘違いをして兄貴にからみはじめる。すると兄貴分が金太を突き飛ばしたので，長屋の薄い壁を破って隣の家へ転がり込んでしまった。隣の婆さんが驚いて「壁の中から金太さんがとんで出たよ」。

【解説】 明治期に四代目橘家圓蔵の弟子で橘家蔵之助がこの噺を得意にしていた。八代目都家歌六が復活させて演じはじめ，現在では橘ノ圓満が演じることがある。

かぼちゃ屋 （かぼちゃや）
【別題】 唐茄子屋／みかん屋
【種別】 滑稽，長屋
【あらすじ】 二十歳になってもブラブラ遊んでばかりいる与太郎が，伯父の世話でかぼちゃを売ることになった。元値は大きい方が十三銭で，小さい方が十二銭。売るときは上を見ろと言われて，天秤棒を担いで売りに出た。長屋の路地まで来ると，親切な人が面白がって買ってくれるので，伯父に言われた通り，大きい方を十三銭，小さい方を十二銭で，口を開けて顔を上へ向けていると全部売れてしまった。伯父に売り上げを見せると，元値だけで儲けがないので「上を見るとは掛け値をすることだ。掛け値ができねぇで女房子が養えるか」と言われ，もう一度行って売ってこいと叱られる。与太郎はまた同じ路地にやって来るが，さっき買った人はあきれ返って，「お前，年はいくつだ」「六十だ」「どう見ても二十歳ぐらいじゃないか」「元が二十歳で，四十は掛け値だ」「年に掛け値をする奴があるか」「だって，掛け値をしなくち

ゃ，女房子が養えない」。

【解説】 上方落語の『みかん屋』を四代目柳家小さんが東京へ移して改作をした。『唐茄子屋』という別題を持つが，人情噺の『唐茄子屋政談』と間違えやすいので，こちらの噺を『かぼちゃ屋』と呼んでいる。自分の年齢に掛け値をする噺は『醒睡笑』にも原話が見られるが，商売の上での掛け値を主人が小僧に教える件は，安永5年(1776)『軽口駒さらゑ』の「かけねの間違ひ」にある。与太郎物を得意としていた五代目柳家小さんの他，四代目春風亭柳好の『かぼちゃ屋』にも味があった。現在でも小さん一門の演者を中心に演じられている。

釜どろ（かまどろ）

【別題】 釜盗人（かまぬすっと）
【種別】 滑稽，長屋
【あらすじ】 尊敬する石川五右衛門が釜ゆでの刑になったことの追善と，自分達もそうなったら困るということで，泥棒が世の中の大釜を盗むことにした。一番に狙われたのが釜を使う豆腐屋で，老夫婦が開いている豆腐屋でも何度も盗まれてしまうので困っている。そこで一計を案じ，豆腐屋の主人が釜の中に入って番をすることにした。おじいさんは酒を中に運ばせて飲み始めると，気持ち良くなってしまって高いびき。そこへ泥棒が現れて釜を盗み出した。ところが釜の中から声がするので，気味が悪くなった泥棒は釜を置いて逃げてしまった。「婆さん，地震だ，逃げないといけない。よっこいしょ…。今夜は家を盗まれた」。

【解説】 安永2年(1773)『近目貫』の「大釜」と寛政7年(1795)『わらひ鯉』の「大釜」では味噌屋の釜が，安永4年(1775)『花笑顔』の「盗人」では田舎の独り者の家の釜が，安永6年(1777)『春俗』の「盗人」ではつづら泥棒が盗まれたりと，原話と思われる噺が多数ある。

がまの油（がまのあぶら）

【種別】 滑稽
【あらすじ】 大道で立て板に水の口上でがまの油を売っている香具師がいる。「さあさ，お立ち会い。ご用とお急ぎでない方は，ゆっくりと見ておいで。遠目山越し笠のうち，近寄らざれば物の文色と理方がわからぬ。山寺の鐘はこうこうと鳴るといえども，童子一人来立って，鐘に鐘木をあてざれば，鐘が鳴るやら鐘木が鳴るやら，とんとその音色がわからぬが道理。だがお立ちあい，手前持ちいだしたる棗の中には，一寸八分唐子ゼンマイの人形。人形の細工人は数多ありといえども，京都にては守随，大坂表には竹田縫之助，近江の大掾藤原の朝臣。手前持ちいだしたるは，近江が津守細工。のどには八枚の歯車を仕掛け，背中には十二枚のこはぜを仕掛け，この棗を大道へ据え置くときは，天の光と地の湿りを受け，陰陽合体したるとき，棗のふたをパッととる。ツカツカ進むが虎の小走り虎走り，スズメの小間鳥，小間がえし，孔雀，霊鳥の舞い。人形の芸当は十と二通りある。だがしかしお立ち会い，投げ銭や放り銭はお断りだ。手前，大道に未熟なる渡世をいたすといえども，投げ銭や放り銭はもらわん。では，何を稼業にいたすかと言えば，手前長年来商うのは蟇蟬噪は四六のガマの油だ。そういうガマは俺の家の縁の下や流しの下にもいると言う御仁もあるが，それは俗にいうオタマガエル，ヒキガエルといって，薬力効能の足しにはならん。手前持ちいだしたるは四六のガマだ。四六，五六はどこで分かる。前足の指が四本，後足の指が六本，これを名付けて四六のガマ。このガマの棲めるところは，これよりはるか北にあたる筑波山の麓にて，オンバコという露草を食らって育つ。これが捕れるのは五月八月十月，これを名付けて五八十は四六のガマだ。このガマの油を取るには，四方に鏡を立て，下に金網を敷き，その中にガマを追い込む。ガマは己の姿が鏡に映るのを見ておのれと驚き，たらー，たらりと脂汗を流す。その油を下の金網にてすき取り，柳の小枝をもって，三七二十一日の間，とろーり，とろりと煮詰めたるのがこのガマの油だ。赤いが辰砂，やしゅう（椰子）の油，テレメンテエカにマンテエカ。効能は，金創には切り傷。出痔，イボ痔，はしり痔，横痃，雁瘡，その他，腫れ物一切に効く。いつもは一貝で百文だが，今日は披露目のため，小貝

を添えて二貝で百文だ。ちょっとお待ち。ガマの油の効能はまだある。刃物の切れ味を止める。手前持ちいだしたるは，鈍刀たりといえども，先が斬れて元が斬れぬ，元が斬れて先が斬れぬというなまくらではない。ご覧のとおり，抜けば玉散る氷の刃だ。白紙一枚切ってご覧にいれる。一枚の紙が二枚，二枚が四枚，四枚が八枚，八枚が十と六枚，十と六枚が三十と二枚。三十と二枚が六十と四枚。六十と四枚が一束と二十八枚。春は三月落花のかたち，比良の暮雪は雪降りの形。かほどに切れる業物でも，差裏差表へガマの油を塗るときは，白紙一枚容易に斬れぬ。さあこの通り。顔を切ってご覧に入れよう。さ，叩いて斬れない，押しても斬れない。引いても斬れない。先程の御仁のように，大道商人の面の皮は千人張り。ならば腕を斬ってご覧に入れよう。叩いて斬れない，押しても斬れない。引いても斬れない。がまの油を拭き取るときは，鉄の一寸板をも真っ二つ。触ったばかりで，このように斬れる。しかしこんな傷は何の造作もない。がまの油をひとつけ付ければ，痛みが去って，血がピタリと止まる。なんとお立合い！」。その日は大変に儲かったので，早めに商売を切り上げて近所の居酒屋で一杯やることにした。酔いも回って，もう一儲けしようとするが，ろれつが回らず，口上もうまく言えず，大分手元があやしい。最後に来て，刀を取り出すと自分の腕を本当に切ってしまい，血が流れ出してきた。「これくらいの血なんぞ，がまの油をひと付けすると，痛みが去って血がぴたりと止ま…らない。さらに付けると止ま…らない。お立会いの中に，血止めはないか！」。

【解説】 元々は『両国八景』という噺で，その一部が独立したものである。マクラでは，頼朝公のしゃれこうべや八間の大灯籠，目が三つで歯が二本の化物，六尺のオオイタチ，弘法の石芋といった見世物風景を演じることが多い。『高田馬場』で披露される口上も，ここでのものと一緒である。三代目春風亭柳好は流れるような口調で演じ，三代目三遊亭金馬はその豪快な口調で演じた。現在でも多くの演者がかけるが，演者によって中身の言い立ては変わることがある。立川談笑がスペイン語バージョンで演じることがある。

紙入れ （かみいれ）

【別題】 紙入れ間男
【種別】 滑稽，艶笑，禁演
【あらすじ】 貸本屋の新吉が日頃世話になっている旦那の女房と間男しているところへ，突然旦那が帰って来たので大慌て。女房が機転をきかして新吉は裏口から逃げることができたが，女房からもらった手紙が入っている紙入れを忘れて来てしまった。翌朝，改めて訪れると，旦那は気付いていない様子なので，新吉は世話になっている家で旦那の女房と間男をして，その家に紙入れを忘れて来たという話をする。するとそれを聞いていた女房が「旦那の留守に若い男を連れ込んで楽しもうというおかみさんだよ，そこに抜かりはないと思うよ。ねえ旦那」「そうとも，仮にそこに紙入れがあったとしても，自分の女房を取られた奴だもの，そこまでは気がつくめえ」。
【解説】 戦争中には禁演落語に選ばれた間男物の代表作で，原話は安永3年（1774）『豆談語』にある「悟入」。演題にある「紙入れ」とは財布のこと。元々上方落語で『紙入れ間男』といった。

紙屑屋 （かみくずや）

【別題】 浮かれの屑より
【種別】 滑稽
【あらすじ】 道楽の果てに勘当されて居候をしている若旦那が，紙屑屋に奉公へ行くことになった。紙屑をより分ける仕事をすることになり，親方から「白紙は白紙，カラスはカラス，線香紙は線香紙，陳皮は陳皮，毛は毛」といったように分ければ，仕事が進みやすいとコツを教わる。いざ始めると，中から恋文や川柳の本など，色々な物が出て来るので，それが気になって，なかなか仕事が進まない。しまいには芝居の本が出て来て，役者になった気分で真似事をはじめたところへ親方が現れて，「何をやってるんですか。あなたは人間の屑ですね」「ですから，その屑を選り分けているところです」。

【解説】 若旦那がより分ける紙屑の中から出てくるものは、浪曲の本であったり、都々逸の本であったりと、演者によって様々である。本来はこのあとに続きがあって、騒いでいる屑屋のもとへ吉田宗庵という外科医が現れる。「今度うちへ来た奉公人が気が違いましたようで」「それでは私が治してあげよう」。すると若旦那が芝居に夢中になっている。手を振り上げたところで医者が抱き止めると、「われをとどめしは本蔵（本草）か」「いいや外療（外科医）だ」と、本草学者と「忠臣蔵」で浅野内匠頭をとどめた加古川本蔵、さらに内科医を指す本道をかけたサゲであるが、分かりにくくなったこともあって、最近ではそこまで演じられなくなった。近年では「お前もよっぽど人間の屑やな」「へえ、一緒によってもらおうかしら」という上方落語に近いサゲとなっている。

髪結新三（かみゆいしんざ）
【別題】 白子屋政談（しろこやせいだん）／仇娘好八丈
【種別】 人情、長屋
【あらすじ】 二代目紀伊國屋文左衛門の店の番頭であった庄三郎は店が危ないことを知り、新材木町に白子屋という材木商を起こした。店は大きくなり、繁昌するも庄三郎は病気で倒れ、蔵を破られて五百両の大金を盗まれてしまう。庄三郎には辰巳芸者であったお常との間にお熊と庄之助という二人の子どもがいるが、庄之助は放蕩の上勘当。持参金がつけばお熊に婿を取らせたいと思っていたところへ縁談の話が持ち上がる。お熊は白子屋の手代である忠七と深い仲になっているためにいい顔をしないが、説得されて婿を迎えることにする。ある日、廻り髪結の新三がやって来て、お熊の髪をやっているときに、その袂から手紙が覗いていたので、それを抜き取って読むと、お熊が忠七にあてた手紙であり、前からお熊をものにしたいと思っていた新三は、その手紙を忠七に見せて駆け落ちをそそのかす。先にお熊を自分の家へ向かわせた新三は、忠七と連れ立って深川の家へと歩きはじめると、途中で雨が降り出したので、傘を一本買い求めた。新堀までやって来たところ

で、新三は「あの女は俺の女だ。お前はここから帰れ」と言って忠七を下駄で打ちつけ、忠七を置き去りにして一人去ってしまう。忠七は白子屋の抱え車力である善八に十両を渡して新三の家に掛け合いに行かせるが、新三はすげない態度。善八が女房に相談すると大親分の弥太五郎源七に頼めというので、二人して新三の家を訪れ、十両の金でお熊を返してほしいと新三を説得するが、新三はその金を源七に投げ返して啖呵を切る。源七が脇差を抜きかけたところを善八が押しとめて、二人が新三の家を後にすると、その騒ぎを聞きつけた家主の長兵衛に呼び止められた。事情を聞いた長兵衛は新三には店賃の貸しがあるからと、白子屋に三十両の金を用意するように言付けをして新三の家へ向かう。長兵衛が新三の家を訪れると、新三は初鰹で一杯飲もうとしているところで、長兵衛は三十両でお熊を帰すように説得する。首をなかなか縦に振らず、入れ墨を見せてすごんでみせる新三に長兵衛が店立てを持ち出すと、新三はやっと承知をしてお熊を白子屋へ帰すことにする。話をつけた長兵衛は新三から鰹を半身譲り受けて帰宅をすると、そこへ示談金の三十両が届いていたので、その半分の十五両を新三に渡す。新三がそれに不満を言うと、鰹も金も半分だと言い、滞っていた店賃の五両も取り上げて行ったので、新三はグウの音も出なかった。新三に面目をつぶされ、悪口を言いふらされていた源七は仕返しの機会を伺っていたが、ある夜、博打帰りの新三を深川の閻魔堂橋で待ち伏せをして斬り殺す。

【解説】 享保11年（1726）に日本橋新材木町の材木商白子屋庄三郎の家で起こった主殺しで、大岡越前守が実際に裁いた事件を題材にした人情噺である。宝暦年間（1751～64）に講釈師の馬場文耕が『白子屋政談』という話にこしらえ、後に落語家の乾坤坊良斎が『城木屋』といった滑稽噺につくり上げたとされる。春錦亭柳桜は『仇娘好八丈』という速記を残しており、六代目三遊亭圓生はその速記をもとにしてこの噺を演じ、河竹黙阿弥は明治6年（1873）に『梅雨小袖昔八丈』という世話物をこしらえた。現在では桂歌丸や五街道雲助、鈴々舎馬

桜などが演じている。

からくり屋 （からくりや）
【種別】　滑稽
【あらすじ】　仙吉という男が景気が悪いのと大飯ぐらいであるという理由で親方から暇を出された。どうやら仙吉が親方の娘であるおつるといい仲になっていることに気付かれたからのようで、仙吉がおつるにそのことを話すと、おつるは「私を連れて逃げておくれ」と言い出す。喜んだ仙吉は夜になっておつるを連れ出すと、ひとまず四谷の鮫ヶ橋に住んでいる、縁日でどっこいどっこい（回転板を的とする縁日版ルーレット）やのぞきからくりを商売にしている伯父のところへ行くことにした。仙吉から事情を聞いた伯父は、翌日、親方のところへ訪ね、二人のことについて話し、「こちらの娘さんを仙吉の嫁に下さいますか、それとも仙吉を婿にとって下さいますか、二つに一つのご返事を伺いに参りました」と掛け合うと、親方夫婦は迷ってしまう。すると伯父がどっこいどっこいの口調で「ご思案はご損です。さあ張った張った、張って悪いは親父の頭、くるくるっと廻ってる間がお楽しみ、ご思案はご損です」と言い出すので、「仙吉は大食いなので困っているんですよ」と返すと、今度はからくりの口調で「そりゃァおっしゃるところはごもっとも。朝が三膳、昼ゥ三膳、そりゃァ夜の四膳は職人衆のお定まり。そりゃァこれからご膳はたんと食わねえように言いつけますのでどうか婿にとって下さいな」。するとおかみさんがお鉢をぐいと突き出して、「でも仙さんはこれでお代わり」。
【解説】　サゲはのぞきからくり屋がからくりの物語が終わると、糸を引っ張る。すると絵が変わって、「先様はおかわり」（お客様はこれで交代）と声を掛けることを踏まえている。六代目蝶花楼馬楽が演じた他、四代目三遊亭金馬が演じている。

蛙茶番 （かわずちゃばん）
【種別】　滑稽、長屋、芝居、艶笑、禁演
【あらすじ】　ある商家で素人芝居を開催することになった。ところが困ったことに、出し物の『天竺徳兵衛・忍術譲り場』の最後に出てくる蝦蟇役の伊勢屋の若旦那と、舞台番を振り当てられた建具屋の半公が役を嫌がってやってこない。若旦那の役どころは小僧の定吉に頼むことにしたが、半公はヘソを曲げているらしいので、旦那の策略で、半公が思いを寄せている仕立屋のみいちゃんが舞台番を楽しみにしていると定吉を使いに行かせることにした。それを聞いて喜んだ半公は、ならば一つ良いところを見せようと、取っておきの緋縮緬の褌を締めることにする。ところがお店に向かう途中で立ち寄った湯屋にいたときに、なかなかやって来ない半公を探しに来た定吉から「早く来ないとみいちゃんが帰っちゃう」と言われたので、あわてて褌を締めずに外へ飛び出してしまい、そのまま舞台番へついてしまった。そして褌を忘れて来たことに気付かず、舞台で尻をまくったので、観客が大騒ぎに。いよいよ蛙の出る場面になったが、肝心の蛙が出てこない。「おい、定吉、早く出るんだ」「出られません。あそこで青大将が狙っています」。
【解説】　落語の中には芝居と、芝居を巡っての役揉め騒動を描いたものがあるが、この噺もその中の一つ。噺の中で演じるのは、蝦蟇の妖術を使って天下を狙う天竺徳兵衛を描いた『天竺徳兵衛』という芝居で、『四谷怪談』の作者として知られる鶴屋南北の作とされている。サゲで出てくる「青大将」の正体がバレに通じ不謹慎であると、戦時中は「禁演落語」に指定された。十代目桂文治は徳兵衛が「ハライソハライソ」と妖術を唱えるところで鳴物入りで演じていた。文政9年（1826）『滑稽笑顔種』の「虫拳」などに原話が見られる。

替り目 （かわりめ）
【別題】　元帳
【種別】　滑稽
【あらすじ】　酔っ払った男が俥屋に呼び止められて人力車に乗るが、すぐに梶棒を下ろさせ、目の前にある家の戸を叩いてくれと言い出す。中から出て来たのは女房で、男は自分の家の前で車に乗ったのだった。あきれた女房はそれを咎めるが、亭主は寝るどころか、もう一杯飲み

たいので、何かつまみを出せと言う。ところが納豆も焼き海苔も漬物も食べてしまって何もないので、女房は表におでんを買いに出ることにする。その姿を見た亭主が急に態度を改め、「ありがたいね。よくこんな飲んだくれの世話をしてくれて。おかみさん、ありがとうって、俺はいつも心の中では手を合わせて…」と話していると、実は女房はまだ出掛けずにその話を聞いていた。女房が出て行ったあと、流しのうどん屋がやってきたので、つかまえて酒の燗をつけさせる。うどん屋はうどんを勧めるが、うどんは大嫌いだと追い返すと、今度は新内流しがやって来たので都々逸を弾かせて、いい心持ちになっているところへ女房が帰って来た。するとお燗がついていて、何も食べずにお燗だけさせて追い返したと聞いたので、まだ近くにいたうどん屋へ声を掛けた。「うどん屋さ～ん」「おい、うどん屋、あそこの家でおかみさんが呼んでるぜ」「どこです？あそこの家には行かれません」「どうして？」「今時分行ったら、お銚子の替り目です」。
【解説】　五代目古今亭志ん生の十八番で、本来のサゲまでやらずに、女房がまだ出掛けていないことに気付いた亭主が「お前、まだ行かねえのか」とか「いけねえ、元帳を見られちゃった」などでサゲていたために、それが現在まで多く伝わっている。その志ん生は戦後公開された映画『銀座カンカン娘』（島耕二監督、新東宝、1949）の中で、この噺を演じている。元は音曲噺だったとも言われ、後半に登場する新内流しに都々逸を弾かせる場面では、実際に下座の弾く曲にのせ、その態で唄って見せたりもした。現在でも歌ではなく、踊りを見せたりして演じる演者もいる。噺の後半部分は、寛政９年（1797）『新話違ひなし』の「乗合船」などに原話が見られる。噺に近い内容としては、文化９年（1812）『福三笑』の「枇杷葉湯」が挙げられる。

かんしゃく
【種別】　滑稽、夏、新作
【あらすじ】　かんしゃく持ちのある会社の社長が今日も車に乗って会社よりご帰宅。玄関先でいくら呼んでも出てこない家の者の対応が悪いと口にしたのをきっかけに、家中を見て回り、次々に小言を言い始める。たまたま訪れていた客人の前でも小言が続くので、客は退散し、小言ばかりの生活に我慢ができなくなった妻は実家に逃げ帰ってしまった。ところが実家に戻ると、父親から「嫁いだ以上は何があっても辛抱しなければいけない。旦那に文句を言われないように、頭を働かせて、人を使って、家の中のことをうまく回せ」と諭されてしまう。そこで父親に言われた通りに、嫁ぎ先に舞い戻り、家のことをすっかり片付けて、旦那を待ち受けることにした。そこへ帰ってきた旦那はいつもの通りに小言を言おうとするが、すべてが行き届いているので、「おいっ、これじゃ俺が怒ることができんじゃないか！」。
【解説】　財閥の家に生まれ、『女天下』という落語や『コロッケの歌』という流行歌を残したことでも知られる益田太郎冠者（1876～1953）による作。初代三遊亭圓左が演じ、三代目圓馬がむらく時代に得意にした。昭和に入ってこの噺を十八番にした八代目桂文楽は春錦亭柳桜から教わったという。噺と同じく、大金持ちに生まれた益田太郎冠者が、自分の父親の癇癪ぶりを描いたと言われている。

勘定板（かんじょういた）
【種別】　滑稽、旅
【あらすじ】　ある国ではトイレに行くことを「勘定をする」と言い、催してきたら海辺まで行き、普段は海に浮いている「勘定板」という板を引っ張り、その上で用を済まし、板を海へ戻すというシステムを取っている。その国の男が二人して江戸見物にやってきて、馬喰町（ばくろうちょう）に宿を取った。一人の男が便意を催すが、自分の国と違って勝手が分からず、どこで用を済ませればよいのか分からない。我慢しきれずに宿の者に「勘定をしたい」と言うと、「もうお発ちですか」と聞かれる。「まだしばらく滞在したい」と返すと、「ならばお発ちになる日にまとめてで構わない」「それでは困る」「田舎の方はお堅いんですね」「固いか柔らかいかはしてみないと分からない」といったような妙なやり取

りが続く。そして「勘定板を貸してくれ」と言われた宿の者が持ってきたのは算盤で，しかもそれを裏返して渡してきたので，男はその上にするものだと勘違いし，廊下で用を足すことにした。いざ算盤にまたがって裾をめくると，着物の端に算盤が引っかかって転がってしまったので，「江戸は重宝だ。勘定板が車仕掛けになっている」。

【解説】　上方にあった噺とされる。以前は最後の場面で，宿の若い者が「なんでこんなことをするんです。こんなものは持って行けません」と言って，板を突くと転がっていくので，「江戸の勘定板は車仕掛けだ」と演じることがあった。

堪忍袋（かんにんぶくろ）
【種別】　滑稽，長屋，新作
【あらすじ】　長屋に暮らす八五郎夫婦は喧嘩ばかりしている。今日も喧嘩をしているところへ旦那がやって来て，昔，腹が立つと家にあった瓶の中に怒鳴り込んで，人前では笑い顔しか見せない人が，末には出世をしたという話をして聞かせた。そして，瓶の代わりに口元に紐をつけた袋を縫って，「気に入らないことがあれば，その中に怒鳴り込め。そして笑う門には福来るというので笑って過ごせ」と勧めて帰った。早速，女房が袋を縫い上げ，二人して不満をその中に怒鳴り込むと，大声を出しているのを聞いた隣家の者が，また喧嘩がはじまったのかと思ってやって来たが，喧嘩ではなくて夫婦が笑い合っている。不思議がって事情を尋ねると，自分もやらせてほしいと堪忍袋に怒鳴り込んで帰って行った。それが評判になって，長屋のみんなが来ては怒鳴り込んでいくので，袋がいっぱいになってしまった。明日，この袋をどうすればよいか旦那に聞こうと言っているところへ，酔っ払った寅がやって来て，仲間と仕事のことで喧嘩をして悔しいので吹き込ませてくれと言ってきた。もう満杯だから待ってくれと断るのを，無理矢理ひったくったから，堪忍袋の緒が切れて，中にたまっていたものが「馬鹿野郎ッ，こんちくしょう，間抜け，わわわわわ…」。

【解説】　実業家であり劇作家でもあった益田太郎冠者（1875〜1953）が，初代三遊亭圓左のために書き下ろした新作落語。原作では袋が破れた途端に，亭主が酔っ払いを張り倒し，「何をするんだ」「堪忍袋の緒が切れた」とサゲていたという。圓左から三代目三遊亭圓馬を経由し，八代目桂文楽に伝えられた。最近の演出では，最後に姑の悪口を言いに女がやって来て，それで袋がいっぱいになる。そこへある家の婆さんが具合が悪くなって，心につかえているものを出せば治ると言われ，袋に吹き込もうとすると，最後に吹き込まれていた「このクソばばぁ〜」というひと言が飛び出してきて，お婆さんがすっかり元気になりました，とサゲることがある。

看板のピン（かんばんのぴん）
【種別】　滑稽，長屋
【あらすじ】　若者たちが集まれば博打というやつで，今日もみんなでサイコロ一つを使って目を当てるチョボイチをやっている。するとそこへ隠居が現れて，みんなからお願いをされたこともあって，「オレは訳があって四十二のときに博打はやめたんだが，お前達がそういうなら…」としばらく振りに壺皿を取り上げた。ところが壺皿を伏せると，ピン（一）の目の出たサイコロが壺皿の脇に転がっている。隠居は「いくらでも張れ」と言うので，みんながピンに張ると，「目が揃ったな。それじゃあ，この看板のピンはこっちへしまって…」と見えていたサイコロを懐にしまってしまった。そして「壺の中に本当のサイがある。中の道をきかしてやろう。中は五だ」と言って壺皿を開けると，中の目は五。みんなが驚いていると，隠居は「これに懲りたら，もう博打なんてするんじゃない」と言って，賭け金をみんな返して去っていった。それを見て，自分もやってみようと，ある男が別の博打場へ行って，同じようにやってみた。「張りは決まったな。決まったとなれば，看板のピンはこっちへしまっておいて…。いいか，中の道をきかしてやる。五だ。いいか，勝負」と壺を開けると，「あ，中もピンだ！」。

【解説】　ピンというのはカルタや賽の目で「一」の数を指すポルトガル語で「pinta（＝点）」か

らきている。安永2年（1773）『御伽噺』の「名人」に原話が求められる。元は小噺程度の噺で、『へっつい幽霊』『狸賽』のマクラなどに振られていたこともあった。三代目桂三木助、五代目柳家小さんが得意にし、現在でも寄席などで盛んに演じられている。

雁風呂（がんぶろ）
【種別】　滑稽，旅
【あらすじ】　水戸光圀公が東海道は掛川宿までやって来て，茶店で休憩を取ったときのこと。店にあった土佐光信の描いた屏風を見て，松に雁(かりがね)の意味が分からないでいる。するとそこに大阪風の町人が二人入って来て，この画は雁風呂だと話しはじめるので，それを耳にした光圀がその意味を尋ねた。秋になると常盤という国から雁が日本に渡ってくるが，燕などの渡り鳥とは違って，雁は体が大きいので海を渡る際に，国から柴をくわえて飛んで来て，疲れるとそれを波の上に落として体を休める。それを繰り返して，函館の一木(ひとき)の松まで飛んでくると，その柴を松の根元に捨てて日本国中を飛び回る。春になって雁は常盤に戻るときに再び柴をくわえて飛んで行くが，柴が沢山残ってしまう。それだけの雁が日本で死んだ訳で，地元の人は追善供養のために，その柴で風呂を焚き，旅人の疲れを癒したのが雁風呂である。光信はその様子を描いたのだが，松に雁という絵はなく，絵空事と言われては気の毒なので，一双物の屏風に紀貫之の「秋は来て春帰りゆく雁(かりがね)の羽がい休めぬ函館の松」という歌が詠まれているのが，函館の雁風呂の由来と言う。感心をした光圀が名前を尋ねると，豪奢が過ぎて取り潰しになった淀屋辰五郎の二代目で，柳沢美濃守に用立ててあった三千両のお下げ渡しを願いに江戸に行く途中であると言う。光圀は美濃守がドげ渡さなかった場合は，水戸上屋敷へ持参すれば金子を渡すという目録を淀五郎に渡し，茶店をあとにした。町人の二人が「しかし旦那，雁風呂の話一つで三千両とは，高い雁（借り金）ですな」「そのはずじゃ，貸金(かしがね)を取りに行くのじゃ」。
【解説】　講談の『水戸黄門漫遊記』に原話が求められるが，この噺を演じた六代目三遊亭圓生は二代目桂三木助から大阪種として教わって演じた。東京にも初代談洲楼燕枝による明治期の速記が残っており，「淀屋辰五郎の話しました雁風呂のお話は一席で三千両のお価値がございます」と，サゲは設けておらず，そちらが講釈の形に近いと思われる。近年では三遊亭圓橘や柳家小満んが演じている。

岸柳島（がんりゅうじま）
【別題】　巌流島／桑名船
【種別】　滑稽，武家，禁演（戦後）
【あらすじ】　舞台は大川（隅田川）の御厩(おんまや)の渡し。一人の若侍が賑わう舟の中でキセルで煙草を吸っているが，しばらくして火玉を舟べりではらったところ，キセルの雁首が取れて川の中に落ちてしまった。船頭に舟を止めろと言っても，今更探したって見つからないと止めてもらえない。悔しがっているところへ声を掛けてきたのが同船していた屑屋で，不要になった吸い口は私にと言ってきたことに怒りを覚えて，若侍は切り捨てると騒ぎ出した。すると年嵩の武士が止めに入ったので，若侍はならば真剣勝負をしろと言ってきた。舟の中では迷惑だから向こう河岸に着いてから勝負ということになり，桟橋に舟が着きかけると若侍は岸に飛び上がった。老武士もそれに続くのかと思っていたら，槍を桟橋にあてて張ったので，舟が川中に戻った。舟に乗った連中が若侍をののしると，若侍は裸になって川へ飛び込み，舟に向かって泳いできた。舟底に穴でもあけるのではと思い，水面に首を出した若侍に「舟底でもえぐりにまいったか」「なあに，さっきの雁首を探しに来た」。
【解説】　宮本武蔵と佐々木小次郎の対決で有名な巌流島だが，この話は二人の武士の対決であることと，かつて小次郎が船中において果たし合いを申し込まれ，その相手を小島に上げ，そのまま自分は舟で引き返してしまったという史実が，噺の中で語られるくだりがあったことから，この名がついた。上方では『桑名舟』と題し，東海道は宮と桑名の両宿にかかった渡し舟が舞台になる。

祇園祭（ぎおんまつり）
【別題】　東男／京見物／祇園会／およく
【種別】　滑稽，旅，夏
【あらすじ】　江戸っ子三人が連れ立って伊勢参りを済ませた後，京見物にやって来たが，金を使い過ぎてしまった二人は先に江戸に帰り，京都に叔父のいる男だけが残ることになった。祇園祭の当日，茶屋に上がって飲んでいると，いつしか京都と江戸の自慢話がはじまった。相手になった男は伏見の酒や京の町筋，祇園祭と，すべてを「王城の地だから，日本一の土地柄だ」と自慢するばかりで，以前に訪れたことのある江戸を「武蔵の国の江戸」ならぬ「むさい国のヘド」とまで言い出す始末。江戸のことを散々馬鹿にされ，我慢ができなくなった江戸っ子が，今度は京都の町の面白くないところをあげて反論していくと，江戸と京都の祭りのどっちがいいかという話になる。そして「御所の紫宸殿（しんでん）の砂利を掴んでみなはれ，瘧（おこり）が落ちるちぃまんにゃ」「それがどうした。江戸城の砂利を掴んでみろ」「どうなります」「首が落ちらぁ」。
【解説】　現在演じられることの多い型を記したが，本来は前半に京都で湯に入ろうとして，湯屋はどこだと尋ねると「八百屋です」と言われ，湯と柚（柚子）を間違えられたり，見世物小屋見物をしたりする場面があり，湯屋の件は五代目古今亭志ん生が演じた。また喧嘩の後に，およくという何でもねだる芸者と遊ぶことになって，商売を訪ねられたので，石屋だと言うと，「石塔を一本建てておくれやす。こっちのお客はんの商売は何どす」「俺は隠亡（おんぼう）だ」「私が死んだら，タダで焼いておくんなはれ」という続きもあるが，現在では演じられることがない。文化4年（1807）『捘古於当世（あごおとせ）』の「京江戸自慢話」に原話が見える。

義眼（ぎがん）
【種別】　滑稽，廓，艶笑
【あらすじ】　ある男が眼を悪くして義眼を入れた。医者から眠るときには外して，コップの中に水を入れて，それにつけておくようにと言われ，吉原へ遊びに行ったときにも，枕元にそうして義眼を置いておいた。すると隣の部屋で遊んでいた男が酔っ払って，その水を全部飲んでしまった。しばらく経つと，水を飲んだ男の通じがつかなくなったので医者に診てもらうと，お腹に何か妨げているものがあるに違いないと，尻からお腹の中を検査することになった。早速，器具を差し込んで覗くと医者が大変に驚いたので，「先生どうしました？」「向こうからも誰かが覗いていました」。
【解説】　「尻の穴に睨まれたのははじめてだ」とサゲることもある。短い噺なので，医者にまつわる小噺をつけて演じることがある。五代目古今亭志ん生とその一門に伝わっている。

菊江の仏壇（きくえのぶつだん）
【別題】　菊江仏壇／白ざつま
【種別】　滑稽，夏
【あらすじ】　若旦那の道楽をやめさせようと，大旦那はお花という器量好みの嫁をとらせたが，若旦那はすぐにまた家をあけるようになり，お花は気を病んで実家に帰ってしまった。見舞いにも行かない息子に業を煮やして，大旦那が意見をすると若旦那は「母親が亡くなってから毎日寺参りに行くので，大きな仏壇を買ってあげたのに，すぐに寺参りに出てしまう」と寺参りと道楽を一緒にして言い返してくる。そこへお花の容体が変わったという知らせがきたので，大旦那が出掛けることにした。若旦那は父親の留守をいいことに，馴染みの芸者である菊江を呼んで，飲めや唄えの大騒ぎをはじめる。すると大旦那が帰って来たので，あわてて片づけをして，急に呼ばれてやって来たので白薩摩の単衣（ひとえ）に洗い髪のままの菊江を仏壇の中に隠す。酒宴の様子を見た大旦那は怒り，亡くなったお花のことを思い，念仏を唱えながら仏壇

の扉を開けると，そこには白装束の女が立っている。驚いた大旦那が「お花が迷って出て来た。俺の料簡は私が入れ替えさせてみせるので，迷わずに浮かんでおくれ。消えておくれ」と祈ると，菊江がか細い声で「わたしも消えとうございます…」。
【解説】 菊江が身に着けていた白薩摩は薄い木綿地の着物で夏の浴衣などに用いられたもので，そこに洗い髪の様子であったことから，大旦那は幽霊と見間違えてしまったのがサゲになっている。上方落語の大ネタの一つで，文化5年（1808）『浪速みやげ』の「ゆうれい」に現行の筋とほぼ同じ原話が見られる。東京には明治20年代に初代三遊亭圓右が『白ざつま』の演題で移したとされる。東京で上方落語を演じていた桂小文治や三遊亭百生，二代目桂小南が演じた他，十代目金原亭馬生が演じていた。近年では桂雀丸が『菊江の仏壇』，柳家さん喬が『白ざつま』の題で演じている。

紀州（きしゅう）
【種別】 滑稽，武家，地噺
【あらすじ】 七代将軍家継がご他界し，八代将軍を決めることになった。そこで通例通り，水戸，紀州，尾州の御三家から選ぶことになった。水戸家は年のこともあり辞退をしたので，紀州公か尾州公のどちらかから将軍を選ぶことになった。将軍になりたい尾州公が登城の途中，鍛冶屋の打つ槌の音が聞こえてきて，それが「天下とーる，天下とーる」と聞こえた。幸先がよいと思いながら城に着き，将軍を受けてほしいと言われたが，一度は断るべきではと考え，一旦それを辞退すると，同じようにお願いされた紀州公が同じように，「余はその徳薄うしてその任にあたわず…なれども，しも万民撫育のため任官いたすべし」と応えたので，将軍の座を取られてしまった。がっかりした尾州公が城を出て，先程の鍛冶屋の前を通ると，どうしても「天下取る」としか聞こえない。恐らく紀州公は一度引き受けたものの，やはり将軍職は荷が重いので，自分のところに頼みに来るのであろうと思っていると，鍛冶屋の親方が真っ赤に焼けた鉄を水に突っ込んだ途端に「きしゅ

ーっ」。
【解説】 演者の語りで進められる地噺の一つで，寛政頃に尾張藩の武士が書き残した『風流昔噺』に原話らしき話が見える他，松浦静山の随筆『甲子夜話』の中にも見られる。聞き違いの話で，演じる際には要所で，博打でスッテンテンになった男が田のわき道を歩いていると，蛙が「はだかだ，はだかだ」と鳴いていたといったような，聞き違いの小噺などをはさむことが多い。

擬宝珠（ぎぼし）
【種別】 滑稽
【あらすじ】 若旦那が病気になったが原因が分からない。そこで熊五郎が旦那の命を受けて尋ねてみると，「擬宝珠が舐めたい」と言い出した。「それであれば大川に架かる橋の擬宝珠をなめればいいじゃないか」と言えば，「もう舐めあきて，今は浅草寺の五重塔のてっぺんにある擬宝珠が舐めたい」と返してきた。熊から報告を受けた大旦那は「やはり血筋は争えないものだ。自分も実は擬宝珠好きだ」と告白をし，本来は五重塔の上のは宝珠というのだが，寺に寄進をし，若旦那の願いを聞き入れてもらうことにした。思いを遂げた若旦那が塔の下に下りて来たので「どうだ，うまかったか。どんな味がした？」と大旦那が尋ねると，「沢庵の味がしました」「塩加減は五合か一升位か？」「いい

浅草寺五重塔の擬宝珠

え，六升（緑青）の味がしました」。
【解説】　初代三遊亭圓遊や初代柳家小せんが得意にしたものを，近年，柳家喬太郎が現代に通用する形で復活させた。原話は明和5年(1768)『軽口春の山』の「ねぶり好き」や安永2年(1773)『聞上手』の「かなもの」などに見える。

肝つぶし（きもつぶし）
【種別】　滑稽，長屋，禁演（戦後）
【あらすじ】　病に臥す男のところに兄貴分が見舞いに訪れた。病の原因を聞くと恋わずらいだと言うが，その相手は夢の中で出会った女性ということでなす術がない。医者に診せると楊貴妃にまつわる話を持ち出して，「病を治すには亥の年月が揃った日に生まれた者の生き胆を飲ませなければならない」と告知する。兄弟同様に過ごしてきた男を助けたいと思う兄貴分が家に戻ると，奉公に出ていた妹が帰って来ていた。そして妹が亥の年月が重なった日に生まれたことを知ったので，寝ている間に出刃包丁で殺そうとすると，妹が目を覚ました。「兄さんが出刃を持っているんで肝をつぶしたよ」「それじゃあもう薬にはならない…」。
【解説】　上方種の噺で，近年では六代目三遊亭圓生が得意にした。現在でも柳家さん喬や鈴々舎馬桜などが演じている。

きゃいのう
【別題】　団子兵衛
【種別】　滑稽，芝居，新作
【あらすじ】　団子兵衛という下積み役者が，幕が開くから仕度をしろと言われて衣裳部屋へ。ところが床山のところへ行っても肝心のかつらがない。初日，二日目と来なかったので，かつらの用意がないと言うのだ。来られなかった事情をはじめ，団子兵衛は自分が東京の者ではないこと。子どもの頃から芝居が大好きで，役者になりたいと言ったら両親から勘当を受けたこと。そして弟子入りをして初舞台を踏んだときに両親が芝居を観に来てくれたが，『車引』では牛の後足役だったので気づいてもらえなかったこと。次に与えられた役が『仮名手本忠臣蔵』は五段目の猪の役で，母親から「私の目の見えるうちに，舞台を二本の足で歩いて見せておくれ」と言われたこと。そして今度やっと腰元という人間の役をもらえたので親に見せてやりたいのだと話をする。床山が「セリフがあるのかい？」と尋ねると，「セリフは『きゃいのう』です」「俺も色んな芝居を見てきたが，そんなセリフがあるのか？」と聞き返されたので，「庭先の場で，物乞いが入ってきます。そこへ上手から腰元が登場して，渡り台詞になります。一人目が『むさくるしい』と言うと，二人目が『とっとと外へゆ』とまで言い，私が『きゃいのう』」。床山はそれを聞いてあきれるも，かつらをつけてやるが，あいにく大きいかつらしかない。そこで新聞紙と屑籠に捨ててある物で詰め物をすると，なんとか形になった。団子兵衛が舞台に向かった後，そこへ男がやって来て「さっき煙草の吸殻を置いておいたんだが，なくなってしまった」と言う。すると舞台で三番目の腰元の頭から煙が出ていると大騒ぎに。ところが腰元役は張り切っているので，気付かずにそのまま演じている。一番先の腰元が「むさくるしい」，二番目が「とっとと外へゆ」と言ったが，団子兵衛のセリフが出て来ない。もう一度，一番目と二番目の腰元がセリフを言うと，団子兵衛は真っ赤な顔をしている。今一度「むさくるしい」「とっとと外へゆ」「うーん，熱いのう」。
【解説】　別名を『団子兵衛』と言うが，同題で別の噺がある。ここで挙げたのは，初代柳家三語楼が演じていた『きゃいのう』という噺に，古くからある『武助馬』という噺をミックスした，大正8年(1919)につくられた柳家金語楼（ペンネーム・有崎勉）の最初の新作落語である。また金語楼が残したライブ録音には，ここで挙げたストーリーを短く刈り込んで，芝居小屋に向かう団子兵衛が友人に声を掛けられ，今度はセリフのある人間の役だから観に来てくれと，もらったセリフを披露する。そしてそろそろ行かなければならないと言う団子兵衛に友人が，「それじゃあ早くゆ，きゃいのう」としたものがある。近年では四代目柳家小せんが演じるくらいであったが，最近になって若手が演じ

るようになってきた。

伽羅の下駄（きゃらのげた）
【種別】　滑稽，長屋，武家
【あらすじ】　豆腐屋の六兵衛が朝寝坊なので，家主が豆腐屋がそんなことではいけないと意見をすると，六兵衛は「吉原でひやかすのが好きで，そうなるとどうしても夜更かしになってしまい，朝早く起きられない」と言う。大家から「早起きは三文の徳だと言うだろう。今のままが続くようであれば店立てだ」と言われたので，次の日から朝早くに起きて臼を引きはじめることにした。すると立派な身なりをした武士が店の前に現れ，「当家に水はあるか？　水を所望したい」と言うので，「掘り抜き井戸で，金けがない井戸水です」と金柄杓に注いで渡すと，「良い味だ。もう一つ所望したい」ともう一杯飲んで，「これでよみがえった。亭主，何ぞ礼をしたいが，供の者がおらぬので計らいがつかぬ」と，豆腐屋の使い古しの草履と自分の駒下駄を履き替えて去ってしまった。六兵衛が女房と食事を始めると良い匂いがしてきたので見廻すと，竈の火口で武士が蹴込んでいった下駄の片方が土間の火にあぶられて匂いを立てていた。大家にその話をすると，「訪れたのは吉原の高尾太夫のところへお通いになる仙台侯で，これは伽羅の下駄だ。片方だけでも百両，一足だったら二百両だ」。六兵衛が驚いて女房に話すと，女房が「何ていう下駄なんだい」「大家から聞いてきたんだが，嬉しいんで忘れちまった。あ，思い出した。伽羅キャラキャラ」。女房も嬉しいんで「下駄ゲタゲタ」。
【解説】　八代目林家正蔵が演じ，現在ではその一門が継承している。噺の中に出てくる仙台侯は，他に『高尾（仙台高尾）』にも登場する。

九州吹き戻し（きゅうしゅうふきもどし）
【種別】　滑稽，旅
【あらすじ】　道楽三昧の挙句，親から受け継いだ財産を食いつぶして，幇間へと転じた喜之助という男が，不義理と借金を重ね，夜逃げ同然に江戸を出立してたどり着いたのが肥後の熊本。一文無しになるが，江戸屋という宿屋の看板を目にしたので，何とかなるだろうと飛び込むと，その晩は酒を飲んでぐっすり。目を覚ました喜之助が「これからどうしたものか」と考えながら庭を眺めていると，宿の主人が「これは喜之助さんじゃありませんか？　湯島は同朋町にいた大和屋ですよ」と声を掛けてきた。喜之助が挨拶をすると，旦那も「商売をしくじり，江戸の店を売ってこの地へ流れ着いた」と話して聞かせた。喜之助は渡りに船と頼み込んで，器用なところを見込まれて，板場を手伝わせてもらうことになると，昼間は三味線を教えたり，夜は座敷で幇間代わりと，目の廻るような忙しさで，三年経った頃には九十六両の金を貯めることができた。旦那は「もう少し金を貯めたら，女房をもらって，もう一軒店を出して，この家を助けておくれ」と言うが，喜之助は江戸へ戻りたくて仕方がないので，「江戸に残してきたおふくろのことが心配なので帰りたい」と相談をする。すると「お前さんの親は亡くなっているはずだが，そんなに帰りたければ」と，贔屓の旦那衆に奉賀帳を回して，二十両余りを餞別代わりに渡してくれた。夜の明けるのも待ち切れずに喜之助は江戸屋を飛び出すと，浜辺へたどり着き，江戸へ向かう千五百石積の元船の水手（船乗り）に出会い，便船（荷船に客を乗せること）はご法度だが，病気の母親に会いに行くならと特別に乗せてもらうことになった。船が海上に出ると天気も良く，風も追い風で，速く進むが，玄界灘に差し掛かる頃に大嵐に遭い，三日目に打ち上げられたのが薩摩の桜島。江戸までは四百里，熊本から江戸までは二百八十里。喜之助はあまりに帰りを急いだために，百二十里吹き戻されてしまった…。
【解説】　初代古今亭志ん生が得意にしており，若き日の三遊亭圓朝がそれを聴いて，門弟達に「あれだけの名人でなければあの噺はできない。お前たちは決してやっちゃいけない」と命じたという話が残っている。近年，五街道雲助や立川談春などが演じている。

狂歌家主（きょうかいえぬし）
【別題】　三百餅
【種別】　滑稽，長屋，冬

【あらすじ】　大晦日を迎えても首の回らない八っつぁんが正月の餅もつけないでいると，女房から餅の催促をされたので，三百文で三切れだけ餅を買ってきた。貯めている店賃も払えないので，家主が「狂歌家主」というくらいに狂歌に凝っていることもあり，「私も狂歌に凝りまして，あっちの会こっちの会と入っておりまして，ついついご無沙汰になりました。いずれ一夜明けまして松でも取れましたら目鼻のあくように致します」と，言い訳に出向くことにした。大家は八っつぁんの挨拶を聞いて狂歌を詠んでみせると，八っつぁんも「貧乏」を題にして，「貧乏の棒も次第に長くなり　振り回される年の暮れかな」「貧乏をしても下谷の長者町上野の鐘のうなるのを聞く」といった歌を詠むので喜ぶ。そして「わたしが上をやるから，お前が後をつけな。『初春の髪の飾りに袴着て』。どうだ？」「『むべ山風を嵐というらん』」「それは百人一首だ，いけないよ」「それじゃあ『餅は三百買って食うなり』」「それじゃあ上下がつかないよ」「搗かないから三百買いました」。

【解説】　大晦日に借金の言い訳をするという趣向では『掛取万歳』という噺もあり，そちらにも狂歌が登場する。原話は元禄5年（1692）『かるくちばなし』の「買もち俳譜」や元禄15年（1702）『露休しかた咄』の「買もちはいかい」などに見ることができる。現在では桂南喬や春風亭栄枝，春雨や雷蔵などが演じている。

京の茶漬 （きょうのちゃづけ）

【種別】　滑稽

【あらすじ】　京都ではお客が帰ろうとするときに，「何もおへんのどすけど，お茶漬けでもどうどす？」と言う習慣（一種の社交辞令）がある。ある大阪の商人が「いっぺんその茶漬けを食べてやろう」と京都の知人の家を訪ねると，知人が留守であったので待たせてもらうことにした。昼時分になったので食べ物の話をしてみせるが，その家のおかみさんはご馳走してくれる気配が一向にないので「えらいお邪魔をいたしました，ほんなら…」と帰ろうとすると，「何もおへんのどすけど，お茶漬けでも」と口にしたので，待ってましたと言わんばかりに腰を据えることにした。すると出てきたのは茶碗に半分ぐらいの茶漬に漬物が少々。男はお世辞を言いながら茶漬けを平らげ，空になった茶碗を見せるが，おかみさんは知らん顔。そこで「これはええお茶碗ですなあ。どこでお買いになりました？」。おかみさんは空になったお櫃を見せながら「このお櫃と一緒に，近所の荒物屋で」。

【解説】　原話は安永4年（1775）『いちのもり』の「会津」や，十返舎一九による『江戸前噺鰻』（文化5年・1808）の「茶漬」に見える。上方の落語であるが，東京でも三遊亭遊雀が演じたことがある。

御慶 （ぎょけい）

【別題】　富八／鶴亀

【種別】　滑稽，長屋，春

【あらすじ】　暮も押し迫ったある日，八五郎が梯子の上に鶴がとまった夢を見て，富くじを買いたいと言い出す。何とか金を工面し，千年生きるという鶴が梯子に止まったのだから「鶴の千八百四十五番」を買いに行くが，たった今売り切れたと言われる。がっかりした八五郎に易者が声を掛けると「梯子は上るものだから八四五ではなく五四八だ」と言う。そこで「鶴の千五百四十八」を買い求めると，なんと一番富の千両が当たった。大喜びの八五郎は方々へ支払いを済ませ，裃を着けて，年始に廻るが挨拶が分からない。大家から「御慶」という言葉と，もし上がって行きなさいと言われたら，「永日」と言いなさいと教わり，近所の家に年始回りに。そこへ恵方詣りから帰って来た三人に会ったので，「御慶」「御慶」「御慶」と声を掛けるも，三人は何のことか分からず，「なにが始まったんだ」「御慶（どこへ）言ったんだ」「恵方参りに行ったんだ」。

【解説】　富に当った八五郎ということで『富八』という別題を持つ。『御慶』という演題は昭和になってから付けられた。二代目禽語楼小さんは八五郎が富という友人に出会い，「てめえの身なりは何だ？何か茶番の役にでも当ったのか？」「なに，富に当ったんだ」とし，四代目柳家小さんは恵方参りではなく，「初卯

の帰りよ」とサゲていた。五代目古今亭志ん生は前半の富くじが当たって，夫婦が喜んでいるところだけを演じ，『鶴亀』という題で演じたことがある。「永日」とは「いずれゆっくり会おう」との意味である。

きらいきらい坊主 （きらいきらいぼうず）
【別題】　きらいきらいど坊主
【種別】　滑稽
【あらすじ】　女好きの和尚がある檀家の女中に惚れ，ある日，祥月命日を間違えたふりをしてその家を訪ねた。座敷で言い寄る隙をうかがっていると，お目当ての女中は井戸で水を汲んでいるようで，井戸の釣瓶の音が「スキスキスキ…」と聞こえてきた。幸先がいいと喜んだ和尚が女中の後ろからそっと近付いていき抱きつくと，女中が驚いた途端に釣瓶を放してしまったので，釣瓶が井戸へ落ちていく音が「キライキライキライキライ，ドボーズ（ど坊主）」。
【解説】　上方落語で小噺程度に演じられている。東京では柳家蝠丸が一席物として演じている。

金魚の芸者 （きんぎょのげいしゃ）
【別題】　金魚のお目見得
【種別】　滑稽
【あらすじ】　魚屋を営む男が，道端の水たまりで子どもが金魚と遊んでいるのを見て，それを助けて「お前みたいな立派な金魚は，金魚で終わらせるのはもったいない」と声を掛けて大切に育てている。するとある夜，「あなたは命を助けてくれた恩人なので，私が芸者になって楽をさせてあげます。どこかへ世話をして下さい。明朝改めてうかがいます」と夢の中に現れた。翌日，芸者姿になった金魚が本当に現れたので，知り合いの柳橋の置屋に連れて行くことにした。水のしたたるようないい器量なので，すぐに芸者となることができ，好きな物は麩とボウフラ，泳ぎは達者だとか妙なことを言うものの，声を聞かせてくれと言われて歌うと，客が「いい声（コイ）だね」「金魚でございます」。
【解説】　初代三遊亭圓遊の作とされ，近年，柳家小満んが復活させた。金魚となった芸者が踊りを見せたりと，女性落語家でも演じる者が出て来た。

近日息子 （きんじつむすこ）
【種別】　滑稽，長屋
【あらすじ】　普段からボンヤリとしている息子が今日も父親に怒られている。「この間も芝居の初日を見て来てくれと頼んだら，『明日が初日だ』と言うので出掛けてみれば，『近日開演』としてあった。近日とは近いうちという意味だ。お前みたいに気の利かないのはいけない。他人に言われない先へ何でもやらないといけない」などと小言を言っていると，「お前みたいなやつと話していると身体が悪くなってしまう」と口にしたのを聞いた息子が，医者と葬儀屋を連れてきてしまう。一連の様子を見ていた長屋の連中がくやみを言いに来たので，父親も連中もびっくり。簾が裏返しにかかって，忌中の札まで出ていると知った父親が息子を叱ると，息子が「長屋の人もあんまり利口じゃねえや。よく見ろ，忌中のそばに近日と書いてあらぁ」。
【解説】　安永2年（1773）『仕方噺』の「手廻し」や安永3年（1774）『茶のこもち』の「忌中」「家来」などに原話が求められる。三代目桂三木助が二代目桂春団治から教わったものが，主に現在に伝えられている。

禁酒番屋 （きんしゅばんや）
【別題】　禁酒関所
【種別】　滑稽，武家
【あらすじ】　月見の宴でしたたかに酔っ払ったある藩の侍が，ふとしたキッカケで斬り合いをはじめ，一人はそれでバッサリと斬られ，もう一人は酔いが冷めて，主君に申し訳ないと切腹をしてしまった。そのことを知った主君は家中の者全員に禁酒を命じるが，隠れて飲む者があとを絶たないので，屋敷内に酒を持ち込ませないようにと門のところに番屋を設けて厳しく取り締まったことから，誰言うとなく，その番屋を禁酒番屋と呼ぶようになった。ある日のこと，大酒飲みで知られる近藤が酒屋に現れて，

二升の酒をあおったかと思うと，寝酒にしたいから一升届けてくれと頼んできた。酒屋の番頭は番屋が怖いが，無下にも断れないので困っていると，小僧が今度できた菓子屋でカステラという菓子を買ってきて，五合徳利二本を菓子折りに詰めて包装を施して，自分も菓子屋の格好をして番屋に向かえば大丈夫と提案をしてきた。番屋にやって来ると，酒飲みの近藤が甘い物を食べるのはおかしいと疑うが，進物だと聞いたので通行を許すが，小僧が「どっこいしょ」と言って菓子折りを持ち上げたので，そんなに重いはずがないと中身を改めてみる。すると徳利が二本出てきたので，酒の味を確かめて，「あのここな，偽り者めがっ！」と言って小僧を追い返してしまった。次に酒屋は油屋だと言って，油徳利に酒を忍ばせていくが，それも見つかってしまう。二升の酒を番屋にただ飲まれてしまった酒屋は，敵討ちにと今度は小便を徳利に詰めて行くことにした。すっかり酒に酔った番屋を相手に「向こう横丁の小便屋です」と言うと，そんな商売があるかと徳利を引き寄せて，中身を湯呑みに注いで飲もうとする。すると小便だということに気付いて，「けしからん，かようなものを持参致し…」「ですから手前はじめから小便だとお断り申しました」「そりゃ分かっとる。あのここな…正直者めがっ！」。

【解説】三代目柳家小さんが四代目桂文吾から教わり，東京へ移したという，元は『禁酒関所』という上方落語である。『禁酒関所』には元々この先があり，「裏門へ廻れ」「糞を食わされる」というものであったが，上方でも「正直者め」でサゲることが多くなってきている。五代目柳家小さんが十八番とし，現在では多くの落語家が演じている。

金玉医者（きんたまいしゃ）

【別題】顔の医者／頓智の医者
【種別】滑稽
【あらすじ】ある大店の娘が長患いで，どの医者に診せても原因も分からず，治すこともできないでいる。すると店に出入りをする男が，どんな病気でも治すことのできる医者を知っているからといって，一人の先生を連れてきた。二人だけにしてくれと言って，娘の部屋に入っていったが，外からその様子に耳をすませていても，診察をしている気配がない。それでも何日か通ってきているうちに娘の具合が次第に良くなり，ついには全快した。親はどうして治したのかと医者に尋ねると，娘を診るときに着物をはだけ，褌を緩めておいて，睾丸をちらりと見せるのだと言う。真面目なことを口にしながら睾丸を見せるので，バカバカしくなって，娘の気鬱が治ったのだと言う。しばらくするとまた娘の具合が悪くなったので，今度は父親が治そうとすると，娘は気絶してしまった。あわてて医者のところへ飛んで行くと，「先生と同じことをやったら，目を回してしまいました」「どんな見せ方をした？全部見せた？いかん，薬が効きすぎた」。

【解説】直球過ぎる演題とその内容から，鼻から提灯を出して娘の病気を治す『顔の医者』という演じ方もあり，その速記も残っている。前半部分だけを独立させたものが『藪医者』で，『金玉医者』よりも演じられる頻度が高い。近年では立川談志が独壇場で演じていた。

黄金の大黒（きんのだいこく）

【種別】滑稽，長屋
【あらすじ】家主が呼んでいると聞いた長屋の連中が，家賃の催促ではないかとビクビクしていると，家主の子供が砂遊びをしていたら，黄金の大黒を掘り出したのでお祝いをしたいということが分かった。一枚しかない羽織を交代に着たり，おぼつかない口上を述べたりして，祝宴がはじまると，踊り出す者や歌い出す者が出て来て大騒ぎに。すると床の間の大黒様が表の方に向かって歩き出した。「大黒様，騒々しいのでどこかへ行かれるのですか？」「あまり面白いので，恵比寿や弁天を呼びに行ってくる」。

【解説】上方落語で，本来のサゲは長屋の連中が「豊年じゃ，百で米が三升だ」と騒ぐと，大黒様が「安うならんうちに，わしの二俵を売りに行く」というものである。東京では大黒様が最後に「あまり面白いから，わしも入れてもらおうと思って，割り前を出すのに俵を売りに行

くのだ」とサゲていたが，最近ではあらすじで記したようなサゲが増えてきた。原話は安永2年（1773）『仕方噺』の「説教」にある。

金明竹（きんめいちく）
【別題】骨皮
【種別】滑稽
【あらすじ】　与太郎が何もしないで猫の髭を抜いているので，店の前に水を撒かせると撒き方を知らず，二階の掃除をさせても畳に水を撒いてしまうので，道具屋の店番をさせることにした。するとそこへ使いがやって来た。ところが「わて中橋の加賀屋佐吉方から参じました。先度仲買いの弥市が取り次ぎました道具七品のうち，祐乗，光乗，宗乗三作の三所物，ならびに備前長船の則光，四分一ごしらえ横谷宗珉小柄付の脇差，あの柄前は旦那はんが古鉄刀木と言やはったが，あれ埋れ木やそうで，木ィが違ォておりますさかいな，念のため，ちょっとお断り申します。次はのんこの茶碗，黄檗山金明竹寸胴の花活，『古池や蛙とびこむ水の音』と申します，ありゃ風羅坊正筆の掛け物で，沢庵，木庵，隠元禅師張り交ぜの小屏風，あの屏風はなァもし，わての旦那の檀那寺が兵庫におまして，その兵庫の坊主の好みする屏風じゃによって，兵庫へやり，兵庫の坊主の屏風に致しますとナ，かようお伝言願います」と，上方弁でまくし立てるので何を言っているのか分からない。おかみさんを呼んで一緒に聞いても分からないので，使いの者が帰ってしまった。店へ戻って来た主人が使いの内容について尋ねるが，「仲買の弥市が気が違って，遊女を買って，寸胴切りにして…」と要領を得ない。「はっきりしたところが一つくらいないのか？」「古池へ飛び込みました」「あいつには道具七品を預けてあるんだが，買ってか？」「いいえ，買わず（蛙）」。
【解説】　原話は初代林屋正蔵作の『百歌撰』（天保5年・1834）の「阿房の口上」にある。現在演じられるときには，この噺の前半部に，石井宗叔が狂言の『骨皮新発意』を落語に移した『骨皮』をつけて演じることが多くなってきた。あらすじは以下の通りである。雨が降って

来たので，軒を借して下さいと言ってきた人に傘を貸した与太郎のことを父親（主人）がとがめる。「そういうときは，うちにも傘が一本ございましたが，この間の長雨でバラバラになりまして使い物になりません。焚きつけにでもしようと思って，骨は骨，紙は紙にして物置に放り込んでありますと言って断るんだ」と言われる。すると今度はネコを借りに来た近所の人に，「うちにも貸しネコがいましたが，こないだからの長じけでバラバラになりまして，焚きつけにしようと思って，骨は骨，皮は皮にして物置に放り込んであります」と言う。それを聞いた父親が「そういうときは，うちにもネコが一匹おりますが，この間からすっかりさかりがつきまして，とんとうちへ寄りつきません。久しぶりで帰ってきたと思ったら，どこかでエビのしっぽでも食べたんでしょう。すっかりお腹を下しまして，マタタビをなめさせて奥へ寝かせてあります」と教える。するとそこへ相模屋という店から使いがやって来て，「目利きをしてもらいたいので旦那様の顔をお借りしたい」と言うので，「うちにも旦那が一匹おりますが，この間からすっかりさかりがつきまして，とんとうちへ寄りつきません。久しぶりで帰ってきたと思ったら，どこかでエビのしっぽでも食べたんでしょう。すっかりお腹を下しまして，マタタビをなめさせて奥へ寝かせてあります」というものである。本来はこのあと，人間の場合は疝気と言って断れと言うと，火鉢を借りに来た人にそれを言うので，「火鉢に疝気が起こるか」「でも金玉火鉢と言います」とサゲるが，そのサゲが分かりにくくなったこと。さらに父親の顔を借りに来たのが同業の道具屋ということもあり，父親があわてて相模屋に向かうのと入れ替わりに，そこへ中橋の道具屋から別の使いがやってくるという展開にもできるので，現在では『骨皮』から『金明竹』につなげて演じる場合が多い。五代目古今亭志ん生は『金明竹』としながらも，『骨皮』だけを演じた音を残している。元々は別の噺であったものを，三代目三遊亭金馬がつなげたと言われている。なお，『金明竹』の口上は金馬のものをベースにした。三遊亭円丈は口上を名古屋弁でやる『名

古屋弁金明竹』を，柳家小袁治は『東北弁金明竹』として演じている。

金語楼の新作落語

　昭和の爆笑王であり，喜劇王でもあった柳家金語楼（1901〜72）は若い頃から創作意欲に燃え，生涯でつくった新作落語の数は 2,000 作を超えると言われている。有名な『落語家の兵隊』（『兵隊落語』）は，自身の軍隊生活を描いた作品で，噺の中で上官から名前を聞かれ，「山下ケッタロー」と繰り返し叫ぶ場面で知られる。

　デビューの頃は少年落語家で売れた金語楼は，戦中に落語家の鑑札（当時は警視庁へ申請をし，鑑札をもらわなければならなかった）を返上し，喜劇界へと活動の場所を移すが，落語家時代には自らが経営に関与した神楽坂演芸場で，毎月3席のネタ下ろしをする独演会を開いていた。その多くは『金語楼落語名作劇場』といった本などに台本を残しており，その内のいくつかは，やはり金語楼が結成に関わり，当初は副会長を務めていた日本芸術協会（現在の落語芸術協会）の落語家に伝わっている。

　三代目三遊亭圓右が演じた『酒の素』（『酒は乱れ飛ぶ』）は，上水道に酒の素を混ぜてしまったので東京中の人が酔っ払ってしまうという噺。仕事のない男がアドバルーンにぶら下がる商売をはじめる『アドバルーン』。『表札』は田舎から父親が出て来るが，結婚をして子どもがいると嘘をついているので，友人宅と家を取り替えてもらう男の噺。英会話をやっていると聞いた会社の同僚からそれを聞きたいと言われ，いい加減な英語を披露する『英会話』。嫁さんをもらうことになった男が喜ぶ様子を見せる『嫁取り』。物品統制の時代，電車の中での検札風景を描いた『網棚の荷物』などが代表作であり，最近では若手が取り組み始めている。他に本書では『きゃいのう』『くず湯』『釣りの酒』『身投げ屋』『ラーメン屋』といった作品を掲載しているので，それぞれの項目を参照してもらいたい。

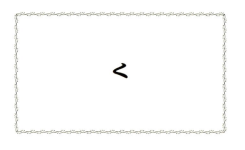

杭盗人 (くいぬすっと)
【種別】 滑稽, 長屋
【あらすじ】 泥棒がある家に忍び込んだ。女房がその物音を聞いて,「猫かしら?」と言うと,泥棒がニャ〜オ。「犬かも知れない」と言うと, ワンワン。「大きかったから牛よ」と言うと, モォ〜。「象かも知れない」と言うと, 鳴き声に困って「象は何て鳴くんでしょう?」。「泥棒だッ!」と騒がれたので, 外に逃げ出すと, 近くに池があったので飛び込んで, 丁度自分と同じくらいの杭につかまってジッとしていた。すると駆けつけてきた家人が長い棒でもって,「杭か, 泥棒か, 杭か, 泥棒か」と言うと, 泥棒が「クイッ, クイッ」。
【解説】 本来, 小噺程度で演じられることが多いが,『反対車』や泥棒が登場する落語のマクラに使われることから別掲した。原話は明和9年 (1772)『楽牽頭(がくたいこ)』の「盗人」にある。ここでは八代目橘家圓蔵が演じた形のものを示した。

くしゃみ講釈 (くしゃみこうしゃく)
【別題】 くしゃみ義太夫
【種別】 滑稽, 長屋, 禁演 (戦後)
【あらすじ】 久し振りに町内へ帰って来た男が兄貴分と出会い, 講釈場ができたことを知る。そこへ出演している講釈師の名前を聞くと, 以前, 惚れた女と二人きりになれたところを邪魔した講釈師なので, 何とか意趣返しをしたいと言い出す。そこで胡椒の粉を火にくべて, 読んでいる講釈の邪魔をして恥をかかせてやろうと, 乾物屋に胡椒の粉を買いに行くことになった。ところが男がなかなか胡椒の粉を覚えられないので, 得意にしている『八百屋お七』の覗きからくりを真似すれば, 小姓の吉三が出てくるので胡椒を思い出すだろうと知恵をつけるが, いざ乾物屋にやってきて実践してみても思い出せない。しかも胡椒が売り切れなので, 唐辛子を買い求めてきて, そのまま講釈場へ行くことになった。講釈師が講釈を読み始めたので, 借りておいた火鉢に唐辛子をくべると, せき込んで講釈が読めなくなり,「今日のところはご勘弁下さい」と言い訳をはじめる。ここぞとばかりに二人が悪口を言い並べると,「みなさんは気の毒にと言ってくれるのに, お二人はコショウでもございますか?」「胡椒がないから, 唐辛子を入れた…」。
【解説】 本来のサゲは胡椒をくべられたので講釈が読めなくなり,「今夜のうちに軍の勝負をつけろ」「勝負はつけられません。わきから故障(胡椒)が入りました」というものであったが, 現在では上方版同様に唐辛子をくべるのが一般的になっている。講釈師が読む講釈は東京では『三方ヶ原軍記(みかたがはらぐんき)』で, 上方では『難波戦記(なにわせんき)』であることが多い。

くず湯 (くずゆ)
【種別】 新作
【あらすじ】 嫁をもらった孫の家から帰って来たお婆さんが, 玄関に入るなり横になってしまった。心配になった息子が声を掛けると, 孫の嫁はやさしく迎えてくれてうれしかったが,「くず湯が好きだと聞いたので, ご案内します」と風呂場に連れて行かれ,「本場のくず湯ですからどうぞごゆっくり」とにっこり笑って言ってきたので, 私のために用意してくれたんだからと, それに入ってきたと言う。すぐに上ろうとすると「どうぞごゆっくり」と言われたこともあって, 二時間浸かり, 上がり湯を使おうと思ってもお湯がなく, タオルを使えばヌルヌルになり, 浴衣を着たら身体に張りついてしまい, 扇風機にあたったら, 最後には手足を動かすことができなくなってしまったとか。さすがに次の日はくず湯を断ると「今晩はカラシ湯にしました」と言ってきたので, やはり私のために用意してくれたんだからと, それに入ることにした。すると身体中がヒリヒリするところ

へ，孫娘が「お背中を流しましょう」と，新しいヘチマで身体中をこすってきたという。息子が「カラシ湯へは長く入っていなかったんでしょう？」と尋ねると，「このお湯ばかりは入っちゃいられません。昔の人のたとえの通り，これが本当のカラシの行水でございます」。
【解説】 有崎勉（柳家金語楼）が五代目古今亭今輔のために書き下ろした，今輔が得意とした「おばあさん物」の落語の一つ。現在でも今輔が会長を務めた落語芸術協会の落語家が演じている。

薬違い（くすりちがい）
【別題】 いもりの黒焼
【種別】 滑稽，長屋
【あらすじ】 源治という男が家主でもある伊勢屋の娘に恋煩い。それを聞いた友達が心配をして，「惚れ薬のイモリの黒焼を買ってきて相手にかけろ。直接かけるのは難しいだろうから，娘の着物にかければいい」と言うので，その通りにやってみた。すると何日か経って娘から「直接お会いしてお話したいことがある」という手紙が届いた。薬の効き目が現れたと思って，喜んで駆けつけると，店賃の催促をされ，三日の間にたまっている分を払わなければ出ていってもらうと言われてしまう。薬を買ってきた与太郎に買ってきた品物を確かめると，「お前，なんの黒焼きを買ってきたんだ。イモリだぞ」「えっ，イモリ？ヤモリの黒焼きを買ってきた」「だから店賃の催促をされたんだ」。
【解説】 イモリの黒焼は惚れ薬であり精力剤としても知られていた。上方には『いもりの黒焼』という落語があり，以下のような内容である。甚兵衛のところにやって来た喜公が女に惚れられる工夫はないかと聞いてくる。米屋の娘に惚れたと言うと，黒焼屋で惚れ薬のいもりの黒焼を買ってきて，それを相手に振りかけろと教わる。早速試みるが間違って米俵へかけてしまった。すると俵が追い掛けて来るので，あわてて逃げると，それを見ていた知り合いが「喜ィ公，何がそんなに苦しいねん」「飯米に追われてまんのや」。サゲは「生活に苦しい」という意を持つ「飯米に追われる」という言葉が掛

けられている。似たような落語であるが，別の噺として，ここでは東京型の噺を収載した。安永10年（1781）『民和新繁』にある「ほれ薬」が，現行の噺に近い。

九段目（くだんめ）
【別題】 素人芝居／加古川本蔵
【種別】 滑稽，芝居
【あらすじ】 出入りの店の隠居の祝いで，忠臣蔵の九段目を演じることになったが，芝居の当日になって，立役者である加古川本蔵をやる者が病気で来られなくなった。そこで愛知の出身で元は万歳の太夫だった，昼間は自分の家で煙草を刻んでいるという，目は悪いが頭が総髪の医者である小泉熊山（ゆうざん）に頼むことにした。ところがこの先生は格好ばかりで，芝居のことは何も知らない。色々教えると飲み込みはいいのだが，いざ芝居がはじまると，尺八を逆さに持ったり，それを持ちなおそうとして鼻にぶつけて鼻血を出してしまったりと迷演技で芝居の連中をヒヤヒヤさせる。芝居が進み，由良之助に槍で突かれる場面になり，「苦しい苦しい」とうめくので，見物人が「そんなに苦しいかい？」「去年の暮よりまだ苦しい。何にしてもえかく血が出るで，さいわいこれなる煙草入れ」と汚い煙草入れを出し，中から血止め用に煙草を五匁（もんめ）取り出して傷口へあてると，「おお染みるわ，染みるわ」。それを見ていた見物客が「本蔵，血止めの煙草は細かいぞ」「なあにこれは手前切りでございます」。
【解説】 サゲは，血止めとして煙草を用いるというのは芸が細かいと言ったのと，自家製を意味する手前切りの煙草なので，荒く刻んであるという言葉を掛けたものである。近年ではそのサゲが分かりにくくなってきたので，この噺を演じた六代目三遊亭圓生は医者がセリフを教わっていると，万歳の口調になってしまうというところで噺を終えたりしていた。なお，本来のサゲは「それでもお前は本蔵か？」「いえ，外療でございます」という，本道（内科）と外療（外科）を掛けたサゲであったという。なお，医者の小泉熊山という名前は，元々按摩をし，按摩の噺を得意とした初代三遊亭圓左の本名で

ある。寛政 10 年（1798）『無事志有意』の「俄」に同様の噺が見て取れる。

国訛り（くになまり）
【別題】　国定忠治（こくていさだはる）
【種別】　滑稽，地噺
【あらすじ】　訛りは国の手形。東京では「あのね」と言っても，名古屋に行けば「あのなも」と言葉は違う。その名古屋では，昔，「行く，戻る，突き当る」を「行かず，戻らず，突き当らず」と言った。だから「熱田神宮へ参詣するには，どう参ったらいいんですか？」と尋ねると，「熱田さんはなも，ここを真っ直ぐ行かず，左へ曲がらず，右へ曲がらず，少し戻らず，突き当らず」というので，どう行けばいいか分からなくなってしまう。ぼたもちのことを「半殺し」と呼ぶ地方があり，ある家で老夫婦が「東京から客人が来てるから，何かご馳走をしようと思っとる。半殺しにすべぇか，手打ちにすべぇか」と相談をしているから，お客が逃げてしまったということも。駅名でも面白いものがあって，山口県には「厚狭」という駅があって，夜に電車が着いて「あさ～」とアナウンスがあると，みんな驚いてしまう。東北には「沼宮内」という駅があって，「弁当～，お茶～」。あとから駅員さんが「うまくな～い（ぬまくな～い）」というので，これまた混乱してしまう…。
【解説】　いわゆる言葉の穴，方言の穴探しの噺で，演者によって入れ事が異なるので，ここでは代表的な噺の部分を紹介した。演じ手によって演出も異なるので，特定のサゲもない。また一席物としてではなく，マクラで演じられることもある。近年では七代目橘家圓蔵や立川談志が演じた他，十代目桂文治が国定忠治は上州生まれなので，本当は上州弁を話さなければおかしいと話して聞かせる『国定忠治』（こくていさだはる）という一席物で演じていた。

首提灯（くびぢょうちん）
【種別】　滑稽，武家，冬
【あらすじ】　一人の酔っ払いが芝の山内を通りかかり，最近，追い剝ぎや試し斬りが出ると聞いているので，大声を上げながら歩いていると，武士に呼び止められた。相手が追い剝ぎではなく，麻布の屋敷への帰り道を尋ねてきた田舎侍と分かったので，酔いの勢いも手伝って，さんざんに悪態をついて，最後に「斬れるなら斬ってもらおうじゃないか」と言って痰をはきかけた。我慢のできなくなった侍は刀を抜いて，目にもとまらぬ早業で首をはねて去って行った。あまりに見事な腕だったので，酔っ払いは首を切られたことに気付かずに歩き進めると，首が知らず知らずのうちに横にずれていく。声を出すと鼻に抜けるようで，そうこうしているとまた首がずれるので，首に手をやると血糊がベッタリついたので，切られたことにやっと気が付いた。さてどうしようと思っていると，半鐘が鳴り出して大勢の人だかり。ぶつかってくる人もいるので，首を落としては大変と，自分の首をひょいと差し上げて，「「外した首を左手にのせ，右手で上を押さえて，それを

弓張提灯を持つ女性
弓張提灯は火袋を上下に張って安定させたもので，火が消えにくいこともあり，夜道を歩く際などに重宝された

前に突き出した態で）はいごめんよ，はいごめんよ」。
【解説】　安永3年（1774）『軽口五色紙（かるくちごしきかみ）』の『盗人の頓智』に原話があり，そこでは盗みに入った泥棒が，その家の亭主に首を切られる設定である。小噺程度の噺であったものを四代目橘家圓蔵が一席物とし，門下にあった五・六代目三遊亭圓生や八代目林家正蔵が継承した。正蔵はここで挙げたサゲの他に，火見舞いに訪れた家で，自分の首を突き出して「八五郎でございます」と演じることもあり，近年では古今亭志ん朝がその型で演じることがあった。

首ったけ（くびったけ）
【種別】　滑稽，廓，禁演
【あらすじ】　辰という男が馴染みの店に上がるが，惚れて通う相方の紅梅がよその部屋へ行ったっきりなので面白くないから帰ると言い出す。なだめに現れた紅梅とも喧嘩になり，店を飛び出したものの，大引け後だったので帰るに帰れず，向かいの店に上がると，かねてから辰に惚れていた若柳が大喜びで相手をしてくれた。ある日の昼のこと，吉原に火事があったので，辰があわてて駆けつけると，逃げ出した遊女の一人がお歯黒どぶに落っこちて，脇の下まで入ってしまっていた。辰が助けようとすると，それは喧嘩別れをした紅梅で，「辰っつぁん，助けておくれよ」と声を掛けてきた。「お前みたいな薄情なやつは助けねぇ」「今度ばかりはこの通り，首ったけだから…」。
【解説】　サゲは相手に心をひかれ夢中になる意味がかかっている。原話は天明2年（1782）『富久喜多留』の「迯（に）そこない」や元文頃の『軽口大矢数』の「はす池にはまつたしゃれ者」などに見える。四代目三遊亭圓生作とも言われている。現在でも古今亭の一門などが演じている。

首屋（くびや）
【種別】　滑稽，武家
【あらすじ】　風呂敷包みを下げて「首屋でござい，首屋でござい」と言いながら町を歩いている男がいる。ある武士が呼び入れて事情を聞いてみると，自分の首を売っていると言うので，七両二分の代金を払って首を買うことにする。首を差し伸べた男の前で武士が刀を抜き，いざ切りつけようとすると，男がひょいと体をかわし，風呂敷に包んであった張り子の首を放り出して逃げ出した。「これこれ首屋，これは張り子だ。買い求めたのはそっちだ」「これは看板でございます」。
【解説】　原話は明和9年（1772）『楽牽頭（がくたいこ）』の「首売」や文化頃の『無塩諸美味（ぶえんのもろあじ）』の「首売」などに見られ，明治期に入ってからは三遊亭圓朝などの速記が見られる。近年では六代目三遊亭圓生が寄席の高座で演じ，門下の三遊亭圓窓や川柳川柳（かわやなぎせんりゅう）などが，首屋がいざ首を売るときに，逃げる際の道を目線でおさえてみせたりと，小ネタではあるが確かな形で披露している。

熊の皮（くまのかわ）
【種別】　滑稽，長屋
【あらすじ】　女房の尻に敷かれっぱなしの亭主が仕事から帰ってくると，早速，水を汲めとか，洗濯をしろとか，あれこれと言いつけられる。用事を済ませ，ご飯代わりに出されたのは赤飯。何でも近所の医者からもらったそうで，食べたら今度はそのお礼に行ってくれと言われる。そこで女房からお礼の文句を習うも，亭主は相変わらず要領を得ない。やっとのことで教わって，最後に「『あたし（女房）がよろしく申しました』というのを忘れずに」と念を押されるも，いざ，医者の家を訪れると，何とかお礼は済ませられたが，最後のひと言を付け加えるのを忘れてしまった。医者が患者の病気をうまく治したことから，そのお礼として赤飯と一緒にもらった熊の皮の敷物をみせると，「敷物とは何です？」と尋ねてきた。そこで「尻に敷くものだ」と返すと，「あっ，女房がよろしく申しました」。
【解説】　熊の皮の様子やそこに傷跡があることから，下がったことを連想させる艶笑落語として演じられていたこともある。また，出掛けるときに「忘れそうになったら，向こう脛の毛を引っ張れ。痛いと感じたら，思い出すだろ

う」と女房に言われ，医者の家にやって来て，敷物の熊の毛を引っ張ると，医者から「引っ張るな」と言われ，「あ，女房がよろしく…」とサゲる演じ方もある。後者の演じ方では三遊亭圓朝による『八百屋』という速記が残っている。安永2年（1773）『聞上手二篇』の「熊革」，安永8年（1779）『鯛の味噌津』の「熊の皮」，文化15年（1818）『落咄口取肴』の「熊の皮」。熊の皮以外からでも女房のことを連想する，安永5年（1776）『売言葉』の「寒の見まい」といった話が残されている。

汲み立て（くみたて）
【種別】　滑稽，長屋，夏
【あらすじ】　長屋の若い衆がこぞって夢中になっている稽古所の師匠が，建具屋の半公といい仲となり，柳橋から大川へ涼みに行ったという。それを知った連中が悔しいから邪魔をしてやろうと，舟を出して，二人が乗っている舟のそばで騒ぐ算段をする。いざけしかけると，半公が怒り出して喧嘩になった。「師匠をどうしようと，俺の勝手だ。てめえたちの指図を受けるかい。くそでも食らえ」「食らってやるからもって来い！」と，売り言葉に買い言葉のところに肥船が一艘現れて，「どうだ，汲み立てだが一杯あがるけえ」。
【解説】　大川（隅田川）は交通運搬の要所であり，屋形船や屋根船で遊ぶ様子も見られれば，荷物を運ぶ運搬船の姿も見られた。また，川を挟んだ東側の区域は，小松菜をはじめとする農作物が採取できた土地であったことから，肥料である下肥を運ぶ船も行き来していたことがサゲにつながっている。原話は滝亭鯉丈の『花暦八笑人』に見られる。

蜘蛛駕籠（くもかご）
【別題】　住吉駕籠
【種別】　滑稽
【あらすじ】　駕籠屋が客待ちをしているが，目の前の茶店の主人を乗せてみたり，武士や酔っ払いにからかわれてばかりいる。やっとのことで一分のところを倍の二分払うという客を乗せるが，駕籠屋の目を盗んで二人で乗っているで重くて仕方がない。しまいには中で二人が相撲を取り始めたので，駕籠の底が抜けてしまった。さすがに駕籠屋が怒ると，「修繕代は出すからやってくれ」「やってくれって，底が抜けて担げません」「いいよ，あたしたちが駕籠の中へ入って歩くから」と進むことにする。するとその様子を見た子供が「おとっつぁん，面白い駕籠が通るよ。駕籠の中から足が四本出てる よ。駕籠屋ともで八本あるよ。あれはなんていう駕籠かね」「あれが本当の蜘蛛駕籠だろう」。
【解説】　大阪の噺で，五代目柳家小さんによると，柳家小はんが東京で演じるようになり，現在のようなサゲにしたのではないかとしている。駕籠かきを指す「雲助」と足が八本の「蜘蛛」をかけたサゲである。駕籠に乗った客が底が抜けたので，駕籠の中で歩くという趣向は，元文4年（1739）『軽口初売買』の「のりてのとんさく」に見える。

蔵前駕籠（くらまえかご）
【種別】　滑稽
【あらすじ】　維新の頃，江戸の町は物騒で，特に吉原に通う客を狙って，蔵前周辺には追い剥ぎが徒党を組んで現れた。駕籠屋も夜になると店を閉めてしまうぐらいだが，ある男が嫌がる駕籠屋に，酒代をはずむのと，追い剥ぎが出たら駕籠を放り出して逃げてもいいからと掛け合って，着ているものをすべて脱いで，褌一つの姿になって駕籠に乗り込んで吉原に向かうことにした。浅草見附を出て天王橋を渡って榧寺近くまで来ると，約束通りの黒い影。駕籠屋が逃げ出したあとに刀を抜いて追い剥ぎが駕籠を取り巻くと，「我々は由緒あって徳川家へお味方する浪士の一隊。軍用金に事を欠いている。身ぐるみ脱いで置いて参れ」と言うも，何も返事がないので「中におるのは武家か町人か」と籠の垂れを上げると，裸の男が腕組みをして座っている。それを見て追い剥ぎが「もう済んだか」。
【解説】　明和9年（1772）『譚嚢』の「追剝」や安永4年（1775）『浮世はなし鳥』の「追剝」に原話が見られるが，『今昔物語集』巻28第16話「阿蘇の史，盗人にあひて謀りて逃げし語」

にすでに噺の骨格が見られる。四代目橘家圓蔵の十八番とされ、その芸譜を継いだ八代目林家正蔵とその一門をはじめ、今も寄席で多くの演者が手掛けている。

廓大学（くるわだいがく）
【種別】　滑稽，廓，禁演
【あらすじ】　息子が毎晩のように吉原通いをしているので，父親が勘当をしようとするが，「近頃，若旦那は反省をして自分の部屋に閉じ籠もって『大学』を読んでいらっしゃるので許してやってほしい」と店の番頭が止めに入る。父親が二階へ上がると，息子が吉原のことや店でもてたことなどを思い出しては，大声で一人で話しているので，「お前が『大学』を読んでいると聞いたから覗いてみれば何を喋っているんだ」と怒鳴りつけると，「これは廓の大学です」と言い返してきた。実は息子の読んでいるのは『吉原細見』で，「大学，朱熹章句，子程子の曰く『大学の道は孔子のうそにして，諸客床に入るの門なり。今において古人の道楽をなすの次第を見るべきもの，ひとりこの辺で損するによりて勘当これに次ぐ…』と，『大学』と見せかけて読みはじめる。父親が怪しんで本を取り上げると，そこに花魁（おいらん）の名前が書いてあるので，「この『松山，玉章』とはなんのことだ？」と尋ねると，「それはショウザン，ギョクショウという漢学の先生の名前です」「そんな先生がどこにいるんだ」「ズラリと格子（孔子）の内におります」。
【解説】　原話は寛政 8 年（1796）『喜美談語』の「学者」に見える。『大学』は儒教の経典である四書の一つで，朱熹（朱子，1130～1200）が『礼記』の一編に注釈や改定を加えた書。若旦那は『大学』の冒頭にある「大学は孔子の遺書にして，諸学道に入るの道なり」をパロディ化して読み進める訳だが，近年ではその内容を知るものも少なくなったこともあってか，演じられることが少なくなってきた。サゲに登場する格子とは，吉原の遊女が張り見世の格子内に座り，客待ちしている姿を指している。初代の柳家小せんが得意にしており，瀧川鯉朝が復活させて演じたことがある。

鍬潟（くわがた）
【種別】　滑稽，長屋
【あらすじ】　背が二尺二寸（約 70 cm）という小さな男が，女房までが自分のことを子ども扱いするので，隣家の甚兵衛に相談をすると，「昔，大阪にいた鍬潟という三尺二寸（約 1 m）の力士が，無敵の大関で六尺五寸（約 2 m）もある雷電為右衛門とあたったときに，身体へ油を塗って，しかも『待った』を 86 回やり，雷電を油断させておいて，うまく土俵上で逃げ回り，股座（またぐら）から後に廻って突き押しで勝った。するとさすがの雷電もその知恵に感心して，のちに兄弟分になった」という話を聞いた。そこで二代目鍬潟を目指そうと相撲部屋に入門をするが，稽古疲れで帰宅した途端に寝てしまった。食事の用意ができたので，女房が起こすと，目を覚ました亭主が伸びをして，「相撲の稽古をしたら，身体が大きくなった。ほら，布団から足が三寸ばかり出ている」「当たり前だよ，そりゃ座布団だもの」。
【解説】　元々は上方落語で，五代目三遊亭圓生が東京へ移したとされる。『小粒』という落語と同工異曲でサゲは同じだが，六代目三遊亭圓生は，相撲取りになった男が家への帰り道に，相撲甚句を口ずさみながら歩いていると，「あ，馬のまたぐらをくぐってきちゃった」という，五代目圓生が考案したサゲで噺を結んでいた。現在では柳家小満んや桂藤兵衛などが寄席でかけている。原話は安永 6 年（1777）『新撰噺番組』の「一升入壺は一升」にある。

桑名船（くわなぶね）
【別題】　兵庫船／兵庫渡海鱶魅入（ひょうごとかいふかのみいれ）／鮫講釈
【種別】　滑稽，旅
【あらすじ】　旅に出た二人連れが熱田から桑名までの船に乗った。ところが沖まで出たところで，船がピタリと止まってしまった。船頭に尋ねると，フカ（サメ）に魅入られたからで，各人が所持品を海の中へ放り込んで，それが沈んだ場合は人身御供にならなければならないと言う。乗客が色々なものを放る中，講釈師の放り込んだ懐紙が沈んでしまった。すると最後に一

席読んでから死にたいということで，色々な講釈を取り混ぜた五日の講釈を張り扇を叩きながら読み始めた．するとフカがいなくなり，船が動き出し，無事に桑名の港に着くことができた．一方海の中ではフカが大騒ぎ，「何であの講釈師を逃がしたんだ」「講釈師？あんまりバタバタ叩くので，かまぼこ屋かと思った」．
【解説】 元々は上方落語『西の旅』の一節で，金比羅詣でを終えた帰りに乗った船が舞台で，『兵庫船』と言った．上方では『桑名船』というと，東京の『岸柳島』を指すので注意が必要である．また東京でこの噺を『兵庫船』と呼ぶことがある．最後に講釈師の読んだ講釈で鮫が逃げることから『鮫講釈』という演題で呼ぶことも多いので，ここではそのあらすじを載せた．上方では巡礼母子のうち，娘の投げ込んだ編み笠が沈んだので，母子が別れを惜しんでいるところを，それまで居眠りをしていた男が「フカの分際で人間の娘に魅入れたとは生意気な」と，煙草の吸殻（キセルの灰）をフカの口の中に放り込んで撃退をする．「偉い方ですね，あなたはどこのお方ですか？」「雑喉場のカマボコ屋だ」というサゲ方をする．いずれもフカ（サメ）がかまぼこの原料に使われることを含んだサゲである．なお，噺の前半では乗客が謎かけをする場面が差し挟まれることもある．原話は明和6年（1769）『珍作鸚鵡石』の「弘法大師御利生」や文化頃の『落噺桂の花二編』の「乗合ぶね」などにある．

鍬盗人（くわぬすっと）
【別題】 鍬の狂歌
【種別】 滑稽
【あらすじ】 狂歌の先生が権助に，家の入口のところを地ならししておけと言うと，鍬がないからできないと言い返す．鍬はどうしたと尋ねると，どうやら権助が酒を飲みたいからと，屑屋に売ってしまったらしい．先生が「何か狂歌を詠んだら許してやる．昔，細川幽斎という人が柿の木に登って，柿の実を取ろうとしていたところを豊臣秀吉に見つかった．幽斎が驚いて木から落ち，下で丸くなっている様子を見て，秀吉が『柿の元に人まるくこそ見えにけり ここが明石のうらかしらなみ』と狂歌を詠むと，幽斎が『太閤のお庭ではじをかきのもと 人丸ならで顔もあかしに』と返歌をしたので，秀吉が許してやった」というのだ．すると権助が「狂歌師の家にいりゃこそクワ盗む」「下の句は？」「スキがあったらまたも盗もう」．
【解説】 小噺程度の噺であるが，近年では橘ノ圓が寄席の高座で演じ，現在では柳家蝠丸が一席物として演じている．上方落語の一つ．

け

稽古屋（けいこや）
【種別】　滑稽，音曲，長屋
【別題】　歌火事／色事指南
【あらすじ】
①　ある男が隠居のところへやって来て，女にもてる工夫はないかと尋ねると，「一見栄，二男，三金，四芸，五精，六おぼこ，七科白，八力，九肝，十評判」と言われる。顔も良くないし，金もないので，芸を習うことにして，横丁の稽古所へ習いに行く。師匠から何か芸事の経験はあるのかと尋ねられるも，まったくはじめてなので，清元の『喜撰』を教わることになった。ところがいくら習っても調子っぱずれになってしまうので，師匠は他の弟子の稽古を付けることにする。すると男は濡れた足袋を火鉢で乾かしたり，子供の焼き芋を食べてしまうので大騒ぎ。「あなたは何しにいらっしゃっているんですか？」「女にもてようと思って」「それなら私のところではできません。色は指南（思案）の他でございます」。
②　（男が稽古所に行って『喜撰』を教わるまでの展開は①と同じ）師匠から上方唄の『擂鉢』という歌の載っている本を借り，高いところへ上って大きな声で唄えば，声が吹っ切れると言われたので，屋根の上に上がって稽古をすることにした。「海山を越えてこの世に住みなれて煙が立つる…」と大声を放っていると，近所の連中が「煙が立つゥ，煙が立つ」と聞いて驚く。「おーい，火事はどこだ？」「海山越えてェ」「そんなに遠けりゃ，俺は行かねえや」。
【解説】　ともに上方落語で，①の方は近年まで東京で演じられることはなかったが，春風亭小朝が演じるようになり，他の落語家も演じるようになってきた。②は『歌火事』と呼ばれていた落語で，初代桂小文治や五代目古今亭志ん生，志ん朝が演じ，現在でも古今亭志ん輔がこの型で演じている。『喜撰』をはじめ，中で歌が出てくる場面では，演者が三味線にのせて歌を唄う音曲噺の一つである。また②の型で，男が『喜撰』を唄うとのぞきからくりの口調になったり，木遣りになったりと失敗ばかりをするという，特にサゲを設けない演じ方もある。また，寄席などで時間のない場合には，冒頭の「一見栄，二男，三金，四芸，五精，六おぼこ，七科白，八力，九肝，十評判」で，その一つ一つを説明していく場面で切り，『色事指南』と題して演じることもある。

袈裟御前（けさごぜん）
【種別】　滑稽，地噺，禁演（戦後）
【あらすじ】　のちに文覚上人となる，豪傑で鳴らした遠藤武者盛遠が袈裟御前に惚れて，「俺の心に従わなければ，お前の母を殺してしまう」と脅した。袈裟御前は「渡辺亘という夫があり，夫のために嫌だと言えば母親が殺されてしまう。母をかばえば夫の命がない。あちら立てればこちらが立たずになるので，自分が死んでしまおう」と覚悟を決め，「ご承知の通り，私には夫がございます。夫のある身であなたの意に従う訳には参りません。それほど私を思し召して下さるなら，夫の亘をお討ち下さい。その上であなたの心に従いましょう。今宵，八つ（午前2時頃）の鐘を合図に屋敷へお出で下さい。夫には髪を洗わせておきますから洗い髪を合図にお討ち取り下さい」と返事をする。袈裟御前は夫と最後の晩餐を済ませ，髪を洗い，夫を自分の部屋で寝かせ，自分が夫の部屋で横になることにする。約束通り忍び込んで来た盛遠が首を落として，真っ暗な外へ出て，首を確かめるとご飯粒がべったり。「これは渡辺亘と思いの他，今朝の御膳（袈裟御前）であったか」。
【解説】　絶世の美女であったという袈裟御前の容姿について様々な表現を用いて聞かせたりする，演者が独自のクスグリを入れて演じる地噺の一つ。東京で活躍する笑福亭鶴光はここで挙げたあらすじの先まで演じている。その内容は，袈裟御前の首を斬り落としたことを知った

盛遠は，その霊を弔うために，文覚と姿を改めて31日間の断食を行う。断食明けの日，弟子が差し出した朝飯を食べようとするが，ご飯が口の中へ入らない。それもそのはず，今朝のご膳が祟っていた，というものである。

喧嘩長屋（けんかながや）
【種別】　滑稽，長屋
【あらすじ】　ある長屋で夫婦喧嘩がはじまり，大変な騒ぎになったので，家主が仲裁に入った。ところが喧嘩の原因を話しているうちに，家主の言い方が気に入らないと，今度は夫婦して家主に食って掛かったので，喧嘩はさらに大きくなってしまった。長屋の連中が次々に喧嘩を止めに入るが，その止め方が呼び水になって，どんどん喧嘩が大きくなってしまう。すると女房が張り紙を貼ったので，それを見ると「満員につき，場所ございません」。
【解説】　元は上方落語で，五代目桂文枝が演じていた。柳家金語楼は最後に長屋の若い連中が止めに行こうとするが，夫婦者の家が狭いので「壁が抜けたら止めに行く」というサゲの音を残す他，内容の異なる同題の自作を残している。最近になり，桃月庵白酒が『粗忽長屋』のマクラに振ったり，一席物として演じるようになった。

源太の産（げんたのさん）
【種別】　滑稽，長屋，艶笑
【あらすじ】　源太が寝込んでいるので，兄貴分がその訳を聞いてみると恋煩いだと言う。出入りの家で仕事をしているときに見掛けた，今年，産婆学校を卒業したばかりの眼鏡をかけた産婆の娘が相手で，寝ても覚めてもその娘のことばかりが気になって仕方がないが，男嫌いで知られているのでどうにもならず，病気になってしまったのだとか。兄貴分が話をまとめてやろうとするが，相手が産婆なので呼び出そうにも理由が見つからない。そこで一計を案じ，源太に女の格好をさせ，兄貴分の女房ということにして，子供が生まれそうだからと言って来てもらうことにした。早速，産婆の家に行くと，母親が行くと言ってくるのをうまくごまかして，娘に来てもらうことにした。産婆がやって来ると，亭主役の兄貴分は妊婦について色々尋ねられるがチンプンカンプンなままお産の準備をさせられる。近眼で眼鏡をかけている産婆が，いざお産に取り掛かろうと腹をさすると，大きくなった源太のモノが産婆の顔をピシャリ。「たいへんに元気なお坊ちゃんでございます」。
【解説】　元は上方にあった俄で，それを移した落語のサゲは，産婆が大きくなったモノをさわり「元気な子や」といったものや，顔にモノがあたったので「あ，邪険な子や」というものであった。四代目柳家小さんが速記を残しており，そこではウソがばれて産婆が怒って帰ってしまったので，兄貴分が「お前が気持ちを打ち明けたら，向こうだって憎からず思うだろう」「ところがいくら俺が頼んでもダメなんだ。とうとう取り上げずに行っちまった」とサゲている。ここでは小さん型をベースに，近年演じている桂藤兵衛の型を示した。

源平盛衰記（げんぺいせいすいき）
【別題】　源平／扇の的／倶利伽羅峠の戦い
【種別】　滑稽，武家，地噺
【あらすじ】　「祇園精舎の鐘の声，諸行無常の響きあり，沙羅双樹の花の色，盛者必衰のことわりをあらわす。驕れる者は久しからず，ただ春の夜の夢のごとし」という書き出しでおなじみの『平家物語』。時の全盛を極めた平氏一族が，源氏との戦いを経て，滅亡の道を歩いていく様子を描いた一席で，幼名を牛若丸といった源義経の生い立ちにはじまり，平家を追討すべく都に乗り込んできた木曾義仲が平家の軍勢を追い払う倶利伽羅峠の戦い。義経の鵯越え。屋島の合戦では那須与一宗高が見事に平家側が差し出した扇の的を射落とす。そして平家一族が没落をする壇ノ浦合戦では，その乱軍の中にいて，笛の音が聞こえてきたかと思うと，それは時子姫の泣き声。義経がその船に乗り込み，介錯をしようとすると，そこへ平家の武将能登守教経が駆けつけるが，時子姫は少しも騒がず，

八木節にのせて辞世の句を詠む。それを聞いた義経が歌で相槌を打ったから、教経が踊り出した。能登守教経が踊ったばかりに、平家が西海に没落をする。「踊る平家は久しからず…」。
【解説】 演者が独自のクスグリ（笑い）を多く取り入れて進めていく地噺の一つである。演題とは異なり、話のベースは『平家物語』にある。一つの戦いにスポットをあてることもできるため、『扇の的』と題して壇ノ浦の戦いだけを話すなど、色々なアレンジができる噺でもある。七代目林家正蔵は新作落語風に『常盤カフェー』や『牛若丸』といった音を残している。初代林家三平と立川談志が売り物にした他、春風亭小朝は『扇の的』を中心に演じ、十代目桂文治とその弟子の十一代目文治が現在十八番として演じている。

「三題噺」から生まれた名作

「三題噺」は、話芸としての落語が生まれた江戸時代の頃から盛んにつくられていたもので、江戸に寄席を開いたことでも知られる初代三笑亭可楽が得意にしたとされる。資料によると「文化元年六月より下谷広徳寺門前孔雀茶屋で、落語の夜会を催したる時、可楽は聴衆より題を乞い、弁慶、狐、辻君の三題を得、それを頓作して即席に話したところ、人みな手を拍って其奇才に感じた。これぞ三題咄の始めである」（関根黙庵『講談落語今昔譚』）というが、その詳細は伝わっていない。

基本形式は「客からもらった」「三つの題を」「即座に」「一つの話にまとめて」「オチをつける」ことで、「品物、人物、場所（出来事）」の三題とし、その内の一つをサゲに用いることが多い。

幕末期に再び流行し、三遊亭圓朝も三題噺として生んだ作品の中に名作を残している。たとえば『鰍沢』は「小室山の護符・玉子酒・熊の膏薬」。同じく『芝浜』は「酔っ払い・芝浜・革財布」の三題。『城木屋』は「東海道・奉行・煙草入れ」。『大仏餅』は「乞食・袴着の祝い・大仏餅」（それぞれ他説あり。詳しくは演題参照）という題からつくられたとされる。

現在でも寄席の特別興行などで三題噺の会が行われることがあり、たとえば、本書でも取り上げた、柳家喬太郎による『ハワイの雪』は「八百長・ハワイ・雪」から、『母恋くらげ』は「みかん・電気・水たまり」から生まれたものである。

「三題噺」は落語の原点の一つといえるものであり、落語家のチャレンジによって、次世代に残っていく作品が生まれることも多いだけに、今後「三題噺」に取り組む落語家がどんな落語をつくり出していくかに興味がもてる。

こ

鯉盗人（こいぬすっと）
【別題】 鯉どろ／鯉こく
【種別】 滑稽
【あらすじ】 ある料理屋へ泥棒が入った。子分を引き連れて、表で見張りをさせ、親分が一人で店内へ入ると、主人に刃物をつきつけて「金を出せ」。「手元に一銭もありません」と言ってきたので「嘘をつくな、昼間、無尽で百両取ったのを知っている」と返すと、「見込まれたら仕方ない」と言って百両の金を差し出した。泥棒が続いて「お前の店は料理屋だな。腹が減ったから飯を食わせろ」と言うと、「あなたは人のものを盗るのが商売。手前は料理を商うのが稼業ですから、ただで出す訳にはいきません」「勘定は払ってやるから、何か食わせろ」。出された鯉の洗いに鯉こくを平らげて「いくらだ？」と泥棒が尋ねると、「ありがとうございます。百両頂戴いたします」と言ってきたので、奪った百両をそっくり払って店の外へ出た。外で待ち構えていた子分が「親分、中の首尾は？」「シィーッ、コイ（声）が高い」。
【解説】 小噺程度の噺で、泥棒の登場する落語のマクラにつけることもあるが、時間のないときなど、一席物として演じることがある。

ご印文（ごいんもん）
【種別】 滑稽
【あらすじ】 ご印文の開帳があるというので、梅のところに竹と松の二人が誘いに来た。嫌がる梅は二人についてはいったが、額に印をおしいただかなかった。嬉しがる二人と茶でも飲もうと茶店に立ち寄り、「ご印文をいただいた者といただかない者は偉い坊さんが見ると分かるってえことを言うねェ」と言うと、茶店の婆さんが「わたくしが見ても分かります」と言う。そこで「この中に一人だけ、強情を張って、いただかない奴がいるが分かるかい？」と尋ねると、「この人でしょう？」「どうして分かった？」「その人が一番利口そうですから」。
【解説】 小噺程度の噺で、寄席の時間の短い時に一席物として演じられることもある。『開帳の雪隠』や『お血脈』のマクラにつけることが多い。

孝行糖（こうこうとう）
【種別】 滑稽、長屋
【あらすじ】 与太郎が親孝行の徳で、お上から青緡五貫文の褒美をもらった。そこで長屋の連中が与太郎に商いでもさせようと、昔、大阪で璃寛糖（りかんとう）と芝翫糖（しかんとう）という飴が大層売れたので、それを真似して「孝行糖」という飴を売らせることにした。鉦と太鼓を叩いて「孝行糖、孝行糖、孝行糖の本来は、うるちの小米に寒晒（かんざらし）に、桂（かつら）ァ～に銀杏、肉桂に丁子（にっきちょうじ）、チャンチキチン、スケテンテン。昔々もろこしの、二十四孝のその中で、老莱子（ろうらいし）といえる人、親を大事にしようとて、こしらえ上げたる孝行糖。食べてみな、おいしいよ、また売れた、嬉しいね」という文句で売り歩いたところ、よく売れた。ところが江戸で一番うるさいと言われる水戸様の門前で、「鳴り物はあいならん」と言われているのに、いつもの調子で売り声をやるので六尺棒で打たれてしまった。与太郎を知っている人がこれを助けると、「痛ェやー、痛ェやー」「どこをぶたれた」「こうこうと、こうこうとー」。
【解説】 元々は上方落語で三代目三遊亭圓馬が移したものを、三代目三遊亭金馬が広めた。明治の初期に大阪で孝行糖売りが実在したという。売り声のマクラをつけて演じられることが多い。

強情灸（ごうじょうきゅう）
【別題】 やいと丁稚
【種別】 滑稽、長屋
【あらすじ】 峯の灸を据えてきたという友達を家に呼び入れ、「その灸は大層熱かったが我慢をしてきた」と自慢話を聞かされた男が、自分

ならもっと熱い灸を据えてやると，もぐさをほぐして腕の上に山のように乗せて火をつけた。最初のうちは何ともない様子であったが，火がだんだんと回ってくると，熱くてたまらない。「石川五右衛門を見ろ，油が煮えたぎっている釜へ飛び込んでも熱いと言わないで，辞世の句を詠んだ。『石川や浜の真砂は尽きるとも…われ泣きぬれて蟹とたはむる』ってんだ」と，歯を食いしばっているが，とうとう我慢しきれずにもぐさを払い落として，「あ～冷てぇや」。それを見ていた友達が「熱かったろう？」「いやあ俺は熱くなかったが，五右衛門はさぞ熱かったろう」。

【解説】 上方落語では『やいと丁稚』と言い，サゲは「熱かったら，払い落としてもええのじゃ」となる。見る落語の一つであり，かつて橘家二三蔵は実際に高座で腕にもぐさをのせて演じたことがあるという。五右衛門の句は「石川や浜の真砂は尽きるとも 世に盗人の種は尽きまじ」であるが，下の句は「泥棒だからどこからでも盗んでくるんだ」と言って，石川啄木の「東海の小島の磯の白砂に われ泣きぬれて蟹とたはむる」や，文屋康秀の「吹くからに秋の草木のしをるれば むべ山風を嵐といふらむ」の下の句を継ぐことが多い。五代目柳家小さんは手の平を上に向けて腕に灸を据えたが，古今亭志ん朝は手の甲を上に向けて腕に灸を据えた。マクラでは湯屋の熱い風呂に我慢をして入る『我慢風呂』をつけることがある。

幸助餅 （こうすけもち）
【種別】 滑稽，人情
【あらすじ】 幸助という男が橘屋の旦那から呼ばれ，女房のお玉が「借金がふくれて，年を越すことができない。また商売に出ようと思うが，その金がない」と相談に来たと聞く。お玉は元は橘屋の芸者で，幸助に身請けをしてもらったことを今でも感謝しており，旦那も「それならば五十両を催促なしで貸してやろうと思うが，お前の相撲道楽が店を潰すので，今後一切，相撲との付き合いを止めろ」と言ってきた。幸助は相撲と縁を切ると言い，五十両を懐に店を出るが，贔屓にしていた横綱の梅ヶ谷に出会い，横綱の弟子で磯ヶ浜が関取になれたと聞いたので喜んで料理屋へみんなを連れて行き，五十両の金を使って店に戻った。お玉に事情を話しているところへ橘屋の旦那がやって来て，旦那はその足で横綱のところへ行くが，金は返してもらえなかった。それを聞いた幸助は，女房を店に出す訳は行かないと，今一度五十両の金を貸してもらい，紅白のあんころ餅をつくり，それを「幸助餅」と名付けて商売を始めることにした。新たな年がやって来て，幸助がまだ夜の明けないうちから店を開くと，ワッショイ，ワッショイという掛け声が聞こえてきた。その声が店の前で止まると，横綱が開店祝いだと，大八車三台分の小豆に餅米の俵を積み上げ，「五十両を返せとのお話でした。返すことは簡単だが，それをしたら相撲にやった金を再び懐にしまったと評判が立ってしまう。そうなると生涯の恥になるので我慢をした。新しい店ができたら一番で駆けつける気で待っていたので，お祝いに五十両を受け取ってほしい」と言って，横綱が裸になり，幸助から贈られた化粧廻しを締めて餅を搗きあげたので，たちまち江戸中の評判になった。お玉が幸助に「お前さんの苦労のおかげだ」と言うと，「いやあ，アン（案）のおかげだ」。

【解説】 元々講釈ネタであった話を林家正雀が落語に移した。登場する梅ヶ谷（1845～1928）は実在する相撲取りで，生涯成績は116勝6敗（勝率95％）で歴代横綱の中で1位の成績を持つ第15代横綱である。

甲府い （こうふい）
【別題】 出世豆腐／法華豆腐
【種別】 滑稽
【あらすじ】 豆腐屋の主人が店先が騒がしいので見に行くと，店の者が男を殴りつけていた。事情を聞くと店先に置いてある卯の花（おから）をこの男が黙って食べてしまったという。甲州生まれの伝吉という男は出世したいと身延山で三年の願掛けをして江戸にやって来たが，浅草寺で財布をすられて空腹に絶えかねて手をのばしてしまったと言う。法華信者の豆腐屋にとって甲州は縁深い場所で，これも何かの縁だ

からと，店で使ってやることにする。伝吉は「豆腐ぅ，ごま入り，がんもどき」と荷を担いで，真面目に豆腐を売り歩くので豆腐屋夫婦は大層喜び，一人娘のお花の婿養子にする。仲良く暮らす伝吉夫婦は休みをもらい，二人して身延山へ大願成就のお礼に行くことにした。その様子を目にした近所の人達がどこへ行くのかと尋ねると，「甲府ぃ，お参り，願ほどき」。
【解説】　古くからある江戸落語。別題の『出世豆腐』は，近年，講釈種から移された『祖徠豆腐』を指すことがある。八代目春風亭柳枝や八代目三笑亭可楽が演じ，現在では入船亭扇辰や隅田川馬石など，若手が演じるようになってきた。

紺屋高尾（こうやたかお）
【種別】　人情，廓，春
【あらすじ】　神田紺屋町の染物屋で働く久蔵が病の床についた。事情を聞くと，友達付き合いで吉原に行った際に花魁道中を見て，高尾太夫に一目惚れをしたが，相手は大名道具と言われるくらいの花魁だけに，遊ぶ夢も叶うまいと思っているうちに病気になったという。親方から十両の金があれば高尾と会うことができると聞いた久蔵は，三年間一所懸命に働いて，その金を貯める。吉原に詳しいお玉が池の医者の先生にその話をすると，紺屋の職人であると相手にしてくれないので，流山あたりのお大尽という触れ込みで訪ねることにした。念願の高尾に会えた久蔵が「今度はいつ来てくんなます」と尋ねられたときに，本当のことを話すと，それを聞いた高尾は心を打たれ，年季があけたら久蔵と夫婦になると約束をする。年が明けて三月十五日になって，高尾は約束通り久蔵のもとへ現れて，晴れて夫婦になる。久蔵と高尾の夫婦は店を繁盛させたいと考え，客の待つ間に染め上げる早染めを考案し，「かめのぞき」と言われて評判になった店は大繁盛をした。
【解説】　『幾代餅』や『揚屋無間』と同工異曲の噺。サゲの部分では「かめのぞき」の件を取り入れないで，噺を終えることも増えてきている。「かめのぞき」とは薄い浅黄色を示す言葉で，その色を染めるために，高尾が藍瓶をまぐも，下を向いているために顔が見えない。瓶の中を覗けば高尾の顔が見えるのではないかと，みんなが覗き込んだことから，そう呼ばれるようになった。また高尾が瓶をまたいでいることから，下半身が映っているのではないかと人が覗くというバレの意味合いもあり，その件をサゲに盛り込むことがあった。吉原の三浦屋に抱えられていた遊女高尾は，七人いたとか十一人いたとか諸説ある。この噺に登場する高尾は，前者であれば六代目，後者であれば五代目とされる。ちなみに『反魂香』に登場する高尾は二代目または四代目である。近年では立川談志が得意にし，今も一門を中心に受け継がれている。

高野違い（こうやちがい）
【種別】　滑稽，長屋
【あらすじ】　八五郎が隠居を訪れると，孫が遊んだという百人一首が出しっぱなしにしてある。八五郎は百人一首のことをまったく知らず，「最初は天智天皇様だ」と教えられると，「千住の天王様か。坊主は蔵前の団子天王。ボサボサ頭は品川のカッパ天王」とトンチンカンなことを言い出す。小野小町や赤染衛門，周防内侍などの歌の説明をし，紫式部の「めぐり逢ひて見しやそれともわかぬ間に　雲かくれにし夜半の月かな」。続いて，六玉川と言って日本にある六つの玉川のそれぞれを詠んだ歌のうち，「忘れても汲みやしつらん旅人の　高野の奥の玉川の水」という高野の毒水を詠んだ歌を紹介すると，頭が大和から高野山へ行くことを思い出して，八五郎は早速それを教えに行く。「親方，高野の玉川の水は毒水だから飲んじゃいけませんよ。歌があるでしょ。『忘れても汲みやしつらん旅人の…あとより晴るる野路の村雨』」「それじゃ歌が二つくっついているじゃないか。下の句は『高野の奥の玉川の水』だ」「タカノじゃなくてコウヤでしょ」「コウヤと書いてタカノ，タカノと書いてコウヤと読むんだ。音と訓の違いだ」「ならば洗い髪の女を出しましょうか。『めぐり逢ひて見しやそれともわかぬ間に　雲かくれにし夜半の月かな』だ。どうだい？」「偉いな，誰が詠んだ？」「赤じゃ

なくて，青じゃなくて，鳶色式部だ」「紫式部だよ」「紫と書いて鳶色，鳶色と書いて紫だ。音と訓の違いじゃないか」「紫と鳶色じゃ色が違うよ」「違う訳だ。先の高野（紺屋）が違ってた」。
【解説】 原話は文化8年（1811）の初代三笑亭可楽の噺本『種が島』の「源氏物語」にある。三代目三遊亭金馬や二代目三遊亭円歌が演じていたが，近年演じる者がいなくなった。

肥辰一代記（こえたついちだいき）
【種別】 滑稽，新作
【あらすじ】 時は昭和3年（1928）。肥桶を担いで便所の肥を汲む汚穢屋(おわいや)で，代々「肥辰」を名乗る一家は大変に人気が高かった。初代肥辰は江戸城で徳川家康を前にして御前肥汲みを行った強力(ごうりき)で，岩が入るような大柄杓で肥を汲んだことから「岩返しの辰造」と呼ばれた男。「肥辰」という名前を拝領し，大奥の肥を汲むことと肥柄杓の先端に葵の御紋をつけることを許されたという。また七代目肥辰は大火事があったときに，肥で火を消し「クソ度胸がある」と言われた。そして十三代目は「汚穢屋中興の祖」と言われ，肥桶を漆塗りの臭いが漏れないものに改良したり，肥纏(こえまとい)をつくったりして，女性や外国の人々にも人気があった。本郷三丁目の高麗屋という生薬屋の一人息子の孝太郎は，子供の頃からのウンコ好きが高じて，学校を卒業したら汚穢屋になりたいと父親に告げる。父親は職業に貴賤はないと言うものの，息子が後継ぎであるので許さず，母親も「ウンコがご飯を食べさせてくれたのかい？ ウンコを選ぶのか，私達を選ぶのか？」と尋ねると，孝太郎は「ウンコを選びます」と言うので勘当になってしまう。孝太郎が牛込榎町に暮らす十三代目の門を叩くと，肥辰は孝太郎を見た瞬間に「ウン気」を感じて入門をすぐに許す。肥辰はウンコに対する慈しみや汚穢屋としての心得を伝え，孝太郎は「肥漬け三年，出し八年」という地獄のような厳しい修業を難なくこなし，13年後に十四代目肥辰を襲名することになる。全編13時間半の長編落語の内「肥汲みの春」という一席。

【解説】 三遊亭円丈が平成10年（1998）に創作した落語で，円丈作品には珍しい昭和初期の時代設定である。市井を描くことの多い落語でも珍しい肥を題材とした噺で，現在，作者円丈の他，柳家喬太郎などが演じている。

五月幟（ごがつのぼり）
【種別】 滑稽，長屋，春
【あらすじ】 子どもの初節句を迎えた熊が，伯父から五月人形を買う金をもらった。ところが酒好きなだけに人形屋へ出掛ける途中で友達から声を掛けられると，人形を買わずに酒を飲んでしまい，もらった金を使い果たしてしまった。すると伯父さんと出会い，「人形はどうした？」と聞かれたので，「二階に飾りました」と答えると，「なんにも飾ってないじゃないか」「今，伯父さんは下から二階へお登り（幟）。あっしの名前が熊で，赤い顔をしているところが金太郎。酔いがさめれば正気（鍾馗）になる。寝間着（ちまき）に着替えて，布団に丸まって柏餅」「ばかやろう」「今のは大きい声（鯉）だ」。
【解説】 季節が限定されるので，一年を通してよく聴く噺ではないが，現在でも柳家一門の落語家が演じている。

黄金餅（こがねもち）
【種別】 滑稽，長屋，圓朝
【あらすじ】 下谷の山崎町に住む願人坊主の西念は，江戸中をもらって歩いては小金を貯め，爪に火をともすように毎日を送っている。風邪をひいても医者にも行かず，薬も飲まずにただ寝込んでいるので，隣で暮らしている金山寺味噌売りの金兵衛が見舞いに尋ねると「あんころ餅が食べたい」と言う。そこで望みどおりに買ってきてやると，人が見ていると食べられないから帰ってくれと言う。金兵衛が壁の穴から西念の様子を覗くと，胴巻きから二分金と一分銀を出して，餡を取り除いた餅にくるんで食べ出したが，それをのどに詰まらせて死んでしまった。腹の中の金をそっくりもらおうと考えた金兵衛は，長屋の連中を呼んで弔いを済ませ，死骸を麻布絶口釜無村(あざぶぜっこうかまなしむら)の木蓮寺に持ち込み，出鱈

目なお経をあげてもらい、寺の台所にあった鯵（あじ）切り包丁を持ち出して桐ヶ谷の火葬場へ向かった。そして「仏の遺言で腹のところだけ生焼けにしてくれ」と頼み、翌朝になり、鯵切りで西念の腹を割くと金が出て来た。その金で目黒に餅屋を開くと、大層繁盛したという黄金餅の由来。

【解説】　三遊亭圓朝作と言われる一席で、五明楼玉輔（1848～1916）から教わったという五代目古今亭志ん生や立川談志が得意とした。陰惨な内容となるところを、下谷山崎町から木蓮寺までの道行きや、生臭坊主が唱える出鱈目なお経を差し挟むことで、明るい一席に仕上げている。志ん生が演じた木蓮寺までの道行きを記すと、「下谷の山崎町を出まして、あれから上野の山下へ出て、三枚橋から上野広小路へ出まして、御成街道から五軒町へ出て、その頃、堀様と鳥居様というお屋敷の前を真っ直ぐに、筋違御門から大通りへ出まして、神田の須田町へ出て、新石町から鍛冶町へ出まして、今川町から本白銀町へ出まして、石町から本町へ出て、室町から日本橋を渡りまして、通り四丁目から中橋へ出まして、南伝馬町から京橋を渡りまして真っ直ぐに、新橋を右に切れまして、土橋から久保町へ出まして、新シ橋の通りを真っ直ぐに、愛宕下へ出まして、天徳寺を抜けて、西の久保から飯倉六丁目へ出て、坂を上がって飯倉片町。その頃おかめ団子という団子屋を真っ直ぐに、麻布の永坂を下りまして、十番へ出て、大黒坂から一本松、麻布絶口釜無村の木蓮寺へ来たときにはずいぶんみんなくたびれた。私もくたびれたよ」というものであった。四代目桂三木助はこの噺を演じたときに、首都高速を使ったルートを取り入れたりもした。また、志ん生があげたお経は「金魚ォ金魚ォ、みィ金魚ォ、はなの金魚ォいい金魚ォ、中の金魚ォ出目金魚、あとの金魚ォセコ金魚。天神天神、みィ天神、鉛の天神いい天神、虎がなく虎がなく、虎がないては大変ダァ。犬の子がァ、チーン。なんじ元来ヒョットコのごとし。君と別れて松原行けば、松の露やら涙やら。アジャラカナトセノキュウライス、テケレッツノパ」というものである。なお、金に執着する老僧が貯めた金を餅にくるんで食べるという話が、松崎堯臣の随筆『窓のすさみ』の中に見られる。

小烏丸（こがらすまる）

【種別】　滑稽

【あらすじ】　神田の石町に伊勢屋という質屋があった。主人の幸右衛門は妻に先立たれたが、娘のおてるの成長を楽しみに生活をしていた。そこへ後添いとしておさまったのが、おかじという女中であったが、定安という出入りの鍼医と深い仲になってしまった。それを知った鳶の頭（かしら）の勝五郎が、幸右衛門におかじとの仲をそれとなく知らせるも、幸右衛門は間男をするような女はくれてやるといって、まったく気が付かない。勝五郎が帰ろうとすると、おてるから声を掛けられ、おかじと定安を何とかしたいので力を貸してほしいと相談を受けたので、ある作戦を立てる。おてるは酔っ払った定安に「あなたが好きだから私と一緒に逃げてほしい」と言うと、定安は「一緒に逃げるなら、百両の金と蔵にある名刀の小烏丸を持ち出してほしい」と言ってくる。二人は約束の時間に王子までやって来ると、おてるが約束の二品を渡しながら「勝手にどこへでも行きなさい」と言い出した。その二品を手切れにしてくれと言うのだ。怒った定安がおてるともみ合いになったところに勝五郎が駆けつけてきた。定安と勝五郎が斬り合いになり、定安が小烏丸を抜いて「はて、心得ぬ。この小烏丸を抜くときは、カラスが群れ集まると伝え聞くに、集まり来たるは小雀ばかり…」と、よく見ると竹光だった。

【解説】　かつては六代目桂文治が得意にしていた噺であった。勝五郎がおかじと定安の仲を幸右衛門に伝えるときに、艶っぽい川柳で謎解きをして気付かせようとするなど、随所に工夫を凝らして、近年になり桂歌丸や林家正雀が再演しはじめた。

五貫裁き（ごかんさばき）

【別題】　一文惜しみ

【種別】　滑稽、長屋、武家

【あらすじ】　博打場の使いっ走りをしている八五郎が病に倒れたのをきっかけに、堅気にな

って八百屋をはじめたいと大家のところへ言ってくる。元手を借りようとするが、大家は奉加帳をつくり、資金集めをしてこいと言う。最初に大きな店に筆を入れて貰うのが肝心だと言われた八五郎は、同町内で心安い付き合いをしている質屋の徳力屋万右衛門へ行くことにした。ところが一文と書き入れたので、その銭を投げつけると、キセルで額をぶたれ、店を叩き出された。大家は願書をしたため、八五郎は南町奉行に駆け込み訴えに出る。大岡越前守は天下の通用金を粗末に扱ったということから、徳力屋はお咎めなしで、八五郎に五貫文の過料金を申し付ける。ただし、大岡様は八五郎に日に一文ずつの分割払いを許し、科料を毎日徳力屋に持参し、徳力屋はそれを奉行所に届けるよう申し渡す。すると大家は面白いことになったと言って、夜も明けないうちから八五郎に徳力屋に行かせ、一文を渡し、半紙に受け取りを書いてもらえと言う。金を受け取った徳力屋はその金を店の奉公人に持たせて奉行所へやったが、奉行から「万右衛門自ら、町役人、五人組同道の上、持参しろ」と叱られる。万右衛門が町役人にお礼を払って奉行所に出掛けると、奉行からは毎日、町役人とともに来ることを申し付けられる。奉行の腹が読めたところで、八五郎は明日の分、明後日の分だと言っては夜中に届けたりもする。徳力屋は一日一文で、五貫文となると十三年もかかるうえに、町役人の費用と半紙五千枚を計算をし、さすがに降参をして、八五郎のところへ十両で示談にやってくる。八五郎は喜ぶが、大家は千両持って来いと啖呵を切る。徳力屋は大家と八五郎に詫びて、八百屋の元手として百両の金を渡した。その後、徳力屋は人助けに目覚めたことで評判となり、店が繁昌したという大岡裁きの一席。
【解説】　講談の「大岡政談」の中にある『五貫裁き』を落語に移したもので、六代目三遊亭圓生は『一文惜しみ』の題で演じていた。立川談志は五代目一龍斎貞丈譲りとして演じ、徳力屋は金を使いすぎて店を潰し、八公は持ち付けない金を持っていなくなってしまったと、二人のその後について話していた。現在でも立川志の輔や柳家三三が演じている。なお、主人公の名は八五郎としたが、講釈などでは初五郎とすることがある。

故郷へ錦 (こきょうへにしき)
【種別】　滑稽、艶笑
【あらすじ】　女手一つで育てられた息子が恋煩い。伯父がその相手を尋ねると自分の母親だと言ってきた。息子がこのままでは死ぬと言うので、伯父が母親を説得して、一度だけということで願いを叶えてくれることになった。息子は風呂屋から帰って来ると、大きな風呂敷包みを持って二階へ上がってしまい、なかなか下りてこない。何をしているのだろうと思っている母親の前に現れた息子の姿を見ると、金襴の裃に長袴を着ている。母親が「びっくりするじゃないの。何でそんな格好をしているの？」「だってお母さん、故郷へは錦を飾れと言います」。
【解説】　元々上方落語で、桂米朝や露の五郎兵衛の音が残る他、東京でも五代目三遊亭圓楽の速記が残っている。安永2年（1773）『軽口開談義』の「倭の朱買人」に原話が求められるが、そこでは母親が息子に恋煩いをし、息子がそれを叶えてやることに。すると着物を脱いだ母親が布団の中で裃に袴を着けている息子の姿を見るという設定である。現在では演じ手の少なくなった噺。

極道のバイト達 (ごくどうのばいとたち)
【種別】　滑稽、新作
【あらすじ】　「おい、兄弟！　いてるか」と、高野組の事務所に組長の兄貴分にあたるヤクザが大阪の本家から訪ねてきた。応対に出た若い衆が「おじさん、誰っすか？」と口のきき方がなっていないので、「ここの組員の教育はどないなっているねん？」と弟分に尋ねると、「すみません。あの野郎、バイトなもんですから」。組員が集まらなかったのでアルバイトニュースで募集をしたところやって来たという者で、テツとサブだけが正式な組員だと言う。兄貴分は「厳しく教育せにゃあかん」と意見をするが、「最近の若い奴はへたに注意するとすぐ辞めるし、何をするか分かりませんし、限度と言うものを知りませんから」と、とてもヤクザのセリ

フとは思えないことを言ってきた。すると「店長，僕たち，来週からテストなんで，明日から休ませてもらいたいんッスけど」と言ってきたので，それを聞いた兄貴分が嘆いているところへ，テツが「敵対している組にやられました」と飛び込んできた。組長が「殴り込みだ！」と叫ぶと，バイト達は「まじッスか？ 僕たち，もうタイムカード押しちゃいましたしィ」と言うので，「残業手当をつけてやるからついて来い」と一緒に出て行った。その間，兄貴分に事務所の留守を頼み，ついでにバイト希望の女子高生の面接もお願いすることにした。面接を初めてする兄貴分は履歴書を渡されるが，女子高生は兄貴分を本当の兄弟と間違えたり，映画の中の世界と現実をごちゃ混ぜにしたりとヤクザのことをまったく理解していない。そこでヤクザの世界を教えると，反対に「転職したらどうですか？ このバイトニュースを上げます」「それじゃあ，これでカタギのバイトを見つけます」。
【解説】 三遊亭丈二による新作落語で，他に，公家をペットで飼うのが流行し，そこへ公家星人が現れるという『公家でおじゃる』。ある女子高生が朝起きると虚無僧になっており，デートに現れた彼氏は山伏になっていたという『カフカの虚無僧』などが，丈二作品として演じられることがある。三作とも落語協会の噺家で演じる人が増えてきた。

後家殺し（ごけごろし）
【種別】 滑稽，長屋
【あらすじ】 常吉という職人が義太夫をうまく語るのが縁で，伊勢屋という質屋であった会で『三十三間堂棟木由来』の「平太郎住家の段」を語ったところ，亡くなった亭主が得意にしていたということで，年の頃なら二十七，八の後家からもてなしを受け，やがていい仲になった。常吉が女房にそのことを話すと，「隠さずに打ち明けてくれたので，好きなようにしていい」と言われたので，今もその関係が続いている。ところがその話を知った友達がやきもち半分に，「あの後家はお前に飽きがきていて，笹屋という料理屋の板前で喜助という男とできている」と言ったので，常吉は疑心暗鬼となり，ある夜，出刃包丁を持って伊勢屋に踏み込み，後家の言い訳を聞くことなしに殺してしまった。友達の話はつくり話であることが分かったが，召し捕られた常吉は死罪と決まり，奉行が「何か望みがあれば叶えてつかわす。何なりと申せ」と言うので，「憎いと思う後家は殺しましたし，もう一人殺してやりたい奴もございましたが，今ではそれも叶いませんことで，思い残すことは何もございません」「申し残したきことがあらば，遠慮なく申してみよ」「お慈悲のお言葉ありがとうございます。私の心残りはたった一つ，後に残りし女房子が，（義太夫の口調で）打ち首と，聞くならば，さこそ，嘆かん〜，不憫やァとォ〜」。奉行が膝を叩き「後家殺し！」。
【解説】 六代目三遊亭圓生が二代目桂三木助から教わり演じた上方落語。圓生は幼少の頃，豊竹豆仮名太夫という義太夫語りであったこともあり，この噺を独壇場としていた。サゲに出てくる「後家殺し」とは，義太夫の客が褒めるときに使う掛け声で，マクラなどで仕込んでおかないと分かりにくくなってきている。現在は林家正雀が演じている。

小言幸兵衛（こごとこうべえ）
【別題】 搗屋幸兵衛／借家借り
【種別】 滑稽，長屋
【あらすじ】 麻布の古川で家主をしている幸兵衛は小言ばかりを言っているので，小言幸兵衛と呼ばれている。今日も朝から長屋をひと回りしては，魚屋に小言を言ったり，飯がこげていると注意をしたり，犬が交尾をしているのにまで文句を言っている。家へ戻ると，貸し家の札が出ているのを見てやって来た人に，口のきき方が悪くて礼儀の知らない者には貸せないと追い返してしまう。次にやって来たのは丁寧な言葉と礼儀をわきまえた男で，商売は仕立屋という。細かな素性を尋ねていくと，幸兵衛は長屋に越してこられると心中が起こると言い出す。仕立屋夫婦には一人の息子がいて，これがなかなかのいい男。同じ長屋には古着屋の年頃の一人娘がいるので，二人はじきにいい仲になる

が、仕立屋は婿には出せない、古着屋も嫁にはやれないということになり、二人はやがて心中の道を選ぶので貸せないと言うのだ。帰された仕立屋のあとに飛び込んで来たのは、威勢がよくてぽんぽんと乱暴な口調の男。幸兵衛は驚いて、「お前さんの商売は？」「鉄砲鍛冶だ」「道理でぽんぽん言い通しだ」。

【解説】 前半に搗米屋（つきごめや）が借りに来る件をつけて『搗屋幸兵衛』として演じる場合もあるが、近年では仕立屋の件を主軸にする場合が多い。搗米屋の件は、幸兵衛には以前に別の妻がいて、その妻が亡くなった後にその妹を後妻に迎えたところ、毎朝、先妻の位牌が後向きになっているので、それを気にして後妻が病気になって死んでしまった。原因を探ると、搗米屋で米を搗く振動で位牌の向きが変わっていて、二度目の女房は搗米屋に殺されたから貸せないという展開である。五代目古今亭志ん生や古今亭志ん朝がこの型で演じていた。また最近では仕立屋の件で、幸兵衛が心中の場面を再現し、仕立屋の宗旨は法華宗なので心中が賑やかになってしまう。古着屋の宗旨は真言宗なので、経を唱えて心中をしようとすると、お経が節になり、「右や左の旦那さま～。これじゃ乞食だ」とサゲることが多くなってきた。

小言念仏（こごとねんぶつ）

【別題】 世帯念仏
【種別】 滑稽、長屋
【あらすじ】 ある男は朝のお務めで念仏を唱えている間も、仏壇に蜘蛛の巣が張っているとか、花が萎れているとか、子どもを起こさないと遅刻するとか、鉄瓶の湯が煮えたぎっているとか、隣の家の飯が焦げ臭いとか、目につくことへの小言ばかりで、小言が主なのか念仏が主なのか分からない。すると、おつけに何を入れるかを尋ねられたので、表をどじょう屋が通るのでそれを呼び込むことにする。その間も念仏を唱えながら、代金を負けさせたり、どじょう屋が向こうを向いているうちに二、三匹ごまかせとか口にしている。そしてどじょうを煮込んで、鍋の蓋を取ると、「腹出して死んじゃった？ ざまあみろ。ナムアミダブツ…」。

【解説】 三代目三遊亭金馬が演じ、現在では十代目柳家小三治の得意ネタで、それが若手に伝わっている。笑わせどころが多いネタなので、寄席などで時間がないときには、念仏を唱えながらどじょう屋を呼ぶ場面で、「どじょう屋～、ナムアミダ～、（念仏のような口調で）どじょう屋～どじょう屋～。あべこべになっちゃったよ」とサゲる場合もある。またここで挙げたサゲのあとに「何にもなりません、『小言念仏』というお笑いで」とさらに押す場合もある。上方では『世帯念仏』という一席。

小猿七之助（こざるしちのすけ）

【種別】 人情
【あらすじ】 すばしっこいことから「小猿」と呼ばれた七之助の漕ぐ船に、浅草広小路の滝の屋の芸者で「ご守殿」とあだ名されたお滝が乗っていた。鉄砲洲の稲荷河岸から永代橋まで差し掛かると、橋の上から身投げの男。七之助が船に上げて事情を聞くと、新川新堀の酒問屋鹿島屋の幸吉という男で、三十両の集金を終えたあと、渡し船の中で広げられた博打ですってしまい、それがいかさま博打であったことを知ったので、金を返してもらおうとしたら殴られ、死んでお詫びをしようと相手の片袖を握りしめて飛び込んだのだと言う。七之助が仇を取ってやろうと、いかさま師の名前を聞くと、深川相川町の網打ちの七蔵と口にした。すると船端から幸吉が大川に落ちて、船は汐入の中で止まった。七蔵は七之助の実の親なので幸吉を突き落としたと七之助は言って、それを知ったお滝を殺そうと、匕首を持って七之助がお滝に迫る。するとお滝は「惚れた男に殺されるのなら本望だ」と言い、「船宿のご法度とされた一人船頭一人芸者で、こうして船をあつらえたことが分からないのかい」と七之助への思いのたけを語り始める…。

【解説】 河竹黙阿弥作の歌舞伎『網模様灯籠菊桐（あみもようとうろのきくぎり）』が原作で、立川談志が講釈師の五代目神田伯龍の話に惚れ込んで演じた『当小舟橋開白波（あたるおぶねはしまのしらなみ）』からの抜き読みである。現在では立川談春が演じることがあり、柳家小満んは『品川宿の場』と『伝馬町の牢払い』の場を演じている。

後生鰻（ごしょううなぎ）

【別題】　淀川
【種別】　滑稽，禁演，禁演（戦後）
【あらすじ】　信心に凝り，虫も殺さないという大家の隠居が，観音様への日参の帰りに鰻屋の前を通ると，俎板の上で鰻を裂こうとしているところへ出会った。可哀相に思った隠居は二円で鰻を買い取り，「これから先は決して人に捕まるんではないぞ。いいか，南無阿弥陀仏」と唱えて，前の川へザブーンと投げ込んで，「いい功徳をした」と言って帰って行った。翌日も同様に鰻を買って，前の川へザブーン。鰻屋の方もいい商売になるからと隠居の来るのを楽しみにしていたが，バッタリと店の前を通らなくなってしまった。するとしばらく振りに隠居がやって来たが，鰻を仕入れていなかったので，これを逃しちゃならないと，自分の赤ん坊を裂き台の上に乗せた。それを見た隠居は赤ん坊を百円払って買い取り，「あんな親のところに生まれるんじゃないぞ」と言って，前の川にザブーン。
【解説】　上方落語の『淀川』を東京へ移したもので，五代目古今亭志ん生や三代目三遊亭小圓朝などが演じた。志ん生は鰻ばかりではなく，スッポンの首をはねようとして，隠居に8円で買い取らせたり，サゲを「ボチャーン」という擬音に変えて演じていた。現在では桂歌丸などが寄席の高座で演じている。

胡椒のくやみ（こしょうのくやみ）

【別題】　くやみ／くやみ丁稚
【種別】　滑稽，長屋
【あらすじ】　笑い上戸の男が，地主の娘が亡くなったことを笑いながら兄貴分に話して，くやみの文句を教えてくれと言ってくる。兄貴分は「くやみなんていうのは涙の一つもこぼさないとならないのに，お前は笑うからよした方がいい」と忠告するが，「どうしても教えてくれ」と頼むので，「ご愁傷様でございます。承りますれば，お嬢さまがお亡くなりだそうでご愁傷様ですと言え，そこでお前の親父が死んだときのことを思い出せば涙が出るだろう」と教えるも，「親父が死んだときは三日三晩笑い暮らした」と言うので，「口上を言う前に胡椒を舐めてみろ。辛さで自然に涙が出るから」と，胡椒を持ってくやみに行くことにする。ところが先にくやみを述べる人の口上がうまいので，少しくらい舐めてもダメだとありったけの胡椒を口にしたから，涙は出るし，口の中がヒリヒリするので大騒ぎ。「水をいっぱい下さい」と言って，水を一気に飲み干す途端に，いつもの笑い上戸に戻り，「承りますれば，お嬢さまがお亡くなりだそうで…，ウーイ，ああいい気持だ」。
【解説】　くやみを言う部分だけを抜き出して『くやみ』という題で演じることもある。近年では二代目柳家さん助や四代目三遊亭金馬が演じるくらいであったが，柳家三三や四代目柳家三語楼といった若手が演じるようになってきた。原話は安永2年（1773）『聞上手二篇』の「山升」や安永3年（1774）『茶のこもち』の「悔み」に見え，そこでは胡椒ではなく山椒で笑いを抑えている。

五銭の遊び（ごせんのあそび）

【別題】　白銅／白銅の女郎買い
【種別】　滑稽，廓，禁演
【あらすじ】　若い者が集まって女郎買いの話をしていると，夕べ五銭で遊んできたという者が出てきた。何でも懐に二銭しかなかったので家にいると，母親に馬道まで無尽の金をもらって来てくれと頼まれ，その五銭を貰い受け，浅草の瓢箪池まで来てみると，懐に合わせて七銭あるので，吉原に行って馴染みの女に顔を見せて安心させてやりたくなった。そこで大門をくぐって江戸町二丁目の店までやって来ると，「お上がりよ」という声を背中に聞きながら，腹が減ったのでおでん屋に飛び込んだ。金がないので二銭のコンニャクだけを食べて出ると，そろそろ大引け時。ある女郎屋の裏を通ると，三味線の音がしたので一節唄ってみせたところ，「ちょいと色男」と声が掛かった。二十四，五の女で「上がっとくれよ」と言うので，「懐が寂しいんだ」と言って，五銭とは言えないので片手を出すと，「それでお上がりよ」と承知してくれたので店へ上がった。腹が減っていたので，よその人の残した飯を盗み食って寝た途端

に，店の若い衆が勘定へやって来たので，五銭放り投げると，女が「それで何とかしてね，足りない分は私がなんとかするよ」と言うが，「足りないも何も五銭ですよ」と返してきた。女が驚いて「お前さん，五銭かい？片手を出したじゃないか」「五銭だから片手を出したんだよ」「五銭でよく女郎屋に上がって，その上，ご飯まで食べたね。お前さんは面の皮が厚いね」「俺は薄くはねぇよ」と言ったんだ…。

【解説】　初代柳家小せんの十八番とされ，速記も残っている。元々は半蔵という落語家が演じていたものを，小せんが大きく手を加えたものとされている。その小せんの型では，この後，この噺の主人公の男が外へ出ると，友達が馴染みにしている女から声を掛けられたという話をして聞かせる。女が「たまには顔を見せておくれ」と言っていたから，「あいつは近頃会社勤めになったから，忙しくてなかなか来られないらしい」と返すと，「どこの会社だ」って言うから，「ガタ馬車の会社だ」って言うと「駁者か，車掌か」と尋ねてくる。「馬の掃除係だ」と言うと，友人が「なお悪いや」と言ってくるもので，特にサゲはない。ここでは初代小せんから直接教わった五代目古今亭志ん生の型を示したが，やはりサゲらしいサゲではなく，ウケたところで下りている。現在では柳家小里んや五街道雲助が高座にかけることがある。

五段目　(ごだんめ)

【別題】　素人芝居／吐血／お笑い定九郎
【種別】　滑稽，芝居
【あらすじ】　町内の素人芝居で，忠臣蔵の五段目「山崎街道の場」を出すことになり，みんなが主役の勘平をやりたがるのでくじ引きで役決めをした。当日，いよいよ勘平の出る場面になり，舞台では近江屋の若旦那が演じる斧定九郎が，与市兵衛を殺して五十両を奪い，金を数え終わり，笑いを浮かべて「五十両～」と言ったところ。与市兵衛の死骸を谷底へ蹴落とすのをきっかけに猪が出てくると，そこへ鉄砲の音が鳴り，定九郎は口に含んでいた紅を噛み，血を流すという段取りであったが，小道具が口火をなくしてしまったので，いつまで待っても鉄砲の音が鳴らない。そこで定九郎が「鉄砲」と怒鳴った途端に，口の中に紅を含んだ卵の殻が破れて血が出てしまった。それを見ていた客が「今日の定九郎は鉄砲は抜きか？」「今日は吐血で死ぬんだ」。

【解説】　忠臣蔵物の一つで『素人芝居』という別題を持つが，『九段目』や『一分茶番』，『蛙茶番』を指すこともあるので，ここでは『五段目』とした。四代目橘家圓喬が明治期の速記本『百花園』に残した『素人芝居』という速記では，この噺のあとに『蛙茶番』を演じている。近年では六代目三遊亭圓生やその弟子である三遊亭圓弥が演じ，また三代目三遊亭小圓朝は『お笑い定九郎』という演題で音を残している。

小粒　(こつぶ)

【種別】　滑稽，長屋
【あらすじ】　ある男が身体の小さいことを友達にからかわれるのを悔しがり，町内の先生のところへ相談に行く。すると「浅草の観音様を見ろ。お身丈は一寸八分（5cm余）だけれども，十八間（約32 m）四面という大きなお堂においでになる。仁王様はあんなにでかくたって，観音様の門番だ。牛は大きいけれどネズミは捕らない。太閤様は五尺（約150 cm）に背が足りないが，家来に加藤，福島という大きい人がいる。山椒は小粒でヒリリと辛い」と返してやれと言う。早速，友達の前で教わったことを話すが，付け焼刃なのでしどろもどろになってしまう。やはり大きくなりたいからと芝山の仁王尊に願を掛けると，仁王様が夢枕に立ち，「汝信心の感徳によって，背丈を三寸（約9cm）伸ばしてつかわす」とお告げがあった。目を覚まして伸びをすると，布団から足が三寸ばかり出た。「ありがたい！」と飛び起きると布団を横にして寝ていた。

【解説】　『鍬潟』と同工異曲でサゲは同じ。九代目桂文治の音が残り，現在では九代目林家正蔵や五明楼玉の輔などが持ち時間の短いときにかけている。原話は『鍬潟』と同じで，安永6年（1777）『新撰噺番組』の「一升入壺は一升」に見える。

碁どろ（ごどろ）

【別題】 碁打盗人（ごうちぬすっと）
【種別】 滑稽

【あらすじ】 碁の好きな旦那がいつも二人して碁を打っているが，煙草が大好きで碁に夢中になると畳に焼け焦げをつくってしまうので，家の者からとうとう苦情が出てしまった。二人は池で打とうとか床にトタンを敷いてその上で打とうとか考えた末に，碁を打っている間は煙草を吸わないで，一局終わったあとに目の廻るほど煙草を喫むことにしようと決める。ところがいざ打ち始めると，約束を忘れて煙草盆を持って来いと言い出す。そこで女房はカラスウリの中の赤いところを女中に持って行かせるが，夢中になっている二人は気付かないでいる。そこへ現われたのが二人に輪をかけて碁が好きな泥棒で，大きな風呂敷包みを背負ったところでパチリパチリと碁石の音が聞こえてきたので，二人のところへやって来た。しまいには口出しをしはじめるので，石を置きながら「見掛けない人だねえ。大きな荷物を背負って，お前さんは一体誰だい」「泥棒です」「泥棒さん，よくおいでだね」。

【解説】 上方では『碁打盗人』という噺で，四代目桂文吾に教わった三代目柳家小さんが東京に移した。五代目柳家小さんが得意とし，現在でも一門の落語家が演じている。六代目春風亭柳橋はこのあと「景気はいかがです」「おかげでこんなにお宅からいただきました」「それはよいことをしましたな。これからちょいちょいいらっしゃい」とサゲていた。

五人廻し（ごにんまわし）

【種別】 滑稽，廓，禁演

【あらすじ】 吉原の喜瀬川花魁（おいらん）が一晩に五人の客を取った。ところがなかなか喜瀬川がやって来ないので，待ちわびている客の方は不満を募らせ，若い衆の喜助を相手に文句を言いはじめる。職人風の男は女を探すので畳を上げると言い，さらに三歳のときから祖母に手を引かれて吉原に遊びに来ているんだと吉原の歴史と仕組みを言って聞かせる。通人ぶった男は丁寧すぎる口調で一人寝の寂しさについて喜助に語る。田舎者の男は振るなら田舎者を振れと言い出す。官員風の男は難しい言葉を使っては理屈をこねて，喜助に自分の相手をしろと言う。弱り切った喜助が喜瀬川を探すと，田舎者の杢兵衛大尽のところから動こうとしないので，他の客のところにも顔を出してくれと言うが，「嫌だ」と言って返す。お大尽が「玉代（ぎょくだい）を返せば，喜瀬川はおらのところにいられるのだな」と四人に返す四両の金を出すことにすると，喜瀬川が「もう一両おくれ。そしてこのお金をお大尽に上げます」「おらがもらってどうするだ」「お前さんもみんなと一緒にお帰んなさい」。

【解説】 演題にもある「廻し」とは，一人の花魁が複数の客を取ることで，関東特有の遊び方であった。人情噺にあった『白糸主水』の一節を参考にして，舞台を新宿の遊廓にしてつくられたものとされる。以前は他に相撲取りと間夫（まぶ）が登場する『七人廻し』という噺があったとされるが，近年では最後のお大尽を入れて五人で定着している。廓噺を得意にした初代柳家小せんが六人登場させ，最後に関取を登場させた速記を残している。その内容は，関取が暴れるというのを若い衆が止め，「あなたと花魁の取り組みでは，行司の軍配は花魁へ上がっています」「どうしてだっ」「花魁にまわしをとられた上に，ふられております」とサゲるものである。なお，寄席などで時間がないときには，客を三人にしたり，四人で演じることもある。五代目古今亭志ん生や六代目三遊亭圓生，八代目林家正蔵をはじめ，現在でも多くの演者が演じており，それぞれ人物の描き分けが異なるので，演者によって味わいが変わる噺である。

五百羅漢（ごひゃくらかん）

【種別】 滑稽

【あらすじ】 本所五ツ目にある五百羅漢は羅漢寺といい，ここのお坊さんが托鉢に出るときは「本所ォ，五ツ目ェ，五百ゥ羅漢〜」と節をつけて歩いた。その寺の近くで小間物屋を開いている惣兵衛夫婦は仲良く暮らしていたが，女房が病気になり，その看病にやとった女中と亭主がいい仲になってしまった。それを知った女房の髪の毛が抜けてやかん頭になり，のちに亡く

なってしまうと，女中との間に赤ん坊が生まれた。ところがこの赤ん坊もやかん頭で，女中は後添えとなるが，亡くなったおかみさんに悪いことをしたと仏壇を拝んでいるときに，灯明の火が髪の毛に燃え移って，これまたやかん頭になってしまった。愛想をつかした亭主が家を去ると，後妻は暮らしに困り，子供をおぶって，幟(のぼり)を立てて方々もらいに歩いたという。「本所ォ，五ツ目ェ，親子ォ，やかァん」。

【解説】 あまり演じられない噺であり，近年では三遊亭圓窓や五街道雲助による口演が見られる。ここでは四代目橘家圓蔵が『宿屋の仇討』の中へ入れていた件を一席物にした六代目三遊亭圓生のあらすじを記した。なお，噺に出てくる羅漢寺は本所五ツ目（現在の地下鉄西大島駅のある場所）にあったが，現在では目黒不動の近くに五百羅漢寺として建ち，五百羅漢が安置されている。

子ほめ（こほめ）
【別題】 赤子ほめ
【種別】 滑稽，長屋
【あらすじ】 隠居の所へやって来て，いきなり「ただの酒を飲ませろ」と迫った八五郎が，「ただの酒ではない，灘の酒だ」と返され，人に喜ばれる世辞の言い方を教わる。人は若く言われると嬉しいので，先方の年齢を聞いて，四十五だと言えば厄そこそこ，五十と言えば四十五と，その順で褒めろと言われ，子どもであれば「これはあなたのお子さんでございますか。おじいさんに似てご長命の相でおありなさる。栴檀(せんだん)は双葉(ふたば)より芳しく，蛇は寸にしてその気を呑む。私もどうかこういうお子さんにあやかりたい」と教わった。早速やってみようと，往来で知り合いの番頭に会ったので年齢を尋ねると四十歳だと言う。四十五歳以上の口上しか教わってこなかったので，無理に「四十五歳だ」と言ってもらい，「厄そこそこで」と返すと，「三つ余計だ」と言って怒られてしまう。そこで男の子が生まれた竹の家を訪ねると，おじいさんを赤ん坊と間違えたり，褒める段になると「この子はあなたのお子さんですか」といきなり当たり前のことを聞いたりする。さらにおじいさんが横で寝ているのに「あなたの亡くなったおじいさまに似てご長命の相が…」とやったり，「わたしもこういうお子さんに蚊帳つりたい，首つりたい」と言ってしまう。うまくいかないので，最後に「ときに，この赤ん坊の歳はおいくつですか？」「変なことを言うな。今日がお七夜だよ」「ああ，初七日」「お七夜だよ。まだ一つだ」「一つにしちゃあ，お若い」「一つで若けりゃ，一体いくつに見える」「どう見てもタダだ」。

【解説】 数え年で年齢を数えることがなくなってきたこともあり，サゲが分かりにくくなってきた感もあるが，大抵は「どう見てもタダだ」であるとか「どう見ても半分でございます」としている。また，上で記したサゲのあとに，八五郎が枕元に祝いの句を書いた短冊を見つけて，それを読むと「竹の子は生まれながらに重ね着て」とあるので，下の句をつけてやると言って「育つにつれて裸にぞなる」で終えることもある。元々は上方落語で，三代目三遊亭圓馬が東京に移したと言われているが，『醒睡笑』(せいすいしょう)に収められている「鈍副子(どんふうす)」の中に，愚かな弟子が檀家の集う中，その年齢を上に見てしまい，僧侶から怒られるという話が収められていたり，十返舎一九が『笑府商内上手』に「ゆき過」という現在に伝わる形での話を収めていたりと，原話らしき話が多数見られる。言い立てが口慣らしにいいことから前座噺の一つとして位置付けられている。

小町（こまち）
【種別】 滑稽，長屋
【あらすじ】 隠居の家を訪ねた八五郎が，張り交ぜの屏風に張ってある絵の説明を聞く。歴史画が多く，鎧を着た男が取っ組み合いをしていると見立てた，姉川の合戦の本多と真柄の一騎打ちの絵や，各武将の四天王の説明を聞いたり，桜の木の下で震えている男と見立てた，児嶋高徳の「天勾践(こうせん)を空しうする莫(なか)れ，時に范蠡(はんれい)無きにしも非(あら)ず」という歌を聞いて，「天保銭をむちゃくちゃにするなかれ，時に般若がたにしを食う」と混ぜ返してばかりいる。そして小野小町のところへ百日通うことを約束した深草

少将が，九十九日目にあの世へ行ってしまったという話を聞いて，「うちの親父も腹を壊して便所へ三十六度通って，とうとう中でお果てなされた」「汚いなあ。お前のお父っつぁんのは下肥だろう。深草少将のは色恋だ」「でも恋に上下の隔てはない…」。
【解説】『道灌』のマクラにつけて演じられることもあるが，ここだけを独立させて『小町』と題して演じることがある。また，女にモテたいという相談にやって来て，小野小町と深草少将の所だけを演じる場合も多い。

駒長（こまちょう）
【種別】滑稽，長屋，艶笑，圓朝，禁演
【あらすじ】亭主の長兵衛に借金をどうするつもりだと女房のお駒が迫っている。お駒から深川からやって来る損料屋の丈八は断り切れないと言われた長兵衛は，丈八がやって来たら損料物と財布をふんだくって，あいつを脅かしてやると言い出す。長兵衛の考えは「丈八はお前に惚れて，うちにやって来るのだから，亭主に内緒で恋しい丈八に会っているという嘘の恋文を書いて，それを俺が見つける。丈八が来たところで夫婦喧嘩をはじめて因縁をつけ，親分のところへ相談へ行ってくると言って，一旦家を飛び出す。帰って来たところで台所から包丁を持って来て，あいつを脅す」というものであった。そこへ丈八がやって来たので，打ち合わせ通りに喧嘩をはじめ，丈八のことを殴りつけ，「お前は俺の女房と間男してるな。ここに証拠があるんだ」と言って手紙を差し出し，「二人の仲を取り持ってくれた親分に申し訳ないから，行って事情を話し，帰って来たらお前たちを四つにして切ってやる」と言って出て行った。お駒は丈八に「会いたいばかりに手紙を書いたら，それを落としたのを見つけてしまったのだ」と話すと，丈八も「お駒のためならぶたれてもいい。私だったらお駒が女房であれば大事にするのに」と返してきた。お駒も「丈八みたいな優しい人と一緒になりたい」と言うので，丈八が思い切って「これから上方に一緒に逃げないか」と持ちかけると，お駒はそれを受け入れたので，書置きをおいて二人して逃げてしまった。長兵衛はその間，仲間の家で飲み，そのまま寝てしまった。夜が明けたので，あわてて庖丁を持って家に帰って来ると，二人はそこにはおらず，書置きが一通あった。「長兵衛様まいる。一筆書き残し申し候。あなた様と兼ねての御約束は嘘から出たまことと相成り，丈八様を真に愛しい方と思い候。それに引き替え，お前の悪性，お前と一緒に添うならば，明ければ米の一升買い，暮れれば油の一合買い，つぎはぎだらけの着物着て，朝から晩まで釜の前，つくづく嫌になりました。ああ嫌な長兵衛づら。丈八様と手に手を取り，永の道中，河原の夫婦と相成り候。書き残したきこと山々あれど，先を急ぐ旅ならば。あらあらめでたきかしこ」。丈八が出刃包丁を振り上げて表に出ると，屋根に止まっているカラスが長兵衛の顔を見て「アホウ，アホウ」。
【解説】原話は明和5年（1768）の『軽口春の山』の「筒もたせ」にあるとされるが，話の内容としてはいわゆる美人局を考えて実行に移すというものであり，ここに見られるまでの噺の構成であるとは言えない。また三遊亭圓朝作とする資料も見られるが確証はなく，圓朝全集には三遊亭一朝の速記として収載され，『百花園』には「美人局」として明治28年（1895）の四代目橘家圓喬の速記が掲載されている。『駒長』という題は，「大岡政談」中の白子屋心中の主人公であるお駒，長兵衛から付けたものと思われる（『城木屋』参照）。五代目古今亭志ん生が独壇場とし，志ん生没後は古今亭志ん朝が演じ，現在では一門の古今亭志ん輔などが演じている。

小間物屋政談（こまものやせいだん）
【別題】万両婚
【種別】滑稽，武家，旅
【あらすじ】京橋五郎兵衛町の長屋に暮らす相生屋小四郎は品物を背負って売り歩く背負小間物屋で，今度，上方へ行って江戸の物を売り，その帰りに上方の品物を仕入れてこようと，女房のおときのことを家主の源兵衛に頼んで旅立つ。箱根の山に差し掛かると，裸同然で木の根方に縛られている男を見つけたので助けてやる

と，その男は江戸一番の小間物屋である芝神谷町の若狭屋甚兵衛で，箱根へ湯治に行く途中に賊に襲われたと言う。小四郎は自分の着物と一両を与えると，甚兵衛が借りた物を返しにいくからと，住所と名前を書いた紙を受け取って別れた。甚兵衛がその晩泊った小田原の宿で病死してしまったので，その身元を改めると，小四郎の名前の書いてある書き付けを見つけたので，家主源兵衛に連絡をして小田原まで確かめに来てもらった。すると小四郎が出立するときに着ていた着物を着ており，面差しも似ていることから骨にして江戸へ帰った。おときは源兵衛の勧めもあって，小四郎のいとこにあたる三五郎と再婚するが，ある日，小四郎が帰宅したのでびっくり。旅の顛末を聞いた家主が，おときに三五郎と小四郎のどちらがいいのかと尋ねると，今さら元には戻れないからと三五郎を選ぶ。家主から「そういうことだから諦めろ」と言われた小四郎は奉行所へ訴え出た。小四郎，おとき，三五郎，そして若狭屋甚兵衛の後家を呼んだ大岡越前守は小四郎に「死んでしまえ」と言う。小四郎が「ひどい裁きだ」と悲しんでいると，越前守は小四郎に若狭屋甚兵衛になれと言う。甚兵衛の後家もそれを受け入れ，小四郎もそれに従い，三万両の身代という若狭屋の入り婿となった。「このご恩は，生涯背負い切れません。ありがとうございます」「これこれ，その方は今日から若狭屋甚兵衛じゃ。もう背負うには及ばん」。

【解説】 講釈師の四代目小金井芦洲が演じていた『万両婚』という話に六代目三遊亭圓生がサゲをつけ，改良を加えて落語に移したとされるが，幕末から明治初期に活躍した五代目翁家さん馬の速記にこの噺が出ている。五代目古今亭志ん生がこの噺を演じていたのも，志ん生が芦州門下で講釈師であった時代に覚えたものと思われる。最近では宝井琴柳から教わった桂藤兵衛が「しかし三万両の身代，少し荷は重くはないか？」「へい，背負うのはなれております」とし，そのサゲが伝わってきている。

五目講釈 (ごもくこうしゃく)

【別題】 居候講釈／調合

【種別】 滑稽，長屋

【あらすじ】 道楽が過ぎて勘当された生薬屋の若旦那が，居候先の親方に働く気はないのかと意見をされる。すると若旦那は「講釈師になりたい」と言い出したので，親方が長屋の連中を集めて，その前で芸を披露させることにする。若旦那は『赤穂義士伝』を読みはじめるが，武蔵坊弁慶が登場したり，源平の合戦へと舞台が移ったり，切られ与三郎にお富が出てきたり，『義経千本桜』や安珍清姫，那須与一に鈴木主水，石川五右衛門に清水次郎長…と，話が迷走し始める。「随分と色々な人が登場したけど，あの人は誰だい？」「生薬屋の若旦那だ」「道理で講釈に調合がしてある」。

【解説】 別題を『調合』という噺で，『桑名船(鮫講釈)』を『五目講釈』と呼ぶ場合がある。一時期，講釈師であった五代目古今亭志ん生の音が残る他，現在では柳家三三が講釈の中に時事ニュースを取り込んで演じている。安永5年(1776)『蝶夫婦』の「時代違の長物語」に，題名通りの時代の異なる人々が次々に登場する話を聞かせる話が見られる。

子別れ (こわかれ)

【種別】 滑稽，人情，廓，長屋，禁演

【別題】 強飯／強飯の女郎買い／子は鎹／女の子別れ

【あらすじ】

▷上・強飯 (こわめし)／強飯の女郎買い (こわめしのじょろうかい)

腕はいいが酒にだらしがない大工の熊五郎が山谷であった弔いでしたたかに酔っ払い，周りの言うことも聞かずに，紙屑屋の長さんと一緒に吉原へ行くことにした。登楼した店の芸妓に弔いでもらったこわめしの折りをやろうとするが，いらないと言われたので，あれこれと世話になった若い衆にやることにした。それを食べた若い衆が，「さすが弁松の弁当ですな。しかし，がんもどきにお汁が滲みておりませんでした」。熊が弁当を背負っていたため汁が出てしまっていたので，「ふんどしに滲み込んでいるから，これを絞ってやろう」。

▷中

　吉原に居続けをした熊五郎が，四日目の朝，長屋に帰って来ると，女房が黙って仕事をしている。きまりが悪いので，あれこれと言い訳をしているうちに，吉原で相手になった女が，昔，品川で馴染みであったなどとのろけ話をしはじめたので，女房の堪忍袋の緒が切れて大喧嘩になる。仲人が仲裁に入るも，熊五郎はのぼせあがっているので治まらず，女房も愛想が尽きたと言って，息子の亀を連れて出て行ってしまう。熊五郎は女郎を身請けして一緒に暮らし始めるが，朝から晩まで寝てばかりで何もしないので追い出してやろうと思っていると，女の方から出て行って一人になってしまう。

▷下・子は鎹（こはかすがい）

　心を入れ替えた熊五郎が，三年の間，酒を断って真面目に働くと，世間の信用もついてきた。ある日，木場へ仕事に行く途中で，道端で遊んでいた亀吉と偶然に出会い，別れた女房が一人で亀を育てていることや，亀吉も子供ながらに親を思って暮らしていることを知る。心から反省をした熊は亀に小遣いをやって，翌日，鰻を食べる約束をして別れる。家に帰った亀吉は，母親の仕事を手伝っているときに，もらった金を見つけられてしまい，誰からもらったんだと尋ねられる。父親から会ったことを内緒にしろと言われていたこともあり黙っていると，母親が「言わないと玄翁（げんのう）でぶつよ」と言うので，父親に会ったことを話してしまう。次の日，亀吉が鰻屋で父親と会っていると，母親があとを追ってやって来た。女房と久し振りに再会した熊五郎が，もう一度一緒に暮らしたいというと女房はその言葉に頷いた。「こうやってまた一緒に暮らせるようになるのも，この子があればこそ，子供は夫婦の鎹だね」「あたいが鎹だって？道理で昨日玄翁でぶつと言った」。

【解説】　初代春風亭柳枝の作と言われるが，三代目麗々亭柳橋（春錦亭柳桜）の作とも言われている。噺の中に登場する亀吉という名も，初代柳枝の幼名，または三代目柳橋の子供（四代目柳橋）から取ったとされている。柳派の名作であるこの噺を，三遊派の三遊亭圓朝は女房が子供を父のもとに残して出て行ってしまう『女の子別れ』と改作をし，二代目三遊亭圓馬を通して大阪に伝えられた。初代桂小文治が演じ，現在では笑福亭鶴瓶がその形で演じている。長い噺なので，「上」だけを『強飯』や『強飯の女郎買い』という別題で単独で演じたり，「中」をダイジェストに頭につけて，『子は鎹』と呼ばれる「下」を演じるパターンが多い。なお，「中」に関しては，柳家権太楼が『浮名のお勝』という題で演じることがある。サゲは「玄翁」ではなく，「金槌」で演じる場合もある。

権助魚（ごんすけざかな）
【別題】　熊野の牛王
【種別】　滑稽
【あらすじ】　旦那に他の女がいると感づいた女房が，飯炊きの権助に一円やって，旦那のお供をして行き先を突き止めてくるように頼む。ところが旦那はその魂胆に気づき，権助に倍の二円を与えて，「旦那はお得意さんと会って，一緒に隅田川に網打ちに行った。それから芸者を上げて，そのまま湯河原にご逗留することになったと言え。そして帰りに魚屋で網取り魚を買って，その証拠だと見せろ」と命じる。そこで権助は魚屋で，スケソウダラやニシン，メザシ，カマボコなどを買って帰ると，奥方にこんな短時間でそんなにいっぺんに色々なことができる訳がないと言われたので，権助はその証拠と言って，網で捕ってきた魚を見せる。ところがこんなものが網で捕れるわけがないと見破られてしまい，「こんな魚が関東一円で獲れますか」「一円ではない，二円貰って頼まれた」。
【解説】　元々は『熊野の牛王』という題で演じられており，奥方に嘘を見破られた権助が「腹が痛い」と言うので，薬を飲ませると，奥方が「今，お前が飲んだのは，熊野の牛王だよ，嘘をつくと血を吐いて死ぬよ」と言う。権助が白状をすると，「今飲んだのは薬の効能書だよ」「道理で能書をしゃべっちまった」というものであった。その『熊野の牛王』は上方の『お文さん』の発端が独立したものと言われ，明治時代に二代目古今亭今輔が『おふみ』という題で，『権助魚』を演じている速記も残るので，『お文さま』の前半部が独立したと考えられる。

寄席でよく演じられる一席。

権助提灯（ごんすけぢょうちん）

【種別】　滑稽、禁演、冬

【あらすじ】　ある大家の旦那は妾を囲っているが、本妻も妾も物わかりがよく、互いに相手を立てて暮らしていた。ある暮の風の強い夜、本妻が「今夜は火の元が心配だから、あちらに行ってお休みになってはいかが？」と言うので、旦那は飯炊きの権助に提灯を持たせて、妾の家へ行くことにした。すると妾の家では「おかみさんの言葉に甘えて、お泊めしてしまうと物を知らないと言われるので、ご親切だけいただいて、どうか本宅へお帰り下さい」と言われ、それに納得をして帰ることにする。ところが本妻は感心をして、「変わったことがあったら示しがつかないので、あちらでお休み下さい」と外へ出されてしまう。権助に「提灯をつけろ」と命じると、「消さないで待ってた」と言うので、「もったいないじゃないか」「お前さんも無駄をしている。おかみさんなんか一人いれば十分だ」と返されながら妾の家へ来ると、また同じように家に入れてもらえない。仕方がないので「おい権助、提灯をつけな」「それには及ばねえ。夜が明けた」。

【解説】　武骨で無粋な権助が主人をへこませるという、寄席でも聴くことの多い軽めの噺。近年では三代目三遊亭小圓朝や四代目三遊亭圓遊などが得意にしていた。

紺田屋（こんだや）

【別題】　誉田屋

【種別】　滑稽

【あらすじ】　京都の三条寺町に紺田屋という縮緬問屋があった。そこに十八歳になるお絹という一人娘がいたが、病の床に就き、医者に見放されてしまった。お絹が四条新町の新粉屋新兵衛の団子が食べたいと言うので食べさせてやると、顔色を変えて亡くなってしまった。葬儀を早く出してしまった方が両親にはいいだろうと、親戚が葬儀の準備を始めると、母親は文金高島田を着させ、父親は娘にとっては初旅だからと周囲の反対を振り切って、縮緬の財布に三百両を入れて棺桶に納めた。その晩、新七という番頭がお絹の眠る墓を掘り起し、財布を持ち出そうとすると、お絹が息を吹き返した。お絹は具合が悪いときに団子を食べたので、喉に詰まらせていただけで死んではいなかったのだ。新七が「一緒に店へ帰りましょう」と言うと、お絹は「蘇りのお絹だと後ろ指を指されるのは嫌だから、私と一緒に逃げてほしい。私が病気になったのはお前を思っての恋煩いだ」と言ってきたので、二人で江戸に出ることにした。浅草寺へ参詣をした帰りに、小さな空き店を見つけたので、そこで呉服屋をはじめると繁昌をして、三年目には子供もでき、新太郎と名付けて大切に育てた。さらに江戸には珍しい縮緬問屋を開くと、これまた大繁盛し、十年後には紺田屋と染め抜いた紺の暖簾を下げた大きな店を開くことができた。京都の紺田屋ではその後、番頭が金をくすねて逃げてしまい、もらい火で店を失うことになり、主人夫婦は娘の菩提を弔って西国八十八ヶ所を巡礼し、江戸見物へとやって来た。すると観音様の近くで紺田屋の暖簾を見つけたので懐かしそうに見ていると、新七が二人を見つけ、店の者に呼びに行かせた。新七は元の主人の前に正座をして挨拶を済ませると、お絹がまだ生きていて、今は自分の女房であること、そしてこれまでの経緯を聞かせたので、親子は抱き合って大喜び。両親はその晩、店に泊まったが嬉しくてなかなか眠れず「お婆さん、こうして絹布の布団で寝るのもしばらくぶりだね」「おじいさん、私は夕べの木賃宿の布団を思い出しますよ。温まってくると、シラミが出て来て一晩中眠れませんでしたよ」「お婆さん、あまりシラミ、シラミと言うんじゃありませんよ。みんな観音様の御利益だ」。

【解説】　元は上方落語で、桂米朝によると誉田屋は実際に京都二条に店舗を構えていた呉服商であったという。二代目三遊亭円歌から三代目圓歌に伝わっている。東京では『紺田屋』とすることが多い。サゲはシラミのことを観音様と呼ぶことがあるところからきている。

蒟蒻問答（こんにゃくもんどう）
【別題】 餅屋問答
【種別】 滑稽
【あらすじ】 上州安中でこんにゃく屋を営んでいる六兵衛のところで厄介になっている八五郎が，遊んでばかりもいられないからと寺の和尚になった。ところが経を読める訳でもなく，日がな一日，寺男の権助を相手に酒ばかりを飲んでいる。そんなある日，越前国永平寺の沙弥托善（しゃみたくぜん）という諸国行脚雲水の僧が，禅問答を申し込んできた。八五郎に問答なんかできる訳がなく，夜逃げをしようと相談しているところへ現れたのはこんにゃく屋の六兵衛で，ならば自分が和尚になって問答の相手をしてやろうと言い出した。翌日，托善がやって来て，色々と問いかけるが，六兵衛は黙っているばかりなので，これは無言の行中と判断し，托善がまず両の手の人差し指と親指で丸をこしらえて前に突き出した。すると六兵衛はそれを見て，両の手で大きな丸を描くように頭の上にかざすと，托善は平伏。次に開いた両の手を前に突き出すと，六兵衛は片手を広げて出してみせて，それを見て，またも平伏。最後に指を三本出すと，六兵衛は人差し指を目の下にあてた。托善はとてもかなわない相手と言って逃げ出そうとするので，托善に尋ねると「大和尚のご胸中はと尋ねましたところ，大海の如しというお答え。十方世界はと聞けば，五戒で保つ。最後に三尊の弥陀（みだ）はと問えば，目の下にありとのお答え」と言って出て行った。片や六兵衛は大層怒っているので，話を聞くと，「あいつは乞食坊主だ。俺の商売を知ってやがって，お前んとこのコンニャクはこんなに小さいだろうと言うから，こんなに大きいやって答えたら，十丁で幾らだ？って値を聞いてきやがった。五百だって答えたら，三百に負けろって値切りやがったから，アカンベー」。

【解説】 落語家になる前に僧侶をしていた三代目林屋正蔵（「托善正蔵」）の作と言われるが，上方に『餅屋問答』という噺もあり，さらに日本各地だけでなく，中国やトルコにも似た民話が残っている。原話としては貞享（じょうきょう）頃の『当世はなしの本』の「ばくちうち長老に成事」などに見ることができる。近年では瀧川鯉昇がコンニャクではなく餃子で，立川談笑がシシカバブで演じたりしている。見て楽しむ噺の一つ。

権兵衛狸（ごんべえだぬき）
【種別】 滑稽
【あらすじ】 ある田舎に床屋も営む権兵衛という一人暮らしのお百姓がいた。ある晩，誰かが家の戸を「権兵衛ェ，権兵衛ェ」と呼びながら叩くので，戸を開けてみるが誰もいない。不思議に思って家に入ると，再び「権兵衛ェ，権兵衛ェ」と叩く声。これは裏山の狸のいたずらに違いないと思って，権兵衛は静かに戸に近づき，叩く音がしたのと同時に戸を開けると，一匹の狸を捕まえることができた。翌朝，心優しい権兵衛は村人が狸汁にして食べてしまおうと言うのを，父親の祥月命日（しょうつきめいにち）だからと言って助けてやることにして，商売物の剃刀で狸の頭を坊主にして山に帰してやった。するとその晩また，「権兵衛ェ，権兵衛ェ」と叩くので，腹を立てた権兵衛が「また，来やがったな」と戸を開けると，狸が「今度はひげを一つやって下さい」。

【解説】 原話は正徳2年（1712）『新活笑眉』の「僕が作意は御無心の種」にあるが，宝暦3年（1753）『軽口福徳利』の「狐の返報」では，登場するのは狐であるが，ほぼ現在演じられるような形で収められている。上方に移されて『とんとん権兵衛』と題するが，現在，演じられることは少ない。三代目三遊亭金馬が得意とした。

西行（さいぎょう）
【種別】　滑稽，地噺
【あらすじ】　西行法師は元は佐藤兵衛尉憲清という北面の武士であった。染殿の内侍という美女に恋心を抱いたが，身分の違いからどうすることもできないでいると，それを耳にした内侍が，「この世にては逢はず，あの世にても逢はず，三世過ぎての後，天に花咲き，地に実り，人間絶えし後，西方弥陀の浄土で我を待つべし，あなかしこ」という手紙を送って寄越した。憲清は「今夜も明日も逢えないが，四日目の星の出る夜に西の方角にある阿弥陀堂で待っている」と判読し，その通りに待っていた。ところがなかなかやって来ないので居眠りをしていると，そこへ内侍が現れて「我なれば鶏鳴くまでも待つべきに　思はねばこそまどろみにけり」と詠んで帰ろうとしたので，憲清は飛び起きて「宵は待ち夜中はうらみ暁は　夢にや見んとしばしまどろむ」と返して，内侍の機嫌を取り戻した。そして逢瀬を交わし，翌朝別れる際に憲清が「またの逢瀬は」と尋ねると，内侍は「阿漕であろう」と袖を払って帰ってしまった。憲清は「伊勢の海阿漕ヶ浦に曳く網も　度重なればあらはれにけり」の古歌を知らなかったので，それを機に武門を捨て，髪を下し，名を西行と改めて旅に出て，後に有名な歌人となった。
【解説】　地噺による西行法師伝で，四代目柳亭痴楽や二代目三遊亭円歌，その弟子の三代目圓歌がそれぞれにクスグリを入れて演じた。現在でも圓歌一門の三遊亭歌多やや三遊亭若圓歌が演じるが，特にサゲを設けることなく，「西行法師，若き日の失恋を噺家が調べただけでございます」などと結ぶことが多い。本来はこの後に，西行が歌修業で諸国を廻る中，伊勢国で馬子が馬に「われのような阿漕な奴はねえぞ」と話しかけているので，その意味を尋ねると「宿で豆を食っておきながら，まだ二宿も稼がねえうちに豆を食いたがるだ」と返すので，「ああ，してみると二度目のことが阿漕かしらん」と，艶っぽいサゲがあったが，最近はここまで演じる演者は少ない。噺の中で染殿の内侍が菜の花畑で蝶が舞っているのを見て，「蝶（丁）なれば二つか四つか舞うべきに　一つ舞うとはこれは半なり」と詠んだのに対し，憲清が「一羽にて千鳥といへる名もあれば　一つ舞うとも蝶は蝶なり」と返す話は，『醒睡笑』の「聞えた批判」の中に同じ話を見て取ることができる。「伊勢の海阿漕ヶ浦に曳く網も　度重なればあらはれにけり」の古歌は「伊勢の国阿漕ヶ浦という禁漁の海での密漁が度重なって露見してしまった」が転じて「秘事も度重なれば露見する」という意味である。なお，西行の登場する話は他に『鼓ヶ滝』がある。

盃の殿様（さかずきのとのさま）
【種別】　滑稽，武家，廓
【あらすじ】　ある殿様が気鬱になって，その気晴らしにと錦絵で見た吉原に出掛けたところ，花扇という花魁に夢中になってしまう。ところがお国入りをしなければならず，花扇との最後の晩は百亀百鶴という高蒔絵の七合入りの盃で別れの酒を酌み交わす。国へ帰った殿様は花扇のことが忘れられず，家来に花扇の着物を着させて酒の相手をさせるが，それでは飽き足らず，三百里を十日で走ることができる足軽の東作という男に託して，花扇に盃を届ける。喜んだ花扇は返盃を東作に頼んだが，東作は帰り道に箱根の山中で大名行列に出会い，それを横切ったので捕まってしまう。話を聞いた殿様は「大名の遊びはさもありたい。そちの主人にあやかりたい」と，盃を借りて一気に酒を飲み干した。国へ帰った東作が箱根山であったことを報告すると，「お手のうち見事，今一盃と申して参れ」。東作は盃を持って駆け出したが，どこの大名だか分からないので，いまだに探しているそうで…。

【解説】 サゲはこの他に，最後に喜んだ殿様が「うむ，お見事。お手元拝見，今一度行って参れ」とセリフで終える場合もある。六代目三遊亭圓生が演じていたが，圓生が手本とした禽語楼小さんの速記では，殿様の国は九州としている。古くから見られる噺で，相手は花魁ではないが，大名が御国家老へ大盃を運ばせるという話が，嘉永2年（1849）『はなし蔵』の「拝領の大盃」に見られる。現在は柳家小満んや柳家喜多八などが演じている。

鷺とり （さぎとり）
【別題】 雁とり
【種別】 滑稽，長屋
【あらすじ】 隠居のところに金儲けを考えたと，ある男がやって来た。鳥とりといって，庭に飛んできた雀を一網打尽にするのに，何日かみりんの中に漬けておいた米粒を撒いて，近くに南京豆の殻を置いておく。米粒を食べた雀が酔っ払って，豆の殻を枕にして寝たところを捕まえるのだと言う。だがそれを実際にやってみたら，南京豆を撒いた途端に逃げてしまったとか。次に考えたのは鴨とりで，最初に大声で鴨を呼び，段々と声を小さくしていき，遠くへ行ったと思わせておいて，近づいていって捕まえるというものだった。すると隠居から鳥目というから，夜，それをやってみたらいいと言われたので，不忍池に行くと鴨は寝ているのでつかまえ放題。帯の間に鴨の首を挟んでいくと，鴨がそれに気づいて，一斉に飛び出してしまった。一緒に飛びあがった男は目の前に現れた棒をつかみ帯の鴨を放った。そして自分のいるところはどこだろうと確かめてみると，そこは五重塔の上。どうしようかと思っているうちに，往来の人がそれに気づき大騒ぎ。そこへ寺の坊主が四人して布団の四隅を持って現れ，ここへ飛び降りろというので，勇気を出して飛び降りると，布団の真ん中に落ちた拍子に布団がつぼまったので，四人の坊主は頭をぶつけあって，一人助かって四人死んでしまった…。
【解説】 元は上方落語で，東京で演じる場合は，鷺ではなく，鴨や雁が多いが，演題としては『鷺とり』とされる。サゲは他に，「布団の真ん中に飛び込んだ拍子に四人の坊主の頭がぶつかって，火花が出て，それが燃え移って江戸中が大火事になった」とか「八五郎が焼け死んでしまった」といったものもある。原話は大阪を舞台にした寛政7年（1795）『鳩灌雑話』の「鷺」「鷺の次」に見られる。

桜鯛 （さくらだい）
【種別】 滑稽，武家，春
【あらすじ】 殿様は贅沢なもので，食事のときに魚が出ても，一箸つけると，同じ魚に手をつけることはもうない。ある日，鯛の塩焼きが御膳に出て，一箸つけると，その日に限って「代わりを持て」と言い出した。代わりの鯛を用意していないので，三太夫が機転をきかして「殿，お庭の桜が綺麗に咲きました」と声を掛けて，殿様が桜に見とれているうちに，鯛の頭と尻尾を持って裏返しにして，「代わりを持って参りました」。殿様が一箸つけると，またしても「代わりを持て」と言う。今度裏返せば，先程の面が出てしまうので困っていると，殿様が「いかが致した。また庭の桜を見ようか」。
【解説】 『目黒のさんま』などの殿様の出てくる落語にマクラとして振られる小噺であり，一席物として演じることは少ないが，昭和54年（1979）に六代目三遊亭圓生が最後に高座で演じた落語でもあるので掲載をした。正徳2年（1712）『新話笑眉』の「松によする鯛」や安永2年（1773）『口拍子』の「鯛のやきもの」に原話が見られる。

酒の粕 （さけのかす）
【種別】 滑稽，長屋
【あらすじ】 与太郎が赤い顔をしているので，理由を尋ねてみると酒の粕を二切れ食べたと言う。「いい大人が酒の粕を食べたなんてみっともない。どうせなら酒を飲んだと言いな」と教えられたので，次に会った人に「お酒を飲んだ」と言うと，「どのくらい飲んだんだ？」「この位のを二切れ」と答えてしまい，酒の粕を食べたことがバレてしまう。「そういうときには，これ位の湯呑みで二杯と言うんだ」とまた教わったので，今度会った人には「顔が赤いだろ？

お酒を飲んだ」「どの位飲んだんだ？」「この位の湯呑みで二杯」「飲むなじゃねえが，冷やは毒だよ。燗をしたのか？」「うゝん，焼いて食べた」。
【解説】　与太郎の出てくる噺のマクラに据えられることがあるが，一席物として演じることもある。サゲは「焼いて飲んだ」というものもある。

ざこ八（ざこはち）
【別題】　先の仏／二度のご馳走
【種別】　滑稽
【あらすじ】　歳の頃なら三十二, 三の旅姿の男が舛屋新兵衛の家を訪ねた。十年振りに江戸へ戻って来た鶴吉という男で，兄の店は表通りで繁昌しているが，表の雑穀商のざこ八は潰れてしまったと聞き，その訳を聞くと「潰したのはあなただよ。鶴さんだよ」と言われてしまう。新兵衛が言うには「今小町と呼ばれたざこ八の一人娘のお絹との婚礼の晩，鶴さんが行方をくらませてしまった。お絹さんは病の床に就いたが，ある日，鶴さんに似た男を見つけて，その男に養子に来てもらったところ，道楽を覚えて借金まみれ。しかも博打に手を出してしまった上に悪い病気にかかり，その養子は亡くなってしまった。今はお絹さんは乞食同様の暮らしをしている」とのこと。その話を聞いた鶴吉は「お絹と一緒になれることは嬉しかったものの，友達から『小糠三合持ったら養子になるな』と言うが，お前はお絹さんに惚れたのか財産に惚れたのかと言われたので江戸を飛び出してしまった。改めてお絹さんの養子にしてもらいたい」と詫びる。改めて二人が一緒になると，身を粉にして働き，張った米相場も成功して，人手に渡っていたざこ八を買い戻すまでになった。お絹の病も癒え，夫婦仲良く暮らしていたが，ある日，出入りの魚屋が活きの良い魚を持ち込むと，お絹が「今日は先の仏の精進日だから明日にして欲しい」と断る。旦那は「私は精進日ではないから置いていけ」と言うが，女房が同じことを繰り返すので，「お前は先の仏の精進日と言うが仏とは誰なんだ。ざこ八を潰したドラ養子のことか？」と夫婦喧嘩がはじまっ

てしまう。すると魚屋が間に入って，「どっちの肩を持つ訳ではないが，おかみさんが悪い。『先の仏，先の仏』って言ってるから，今の仏が怒ってしまう」。
【解説】　二代目桂三木助から三代目桂三木助と八代目林家正蔵へ伝わり，現在でも三遊亭圓遊などが演じている。上記の部分を『先の仏』と題して演じることがあるが，このあとに続きがある。鶴吉は魚をメインにしたご馳走を，お絹は精進料理をつくって，店の者に振る舞う。両方の料理を食べなくてはならないので，店の者は下を向けないくらいに腹一杯になる。やっとのことで店の外に出ると，道端に腹を空かせた乞食がいたので，「え，お腹が空いている？　あゝうらやましい」とサゲるもので，『二度のご馳走』と題するが，ここまで演じる人は少ない。元は上方落語であるが，江戸小噺に原話が求められる。『先の仏』の部分は，安永２年（1773）『聞上手』の「二度添」に小噺として見られ，文化３年（1806）『江戸嬉笑』の「精進」では現行に近い形の話が見られる。また後半の『二度のご馳走』は『醒睡笑』の他，明和９年（1772）『楽牽頭（がくたいこ）』の「大食」に原話が見られる。

佐々木政談（さゝきせいだん）
【別題】　佐々木裁き／池田大助／桶屋裁き
【種別】　滑稽，長屋，武家
【あらすじ】　南町奉行の佐々木信濃守がお忍びで市中の見廻りをしていると，子ども達の姿が目にとまった。二人の子どもが荒縄で縛られており，そこに佐々木信濃守を名乗る奉行役の男子が登場し，奉行ごっこがはじまった。奉行役の子どもが，喧嘩の原因を探り，子どもながら見事に事を収めたことに感心した本物の佐々木信濃守は，下役に親子共々奉行所に出頭するように命じた。親子が戦々恐々と奉行所に参じると，待ち構えていた信濃守が桶屋の倅である四郎吉に，空で輝く星の数は？とか，白洲の砂利の数は？とか，父と母のどちらが好きか？といった難問を出し始めた。ところが四郎吉はそんなのは何でもないとばかりに，次々に頓智頓才で返してしまうので，感心をした佐々木信濃守

は四郎吉を家来に取り立てることにする。
【解説】　一休の逸話がもとになっている。三代目笑福亭松鶴の作といわれる上方落語である。三代目三遊亭圓馬と二代目桂三木助が東京に移したとされ、三代目三遊亭金馬は佐々木信濃守を大岡越前守に、四郎吉は後の池田大助として演じていた。本来はサゲであり、家来に取り立てられることになった四郎吉が「これで名将の名前ができます。お奉行様が佐々木様で、あたしは四郎。お父っつぁんが高田屋綱五郎で高綱。佐々木四郎高綱」「佐々木四郎高綱と申せば源氏じゃのう」「いいえ平家〈平気〉でおります」というものであったが、現在では演じる者はほとんどいない。三遊亭圓窓は『桶屋裁き』という演題で、父親が最後に「お前は跡継ぎだが、桶屋はどうする気だ？」と四郎吉に尋ねると、奉行の真似をして「お父っつぁん。捨て桶（置け）」としている。佐々木信濃守は実在した人物で、江戸時代後期に旗本の家来から旗本にまで登り詰め、勘定奉行や北町奉行などを歴任した出世人である。噺の中で四郎吉が奉行ごっこの中で見せる、一つから十まで数えたときに「十つ」と言わないことへの頓智での返答は、元和頃の『きのふはけふの物語』に見られ、信濃守から屏風の中の人に何を話しているのか聞いて来いという話は、宝暦頃の『軽口猩々舞（しょうじょうまい）』の「竹の咄」に見られる。

匙加減（さじかげん）
【種別】　滑稽、人情
【あらすじ】　腕が良くてまじめ一筋の阿部玄益という名医が、川崎大師への参詣の帰り道に雨にあい、品川宿の叶屋という店へ上った。そこで出会ったおなみに夢中になったばかりに勘当となるが、心を入れ替えて評判の医者となった。そして大師へお礼参りに行った帰りに2年振りに叶屋へ寄ると、元は松本屋の抱え芸者であったおなみは夫婦約束した玄益がやって来なくなったので気がふれてしまい、座敷へ出せなくなったので、今は座敷牢へ入れてあると聞く。玄益は三両でおなみを身請けし、看病をすると、その甲斐あって半年で全快した。それを知って面白くない叶屋はおなみを連れ戻そうと玄益の家を訪ねる。「私が身請けをしたはずだ」と玄益に言われたので、「年季証文は松本屋にある。出る所へ出りゃぁ、書いた証文が口を利きますぜ！」と脅かすと、そこに大家が割って入り、「明日、改めて来てください。話をまとめておきますから」と叶屋を帰した。翌朝、叶屋が訪れると「おなみは玄益先生が身請けした」と、玄益の味方をしたので、怒った叶屋が体を前にせり出して、大家が用意しておいた膳を倒して瀬戸物を壊してしまった。叶屋は南町奉行所の大岡越前守へと訴え出ると、奉行は叶屋側の言い分を認めるが、おなみの薬代と治療代を払えと叶屋に伝える。その代金は一服二両、一日六両。半年で千二百六十両。翌日、叶屋は示談を申し入れてきたが、大家は瀬戸物の代金を払えばそれを受け入れるという。「叶屋さん。書いた証文が口を利きましたか」「いいえ。欠いた瀬戸物が口を利きました」。
【解説】　講釈ネタの『大岡政談』のうち『人情匙加減』を落語に移したもの。三遊亭圓窓が小金井芦州から習ったものが多く広まっている。演題は薬代と治療代を要らないといった玄益に大家が「高いことを言いなさい。ここいらがお奉行様の匙加減なんだから」というところによる。

里帰り（さとがえり）
【種別】　滑稽、新作
【あらすじ】　三年前に嫁いで行った一人娘のはるが実家に突然帰って来た。両親がその訳を尋ねると、「夫はいい人なのだが、姑との折り合いが悪いので我慢ができなくて帰って来た」と言う。父親は「お前が行きたいと言って嫁いで行ったのだから、お前もつらいだろうが辛抱をしなければならない」と諭すが、娘は「どうしても帰れと言うなら、お義母さんを殺します」と言い出す。父親は「向こうの親とお前とどっちが大事かと言われたら、お前の方なのだから手伝ってやろう」と言って、袋に入った白い粉を渡してよこした。それをもらった娘は「これを飲ませて、すぐに殺すわ」と言うが、「今、殺したら、あの家は姑と嫁の仲が悪かったから、嫁が殺したんではないか？と疑われる。だ

からご近所に，親孝行な娘さんだと思われるように騙さなければならない。そのために一年間頑張ってから殺しなさい」と話して聞かせる。一年が経ち，娘が再び実家に帰って来た。着物を着ているので尋ねてみると，「しばらくぶりに里へ帰ると姑に話すと，反物から縫ってくれた」と言う。そして「今ではご近所の人から世界一仲のよい親子と言われるようになった」と伝える。そこで父親が「そろそろ殺し時だな」と口にすると，「そんなことはできないから，去年もらった薬は返します」と返してよこすが，「それはお前が持っていろ。なんなら飲んでもいい。中はうどん粉だから」と言う。そして「去年のお前は普通じゃなかった。もし殺しでもしたら，お父さんだって共犯で捕まってしまう。お前がお義母さんに親切にすれば，親切にしてくれるようなる。お前のことを思うから嘘をついたんだ」と告白をする。それを聞いた娘が「でもね，お父さん，もしお義母さんをうどん粉で殺したら，今頃どうなっていたでしょうね？」「もちろん手打ちだろう」。

【解説】 林鳴平というペンネームを持つ春風亭柳昇がつくったとされる落語。フランスに原作があり，五代目柳亭左楽が同様の噺を演じていたともいうが定かではない。柳昇一門の若手が演じており，所属する協会は異なるが三遊亭吉窓などが演じることもある。

真田小僧（さなだこぞう）

【別題】 六文銭
【種別】 滑稽，長屋
【あらすじ】 父親から小遣いをねだるがもらえないので，「おっ母さんに，この間お父っつぁんのいないときに，よそのおじさんが来たことを話すよと言えば，おあしをもらえるからいいや」と子供が言い出す。気になった父親がその話を聞かせろと言うと，「それじゃあ一銭おくれよ」と言うので，仕方ないので一銭やると話し始めた。ある日，母親のところに色眼鏡をかけてステッキを持った男が訪ねてきて，その男の手を取って家に上げた…。そこまでくると，「その先を聞きたかったら二銭」。父親が二銭出すと，「障子を開けて覗いてみると，お布団が敷いてあって，襦袢一枚になったおっ母さんが寝てて，その男が覆いかぶさるように…」と臨場感たっぷりに話す。「お父っつぁん，これ誰だと思う？ 惜しい切れ場だ。この先は三銭」と言うので，父親が銭を渡したところで，「横丁の按摩さんがね，おっ母さんの体を揉んでたの」と言って逃げ去ってしまった。そこへ女房が帰って来たので，今あったことを話すと，女房が「知恵があって嬉しい」と言うので，講釈で知り得た真田幸村の話を聞かせる。幸村は子供のときに父親の昌幸と出陣したが，松田尾張守と大道寺駿河守に囲まれ，松田の定紋である永楽通宝の旗を立てて，大道寺の陣へ夜討ちをかけた。すると松田が寝返ったと思い，同士討ちがはじまった隙に，真田側は危機を脱した。それから真田の定紋は六連銭となった。ところがそんな真田も大坂城が落城した際には，討ち死にをしたと見せかけて薩摩へ落ちたと言う。それに比べてうちの子供は…と話しているところへ，息子が帰って来たので，「さっき持って行った銭を返せ」と言うと，「講釈を聞いてきた」と言う。ならば聞いてきた話をしてみろと言うと，今，女房を相手に話した話をすっかり聞かせてみせた。すると「六連銭ってどんな紋？」と尋ねてきたので，言葉で教えてやるが，なかなか伝わらないので，実際に銭を六枚出して説明をする。すると「あたいにもちょっと貸して，ひぃ，ふぅ，みぃ，ひぃ，ふぅ，みぃ」と銭を集めて逃げてしまった。「ちくしょう，それを持ってまた講釈を聞くのか？」「今度は焼き芋を買うんだい」「ああ，うちの真田も薩摩へ落ちた」。

【解説】 上方では『六文銭』と呼ばれる噺。母親のところに按摩がやって来た話をするのは初代柳家小せんの型とされ，今ではほとんどの場合，この型で演じている。寄席などでよく演じられているが，大抵の場合は後半の『真田三代記』の件までは演じず，父親の気を揉ませて銭を持って逃げて行く場面で終わらすか，帰って来た女房に，自分がどう騙されたかを話すのに，「お前も聞きたいか？それなら一銭出しな」としてサゲる場合が多い。

佐野山 (さのやま)
【別題】 谷風情相撲
【種別】 滑稽, 人情, 長屋
【あらすじ】 小兵の関取佐野山は大変な親孝行で, 母親が患うも貧乏であったがために, 食事を減らしてお粥ばかりを食べており, 初日から黒星続きでいた。それを知った横綱の谷風梶之助が千秋楽に佐野山と取らせてほしいと願い出た。取り組みを知った江戸っ子は驚き, 女をめぐった遺恨相撲だなんだと噂を立て, 佐野山の贔屓(ひいき)は相手を差せたら五両, 勝てたら十両の祝儀を出そうと言い出す。いよいよ千秋楽の結びの一番。木村庄之助の軍配が返るが, 谷風は佐野山が小兵なので身体ごと抱え込んでもろ差しにさせた。そして押されているように土俵際まで来て, 谷風は無理矢理に土俵を割った。土俵には見物客から祝儀が投げ込まれたりと, 場内は大騒ぎ。このおかげで, 佐野山は親孝行に励むことができたという。谷風の情け相撲という一席。
【解説】 講釈からきた噺。江戸時代の大横綱である谷風梶之助が生涯に一度だけ八百長相撲をやったという噺だが, 実際には佐野山と対戦したことはなく, フィクションである。近年の高座ではサゲを設けないことが多いが, 十代目金原亭馬生は, ざわつく場内の中で一人の客が「佐野山っていうのは「押しが強いね」「強いはずだ。名代の孝行(香々)ものだ」とサゲていた。

猿後家 (さるごけ)
【種別】 滑稽
【あらすじ】 ある商家の後家は顔が猿そっくりなので, 「猿後家」とあだ名されている。当人がそれを嫌がるので, 「サル」という言葉は禁句になっており, 番頭をはじめとして, 店の者ばかりでなく, 出入りの者までも, その言葉を使わないように必要以上に気を払っている。そこへ現れたのは, 普段から後家の機嫌をとるのがうまい源兵衛という男。今日もお世辞を言っては後家を喜ばせているが, 調子に乗って, 知人を連れて東京見物をした話をしているうちに, 浅草で猿回しを見たと口を滑らせてしまい, 出入り止めになってしまう。源兵衛にはこれといった商売はなく, 後家からの祝儀だけで生活をしているので困り果て, 番頭に相談をすると, 以前, 仕立屋の太兵衛という男が, 同じように後家をしくじったが, とりなした件を話して聞かせる。何でもそのときには, 後家にそっくりという美人の錦絵を持って来て, それをご本尊にしていると話したら, 機嫌が直ったというのだ。そこで源兵衛は古今東西の美人の名前を教わり, 再び後家さんの前に行き, 先程は皿回しの話をしたのだと何とかごまかし, 後家が小野小町や照手姫に似ているとまくしたてて喜ばせる。そして後家が「あたしの気にさわることは, 口におしでないよ」「大丈夫です。ご当家をしくじったら, 木から落ちたサル…いえ, 猫同様でございます」。
【解説】 元々上方落語で, 後家を前に話すのは, 伊勢参りのついでにした奈良見物の話で, 「猿沢の池」と口を滑らせてしまったがために, あとで「寒そうな池」とごまかし, 最後は「ようヒビ(楊貴妃)に似てござります」とサゲている。立川志の輔は機嫌が直った後家が「源さんは頭がいいんだね」と返すと「ほんの猿知恵です」とサゲている。また東京には『猿旦那』という噺がかつてあり, 最後は「木から落ちたさ…さくらんぼでございます」としていた。これは安永7年(1778)『乗合舟』の「物忌」という原話に見られる内容と同種であり, サゲも「木から落ちました, 猫でござります」と, 現行のものに近い。

ざる屋 (ざるや)
【種別】 滑稽
【別題】 米揚げ笊／いかき屋
【あらすじ】 ある男がざる屋になった。大きいざるが五円で, 小さいざるが三円五十銭。「米が上がる, 米上げざる」という売り声を教わり, 早速, 町中に出ると一軒の店から声が掛かった。番頭が言うには「旦那は株をやっていて, 上がるという言葉が好きだから, 気を使えば祝儀が出る」とのこと。店に入り, 主人から「暖簾(のれん)があるから気を付けて」と言われると, 「暖簾ぐらい跳ね上げてしまいます」。「商売も

のだから荷物は上にあげさせて貰います」と万事その調子で，喜ぶ旦那から祝儀を渡されれば「天にも昇るようです」。住んでいるところを聞かれれば，上野の高台で，名前は上田登と言う。しまいには旦那から「財布ごとあげよう。財布には大分入っているがどう使うんだい」と尋ねられたので，「茶屋に上がって，芸者，幇間（たいこもち）をあげて踊ります」。そして「上がる桟橋～」と『春雨』を歌って踊ったところで，旦那が「金庫ごと持って来い！」。

【解説】 本来はこのあとに続きがあって，今度はざる屋から下がるとか倒すという言葉が出るようになったので，旦那の機嫌を損ねてしまう。そして旦那が「そう上げる上がるでは，高つぶれにつぶれてしまう」と言うと，ざる屋がざるをポンポン叩いて「つぶれるような代物と，代物が違います」と，噺の前半でざるを売るときに，ざるを手でポンポン叩いて「決してつぶれるようなざるではございません」ということを仕込んでおかなくてはならないサゲが待っている。初代桂文団治がつくったとされる上方落語で，現在では十一代目金原亭馬生や五街道雲助といった十代目金原亭馬生一門の落語家が演じている。

ざんぎり地蔵 （ざんぎりじぞう）

【別題】 地蔵の散髪
【種別】 滑稽
【あらすじ】 友達が尻の毛を一本一本抜いているので訳を尋ねると，あまりにも毛が多いので，用を足すと出たものがくっついて下帯を汚すから抜いているのだと言う。そこで，お地蔵様の頭へとりもちを塗り，その上へ尻をまくって座り，しばらくしたら飛び下りれば，いっぺんに抜けると教える。友達は早速やってみるが，飛び下りることができないので，背中をおしてもらい，地蔵を振り返ると，「お地蔵さんがざんぎりになった」。

【解説】「ざんぎり（散切り）」とは，刈り込んだ髪形や，髪を切り乱して結ばずにそのままにしておく髪形のこと。速記などが残っておらず，東京では近年柳家喜多八が演じたことがある。

三軒長屋 （さんげんながや）

【種別】 滑稽，長屋
【あらすじ】 ある三軒長屋では，一番端に鳶頭の政五郎，真ん中に伊勢屋勘右衛門の妾，そしてもう一方の端に楠運平橘正猛という剣術の先生が住んでいる。頭（かしら）の家では始終若い者が集まっては酒を飲んだり，喧嘩をして騒いだり，また隣家の妾を冷かしたりし，剣術の先生の家では昼夜を問わず稽古をしているので，伊勢勘の妾はたまりかねて，旦那に引っ越しの件をもちかける。すると旦那は「三軒長屋の土地と家はもうすぐ自分のものになるので，そうしたら両端の家には出て行ってもらって，三軒を一軒にしてしまうから，もう少し我慢しな」となだめる。そのことを妾の下女が口を滑らせてしまい，それを頭のおかみさんが耳にしたので，政五郎は楠運平のところを尋ねて一計を案じる。翌日，楠運平が伊勢勘を尋ねて，「門弟も増えて手狭になったので転宅をしたいが，そのための蓄えがない。そこで三日間千本試合を催したい。真剣勝負でもあり，ことによったら腕の五，六本，首の一つや二つが飛び込んでこないとも限らないので，戸締りを願いたい」と伝えたので，伊勢勘は転宅の費用五十両を出して，それを中止してもらう。楠運平と入れ替わりにやってきたのが政五郎で，「転宅をしたいが，花会を家でやることにしたい。三日ぐらいかかるだろうが，酒を飲むものもおり，刃物沙汰になるかも知れないので，怪我のないようにしてもらいたい」と伝えたので，伊勢勘はやはり転宅の費用五十両を出して中止してもらう。そして帰ろうとする政五郎をつかまえて「さっき楠先生も引っ越しなさると言っていたが，一体どこへ越すんだい？」「へえ，あっしが先生のところへ行きまして，先生があっしの家へ越します」。

【解説】 長い噺なので，伊勢勘の妾が引っ越しの相談を持ちかけた後のあたりで切って，上下に分けて演じたり，上下で演者が異なる「リレー落語」の形で演じることもある。また剣術の先生の名は「楠運平橘正国」とすることもある。原話は『笑府』の「好静」や文化頃の『落噺桂の花』の「妾の両隣」などに見られ，文政

9年（1826）『腮の懸鎖（あごかけがね）』の「是は尤も」が長い物語で，『三軒長屋』の原型をなしている。三代目三遊亭金馬や五代目柳家小さんが得意とした。

山号寺号（さんごうじごう）
【種別】滑稽
【あらすじ】幇間の一八が往来で若旦那とバッタリと出会った。観音様へ出掛けると言うので「浅草寺ですね」と返すと，「そんなところへは行かない」と言われる。そこで「金龍山浅草寺というのが本当で，東叡山寛永寺，成田山新勝寺，万松山泉岳寺といった具合に，山号寺号と言って，どこにでもある」と説明をすると，「さすがは芸人だ。どこにでもあるんなら，山号寺号を一つ出すたびに，お前に百円をやる。出せなかったらクビだ」と言われる。そこで一八は，おかみさん拭き掃除，お乳母さん子を大事，看護婦さん赤十字，自動車屋さんガレージ，時計屋さん今何時，洋食屋さんソーセージ，お医者さんいぼ痔，高島屋さん左団次と，次々に出していっては金を稼いでいく。若旦那は自分もやると言い出して，これまで出した祝儀を全部手に乗せろと言う。懐へ入れて，尻っ端折り（はしょり）をして「一目散随徳寺」と逃げ出すと，一八が「南無三し損じ」。
【解説】元は小僧（権助の場合もあり）を連れた旦那と幇間の会話の上にあり，サゲも一八のセリフを小僧が受けて「旦那さん，いい感じ」というものであったが，「南無三し損じ」でサゲることが多くなってきた。原話は古くから見られ，露の五郎兵衛の『露休置土産』の「はやるものには寺号山号」の他，天明頃の『肘まくら軽口噺』の「楊枝娘」，『甲子夜話』の巻87には，客と幇間が山号寺号を言い合って，「一目散随徳寺」を受けて「旦那さん，よいあんじ」とサゲる類似した噺がある。山号寺号はつくり足すことができるので，おまわりさん棒大事，按摩さん揉み療治，肉屋さんソーセージといったように演者によってその内容が異なる。現在は歌好きで知られる柳亭市馬が，清子さん水前寺，また，その日の他の出演者を受けて，例えば「小三治さん，いい感じ」といった風に盛り込んで演じている。

三国誌（さんごくし）
【種別】滑稽，地噺
【あらすじ】関羽が義弟の劉備玄徳と張飛と別れ，魏の曹操のところで客人として滞在している間に，敵の豪傑二人の首を簡単に討ち取ってきた。ところが関羽は「弟分の張飛の方が強く，敵の大将の首を取ることなどたやすい。百万の大軍なども煙草を三服のんでいる間に負かしてしまう」と言う。それを聞いた曹操は自軍の兵に「張飛という名前を聞いたら逃げるように」と命令をした。長坂坡（ちょうはんは）の戦いのとき，玄徳の率いる漢軍を追いつめた魏の軍が燕人張飛の軍勢に出会った。魏の軍は張飛の強さを聞かされているので退却をすると，張飛は橋を壊して引き上げてしまう。それを聞いた玄徳は「長板橋を壊したのはまずかった。曹操は敵の計略の裏をかく男だ。橋を残せば計略があると思って攻めてこないが，橋を壊してしまったらこちらの計略が尽きてしまうと思うに違いない。敵はお前の顔を知っている訳じゃないから，お前の代わりを出して名前を名乗らせろ」と言うので，張飛は自分とよく似た部下の張益に行かせた。長板橋にやって来た張益が八十三万の軍勢の前で「我こそは劉備玄徳の義弟燕人張飛である」と大声で名乗ると敵軍が逃げ出すので，面白がって繰り返し手を叩いていると，魏の曹操がそれを怪しんで，「あれは偽物に違いない」「どうしてそう思われます？」「先ほどから手を叩いているのは，張飛（銚子）の代わりだろう」。
【解説】陳寿が記した史書は『三国志』と記すが，落語の方では『三国誌』とする速記が残るので，それに従っての表記とした。内容は「三国志演義」の一部を落語にしたもので，演者が独自のクスグリを入れて演じる地噺の部類に入る噺である。五代目と六代目の三升家小勝に立川談志，十代目桂文治，春風亭柳昇などが演じ，現在でも桂藤兵衛が演じることがある。

三十石（さんじっこく）
【別題】三十石夢の通い路

【種別】 滑稽，旅
【あらすじ】 江戸っ子の二人連れが，京都から大坂へ向かう途中，三十石船に乗るために伏見の宿までやって来た。寺田屋という店の番頭に呼び止められたので世話になることにして，船を待つ間，宿帳につける名前を聞かれると，古今東西の有名な名前を述べたりして，宿の者をからかいながら大勢の客と部屋で休んでいる。船が出発するというので乗船をするが，乗客であふれかえる中，船頭がお女中を一人頼むと言うので，江戸っ子が期待をして近くに乗せてやると，おまるを荷物に持った八十九歳のお婆さんであった。船頭が唄い上げる舟歌を合図に船が進むと，やがて淀の大橋にかかり，中書島の女郎屋の子どもが船頭に買物を頼んだり，客同士で謎かけをして遊んだり，くらわんか舟という物売り船がやってきて，江戸っ子と喧嘩になったりする。すると一人首のない人がいる。ないのではなくて，細い首がのびたろくろ首。話を聞くと，腹が減ったので土手の上のうどん屋まで首を延ばして，うどんを食べてきたと言うのだ。それを聞いて「うらやましいな。どんなうまいものを食ったって，舌三寸，のど三寸，わずか六寸しか楽しめないものを，お前の場合は首を延ばしている間，楽しめるんだから，うらやましいな」「二つええ事はおまへんわ。薬飲んだときは長ァいことにごうまんねん」。
【解説】 京都伏見の浜と大坂は八軒家を結ぶ三十石舟の船上を舞台とした上方落語で，元は伊勢参りをする『東の旅』の一部でその帰路を描いたものである。本来のサゲは船中で五十両が盗まれ，犯人を捕まえるとこんにゃく屋の権兵衛で，金が無事に戻ったので，五両を船頭に礼金と渡したので，「権兵衛こんにゃく船頭が利」というものであった。これは「骨折り損のくたびれ儲け」の意を持つ「権兵衛こんにゃくしんどが利」という京都の古いことわざをもじったものであるが，近年では夜が明ける淀川を三十石船が朝もやの中を進んでいき，演者が三十石舟歌を唄い，「舟の中，乗り合いはみんな，夢の中でございます。三十石は夢の通い路でございます」などと締めくくることが多くなってきた。初代桂文枝（1819～74）が大ネタに仕上げて十八番にし，この噺を百両で質入し，高座で演じなくなったために晶屓客が質受けをしたという伝説が残る。東京へは四代目橘家圓喬が移したが，その際に江戸小噺で明和9年（1772）『楽牽頭』にある「ろくろ首」のサゲを用いたと思われる。ここでは六代目三遊亭圓生が演じた型を示した。謎かけの場面は圓生が『桑名船』から移したものである。圓生没後は一門の三遊亭圓弥が演じ，現在は孫弟子にあたる三遊亭圓橘に，柳亭市馬が得意の喉で三十石歌を聞かせて演じている。

三助の遊び （さんすけのあそび）
【種別】 滑稽，廓，禁演
【あらすじ】 湯屋で働いている田舎者の三助が，釜が壊れて店が休みなのでのんびりしていると，客が次々にやって来ては「今日は休みかい」と尋ねてきて，「釜が損じて早じめえでがんす」と答えなければならないので外に出掛けることにした。すると幇間の次郎八に出会い，吉原に誘われる。三助は前に洲崎で遊んだ際に身分がばれて嫌な思いをしたので断るが，今日は質両替商の若旦那で，次郎八はそのとり巻きという触れ込みにしようと言われて遊びに行くことにした。ところが店の若い衆に「明日はお流し（居続け）になりますか？」と聞かれれば，「おらは流しはやらない」と答えたり，女郎達が「たきつけたって燃え上がらないんだよ」と話しているのを聞いて怒り出したりするので，次郎八に「早く寝ろ」と言われてしまう。しばらくして三助が寝入ったところへ女郎がやって来て，「あら，お前さん，お休みかい？」「はい，釜が損じて早じめえでがんす」。
【解説】 以前は初代柳家小せんや三代目柳家小さんが得意にし，初代小せんから教わった五代目古今亭志ん生が演じていた。銭湯で湯を沸かしたり，客の背中を流したりする三助という職業も身近なものでなくなり，吉原や湯屋での符丁も分からなくなった現在，演じ手が少なくなった。柳家小満んが演じることがある。

三人片輪 （さんにんかたわ）
【種別】 滑稽，廓，禁演

【あらすじ】 二人の道楽者が遊びに行きたいが金がないので，せむしの若旦那を取り巻きにする。若旦那に嫌がられないように，一人は顔に梅干を張って，かさっかき（梅毒で皮膚病にかかっている人）の振りをし，もう一人は唖の振りをして出掛けることにした。ところが三人とも振られてしまい，かさっかきの男が梅干を肴にして酒を飲んでいるところを女たちに見つかってしまった。女たちがみんな偽物だろうと，唖の男をくすぐると声を出して笑うので，次はせむしの若旦那だと無理矢理に服を脱がすと，本当のせむしだった。「あらまあ，ちょいと，お前さんばかりは正直者だよ」。
【解説】 上方落語に由来する『せむし茶屋』と類似した噺であるが，禁演落語に選ばれたのはこちらの噺である。橘ノ圓満が演じたことがある。

三人旅 (さんにんたび)
【別題】 神奈川宿／朝這い／びっこ馬／鶴屋善兵衛／おしくら／尼買い
【種別】 滑稽，旅
【あらすじ】
▷発　端
　義理で入った無尽が当たったが，江戸っ子は「宵越しの銭は持たない」と言われた頃のこと。そんな奴は家に置いておくことはできないと父親に言われたので，友達に金の使い道を相談した結果，三人で上方見物に行こうということになった。
▷神奈川宿／朝這い（あさばい）
　神奈川宿に着いた頃には夕暮れ近くになり，宿の客引きに勧められたので宿泊をすることにした。すると一人がこの宿場に義理のある旅籠があるので，そこに泊まろうと言い出した。その義理とは，去年の大山詣りの帰りに泊まった旅籠で，五人のところへ四人にしか女が来なかったので文句を言うと，それを止めに入った小粋な女が以前に知り合いだった女で，夜になったら忍んでいくという約束をした。ところが酔っ払って寝込んでしまい，目が覚めたときには夜が明けており，それでも廊下を這って行ったという惚気話（のろけばなし）を聞かせてきた。「それで夜這いを遂げたのか」「いや，夜が明けたから朝這いだ」。
▷びっこ馬
　小田原近くまで来ると，一人が足を引きずり出して歩くようになる。目の前には箱根山が見えてきたので，宿屋の主人からも山登りには馬を使えと言われていたことから，吹っ掛けられないように馬子の方から声を掛けてくるのを待っていると，帰り馬なので安くすると言ってきた。ところが符丁で値段を言ってくるので，分かった振りをして返すと，結局，言い値で乗ることになってしまった。馬に乗るのに梯子をかけろと言ってみたり，後ろ向きに乗ってしまうので首がないと騒いだりして，いざ出発をする。普段は百姓をしているという馬子とあれこれと会話をしながら進んでいくと，仲間の一人がやって来ない。何でもびっこ馬なので遅れるばかりか，馬の足の長さが違うので，乗っている方もお辞儀ばかりしていてくたびれてくる。しかもその馬は，時に驚いて，客を乗せたまま棹立ちになって走り出して，谷底へ落っこちてしまうこともあるらしく，この間は馬だけ助けたと言う。「そんなことはしょっちゅうある訳じゃないだろう？」「日に一遍だ」「今日はどうなってんだ？」「そろそろだろう」。旅人は馬から下りて，宿に向かうことにする。
▷鶴屋善兵衛（つるやぜんべえ）
　明日また馬を連れてやって来てもらう約束をして，馬子に紹介された鶴屋善兵衛という宿に向かうが，どこにあるか分からない上に，三人とも字が読めないので，鶴屋の噂を大声で話しながら宿場を歩くことにする。ところが宿場の外れまで来てしまったので戻り，一人が仮病になり，誰かが近づいて来たら，鶴屋が指し宿なので連れて行ってくれと頼めば連れて行ってくれるだろうとやってみる。すると声を掛けてきた人がいるので，鶴屋のことを尋ねると，鶴屋善兵衛の真ん前で倒れていた。足をすすいでもらって部屋に入ると，風呂にするか食事にするかと尋ねられたので，風呂に入ることにする。「いい湯だった。夕べの宿は湯が少なくて膝までしかなかったが，今日は肩まで湯があった。その代わり入り方が難しい」「どういう風に入

るんだ？」「逆さに入るんだ」。

▷ **おしくら／尼買い**（あまがい）

その夜、女と遊ぶことにした。二人が風呂に入っている間に、宿の主人に頼むと、この土地では「おしくら」といわれる女が二人いるという。三人のところへ二人しか来ないのは困ると言うと、去年、喜の字（七十七歳）を迎えた尼さんがいると言う。それでいいとお願いをして、その話を知らない一人に「好いた亭主に先に死なれた女がいて、その死んだ亭主にお前がそっくりなんで、惚れたお前の相手をしたいという年増の女がいる」と話すと、その女がいいと言うので相手をさせる。翌朝、その男は女が年増すぎて、面倒を見てもらうどころか、こっちが夜中に小便の面倒を三度みたと言ってくる。他の二人がそれぞれの女に、昨日のお礼に髪につける油でも買えと言って小遣いを渡すと、お前もやれと言われたので仕方なく、「おばあさん、お前にこれをやるから、女は髪の毛を大事にするってぇから、油でも買って…、頭に毛がねえじゃねえか。油でも買って、お灯明でも上げてくんねえ」。

【解説】　以前はいわゆる「東海道五十三次」それぞれの宿場に対応した噺があり、それを順に追うことができたというが、現在、演じられるのは、ここで紹介した神奈川と小田原の場と、三人のうち先立つものが少なくなった二人が帰ったあとに、伯父を頼って京見物に行った様子を描いた『祇園祭』に出てくる京都の場である。寄席や落語会では持ち時間に合わせて、組み合わせて演じることが多く、『発端』と『朝遣い』、『びっこ馬』と『鶴屋善兵衛』、『鶴屋善兵衛』と『おしくら』をそれぞれ続けて演じることが多い。『びっこ馬』で馬子と馬の値段の交渉をする場面は文政3年（1820）『初恵比須』の「駕昇」に、『おしくら』の場面は寛政8年（1796）『廓寿賀書』（みせすががき）の「比丘尼」に原話が見られる。

三人息子（さんにんむすこ）
【別題】　三人兄弟／ぞめき
【種別】　滑稽、禁演
【あらすじ】　日本橋石町（こくちょう）に大きな商家があり、そこに三人の道楽息子がいた。長男は柳橋あたりで芸者を上げての遊び好き、次男は深川で辰巳芸者と酒を飲むのが大好き、三男は吉原遊びが大好きな乱暴者で、父親は道楽が過ぎるので三人を自宅で謹慎させることにする。長男が便所に入ると、格子越しに知り合いの善公が通ったので、「夜中になったら塀の外から梯子をかけて、私のことを外に出してくれ」と頼み込む。善公は「煙草入れに一円の金をやる」との言葉に喜んで引き受ける。夜中になると、長男が目を覚まして外に出て行くので、次男もそれについていくと、外から梯子が伸びたので二人は家をあとにして遊びに出掛ける。三男が目を覚まして吉原に思いを馳せていると、二人がいないことに気づき、梯子はなかったが身軽なので塀を飛び越えて遊びに行ってしまう。翌朝、父親がカンカンになって怒っているところへ三人が揃って帰宅する。長男は謡の会へ、次男は運座に行ってきたと言い訳をするが、三男は女郎買いに行ってきたと言う。それを聞いた母親は「上の二人は謡だ、運座だと言い訳をして可愛いものです。それにつけて三男はぬけぬけと女郎買いに行って来ただなんて…」「私はこの家の身代を譲る奴を決めました」「誰に譲るんです？」「三男に譲ろうと思っている」「何だってあんな乱暴者に譲るんです？」「考えてごらん、あいつだけが本当のことを言った」。

【解説】　三人兄弟が揃って遊びに出掛け、母親が父親の代わりに言い訳を聞く話が、明和9年（1772）『楽牽頭』（がくたいこ）の「三人兄弟」に見られ、それが原話と思われる。上方で演じられていた噺で、東京では金原亭馬の助の音が残る他、近年では柳家小里んが演じている。また三男が寝床で吉原に遊びに行き、馴染みの女郎とのあれこれを思い描く場面を抜き出して、柳家喜多八が『ぞめき』と題して一席物として演じている。

三人無筆（さんにんむひつ）
【別題】　向う付け
【種別】　滑稽、長屋
【あらすじ】　出入りのお店の伊勢屋の隠居が死んだので悔みに行った熊が、葬儀の受付で参列者の名前を記帳する役を頼まれた。引き受けた

ものの熊は無筆なので，女房に相談をすると，「一緒に頼まれた源兵衛よりも先に行って，雑用を全部引き受けて，書く方はお願いすればいい」と言われる。翌朝，寺に着くと，源兵衛が先に来ていて先手を打たれてしまっていた。聞けば源兵衛も無筆だと言うので，「会葬者には『銘々付けです。仏様の遺言です』と参列する人に書いてもらおう」ということにした。会葬者がやって来ると，中に手習いの先生がいたので代筆をお願いすることにしたが，葬儀が終わる寸前に八五郎が飛び込んできた。すると八五郎も無筆なので，これまで銘々付けでお願いしていたことを話すと，源兵衛が「いい工夫を考え付いた。お前さんがここへ来なかったことにしておこう」。

【解説】 原話は元禄14年（1701）『軽口百登瓢箪（ひょうたんなり）』の「無筆の口上」に，使者と接待役の武士が無筆であるという噺が見られ，明和9年（1772）『鹿の子餅』の「無筆」に現行の噺に近い内容とほぼ同様のサゲの話が見て取れる。元は上方落語で三代目柳家小さんが東京へ移したという。柳家に伝わる噺であり，現在でも小さん一門の落語家が演じている。大阪では『向う付け』の題で演じられている。

三年目 （さんねんめ）
【別題】 茶漬幽霊
【種別】 滑稽，怪談，夏
【あらすじ】 ある仲の良い夫婦。亭主の手あつい看病の甲斐もむなしく，女房が亡くなってしまった。息を引き取る前に，亭主は「生涯女房は持たないつもりだが，もしものときは婚礼の晩に幽霊になって出て来てほしい」と女房と約束をした。しばらくすると周囲の勧めもあって，後妻を迎えることになったが，婚礼の晩になっても幽霊は現れない。そのうちに子どもも生まれ，三年目の法事を行う晩になって，やっと先妻の幽霊が現れた。すると約束を破られたことなど，恨み言を言い立てるので，亭主が「それならなぜ，もっと早く出なかった」と言うと，「私が死んだときに，ご親戚で坊主にしたでしょう。坊主では愛想をつかされるから，毛の伸びるのを待っていました」。

【解説】 男女を問わず，納棺の際に死者の髪の毛を剃った頃の話で，丸髷を結っていた時代の髪の毛を大事にした女性の心理が表れた一席と言える。上方では『茶漬幽霊』といって，三年経って，茶漬けを食べている昼間に幽霊が現れたので，「何で昼間に出て来るんだ。幽霊なら晩に出て来い」と言うと，「夜は恐いんです」とサゲる。原話は桜川慈悲成（じひなり）（1762～1833）による享和3年（1803）『遊子珍学問』の「孝子経日，人之畏不可不畏」。六代目三遊亭圓生の十八番であった。

三方一両損 （さんぽういちりょうぞん）
【別題】 三方目出度い
【種別】 滑稽，長屋，武家
【あらすじ】 白壁町に住む左官の金太郎が，柳原の道端で書き付けと印形，そして三両の金の入った財布を拾った。落とし主である神田堅大工町の大工吉五郎の元に早速届けると，吉五郎は書き付けと印形はもらうが，金は自分の懐から逃げて行ったものだから持って帰れと言って受け取らない。金太郎も金が欲しくて届けた訳ではないから受け取れないと言い返すと，気の短い江戸っ子同士で喧嘩が始まってしまう。吉五郎方の大家が止めに入り，代わりに謝るも，吉五郎のためにならないから，お上のところに訴え出るとまで言うので，金太郎は一旦引き上げたが，その帰り道に自分の大家のところに立ち寄り，今，起こった話をすると，大家は怒って同じように大岡様に訴え出るという。お白洲に引き出された両人が言い分を述べ，それでも金は要らないと言うと，越前守が一両を出して，二両ずつを褒美に差し出した。二人とも懐に三両入るところを二両ずつに，そして奉行も一両出したことから，「これ呼んで三方一両損」。裁きも済み，越前守の計らいで膳部が出たので，二人が喜んで食べはじめると，「両人，いかに空腹じゃからとて，あまり沢山食すなよ」「多かぁ（大岡）食わねえ」「たった一膳（越前）」。

【解説】 講釈の『大岡政談』から落語に移したものだが，江戸期から落語として演じられていたという。八代目三笑亭可楽は正月の席などで

は『三方目出度い』という題で演じたことがあるが，講釈の方でその題は『陸奥間違い』を指す。

三枚起請（さんまいきしょう）
【種別】　滑稽，廓，禁演
【あらすじ】　棟梁が通りかかった猪之さんを呼び止めて，遊びが過ぎていることを母親が心配していると言うと，吉原の花魁とは遊びではなく，年季が明けたら一緒になると言って起請文を見せてきた。そこには「一つ起請文の事也。私事，来年三月年季が明け候えば，貴方様と夫婦になる事実証なり。新吉原江戸丁二丁目朝日楼内喜瀬川こと本名中山みつ」とあるので，棟梁は自分ももらったと同じものを出してみせた。するとそこに清公がやって来て，二人の起請文を面白がって読んでいるうちに顔色が変わった。清公も同じ女から同じように起請文をもらっていたのだ。全員騙されていたことを知った棟梁はあいつに恥をかかせて，店にいられないようにしてやろうと，三人揃って吉原に行くことにした。店に上がって女将に事情を話し，三人で一緒にいると感づかれてしまうので，一人は戸棚へ，一人は屏風の陰に隠れて，棟梁が一人で対応することになった。喜瀬川がやって来ると，棟梁はひと言も喋らずにしかめっ面をして煙草を吸っている。喜瀬川も煙草が吸いたいと煙管を受け取るが，ヤニが詰まっていてうまく吸うことができない。煙管を通す紙を受け取ると，どこかで見たことのある紙なので，広げてみるとそれは自分が渡した起請文。怒り出した喜瀬川に，他の二人にも書いたことを問いただすとぼけてみせるので，二人が飛び出してくると慌ててしまう。ところが「こっちは客を騙すのが商売だ」と開き直ったので，「嫌で起請を書くときは，熊野でカラスが三羽死ぬと言うんだ」と返すと，「ああそうかい。それなら私は嫌な起請をどっさり書いて世界中のカラスを殺したいよ」「カラスを殺してどうするんだ」「勤めの身だもの。朝寝がしたいよ」。
【解説】　サゲは高杉晋作がつくったとされる「三千世界の烏を殺し主と朝寝がしてみたい」という都々逸が使われている。遊女が自分のところへ通ってくる客と約束を交わすも，実は他の客とも同じ約束をしているという話は，古今東西に見られ，この噺も明治に入って初代三遊亭圓左が速記を残しているが，今に伝わる噺は初代三遊亭圓右が上方から移したものといわれている。なお，起請文とは誓紙などともいい，約束を取り交わすときに神仏を仲立ちとし，もし偽りがあったときには神仏の罰を受けることを文書に書いたものを指している。

さんま火事（さんまかじ）
【種別】　滑稽，長屋
【あらすじ】　長屋の連中が大家のところへケチん坊の油屋のことについて相談に行った。以前，潮干狩りで取ってきたハマグリの殻を捨てたところ，捨て方が悪いと文句を言うので片付けたら，冬になってそれに脂薬を入れて売り出したとか，長屋の子どもが塀にいたずら書きをするので，大きな石を用意して，家から火鉢の炭を持ってきてそれに書いてみろというと，今度はその炭を取り上げたとか，お嬢さんが草が生い茂る空き地に簪を落としたと言っては，長屋の連中に草をむしらせたりするので，なんとか仕返しをしたいと言うのだ。そこで大家が考えたのは，あの家で一番怖がるのは火事だろうから，長屋全員で裏の空き地でサンマを焼いて，その煙を油屋に送って，大声で「河岸だ，河岸だー」と叫ぶ。そうすれば煙もあるし，火事と聞き間違えるだろうと言うのだ。さて，いざ実行に移すと，確かに油屋では大騒ぎになるが，番頭が外に出てみると，火事ではなくサンマを焼いているところだと知る。それを旦那に報告すると，夕飯時分であったので「みんなボンヤリしてないで，早く茶碗へご飯をよそって，外へ出なさい。この匂いをおかずにして食べちゃおう」。
【解説】　元落語家で，紙切りで活躍をした初代林家正楽による作で，落語でお馴染みのケチな人間が登場する噺。ケチを扱った小噺『鰻のかざ』（ケチな男が鰻屋から流れてくる匂いをかぎながらご飯を食べていると，鰻屋からかぎ賃を請求される噺）を膨らませたような噺。

さんま芝居 (さんましばい)

【種別】 滑稽，芝居，旅

【あらすじ】 旅に出ている江戸っ子二人が，宿の食事がサンマばかりだと話していると，村人が表をゾロゾロと歩いているのを目にする。今日は村の鎮守の祭りで，江戸から来た役者が芝居をやるというのだ。退屈しのぎに二人も見に行くと，出し物は『蔦紅葉宇都谷峠』の文弥殺しの場で，見物客で賑わっている。芝居も進み，いよいよ殺された文弥の幽霊が花道の七三から出ようとするが，肝心の煙がない。すると大道具がサンマを焼いていたので，七輪を持ってきて，その煙で間に合わせようとした。「サンマの幽霊，生臭幽霊，精進忘れたか」と客が騒ぐと，ちょうど腹の減っていた役者が「うらめしい」と言うのを間違えて「晩飯ィ〜」。「この日本一の大根役者」と声を掛けると「その大根をおろしに頼む」。

【解説】 五代目柳亭燕路の作で，二代目三遊亭円歌が得意にし，文弥殺しの場面を芝居がかりで演じた。また，円歌の弟子である三笑亭笑三は『蔦紅葉宇都谷峠』の場面を手製の紙芝居を使って，やはり芝居がかりで演じている。

落語芸術協会の新作落語【三笑亭笑三】

　一時期「上から読んでも三笑亭笑三，下から読んでも三笑亭笑三」というフレーズを使っていた笑三は，若い頃には初代林家三平のネタをつくったり，当時流行の8mmを使い，芸人仲間をキャストに使った映画を撮ったりと，時代に敏感な落語家であった。

　そんな笑三が長年演じている落語に『息子の結婚』(『異母兄弟』)がある。息子が父親にある娘と結婚をしたいと相談すると「それはダメだ」と言われる。実は父親が他の女性に生ませた子供だからと言うのだ。それを悲しんでいると母親が「結婚をしてもいい」と言う。息子が不思議がっていると「お前だってお父さんの子供じゃないんだから…」というメロドラマに見られるようなストーリーである。時代に敏感な笑三ゆえに，韓流ドラマが流行ったときには題名を『冬のそなた』と変えてみたりしていた。

　また，一時期その門下にあった二代目三遊亭円歌の新作を聞かせてくれることもあり，まだ一家に一台，一人一台電話を持つことがなかった頃，電話の呼出で右往左往する『呼び出し電話』(『取り次ぎ電話』。三代目三遊亭金馬・作)や，他の女性と旅行に行きたいがために嘘の電話を社員にかけさせる『社長の電話』(鈴木みちを・作)。酒を飲んで酔っぱらった車に乗ったために大変な思いをする『トラタク』。また『さんま芝居』を演じるときには，中で登場する『蔦紅葉宇都谷峠』の場面を紙芝居で見せたりもする(『さんま芝居』参照)。また，結婚式のエピソードをつづった『縮辞』に，短い小噺を並べていく『一分線香』といった噺も高座で演じている。

塩原多助一代記 (しおばらたすけいちだいき)
【別題】 青馬の別れ，戸田の屋敷，山口屋のゆすり，四つ目小町
【種別】 人情，武家，圓朝
【あらすじ】

▷青馬の別れ (あおのわかれ)
　阿部伊予守の元家臣・塩原角右衛門は浪人をしながら，今は上州沼田で猟師をしている。その家来岸田右内（宇之助）は角右衛門の妻の妹であるおかめと密通をしているが，角右衛門から仕官のための五十両の金策を頼まれて，馬を買う金を持っていた百姓を襲ったところを鉄砲で撃たれて死んでしまう。撃ったのは角右衛門で，襲われた百姓も同じ名前の角右衛門なので，話を聞くと先祖も同じと分かり，金を用立ててもらう代わりに，八歳になる息子の多助を百姓の家に養子に出すことにした。娘のおえいをかどわかされたおかめは，百姓の角右衛門の世話になり，本妻が亡くなったあとに後妻としておさまった。その角右衛門が所用で江戸に行ったときのこと，大火事の中である娘を助けると，それは道連れ小平という男にかどわかされたおかめの娘おえいであったことから，沼田へ連れ帰った。角右衛門はその後に患い，多助とおえいを夫婦にするようにと遺言をして亡くなる。おかめとおえいの母娘は，それぞれ武士である原丹治，丹三郎父子と密通をし，多助を殺す計画を立てる。多助は窮地のところを愛馬の青に助けられ，別れを惜しみつつ，江戸に旅立つ。

▷戸田の屋敷 (とだのやしき)
　青と別れた多助は江戸に向かう道中で，道連れ小平と呼ばれる男と出会い，身ぐるみはがされてしまう。裸同然の格好になりながら，帰参が叶った実父のいる戸田の屋敷を訪ねたが，肥前の島原に国替えになっていた。多助は昌平橋から身を投げようとするところを，神田佐久間町の炭問屋山口屋善右衛門に助けられて，受け人がないのならと山口屋に奉公することになった。多助は「子に臥し，寅に起きる（子：午前0時頃，寅：午前4時頃）」ごとくによく働き，半年経ったのち，主人から給金の話が出ると，無給金でいいので捨てるような要らない物がほしいと願い出た。主人の信用を得て外回りをするようになり，戸田家の屋敷に炭を届けに行った多助は，江戸に戻ってきていた実母のおせいと再会する。ところが実父の角右衛門は「百姓の角右衛門へ今も深い恩義を感じていることと，多助が女に溺れて夜逃げをしたことで塩原家が潰れたのだから対面はできない。塩原家を再興したときに改めて会おう」などと言う。多助は己の境遇を語って聞かせて，父親の顔を見ることもなく屋敷を去る。

　(この間) おえいと丹三郎が一緒になるべく，名主に媒酌を頼むも，多助が戻らぬうちは許さないと釘を刺される。丹三郎が刀を抜いたところに青が現れて二人を殺してしまう。青も殺されるが，おかめと丹治は火を放って逃げてしまう。そして二人の間には四万太郎という子が生まれるが，丹治は旅の途中で道連れ小平に殺される。

▷山口屋のゆすり (やまぐちやのゆすり)
　山口屋の荷主である下野の吉田八右衛門が急病で倒れたため，山口屋の掛金八十両を取りに，息子の八右衛門が代わりに江戸へ行くことになった。手紙と脇差しを持って，八右衛門は出立したものの，田舎者で江戸に不案内のため不安でたまらず，深川で出会った故郷の知り合いに，事の一部始終を大声で話してしまう。永代橋を渡るときにぶつかってきた男が八右衛門にしびれ薬を飲ませ，手紙と脇差しを抜き取り山口屋に先回りしたが，八十両を手に入れる寸前，多助に道連れ小平であることを見破られてしまう。八右衛門は多助を見込んで，店を出すときには千両の荷を送ると約束をした。

　(この間) 多助が四谷で小平に打たれているところを，実父の武士角右衛門が助け，改めて

塩原家を立て直すようにと言われる。その後，多助が開いた店に盲目の女乞食が現れ，それが四万太郎を連れたおかめであることが分かり，多助は二人を引き取る。

▷ **四つ目小町**（よつめこまち）
　十年が過ぎ，多助は本所相生町に炭屋を開き，炭の計り売りが評判となり店は大繁盛。あるとき，多助の人柄に惚れ込んだ本所四つ目の富商・藤野屋杢左衛門は，娘のお花を多助の嫁にさせたくて，出入りの樽買いに仲に立ってもらった。多助はその話を聞いて「金持ちだから嫌だ。何一つ持たずに来てくれるのならよい」と言うので，樽買いの娘という触れ込みでお花は多助の家に嫁入りをする。そして八右衛門は約束通り千両の炭を送り，お花と多助は二人して精を出して働いて暮らす。「本所に過ぎたるものが二つあり，津軽大名，炭屋塩原」と詠まれた塩原多助の出世美談。
【解説】　三遊亭圓朝による作品。モデルの塩原太助（落語では「多助」）は実在する豪商（1743〜1816）であり，圓朝は当初，画家の柴田是真に塩原家に伝わる怪談話を聞き，それをまとめるつもりであった。ところが，太助の出身地である沼田へ取材旅行へ出掛け，怪談ではなく成功談をまとめることにした。なお，この噺のあと『塩原多助後日譚』をまとめ，二代目多助が登場するも，塩原家は左前になってしまう。あらすじは通しに近い型で演じた五代目古今亭志ん生のものを記した。五代目古今亭今輔は自身も群馬県出身であり，上州訛りを扱えることから，『戸田の屋敷』を中心にこの噺を演じた。近年では桂歌丸や林家正雀が『青馬の別れ』を中心に演じている。

鹿政談（しかせいだん）
【種別】　滑稽，長屋，武家
【あらすじ】　奈良三条横町で豆腐屋を営む与兵衛は，親孝行で正直者。その日も朝早くから豆腐づくりに励んでいたが，仕事場の外で物音がするので目をやると，どうやら犬がきらず（おから）を食べている様子。追い払おうとして，近くにあった薪を投げると，倒れたのは犬ではなくて鹿であった。神鹿と大切にされていた鹿を殺した者は，過失であっても死罪と定まっていた奈良の町。与兵衛は奉行所に引き立てられ，名奉行根岸肥前守によるお裁きを受けることになった。慈悲深い肥前守が「鹿ではなくて犬じゃ」と言うと，鹿の守役である塚原出雲は「鹿でございます」と突っぱねるので肥前守は飼料横領の件を持ち出すと，塚原は黙ってしまう。与兵衛に罪はないという裁きを下すと，「与兵衛，その方，商売は豆腐屋であったの」「はい」「斬らず（きらず）にやるぞ」「まめ（健在）で帰ります」。
【解説】　元々は上方の噺で，サゲは「オカベ（お蔭）でマメに帰ります」（オカベとは豆腐のこと）というものであった。奉行の名前は松野河内守とされることもある。

地獄巡り（じごくめぐり）
【別題】　地獄八景／地獄八景亡者戯（じごくばっけいもうじゃのたわむれ）
【種別】　滑稽
【あらすじ】　世界をくまなく回った先生が医学の発達したドイツから帰ってきて，この世にいながらにして地獄極楽を見て回れるという薬を仕入れてきた。源さんと八公の二人は先生からその薬をもらい，地獄へ行くことにする。まずは役人によって悪事の懺悔をさせられ，三途の川までやって来ると，川辺の茶屋で末期の水に枕団子を食べて，赤鬼の渡し船に乗せてもら

明治時代の教科書にも採用された「塩原多助」。多助の親孝行と勤勉振りを説いている

［明治30年発行『訂正新編帝国読本・巻五』集英堂］

う。その渡し賃は六文ではなく，産後の肥立が悪くて死んだ女性は産死で十二文，脚気で死んだ者は「カッケヨイ（はっけよい）」と言うので無料でいいなどと死んだときの理由で決めている。舟を下りると六道の辻という賑やかな通りに出て，そこにはかつての東西の名人達が一堂に会した劇場や寄席が立ち並んでいる。いよいよ閻魔大王の前までやって来ると，人呑鬼（じんどんき）に飲まれてしまうが，一緒に飲まれた中に医者がいたので，身体の中のあちこちをいじっては鬼を苦しめる…。すると二人は先生のところへ戻ってくる。先生が薬を飲ませたからで，「あの薬は何です？」「飲んだ薬は大王（大黄）の黒焼きだ」「道理で地獄（至極）効きがよかった」。

【解説】　上方落語で，近年，桂米朝によって復活した『地獄八景亡者戯』を初代三遊亭圓遊が東京へ移したとされる。上方で演じられるものの方が噺の長さや展開の多さ等々でスケールが大きい。東京では四代目三遊亭圓遊が演じ，上記のあらすじは初代と四代目が演じた型を示したが，四代目圓遊はサゲを，もう一人の鬼が「自分も飲み込んでほしい。お前の腹の中でサーカスが見たい」としていた。現在では古今亭寿輔がこの噺を演じるが，圓遊からのものではなく，桂米朝が演じたものを参考に，自分でこしらえあげたもので，鳴り物を入れたり，時勢にあったクスグリを入れて演じている。その際，時間の限られた寄席などでは地獄名人会の看板を見た二人が「古今亭寿輔」の名前を見つけ，「すると今日の高座は見納めですね」などでサゲている。噺の源流は平賀源内（風来山人）による『根南志具佐』（宝暦13年・1763）をはじめとして，地獄めぐりをするという話がいくつか見られる。

持参金（じさんきん）
【別題】　金は廻る／逆さの葬礼
【種別】　滑稽，長屋
【あらすじ】　長屋の繁さんのところへ，伊勢屋の番頭が現れて，「急に金が必要になったので以前に貸した五円の金をすぐに返してくれないか」と言ってくる。返すあてもない繁さんが困っていると，隠居がやって来て嫁さんを持たないかと言ってきた。「年は二十三で，寸胴（ずんどう）で器量も悪い。炊事洗濯針仕事は半人前だが，大酒飲みで食べることは三人前。その上，お腹に産月の赤ちゃんがいる」と言うので，繁さんは一旦断るが，持参金に五円つくと聞いて女房にすることを決めてしまった。月を改めて迎えようと言うところを，何とか今日中に家に来てもらいたいとお願いすると，夕方になって隠居が女を連れて長屋へやって来るが，肝心の持参金はもう少し待ってくれと言ってきた。翌朝，番頭がやって来て，急に金が入用になった理由を話しはじめる。「今度，店を持つことになったのだが，十ヵ月ほど前に旦那の代わりに寄合に行ったときに酔ってしまい，介抱してくれた女中に手を出して身ごもらせてしまった。旦那の行為に水を差すようなことになるので，知り合いの隠居に相談をしたところ，五円の持参金をつけたら，どこかの馬鹿がもらってくれるだろうと，その五円を用立てなくてはならなくなった」と口にした。繁さんがその話を聞いて，「今度，隠居の世話で嫁さんをもらうことになった」と，今回の一件を話してきかせると，番頭が「私がお前さんから五円返してもらって，それを私が隠居のところへ持って行き，隠居が持参金としてお前さんに渡す。それをお前さんが私に五円返す…。ひと廻りしましたな」「やっぱり，金は天下の廻り物だ」。

【解説】　元々は上方落語で，桂米朝から教わった立川談志が東京に移したとされる。上記したあらすじを『持参金』等と呼び，この後，女が子供を産むが，産後が悪くて死んでしまう。繁さんがあわてて仏をさかさまに早桶に入れて寺へやって来ると，「この仏は当寺では弔うことができません。この仏には首がない」。ここまでを『逆さの葬礼』とする。また，生まれた子供が奇妙な顔をしているので，繁さんが捨てると死んでしまい，野次馬が群がって来て「子めが捨ててある」「米なら拾って行こう」「いや，赤子だ」「赤米でもいい」「いや，人だ」「四斗（しと）なら二斗ずつ分けましょう」として『捨米』と呼ぶこともあるが，最近はここまで演じる人はいなくなった。東京では『持参金』

の箇所が演じられ，三遊亭小遊三などの落語芸術協会に所属する落語家が『金は廻る』の題で演じている。

猪買い（ししかい）
【別題】　池田の猪買い
【種別】　滑稽，冬
【あらすじ】　ある男が身体が冷えて仕方がないので知り合いに相談をすると，猪の肉を食べるのがいいと教わる。ただし肉屋で売っているような肉ではなく，撃ち殺したばかりの新しい肉でなければダメだというので，早速，丹沢の猟師のもとを訪ねることにする。猟師と山へ同道してみると，雌雄二頭の猪がいたので，狙いを定めて一頭の猪を撃った。猟師に呼ばれた男が「これは新しいか？」と尋ねるので，呆れた口調で「新しいかって，今，撃ったばかりじゃないか」と，鉄砲の台尻で猪を叩いた。すると猪は鉄砲の音に目を回しただけであったので，その拍子に目を覚まして山の方に逃げて行った。それを見ながら猟師が「ほれ見ろ，あんなに新しい」。
【解説】　元々上方落語で『池田の猪買い』といって，大阪の北にある池田に猪の肉を求めに行く噺であったのを，近年，立川談志が舞台を秩父に移して演じていた。ここでは桂南喬が演じる丹沢を舞台にしたあらすじを掲げた。原話は露の五郎兵衛による宝永4年（1707）『露休置土産（ろきゅうおきみやげ）』の「猪のししの蘇生」などに見られる。

しじみ売り（しじみうり）
【別題】　汐留の蜆売り／しじみや
【種別】　人情，冬
【あらすじ】　鼠小僧次郎吉こと，茅場町で魚屋を営む和泉屋次郎吉が，博打に負けて汐留の船宿である伊豆屋に立ち寄り，店先で雪見酒を楽しんでいると，素足にわらじ履きの子供がしじみを売りに来た。次郎吉はその様子を見て，品物をすべて買い上げ，店の前の汐留川に放してやる。そしてしじみ売りから話を聞くと，母親は目が見えず，二十三歳になる姉は患っていると言う。その姉は元は新橋の芸者で紀伊国屋の小春といい，芝の紙問屋の若旦那といい仲になると，若旦那は家を勘当になり，小春も人気がなくなってしまった。そこで姉は旅芸者に，若旦那は碁打ちになり，箱根の宿に泊まった。するといかさまの碁に引っ掛かり，金をとられて借金まで負ってしまう。そこへ隣座敷にいた若い男が現われ，助けてくれた上に姉と若旦那に五十両の金を恵んでくれた。ところがその金を使ったところ，金蔵破りの金であることが分かり，若旦那は捕えられ，姉は病気になってしまったと言う。話を聞いた次郎吉は，三年前にすべて自分が起こしたことと思い起こし，小僧に安心できる金を渡す。そして手下を身代りに立たせ，若旦那と小春をはじめとしたしじみ売りの一家を助ける。
【解説】　泥棒伯円と呼ばれた二代目松林伯円が十八番とした『鼠小僧次郎吉伝』という講釈を落語にしたもので，ここでは一時期講釈師に転じていた五代目古今亭志ん生が演じた型を示した。近年は鼠小僧が出てこない形で演じられることも多く，その場合はサゲのない志ん生型とは異なり，鼠小僧にあたる親分が以前に金を渡したことを思い出し，大きな声を上げたので，そばにいた男が「あんまり親分の声が大きいので，身がしじみ（ちぢみ）ました」といったものや，「あれじゃあ助けた甲斐がないないな」「甲斐（貝）がなければ，あのしじみやから買ったらいい」といったような，上方の桂文団治から桂小文治，そして二代目桂小南が演じた型が増えてきている。

四宿の屁（ししゅくのへ）
【種別】　滑稽，廓，艶笑
【あらすじ】　おならにも色々な種類があり，中には春夏秋冬のおならがある。春のおならが「川越しの肩あたたかき春の風」。夏が「ブクブクと水に泡立つ水馬（すいば）かな」。秋が「ごめんごめんと芋食い過ぎし今日の月」。冬が「炬燵から猫もあきれて首を出し」。江戸の四宿で働く女郎のおならもそれぞれ違っている。品川は昼遊び。二人で寝ているときに女郎が一発やり，ばれないように足元をバタバタさせていた。客が「何をするんだよ」と言うので，「沖をご覧なさい，帆掛け船が行くので真似をするんだよ」。

もう大丈夫だと思い，足を止めると臭ってきた。客が「今のは肥船か？」。新宿では客と差し向かいで酒を飲んでいると，そこへ若い衆がやって来たので，花魁に酌をさせるとおならが出た。若い衆が気を利かせて「すみません」と謝ると，客が感心をして祝儀を渡した。すると花魁が「ちょいとお待ちよ。半分お出し，私の働きだから」。板橋では芸者を上げての大一座。小職（こしょく）がプー。「行儀が悪い子だね，下へ行ってなさい」。途端に小言を言っていた遣り手婆がプー。「ちょっとお待ち。私も一緒に行くから」。千住では女がまったくやって来ないのでイライラしていると，足音が近づいてくる。狸寝入りをしていると，女が客を起こしながら一発。「起きなさいよ」「どうしたんだ，遅いじゃないか」「とぼけて，今の知ってるんでしょ？」「何をだ？」「今の大きな…」「何かあったのか？」「大きな…地震さ」「地震？屁の前か後か？」。
【解説】　言わば「おなら総まくり」で，ここでは六代目三遊亭圓生の型を示したが，演者によって新宿と千住が逆であったり，板橋は田舎出の女が多く乱暴で，客が屁をしたことに文句を言うと，「屁をしたがどうした。他のところで喋ったらただじゃすまねえ」と客の胸ぐらをつかんできた。客が「喋らないから放せ」「きっと喋らねえな。それじゃもう一つ」という話にすることもある。ここで新宿の屁として挙げた話は，明和９年（1772）『鹿の子餅』の「屁」に原話が見られる。

仕立おろし（したておろし）
【種別】　滑稽，長屋
【あらすじ】　ある男が飲み友達を前に女房の愚痴を言いながら飲んでいる。牛肉を煮るのに鰹節を使ったり，バナナを買ってくれば糠味噌に漬け，冷蔵庫を買えば煙草でも帽子でも靴でも入れるので，夏なのに足に霜焼けができてしまう。針仕事なんてもってのほかで，「お前，着物が縫えるのか？」と尋ねたら，「あたしだって女だよ。着物の一枚は縫えるよ。しかし世の中には仕立屋という商売がある。人の営業を妨害するのはイヤだから，縫いたいのを我慢している」と言う。そこで「そんな生意気なことを

言うんなら，俺の目の前で縫って見ろ」と言ったら，「そんな生意気なことを言うんなら反物を買ってこい」と返してきた。お店から貰った浴衣（ゆかた）があったので，それで縫わせると，台所から鍋の蓋と出刃包丁を持ってきて，一枚の大きな布をこしらえて，その真ん中に鍋の蓋をあてがって，出刃包丁で大きな穴を開けて，「お前さん，これを着てごらん」と言ってきた。「どうやって着るんだ」と尋ねたら，「着物の着方も分からないのかい。その穴へ首を突っ込むんだ」と言うので，その通りにしたら，手も足も出ないからホオズキの化物みたいな格好になった。あまりにも馬鹿馬鹿しいので笑い出すと，「この人はまるで子どもだね。仕立おろしを着てごきげんだよ」。
【解説】　八代目雷門助六が演じていた。今でも九代目助六が寄席などで演じている。

紫檀楼古木（したんろうふるき）
【種別】　滑稽，冬
【あらすじ】　「羅宇屋（らうや）ァ～キセルゥ～」という売り声で，キセルの羅宇のすげ替えをして歩く羅宇屋が，ある家のご新造のキセルの掃除を頼まれた。掃除の最後に吸い口を二，三回吸って確かめたのを見た女中が，綺麗になったから早速吸おうというご新造に「汚い爺が吸い口を吹いたからやめなさい」とご注進に及んだ。それを耳にした羅宇屋はスラスラと筆を取ると，「牛若のご子孫なるかご新造が　我を汚穢し（武蔵（むさし））と思い給うて」という歌を女中に渡した。それを見たご新造はいいお手だと言って，「弁慶と見たはひが目か背に負いし　鋸もあり才槌もあり」という歌を返した。私が持ち歩いている道具を詠み込むとはうまいものだと感心をし，「弁慶にあらねど腕の万力は　キセルの首を抜くばかりなり」と今一度詠み，最後に「古木」と名を書いた。それを見たご新造は紫檀楼古木という狂歌の宗匠であることを知り，失礼なことをしてしまったからと，寒くなってきたことだし，風邪をひいてはいけないと，黒縮緬（ちりめん）の羽織を着て貰おうと女中に持たせた。すると「ご新造によろしくお伝えを願います。私はそのお品を頂戴しませんでも，この荷物さえ背負

っておりますれば，これでな「(売り声で)羽織ゃぁ～～，着て～るゥ」。

【解説】　狂歌を扱った噺で，紫檀楼古木は実在した人物。本姓を藤島とし，家業は大工職で，朱楽菅江に狂歌を学んだ。浅草の蔵前通りに伊勢屋という羅宇竹の問屋を営み，紫檀楼古木は戯号。立川金馬（のち二代目朝寝坊むらく）の門人となり，寄席にも出演し，題を求めて即席につくり，そのサゲで狂歌を詠み込むという狂歌噺を演じたと言われている。天保3年（1832）に66歳で没した。明治28年（1895）の『百花園』に禽語楼小さん（二代目柳家小さん）の速記が収められているが，そこでは噺の前半に，零落した古木が女房から別れてくれと言われ，「紙鳶ながき暇にさるやらば　切れて子どもの泣きゃあかさん」と詠み，女房の気持ちが治まったことや，子どもが自身番の前で遊んでいたら，町代（町役人の代役）に殴られて泣いているので「折檻を頂戴いたすお薩には　怦面目なくばかりなり」と詠んで，町代を謝らせる話などがあるが，この噺を演じた八代目林家正蔵や六代目三遊亭圓生は取り上げなかった。ここでは八代目正蔵の型を示した。現在でも正蔵一門の落語家が演じている。

七段目　(しちだんめ)
【種別】　滑稽，芝居
【あらすじ】　芝居好きの若旦那が今日も外へ出掛けたまま帰ってこないので大旦那が怒っている。やっとのことで帰宅した若旦那を叱ると，何を言われても『仮名手本忠臣蔵』や『夏祭浪花鑑』といった芝居を気取って受け答えをするので，番頭が間に入って，若旦那を二階へ上げてしまう。ところが階段を昇るにも芝居の調子で，二階へ上がれば一人で芝居の真似事をはじめるので，小僧の定吉が注意をして来いと命じられる。芝居好きの定吉がやって来たので，二人で忠臣蔵「七段目」の「祇園一力の場」をはじめることにする。役どころは定吉がお軽で，若旦那が平右衛門。定吉に簡単な女装をさせたのはいいが，若旦那も平右衛門が丸腰ではおかしいからと刀を手にすることに。芝居が進むに連れて若旦那は夢中になり，刀を振りかざして定吉に襲い掛かってきたので，慌てて逃げ出した定吉は階段から転げ落ちてしまった。それを目にした旦那が「おい，定吉，しっかりしろ」と声を掛けると，「私には勘平さんという夫のある身」と相変わらずの芝居がかり。「小僧に夫があってたまるか。二階であの馬鹿野郎と芝居の真似事をして，てっぺんから落ちたか」「いいえ，七段目」。

【解説】　元々は上方落語とされるが，原話は安永5年（1776）『鳥の町』の「見舞」に見え，現行に近い噺の形は初代林屋正蔵による『たいこのはやし』（文政12年・1829）の「芝居好」に見られる。若旦那と小僧が真似事をするのは，歌舞伎演目である『仮名手本忠臣蔵』の七段目「祇園一力茶屋の場」の場面で，密書を読んで仇討の計画を知った遊女であるお軽のことを，身請けをしてから殺そうという大星由良助の考えを知った寺岡平右衛門が，妹であるお軽を自ら手に掛けて，同志に加えてもらおうとするところで，鳴り物入りで演じることが多い。上方では「七段目から落ちたか」「いいえ，てっぺんから」とサゲることもある。春風亭小朝や柳亭市馬など演じる落語家は多い。

七度狐　(しちどぎつね)
【種別】　滑稽，旅
【あらすじ】　気の合った喜六，清八の二人連れが伊勢参りの途中，腹が減ったので一膳飯屋に立ち寄る。そこでイカの木の芽和えを黙って持ち出して食べ，入れ物であったすり鉢を投げ捨てたところ，七回化かすという七度狐にそれがあたって，怒った狐は二人を騙すことにする。早速，二人は裸になって川越しをすると見せかけて，麦畑を進まされたりする。日が暮れた頃に荒れ寺にたどり着くと，そこは尼寺で，ひどいものを食べさせられた上に，夜中は墓があるので賑やかで，本堂の火が消えるとお化けが出ると言い残して，尼さんは通夜に出掛けてしまう。しばらくすると村の連中がやって来て，早桶を置いていった。そして喜六，清八の前で「金返せ～」と言って死骸が立ち上がった。二人が悲鳴を上げると，そこにいた百姓から寺んかなくて，狐に化かされたことを聞かされ

る。近くに狐が立っているのを見つけたので，追い掛けると畑の中へ逃げ込んだ。つかまえた尻尾を引っ張ると尻尾が抜けた。気がつくと畑の大根を抜いていた…。
【解説】 上方落語『東の旅』（『伊勢参宮神乃賑』）の一編で，東京では二代目桂小南が演じ，現在では二代目桂小文治などが演じている。演題は『七度狐』とするが，三度化かすところで噺を終えることがほとんどである。大坂を出発（『発端』）し，奈良見物（『奈良名所』）を経て，伊勢参りに向かう途中（『野辺』）を描いたもので，東京では『煮売屋』から『七度狐』につなげることが多い。このあと『うんつく酒』（『長者番付』）に続いていく。原話は寛政10年（1798）『無事志有意』の「野狐」に見える。

七の字 （しちのじ）
【別題】 按七
【種別】 滑稽，長屋
【あらすじ】 金持ちになった七兵衛が立派な身なりで長屋にやって来たが，それを見た八五郎と熊五郎は面白くない。腰に矢立を下げているので，七兵衛に「字も書けないのに偉そうなことを言うな。お前の名前を書いてみろ」と八五郎が言うと，「書いて上げるので百円を出しなさい」と言い合いになる。八五郎が金を集めに行っている間に，七兵衛は先生のところを訪ねるが，留守なので奥さんに自分の名前の「七」の字の書き方を教わる。「横に一本引いて，次に上から一本引いて来て，その尻尾を右に曲げる…」。早速，八五郎の前で七兵衛が七の字を書き始めたので，「勘弁してくれ，五十円に負けてくれ」「負かるものか」と言うと，上から引いてきた尻尾を左に曲げてしまった。
【解説】 本来は「按摩の七兵衛」が主人公なので『按七』と言ったが，按摩を登場させることが少なくなったので『七の字』で記した。原話は安永頃の『小鍋立』の「無筆」。

七面堂 （しちめんどう）
【種別】 滑稽
【あらすじ】 本所の番場に，参詣する人が減多にない七面堂というお堂があった。そこへ泥棒が入り，木魚を盗み出すところを見つかり，堂守に取り押さえられた。親孝行をしたいがために盗みに入ったと言うと，「盗んだ物を置いていけ」と許されるが，泥棒の身体が動かなくなってしまった。これは七面堂の罰があたったのだと，堂内へ連れて行って拝むと元の身体に戻り，そのまま帰された。七面堂にはご利益があると知った人達が押し寄せるようになり，本堂も新築されて立派なものになった。十年が過ぎ，堂守は住職になり，千両箱を枕元に積むまでになった。するとそこへ「千両出せ」といって泥棒が入った。住職がその顔をよく見ると十年前に身体が動かなくなった泥棒だった。「恩を仇で返すのか？」「あれは俺が打った芝居だ。ああすれば参拝する人が増えて立派になると分かっていたんだ」「気の長い泥棒だ。よし五百両持って行け」「千両だ」「五百両だ」とやっていると，そこへ茶坊主が出て来て「そんな七面倒な話」…。こんなつまらない噺はないので，もう一つサゲをつくった。「お前があのとき入ってくれたおかげで，こんなに立派になった。お前の欲しいだけやろう。いくら欲しい？」「千両出せ」「持って行け」。泥棒が千両箱を背負おうとすると，泥棒が「いけねえ，身体が固まって動けなくなった」。それを聞いて住職が「十年後に一万両にしようったって，そうはいかねえ」。
【解説】 NHKの「埋もれた噺を発掘する会」への出演依頼で，八代目橘家圓蔵が明治期の速記本「百花園」に三代目春風亭柳枝が残した速記から掘り起こしたという噺。四代目柳枝が『七面堂の詐欺』という速記を残しており，そこには「是れは実際有りましたお話しでございます」としている。なお，七面堂は本所の番場にあったとしているが確認が取れない。圓蔵がこの噺を復活させたときに，上記のようにサゲを二通り用意し，現在では桂文雀がその型を受け継いでいる。また自ら寄席の高座に上がっていたこともある，作家であり寄席風俗研究家である正岡容（1904〜58）が，「蔵前柳枝研究」という著作の中で「これを神戸居留地の天主協会の出来事として西洋芝居噺の名題を据え，一ところ世をも身をも怨み詫びて落語家の真似事

をしていた私が，何を隠そうしじゅう売物にしていたことは，人あまりしるまい」と十八番にしていたことを記し残している。

質屋庫（しちやぐら）
【種別】　滑稽，怪談
【あらすじ】　三番蔵に毎晩化物が出るという噂があることを知った質屋の旦那が，番頭にどんな化物が出るのか確かめてもらいたいと言う。番頭は一人では嫌なので，威勢の良い熊五郎を丁稚の定吉に呼びに行かせる。定吉から小言があると聞いたので，叱られると思っている熊五郎は，先に謝ってしまおうと，酒や沢庵を樽ごと黙って拝借していた件を詫びる。旦那はそんなことで呼んだのではなく，蔵に出るという化物を見てほしいことを話すと，熊五郎は意気地をなくしてしまうが，番頭と二人して蔵を見守ることになった。丑三つ時になると三番蔵で何か光った。腰を抜かした二人が蔵を見に行くと，気が残っている質草が相撲をはじめたかと思うと，菅原道真の天神様の掛け軸が現れた。番頭が「あれは藤原さんから質に取った天神様の掛け物だ」。すると天神様が「東風吹かば匂いおこせよ梅の花 主（あるじ）なしとて春な忘れそ。こりゃ番頭，藤原方へ利上げせよと申し伝えよ。ああ，またどうやら流されそうだ」。
【解説】　元は上方落語で，原話は明和７年（1770）「友達ばなし」の「手習師匠」や，安永２年（1773）『近目貫（きんめぬき）』の「天神」などに見える。蔵の中で化物が相撲を取る場面で太鼓を入れたり，道真公の登場するところで鳴り物を入れて演じることもある。サゲは菅原道真公が藤原氏により太宰府に流されたことと，利上げ（質草の期限が来たときに利息だけ払い期限を延ばすこと）をしないために，質草が流されてしまうことを掛けている。

質屋芝居（しちやしばい）
【種別】　滑稽，芝居
【あらすじ】　主人にはじまって，番頭から小僧にいたるまで芝居が大好きな質屋に男が訪れて，「急に葬式に行かなければならなくなったので，質入れしてある裃（かみしも）を出してほしい」と言ってきた。質札を渡された小僧が三番蔵へ向かうと，隣の稽古屋の三味線の音が聞こえてきたので，裃を着けてできる『忠臣蔵』の三段目の真似をはじめてしまった。小僧がなかなか帰って来ないのと，次にやって来た客が布団を質から出したいと言うので，番頭が蔵まで小僧を探しに来ると，小僧に勧められるがまま芝居に加わってしまう。小僧と番頭の二人が帰って来ないことに文句を言われた旦那が蔵へ行くと，二人が芝居に興じており，それが立派な芝居なので，木戸がいないのはもったいないと旦那が木戸番役をやりはじめた。しびれをきらせた客が蔵へ行ってみると，裃も布団もぞんざいに扱われていたので，それを取り返そうと蔵の中に入ろうとする。すると旦那が「どこへ行くんだ？」「中へ入るんだ」「青田はならんぞ」「表で札を渡しています」。
【解説】　元々上方落語で『忠臣蔵』を演じる場面では，下座の演奏に合わせて芝居の真似をしてみせるところが見どころである。「青田」とはタダ見をすることで，木戸銭（入場料）を払って受け取る「札」と「質札」がかかったサゲである。東京では初代桂小文治が演じたぐらいで，近年になって林家正雀が復活させて演じるようになった。

十徳（じっとく）
【種別】　滑稽，長屋
【あらすじ】　隠居のところへやってきた男が，みんなして床屋で話していたときに，隠居が妙な着物を着ていたが，あれはなんだという話になって，分からなかったからそれを尋ねにやって来たと話すと，十徳という答えが返ってきた。そのいわれは「立ったところは衣のごとく，座ったところは羽織のごとく，ごとくごとくで十徳だ」。他にも，両国橋は武蔵国と下総国の両方に架かっているから両国橋。一石橋という橋は，金吹町のお金後藤（五斗）と呉服屋の後藤（五斗）が，金を出し合って掛けたから，あわせて一石橋だと教わる。いいことを聞いたので，早速，人に教えてやろうとするが，「立ったところは衣のようだ，座ったところは羽織のようだ，ようだようだで，やゃだ」「い

やならよせ」「そうじゃねえ，立ったところは衣みてぇ，座ったところは羽織みてぇ，みてぇみてぇでむてぇ」「眠たけりゃ，寝ちまいな」「違った。立ったところは衣に似たり，座ったところは羽織に似たり，にたりにたりで，これはしたり」。

【解説】 原話は安永2年（1773）『御伽草』の「十徳のいわれ」や安永9年（1780）『初登』の「十徳」などに見られる。十徳とは羽織に似た，丈が短い男子の上着の一つ。サゲの「これはしたり」は「これは驚いた」とか「しまった」という意味だが，最近では使われなくなった言葉なので，サゲを工夫して演じる演者も出て来ている。

品川心中（しながわしんじゅう）
【別題】 仕返し
【種別】 滑稽，廓，禁演
【あらすじ】
▷上
　品川新宿の白木屋に勤める板頭（筆頭女郎）を張ったお染は，寄る年波には勝てずに客もつかなくなり，紋日（もんび）（遊廓で年に二回衣替えをする日で，その費用は客からの祝儀でまかなわれるために客を呼ばなければならなかった）にもかかわらず，やって来る客もなく，金を用立てることができないでいた。後輩女郎に馬鹿にされるのも悔しいので死のうと考えるも，どうせ死ぬなら誰かと心中しようと，その相手に選んだのが神田から通ってくる貸本屋の金蔵で，手紙を送るとすぐに飛んで来た。心中の相談を持ちかけられた金蔵はそれを承諾し，お世話になっている親分のところへ暇乞いをしてから再びお染のところへやって来て，店の裏にある桟橋から身投げをすることにする。尻込みをしている金蔵をお染は突き落とし，自分も飛び込もうとしたところへ，店の若い衆が「金なら出来た」という知らせを伝えに来たので，お染は飛び込まずに店に戻ってしまった。品川の海は遠浅なので，水も腰までしかなく，怪我だけで助かった金蔵は親方のところへ向かう。すると中では博打をやっていたので，金蔵の戸を叩く音で，役人が来たと勘違いして明かりを消してしまい大騒ぎに。訪ねてきたのが金蔵と分かり，明かりをつけてみると，へっついに首を突っ込んでいる者や糠味噌桶の中に飛び込んでしまった者がいる中で，一人悠然と座っている者がいる。「さすが元はお侍だけあって，落ち着いていなさる。これだけの騒ぎでも逃げもせず，ぴたりと座って動かない」「いや，拙者，とうに腰が抜けております」。

▷下・仕返し
　金蔵が親分に事情を話すと，怒った親分は「仕返しをしてやる」と，金蔵をお染のところへ行かせることにする。お染に生き返ったことを話しているところへ，親分と金蔵の弟役を演じる民公が現れ，「金蔵の死体が上ったときに，お前との起請文が出てきたので会いに来た」と話す。驚いたお染は「金蔵さんなら生きていますよ。今まで一緒にいました」と，親方を連れて金蔵のいた部屋へ向かうと，そこに姿はなく，代わりに布団の中に金蔵の位牌が入っている。親方は「金蔵が化けて出たに違いないから，お前は頭を丸めたほうがいい」と言うと，お染は髪を切ってしまう。そこへ金蔵が顔を出したので，「何だってこんな悪ふざけをしたんだい」「お前があんまり客を釣るから，魚籠（びく）に（比丘尼）されたんだ」。

【解説】 長い噺であるのと，「下」のサゲが分かりにくくなったことから，最近は「上」で切ることが多くなった。その場合，上記した他に，部屋が臭って仕方がないので確かめると，与太郎が便所に落ちていたので「誰か上げてやれ」と言うと，「もう上がってきちゃった」と終えたりもする。五代目古今亭志ん生がその型で演じた。「上」のサゲで腰が抜けているのに悠然としているという話は，享保12年（1727）『軽口はなしとり』の「浅草のかたきうち」に原話が見られる。志ん生や六代目三遊亭圓生が得意にした他，映画『幕末太陽伝』（監督・川島雄三，1957）でも取り上げられた噺である。

品川の豆（しながわのまめ）
【種別】 滑稽，長屋，艶笑
【あらすじ】 町内の若い衆が集まって，川崎大師への参拝の帰りに品川で女郎買いをして帰っ

てこようという相談がまとまった。ところが中に，やきもち焼きの女房を持つ男がいて，品川に泊まってくると話をすると，「どうせ遊んで帰ってくるんだろう」と疑われる。そんなことはないと返すが，翌朝，女房が「たとえ一日でも旅だから，褌を取り替えていきな」と亭主が着けていた褌を取ったときに，おまじないをしてあげると，亭主の道具の先に右を向いた馬を書き上げた。川崎で早めに参詣を済ませて品川でドンチャン騒ぎをしたあと，遊女の部屋に引っ込むが，男が「今日は遊べない」とおまじないの一件を話すと，女が道具を眺めて「心配しないでいいよ。私が明日の朝，書き直してあげるよ」と言うので，その晩は女とたっぷり遊ぶことにした。次の朝に遊女に馬を書いてもらい，帰宅すると，女房が「おまじないを見せてごらん」と言ってきたので，褌を外して見せると馬はしっかりと書いてある。「でもお前さん，変だね。馬が左を向いているよ」「帰って来たんだから左に向かないと」「私はもっと細い筆で描いたのに，この馬は太ってるね」「品川で豆をたっぷり食わせたから…」。

【解説】原話は無住が記した『沙石集』の巻七第一話「嫉妬ノ心無キ人ノ事」や寛政10年（1798）の漢文体の笑話本『善謔随訳続編』の「麺塵異味」などに見えるが，民話や海外にも同様の話が見える。艶笑噺を現代に伝えた古今亭志ん好が演じた型を示したが，若い衆が詣でたのは穴守稲荷で，そこでお籠りをするという設定や，亭主の一物に書くのは馬の字であるという設定もある。

死神（しにがみ）
【別題】誉れの幇間
【種別】滑稽，長屋，圓朝
【あらすじ】金の算段がつかず，首をくくって死のうとしている男のところへ死神が現れた。そして，「金儲けの方法を教えてやろう。医者になって，病人の寝ているところへ行き，死神が足元にいたら，呪文を唱えれば死神は退散をして病人は治る。だが枕元に死神がいた場合は，それは寿命だからあきらめろ。その呪文は『アジャラカモクレン，キュウライス，テケレッツのパァ』だ」と教わった。言われたように医者の看板を掲げると，死神が足元にいる病人ばかりなので，どんな病気でも治すことのできる名医と評判を呼び，手にした大金で贅沢三昧をはじめるようになる。やがて無一文になり，今一度儲けようと，再び医者の看板を出すが，今度は枕元に死神が座っている患者ばかり。ある日，大店（おおだな）に呼ばれ，主人の病気を治してほしいと言われるが，その様子を見るとやはり死神は枕元に。寿命だから諦めてほしいと言うと，一万両の金を積まれ，秘策を思い付いた。それは死神が居眠りをした隙に，病人の寝床を一回転させてしまうというものだ。そして枕元にいる死神が居眠りをはじめた隙を見て，布団を回転させ，足側へ死神が行ったところで呪文を唱えると，病気はすっかり治り，大金を手に入れることができた。するとそこへ死神が現れて，ロウソクが並ぶ穴ぐらに男を連れて行く。人の寿命を表すロウソクが沢山並んでいる中で，一本だけ今にも消えそうなロウソクがあった。それは金に目が眩んで病人の寿命と取り替えた男のものだと言う。死神に命乞いをすると，死神が灯しかけのロウソクを男に渡し，うまくつなげば命は助かると言われ，男は震えながら火を移し変える。「ほら，早くしないと消えるぞ」「ああ，消える…（と言い終えると同時にバタリと倒れる）」。

【解説】三遊亭圓朝作とされるが，原話が二つある。一つは従来から指摘されてきたイタリアのリッチ兄弟が作曲したオペラ『クリスピーノと死神』（または『医者と死神』）で，もう一つがグリム童話の『死神の名付け親』である。圓朝は他にも海外に伝わる物語を翻案物として演じており，劇作家でもあった福地源一郎（桜痴。1841〜1906）との交流もあったことから，それらを参考にして一席物として拵え上げたとも考えられる。古くはサゲは「消えた」というものであったが，過去形ではおかしなところから，六代目三遊亭圓生が「消える」に直したが，男の様子を見ていた死神に「消えた」と言わせる型もある。またその他にも，十代目柳家小三治はロウソクを継ぎ足したところでくしゃみをして消してしまう型で，立川志の輔はロウ

ソクは寿命ではなく人間の運のしるしとして，継ぎ足したロウソクを持って外へ出たところで消してしまう型を。立川志らくは「今日がお前の第二の人生の誕生日だ祝ってやろう」と死神が言って，「誕生日おめでとう」と言うと，男が火を吹き消してしまう型を。またロウソクが消えたところで高座を暗転させるなどの工夫を凝らす演者もいる。また，死神から伝授される呪文も「アジャラカモクレン，××××××，テケレッツのパァ」の「××××××」の部分を，そのときに流行っている出来事などを取り入れて演じる演者も多い（例：ロッキード事件が発覚した際に六代目圓生は「アジャラカモクレン，ピーナッツ，テケレッツのパァ」とした）。なお，初代三遊亭圓遊は，主人公を幇間(たいこもち)に変えて，ロウソクを目の前にして日本中の病人を治してやろうと，消えそうなロウソクの芯を切ったり継いだりする。そして，外を出たところで，布団を回転させて治した大店の番頭に出会い，「これまでは暗いところにいたような気持ちだったが，急に明るいところに来たようだと主人も喜んでいます」「それは明るくなる訳です。今，私が芯を切って参りました」と演じた。その型を受け継いだ三代目三遊亭金馬は「今，うちの旦那に死なれたら，この家は闇になります」「闇になりっこありません。今，芯の切り立てですから」と演じた。

死ぬなら今（しぬならいま）
【種別】 滑稽
【あらすじ】 病の床にある伊勢屋の大旦那が息子を呼び寄せ，「自分は酷いことまでをして，こうして一代で財産をこしらえたから，死んだら必ず地獄に落ちるだろう。そこで頼みがある。地獄の沙汰も金次第というから，頭陀袋の中に三百両を小判で入れてもらえないか」と言い残して旅立ってしまった。遺言なので六文銭の代わりに三百両を入れようとすると，それを見ていた親戚がそんな勿体ないことをするなと言って，芝居の小道具で使う小判を入れることにした。そんなことを知らない大旦那は閻魔様に呼び出されると，浄玻璃(じょうはり)の鏡に悪事が次々と映し出されたので，地獄行きが決定…しそうになったときに，閻魔の袖口に小判を放り込んだ。すると閻魔の様子が変わり，極楽行きを口にしたので，そばに控える赤鬼青鬼，見る目嗅ぐ鼻，牛頭馬頭(ごずめず)，冥界十王が文句を言い出した。そこで，その袖の下にも小判を入れると反対をする者もなく，極楽へ行くことができた。金持ちになった地獄の連中は仕事をしなくなり，使った金がやがて極楽へ廻って来た。ところがそれが贋金であったので，閻魔の庁へ警官がやって来て，閻魔大王をはじめ，赤鬼青鬼，見る目嗅ぐ鼻，牛頭馬頭，冥界十王を，残らず牢屋へ引っ張って行ってしまった。地獄は今誰もいない。誰だって極楽へ行ける。「死ぬなら今」。

【解説】 落語の中でも変わったサゲの一つ。地噺に近い噺でもあるので，現代性や演者の個性を生かしたクスグリを多く入れて演じることもできる。元々上方落語であったものを八代目林家正蔵が二代目桂三木助から教わり，東京へ移した。十代目金原亭馬生や四代目桂三木助も演じ，現在では瀧川鯉昇や古今亭菊之丞などが演じている。

しの字嫌い（しのじぎらい）
【種別】 滑稽
【あらすじ】 飯炊きの権助は何でも理屈っぽく，主人の言葉尻をとらえてばかり。しかも言葉使いが乱暴なので，主人はそれを直してやろうと，「『し』の付く言葉はいい使い方をしないから，しの字を使ってはいけない。しの字を一つ言ったら給金をやらない。その代わり私が言ったら権助の好きなものをやる」と言う。主人は何とか権助に言わせようとして，四貫四百四十四文の銭を数えさせると，権助は「よ貫，よ百，よ十，よ文」「そんな勘定があるか」「それで悪ければ，三貫，一貫，三百，百。三十，十文。三文，一文」「しぶといやつだ」「そら言った。この銭はおらのもんだ」。

【解説】 前座噺の一つとされるが，簡単な気持ちで演じると「し」の字を言ってしまう難しい噺。天明 6 年（1786）『十千万両』の「銭くらべ」，正徳頃の『異本軽口大矢数(いほんかるくちおおやかず)』の「四の字を嫌ふ旦那」が原話と思われる。「しぶといや

芝居の喧嘩 (しばいのけんか)
【種別】 滑稽
【あらすじ】 落語にはサゲがあるが、連続物の多い講談はクライマックスを迎えようとすると、「これからが面白いが、続きはまた明日」と切れ場を設けて終わってしまうことがある…。舞台は木挽町の山村座。場内が満員なので無料客を調べる半畳改めをすると、一人の男が伝法と呼ばれる無料客であったことが分かった。そこで小屋の若い者がみんなして殴りつけると、男は町奴の幡随院長兵衛の子分で雷の重五郎と名乗り、どうにでもしやがれと開き直る。そこへ旗本奴の水野十郎左衛門の一行である金時金兵衛が現れて重五郎をつまみ出す。するとそれを呼び止めて手を上げたのが長兵衛の身内である唐犬の権兵衛。さらに渡辺綱右衛門が刀で切ろうとするのを、夢の市郎兵衛が投げ飛ばす。満員の客席で水野方と幡随院方の若い者が双方にらみ合い、これからチャンチャンバラバラ渡り合うという。これからが面白くなるが、また明日…。
【解説】 講釈師の二代目神田山陽が寄席などで演じていた話を立川談志が落語に移したとされる。マクラでは落語には様々な落ち（サゲ）がある中で、時間がないときには「冗談言っちゃいけない」といって落とす「冗談落ち」が最近流行っていると振り、それが講釈で言えば「続きはまた明日」となると伏線を張ってから本題に入ることが多い。近年では春風亭一朝が得意とし、水野の子分と幡随院の子分が登場する場面で小噺を差し挟みながら聴かせている。

芝浜 (しばはま)
【別題】 芝浜の革財布、馬入
【種別】 人情、長屋、圓朝、冬
【あらすじ】 棒手振りの魚勝は腕はいいが、酒を飲んでは仕事を怠けている。そんな生活ぶりを女房に諭されて、朝、芝の魚河岸に仕入れに行くが、時刻を間違えて起こされたので、まだ問屋が開いていない。そこで浜へ下りて夜の明けるのを待っていると、海の中で漂っている金の入った革財布を見つける。腹掛けのどんぶりにねじ込んで、家へ飛んで帰り、財布の中の金を数えると四十二両。これで遊んで暮らせると喜んだ勝五郎は喜んで一杯飲んで一眠りし、目が覚めると友達を呼んで大盤振舞。翌朝、女房に商いに行ってくれと勝五郎は起こされるが、拾ってきた金があるだろうと言うと、昨日は芝の浜に行っておらず、財布を拾ったのは夢で、飲み食いをして散財をしたのは本当だと言われる。勝五郎は心を入れ替えて酒を止め、まじめに働き出すと、三年後には表通りに小さな店を出し、若い衆を二、三人置くまでになった。ちょうど三年目の大晦日、女房が最後まで話を聞いてほしいと前置きをして勝五郎に四十二両の入った財布を見せる。そして三年前に夢といったのは嘘で、大家に相談をしたところ、拾った金を使えば罪になるので、夢だと言ってごまかした。お上に届けたが、落とし主が分からず金が下がって来たが、お前さんを立ち直らせるために夢にしたのだと言う。勝五郎は女房の気遣いに礼を言うと、女房から三年ぶりに酒を勧められたので、それをいざ飲もうとするが、「よそう、また夢になるといけねえ」。
【解説】 三遊亭圓朝が「酔っ払い、芝浜、財布」からつくった三題噺といわれているが定かではない。享保年間に松崎堯臣が書いた『窓の須佐美』という随筆の中に、正直な魚屋の登場する話がある。元は音曲噺で軽く聞かせる噺であったというが、四代目三遊亭圓生、四代目橘家圓喬、初代三遊亭圓右などが演じていたこともあり、こちらの説も定かではない。現在のような演出に変えたのは、この噺を得意にした三代目桂三木助とされている。なお、その三木助は「笹飾り、増上寺の鐘、革財布」の三題からできた噺として演じている。棒手振りが盤台の上にのせる木製の容器である「馬入」に財布を入れたことから、明治時代には『馬入』という別題もあり、財布の金額は五十両とする場合もある。近年では立川談志が年末になると、この噺を恒例のように演じていた他、現在では柳家権太楼が得意にして演じている。

しびん
【別題】 花瓶／しびんの花活け
【種別】 滑稽，武家
【あらすじ】 田舎から出てきた武士が道具屋へやって来て，古いしびんに目をつけた。しびんのことを知らず，花活けと勘違いをしているようなので，五両とふっかけると，安いと言って買っていった。宿に持ち帰り，早速花を活けていると，そこへ知り合いの本屋がやって来て，「これはしびんという小便壺で，五両とは法外な値段です」と言うので，武士は怒り，道具屋へ向かった。すると道具屋は「病中にいる母へ高い薬を飲ませたいので嘘をつきました」と嘘をつく。「親孝行とあらば仕方がない。許してやる」といって武士が帰ると，隣の主人が「侍は偉いね。よく金を返せと言わなかったな」「小便はできないんだ。しびんは向こうにあるから」。
【解説】 宝暦13年（1763）『軽口太平楽』の「しびんの花生」あたりに原話が求められる。上方から東京へこの噺を移した三代目三遊亭圓馬から教わった八代目桂文楽は，演題が汚いというので『花瓶』と題して演じていた。サゲは『道具屋』にも出てくるように，客が品物に値をつけておきながら買わないで帰ってしまうことを，道具屋の方で「小便する」と呼ぶ符丁からきたものである。

渋酒（しぶざけ）
【種別】 滑稽，旅
【あらすじ】 一人の旅人が道に迷い，ようやく家を見つけるが，そこは鎮守様で泊める訳には行かないと断られてしまう。村に暮らす作十という村一番の貧乏人の家に泊めてもらえと言われたので，早速尋ねると，泊める代わりに留守番を頼まれた。隣の部屋は覗くなと言われるも，気になるので覗くと，そこには仏になった女房が寝ており，その胸元から手が伸びたので驚いて気絶をしてしまう。手の正体は同じ布団で寝ていた三つになる子どもであることが分かり，夜が明けたので出発することにした。しばらく歩くと茶屋があったので，一杯飲んでサッパリしようと，立ち寄って酒を注文することにした。便所を借りると，物置で荒縄で縛られて猿ぐつわをされた男がいたので，茶屋の爺さんに尋ねると，「あれは隣町の造り酒屋の回し者だ。おらがところの酒は近郷近在にうまいということで評判だから，それをねたんで，ひと口酒を飲んだら，この酒は渋いと言いやがったんで，ふんじばったんだ」と言う。旅人がいい色をした酒を口にすると，にわかに顔色が変わった。「おらがんとこの酒はうまかんべ」「おやじさん，縛ってくれ」。
【解説】 三遊亭圓朝作と言われるが，中国の笑話本『笑府』をはじめ，寛政8年（1796）『春の山』の「酒」に同種の噺が見られる。近年あまり演じられていない噺で，立川ぜん馬から習った桂小金治が演じ，ここではその型を示した。現在は桂藤兵衛が演じている。

締め込み（しめこみ）
【別題】 盗人の仲裁（ぬすっとのちゅうさい）
【種別】 滑稽，長屋
【あらすじ】 ある家に盗みに入った泥棒が，箪笥の引き出しを開けて風呂敷包みをこしらえて逃げようとしたところへ家人が帰って来たので，あわてて台所の上げ板の下へ隠れた。風呂敷包みを見た亭主は，女房が男と逃げようとしたのだろうと思い込み，湯屋から帰って来た女房に詰め寄ったので喧嘩が始まってしまう。喧嘩の途中，亭主の投げた，湯がたぎっているやかんが上げ板の上に飛んで行ったので，煮え湯を浴びた泥棒が飛び出して，夫婦喧嘩の仲裁に入った。喧嘩の原因になった風呂敷は泥棒がこしらえたものと分かり，夫婦別れをせずに済んだことを泥棒に感謝。亭主が泥棒と酒を飲み始めると，泥棒が寝てしまう。亭主が女房に「不用心だから戸締りをしとけよ」「泥棒は家の中にいるじゃないの」「表から心張棒をかっておけ」。
【解説】 元々東京にあった噺に，三代目柳家小さんが上方の『盗人の仲裁』を移して，こしらえ上げた噺。原話は享和2年（1802）『新撰勧進話』の「末しら浪」。現在でも多くの演者が演じるが，風呂敷の一件についてと夫婦仲の良さについてからかったところで，泥棒が「これ

をご縁にちょいちょいとうかがわせてもらいます」でサゲることもある。

蛇含草（じゃがんそう）
【別題】 蛇眼草
【種別】 滑稽，長屋，夏
【あらすじ】 ある男が隠居の家を訪ねた際に，ある草を目にした。それは蛇含草といって，うわばみが人間を呑み込んで苦しくなったときにこの草を舐めると，人間が溶けてしまうもので，それを虫よけとしてぶら下げているのだと言う。隠居から草を分けてもらうと，餅を焼こうとしているところだから，好きなだけ食べてもいいと言われる。男が五十や六十の餅なら，何もつけずにペロッと食べられると自慢をするので，隠居は一個も残してはダメだと言って食べさせる。ところが残り数個というところで食べられなくなり，家に帰って横になったが，あまりにも苦しいのでもらってきた蛇含草を舐めることにした。隠居が心配をして男の家を訪ね，障子を開けてみると，男が溶けて，餅が甚兵衛を着てあぐらをかいていた…。
【解説】 上方落語であり，三代目桂三木助が得意にしていたが，東京では同種の『そば清』の方が多く演じられている。男の舐めたのは人間を溶かす草であったというのが噺のポイントである。原話は寛文12年（1672）『一休関東咄』の「大しよくはなしの事」や正徳6年（1716）『軽口ちはこの玉』の「牡丹餅が大小」，中国の物語や民話などに見られる。演題は『蛇眼草』と書くこともある。

写真の仇討（しゃしんのあだうち）
【別題】 指切り／一枚起請（いちまいきしょう）
【種別】 滑稽，長屋，禁演（戦後）
【あらすじ】 伯父のもとを訪ねた男が，吉原の女と夫婦約束までしたのに，他に男のいることが分かり，裏切られて悔しいのでその女を殺して，自分も死ぬと言う。すると伯父さんが「昔，晋の国の智伯という人が趙襄子に殺され，その家来の予譲が主人の仇を討とうとして捕らえられた。趙襄子は予譲を赦すが，後に姿を変えてまた狙った。趙襄子は敵ながらあっぱれだから討たれてやりたいが，今，自分が死んでは国が乱れるので三年待てば討たれてやるからと，着ていた着物の片袖を与える。予譲がそれを剣で貫くと，一念が通じたのか，血が流れて，趙襄子は三年も経たないうちに亡くなった。だからお前もその女からもらったものを突くなり，切るなりして恨みを晴らせ」と意見をする。そこで持っていた女の写真をナイフで突くと血が流れた。「恐ろしいものだ。写真から血が流れた」「いいえ，私が指を切ったんです」。
【解説】 以前は写真ではなく，錦絵や女から貰った起請文であったことから『一枚起請』という演題で演じられた。明治期に刊行された二代目五明楼玉輔が残した『開明奇談写真仇討（かいめいきだんしゃしんのあだうち）』という人情噺の中にこの噺がある。サゲは指ではなく，「手を切った」「手を切った？　これで女と別れられる」とすることもある。

しゃっくり政談（しゃっくりせいだん）
【別題】 次の御用日
【種別】 滑稽
【あらすじ】 ある大家のお嬢さんが小僧を連れて歩いていると，大きな男が現れて，お嬢さんの頭の上で「アッ」としゃっくりのような奇声を挙げたので気絶をしてしまった。小僧が店に帰り，お嬢さんは介抱の甲斐があって目を覚ますが，健忘症になってしまった。主人は一人娘をこんな目にあわせたことを許せないと奉行所へ訴え出た。お白洲に原告，被告，証人を並べ，奉行は早速「頭の上で『アッ』と申したのはどういう意味か？」と取り調べをはじめるが，被告は自分はやっていないと言うばかり。奉行は「頭の上で『アッ』と申しておきながら，『アッ』と申さぬなどとは不届きな。『アッ』と申したものなら，『アッ』と申したと申してしまえ」。なおも被告が否定をするので，「おのれ，『アッ』と申しておきながら，アッ，アッ，アッ……」と連発しているうちに，「次の御用日に致す。この裁判，喉が痛うなったわい」。
【解説】 元々上方落語で，東京では四代目三遊亭圓馬が演じた他，大阪での修業経験がある快楽亭ブラックや，九代目林家正蔵，桂文雀など

が演じている。喉が痛くなった奉行が「みなの者，次の御用日にいたせ」としてサゲることもある。

三味線栗毛（しゃみせんくりげ）
【別題】　錦木検校（にしきぎけんぎょう）
【種別】　人情，滑稽，長屋，武家
【あらすじ】　大名の酒井雅楽頭（さかいうたのかみ）には三人の子があるが，末っ子の角三郎（かくさぶろう）は父親に気に入られず，大塚鶏声ヶ窪（けいせいがくぼ）の下屋敷に遠ざけられてしまう。角三郎はそんなことは気にせず，昼間は外に出掛け，夜は書見にふけって，毎日を過ごしている。ある夜，肩が凝ったので按摩を呼ぶと，療治がうまいばかりでなく，話上手でもあるので，角三郎は錦木という按摩をすっかり気に入り，贔屓（ひいき）にすることにした。錦木が角三郎の骨相を見ると，大名になれる骨格をしていると言うので，角三郎はもし自分が大名になったら，錦木がなりたいと言っている按摩の最高位である検校（けんぎょう）にしてやると約束をする。その錦木が病気になり，長いこと角三郎のところを訪れることができないでいる間に，酒井雅楽頭が隠居をし，角三郎が雅楽頭となって跡目を継ぐことになった。そのことを耳にした錦木が雅楽頭の上屋敷へ駆けつけると，雅楽頭は再会を喜び，約束通りに錦木を検校の位につけた。ある日のこと，雅楽頭が栗毛の馬を手に入れて，三味線と名付けた。家来の吉兵衛がその名の由来を尋ねると「余は雅楽頭じゃ。唄が乗るから三味線だ。乗らんときにはひかせもする。止めるときには『どう（胴）』とも申すぞ」「殿様が乗るから三味線。もし御家来衆が乗りましたら」「バチがあたる」。
【解説】　講釈にある『一夜検校』が落語に移されたとされるが，幕末頃の『昔ばなし』に「三味線」という同種の噺が見られる。橘家文蔵が師匠である八代目林家正蔵から話を聞いたという演出で，ここで挙げたようなストーリー展開ではなく，最初に雅楽頭の馬の一件を示してしまい，そこからカットバックするように，雅楽頭と錦木の出会いを描いていき，最後に錦木が亡くなってしまうというやり方で演じる落語家もいる。その場合は『錦木検校』という別題を使うことが多い。柳家喜多八は錦木が亡くなり，葬列が通りを進むと金魚売りが現れ，その売り声が「金魚ォ～ェ，金魚ォ～（検校ェ検校ォ）」と聞こえてきたというサゲを設けて演じている。五代目古今亭志ん生，三代目三遊亭小圓朝の他，三代目三遊亭圓歌，五代目春風亭柳朝，近年では柳家喬太郎，古今亭菊之丞などが演じている。

洒落小町（しゃれこまち）
【別題】　口合小町
【種別】　滑稽，長屋
【あらすじ】　がちゃがちゃのお松とあだ名される騒々しい女房が，亭主の穴っぱいり（浮気）ばかりするのにたまりかねて隠居の所へ相談に来た。「この間もあの野郎の後をついて行くと，女の家に上がったから，その家に断って自分も上がると，『何しに来やがった！』と言って突き倒されたので，愛想もこそも尽き果てたが，それでも夫婦でなければ分からないいところもあるんです」と言い出す。すると隠居は，「昔，在原業平は井筒姫という妻がありながら，河内（かわち）の生駒姫のところへ毎晩通っていた。ある嵐の晩に業平が出掛けるのをためらっていると，こういう晩に行かないと不実と思われるので，どうぞお出かけ下さいと言って妻が送り出した。業平はそういう妻の様子に何かあるに違いないと思い，出掛けた振りをして庭で見ていると，琴を弾きながら，「風吹けば沖津白波立田山　夜半（よは）にや君がひとり越ゆらん」と詠んだので，それを聞いて業平は河内通いをやめた」という話をして聞かせる。そして「お前は歌は詠めないだろうが，洒落は言えるだろうから，亭主に優しい言葉をかけて，洒落でも聞かせたら，家が面白くなって表へ出なくなる」と教えた。お松は薄化粧に綺麗な格好をして，家に帰って来た亭主に「お帰りなさい。お疲れでしたでしょ。お湯へ行くかい？お酒にするかい？」と声を掛けると，亭主が「うるせえ」と言う。そこで，「うるさい？　うるサギ，ウサギ何を見て跳ねる，十五夜お月様見て跳ねる，ピョンピョン」と，洒落を次々に口にすると，亭主は気味悪がって外へ逃げ出してしまった。そこで

「恋しくばたずね来てみよ和泉なる信田(しのだ)の森のうらみ葛の葉」と詠むが、そのまま見向きもせずに出掛けてしまった。お松が隠居の前でその話をすると、「それは狐の歌だよ」「あ、それでまた穴っぱいりに出掛けたんだ」。

【解説】 元は初代桂文治がつくったという『口合小町』という上方落語とされるが、江戸後期に原話があったとも言われる。東京では八代目桂文治や六代目三遊亭圓生が得意にし、立川談志は現代的な洒落を盛り込んで聞かせていた。今は立川志らくがそれを引き継いで演じている。別題にある「口合」とは洒落のことである。

宗論（しゅうろん）

【種別】 滑稽、禁演（戦後）

【あらすじ】 息子がキリスト教に夢中なので、浄土真宗を信仰している父親は面白くない。「うちには代々浄土真宗というありがたいお宗旨があるのに、何故、阿弥陀様を拝んでくれないんだろう」と番頭相手に文句を言っていると、そこへ「お父様、ただいま帰りました」と父親に西洋式の挨拶をしながら息子が帰って来た。今日も教会へ行き、ありがたい牧師の話を聞いてきたとキリスト教の素晴らしさについて次々と話し出すので、親子で仏教とキリスト教の教義を巡る口論がはじまる。しまいには讃美歌を唄い出したので、怒った父親が手を上げたところを飯炊きの権助が「旦那様、宗論はどちらが負けても釈迦の恥と言うでがす。どうか権助に免じて、若旦那を勘弁して下せえ」と止めに入った。父親が「権助、いいことを言ってくれました。お前の言う通りだ。そんなことを言うところをみると、お前さんも真宗（信州）か」「いや、おらは仙台だから奥州でがす」。

【解説】 『かんしゃく』や『女天下』をつくった益田太郎冠者が明治頃に改作した噺とされるが、元は狂言にある『宗論』を落語に移したものと考えられる。狂言の方では身延山へ参詣した法華僧と善光寺へ参詣した浄土僧が出会い、宗論をしていると念仏と題目を取り違えてしまうといったもので、同一の宗教で、その宗派や教義上の優劣を決める議論を描いたものであるが、落語では異なる宗教での議論と形を変えている。昭和に入り、八代目春風亭柳枝が得意にしたが、キリスト教の学校を出た柳家権太楼が息子に讃美歌（讃美歌312番『いつくしみ深き』）を唄わせるようになってから、それを受

柳家つばめの時事落語

　残らない、残りにくい落語というものがある。「そもそも落語は残るべきなのか」という意見は別にして、別項で示したオンリーワンの落語（60ページ）とともに、その時代の時勢を語った「時事落語」もその一つに入ってこよう。

　その代表者として挙げられるのが、立川談志とともに五代目柳家小さんを支え、多くの著作を残した五代目柳家つばめである。時の首相の人間性を皮肉たっぷりに描き、放送で演じることを禁じられた『佐藤栄作の正体』をはじめ、人物伝としては『松下幸之助伝』『毛沢東本伝』『ゲバラ自伝』。トイレの使い方やその特徴に迫った『トイレット部長』など、その時代に活躍した人物や出来事を取り上げたものが多いだけに、現在、演じる人はいないが、『私は栄ちゃんと呼ばれたい』や『角さんどーする』といった〈その時々の時事問題を一落語家がどのようにとらえていたかという資料になれば幸い〉という点から残した速記集や、自身の考える落語像を記した『創作落語論』などの著作を残している。つばめの人物像については拙著『落語の達人』（彩流社）を参照してもらいたい。

け継ぐ落語家が多くなった。サゲは本来のものを示したが，他に，権助に「お前も真宗か？」と尋ねると，「おらは実は隠れキリシタンです」などと，演者によって工夫がなされている。

寿限無（じゅげむ）

【種別】　滑稽，長屋

【あらすじ】　男の子が生まれたので，丈夫で長生きをするような名前を付けたいと，和尚に相談をすると，経典から「寿，限り無し」で「寿限無」，長い年月の比喩として「五劫のすり切れ」と注釈をつけながら，色々と書き出してくれた。父親はどれか一つを選ぶことができず，おめでたい名前であるならば全部つけてしまおうということで，子どもに「寿限無寿限無，五劫のすり切れ，海砂利水魚の水行末，雲行末，風来末，食う寝る所に住む所，やぶら小路ぶら小路，パイポパイポ，パイポのシューリンガン，シューリンガンのグーリンダイ，グーリンダイのポンポコピーのポンポコナーの長久命の長助」という長い名前を付けてしまった。名前のおかげもあって，子どもはすくすくと育つが，学校へ行くようになると大変。友達が「寿限無寿限無五劫のすり切れ……長久命の長助」と呼びに来ると，母親が「おや，金ちゃん早いのね。うちの寿限無寿限無五劫のすり切れ……長久命の長助はまだ寝てるのよ。寿限無寿限無五劫のすり切れ……長久命の長助起きなさい」といった騒ぎになる。ある日，友達が大きなこぶができたと言って，泣きながらやって来た。「お前さん，うちの寿限無寿限無五劫のすり切れ……長久命の長助が金ちゃんの頭にコブをこしらえたそうよ」「なに？うちの寿限無寿限無五劫のすり切れ……長久命の長助が金坊の頭にコブをこしらえたって？どれ見せてみろ。なんだコブなんかないじゃないか」「あんまり名前が長いから，コブが引っ込んじまった」。

【解説】　名前の言い立てが口慣らしにいいことから前座噺として知られている。『沙石集』の「仏の鼻薫たる事」には，ある女性が出家をして長い法名を付けるという話が見られ，狂言や民間笑話にも同様の話がある。上方には『長名の伜』という噺があり，名前は「あにまにまにしゅりしゃびて…」というもので，現在では桂小文吾が演じている。また東京では三遊亭円丈が『新・寿限無』として，バイオテクノロジーを専門とする先生に名前を付けてもらうという設定で，「酸素，酸素，クローンの擦り切れ，細胞壁，原形質膜，細胞分裂，減数分裂，食う寝るところは２ＤＫ，窒素，リン酸，カリ，肥料，人間，汗とアルデヒド，アミノ酸，リボ核酸，龍角散，ディーエヌエーのアールエヌエーのヌクレオチドのヘモグロビンのヘモちゃん」という名前を付ける噺を演じている。

純情日記横浜編

（じゅんじょうにっきよこはまへん）

【種別】　滑稽，新作

【あらすじ】　落語の稽古をしている小原という修業中の落語家のもとへ友人の渡辺が訪ねてくる。バイト先の女の子が好きになったのだが，口べたなので口説き方を教えてほしいというのだ。小原から当たって砕けろとアドバイスされた渡辺が電話をかけると，緊張のあまりしどろもどろになってしまうが，デートへ誘うことに成功した。横浜に行きたいと言うので，関内駅で待ち合わせをして，山下公園へ行き，港内の遊覧船に乗り，港の見える丘公園から元町の商店街をウインドーショッピングをして中華街へ。一軒の店に入り中華料理を食べて紹興酒を飲み，酔いざましに山下公園へ戻ると，「ダメなのは分かっているから，その場合はこれから目をつむって十数えるのでいなくなってくれ」と思い切って素直な恋心を打ち明けた。そして言う通りに十を数えて目を開けると，そこには彼女がいて「バカだね」と言ってきたので渡辺は大喜び。電話をかけにいった彼女に「誰にかけたのか」と尋ねると，「彼氏のところ。学校を卒業したら結婚することにしている」と言うので，男は混乱してしまう。「えっ，ちょっと待ってよ。さっき公園で目をつむって十数えて目を開けたら，そこにいてくれたじゃない」「ごめんね。あたし横浜初めてでしょ。一人で駅まで帰れなかったの」。

【解説】　柳家喬太郎が大学の落研時代につくった作品。この噺の姉妹編に学校を卒業して会社

員になるが，離れ離れになる恋人が昔を懐かしみ，渋谷の町を二人して歩く『純情日記渋谷編』。会社をクビになった男が落語家に入門するまでの恋愛と失恋する姿を描いた『純情日記池袋編』。貧乏な競馬騎手と元バレリーナの若い夫婦の愛情を描いた『純情日記中山編』がある。中山編は柳家小傳次が，横浜編は桂枝太郎といった落語家が演じている。

将棋の殿様（しょうぎのとのさま）
【別題】　大名将棋
【種別】　滑稽，武家，禁演（戦後）
【あらすじ】　暇を持て余した殿様が手慰みに将棋を指そうと家来を相手にはじめるが，講釈を口にしながら，家来の駒の動かし方に「その歩を取ってはいかんぞ」とか「無断で予の陣地に飛車が入り込んではいかん。あとへ下げろ」などと文句をつけては，駒のお取り払いやお飛び越しをする。万事その調子なので殿様に勝てる者はおらず，殿様は「これからは負けた者はこの鉄扇で打つことにする」と言うも，相変わらずの横紙破りなので，ぶたれてコブをつくるのは家来ばかり。それを聞きつけたのがご意見番の田中三太夫で「その方達の仇討を致して進ぜよう」と殿様の相手をすることにする。殿様は普段と異なり，駒を自分で並べさせられたりと調子が狂う中，「桂馬を取ってはならん」と言うと，「桂馬は一騎当千の侍でございます。敵の大将が何を言いましても，たとえ手討ちになろうとも，決して待つことはできません」と，いつものお取り払いやお飛び越しを許してもらえないので，とうとう負けてしまう。三太夫が鉄扇を手に取り，殿の頭を打とうとするが，手が滑ったように見せかけて膝を叩くと，殿様は「その方達，何を笑うておる。早く将棋盤を片付けろ。焼き捨てろ。明日より将棋を指す者は切腹を申し付けるぞ」。
【解説】　講談の『大久保彦左衛門』に「将棋の御意見」という話があり，それが元になったと言われている。初代三笑亭可楽が十一代将軍徳川家斉の前で，この噺を演じたとも言われている。本来はこの後に続きがあって，殿様は落とし噺に凝り始め，それを家来達に聞かせることにするが，ちっとも面白くない。家来達は笑わないと鉄扇で叩かれるのではと無理に笑うが，そのうち，殿様の話が厄払いの口上になり，「鶴は千年，亀は万年。東方朔は九千歳，浦島太郎は八千歳。…この厄払いがひっとらえ，西の海へさらーり，さらり」。すると家来達が声を揃えて，「よーく，笑いましょ，笑いましょ」とサゲるが，現在では演じ手がいない。五代目柳家小さんが演じ，現在では柳亭市馬や柳家喜多八などが演じている。

将軍の賽（しょうぐんのさい）
【別題】　大名の賽／賽の殿様
【種別】　滑稽，武家
【あらすじ】　江戸は幕末，黒船が品川沖にやって来たときに，水戸様が寺にあった鐘をみんな下ろして，それを逆さにして沖に向けて並べたところ，唐人が大砲と驚いた。釣鐘を取られたら寺がつぶれてしまうので，役目が終わったら返してくれればいいのに，その頃流行った落首に「仏法を鉄砲にした水戸っぽう　四方八方公方貧乏」。天下泰平の世の中が続くと，大名もすることがほとんどない。なかにはサイコロを持ち歩いて，城内で博打を行う者も出てくる。さすがに昼間は人目をはばかるも，夜になると手拭いで向こう鉢巻をして片肌脱ぎで大あぐらをかいて「勝負，勝負」という者も現れる。するとそのことが将軍の耳に入り「治にいて乱を忘れず。かかる深夜に及んで勝負，勝負。勝負を争いおる奴は，いかなる奴か，末頼もしい奴である。見届けてやろう」と，博打をしている部屋にやって来た。大名たちは夢中になってそれに気づかないでいると，サイコロが将軍のところに転がって行ったので，それを拾い上げながら「これなる品はなにか」と尋ねる。そこにいた井伊掃部頭（いいかもんのかみ）が頓智をきかせて「畏れながら申し上げます。それなる品はわが国の宝でございます。東西南北，天地陰陽を取り計らい致しましてつくりましたものでございます」「しからば，この一つの目の彫り刻みはなんであるか」「将軍様をかたどりましたるもの」「返して六つは」「日本は六十余州，六尺をもって一間とし，六十間をもって一町とし，

六六，三十六町をもって一里と称す」「四つは」「徳川家代々の四天王。酒井，榊原，井伊，本多」「返して三つは」「清水，田安，一橋の御三卿」「五つは」「ご老中にござります」「二つは」「紀州，尾張のご両家」「だまれ，なぜ水戸を入れぬ」「水戸を入れますと寺がつぶれます」。
【解説】 武士や大名を風刺した落語。以前は八代目桂文治や三代目三遊亭小圓朝が演じたくらいで，近年では三遊亭圓窓，柳家小満ん，快楽亭ブラックが演じることがある。

松竹梅 (しょうちくばい)

【種別】 滑稽，長屋
【あらすじ】 松さん，竹さん，梅さんの三人が，出入りのお店のお嬢さんの婚礼に招待された。隠居から名前がおめでたいので，ご祝儀として余興をしたらいいのではと言われ，早速稽古を始める。謡曲調の節廻しで，最初に松さんが「なったァなったァ，じゃになったァ，当家の婿殿，じゃになったァ」，次に竹さんが「何じゃァになァられた」，最後に梅さんが「長者になァられたァ」。そして三人で「おめでとうございます。お開きに致しましょう」というもの。ところがいざ婚礼の本番でやってみると，梅さんだけが肝心のセリフが出て来ず，「何じゃァになァられた」と振られても，「大蛇になられた」とか「亡者になられた」と縁起でもないことを言ってしまうので，逃げ出してきて隠居に報告をした。「梅さんはそれでどうしてる？」「きまりが悪いのか，床の間の隅の方で小さくなってました」「それでは心配することはない。根が梅さんだ。今時分は一人で開いているだろう」。
【解説】 元は初代松富久亭松竹の作とされる上方落語で，四代目柳亭左楽が明治中期に東京へ移し，柳派の話としてきた。最近では本来のサゲまで演じることなく，「何じゃァになァられた。梅，お前だ」「亡者になられた」でサゲることが多い。柳家喬太郎が梅さんとお店のお嬢さんの間に人知れぬ関係があって…という，『ほんとは怖い松竹梅』という型で演じることがある。

しょう 141

樟脳玉 (しょうのうだま)

【別題】 源兵衛玉
【種別】 滑稽，長屋
【あらすじ】 仕事もしないで遊んでばかりいる二人の男が，金儲けのために今度目をつけたのは長屋の捻兵衛。大切にしていた女房を亡くしてからは，仕事もしないで泣きながら念仏を唱えているので，幽霊を出して「お金や着物に気が残って浮かばれない」と言って，金や着物を巻き上げようと考えた。まず一人が長太郎玉（樟脳を丸めたもの）を用意し，捻兵衛宅の天井の引き窓から糸を付けて垂らし，それに火を点けて振り回す。次の日にくやみに行き，「捻兵衛が今も大事に思っているから，亡くなった奥さんも浮かんでいるでしょう」と声を掛け，「浮かんでいません。人魂が出ました」と言ってきたら，「金や着物は寺に納めてありますか。それに気が残っているから浮かばれない。ちょうど寺に行くところだから，持って行ってあげましょう」と言って，それを山分けにしようと言うのだ。早速，行動に移すと，思っていた通りに事は運ぶが，着物は巻き上げられたが金を取るのを忘れてしまった。そこで，もう一度夜に同じことをやると，捻兵衛の頭に火の玉をぶつけてしまった。翌日また訪ねると，「家内はまだ浮かんでいません。怒っているようで，火の玉がぶつかってきて火傷をしました」「金は納めましたか」「金は葬式で使ってしまってありません。お雛様ならあります」と言って，捻兵衛が女房が大切にしていたお雛様が入っている箱を開けると，「家内が気を残しておりましたのは，このお雛様です」「どうして分かりました」「今，ふたを開けたら魂の匂いがしました」。
【解説】 樟脳は楠の根や枝を蒸留して得た精油で，防腐剤や殺虫剤に用いる他，芝居で人魂に見せるために使う狐火にも用いられ，それがサゲにかかっている。また『捻兵衛』という別題もあり，二代目古今亭今輔や初代三遊亭圓遊が速記を残しているが，上方落語の『夢八』が内容的には近い（『夢八』の項参照）。なお，上方では『源兵衛玉』と呼んでいる。六代目三遊亭圓生や三代目桂三木助が演じ，近年では桂歌丸

や柳家小袁治らが演じている。

蜀山人（しょくさんじん）
【種別】　滑稽，地噺
【あらすじ】　大田直次郎は号を南畝（なんぽ），別号を蜀山人，狂名を四方赤良（よものあから）または寝惚先生と称した。中国に狂歌を送ったときに詠んだのが「唐人もここまでござれ天の原　三国一の富士が見たくば」。紀州公に呼ばれ「五色の歌を詠め」と言われたときには「色白く羽織は黒く裏赤く　御紋が青い（葵）黄（紀伊）の殿様」。似た歌に「借りて黄る（着る）羽織は黒し裏白し　ここは赤坂行くは青山」。蜀山人は酒を飲むと話が長いので，その日は弟子が堪らずに「いつ来ても夜更けてよもの長ばなし　あからさまには申されもせず」と「四方赤良」を詠み込んでみせた。そして弟子が禁酒をお願いすると，「くろがねの門より堅き我が禁酒　ならば手柄に破れ朝比奈」と禁酒のご誓文を書くが，しばらくすると酒を飲んでいる。弟子がご誓文を見ると「我が禁酒破れ衣になりにけり　やれ継いで（注いで）くれそれ刺して（注して）くれ」と歌が変わっていた。旅に出た際に近江で駕籠屋に「近江八景を歌に詠み込んだらタダで乗せる」と言われて詠んだのが，「乗せたから先は逢わずかただの駕籠　平石山や馳せらせて見い」（のせた〔瀬田の夕照〕からさき〔唐崎の夜雨〕はあわず〔粟津の晴嵐〕かただ〔堅田の落雁〕のかご　ひら〔比良の暮雪〕いしやま〔石山の秋月〕やはせ〔矢橋の帰帆〕らせてみい〔三井の晩鐘〕）。そんな蜀山人が体調を崩し，いよいよいけないというときに詠んだ辞世が「冥土から今にも迎えが来たならば　九十九まで留守と断れ」。他にも春の句として「須弥山（しゅみせん）も富士も筑波も一同に　どっとと笑う春は来にけり」，夏に「いかほどにこらえてみてもほととぎす　鳴かねばならぬむらさめの空」，秋に「紅葉咲く菊やすすきの本舞台　まず今日はこれぎりの秋」，冬に「雪降れば炬燵やぐらにとじこもり　うっていずべき勢いもなし」と詠んだという。狂歌で名を知られた蜀山人の一席。
【解説】　実在した大田南畝（1749〜1823）の逸話を集めた一席なので，演者によって内容や噺の組み立てが異なり，特定のサゲもない。ここではこの噺を得意にした立川談志の型をベースに示した。談志は若い頃には，「蜀山人の子孫が今もいて，何をしているかというと住宅メーカー，それも殖産住宅で働いている…」とサゲたこともある。現在では柳家小満んや桂文雀などが演じている。

虱茶屋（しらみぢゃや）
【種別】　滑稽，音曲
【あらすじ】　いたずらをするのが大好きな旦那（社長）が，乞食から虱を瓶いっぱいに買って，行きつけの茶屋へ遊びに出掛けた。芸妓や幇間を呼び，「今日はお前たちの運勢を見てやろう。私のやるのは変わっていて，手相や人相ではなく骨相占いというもので，襟足で占うから頭を下げてうなじを見せるように」と言うと，みんなを一列に並ばせて，後ろに回ってあれこれと言いながら，占う振りをして，虱を襟元へ入れていった。酒宴が盛り上がって来ると，虱の活動も活発になって来て，芸妓はお酌をする手が震えてしまい，幇間の一八もじっとしていられなくなった。そこで踊りを踊り始めるが，身体中がかゆくてまともに踊ることができず，しかも虱が現れてきたので，堪え切れなくなった一八は「着物を着替えてきます」と言い出す。すると旦那の袖口から虱が這い出しているので，一八は旦那のいたずらと気づき，「いけませんよ。虱が這い出していますよ」「ああ，瓶の口が欠けた」「ほらご覧なさい。犯人が口を割った」。
【解説】　八代目雷門助六の十八番で，虱を見つけた一八がそれをつぶしながら踊る姿が見どころであった。元々は上方落語で，サゲは「袖口から虱が這い出していますよ」「しまった，瓶のツメを忘れた」とするものもある。現在では，九代目雷門助六や桂小文治が寄席の高座でよく演じている。

尻餅（しりもち）
【種別】　滑稽，長屋，冬
【あらすじ】　大晦日ももうすぐなので，長屋の他の世帯では正月用の餅をついているのに，餅

もつけないでいるある夫婦。世間の手前，女房から何とかしてくれと頼まれた亭主は，ならば餅をつく音だけでもさせようと言い出す。それは女房の尻を平手で叩いて，その音で餅をついているように見せかけるというものだったが，女房も致し方ないと承諾。そこで亭主は一旦，家の外に出て，餅屋の声色を使って家にやってきたことを近所に知らせ，それから家に入り，女房の尻をまくり，臼の代わりに景気よく叩き始めた。女房は最初のうちは我慢できたが，寒いのと痛いので我慢できなくなってきたので，「お餅屋さん，あと幾臼あるの？」「あと一臼ですね」「その一臼は？」「お供えですか？」「おこわにして下さい」。

【解説】 上方種の噺。原話は享和2年（1802）『臍くり金』の「餅搗（もちつき）」。『笑府（しょうふ）』には和尚と小僧の男色をめぐった「精進びらき」という同種の噺がある。以前のサゲでは「二臼」という設定が多かったが，最近は「一臼」とする演者が多い。またサゲには他に，いい加減に嫌になった女房が「今度はお前さんの臼を出しな」「俺の臼で何をつくんだ？」「ちんもち（賃餅）だよ」というものがあり，桂歌丸が演じている。

素人鰻（しろうとうなぎ）

【別題】 士族のうなぎ／士族の商法
【種別】 滑稽，武家，圓朝
【あらすじ】 明治の御一新で一般人となったある武士が鰻屋をはじめることにした。鰻割きの職人として働いてもらう神田川の金は酒癖の悪いのが玉に疵だが，酒を断って一所懸命に働くと言う。ところが，その開業日に折角断った酒を勧められたので飲み始めると，酒が進むに連れて，主人にからみ，外に飛び出してしまった。次の日になり，吉原から付き馬を引っ張って帰ってきたが，主人が代金を支払うと，金は真面目に働き出した。ところが夜になると，金は盗み飲みをして家をまた飛び出してしまい，そのまま帰って来なくなった。弱った主人は自分で鰻を扱おうとするが，まず鰻を捕まえることができない。糠をかけてなんとか捕まえ，鰻の頭に錐を打とうとするが，指の間から鰻が逃げていこうとするので，主人はそれを追って歩

き出してしまった。「どこへ行くんだ」「前へ廻って鰻に聞いてくれ」。

【解説】 同種の噺に『鰻屋』があるが（別掲），この噺は三遊亭圓朝が実体験からつくったという『士族の商法』（『素人汁粉』）が，一門の初代三遊亭圓馬と初代三遊亭遊三に別れて継承され，圓馬から初代圓左，三代目圓馬と経て，八代目桂文楽に伝えられたものである。ラストで主人の指の間を逃げていく鰻を，両手の親指で見立てる場面からして，見る落語の一つである。

城木屋（しろきや）

【別題】 白木屋
【種別】 滑稽，禁演，禁演（戦後）
【あらすじ】 日本橋新材木町の城木屋庄左衛門の娘お駒は大変な美人。番頭の丈八が艶書を送ったが，すげない返事であったので，お駒を殺して自分も死のうと寝間へ忍び込むが失敗をしてしまう。そのときに落としてきたタバコ入れから足がつき，大岡越前守の取り調べを受けることになった。すると自分のしたことを白状するのに，「お嬢様のことは東海道から思い詰めたこと，鼻の下も日本橋，お駒さんの色品川に迷い，川崎ざきの評判にも，ああいう女を神奈川に持ったなら，さぞ程もよし保土ヶ谷と，戸塚まえて口説いても，かぶりも藤沢，平塚の間も忘れかね，お駒さんの智相談もどうか小田原になればよいと，箱根の山ほど夢にも三島，たとえ沼津食わずにおりましても原は吉原，いくら蒲原立てても，口には由比かね，寝つ興津，江尻もじりとしておりました」「東海道を巨細にわきまえる奴。してその方の生国は」「駿河でございます」「府中（不忠）ものめ」。

【解説】 三題噺から生まれたものと伝えられるが，講談の「大岡政談」の中で，唯一実際に大岡越前守が裁いた白子屋お熊事件を，乾坤坊良斎（りょうさい）が話に仕立てた『白子屋政談』がもとにあるとされる。三題は「名奉行・評判娘・伊勢の壺屋の煙草入れ」や「東海道五十三次・評判娘・伊勢の壺屋の煙草入れ」他，諸説ある。現在この噺を得意にしている桂歌丸は「伊勢の壺屋の煙草入れ・東海道五十三次・江戸一番の評

判の美人」としている。五代目古今亭志ん生がこの噺を演じた際に,「その方の生国は？」「府中でございます」としてしまい,間を置いて「しずか(静岡)にしろ」とサゲたという逸話が残る。

しわいや
【別題】　始末の極意
【種別】　滑稽,長屋
【あらすじ】　日頃から倹約をしている男が,やはりケチで知られる先生のところへやって来た。「私は飯を食うときに,一日に梅干し一つあればいい。朝はベロベロと舐めて,昼は半分を食べ,夜はもう半分を食べる」と話すと,「一日に一つ？　贅沢だ。私なら一年間一つの梅干で済ませる。梅干をジッと睨んでいると唾がたまるから,それで飯を食う」などと返してくる。他にも扇子一本を一生使う方法などを話してくれるので,「金を貯めるための極意を教えてくれませんか？」とお願いをすると,「お前は見どころがあるから教えてやろう」と,外へ連れ出して松の木に登らせる。そして「両手を伸ばして上の枝をつかめ」と言って,つかんだ途端に梯子を外した。そして左手を放させ,次に右手の小指,薬指,中指と放させる。「次に人差し指を放せ」と言うと,「冗談じゃない,これだけは放せない」「だからな,どんなことがあっても,これ(右手の人差し指と親指の先で円をつくってお金の形を表して)だけは放しちゃいけない」。
【解説】　落語に登場するケチな登場人物の行動を集めた,ケチ総まくり的な噺であり,中で披露されるケチの話も演者によって異なる。ここでは近年よく演じられることが多くなった,上方でいう『始末の極意』に沿った型を示した。桂米朝から教わった八代目林家正蔵がこのサゲで演じていた。元々は『位牌屋』のマクラに使われていた噺ともされる。東京では以前は,夜になって先生の家を訪ねると,明かりも何もつけない暗がりで,裸で座っているので「寒くありませんか？」と質問をすると,頭の上に大きな石を吊るしているから冷や汗をかいて寒くないと言う。とてもかなわないから帰ろうと,履物を探すが暗くて見つからない。そこで「マッチを貸してくれ」と頼むと,「目と鼻の間をゲンコツで殴って,その火で探せ」と言うので,「そんなことだろうと思って,裸足で来ました」「俺もそうだろうと思ったから,畳を裏に返しておいた」とサゲることが多く,三代目三遊亭小圓朝がその型で演じていた。上記の「これだけは放しちゃいけない」という話は,天保8年(1837)『落噺仕立おろし』の「しわんぼうになる伝」に,「畳を裏に返しておいた」という話は,安永5年(1776)『夕涼新話集』の「金もち」に原話が見られる。

心眼（しんがん）
【種別】　人情,圓朝
【あらすじ】　按摩の梅喜が横浜から顔色を変えて帰って来た。女房のお竹が訳を聞くと,弟の金に「どめくらが食いつぶしに来やがって」と何度もののしられたと言う。そこで茅場町のお薬師様に眼が開くようにと願掛けをすることにする。馬道の自宅から二十一日間通い続けた満願の日に,上総屋の旦那から声を掛けられたのと同時に目が開いた。目が開くと今度は見たこともない景色なので道が分からず,旦那に連れられて歩きはじめると,目の前を人力車が通った。車には綺麗な芸者が乗っているので,女房のお竹とどっちが綺麗かを旦那に尋ねると,お竹は人三化七(人間が三,化物が七)ならぬ人無化十という器量の悪い女だが,気立ては日本中でも指を折るほどの女で,梅喜は好男子であることを教えられる。浅草の観音様でお参りをしていると,梅喜のお客である芸者の小春に声を掛けられ,梅喜は待合に連れて行かれる。お竹は上総屋から知らせを受け,梅喜を探しに来ると,二人が待合に入って行くところを目にする。小春に口説かれた梅喜は酔いに任せ,小春を女房にしてお竹を叩き出すと言うので,お竹はそこへ飛び込んで行って,梅喜の胸倉を締め上げる。梅喜が苦しんでいると,「梅喜さんどうしたの？　怖い夢でも見たのかい」と起こされた。「一生懸命信心してね」とお竹が声をかけると「もう信心はやめた。めくらてえものは妙なもんだね。寝ているうちだけよーく見える」。

【解説】 三遊亭圓朝が弟子であり盲目の音曲師であった圓丸から聞いた実体験話を一席にまとめたとされる。圓朝のものとされる速記では、梅喜は療治が下手なことから、横浜の知り合いに声を掛けられて出掛けたところで弟と喧嘩をするとか、梅喜の眼が開いた代わりに女房の眼が見えなくなるなどと、現行のものとは異なった点がある。この噺を得意にした八代目桂文楽がこしらえ上げたといってもいい作品で、現在では柳家さん喬や入船亭扇遊といった落語家が演じている。

真景累ヶ淵 (しんけいかさねがふち)

【種別】 怪談、長屋、武家、芝居、圓朝
【別題】 宗悦殺し／深見新五郎／松倉町の捕物／宗悦の亡霊／豊志賀／豊志賀の死／お久殺し／水門前／土手の甚蔵／お累の婚礼／勘蔵の死／勘蔵の最期／迷いの駕籠／お累の自害／惣右衛門殺し／湯灌場／聖天山／お隅の仇討

【あらすじ】

▷**宗悦殺し**（そうえつごろし）、**深見新五郎**（ふかみしんごろう）、**松倉町の捕物**（まつくらちょうのとりもの）、**宗悦の亡霊**（そうえつのぼうれい）

安永二年（1773）十二月二十日、根津七軒町の鍼医宗悦が、貸した金を催促したことから旗本の深見新左衛門の怒りを買って殺される。新左衛門は宗悦の亡霊と誤って妻を殺し、乱心の上、非業の死を遂げる。深見家は改易になり、長男新五郎と乳飲み子の次男新吉は別れ別れになって成長。新五郎は勤め先の質店に奉公する宗悦の次女お園にほれるが、嫌われた末に誤って殺して逐電。のちに召し捕らえられて打ち首となる。

▷**豊志賀**（とよしが）、**豊志賀の死**（とよしがのし）、**お久殺し**（おひさごろし）、**水門前**（すいもんまえ）

その二十年後、新吉は宗悦の長女で富本の師匠の豊志賀とわりない仲になる。ところが豊志賀は年上の女のやきもちから、若い女弟子のお久と新吉の間を疑ったあげく、腫物から面相も変わり、新吉の女は七人まで取り殺すとの遺書を残して悶死。新吉はお久と下総羽生村に落ち延びる途中、豊志賀の霊に悩まされてお久を殺す。

▷**土手の甚蔵**（どてのじんぞう）

お久殺しの一部始終を見ていた土手の甚蔵というやくざ者が新吉を家に置き、金品をもらおうとしたが、豊志賀の祟りで殺しただけなので一銭もないと言われてしまう。

▷**お累の婚礼**（おるいのこんれい）

殺されたお久は土地に暮らす甚蔵の姪であったことから、甚蔵が弔いを済ませ墓を立てた。ある日、お久の墓参りに来ていた新吉と出会った甚蔵の妹であるお累が新吉に一目惚れ。それを知った甚蔵は婚約の話を進め、三十両という金を甚蔵に渡して新吉と縁を切らせる。ところが、婚礼の前にいろりのそばで転んだお累は顔に湯を浴びて豊志賀のような顔になってしまった。

▷**勘蔵の死**（かんぞうのし）、**勘蔵の最期**（かんぞうのさいご）

新吉は身の因果を悟り、夫婦仲睦まじく暮らすと、お累は懐妊。するとそこへ江戸から新吉の伯父である勘蔵が大病であるとの知らせが届いた。新吉が四谷大門町へ帰ってみると、病の床にある勘蔵から、自分は新吉の伯父ではなく新左衛門宅の門番であったことと、本当の父は深見新左衛門であることなどを知らされる。

▷**迷いの駕籠**（まよいのかご）

勘蔵の弔いを済ませた新吉が、父の位牌と迷子札を持って駕籠に乗ると疲れが襲い、寝てしまう。駕籠が千住の小塚原で止まったので下りて歩き出すと一人の男と出会う。それは兄の新五郎であった。新五郎は新吉にこれまでの経緯とお園殺しを訴えたのが番頭の三蔵であったと話し、三蔵を殺してくれと迫る。苦しむ新吉が目を覚ますと、そこには新五郎の獄門の次第が記される立て札が…。お累は男の子を産むが、その顔は夢で見た兄にそっくりの顔であった。

▷**お累の自害**（おるいのじがい）、**惣右衛門殺し**（そうえもんごろし）

新吉の生活が荒れはじめる中、新吉は名主惣右衛門の妾であるお賤と出会う。そしてお賤に入れあげるうちに、お累は病の床に就き、鎌で

自害をしてしまう。新吉は他所へ行こうと考え，邪魔に思う惣右衛門を絞め殺してしまう。

▷**湯灌場**（とうかんば）

惣右衛門の弔いを出そうとすると，惣右衛門は「湯灌は新吉一人にやってもらいたい」という遺言を残していたが，これは生前にお賤が書かせたものであった。するとそこへ甚蔵が現れ，惣右衛門の首に紐で締めた跡を見つけたので，殺害したことを詰め寄り，新吉とお賤に金をせびるようになる。

▷**聖天山**（しょうでんやま）

新吉とお賤は甚蔵に惣右衛門が遺した金が聖天山に埋めてあるから掘りに行こうと相談を持ちかける。二人は甚蔵を殺しにかかるが，帰宅した二人の前に甚蔵が現れる。襲い掛かる甚蔵を撃ち抜いたのは，お賤が放った鉄砲であった。そして新吉とお賤の二人は羽生村から逐電をする。

▷**お隅の仇討**（おすみのあだうち），**大団円**（だいだんえん）

惣右衛門の死後，家督を継いだ長男の惣次郎は水街道の料亭麹屋の娘お隅と知り合う。お隅には安田一角という男が思いを寄せており，ある日，惣次郎が一角に因縁をつけられていると，花車重吉という相撲取りに助けてもらう。お隅は惣次郎の母親のもとに引き取られるが，惣次郎のもとで働いている富五郎もお隅に惚れていた。そこで富五郎は安田一角をそそのかして惣次郎を殺害。その犯行を知ったお隅は富五郎を殺して一角のところに向かうが命を落としてしまう。その後，作蔵という馬方の話を偶然に耳にした新吉とお賤は作蔵をそそのかし，三蔵をおびき出して殺して金を奪う。そこから逃げる途中に観音堂で休んでいると，一人の老尼に出会い，その正体がお賤の母お熊であること。そして新吉とお賤が兄妹であること（お熊は深見新左衛門の妾であった）。この寺にいる宗観という坊主が惣次郎の弟惣吉であることを知る。新吉はお賤を殺して自害。安田一角の居場所を教えられた惣吉は花車の力を借り，安田一角を討ち，羽生村へ戻り，父惣右衛門の名を相続。ここに『真景累ヶ淵』は大団円を迎える。

【解説】三遊亭圓朝21歳のときの作といわれ，当初の演題は『累ヶ淵後日の怪談』であった。『祐天上人一代記』（累解脱物語）に取材した累狂言を脚色した長編落語であり，漢学者である信夫恕軒（しのぶじょけん）の意見により「神経」をもじった「真景」の題を付した。人物関係が簡潔で，比較的ストーリーが分かりやすい『豊志賀の死』の場が演じられることが多い。八代目林家正蔵は芝居噺で演じ，現在は林家正雀が受け継いでいる。物語が長いので，ここでは演じられるときに比較的多く見られる切れ場ごとに取り上げ，副題を付けたが，演じ手により切れ場は多少異なることもあり，またそれに準じて副題が異なることもある。

シンデレラ伝説（しんでれらでんせつ）

【種別】 滑稽，新作

【あらすじ】息子が父親に「昔ばなしを聞かせてほしい」と言うので，「何が聞きたいんだ？」と尋ねると，「シンデレラを聞かせてほしい」と言ってくる。するとシンデレラを含めた三人の娘が母親から自立しろと言われ，それぞれ藁の家に木の家，シンデレラはレンガの家を建てると，姉の家は狼に吹き飛ばされて二人は食べられてしまう。シンデレラは赤い頭巾をかぶって狼の腹をハサミで破って姉を救い出すと，そばの泉に落としてしまうが，泉の中から女神様が現れて，「お前の落としたのは，この金のお姉さんかい？ それとも銀のお姉さんかい？」と聞かれたので正直に答えると，三人のお姉さんを授けられたと，『三匹の子豚』や『赤ずきん』，イソップ童話の『金の斧』を混ぜこぜにしてしまう。その話を聞いた息子が「王子様も舞踏会も出てこないじゃないか！」と文句を言うと，姉が着飾って舞踏会に行くと，シンデレラのところに魔法使いが現れて，魔法をかけてもらい，シンデレラは十二単をまとって舞踏会へ行ったと話を続けた。ところが王子様から踊りに誘われるも十二単なのでうまく踊ることができず，十二時の知らせの合図があったのでカボチャの馬車に乗り込むと，そこで魔法が解けてしまい，シンデレラはカボチャの中に閉じ込められてしまう。シンデレラが暴れるのでカボ

チャが川に落ちてしまい，川で洗濯していたお婆さんに拾い上げられ，そのカボチャを割ると，中から十二単を着た女の子が出てきて，「おじいさんとおばあさんを楽させてあげる」と，キャバレーを開いたら大繁盛をしたという…．息子が「シンデレラは清純可憐な女の子なんだ．なんでキャバレーなんかやらなきゃならないんだよ！」「川から流れてきただけに，水商売がついて回る」．

【解説】 三遊亭白鳥が二ツ目時代につくった作品で，現代版『桃太郎』とも言える作品．白鳥の師匠である三遊亭円丈が演じる他，女流落語家が演じるようになった．

新聞記事（しんぶんきじ）

【種別】 滑稽，長屋，新作

【あらすじ】 今朝の新聞どころか，最近の新聞さえ読んでいないという八五郎が，隠居から「天ぷら屋の竹さんが，夕べ殺された」という話を聞いて驚く．隠居が言うには「泥棒が入って金品を物色しているその物音に気付いた竹さんが目を覚ますと，枕元に身の丈六尺はあろうという大男．『泥棒！』と大声を上げると，驚いた泥棒が腰に下げていた刀を抜いて『静かにしろ』と竹さんに突き付けた．竹さんは剣術の心得があるものだから，護身用の木刀を取ると正眼に構えた．泥棒は逆上して竹さんに向かって来たので，ヒラリと体をかわして馬乗りになると，泥棒がのんでいた匕首で竹さんの胸元をぐさり．心の臓を貫いて，竹さんは一巻の終わり．泥棒は逃げたが，悪いことはできないね．五分経つか経たないかのうちにアゲられたよ．入った家が天ぷら屋だから…」．八五郎は自分がからかわれたことに気付き，その話に感心をして，自分も同じようにやってみようと，熊の家へやって来る．そして「天ぷら屋の竹さんが，夕べ殺された」と切り出すが，泥棒はどこから入ったんだとか不意に質問をされたり，元からうろ覚えなので，泥棒が逆上ではなく欲情したとか，体をかわしたの「たい」が出ないことから，恵比寿様から釣竿を，そして糸，針，エサと連想しながら「鯛」を思い出してみたり，「心の臓」の「ぞう」が出てこないことから，動物園から「ぞう」を思い出したりしながら，何とか最後までやってきた．ところが「五分経つか経たないかのうちに捕まったよ．入った家が天ぷら屋だから…」と肝心の「アゲられた」が出てこない．すると熊の方から「そういうときはアゲられたと言うな」「そう，五分経つか経たないかのうちにアゲられたよ」「入った家が天ぷら屋だからか？」と反対に言われてしまった．悔しがっている八五郎に，「ところでお前，この話に続きがあるのを知ってるかい？」「え！続きがあるの？」「竹さんのかみさんは亭主が死んで，緑の黒髪をプッツリ切って，尼さんになったよ．天ぷら屋のかみさんだけに衣を着けた」．

【解説】 元々明治期に桂文屋がつくった『阿弥陀池』という上方落語を，昭和に入り，昔々亭桃太郎が東京へ移し，登場人物や設定を変えて『新聞記事』としてつくり直した．同時代に活躍をした四代目柳亭痴楽が演じた他，近年では古今亭志ん五や三代目三遊亭歌奴などが得意にしていた．現在でも多くの演者が寄席で演じている．

水神 (すいじん)

【種別】　人情，新作

【あらすじ】　三囲神社の縁日で，泣きやまない乳飲み児を抱いた三十歳くらいの男が困っている。すると境内の外れで卵や柿に干し魚などを売っている頭の先から足元まで黒い格好をしているが，顔は白くて綺麗な若い女性が声を掛けてきて，「赤ん坊はお腹を空かせているのだ」と自分の乳を含ませると，赤ん坊は泣きやんで眠ってしまった。男に訳を聞くと「働きが悪いと，女房が呆れてこの子を置いて出て行ってしまった」と言う。お礼に名前を聞くと女の名前は「こう」で，男は屋根職人で「杢蔵」。女は「お乳がないと困るでしょう」と店をたたんで，水神の森にある自分の家に連れ帰り，それが縁で二人は一緒に暮らすことになる。杢蔵は一所懸命に働くようになり，そういう生活が四年続いたある朝，おこうの寝姿を見ると，そこには顔は女房だが身体は真黒なカラスがいた。これまでの恩を思い，見なかったことにして布団を掛け直すと，いつもの姿をしたおこうが「お前さん，私の姿を見たでしょ？」と身の上について話し出した。おこうは水神様のお使い姫をしていた牝ガラスで，神様のお使いで霞ヶ浦まで行ったが，遊びに夢中になって使いを忘れてしまった。そのために野ガラスにされるところを五年間だけ人間の女となり，それを務めあげたら使い姫に戻してくれることになっていた。杢蔵のことは空から見て知っていたが，正体を見られたので野鳥にならなければならない」と話して聞かせた。杢蔵が「このまま家にいてくれ」と頼むと，黒い羽織を差し出して「これを着ると，私のようにカラスになれるから，一緒に来てくれませんか」と返してくるが，カラスになる勇気がない杢蔵を置いて，おこうは一陣の風とともに飛び去ってしまうと，暮らしていた家も消えてしまい，頭上ではカラスの群れが飛んでいた。近くで寝ている子どもを起こすと，三囲神社の裏の小梅に小綺麗な家があることが分かり，おこうが影身(かげみ)になって息子を世話してくれていたことを杢蔵は知る。杢蔵はしばらくぶりに訪ねてきた元の女房を追い返し，男手一つで息子を育て上げ，十二歳になったときに息子を浅草の呉服屋へ奉公に出すと，その働きぶりが認められて店の娘と一緒になり養子に入った。一人になった杢蔵はおこう会いたさに屋根に上り，黒い羽織に袖を通すと羽根になって大空に舞い上がった。「おお，飛べる飛べる。おこう！おこう！」。

【解説】　『君の名は』などで知られる脚本家の菊田一夫が，NHKの依頼で六代目三遊亭圓生のために書き下ろした新作落語。昭和38年 (1963) 初演。原作では子供を置いて出て行った女房が帰って来て，再び一緒になり，一人息子を育て上げるが，その女房にも先立たれて，寂しくなった杢蔵が屋根で黒羽織に手を通すと，魂だけが舞い上がり，年老いた職人が安らかな顔で亡くなっていたという設定であったが，圓生が上記のような展開に直した。現在では三遊亭圓窓や林家正雀が独自の工夫を施して演じている。

菅原息子 (すがわらむすこ)

【種別】　滑稽，芝居

【あらすじ】　芝居が大好きな若旦那が今日も家へ帰って来るなり，『菅原伝授手習鑑(てならいかがみ)』の真似をはじめる。「はて，膳部の数が一脚多い」と松王を真似たり，おかずにアワビのふくら煮が出ると聞くと，「なに，死貝と生貝とは風味味わいの変わるもの。真っ赤な嘘にてその手は喰わぬ」と口にしたかと思うと，いきなり椀の蓋を取って「あ〜ら，怪しやな」と，すべてが「寺子屋」気取り。それを見ていた父親があきれて叱ると，父親のことを「親びと，御免」と言って放り投げた。そしてひと言，「女房喜べ，せがれがおやじに勝ったわやい」。

【解説】　菅原道真の流罪事件を扱った『菅原伝

六代目三遊亭圓生の文芸物

　八代目林家正蔵の好敵手とされた六代目三遊亭圓生もまた，多くの古典落語の他に，新しい古典落語とも言うべき，時代物の新作落語を演じた。菊田一夫作の『水神』の他（『水神』の項参照），劇作家であった宇野信夫の作品を多く落語化して演じた。

　その代表作に，念願の江戸見物に出掛けた両親が，娘の婿となった藤七から頼まれた茶を奈良屋という店へ届けると，藤七がその店の息子であることが分かり，「氏（宇治）は争えないものだ」とサゲる『江戸の夢』。

　父親から堅気の商売をするようにと，そのときにもらった一両を大切に持ち歩く旅屋が，凧を盗んだという男の子を助けると，その父親が情けをもらったことから切腹をしてしまう『小判一両』。

　浪人のもとに町人が訪ねて来て，娘が大店から求婚されたので父親が無筆では申し訳ないから字を教えてほしいと言われ，「天神様を拝もう」と言うと，「天神様は字が読めなかったというじゃありませんか。無実（無筆）の罪で流されました」という『心のともしび』。

　飼っている鶉を求められた浪人が，それを断る代わりに酒と鍋を勧める。信念を曲げて金品に換えるのなら腹中に入れたほうがいいと口にすると，その話を聞いた町人が「昨日，鳩を食ったが出世するかね」「豆鉄砲を食うかもしれない」という『鶉衣』。

　大工の房五郎が人助けをしたいと，骨董収集が好きなケチな旦那を騙して絵を買ってもらい，その金で困っている人に施しをすると，旦那から「あの銭も米になったのかい」「あなたが欲深いから旦那の銭を食い物にしました」という『大名房五郎』などがある。

　いずれも人情噺風の噺であり，桂歌丸や林家正雀，立川志の輔などが演じている。

授手習鑑』がベースにあり，サゲも松王丸が女房である千代に言う「女房喜べ，せがれがお役に立ったわやい」をかけたものである。四代目三遊亭圓馬の音が残るが，近年では五代目三遊亭圓馬が演じたことがあるぐらいで，他にやり手がない。

寿司屋水滸伝（すしやすいこでん）
【種別】　滑稽，新作
【あらすじ】　洋食の修業をしてきたという店主が営む，江戸前とは程遠い寿司屋で，最後の板前が店を辞めることになった。一人で何とかしてやると覚悟を決めるが，客の注文で中トロを握れば，包丁を持つ手は震え，刺身の切り方はいい加減で，昼間こしらえたチャーハンを酢飯代わりにする。四苦八苦しているところへ一人の男が現れて，見事な手さばきでトロの刺身を切り上げる。その男は「トロ切りの正」と名乗るが，イカが切れない。次に新たに「イカ切りの鉄」という男が現れるが，ウニは触れない。そこへ「ウニ盛りの安」という男が現れ，さらにシャコ，イクラ，穴子，卵焼き専門の職人が現れるが，人件費がかさみ，寿司屋は成り立たなくなり，店主は念願の洋食屋を一人ではじめる。するとカツカレーを注文する客がやってきたのでつくると，「何だ，このカツは。全然カラッと揚がってねぇ。肉の味もしない。こんなカツを食わされて，精神的なダメージが大きいじゃねえか。慰謝料払え」と凄みながらケチをつけるので，「あなたは何者ですか？」と尋ねると，「俺はトンカツの秀だ」「道理でカツ揚げがうまい訳だ」。

【解説】　柳家喬太郎による新作落語で，春風亭百栄や柳家小傳次なども演じている。寄席など

で演じる場合，後半の洋食屋の場面までは演じず，「…シャコ，イクラ，穴子，卵焼きと，各々のエキスパートが集まりまして，8坪の店内に常時40人の板前がいるという。大変な寿司屋に出世をするという『寿司屋水滸伝』の一席」などと締めることが多い。初演は平成7年(1995)の「第二次実験落語」の会。

鈴ヶ森（すずがもり）
【別題】　崇禅寺馬場
【種別】　滑稽，長屋
【あらすじ】　新米のドジな泥棒が親分に追い剝ぎのやり方を教えてもらう。支度をして向かうのは鈴ヶ森で，そこへ着いたら藪の中に一旦隠れ，旅人が来たら後ろから，「おーい，旅人。ここを知って通ったか，知らずに通ったか。明けの元朝から暮れの晦日まで，俺の頭の縄張りだ。知って通れば命はない，知らずに通れば命は助けてやる。その代わり身ぐるみ脱いで置いて行け。いやとぬかせば最後の助，伊達には差さない二尺八寸段平，己が腹にお見舞い申す」と声を掛ける段取りで，口上の稽古をするがうまくいかない。いざ鈴ヶ森に到着すると，暗くて物騒なので新米は怖がるが，やっとのことで藪の中に隠れれば，蚊には刺されるは，尻をまくって座れば生えていた竹の子が尻の穴に刺さるはで大騒ぎ。そうしているうちにカモがやって来たので，旅人を呼び止めるも，口上はしどろもどろで相手に馬鹿にされてしまう。すると旅人が「二尺七寸段平をと言ったが，それを言うんだったら二尺八寸段平をと言え。お前のは一寸足りないぞ」「一寸先は闇でございます」。
【解説】　上方の『崇禅寺馬場』を東京に移した噺で，四代目三遊亭圓遊が得意にした。現在では柳家喜多八や十一代目桂文治，春風亭一之輔などが演じているが，鈴ヶ森で声を掛けた男の凄味に負けた泥棒が「身ぐるみ脱ぐので許して下さい」と言ってサゲることが多くなってきた。談志一門が演じる，白井権八と幡随院長兵衛の出会いを描いた『白井権八（鈴ヶ森）』とは別の噺である。

鈴振り（すずふり）
【種別】　滑稽，艶笑
【あらすじ】　藤沢の遊行寺（ゆぎょうじ）で，大僧正の位にある住職が跡取りを誰にするかを決められずに悩んでいた。そこで一計をめぐらせて，千人にのぼる若い修行僧を客殿に集め，一人一人の陰茎に金の小さな鈴を付けて，今日は特別であるからと酒宴を開くことにし，美人揃いの女性に酌をさせることにした。白い肌の透き通る衣装で現れ，立膝をついたりするので，若い僧は興奮を抑え切れずに，鈴をチリンと鳴らしてしまう。多くの者がチリンチリンと鳴らしてしまい，大僧正が嘆いていると一人の若者だけが目をつぶって座禅をして，鈴を鳴らしていない。そこへ駆けつけて股を見ると「あなたは鈴がありませんな」「鈴はとうに振り切りました」。
【解説】　原話は『甲子夜話（かっしやわ）』などに見える。マクラでは修行の一環である『十八檀林』を紹介することが多い。この噺を得意にした五代目古今亭志ん生が挙げているのは「関東十八檀林」で，江戸期に定められた関東における浄土宗の檀林（僧侶の養成機関，学問所）十八寺を指している。志ん生が並べる十八寺はいささか違うようなので，改めて並べてみると，武蔵国では増上寺（芝），伝通院（小石川），幡随院（下谷），霊巌寺（深川），霊山寺（本所），浄国寺（岩槻），勝願寺（鴻巣），大善寺（八王子・滝山），蓮馨寺（川越）。相模国では光明寺（鎌倉）。常陸国では常福寺（瓜連），大念寺（江戸崎）。下総国では弘経寺（飯沼），弘経寺（結城），大巌寺（生実），東漸寺（小金）。上野国では善導寺（館林），大光院（新田）である。志ん生も特別なときに演じた，とっておきの一席である。

ずっこけ
【別題】　二日酔
【種別】　滑稽
【あらすじ】　居酒屋で飲んでいる男が，看板だと言われても，酔っ払っているのでなかなか帰ろうとしない。そこへ友達が通りかかり，勘定を代わりに払って外へ連れ出すも，すっかり千鳥足で歩けない。しまいには往来で寝ようとす

るので，着ている物をつかんで家までやって来ると，着物ばかりで当人がいない。あわてて引き返し，道の真ん中で裸でいるのを連れ帰ってくると，それを見た女房が「まあ，よく人に拾われなかったわねえ」。

【解説】『居酒屋』の続きにあたり，原話は安永5年（1776）『夕涼新話集』の「千鳥足」にある。『居酒屋』から入って続けて演じる場合もあるが，居酒屋で酔っ払っている男と友達のやり取りに主軸を置いて，酔った男を外へ連れ出すと，小便がしたいと言い出すので，道端でさせてやると，褌を外さないでしてしまう。すると腰のあたりがポカポカするので，「この温泉は草津だ」で終えることも多くなってきた。また，家に帰って来ると，褌がずれているので「あら，今度はせがれがずっこけた」とする演者もいる。立川談志は，女房が惚気（のろけ）を言ったあとに「一緒になって毎晩お酒飲むのよ。それが昨日初めて分かったの」「どういう訳だ」「昨日はじめて素面（しらふ）で帰って来たの」で落としていた。『二日酔』と題する上方では，亭主と間違えて乞食を連れ帰ってきてしまう。女房もそのまま気づかずにいると，翌朝，亭主が勝手口から帰ってくる。「ごめんください」と声をかけると，女房が乞食だと思って，「出ないよ」。すると家で寝ていた乞食が「おかみさん，一文やって下さい」となる。

酢豆腐（すどうふ）

【別題】 あくぬけ／石鹸
【種別】 滑稽，長屋，夏
【あらすじ】 町内の銭のない連中が集まって，一杯やろうということになった。酒はあるが肴がなく，色々と算段をしていると，豆腐があることを思い出した。ところが預けた与太郎が釜の中にしまっておいたから，腐ってカビが生えていた。そこへ普段から気取っている若旦那が通りかかったので，女にもてる秘訣を尋ねたりして，気分を良くさせたところで，食通だとおだてて，この豆腐を食べさせることにする。「これは珍なるもの」などと言って，何とか流し込んだ若旦那に，「これは何と言う食べ物です？」「これは酢豆腐です」「酢豆腐とはうまいね。もっとお上がんなさい」「いいえ，酢豆腐はひと口に限りやす」。

【解説】 原話は宝暦4年（1754）『軽口豊年遊』にある「酢豆腐」で，元々江戸落語の一つであった。それを三代目柳家小さん門下であった柳家小はんが大阪へ移して，同工異曲の『ちりとてちん』として演じられるようになり，それがのちに逆輸入された。以前には最後にもうひと押しして「これも拙（せつ）が食べるから酢豆腐というようなものの，君方が食べれば腐った豆腐だ」とサゲることもあったという。「豆腐の代わりに石鹸を食べさせる『あくぬけ』や，三代目三遊亭金馬が演じた『石鹸』といった噺もある。寄席の世界で知ったかぶりの人間を「酢豆腐」と呼ぶことがあるのは，この噺がもとである。

崇徳院（すとくいん）

【種別】 滑稽，春
【あらすじ】 ある大店（おおだな）の若旦那が思いついて寝込んでいる。原因が分からないので，幼なじみの熊が頼まれて聞き出したところ，上野の清水様へ参詣した際に，茶店で出会ったお嬢さんに一目惚れをしてしまったという。そしてそのお嬢さんが茶店を出ようと立ち上がった際，膝にかけていた茶袱紗（ちゃふくさ）を落としたので，若旦那が拾って渡すと，そばの桜の木に下がっていた短冊を若旦那のところに置いていった。そのときの歌が「瀬をはやみ岩にせかるる滝川の」というもので，熊が歌の意味を分からないでいると，「われても末に逢はむとぞ思ふ」というのが下の句で，「今ここであなたと別れても，末には一緒になりましょう」という意味なので，恋煩いをしてしまったと話して聞かせた。大旦那から相手を探すように頼まれた熊が湯屋を十八軒，床屋を三十六軒と訪ね回っていると，ある床屋で同じように若旦那を探しているという男と出会った。二人とも自分の店へ来るようにと引っ張り合いをはじめたので，とうとう床屋の鏡を壊してしまった。床屋の親方が嘆いていると，「心配しなくってもいいよ。割れても末に買わん（逢わん）とぞ思う」。

【解説】 上方落語中興の祖とされる初代桂文治がつくった上方落語で，東京にも元々『皿屋

や『花見扇』という噺があったが、三代目桂三木助が練り上げた現行のものが伝わっている。古くから東京にあった『皿屋』の方は『三年目』の発端部分とも言われており、若旦那とお嬢さんは夫婦になるも、十年経っても子供ができないのでお菊という妾を迎えることになる。そして大切にしていた十枚組の皿を預けるが、九枚しかなく…と、『播州皿屋敷』の趣向になっていく。なお、本題の中で詠まれる崇徳院の歌は「小倉百人一首」七十七番に収められている。

須磨の浦風 (すまのうらかぜ)
【別題】　江の島の風
【種別】　滑稽、武家、夏
【あらすじ】　三代将軍徳川家光が諸大名を集めて酒宴を催すことになった。土用の半ばという暑い盛りで、接待役を申し受けた大久保彦左衛門のところに粗相内之助と無事尾張衛門の二人の使者がやって来て、宴の進捗状況を尋ねてきた。すると彦左衛門は「雪景色をご覧いただき、水に金魚を入れた掘り炬燵を出し、須磨の浦にはいい風が吹くので人足に長持ちを持たせて、須磨の浦風を持ち帰ってこさせ、それを開けて涼しさを味わってもらう」と披露した。須磨の浦から風を持ち帰るのは大変なことなので、「長持を持ち、須磨の浦へ参り、風を入れ、目張りをして、五十日以内に江戸へ戻った者には、金子五両の他、多分なお手当を使わすものなり」と立札を出すと、人足が大勢集まり、若くて足の達者な者を八十人選んで、「徳川家御用」とした長持を持たせて、須磨へ使いを出した。江戸を出立して四十五日目の夜。箱根の山まで来ると無風で、暑くて寝られない。そこで一つくらいならいいだろうと長持を一箱開けると、あまりにも涼しくていい風なので、次々に開けてしまい、長持を全部空にしてしまった。期限はあと五日しかなく、須磨に戻ることもできないので、帰りがけに小田原の浜辺へ立ち寄って、小田原の風を詰め込むと、丁度浜でくさやを干していたので、その匂いが混ざった風を詰め込んでしまい、四十九日目に江戸へ到着した。宴の当日、いよいよ須磨の浦風をご披露すると

いうことで、長持の目張りを破ると、くさやの匂いが漂うので「この匂いは何である？ 余は胸が悪くなったぞ」。彦左衛門が困っているので、それを見た家光が「爺、心配をいたすな。暑さのみぎりじゃ、須磨の浦風が腐ったのだ」。
【解説】　元は上方落語で、紀州公のためにその御用達である鴻池善右衛門が趣向を凝らすという噺で、須磨の浦風を堪能した人足はおならを詰め込んで持ち帰るのだが、それを四代目三遊亭圓馬が小田原の浜辺とくさやに置き換えて演じた。最近では桂藤兵衛が江の島に風を求めに行く型で演じている。原話は十返舎一九による『商内上手』(享和4年・1804) に「品川の風」という現行のままの笑話がある。

相撲風景 (すもうふうけい)
【別題】　相撲場風景／凝り相撲
【種別】　滑稽
【あらすじ】　舞台は大入満員の相撲小屋。前の方で縦長の帽子をかぶっている人がいるので、「帽子を取ってくれ」と声を掛けると、帽子を取ったら頭そのものが長かった。そこで、今度は「どっちかに倒してくれ！」と頼むと、今度は横にいる三人が見えなくなってしまった。握り飯を持ちながら贔屓を応援している客は「力いっぱい握って、親指を回しべつ込め。張り手をくらわせ」といって手をはたくと、顔中握り飯だらけになってしまう。また取り組みに夢中になって前の人の帯を取って自分も相撲を取っている気持ちになっている人がいたり、夢中になって煙草を投げてしまうと、それが前に座っているおじいさんの頭に乗っかり、それに気づかないおじいさんは「頑張れ！熱いぞ！熱くなってるぞ！」と応援を続けたりと、大勢の人が取り組みを前に手に汗握っている。すると或る男が真っ青な顔をしている。いい取り組みが続いていたので便所に行けず、尿意が限界でもう我慢できないと言い出したので、連れが隣の席に空の徳利が転がっているのを見つけ、その中に小便をさせ、隣の席にそっと返しておいた。酔っ払った客はそれに気づかず、寿司をつまみに酒のお代わりをもらおうとすると、中身が入った徳利が置いてある。人肌のお燗がして

あるので飲もうとすると，泡が沢山浮いていて目に染みる。鼻をつまんで飲もうとしたときに，隣の客が中身が小便であることを白状をすると，「酔っ払っているんで，あなたのものとも知らずに申し訳ありません」と謝ってきたので，「こっちの方が穴があったら入りたいくらいです」と謝り返す。「穴に入りたいなんて，なかなか言えることじゃないよ。江戸っ子だね？」「神田の生まれで」「気に入った，寿司喰いねえ。ほら，酒飲みねえ」。

【解説】　上方にあった『子ほり相撲』が元ネタで，本来は相撲に夢中になり，肩車をしていた子どもを放り出して，「こう（子を）放らな，手が上がらん」というサゲであった。東京でも演じる落語家は多いが，ここでは八代目雷門助六が演じ，現在では九代目が寄席で披露する『凝り相撲』をベースにあらすじを示した。

立川志らくの「シネマ落語」

　落語には，三遊亭圓朝による『死神』のように，元々イタリアのオペラであったり，立川志の輔による『バールのようなもの』のように，元は小説であったものを翻案した作品がある。その中で，芝居の脚本や演出を務めたり，大好きな映画を評するばかりでなく，自らメガホンをとったこともある立川志らくが，有名な映画をパロディ化し，舞台を落語の世界に置き換えた「シネマ落語」がある。立川談志の下に入門し，真打に昇進する直前の平成6年（1994）からつくりはじめたもので，「スタイルはあくまでも古典。噺の舞台も古典。でも内容は名作洋画。つまり古典落語と映画のコラボ」で「映画の面白さを（中略）落語で表現できたらという発想」（立川志らく『シネマ落語』より）により生まれたものである。形式は最初に古典落語を演じ，そのあとにシネマ落語に入り，先に演じた落語の主人公が再登場するというもので，これまで『子別れ』を演じ，その後に『E.T.』を演じたりと，多くの作品を生み出している。先に挙げた著書には『唐茄子屋政談』のあとに『ローマの休日』，『抜け雀』のあとに『タイタニック』，『たまや』という演題では落語の『死神』と『天国から来たチャンピオン』を演じたりしている。他にも『スティング』や『素晴らしき哉，人生！』『エデンの東』なども演じたりと，今後，どんな名作を落語にして聞かせてくれるのかが楽しみである。

せ

清正公酒屋（せいしょうこうさかや）
【種別】 滑稽
【あらすじ】 清正公を尊崇する酒屋の若旦那の清七と，真向かいにある虎屋という饅頭屋の娘お仲がいい仲になった。ところが両家は昔から仲が悪く，清七の父である清兵衛は「お仲を思い切らないと勘当だ」と言うが，それでも清七は言うことを聞こうとしないので，親類の家に預けられることになる。お仲の方も同様に親類預けとなるが，お仲は店の女中と酒屋の小僧に頼んで，手紙を送ることにした。その手紙を読んで清七がお仲に会いに行くと，この世では一緒になれないから心中をしようということになった。いざ海に身を投げようと「南無阿弥陀仏」と口にしてお仲が飛び込んだので，清七がそれに続こうとすると，「これ待て，清七，早まるな」と言う声がした。そこには日ごろ信心をする清正公大神祇がいたので，「お仲の命を助けて下さりませ」とお願いをすると，「いや，お仲は助けるわけにはいかぬ」「なぜでございます」「俺の敵の饅頭屋の娘だ」。
【解説】 清正公とは豪傑・加藤清正の霊を神として祀ったもので，清正は徳川家康の一派により毒饅頭を食べさせられて亡くなったという伝説があり，それがサゲのもとになっている。四代目柳家つばめや立川談志の音が残る他，現在では四代目三遊亭金馬が演じ，三遊亭圓窓や桂文雀が演じることがある。

清書無筆（せいしょむひつ）
【別題】 勉強／無筆の親
【種別】 滑稽，長屋
【あらすじ】 学校で字を習ってきた子供が父親に清書を見せると，父親は無筆だが読める振りをして無理矢理読んでみせる。「じゃあ，お父っつぁん，木という字を二つ並べた字は何という字？」「木を二つ並べれば，それは拍子木だ」「何を言ってやがらあ，木を二つ並べたら林だよ」「そうだとも，拍子木がなって，それから囃子になる」などと言う始末。すると子供が「近頃，悪い風邪が流行っているので，どこの家でも風邪除けのおまじないに『鎮西八郎御宿（ちんぜいはちろうおんじゅく）』と書いて貼っているから，うちでも書いて貼っておくれ」と言ってくるので，困った父親は子供が寝ている間に，近所の家から剝がしてきて門口に貼っておく。翌朝，それを見た子供が「何だいこれは貸家の札じゃないか」と言うと，「これを貼っておけば空き家だと思って，風邪の神も入って来ないだろう」。
【解説】 風邪除けのお札はこの他にも「三株金太郎」や「仁加保金四郎（にかぼきんしろう）」というパターンもあり，また風邪除けではなく疫病除けとする場合もある。ただし本来は「鎮西八郎御宿」とするのは疱瘡除けの場合である。原話は宝暦3年（1753）『軽口福徳利』の「疫神の守」に見える。三代目三遊亭金馬は昭和初期にこの噺を『勉強』と改作し，子供が親に頼むのは「火の用心」と書いてもらうもので，父親が剝がしてきたのは「ダンサー募集」というポスターであったというサゲに変えていた。

生徒の作文（せいとのさくぶん）
【種別】 滑稽，新作
【あらすじ】 ある小学校の先生のところへ友人が訪ねてくる。教えている生徒の作文のチェックをしていたところで，友人が「最近の子どもは随分変わったっていうがどうだ？」と尋ねて来たので，「この作文を読んでみれば，今の子どもが考えていることがよく分かる」と，一枚の作文を渡してよこした。字がきれいで学級委員をやっているという生徒の作文は，姉と姉の恋人と一緒に映画を観に行ったことを赤裸々に書いており，一方で字は汚いが気は優しいという生徒の作文は，「うちの父さん」というのを「うちの十三」と書いてあったりと，最初から読むのに苦労をする。続きを読むと夫婦喧嘩をしたことが書いてあり，「あなたがお金を持っ

てこないから○○と言いました」としてあるので,「この○○には何か字を当てはめればいいのか?」「よく見てみろ,丸が小さいだろ? 困る困ると言いましたと読むんだ」。
【解説】　元々落語芸術協会で演じられていた落語で,現在では落語協会とともに両協会の寄席で演じられている。春風亭百栄が今風の作文を盛り込んだ『今どきの作文』と題して演じている。

節分（せつぶん）
【種別】　滑稽,長屋,春
【あらすじ】　以前は大晦日に勘定が取れないときには節分にもらうという習慣があった。節分になっても借金を払えないでいるある夫婦が,酒屋の番頭は芝居が好きだというので,芝居の真似をして追い返す。次にやって来た魚屋は端唄に凝っているというので,「福は内」と呼び込んで気分を良くさせたうえに,酒に見立てた番茶を振る舞って,即席の端唄を披露して借金を待ってもらい,大当たりのいい年にしようと二人してフグを食べながら一杯飲むことにする。そこでフグの煮える間に酒尽しの厄払いの口上をやる。「あ～ら飲みたいな,飲みたいな,飲みたき今宵のご祝儀に,酒尽くしにて払いましょう。一夜明くれば屠蘇の酒,百薬の養老酒には高砂の,上に群がる沢の鶴,下には亀の万年酒,老いも若いも若緑,気性は吾妻自慢の男山…」とやると,「フグが煮えたから口を開けな。フグはロィ」「おいおい,乱暴なことをするなよ」「骨は外ォ」。
【解説】　『掛取万歳』から派生した落語と考えられ,八代目春風亭柳枝が演じた。節分の厄払いの口上については『厄払い』を参照のこと。

せむし茶屋（せむしぢゃや）
【種別】　滑稽
【あらすじ】　せむしの旦那が様子のいい出入りの男に誘われて観音様へ参詣に行くことにした。帰りに奥山の茶屋に立ち寄るということになるが,男の方ばかりがもてるのは嫌なので,男に化粧をさせてかさっかき（梅毒）に仕立てて遊びに行くことにした。一軒の茶屋に上がると,旦那ばかりがもてるので,男は面白くない。そこで化粧をすっかり取って座敷へ戻ると芸者は平謝り。すると芸者が今度は旦那に向かって「あなたも背中のザルをお出しなさい」。
【解説】　元は上方落語で,現在は快楽亭ブラックが演じている。原話は天明8年（1788）『独楽新話』の「女郎買」にある。禁演落語に選定された『三人片輪』と同工異曲の噺である。

善悪双葉の松（ぜんあくふたばのまつ）
【別題】　名刀捨丸
【種別】　人情
【あらすじ】　上方からやって来て上州の桐生で成功を収めた河内屋吉左衛門。この店で働いている信州松本出身の武助という男は,働いて得た金をすべて主人に預けて一文も使わないでいた。十年勤め上げて八十両を超える金を貯めたとき,人手に渡った故郷の田地田畑を買い戻すために店を辞めたいと言うと,旦那はそれを百両にして渡した。故郷を目指す途中,杣人（きこり）に尋ねた道を進むと一軒の家に行き着いた。その家には一人の綺麗な女性がおり,「あなたにこの道を教えたのは泥棒の捨丸という男で,私はその妻でございます。あなたが金を持っていれば殺されてしまいます」と言うので武助は驚いてしまう。武助が隠れているところに捨丸が帰って来て,「どこへ男を隠したのか」と女房と言い合いになったので,武助がそれを止めに入ると,身ぐるみはがされ,狼除けに一振りの錆刀と火縄を持たされて家を追い出されてしまう。捨丸はその火縄を目印に鉄砲で武助を撃とうとするが,崖から滑り落ちて怪我をしてしまう。武助が桐生へ戻り,泥棒からもらった刀を見せると,それは「五郎正宗」の刀で三百両の値打ちがあることが分かった。武助は刀の代金のうち百両だけを持って,再び泥棒の家までやって来ると,泥棒は怪我がもとで病の床に就いていた。武助が「働いて貯めた金で田地田畑を買い戻したいので,この金とお前が持っている金を取り替えてくれ」と言い出すと,感心した泥棒は百両を返して渡し,武助から故郷の話を聞き,「五兵衛という男を知らないか?」と尋ねてきた。武助が「五兵衛は俺の父

親だ」と返すと，捨丸は「俺はお前の兄の虎五郎だ」と言ってきて二人が兄弟であることが分かった。武助は父親が亡くなるときに兄の心配ばかりをしていたことを話すと，捨丸は刀で身体を突いて死んでしまう。その女房は信州上田の道具屋吉右衛門の娘お秀で，捨丸に騙されて女房になっていたことが分かったので，武助はお秀を上田の実家へ連れて行き，自分の女房として迎え，松本で田地田畑を買い戻して，一所懸命に働いたことから末には大地主になった。
【解説】 元々講釈ネタの『名刀捨丸』という話で，旭堂南鱗から教わった笑福亭鶴光がこの演題で演じている。講釈の方では舞台は日本橋大伝馬町の呉服問屋佐野屋市兵衛で，そこで働いていたのは美濃村の治三郎。捨丸から貰ったのは波平行安で，その捨丸の本名は治太郎である。他に宝井琴調から教わった柳亭左龍も演じている。

疝気の虫（せんきのむし）

【種別】 滑稽，艶笑，禁演
【あらすじ】 ある医者の前に見なれない虫が出て来たのでつぶそうとすると，その虫が「助けてください」と言う。話を聞くと，その虫は疝気の虫で，普段は人間の身体の中にいて，そばが大好物。そばを食べると元気になって，腹の中で筋を引っ張るので人間が苦しむ。嫌いなものは唐辛子で，体につくと腐ってしまうので，別荘と呼んでいる睾丸の袋に逃げるのだと言う。疝気の虫が消えたところで医者は目を覚まし，夢のこととはいえ，早速試してみることにした。疝気で苦しむ病人の前で，そばを女房に食べさせ，そばの匂いだけを亭主にかがせると，亭主の腹の中にいる疝気の虫はそばの匂いがするので喜ぶが，そばがなかなかやって来ない。そばを食べているのが女房の方と分かると，そちらに移って大暴れ。すると今度は女房が苦しみ出したので，医者が用意していた唐辛子を入れた水を飲ませる。あわてたのは疝気の虫で，これは大変と「わー，大変だ，別荘へ逃げろ，別荘へ…」。
【解説】 原話は寛政8年（1796）『即当笑合』の「疝鬼」や『甲子夜話』にも同類の話が見える。疝気の虫が腹の中で暴れる場面では，鳴り物を入れて賑やかに描写をする演じ方をする演者も増えてきた。サゲはもうひと押しして「別荘へ逃げろ，別荘へ…。おや，別荘がない」とするものや，「あわててぴょいと外へ飛び出してしまいました」と地でサゲるものもある。この噺を十八番にした五代目古今亭志ん生は，初代三遊亭遊三が見せていた演出を取り入れて，「大変だ，別荘へ」といって立ち上がり，キョロキョロとあたりを見廻して「別荘がない」と首をひねりながら退場した。

ぜんざい公社（ぜんざいこうしゃ）

【種別】 滑稽，新作
【あらすじ】 国が「ぜんざい公社」という役所をつくった。ある男がぜんざい白書というのを目にし，久し振りにぜんざいを食べに行くことにすると，まずは受付に行かされ，ぜんざいを食べるのは本人なのかにはじまって，名前や年齢，本籍に職業まで細かく質問されて，印鑑を求められて必要な書類を作成させられる。次にぜんざいを食べても大丈夫な体かどうかを確かめる「健康診断書」や，餅を入れるための「認可書」に，その餅を焼くなら「火気使用許可書」の申請が必要と言われたりと，窓口をあちこちタライ回しにされ，書類の作成手数料やぜんざいの料金を請求される。そんなに金を取られるなら食べるのを止めると言うと，「契約不履行に当たり，訴えられますよ」と脅される始末。そうしてようやくの思いで食べられることになったが，お茶がほしいと言うと書類をもらってこいと言われるので，それを断わり，ぜんざいを口にするとまったく甘くない。それに文句を言うと，「甘い汁はこっちが吸いました」。
【解説】 明治30年代に上方の三代目桂文三が創作した『改良善哉』が元の噺であり，昭和20年代に桂米朝が現在の『ぜんざい公社』の形に変えた。サゲは笑福亭松之助によるものという。東京へは二代目桂小南によって伝えられ，現在は小南の所属する落語芸術協会を中心に，同協会所属の昔昔亭桃太郎や古今亭寿輔，落語協会では柳家権太楼などが演じている。なお，東京には三遊亭圓朝作とされる『御膳汁粉

（士族の商法）』という同種の噺があったが，最近では演じられることがほとんどない。

千両みかん（せんりょうみかん）

【種別】　滑稽，夏
【あらすじ】　ある大店（おおだな）の若旦那が夏の盛りに病気で寝込んでいる。番頭が何か心に思っているものがあるのではと尋ねると，「みかんが食べたい」と打ち明ける。季節が夏だけにみかんなどあるはずがなく，番頭が江戸中の八百屋を探し回ると，多町にある万惣という店の蔵の中に保存してあった大量のみかんの中から，一つだけ痛んでいないみかんを見つけることができた。ところが値段を聞くと千両。大旦那に相談をすると「息子の命を助けることができるなら千両でも安い」と言い，早速買いに行かせることにする。皮をむくと十袋。若旦那は七袋を食べたところで，お礼を言って両親と番頭で食べてくれと，残った三袋のみかんを渡してよこした。番頭は「この一袋は百両だから，三袋で三百両。来年，暖簾（のれん）分けをしてもらってもらえる金が百両。今，自分の手の上には三百…」と，みかんを三袋持って番頭はどこかに行ってしまった…。

【解説】　元々上方落語で初代松富久亭松竹の作とされるが，原話は明和9年（1772）『鹿の子餅』の「蜜柑」に見られる。番頭がみかんを求めたのは，神田の青果市場近くにあった「万惣」をモデルとし，実際に万惣という店があったが，2013年に閉店してしまった。現在では1年を通していつでも求められるミカンであるが，かつては冬場にしか入手できなかったことと，番頭が起こした価値観の錯覚が分からないとサゲが生きてこない一席。

宗漢（そうかん）
【種別】 滑稽，艶笑
【あらすじ】 ある村に前田宗漢という医者がいた。金のない患者でも診てくれるので人望はあるのだが，貧乏で弟子を置くことができず，女房と二人暮らしをしている。ある日のこと，山向こうの近江屋という大店（おおだな）から，店のお嬢さんが病に臥せっているので，診てもらいたいと使いがやって来た。その使いの者を先に返すが，医者が往診をするのに薬籠を持たせる供もいないとなると外聞が悪いので，女房に男の格好をさせて連れて行くことにした。女房にはバレると困るので何も喋るなと言い，いざ出掛けようとするが自分がはく褌がないので，そのまま締めないで出発をした。診察をすると大した病気ではなく，食事を勧められたので食べていると，雨が降り出して来たので泊まって行くことになった。ところが客用の布団を洗濯してしまったというので，先生は店の息子と，お供の者は下男の権助と一緒に寝ることになった。今更，お供が自分の女房と言い出すこともできず，女房のことが心配でまんじりとすることもできないままに朝を迎えると，早々に宗漢夫妻が出立した。近江屋では朝食のとき，息子が「あの先生は貧乏なんだね。褌を締めていなかったよ」。それを聞いていた権助が「そうかも知んねえ。お供なんか一物がなかった」。
【解説】 四代目橘家圓喬が演じた速記が残っており，元々は中国の魏が舞台で，宗漢は楚の国の金持ちの娘を見舞う設定であった。近年になり，柳家喬太郎が舞台を日本に置き換えて復活させた。原話は明代の笑話本にあるとされ，『笑府』の抄訳本の中に「困窮先生」という現行のものに近い話が見られる。

宗珉の滝（そうみんのたき）
【種別】 人情
【あらすじ】 江戸時代の腰元彫りの名人・横谷宗珉の弟子である宗三郎は破門をされて各地を廻り，三年経って紀州へとたどり着いた。権現様の目の前にある岩佐屋という旅籠に逗留するが，宿の亭主である又兵衛に一文無しであることを知られてしまい，宿賃の催促をされて困ってしまう。困った亭主が宗三郎の手を見ると，居職で彫金でもやるのだろうと見抜き，腕前を見せてほしいと，宗三郎から小柄（こづか）に彫ってある虎の彫物を見せてもらうと，「どうして死んだ虎を彫るんだ」と口にする。それを聞いた宗三郎は「その虎を見て死んでいると言ったのは，師匠の宗珉とあなただけだ。生きた虎を彫るまでは敷居をまたがせないと言われたので，私の師匠になってほしい」と頼む。又兵衛は宗三郎の料簡を気に入り，階下の部屋を仕事場に使えばよいと返した。ある日のこと，紀州和歌山で八百石を取る御留守居役の木村又兵衛が宿泊をした際に宗三郎のことを耳にし，殿様に口添えをすることを約束した。すると精進を怠けている宗三郎のところに，殿様から刀の鍔に那智の滝を彫るようにと依頼があった。「精進潔斎をして仕事に臨め」という又兵衛の意見を聞かず，酒を飲んで仕事に取り掛かり，四日目に彫り上げた彫物を殿様に見せると，殿様はそれを叩きつけて，今一度彫らせるように言って寄越した。宗三郎はまたも酒を飲んで彫り上げると，殿様は今度は泉水に放り込み，再度の依頼。又兵衛が「心を入れ替えずに酒ばかり飲んでいるから納まらない。酒を飲まなければ怖くて仕事ができないのだ」と言って聞かせると，宗三郎は目を覚まして毎日滝に打たれ，二十一日の間断食をして仕事に臨むと言い出した。満願の日，滝壺から上がって来た宗三郎はすぐに仕事に取り掛かった。八日目の朝，宗三郎は「これで納まらなければ腹を切る」と言うが，又兵衛には彫り上げた作品がそれまでの作品よりも悪い出来に見えた。殿様は作品を見つめると「求めつかわす」と言い，宗三郎に百石を与えてお抱えとした。又兵衛が最後の作品のどこが良かったのかを尋ねると，彫物を見ていると

手が濡れてきたのだと言う。このことを江戸の横谷宗珉に知らせると，老齢の宗珉は二代目宗珉の名前を紀州に贈り，紀州家の先祖が南龍院と言ったので，龍の一字を取り，一龍斎横谷宗珉として紀州にその名を留めたという名人の一代話。
【解説】 五代目古今亭志ん生が演じていた噺で，大正2年（1913）の「文藝倶楽部」に三代目小金井芦洲の『横谷一龍斎』という速記が見て取れることから，一時期，芦州門下で講釈師として身を寄せた志ん生が落語に移したと思われる。古今亭志ん朝も演じ，現在では一門の古今亭志ん橋や古今亭駿菊などに伝わっている。なお，噺の主人公である横谷宗珉は滑稽噺の『金明竹』の言い立ての中で，「四分一ごしらえ横谷宗珉小柄付の脇差」と出てくることでも知られている。

粗忽長屋 （そこつながや）
【種別】 滑稽，長屋
【あらすじ】 まめでそそっかしい八五郎が浅草の観音様に参詣すると，境内に人だかりができているのを目にする。行き倒れだというので，その顔を見ると，「これは熊の野郎だ」と大声で言う。すると「この人を知っているなら，かみさんかご親類を連れて来てほしい」と言われるが，「こいつは独り者で身寄り頼りもないので，ここへ当人を連れてきましょう」と言って，長屋に飛んで帰った。そして無精でそそっかしい熊五郎に，今見てきたことを話すと，「死んだような心持ちがしねぇ」と言うので，「お前は夕べ行き倒れて死んだのに，それに気がつかずに帰ってきたんだ」などと諭すので，熊もすっかり自分が死んだつもりになって，きまりが悪いと言いながらも，自分の死骸を引き取りに行く。死骸に対面をし，「なまじ死に目に逢わない方が…」と言いながらも抱き上げると，「なんだか分かんなくなっちゃった。抱かれてるのは確かに俺だが，抱いてる俺はいったい誰だろう」。
【解説】 粗忽者の代表作で五代目柳家小さんが得意とした。その弟子の立川談志は粗忽者ではなく，主観が強くなると物事が見えなくなると

いう設定で『主観長屋』として演じた。現在でも柳亭小燕枝や柳家小里んといった小さん一門の落語家が演じている。原話は宝永5年（1708）『かす市頓作』の「裃裃切にあぶなひ事」をはじめ，寛政頃の『絵本噺山科』の「水の月」などのいくつかの笑話本に見られる。よく似た展開の噺に『永代橋』がある。

粗忽の釘 （そこつのくぎ）
【別題】 宿替え／我忘れ
【種別】 滑稽，長屋
【あらすじ】 粗忽者の亭主が引っ越しの日に，荷物を背負って一足先に出たが，なかなか新居へやって来ない。やっとたどり着くと，何でも自転車にぶつかったり，猫の喧嘩を見ているうちに，転居先が分からなくなってしまったと言う。疲れたので煙草を呑んで休もうとすると，女房から箒をかけるのに釘を打ってくれと言われ，長屋の薄い壁に瓦釘という長い釘を打ち込んでしまう。隣の家に釘の先が出ていたら大変なので謝りに行くように言われるが，あわてて真向かいの家を訪ねてしまう。そこで自分と女房の馴初めを聞かせたりした後に，釘の一件を話すと，道を挟んで通り抜ける釘なんかないと言われてやっと気が付き，一旦家に戻ることに。女房から「落ち着けば一人前なんだから」と言われ，改めて隣の家を訪ねることにする。隣の家の人はどこに釘が出ているかわからないので，一旦戻って釘の頭を叩いてくれと言うので，その通りにやってみると，仏壇が揺れ出した。すると阿弥陀様の喉元から釘が出ているので，それを見て「これは大変だ。明日からここに，箒をかけに来なくちゃならない」。
【解説】 『粗忽長屋』と並ぶ粗忽者の代表作。サゲは阿弥陀様の喉元の他，頭の上や股ぐらから釘が出ているとするやり方もある。本来は「お宅じゃ，そこへ箒をかけますか？」というサゲであった。また瀧川鯉昇は箒ではなく，エキスパンダーや伯母さんからもらった形見のロザリオをかけるという展開にして演じている。なお，この先に続きがあり，主人公があまりにもそそっかしいので，隣家の人が呆れて「お前さんの家族は何人です？」「私にかかあに，

九十八になる親父が…。あ，親父を前の家に置き忘れて来た」「いくら粗忽だと言って，自分の親を忘れるなんて」「親を忘れるどころか，酒を飲むと我を忘れます」というものである。その原話は文政13年（1830）『御蔭道中噺栗毛』の「田舎も粋」にあるが，最近ではそこまで演じることは少なく，三代目柳家小さんが改作したとされるように，上で記したサゲで終えることが多くなってきている。前半の旧居から新居までの件は，時間の関係で省略して，いきなり等の場面から演じる場合もある。

粗忽の使者（そこつのししゃ）
【別題】　尻ひねり
【種別】　滑稽，武家
【あらすじ】　治武太治部右衛門という大層そっかしくて物忘れの激しい侍が，大名の杉平柾目正の命を受けて，赤井御門守の屋敷へ使者として訪れたが，肝心の口上を忘れてしまったので，「腹を切る」と言い出した。何とか思い出す手立てはないかと屋敷の重役田中三太夫が問い詰めたところ，小さい頃から尻をつねられると，その痛みで思い出してきたと言うので，早速尻をつねってみるが，尻が固くなっていて痛みを感じない。すると大工の留の耳にそのことが入り，何とかしてやろうと三太夫に名乗り出ると，中田留五郎という名をもらって，治部右衛門の前に出ることになった。そして商売道具である釘抜きで尻をひねるが，なかなか治部右衛門は痛みを感じない。最後とばかりに，尻をねじり上げると，治部右衛門が「これは痛み堪えがたい。思い出してござる」「して，使者のご口上は」「屋敷を出る折，聞かずに参った」。
【解説】　粗忽者の武士を扱った代表的な噺。原話は元禄14年（1701）『百登瓢箪』の「そさうな寄合」，安永2年（1773）『飛談語』の「持参」などにある。

そば清（そばせい）
【別題】　蕎麦の羽織
【種別】　滑稽，長屋，春
【あらすじ】　町内の蕎麦屋でそばを十枚食べて，「どうも～」と言って去って行く男の姿を見た町内の若い衆が，次に来たときにそばの賭けをしようということになった。二十枚の賭けをすると，男が難なく食べてしまうので驚いていると，そばの賭けで家を三軒建て「そば清」という男であることが分かった。それを知った若い衆は五十枚の賭けをしようということになったが，そば清はその数を食べたことがないので待ってもらうことにする。そば清が信州に出掛けたときのこと，大きなうわばみが猟師を丸呑みし，近くに生えていた赤い草の葉を舐めると，ふくれていた腹が小さくなるのを目にし，食べたものを溶かす草だと思い込み，それを持ち帰った。そしていよいよ賭けの五十枚に臨むと，もう数枚というところで，お腹がいっぱいになって来たので縁側へ出て赤い草を舐めることにした。しばらく経つと静かになったので，若い衆が様子を見に行くと，清兵衛がいなくて，そばが羽織を着て座っていた…。
【解説】　同種の噺に餅の大食いを描いた『蛇含草』があるが，東京では主に『そば清』が演じられている。近年では柳家さん喬の「ど～も」という，清兵衛の演出が光っている。原話は饅頭の大食いを扱った上方種の噺が多い（『蛇含草』の項参照）。

蕎麦の殿様（そばのとのさま）
【種別】　滑稽，武家
【あらすじ】　ある殿様がご親族のもとを訪ねた際に，そばを打つのをご覧になって，自分もやってみたくなった。そこで屋敷へ帰ると，早速，家来を集めて，見よう見まねでそばを打つことにする。そば粉を持ってこさせると，そこへ水を入れさせるが，硬くなったり軟らかくなったりで大騒ぎ。馬を洗うときに使用するタライを持ってきて，その中でそば粉を練り込んでいくが，普段やり慣れないことなので，汗は出るは鼻水は入るはで，家来達は気が気でない。麺棒がなく，六尺棒で伸ばし始めるので，だんだんとそばが黒くなっていく。何とか切り上げるが太さもバラバラ。大釜で茹であげ，ご膳係がつくった汁に入れて，家来に振る舞うことにするが，いざ口にすると，そばは生煮えで，中

からは砂が出てきたりする。それでも殿様を前にまずいとも言えないので，無理に腹に詰め込むと，一晩中，便所通いをすることになってしまった。翌日，真っ青な顔をして登城をすると，またしても殿様がそばを振る舞うと言う。「一同の者，遠慮なく食せ。明日も打ってとらせる」「殿，恐れながら申し上げます」「おそばを下しおかれますなら，ひと思いに切腹を仰せつけられたく存じまする」。
【解説】　近年では六代目三遊亭圓生が演じたが，サゲは設けていなかった。禽語楼小さんの速記が残るが，小さんの型では地の文で切腹の件を用いているように，元からサゲはなかった噺と思われる。現在では柳家の若手が寄席などで演じることがある。

染色（そめいろ）
【種別】　滑稽
【あらすじ】　道楽が過ぎて勘当された若旦那が家の様子を探りにやって来た。小僧の定吉に母親に会わせてくれと頼むが，若旦那が訪ねてきたら，煮え湯を浴びせかけろと番頭に言われていると断られる。わが身を情けなく思った若旦那は浜町河岸まで歩いてきて，両国橋から飛び込もうとしたときに助けられる。訳を聞かれた若旦那は「私はこの先の紅梅町の生まれの者でございますが，色恋も白茶のうちから，ふと悪い友達に誘われて，足を入れたが吉原の，薄いも濃いも金次第，名も葵楼のお職にて藤紫と思い初め，夜も浅黄の隔てなく，二人の仲も深川鼠，年季の開くのを松葉色，とてものことに身請けして，手掛けの花色草柳と，思ったこともほんの束の間，水商売の女ゆえ，近所の赤い人とつい馴れ初め，手に手を取ってずいとくじ，聴いたときの胸の内，とび色立って怒ったが，後の後悔先には立たず，このトキ色を両親の耳に入って呼びつけられ，貴様のように金銀を湯水色に使う奴は，七生までの勘当だと，とうとう家を追い出され，諸所方々と彷徨うて，この樺色へ飛び込んで，死ぬる覚悟でございました」「お前はどこの倅だ？」「伊勢屋という染物屋の倅でございます」「道理で色で苦労をしなすった」。

【解説】　二代目三遊亭円歌が鳴物入りで演じていた噺だが，その後，絶えて久しかった。最近になって林家正雀が次のような演出で復活させた。若旦那は勘当になるが，吉原から身請けした花魁と所帯を持つ。だが花魁は他の男と駆け落ちをしてしまい，若旦那は実家にも帰れないので，川に飛び込んだところを助けられて，口上を言うというものである。ここでは二代目円歌の型を取り上げた。

徂徠豆腐（そらいどうふ）
【別題】　出世豆腐
【種別】　人情，長屋
【あらすじ】　芝増上寺の門前近くの裏長屋に住んでいる男が，冬のある日，長屋にやって来た豆腐屋を呼び止めて「豆腐を一丁くれ」と言う。そして小皿に残っていた醤油をかけると，勢いよく豆腐を食べ始めた。「代金は四文です」と言われたので，「あいにく細かいのがない」と返すと，豆腐屋は「都合のいいときで構わない」と言う。翌日もまた一丁売ってほしいと呼び止められたので，同じように代金について言うと，やはり細かい金がないと口にする。五日目になって改めて催促すると，「私が世に出たら払える」と言うので，家の中を覗くと本に囲まれて暮らしている学者であることが分かった。豆腐屋はその清貧な生き方に感心し，「出世払いでいいから明日から豆腐を持ってきて上げます」と，豆腐やおからを無償で上げることにした。ところが豆腐屋が病にかかり一週間ばかり寝込んでしまった後，心配になって長屋の先生のもとにあわてて駆けつけると，すでに空き家になっていた。悪いことは重なるもので，その晩，隣から出た火をもらい豆腐屋は焼けてしまった。すると二，三日して大工の棟梁がやって来て，「さるお方に頼まれて十両渡すように」といって金を置いて行くばかりか，「店を建てるように言われている」と，棟梁とともに，さるお方が立派な身なりでやって来て「七兵衛さんお久し振りでございます」と挨拶をしてきた。それは豆腐を毎日買っていた学者で，名前は荻生徂徠。今は柳沢家に仕えていると言う。あのときのおかげで今の自分があると，徂

徠は豆腐屋に礼を言い，豆腐屋は徂徠に看板を書いてもらい，増上寺御用達の豆腐屋になったことから「徂徠豆腐」と呼ばれるようになり大層繁昌した。徂徠の隣家に暮らした宝井其角により〈梅が香や隣は荻生惣右衛門〉という句が残っている。
【解説】 元々は講釈ネタで『柳沢昇進録』の中にある「徂徠豆腐」を落語に移したものである。一龍斎貞丈によるものや，近年では宝井琴調により落語家に移され，演じる者が増えてきている。特にサゲはないが，演じ手によっては，例えば三遊亭圓窓のように「義士に切腹をさせた徂徠からの施しは受けられない」と言う豆腐屋に「学者として法を曲げることはできず，浪士に最大の情けをかけた」と返し，豆腐屋が「先生は私のために自腹を切って下さった」とサゲることもある。

ぞろぞろ
【種別】 滑稽
【あらすじ】 浅草田圃の真ん中にある太郎稲荷の前に，老夫婦が開いている茶店がある。品物がさっぱり売れないので，毎朝お社の掃除を済ませたあとにお稲荷様にお願いをしていたところ，雨が降ったこともあったせいか，久し振りに客がやって来て，わらじを買って行った。すると次々にわらじを買いに来る客がやって来たので，これもご利益と大喜び。さすがにわらじはもうないだろうと思って見ていると，天井から新しいわらじがぞろぞろと出てきて，それが話題になって大繁盛した。その様子を知った向かいの床屋の親方が自分もご利益にあずかろうと，お稲荷様に商売繁盛をお願いして帰って来ると，店の前で客が大勢並んでいる。ありがたいなあと思い，剃刀を研いで，客のひげを剃ると，あとから新しいひげがぞろぞろ…。
【解説】 元は上方落語で，舞台は赤手拭稲荷であった。東京では四代目橘家圓蔵型の浅草の太郎稲荷か，三代目三遊亭小圓朝の四谷のお岩稲荷のどちらかの設定で演じられている。立川談志はお稲荷様にお願いするのは娘で，ふと社に戻って来た神様が願いを叶えてやるという演出で演じていた。三遊亭圓窓による口演の速記が，2000年度より小学校4年生の国語の教科書に採用されている。

た

大工調べ（だいくしらべ）

【種別】 滑稽，長屋，武家

【あらすじ】 腕がよくて親孝行である大工の与太郎のところに棟梁の政五郎がやって来て，仕事の知らせを伝えると，店賃（たなちん）をためていたので道具箱を大家に持って行かれたと言う。ためた店賃は一両二分八百文であったが，棟梁は一両二分だけを持っていたので，与太郎にそれを持たせて大家のところへ行かせる。大家が金の足りないことを言うと，棟梁が与太郎に聞かせた「八百ぐらいは御の字だ」とか「あたぼうだ（あたりまえだ，べらぼうめ）」と口を滑らせてしまうので，残りの金を持ってこないと道具箱は渡せないと言って与太郎を追い返した。それを知った棟梁は大家の家に行き，下手に出て，事情を話し，ついでのときにでも持ってくるので道具箱を返してやってほしいと頼み込む。すると今度は棟梁の口のきき方が面白くないと言い出したので，とうとう口論になり，棟梁は自分と同じように与太郎にも毒づかせる。政五郎が願書をしたためて，奉行所へ訴え出ると，両者が出頭してお裁きに。奉行はまず与太郎に八百文を大家に払わせる。そして家主には質株を持たないのに，道具箱を金銭のかたに預かっていたことを咎め，その間の大工の手間賃二十日分の銀三百匁を払うように申し付ける。裁きを終えて奉行は「政五郎，一両二分と八百のかたに三百匁とはちと儲かったな」「ありがとうございます」「さすが大工は棟梁（細工は流々）」「へえ，調べ（仕上げ）をごろうじろ」。

【解説】 大岡政談の中に同種の話があることから，奉行を南町奉行とすることがある。サゲの「細工は流々仕上げをごろう（ご覧）じろ」は「工夫は十分にしているので仕上げを見てくれ」という意味であるが，分かりにくいこともあってか，最近では大家の前で棟梁が毒づいたあとに，与太郎にも同じことをさせるが，しどろもどろになってしまったところで，「これからお恐れながらと駆け込み願いを出します『大工調べ』の序でございます」と噺を結ぶことが多くなってきている。また与太郎の貯めた家賃を一両八百文とすることもある。大工の手間取りは銀貨で払われるのが普通で，金一両は銀五十～六十匁（幕末で百五十匁）。したがって，一両二分八百の代わりに五～六両（幕末でも二両）もらったということになる。

太鼓腹（たいこばら）

【種別】 滑稽

【あらすじ】 鍼に凝った若旦那が，本を買ってきて勉強をするが，壁や猫が相手ではつまらないので，馴染みの幇間（たいこもち）である一八を座敷に呼んで鍼を打つことにする。嫌がる一八に，欲しがっていた羽織に，鍼一本につき百円の祝儀をつけようと言うと，欲につられた一八はしぶしぶ打たせることに。怖がる一八は鍼は縦に打つのではなく，お腹の皮をつまんで横打ちにしてくれなどと頼むが，若旦那が自分の思い通りに鍼を打つと，痛いと言って暴れるので腹に打った針が折れてしまった。そこで迎え針を打つことにするが，またもや折れてしまう。青くなった若旦那はそのままにして帰ってしまったので，一八は大騒ぎ。心配をして見に来たお茶屋の女将が事情を聞き，「でもお前さんも随分と鳴らした幇間だろ。いくらかにはなったんだろ」「いいえ，皮が破れてなりませんでした」。

【解説】 サゲは太鼓と幇間（たいこもち）をかけたものである他，太鼓の音が鳴るというのと「物になる」がかかっている。最近では最後に女将が放つセリフを「よほどになっただろうね」とせずに，「いくらかにはなったんだろ」とすることが多くなってきたので，前者の意味合いがなくなってきた。習い立ての男が鍼を打って迷惑をかける話は，元禄16年（1703）『軽口御前男』の「いひぬけの箆（もがり）」や明和9年（1772）『楽（がく）幸（たい）頭（こ）』の「金銀のはり」に見られるが，現在の噺に近いものとしては，安永5年（1776）『年忘噺角

力』の「鍼のけいこ」あたりに求められる。

大師の杵（だいしのきね）
【別題】身代り杵
【種別】滑稽，地噺
【あらすじ】空海上人が二十三歳のときに，今の神奈川県の川崎を訪れ，名主の源左衛門のもとに宿をとった。すると十七歳になる娘のおもよの元気がなくなってきた。心配になって訳を聞いてみると，御上人様に恋煩いをしたという。源左衛門が空海に娘をもらってほしいと言うと，修行の身の上なのでそれはできないと言う。そのことを娘に言えないでいる源左衛門は「今夜，化粧をして御上人様の寝床に忍び込んでいきなさい」と娘をけしかけた。おもよが夜になって寝室に忍び込むと，そこに空海の姿はなく，布団の中には杵が置いてあった。これは何かの謎ではないかと考え，きっと杵だけに「ついてこい，ついてこい」という意味なのだろうと，空海を追い掛けることにした。そして六郷の渡しまでやって来ると，すでに向こう岸に渡って行ってしまったと聞いたおもよは，悲嘆にくれて川に身を投げてしまった。空海は胸騒ぎがするので，渡しまで引き返してみるとそこには一体の骸（むくろ）が。その死を悲しみ，空海は菩提を弔い，建てた庵が「おもよ堂」。それが大きくなって，今の川崎大師になった。大師堂には今も「弘法身代りの杵」が安置されているという。そのことをある人が「お厨子（ずし）の中は杵だそうですね」と尋ねると，お坊さんが「それは臼（嘘）だ」。
【解説】川崎大師建立にまつわる地噺で，演者によって組み立てやサゲは異なる。五代目三遊亭圓楽はサゲを自身で尋ねたところ，「その話はうす（嘘）だ」としていた。林家正雀は渡しの向うから弘法大師の笛の音が聞こえたので，「笛の音に誘われ急ぐ黄泉（よみ）の国」という辞世を残して川に飛び込む。それは「弘法も笛の誤り」であったとサゲている。

代書屋（だいしょや）
【別題】代書
【種別】滑稽，新作
【あらすじ】ある代書屋のところに「デレキショを書いてくれ」と言って一人の男がやって来た。デレキショではなく履歴書だと教え，用紙を受け取り，早速，質問をはじめると，生まれた場所は「日本」で「奥の四畳半」。名前は「湯川秀樹」というので驚いていると，「こういうのを一石二鳥って言うんでしょ？」「あなたが言いたいのは同姓同名。湯川秀樹という先生はノーベル賞を取った偉い人なんですよ」「あっしも天皇賞をとりました」と万事その調子。「生年月日を言って下さい」と言えば，大きな声で「セイネンガッピ！」「そうではなくて，あなたの生まれた日のことは？」「覚えてないなあ。あのときは夢中だったんで」。やっとのことで聞き出した年齢は「二十八」だが，そうは見えないので，確かめると二十年前に死んだ父親が「お前も二十八だから，しっかりしろ」と言われたことが分かった。学校を聞けば「もう行っていない。尋常小学校を一年で卒業しました」。これまでやった商売を尋ねれば，今川焼を売ったと言うので，履歴書に「饅頭商を営む」と書くと，それはやろうと思ってやらなかったというので一行抹消。次に下駄の歯の裏に打つヘリドメを売ったと言うので，「履物付属品を商う」と書くと，冬にはじめたので寒くてすぐやめたと言い，また一行抹消。最後に本職は「ガタロ」という，東京ではよなげやといって，川の中に沈んでいるものを拾い出す商売と言ってきたので，「河川に埋没したる廃品を収拾して生計を立つ」と書く。するとハッキリとした日にちを思い出したので，それを書くと吉原へ初めていった日だとか言う。賞罰については罰はないが，表彰してもらったことが新聞に載ったと言うので，それは書かなければならないと話を聞けば，新聞社の主催でボタモチを六十八食べて表彰状をもらったとか。「あなたは本当にこの名前なのか？」「嘘だと思ったら，履歴書を見てもらったら分かります」。
【解説】昭和10年代に副業として代書屋（行政書士）を営んでいた四代目桂米団治が，自らの経験を生かしてつくった新作落語。昭和14年（1939）4月初演。上方でも演じられているが，東京では三遊亭百生や二代目桂小南が演

じ，現在では柳家権太楼が得意にして演じている。ここでは権太楼の型をベースに，小南型のサゲを付けて紹介をした。本来はこの後に続きがあり，やっとのことで書き上げた履歴書を前に「署名は自分でしろ」と言っても，男は字が書けないので「自署不能に付代書」という判を押してやる。そのあとに結納の受け取りを書いてほしいという隠居が訪ねて来るが，書く文字に大変うるさく，また今度改めて来ますと言って帰ってしまう。次に朝鮮人がやって来て渡航証明書を書いてくれとやって来るが，分からない言葉も多く，複雑な書類となった上に代金が高いと言ってキャンセルをする。最後に隠居の家の奉公人が，先程の料金を持ってやって来て受取りがほしいと言うが，隠居と同じで代書屋の書く字が気に入らないと言って代わりに書きはじめ，「ここに判だけお願いします」。すると名前の横へ小さい字で「自署不能に付代書」でサゲる。本来の形で演じている桂米朝の音が残るが，東京では立川談志が演じたくらいで，大抵は一人目の客のやり取りの場面で終えている。またその男の名前は「中濱賢三」の他，「松本留五郎」「河合浅治郎」などがあり，演者によって遊びの要素が入ることがある（楽屋にいる落語家の本名を使うなど）。

大仏の眼（だいぶつのめ）
【別題】　奈良名所
【種別】　滑稽，旅
【あらすじ】　奈良東大寺の大仏様の片目がはずれ，腹の中に落っこちてしまった。どうやって直そうかと騒いでいると，そこへ子供を連れた男が現れて修繕を申し出る。大仏のまぶたに綱を渡したかと思うと，子供がそれを伝わり，目に開いた穴から中へ入り，内側に落ちている目玉をうまくはめこんだ。それを見ていた連中が，あの子供はどこから出て来るんだろうと話していると，大仏の鼻の穴から出て来た。「りこうな子だ。目から鼻へ抜けた」。
【解説】　上方落語の『東の旅』の最初の噺である。東京では『鹿政談』のマクラや，『大仏餅』のサゲの仕込みとして冒頭に据えられることが多い。原題は天明5年（1785）『猫に小判』の「大仏」。なお，別題にある『奈良名所』は別掲した。

大仏餅（だいぶつもち）
【種別】　人情，圓朝，冬
【あらすじ】　雪の降る晩に，父親が怪我をしたので薬をもらいたいという子どもが店に入ってきた。なんでも新米の盲乞食で，仲間から縄張りを荒らしたということで殴られたのだという。店の主人は薬をあげ，子どもの年齢が六歳と聞き，店の息子も同い年で袴着の祝いだから，八百善から取り寄せた料理を分けてあげようと面桶（めんつう）を出すように言う。すると茶人が使う朝鮮鈔鑼（さはり）の水こぼしを差し出したので驚いた。事情を聞くと，茶道具は売り尽くしたが，この面桶だけは手放せなかったという。そして主人はこの乞食が芝片門前にいた神谷幸右衛門だと気付き，自分が河内屋金兵衛であることを名乗り，お薄（薄茶）を一服あげ，大仏餅を出した。すると幸右衛門が口にした餅を喉に詰まらせてしまったので背中を叩いていると，眼が見えるようになった。「あなた，目が明きなすったね」「目が明きましたが鼻がこんなになりました」と鼻がおかしくなってしまった。「今食べたのが大仏餅，眼から鼻へ抜けた」。
【解説】　三遊亭圓朝による作とされ，「大仏餅」「袴着の祝い」「新米の盲目乞食」の三つの題から生まれた三題噺という。八代目桂文楽が最後に演じた落語として知られる。その文楽は何も振らずに本題へ入ったが，同時代の八代目林家正蔵はマクラに『大仏の眼』を仕込んでから本題に入った。

代脈（だいみゃく）
【別題】　代診
【種別】　滑稽
【あらすじ】　中橋の名医，尾台良玄の弟子銀南は愚か者であり色情者。良玄はこれを治そうと，蔵前の伊勢屋に代脈へ行かせることにした。色々と医者としての作法を教え，最後に「お嬢様の下腹にしこりのような堅いものがあったので，それを押したところ，放屁をなされた。年頃のお嬢様だけに真っ赤になって恥ずか

しそうにされていたので，そこは医者の頓智。近くに母親がいたので『この頃は耳が遠くなったようで，何かおっしゃるときには大声で願います』と言うと，お嬢様も安心された。そんなことにならないように下腹をさわるなよ」と注意を与えた。銀南は出掛けるのに初めて駕籠に乗るので嬉しくなったが，やがて居眠りをしてしまい伊勢屋に着いて起こされると，いつもの玄関番の癖が出て「どうれ」と挨拶をしてしまったり，座敷に上っても相変わらずの失敗ばかり。おまけに診察の段になって，つい下腹を押してしまった。するとお嬢様が真っ赤な顔になったので，良玄の真似をして「何かおっしゃることがあったら，大きな声で願います。年のせいか耳が遠くていけない」と言うと，「大先生もそのようなことをおっしゃりましたが，若先生もいけませんか」「いけません。今のおならさえ聞こえなかった」。

【解説】　病人の放屁が聞こえたにもかかわらず，気遣って聞こえないふりをするのは，寛文2年（1662）『為愚痴物語』の「翠竹道三物語りの事」と，それを笑話化した元禄10年（1697）『露鹿懸合咄』の「祝言前書」に見られる。また銀南が駕籠に乗って病家に向かう場面は，安永2年（1773）『聞上手二篇』の「代脈」に原話が求められる。六代目三遊亭圓生や古今亭志ん朝が演じ，現在でも上方を含め，高座でよくかけられている。また先代の鈴々舎馬風は『支那の代脈』として，座敷で病気になった豚（ブルドックという説もあり）の診察をする落語を演じたという逸話が残る。

大名道具 （だいみょうどうぐ）
【種別】　滑稽，武家，艶笑
【あらすじ】　ある殿様が生まれつき男の道具が小さいのを気にして，大きくしてもらおうと金勢大明神に祈願をする。ところが大明神の御神物が男の一物を大きくかたどったものなので，それを目にした殿様は腹を立てて槍で突いてしまった。すると大明神はそれに怒り，大名の家来三千人分の一物を奪ってしまった。困った家来達が祈祷をすると，三千個の一物が米俵に入れられて返ってきたが，殿様が家中きっての大道具の持ち主である槍持ちの可内の一物を自分のものにしてしまった。続いて家来が自分の物を持っていくと，最後の可内の番が来て，自分の物ではない，殿様の小さい道具が一つ残ったきりなので，泣く泣くそれを自分の物に。その日から殿様は大喜びで大奥の女性を喜ばせ，何日も寝ないで頑張っていると，幾日か経て，三太夫がやってきて，「申し上げます。槍持ちの可内が腎虚で倒れました…」。

【解説】　一般の席ではなく，特別な会や宴席などで演じられる艶噺の一つ。鈴々舎馬風の音が残っている。安永3年（1774）『豆談語』の「化もの」に原話が見られる。

高尾 （たかお）
【別題】　仙台高尾
【種別】　滑稽，廓，武家，地噺，禁演，禁演（戦後）

【あらすじ】　花魁の中で名前を残したのが高尾太夫。なかでも二代目の「伊達（仙台）高尾」は絶世の美人で，できないことがなかったという人。能書家であり，仙台公へ送った手紙も残っている。「夕日も波の上の御通わせ，御館の首尾いかがおわしますやと御見ののち，忘れねばこそ思い出ださず候かしく」と書き，最後に「君は今駒形あたりほととぎす」と添えて送ったところ，仙台公はすっかり高尾に夢中になり，毎晩通った上に，七千八百両を払って身請けをした。ところが意のままにならない上に，高尾丸と名付けた舟で遊びに出掛けたときに，高尾に「そなたも一献」と盃を差し出したが断られてしまう。高尾には因州鳥取の浪人で島田重三郎という二世を交わした夫がいるので，仙台公の再三の勧めにも応じようとしないのだ。仙台公は腹を立てて刀を振り上げると，謡曲が聞こえてきたので，「これ高尾，なぜその方はなびかぬぞ〜」とそれに合わせて言うと，高尾が鼓の掛け声のように「いやぁ…」と返したので，仙台公はポンポンと切ってしまった。

【解説】　地噺で演者によって，細かな内容や展開，及びサゲが異なる。仙台公が大金をはたいて身請けをしたのに，自分を受け入れてくれないばかりか，惚気を言われて味噌をつけられた

ので，それから「仙台味噌」と言うようになったとサゲる場合もある。『高尾』というと上方では東京の『反魂香』を指すこともあり，また東京でも『紺屋高尾』という別の噺があるので，混乱を避けるために，この噺を『仙台高尾』と呼ぶ場合もある。仙台公に斬られた高尾を思い，香を焚いて高尾を呼び出すのが『反魂香』という噺であり，流れからするとこの噺の続きということもできる。

高砂や（たかさごや）

【種別】　滑稽，長屋

【あらすじ】　八五郎が伊勢屋の若旦那の仲人を務めることになり，隠居のところにやって来た。なんでも嫁になる娘の実家とは仕事の付き合いがあって，八五郎の家にその娘がいたときに若旦那が見初めたのだという。出世になることだから引き受けろという隠居は，仲人は祝儀として『高砂』を謡わなければならないといって，早速八五郎に教える。ところが八五郎は謡いらしい声を出すことができないので，豆腐屋の売り声を真似て，はじめの一節だけ覚えることにする。いざ，式で『高砂』の一節をやり，「あとはご親類方で」と言うと，「親類一同不調法で」とあとを謡ってくれる人がいない。困った八五郎は何度も同じところを繰り返し，しまいには「帆を下げて～」としてしまう。「下げては困ります」「また上げて」「お泣きになっては困ります」「（泣き声を上げて）高砂や，この浦船に…」「どうぞお先を」「助け船～」。

【解説】　元々は大阪にあった噺で，宝永2年（1705）『軽口あられ酒』の「正月うたひぞめの事」が土台にある。三代目柳家小さんの喉がよかったことから，最後は高い調子からご詠歌になってしまい，それを聴いた親族が「婚礼にご容赦」とサゲていたこともあった。最近では巡礼歌を唄い終わったあとに「巡礼にご報謝」と頭を下げて施しを乞うという門付の意味が分かりにくくなったこともあり，「助け船」という元々のサゲで終わることが多くなった。なお『高砂』の文句は「高砂や，この浦舟に帆を上げて，月もろともに出汐の，波の淡路の島影や，遠く鳴尾の沖過ぎて，はや住吉に着きにけり，はや住吉に着きにけり」である。

高田馬場（たかたのばば）

【種別】　滑稽，春

【あらすじ】　浅草の奥山で姉弟がガマの油を売っている。その口上を聞いた六十過ぎの侍が「それは二十年前の古傷にも効くか」と，自身の懺悔話とともに尋ねてきた。するとガマの油売りが血相を変えて，「さては岩淵伝内ではないか。よくぞ申した。何を隠さん親の仇だ」と身構えたので，周りは騒然。伝内は観音様の境内とあっては迷惑も掛かるからと，明日の正巳の刻（午前10時）に高田馬場での再会を約束して一旦別れた。翌日，高田馬場は黒山の人だかり。仇討を当て込んで茶店も超満員。ところが正午になっても一向に仇討がはじまらないばかりか，昨日の侍が酒を飲んでいるので，「仇討ちはどうなりました」と尋ねると，「今日はやめた。あれはわしのせがれと娘だ」「なんだって，そんなウソをついたんです」「ああしておけば人出で賑わう。茶店が繁昌するので，その上がりの二割をもらって，楽に暮らしておるのだ」。

【解説】　原話は講釈師である馬場文耕が宝暦8年（1758）に著した『江都百化物』の「敵討の化物」に見られる。高田馬場の仇討といえば，元禄7年（1694）に菅野六郎左衛門と村上庄左衛門による決闘が知られ，そこに中山安兵衛こと堀部武庸が菅野側の助太刀として参加したことでも知られるが，噺とのつながりはない。三代目三遊亭金馬が得意とし，近年では古今亭志ん朝や三笑亭夢楽が演じていた。噺の冒頭でガマの油の口上が出てくるが，これは『がまの油』で披露されるものと基本的に同じである。

たがや

【種別】　滑稽，武家，夏

【あらすじ】　両国の川開きの日，橋の上は「たまや～」「かぎや～」と声をかけながら花火を楽しむ見物客であふれかえっている。そこへ両国の広小路側からたがやが，本所方面から馬に乗った殿様と家来の侍がやって来た。人混みに押されたはずみで，たがやが担いでいた"たが

が外れて，その勢いで侍の被る笠の縁を跳ね飛ばしてしまった。人前で恥をかかされたと言って侍は怒り，たがやがいくら謝っても許そうとはしない。開き直ったたがやが侍に啖呵を切ると，普段から仕事で鍛えている馬鹿力で侍を二人とも切ってしまった。最後に馬上の殿様と一騎打ちになるが，殿様が中間から渡された槍で攻め込もうとしたところを，たがやが隙を見つけて槍をつかんでしまったので，殿様は槍を操ることができない。そこでたがやが殿様の首を真一文字に切り払った。殿様の首が中天高く舞い上がると，周りにいた見物人が「上がった，上がった〜，上がった〜，た〜がや〜」。

【解説】 古くから江戸で演じられていた落語で，元々，馬上の殿様がたがやの首をはねると，見物人が「たがや〜」と放っていたが，現在ではほとんど武士の首をはねる形で演じている。三代目三遊亭金馬や三代目桂三木助などが得意とし，現在でも多くの演者が夏が近づくと演じている。

他行（たぎょう）
【別題】 他行医者
【種別】 滑稽
【あらすじ】 気分の優れない父親が「二階で寝ているから，誰かが訪ねてきたら『お父っつぁんは他行でございます』と言うように」と与太郎に言付けをする。ところが「他行」という言葉が覚えられないので，紙に書いてもらうことにした。早速やって来た客人に「お父っつぁんは他行でございます」と言うと，「それでは後ほどまた参ります」と言って帰っていくので，与太郎は面白くなるが，目を離したすきに「他行」と書いた紙が風で吹き飛んでしまった。そこへ新たな客が「お父っつぁんいるかい」とやって来たので，与太郎はあわてて「お父っつぁんは…無くなりました」「いつ？」「たった今」「なんで亡くなった」「風で無くなりました」「そうかい，気を落としちゃいけねぇよ」「あ！あった。え〜，お父っつぁんは他行でございます」「何を言ってるんだ。他行なんてむずかしい言葉を使って。他行とはどんな意味か知ってるのか？」「うん，二階でもって寝ることだ」。

【解説】 原話は安永2年（1773）『聞上手三篇』の「他行」にある。途中で要件の書いてある紙を失くす話は，天明2年（1782）『笑顔はじめ』の「むすこ」に出てくる。他行とは外出をすることで，借金取りから逃れるために，医者が息子に「他行」であることを言いつけるという演じ方もある。小噺程度でマクラに付されることが多いが，一席物として演じることもある。

だくだく
【別題】 書割盗人
【種別】 滑稽，長屋
【あらすじ】 八五郎が引っ越しをしたが，金もなければ家財道具もないので，長屋に住む絵の先生のところへやって来て，壁に貼り巡らせた紙に道具一式を描いてくれと頼んだ。先生は注文通りに，床の間をはじめ，箪笥や火鉢，その上には湯気の立っているやかんを，さらにあくびしている猫，長押には槍，しまいには金の沢山入った金庫を描き上げた。すると八五郎が留守をしている間に，物持ちの家だと目をつけていた泥棒が，夜になってやって来て仕事をはじめるが，箪笥の引き出しを開けようとしても開かず，金庫から金を盗むこともできない。家の中にあるものが絵であることに気づき，家人がなんでも「あるつもり」で暮らしているのなら，こっちも手ぶらでは帰れないから「盗んだつもり」になってやろうと，まず箪笥の引き出しを開けたつもり，大きな風呂敷を広げたつもり，着物を風呂敷に乗せたつもり，金庫の中の金を盗んだつもり，風呂敷を包んで持ち上げるが…，なかなか重くて持ち上がらないつもりとやりはじめた。その様子を見ていた八五郎が黙っていられないと，「布団を跳ね上げたつもり，長押にかかっている槍を取ると，鞘を払ってしごいたつもり，泥棒の脇腹めがけて，エイッと突いたつもり」「痛てててと，突かれたつもり」「グイグイッとえぐったつもり」「血がだくだくっと出たつもり…」。

【解説】 上方では『書割盗人』と題されている落語。近眼の泥棒が本物の道具と見間違える話は，安永3年（1774）『春みやげ』の「夜盗」に，サゲ近くの泥棒とのやり取り部分は，安永

7年（1778）『梅の笑顔』の「鑓」に見ることができる。古今亭志ん橋や柳家喜多八，十一代目桂文治などが得意にして演じている。

たけのこ
【別題】　かわいや
【種別】　滑稽，武家，春
【あらすじ】　ある武士の屋敷で，家来の可内（べくない）が隣家のタケノコがこちらの庭に生えて出て来たので，それを切り取って食事に出そうと言ってきた。主人がならば隣家に挨拶をして来いと言う。可内が命じられた通りに「貴殿の庭のタケノコが，土足にて当家を荒らし回ったので，無礼千万と手討ちに致しました」と言うと，「それはやむを得ないこと。しかし当家の家来ゆえ，死骸は当方に引き渡されたい」と隣家が返してきた。そこで今度はタケノコを剝いた皮を持って行かせ，「死骸は当方にて丁重に墓（腹）の中へ葬り，明朝には高野（厠）へ納めます。これは生前の衣類にござる」。タケノコの皮を見た隣家の主人が「もはや手討ちになったか。ああ，かわいや（可哀や），かわいや（皮嫌や）」。
【解説】　元々上方落語で，現在は柳家喜多八が一席物として寄席などで演じている。原話は享保11年（1726）『軽口初笑』の「こぼれさいわい」に見られる。

竹の水仙　(たけのすいせん)
【別題】　甚五郎
【種別】　滑稽，旅
【あらすじ】　藤沢宿のある宿屋の二階で，もう何日も逗留をしている男がいた。宿の女房が心配になり，亭主に勘定を取りに行かせると，一文無しだと言い出した。勘定をどうするんだと迫る主人に，男は腕で払うので宿の中庭にある竹藪から真竹のいいところを一本もらいたいと言う。そして手ごろな竹を切り出し，部屋に閉じ籠もると，筒の中に入った，先に丸い物の付いた竹を差し出し，昼三度夜三度水を取り替えると，翌朝，不思議が現れると口にした。宿の主人が言われた通りに世話をすると，筒に水仙の花が咲いたので驚いていると，毛利侯がその竹の水仙を目にした。毛利侯から呼び出しを受けた宿の主人が参じると「あれは左甚五郎の作で，売ってほしい」と言われる。百両という額を得た主人が宿へ帰ると，「長州ならば三百両でもよかった」という甚五郎。百両はすべてお前にやると言われた主人が「先生にお願いがあります。藤沢中の竹を買い占めますから，竹の水仙を彫って下さい」。甚五郎は百両からわずかな路銀だけをもらって江戸へ向かう。
【解説】　竹の水仙の売買方法や，その金額，舞台の設定などは多種多様であり，ここでは五代目柳家小さんの型によった。飛騨国で修業を終えた甚五郎は師匠から京都へ行けと言われ，宮中からの依頼を受けて彫ったのが竹の水仙であり，そこで江戸の三井家から大黒を彫ってほしいという依頼を受け，江戸に旅立つ途中に立ち寄るのが，この藤沢宿（または三島）である。近年ではサゲを設けることも多く，甚五郎が旅立ったあとに宿の夫妻が「人は見かけによらないものだ」と話していると，目の前をお坊さんが通るので，「あの人を捕まえていらっしゃい。もしかしたら弘法大師かもしれない」といったものもある。名人左甚五郎物の一席。

蛸坊主　(たこぼうず)
【種別】　滑稽
【あらすじ】　不忍池のほとりにある評判の料理屋に，ある日，四人の坊さんがやって来て，高野一山の修行僧だから生臭いものは食べないので前栽物を出してくれと注文をする。そして出てきた料理に舌鼓を打っていると，店の主人を呼び出し，「このお椀の汁はおいしいが出汁は何を使っているか」と尋ねた。主人が鰹節を使っていることに気づき平謝りをするが，坊主は「我々は戒律堅固に暮らしていたが，この椀を食したために修行が無駄になった。今更高野山には帰れないので，一生養ってもらおう」と大あぐらで居直った。店の主人が困っていると，隣の座敷で食事をしていた老僧が主人を呼びつけ，「もしよろしければ愚僧が口を聞いて進ぜよう」と言ってきたので，主人は藁にもすがる思いで頼むことにした。老僧が四人の座敷へやって来ると，「料理をうまくしたいという，そ

の真心がかえって仇となったのだから，刺身を食べても豆腐であると思って口にすれば，修行の妨げにはなりますまい」と説くが，聞く耳を持たない。そこで「先ほどから高野一山の者と仰るが，貴僧はこの愚僧の面体をご存じか」と尋ねると，「知らない」と答えるので，「あの，ここな，偽り者めが。（芝居がかりになり『六部三重』の囃子が入る）そも高野と申す所は，弘仁7年，空海上人の開基したもうところにし，高野山金剛峯寺と名づけたる真言秘密の道場。当時，九百九十の寺々ありしが，その後破却となったりといえど，いまだ多くの寺，多くの坊残りありて，諸国の雲水，一度，高野に登りて修行をなさんとする際，この真覚院の印鑑なくして，足を止めることができましょうや。修行がなりましょうや。貴僧達は高野の名をかたって，庶民を苦しめ歩く，にせ坊主，いつわり坊主，なまぐさ坊主，蛸坊主」。すると「これ，蛸坊主と申したな。いわれを聞こう」と言ってきたので，「そのいわれ聞きたくば」と四人を池の中へさかさまへ放り込んだ。すると四人が足を出して池の中へ。「そおれ，蛸坊主」。
【解説】元は上方落語で，二代目桂三木助から習った八代目林家正蔵が，途中，芝居がかりになる場面で鳴り物を入れて演じた。現在でも正蔵門下の八光亭春輔や林家正雀，桂藤兵衛などが演じている。

叩き蟹（たたきがに）
【種別】滑稽，旅
【あらすじ】ある男が往来に大勢の人が集まっているのを見て理由を尋ねると，日本橋のたもとの黄金餅という餅を売る店で，子どもが餅を盗もうとして捕まり，折檻を受けるところだと聞く。男が割って入って，子どもに訳を聞くと，大工の父親は怪我で，母親は病気でともに寝ており，二，三日雨が降り続いているので，普段やっている使いっ走りもできない。ふと餅屋の前を通ったら，みんなが美味しそうに食べていたので，つい手が伸びてしまったのだと言う。店の主人は許せないというので，男が勘定を払うからと言って，子どもに餅を食べさせることにする。そして土産まで持たせたが，勘定を払おうとしたときに財布がないことに気付き，男は木っ端をもらって，一匹の蟹を彫り上げ，百文のかたに置いて去ってしまった。主人が頭にきて，キセルで蟹の甲羅を叩くと横に這い出した。そこで「一叩き一皿」を商売に取り込むと，店は大繁盛。それから二年経ったある日，蟹を彫った男が再び店にやってきて，百文を返し，あのときの子どもの消息を聞くと，その餅屋で働いていた。なんでもあの後，父親が亡くなってしまい，それが縁でこの店で働くことになったというのだ。男が店を去ろうとするので，主が名前を尋ねると子どもが左甚五郎ではないかと言い出すので，男は自分が甚五郎であることを明かす。そして子どもが自分のこしらえた餅を食べてくれと言うので，持って来た餅を甚五郎が食べ，切り餅も食べようとすると，餅がつながったままなので，「坊や，修業が足りないぞ」「包丁を持って来ます」。これを聞いていた蟹が這ってきて，「（両手の指をはさみの形にして）よかったら使って下さいな」。
【解説】名人左甚五郎物の一つで，寄席で滑稽浪曲を演じていた広沢菊春から教わった七代目橘家圓蔵がかつては演じていた。それを知った圓窓が改めて滑稽噺につくり直して演じている型をここでは示した。蟹がハサミを上げる仕草を見せて終える，いわゆる「仕草落ち」である。噺に出てくる黄金餅は『黄金餅』に出てくる餅屋とは別の店。他に柳家蝠丸が演じている。

たちきり
【別題】たちぎれ線香／線香の立ち切れ
【種別】人情
【あらすじ】道楽ばかりをしている若旦那が親類相談の上，改心のために百日間の蔵住まいを命じられる。それを知らぬ相思相愛の芸者小糸は，連日，矢のように手紙を寄越すも，番頭がしまいこんでしまうので，若旦那のもとには届かず，いつしか小糸からの手紙は来なくなった。百日が過ぎ，蔵から出してもらった若旦那は，そのことを番頭から聞き，最後に届いた手紙を見せてもらうと，小糸のいる店を訪れる。しばらく顔を見せなかった若旦那の姿を前にし

て，店の者は大層驚く。そしておかみは仏壇を開けて，白木の位牌を見せ，若旦那のことを案じ，病気になって小糸は亡くなったと言う。悲しみにくれた若旦那が線香を上げて，酒を飲み始めると，仏壇に供えてあった三味線がひとりでに鳴り始めた。その音色に耳を傾けていると，途中で止まってしまったので，「小糸，私が聴いているんだ，その先を弾いておくれ」「若旦那，もうだめです。仏壇の線香が立ち切れました」。

【解説】 笑福亭の祖である京都の初代松富久亭松竹の作といわれるものを，三代目柳家小さんが東京に移したとされるが，六代目桂文治（1843〜1911）による『入墨子』という速記が残る他，江戸にも文化3年（1806）『江戸嬉笑』の「反魂香」のような原話が見られる。演題にある「たちきり」とは，芸妓の玉代を線香で計り，その線香が立ち切れる（燃え尽きる）までを座敷の時間とした花柳界に由来している。東西ともに大ネタとされ，上方では最後に爪弾かれるのは地唄の『雪』であるが，東京では『黒髪』であることが多い。

辰巳の辻占 (たつみのつじうら)

【別題】 辻占／辻占茶屋
【種別】 滑稽，禁演
【あらすじ】 遊びに夢中の源公が伯父のところへ金の無心に来る。何でも馴染みにしている辰巳の女であるおたまから金を持って来てほしいと言われたというのだ。そこで伯父は「友達と喧嘩をして殺してしまった。これから大川に身を投げるつもりだが，一緒に飛び込んでくれないか」と問いかけて，もし橋の欄干に手をかけでもしたら一緒にしてやるから，相手の心を試してみろと言う。源公が早速女の店を訪ね，二階の空き部屋で待っていると，辻占の入った巻煎餅を見つけたので，食べながら辻占を読むと，「はなはさほどに思わぬけれど　今でもさほどに思わない」「わたしの方からあなたのお手へ　書いてやりたい離縁状」とロクな文句が出てこない。そこへおたまが現れて，金の話をしはじめるので，伯父から言われた通りに言うと，渋々ながら「一緒に死ぬよ」と返してき

た。二人して大川までやって来るが，おたまはなかなか飛び込もうとしないので，そばにいるからかえって飛び込めないんだと，離れたところでおたまは近くにあった石を自分の身代わりに投げ込んだ。その音を聞いた源公は本当に飛び込んだと思い，自分も死のうと思うが命が惜しいので，自分も石を投げ込む。そして二人して茶屋の前でバッタリと出くわすと，おたまが「あらまあ，お久しぶり」「今まで一緒にいたじゃないか」「娑婆で会ったっきりじゃない」。

【解説】 上方落語の『辻占茶屋』を東京へ移したもの。原話は露の五郎兵衛作『露休置土産』の「心中の大筈者」をはじめ，江戸小噺でも安永9年（1780）『大きに御世話』の「無心中」に見られる。主人公の名前をはじめ，心中を持ちかける理由は演者によって異なるが，ここでは十代目金原亭馬生から継承し，今も寄席等で演じている五街道雲助の型を記した。日本発祥の辻占入りの巻煎餅は「フォーチュンクッキー」といって，現在はアメリカをはじめとした海外で売られている。なお，演題にもある「辰巳」とは，深川にあった遊び場のことである。

館林 (たてばやし)

【種別】 滑稽，長屋
【あらすじ】 剣術の道場へ通っている経師屋の半さんが稽古に夢中になっているが，やることなすこと乱暴なので先生に注意される。すると小さい頃から侍に憧れている半さんが，武者修行に出たいと言い出したので，先生が自分の武者修行の旅の話をして聞かせた。「場所は上州館林。とある呉服屋に賊が入り，役人に追われた賊が蔵の中へ逃げ込んだ。そこで自分が捕えてやろうと，いきなり飛び込んでいっては向こうは刀を持っているのでやられてしまうから，俵を用意させて，それを蔵へ投げ込んだ。賊が俵を切り下ろしたところで，飛び込んで行って隙のできた賊を捕まえた。半さんも痛い目を見たくなければ武者修行などはやめなさい」と半さんを諭した。気持ちの治まらない半さんが町内の居酒屋の前を通ると，酔っぱらいが侍にからんで，居酒屋の蔵の中へ侍が逃げ込んでしまったと言う。半さんが「わしが退治してやろう」

と言い出し，俵を用意させ，先生から聞いたのと同じ段取りで事を進めるが，半さんがその段取りを大声で喋ったので，それを聞いた侍は切り込んで来ない。不思議に思った半さんが首を入れると，その途端に切り落とされてしまい，半さんの首がゴロゴロと転がり，「先生，うそばっかり」。
【解説】　八代目桂文治が演じ，それ以降演じ手のなかった噺であったが，近年，柳家喬太郎が復活させ，ここではその型を示した。同工異曲の噺に『胴取り』がある。

狸（たぬき）
【種別】　滑稽，長屋
　子供に捕まったタヌキを助けてやると，そのタヌキが八五郎のところへやって来て，さまざまなものに化けて恩返しをするところからはじまる。
【解説】　『狸の札』『狸の鯉』『狸の釜』『狸賽』『狸の遊び』と，それぞれ独立させて演じられることが多いが，サゲを言わずに「札→鯉」「札→鯉→賽」のようにつなげて演じることもある。

▷**狸寝入り**（たぬきねいり）
【種別】　滑稽，長屋，廓
【あらすじ】　八五郎が助けたタヌキがお礼にやって来て，何にでも化けるという。吉原に行きたいから身代りになってくれと言われて，八五郎に姿を変えて家で寝ていると，おかみさんから「こんなに早く寝ているなんて，きっとタヌキ寝入りでしょ」と言われる。驚いたタヌキが吉原に駆けつけると，「もう少し寝ていてくれよ」と言われたので，「おかみさんがタヌキだってことを知っているんです」「それじゃあ，ここを頼む」「ここはなおさらいけません。ここはキツネ（遊女）ばかりですから」。
【解説】　助けてもらったタヌキが恩返しにくる展開は『狸の札』や『狸賽』などと一緒である。サゲが分かりにくくなったこともあって，近年あまり演じられていない。

▷**狸の遊び**（たぬきのあそび）
【種別】　滑稽，長屋，廓
【あらすじ】　八五郎が助けたタヌキが，お礼に札に化けたり，コイに化けたりした後，吉原に連れて行ってくれと言う。そこで八五郎は若旦那に化けさせて連れて行く。部屋に入って寝ていると，花魁（おいらん）から「起きなさいよ，お前さんタヌキ（狸寝入り）だね」と言われたので驚く。続いて「お前さん芸人だろ。若旦那に化けて来たんだろ。しっぽを出しなよ。お前さんタヌキ（幇間（たいこもち））なんだろ」と言われたので，タヌキは「そうです」と言う。「タヌキなら太鼓を叩きなさいよ」「太鼓は叩けませんが，腹つづみなら打ちましょう」。
【解説】　助けてもらったタヌキが恩返しをした後の話にあたるが，近年あまり演じられていない。

▷**狸の釜**（たぬきのかま）
【種別】　滑稽，長屋
【あらすじ】　八五郎が助けたタヌキがお礼にやって来て，何にでも化けるという。そこで茶釜に化けてもらい，風呂敷にそれを包んで寺の和尚に売りに行くと，それを気に入った和尚が「火にかけて試してみる」と言うので，八五郎は慌てて，半金だけもらって帰って来てしまう。和尚が小坊主と二人して茶釜を火にかけると，タヌキが飛び出した。「追いかけてみたら，あれはタヌキでございます」「それで半金騙（かた）られたか」「包んできた風呂敷が八丈でございます」。
【解説】　助けてもらったタヌキが恩返しにくる展開は『狸の札』や『狸賽』などと一緒である。風呂敷の八丈縞と，狸の金玉が八畳敷きであることが，サゲにかかっている。

▷**狸の鯉**（たぬきのこい）
【種別】　滑稽，長屋
【あらすじ】　八五郎が助けたタヌキがお礼にやって来て，何にでも化けるという。そこで鯉に化けさせて，親分のところへ持って行くと，早速，鯉こくをつくるというので，魚屋に調理させることになった。庖丁をあてられそうになったタヌキは魚屋を引っ掻き，積んであった薪を伝わって逃げてしまった。「あれがコイの薪（滝）のぼりでございます」。
【解説】　助けてもらったタヌキが恩返しにくる展開は『狸の札』や『狸賽』と一緒である。

▷狸の札（たぬきのさつ）
【種別】　滑稽，長屋
【あらすじ】　八五郎が助けたタヌキがお礼にやって来て，何にでも化けるという。そこで越後から縮み屋が勘定に来る日なので，札に化けてもらい，それを縮み屋に渡すことにした。縮み屋は八五郎が大金を持っていたので不思議がっていたが，持ってきた財布にしまって帰ってしまった。すると程なくして，タヌキがあわてて帰って来た。「折りたたまれたので苦しくなったので，財布を食い破って逃げてきました。そのときに脇を見たら，十円札があったのでくわえて持ってきました」。
【解説】　助けてもらったタヌキが恩返しにくる展開は『狸の鯉』や『狸賽』と一緒である。サゲではさらに，八五郎が放つ「札が札をくわえて持ってきちゃいけない」というセリフをつなげる場合もある。

▷狸賽（たぬさい）
【種別】　滑稽，長屋
【あらすじ】　八五郎が助けたタヌキがお礼にやって来て，何にでも化けるという。そこでサイコロに化けてもらって，八五郎は仲間のところへ行く。壺皿へサイコロを一つ入れて，その目をあてる「ちょぼいち」に親として加わり，壺皿を取る前に自分の張った目の数を口にすると，タヌキがその通りの目を出す仕掛け。繰り返すうちに仲間から疑われ，目を読むなと言われてしまった。困った八五郎は「五」の目が出たときに，何かヒントをと「梅鉢だぞ，天神様だぞ」と言って壺皿を上げると，タヌキが冠を被って，笏を持って坐っていた。

梅鉢の紋

【解説】　助けてもらったタヌキが恩返しにくる展開は『狸の札』や『狸賽』と一緒である。五代目柳家小さんはサゲを口では説明せずに，扇子を笏に見立て，タヌキが天神様の格好をしている仕草をしてサゲていた。原話は宝暦4年（1754）『軽口豊年遊』の「たぬきの同類」にある。

狸の化寺（たぬきのばけでら）
【種別】　滑稽
【あらすじ】　荒れ寺の井戸からお化けが出るというので，それを退治してやろうと井戸をいぶすと，中から一匹の大ダヌキが現れ，寺の本堂へ逃げ込んだ。それを追い掛けるも見つからず，よく探してみると仏像の数が一体多い。そこで仏像に順に灸を据えていくと，そのうちの一体が「熱い」といって飛び上がった。するとまた姿が見えなくなったので，天井画の天女を突いてみると，天女がみな舞い出して，どれがタヌキであるか分からない。すると一人の天女が「ああ，睾丸（きん）がすれる」。
【解説】　上方で主に演じられるが，東京でも演じる落語家が多くなってきた。

田能久（たのきゅう）
【種別】　滑稽，芝居，旅
【あらすじ】　阿波国徳島にある田能村の百姓の久兵衛は親孝行。芝居が上手なので「田能久一座」をつくって，あちこちで興行をはじめるようになった。あるとき，伊予の宇和島から依頼が来たので興行を開くと大好評。ところがその途中で母親が大病であるという知らせが届いたので，愛用のかつらをいくつか持って，急いで徳島へ帰ることにした。途中，法華津峠を越え，鳥坂峠にかかろうとすると，山を下りて来た者に，夜越しはやめた方がいいと言われるも，先を急ぐので山越えにかかると，雨が降り出してきた。近くに見つけた小屋で暖をとっていると，いつの間にか寝てしまい，ふと目を覚ますと一人の老人が見つめていた。その正体は山に年古く住んでいるうわばみ（大蛇）で田能久を呑むと言う。田能久が母親が病気であることを話しても聞いてはくれず，「田能久です」と名乗ると，うわばみはタヌキと勘違いをして，「何か化けてみせてみろ」言ってきた。田能久は持っていたかつらをつけて女や坊主などを見せたので，うわばみは感心をして「化け方

を教えてくれ」と言い出す。そしてうわばみが自分の住んでいるところを教え、「今度来たらご馳走をするから、嫌いなもの、怖いものを教えろ」と言うので、田能久が「金が仇の世の中だから金が怖い」と教えると、うわばみも「たばこのヤニと柿渋が怖い。あれが体につくと腐ってきて、動けなくなる」と言ってきた。ふもとの村まで来た田能久がうわばみの怖いものを聞いてきたという話をして聞かせると、村人はヤニと柿渋を持ってうわばみ退治に出掛けた。田能久が家に帰ると、母親の病気は治っていたので安心をした。するとそこへドンドンと戸を叩く者がいる。老人の姿に化けた血まみれのうわばみが立っていて、「これを見てくたばれ」と言って箱を投げ入れて行ったので、それを開けてみると一万両が入っていた。

【解説】 「田之九」や「田の久とうわばみ」といったように、伊予や阿波の他、越後や三河など各地の民話に、「田能久」と同様の主人公の名前が見られ、また柿渋でうわばみを退治する展開が見られる類話が残る。六代目三遊亭圓生が資料を調べて土地の名前などを盛り込み直して演じていた。牧歌的な噺であり、かつては入船亭扇橋が、現在では林家正雀が田能久の家に小判を降らせ、村人が「いくら降って来た？　三百両か？　五百両か？」「久兵衛さんは立派な役者だから千両」と、千両役者をかけたサゲを設けて演じている。

たばこの火（たばこのひ）

【種別】 滑稽

【あらすじ】 柳橋の万八という料理屋に一人の男がやって来た。初めて尋ねる田舎爺だが、その身なりは結城の上下に献上の帯を締めて、尻を端折って甲斐絹の股引き、白足袋雪駄履きと身なりのいい老人。頼みごとは男衆に限ると店の喜助をそばに置き、早速、駕籠屋への代金と祝儀を二両、帳場に立て替えさせた。そして駕籠の中に置いておいた鬱金木綿の風呂敷包みを座敷に運ばせると、若い芸妓に年増の腕の達者な芸妓、それに吉原の幇間を呼んで、大黒柱を背にして手酌で遊び始めた。すると帳場に立て替えさせて、若い芸妓に祝儀を五両、年増の芸妓には十両、幇間には二十両与えた。そして、喜助と店の者への祝儀として三十両を頼むも、帳場は初めての客だからといい顔をせずに断った。それを聞いた老人は風呂敷を持ってこさせて、柳行李に入っている小判で立て替え金をすべて清算した上に、喜助達に多分に祝儀を付けて、余った金は持って帰るのも面倒だからと、芸者衆の伴奏にのせて小判をばらまいて、「ああ、おもしろかった。はい、ごめんなさいよ」と駕籠に乗って帰ってしまった。驚いた喜助があとをつけると、木場の奈良茂の屋敷前で駕籠が止まった。奈良茂は万八の晶屓なので、大番頭に尋ねると、老人は旦那の兄で、紀州の山奥で材木の切り出しをしており、時折千両を使いに江戸にやって来ると言うのだ。そして「三十両を断らずに出せば、気に入ってまた遊びに来てくれたんだ。お前なんざあ、四斗樽の中へ放り込まれて、糠の代わりに小判で埋められて、頭には千両箱の二つも乗せてもらえたんだ。惜しいことをしたなあ」と言われた。喜助が帰って帳場に報告をすると、芸者や幇間を総動員して、祭りの趣向で賑やかに奈良茂の屋敷にお詫びに参上した。それを二階から見た旦那が「いい目の保養をした。二、三日したらまたお邪魔をするから」と声をかけた。それからちょうど三日目。小さな風呂敷を首に巻き付けた旦那がやって来てた。「ちょっと疲れたので、この縁台で休ませてもらおう。時にちょっと借りたいものが」「これが二両でございます。これが五両、十両、二十両、三十両、四十両、五十両。まだございます」「そうじゃない。たばこの火をひとつ」。

【解説】 元は上方落語で、八代目林家正蔵が二代目桂三木助に教わって演じた。実際に大阪に実在した廻船業者の遊びをモデルにしたと言われ、正蔵は東京に移す際に、講談の悟道軒圓玉（1865～1940）に相談をして、主人公を鴻池から奈良茂に、舞台を北の新地から柳橋に移したという。正蔵の他、東京では上方落語を演じた二代目桂小南が手掛け、現在では正蔵一門の他、三遊亭歌武蔵などが演じている。

旅の里扶持 (たびのさとふち)

【種別】　人情，文芸，新作

【あらすじ】　二代目林屋正蔵の弟子で正喬（しょうきょう）という若手が師匠をしくじって江戸を飛び出した。暮れも押し迫ったある日，前橋までやって来ると，江戸屋駒吉という新内流しと蝶々家とんぼという夫婦芸人の名前を見つけたので，旅に同行させてもらうことにした。旅の途中，生まれたばかりの赤ん坊を背負った亭主から話を聞くと，駒吉は本名をお駒といって横山町の小間物問屋の娘，とんぼはその店の出入りの職人の息子で，恋仲になり駆け落ちをした。そして前橋までやって来ると，亭主が寝込み，お駒が新内を流して生活をしていたところ，芸好きな大店（おおだな）の隠居が持ち家に住まわせてくれたが，その隠居が亡くなってしまった。同じ頃，お駒に子供ができたことが分かったのだが，大店で一両二分の金がなくなり，亭主に疑いがかけられてその家を追い出されてしまい，昨日が立ち退きの日で，正喬に出会ったのだと言う。本庄の宿で三人が泊まると，夜中に「正喬さん，起きて下さい。亭主が逃げてしまいました」とお駒が正喬を起こした。夜中に亭主が起き上がった途端に一両二分の金を落として，お駒を突き飛ばし逃げてしまったのだと言う。正喬が後を追い亭主を捕まえるが，「女房に見られてしまったので，このままにしておいて下さい」と，正喬を振り切って逃げてしまった。お駒に本当のことを話し，その晩からお駒が新内を，正喬が落語を披露して歩くようになると，次第に細々と暮らせるようになったが，五日経つとお駒が病の床に就いてしまった。正喬が一人で働くようになると，ある日，三里離れた村の寺から一分のお礼で落語をお願いしたいと依頼を受けたので，お駒に話を聞かせて出掛けようとすると，「正喬さん，あなたはそのお金を持って逃げてしまうのでしょうね」「馬鹿なことを言っちゃいけない。必ず戻ってきますよ」と返す。寺で師匠が得意にした『野ざらし』を演じると好評であったので，もう一晩頼まれ，これまた師匠の作である『こんにゃく問答』を聴かせて旅籠に戻ると，お駒は一足違いで息を引き取ったと言う。正喬は葬儀を済ませ，子どもの里親を探し，里扶持を送る約束をして江戸へ戻り，師匠に詫びを入れて，修行に精を出すと，出世をして三代目林屋正蔵を継ぐことになった。正蔵となって高崎に仕事があったので，弟子を連れて熊谷までやって来ると，本庄で別れた赤ん坊のことを思い出した。約束をした里扶持はその後送れなくなってしまったのでどうしているだろうと思い，駕籠で本庄を訪ねると，かつて泊まった宿はなかったが，里親は十年前に宇都宮に移ったと聞いた。すると「あなたは正喬さんではないですか？」と尋ねられたので驚くと，「あの子は十七歳になって，仲町の荒物屋の五郎兵衛さん所の跡取り娘ですよ」と教えてくれた。店を訪ねると「おじさんは江戸の噺家さんではございませんか」と一人の娘が声を掛けてきた。「お前さんはあのときの赤ん坊さんかい。名前は何て言うんだい？」「お正と言います。とうとうおじさんにお会いすることができました。その節は私ばかりか，おっ母さんまでお世話になりまして，ありがとうございました」「顔を見せておくれ。亡くなったお駒さんに生き写しだね。おっ母さんに逢いたくなったら鏡に顔を写してごらん…」。帰ってきた養父母と会い，その晩は手あついもてなしを受け，翌朝，別れを惜しみながら荒物屋を後にして宿外れまで来ると，天気が良いので山々も綺麗に見えた。正喬は宿の方を振り向き，「お駒さんの三味線でここを流したことがある。俺は蘭蝶切りしか知らないが，『四ツ谷で初めておうたとき，好いたらしいと思うたが，因果ァなァ，縁のォ，糸車ァ～』」。

【解説】　八代目林家正蔵が「話の中に正蔵が出てくるから」と作家である長谷川伸からもらって演じた噺。林屋正喬（三代目正蔵）は実在の人物であるが，噺そのものはフィクションである。現在でも林家正雀や八光亭春輔といった正蔵一門の落語家が演じている。

魂の入れ替え (たましいのいれかえ)

【別題】　魂違い

【種別】　滑稽，長屋

【あらすじ】　鳶（とび）の頭（かしら）が先生のところで酒をご馳走になって一晩泊まっていくことになった。酔

って寝てしまうと，二人の魂が身体を抜け出して，連れ立って吉原へ遊びに行くことになった。するとその途中で火事に出会ったので，頭の魂が先に身体へ帰ると，隣で寝ている先生の身体に入り込んでしまった。あとで帰って来た先生の魂は，入るところがないので頭の身体へスーッと。そこへ頭の所の若い連中が頭を呼びに来たが，頭の身体には先生の魂が入っているのでチンプンカン。医者に診てもらうと「もう一度寝かしつけて，しばらくして起こせばいい」と言うので，医者が渡した眠り薬を飲ませると，再び二人から抜け出した魂が話をしながら，今度は浅草の奥山へやって来た。ところが魂を見つけた見世物小屋の主人が見世物にしようと連れ帰ってしまったので，「こうなると私の手には負えません」と医者は帰ってしまう。そこで日蓮宗の祈祷師に魂を呼び戻してもらおうとお願いをすると，早速「南無妙法蓮華経，どんつくどんどんつく」とお祈りをはじめた。見世物小屋の主人は早く帰ろうとするも，知らない道へと足が進み，先生の家の井戸のところへたどり着いたので，「この魂はこの家の人のか。せっかく金儲けができると思ったのに」と，二人の魂を投げると井戸の中へ落っこちてしまった。家の中では「南無妙法蓮華経，南無妙法蓮華経。どうぞ二人の魂を戻らせ給え」。井戸の中で二人の魂が「どんぶくどんどんぶく」。

【解説】　元のサゲは，僧正や祈祷師を指す法印に祈祷をしてもらったところ，魂を盗んだものが法印の所へやってきて「魂返す，法印さん」というものであったが，清元などにある「田町へ帰る法印さん」という文句が分からなくなったので，初代柳家三語楼が考えたとされる上記のサゲを用いるのが一般的である。現在は五代目柳家小さん門下の落語家が演じている。

手向けのかもじ（たむけのかもじ）
【種別】　滑稽，長屋
【あらすじ】　お店の旦那が亡くなったので手伝いに行けと女房に言われた熊が，くやみの口上を教わって出掛けた。お店にやって来ると，くやみを言いながら物価高騰の話をしたり，女房の惚気話（のろけ）ばかりをして帰ってしまう者もいる。くやみを何とか済ませた熊が線香を上げようとすると，三方の上に髪がのせてあり，「長かれと祈るえにしの短こうて　いらぬ我が身の髪の長さよ」と歌が添えてある。それは店の奥様が亡くなった旦那に操を立てて，二夫にまみえないという誓いを霊前に示したものだと教えられる。すっかり感心した熊が女房にこの話をし，お前にはできないだろうと言うと，ああだこうだと言い返してくる。ふて腐れた熊が昼寝をしようとすると，布団が短いので足が出てしまう。それを見た女房が「長かれと祈る布団の短こうて　いらぬ亭主の足の長さよ」。

【解説】　本編自体は短いので，くやみの場面で長さを調整したりすることもある。七代目橘家圓蔵が演じていたが，近年では桂藤兵衛や林家彦いちが演じている。

試し酒（ためしざけ）
【種別】　滑稽，新作
【あらすじ】　近江屋で働く久造という男が大酒飲みで，五升の酒を一度に飲めると聞いた尾張屋の主人が，本当に飲めるかどうか近江屋と賭けをすることにした。もし久造が飲めて賭けに負けたら，久造には小遣いを，近江屋を箱根に招待するというのだ。それを聞いた久造は飲めるかどうか不安なので，少し考える時間がほしいと表に出て行った。やがて戻ってきた久造はやってみるということで，早速飲みにかかると，大杯に注がれた一升ずつの酒を五杯飲み干してしまった。賭けに負けた近江屋が，「そんなに飲めるには何か秘訣があるのではないか。一度，外へ出ていったのに訳があるのではないか」と尋ねると，「五升なんて酒を飲んだことがなかったので，表の酒屋へ行って，試しに五升飲んできた」。

【解説】　昭和の初め（『落語研究』によると昭和3年・1928）に落語研究家の今村信雄（1894～1959）がつくった噺だが，中国に同種の小噺が見られたり，初代快楽亭ブラックが『英国の落語』と題してビールの飲み比べの噺を残していたりと，先行する話がいくつか存在する。七代目三笑亭可楽が手を入れ，五代目柳家小さ

んがそれを伝えたが，小さんは三代目桂三木助の演出を取り入れ，久造が五杯全部を飲むのではなく，一杯は旦那方が飲む姿を見ているように変えたという。酒を飲み進める様子を楽しむ，見せる落語の一つ。

たらちね
【別題】 たらちめ／延陽伯
【種別】 滑稽，長屋
【あらすじ】 長屋に住む独り者の八五郎が，日頃の働きぶりを見込まれて，家主から嫁をもらうことを勧められた。相手の器量は十人並以上で夏冬の道具も一通り揃えているが，ただ一つの欠点は言葉が丁寧すぎることと言われる。八五郎はそれを承知で承諾し，掃除をするやら湯に行くやら，一緒になってからの暮らしを想像したりしながら待っていると，家主が女を連れてやって来た。ところが「『仲人は宵の内』というから」と言ってすぐに帰ってしまったので，名前を聞くのを忘れてしまった。そこで尋ねると，「自らことの姓名は，父はもと京都の産にして，姓は安藤，名は慶蔵，字を五光と申せしが，わが母三十三歳の折，ある夜丹頂を夢見てわらわを孕めるが故に，垂乳根の胎内を出でしときは，鶴女，鶴女と申せしが，それは幼名。成長の後，これを改め，清女と申し侍るなり」と名乗った。八五郎はこれをすべて名前だと思い，読み上げては大変と驚いてしまう。翌朝，花嫁が米のある場所を聞くにも，「あ～ら我が君，白米のありかいずくなるや」。表を通る八百屋からネギを買うときにも，「のうのう，門前に市をなす，賤の男。…召すや召さぬや，我が君さまに伺う間，門の関根に控えておじゃ」と大騒ぎ。食事の支度ができあがったので，「あ～ら我が君，日も東天に出でませば，うがい手水に身を浄め，神前仏前に御灯明を供え，御飯召し上がってしかるびょう。恐惶謹言」「飯を食うのが恐惶謹言じゃ？　じゃあ，酒を飲んだら依って（酔って）くだんのごとしだ」。
【解説】 サゲは手紙を書く際の常套句である「依って件のごとし」と，「酔って管（を巻く）」または「酔ってグデン（グデン）」をかけたもの。そのサゲが分かりにくいことから，八五郎

が花嫁を前に，火事のときに友達の女房の名前は短いからすぐに名前を呼んで逃げられるが，名前が長いと逃げ遅れてしまうというところや，女房の名前を読んでいると，いつのまにか物乞いの口調になって「右や左の旦那様～」といってサゲることが多い。また，花嫁の名前はもうひとパターンあり，「そも我が父は大和の侍，四条上ル横町に住まいを構え，名字を佐藤，名を慶蔵，字は五光と申せしが，三十路に娶りし我妻の，そは我が母のことにてはべり，子なくして三年経ぬればさらぬると，思うものから天神に，かけし願いの届きてや，短き春のたまくらに，梅枝を胸にささるると，程なくわらわを懐胎なし。十月を過ぎて十夜のこと，たらちねの体内をいでしときより健やかに，鶴女，鶴女と申せしが，そは幼名にして成長の後これを改め千代女と申しはべるなり」というものもある。一つ事で説明できるものを，勿体ぶった言い回しで説明をするという原話は，『醒睡笑』の「文字知り顔」などに見ることができる。言い回しが口慣らしにいいことから前座噺の代表の一つに数えられる噺である。

団子坂奇談（だんござかきだん）
【別題】 脛かじり／腕食い（かいなくい）
【種別】 滑稽，怪談，春，夏
【あらすじ】 本所に暮らす生駒弥太郎という武士は武芸は苦手だが，頭が切れるので，何か商売をしようと考えていた。ある日，団子坂の桜見物の後，小腹が空いたのでおかめやというそば屋に入ると，そこでおきぬという看板娘と出会い，一目惚れ。恋煩いで臥せってしまい，心配をした母親が嫁に貰おうとするも，おかめやでは一人娘なので嫁にはやれないと言う。そこで弥太郎はそれなら自分がそば屋になればいいと，店の裏に空き家があったのでそこに移り，実家からの仕送りを得て，そば職人の修業をはじめた。季節が流れ，梅雨時のある夜，弥太郎が蒸し暑くて眠れないでいると，丑三つ時を迎える頃におかめやの戸が開き，おきぬがあたりをはばかるように家を出て行くのを目にした。弥太郎がその後をつけていくと，潮見坂（三崎坂）で見失ってしまうが，半刻ばかり過ぎた頃

におきぬが家へ戻って来た。翌朝，おきぬと挨拶を交わすと，いつもと変わらぬ風であるので，今夜こそはと思うもおきぬは出て来ない。それからしばらく経った寝苦しい夜，おきぬが家を抜け出したので後をつけると，潮見坂の途中を谷中の墓地の方へ入って行った。そして真新しい墓の前で立ち止まり，盛り土を掘り返すと，赤ん坊の腕にかじりついて夢中になって食べはじめた。驚いた弥太郎が逃げ出そうとするところを，鬼女のような顔をしたおきぬに見つかってしまったので，急いで家へ帰ると，「弥太郎さん，開けて下さい」と言っておきぬが戸を叩き，「あなたには見られたくありませんでした。どうぞこのことはどなたにも口外なさらないで下さい」といって立ち去ってしまった。翌朝，親方に一部始終を打ち明けて暇乞いをすると，「それじゃあ，暇を出す訳にはいかねえ。おきぬが赤ん坊の腕をかじったぐらいどうってことない。お前だって親の脛をかじっている」。
【解説】 上方で『腕食い』，東京では『脛かじり』と言われる噺の改作で，橘文蔵が演じていたものを九代目入船亭扇橋が受け継ぎ，現在では柳家三三をはじめとした若手落語家が演じている。

探偵うどん （たんていうどん）
【別題】 非常線
【種別】 滑稽，新作
【あらすじ】 本所の高橋近くの交番に，若い男が300円取られたとやってきた。橋を渡るときに，ぶつかってきた男に取られたというのだ。そこで警察は深川から本所へかけて非常線を張った。同じ頃，近くを流して歩いているうどん屋を一人の男が呼び止めた。茶番でうどん屋を演じなければならず，その稽古をしたいから衣装と荷物を貸してほしいと言う。うどん屋がしばらく担いでもなかなか荷を返してくれないので催促をすると，男は「俺は盗人だ」と言いはじめ，高橋で財布を盗んだが，警察が非常線を張って逃げられなかったので，うどん屋に化けてここまで来たと口にした。そしてその礼に1円を渡そうとするが，うどん屋はうどんを一杯食べて行ってくれと言う。泥棒が「俺はうどんは嫌いだ」と言うので，「俺はお前に一杯食わせてみせるからな」と言い合いになったかと思うと，「俺はこうしてうどん屋に化けていたんだ。さぁ御用だ」「てめぇは何だ」「刑事だ」「とうとう一杯食わせやがった」。
【解説】 明治の噺で当時のニュースをヒントにして仮名垣魯文門下でジャーナリストであった川上眉文がつくったとされている。三代目三遊亭小圓朝や五代目古今亭志ん生，現在では三遊亭吉窓が演じることがある。

短命 （たんめい）
【別題】 長命
【種別】 滑稽，長屋，艶笑
【あらすじ】 伊勢屋の養子がまた死んだと言って，八五郎が隠居のところへくやみの言い方を教わりに来る。また死んだというのは，これでもらった養子が三人亡くなったからで，八五郎はどうしてこうも早死にするのかが気になってしかたがないと言う。すると隠居は，嫁の器量が良すぎるのが原因だと返してくる。八五郎がよく分かっていないので，隠居は「店の方は番頭さん任せ。奥で夫婦は他に何もすることがない。ご飯を食べるのも二人きり。飯をよそって渡すときに手が触れる。顔を見ると震い付きたくなるようないい女。どうしても短命になるな」と説明するが，それでも要領を得ない。説明を繰り返すうちに，触るのが手だけではないことが分かり，納得のいった八五郎。家へ帰って，くやみに行く前に飯を食うから用意をしてくれと，面倒くさがる女房に給仕をさせることにした。茶碗を受け取ると手が触れたので，うれしくなった八五郎が女房の顔を見ると，「俺は長命だ」。
【解説】 サゲは「俺は長生きだ」とすることもあり，演題も縁起をかついで『長命』とすることがある。原話は享保12年（1727）『軽口はなしとり』の「ほんぶくのうはさ」にあるが，夫婦間の艶笑ごとが短命に伝わる話としては，天和2年（1682）『談林利口雀』の「らくのふしぎの事」が先行する。

ちきり伊勢屋 (ちきりいせや)

【種別】 滑稽, 人情, 長屋, 禁演（戦後）
【別題】 白井左近
【あらすじ】 麹町五丁目のちきり伊勢屋という質屋の若い主人である伝次郎が, 麹町平河町の白井左近という易の名人に相を観てもらったところ,「あなたは来年二月十五日の正九刻（午前0時）に死ぬ。これは苦労をして一代を築いた父親が, 金のことばかりに重きを置いて, 人のことを考えずに恨みをかってきたからで, 親の因果が子に報いた結果である。だからこれからは人に施しをして善行を積んで, 来世の安楽を心掛けよ」と言われた。それを聞いた伝次郎は番頭の藤兵衛にそのことを話し, 財産を病人や貧民に喜捨することを告げる。ある日のこと, 伝次郎は首をくくろうとしている母娘に百両与えて命を助け, 金がなかなか無くならないので, この世の名残と思って思い切り遊びたいと, 吉原で大散財。いよいよ左近の予言した命日が近づいてきたので, 奉公人には暇を出し, 二月十三・十四日には芸者や幇間を呼んで, 大騒ぎをしながらの盛大な通夜を開く。当日になり, 葬式の仕度をして待っていたが, 予定の時刻を過ぎても死ぬ気配がない。伝次郎が入った棺桶を菩提寺の深川浄光寺へ運び, 埋めようとしても死なないので, 外へ出してもらうが, 財産も使い果たしてしまい, すでに家は人出に渡っている。宿なしになった伝次郎があてもなく歩いていると, 高輪の大木戸で, やはりうらぶれた格好の白井左近に出くわした。左近は死相を観た罪で江戸を追放になったので, 近くで裏店住まいをしていると言う。左近が改めて伝次郎の相を観ると, 人助けをしたので死相が消え, 今度は八十過ぎまで生きると易を立てた。そして品川の方角に幸福があると言われた伝次郎が, 早速向かうと, そこで幼馴染みの紙問屋の倅であり, 今は勘当されている伊之助と出会い, 二人で駕籠屋をはじめることにした。すると贔屓にしていた幇間の一八が乗ったので, 着ている着物は昔自分がやったものだと言って, それをふんだくって質屋に持って行った。その質屋は以前赤坂で助けた母と娘の店で, 命を助けてもらった礼と, 娘の婿になってほしいということで, 店の名もちきり伊勢屋として再興し, 夫婦で八十余歳まで長生きをした。

【解説】 易者に人相を観てもらい, 死を宣告されるという部分は安永8年 (1779)『寿々葉羅井』の「人相見」に見られる。死を宣告されながらも, 善行を施したことで死相が消え, 長寿を得たという話は, 中国の仏教説話集である『輟耕録』の「陰徳延寿」や, 日本にも青木鷺水の『古今堪忍記』（宝永5年, 1708）, また落語『佃祭』の原話も収められる『耳嚢』などに見られる。元々二代目柳家（禽語楼）小さんや初代談洲楼燕枝の速記が残るなど, 柳派の落語家が得意に演じてきた人情噺であったが, 近年では六代目三遊亭圓生や八代目林家正蔵が演じ, 現在では林家正雀, 桂文兵衛といった正蔵一門の落語家が演じる他, 柳派では柳家さん喬が演じている。また長い噺なので, 前半の人相見から葬儀の場面だけを演じ, 後半はあらすじを話して終える形としても演じられ, そのときは『白井左近』と題することもある。

縮み上がり (ちぢみあがり)

【種別】 滑稽, 廓
【あらすじ】 江戸っ子三人が堀の内へ参詣に行く途中, 内藤新宿を通り過ぎようというときに, 豊倉楼という店の暖簾から一人の女郎が顔をのぞかせているのを助さんという男が見初めてしまった。「参詣をやめて昼遊びをすることにする」という助さんを二人が止めて, 大急ぎで堀の内から楼へと戻って来るが, 相手の名前が分からない。そこで特徴を説明すると, それに似た女がいたので, その女と遊ぶことにした。楽しみにしていた助さんが声を掛けると, 女はお熊という名前でひどい訛りがある。「お

前の国はどこだい？」「越後の小千谷だがのんし」「道理で身体が縮み上がった」。
【解説】 八代目桂文治が得意にし，最近では柳家小満んが演じている。小千谷縮（新潟県小千谷市周辺を生産地とする麻織物）と，身が縮み上がることをかけたサゲである。

千早振る（ちはやふる）
【種別】 滑稽，長屋
【あらすじ】 娘に百人一首の中の在原業平（ありわらのなりひら）が詠んだ「千早振る神代もきかず竜田川 からくれないに水くくるとは」という歌の意味を聞かれた男が，知ったかぶりの隠居のところに尋ねにきた。すると隠居は，「昔，竜田川という相撲取りがいて，女と酒を断って大関にまで登りつめた。ある日吉原に遊びに行ったところ，千早という，当時全盛の花魁に振られてしまい，その代わりに現れた妹女郎の神代（かみよ）にも振られたことから，相撲が嫌になって，実家に帰って豆腐屋になった。何年か経って，店の前に立った女乞食が『卯の花を下さい』と言うので，その顔を見ると，それは自分を振った千早花魁のなれの果てだったことから，おからをやらずに突き飛ばした。すると千早は井戸に身を投げてしまった…。それを詠んだのが『千早振る神代もきかず竜田川 からくれないに水くくるとは』の意味だ」と聞かせた。男はなるほどと思い，「でも最後の『とは』というのはなんですか？」と尋ねると，「よく調べてみると，『とは』は千早の本名だった」。
【解説】 以前は「千早振る」の歌の前に，陽成院の詠んだ「筑波嶺の峰より落つるみなの川こいぞつもりてふちとなりぬる」という歌の珍解釈が付されていたが，現在ではそこを演じることはほとんどない。隠居によるその歌の解釈は「昔，京の陽成院という寺で相撲が開かれて，筑波嶺とみなの川という取り組みが組まれた。筑波嶺がみなの川を投げ落すと，見物人の声が京中へ響き渡り，天子様のお耳にも達して，扶持を賜った」というもので，最後の『ぬる』は筑波嶺の女房が扶持をもらったから，白粉をぬりたくった」と，『千早振る』と同内容である。百人一首のこじつけ解釈の原話は数々

見られ，現行の噺に近いのは，安永5年（1776）『烏の町』の「講釈」にある。五代目古今亭志ん生や五代目柳家小さんなどが演じ，志ん生は「とは」まで演じず，「井戸へ落っこってもぐりゃあ，『水くぐる』じゃねぇか」で噺を終えたこともある。

茶金（ちゃきん）
【別題】 はてなの茶碗
【種別】 滑稽
【あらすじ】 京都で茶道具屋を営む茶屋金兵衛，通称茶金は大層な目利きで，この人が手に取って首をかしげただけで，その器の値打ちは千両上がると言われている。ある日，清水寺の音羽の滝の茶店で，茶金が手に取った茶碗を覗き込んだり，底を眺めたりしながら，「はてな？」と首をかしげた。それを近くで見ていた江戸を食いつめて京都で油売りをしている男が，茶店に掛けあって無理矢理買い取り，早速，その茶碗を茶金の店に持って行くが，番頭に二束三文と言われたので喧嘩になってしまう。その様子を聞きつけた茶金が対応をすると，その茶碗には傷がないのに，ぽたりぽたりと湯が漏れてくるので，「どこから漏れてくるのだろう。『はてな』と首をかしげた」と種明かしをした。気落ちする油屋に，自分の名前を信じて有り金をはたいてこの茶碗を買ってきたのは嬉しいと，茶金はその茶碗を三両で買い上げた。茶金がこの話を近衛殿下に聞かせて茶碗を見せると，関白は「清水の音羽の滝の落としてや 茶碗もひびにもりの下露」と短冊にしたためた。するとそのことが時の帝の耳に入り，茶碗を入れた箱に「はてな」と筆を入れると，「はてなの茶碗」と名がついて，千両という金額で売れた。茶金は油屋を探し出し，半分の五百両を渡すと，油屋は大喜び。その数日後，油屋が大勢で重そうな箱を荷いで茶金の店にやって来るとその箱の中には，水瓶の漏るのが入っていた…。
【解説】 元は上方落語であるというが，原話は十返舎一九による『世中貧福論』の「宿駕籠の寝耳に水の洩る茶碗の掘出し」に見られる。また，茶人として知られた松平不昧公（治郷）

が，ある茶店で商人と伏見屋という道具屋が噺のようなやり取りをしたことを聞いたという逸話を残している。三代目春風亭柳枝の明治時代の速記が残る他，四代目橘家圓喬が十八番とし，近年では五代目古今亭志ん生が演じていた。志ん生型では「清水の音羽の滝の落としてや…」という句は茶金が詠み，器を近衛殿下に見せると「音なくてしたたり落つる清水焼 はてなの高き茶碗なりけり」と詠み，さらに帝が色紙に「漏り出でし岩間の清水流れてそ 世に伝わりてはてなかるらん」と記したとしている。古今亭一門が演じてきた噺であるが，四代目三遊亭金馬，三遊亭円丈，三遊亭歌武蔵などが演じている。

茶の湯（ちゃのゆ）
【種別】 滑稽
【あらすじ】 身代を息子に譲り，根岸の里の別宅で暮らしている蔵前の隠居が，暇に任せて茶の湯をはじめることにする。ところが若い頃から働き三昧で遊びを知らないこともあって，作法や道具など何からはじめればいいのか分からない。そこで見よう見まねではじめることにし，小僧の定吉に青黄粉を買ってこさせ，それを茶碗に入れてかき回すが泡が立たないので，そこへムクの皮を入れて泡立たせたものを飲みながら，口直しに羊羹を食べては腹を下して，毎日のように楽しんでいる。定吉ばかりが相手ではつまらないからと，隠居の家作に住む長屋の者に振る舞うことにするが，招待された豆腐屋，鳶の頭，手習いの師匠のいずれも茶の湯の心得を知らないので大騒ぎ。隠居はそうして楽しんでいたが，菓子代がかさむので，今度はサツマイモを買ってきて，それを蒸かしてすりつぶして蜜を入れたものを，灯し油を塗った茶碗で型を抜き，外見は立派であるが中身はまずい利休饅頭というものを考案し，それを我流の茶とともに出し始める。ある日，隠居が茶の湯を楽しんでいると聞いてやってきた客へ，いつもの茶を出した。ひどい味なので菓子を口にすると，これまたひどい味なので，残りを袂に入れて便所に行くことにした。捨てる場所を探していると，庭の向こうに畑が広がっているので，

それを投げ捨てると，百姓の顔へピシャリ。百姓が顔についたものを見て「また茶の湯か」。
【解説】 福島正則や加藤清正の不作法のおかしみを描いた講談『福島正則の荒茶の湯』（落語『荒茶』の原話）が元になったとも言われるが，上方で出された安永5年（1776）『立春噺大集』の中に「あてちがひ」という現行に近い小噺があり，また江戸にも文化3年（1806）『江戸嬉笑』の中に「茶菓子」という同種の噺が見られる。風流人を気取って楽しんでいた茶の湯が，無粋な百姓によって冷ややかな目で見られるギャップを楽しむ落語で，三代目三遊亭金馬や六代目三遊亭圓生，近年では十代目柳家小三治などが演じている。

長者番付（ちょうじゃばんづけ）
【別題】 うんつく／うんつく酒
【種別】 滑稽，旅
【あらすじ】 気の合った者同士の二人連れ。旅の途中で一人の男が茶店で飲んだ酒で頭が痛くなったとぼやき始める。すると目の前に造り酒屋が見えてきた。うまい酒を飲み直そうと立ち寄り，「酒を一升ばかり分けてほしい」と言うと，「造り酒屋なので，そんなはしたは売れない。馬一駄か船一艘分でないと売れない」と返してきたので，怒って「このうんつくめ，どんつくめ」と啖呵を切る。造り酒屋の方も怒ったと見えて，若い衆を集めて店を締め切り，「うんつくの意味を教えてもらおう」といって主人が凄んできた。旅の男が壁に貼ってある長者番付を目にして，「江戸ではあれをうんつく番付と言うんだ。西の大関が鴻池，東の大関が三井。鴻池も以前は伊丹で造り酒屋をしていた。その頃は濁り酒しかできなかったが，悪い番頭が火鉢の灰を酒の中に入れたら，運のついたことに濁りが沈んで澄んだ酒になった。それから運がつきはじめて大きな店になった。三井だって同じだ。江戸ではうんつくっていうのは褒め言葉だ」と嘘とこじつけを並べ始めた。「田舎者で分からなかった。失礼をした。酒を飲んでいけ」と，今度は酒屋の方から勧めてきた。酒屋を後にすると，主人が追っ掛けて来て，「お前ェさんたちも早く江戸へ帰って，いいうんつ

くになりなさいよ」「俺達はうんつくなんて大嫌いだ」「大嫌ぇ？ああ、生まれついての貧乏性か」。
【解説】　上方落語『東の旅』（『伊勢参宮神乃賑』）の一編で、本来は『七度狐』のあとに来るが、冒頭で茶店で悪い酒を飲んだという場面があることから、東京で言う『二人旅』（『煮売屋』）のあとに位置付けされる噺である。安永5年（1776）『鳥の町』の「金物見世」に、「田舎者に、とうへんぼく」と投げ掛けると、その意味を尋ねてくる噺がある。『よいよい蕎麦』と同種の噺である。

長短 （ちょうたん）
【別題】　気の長短
【種別】　滑稽、長屋
【あらすじ】　おそろしく気の長い長さんが、気性は正反対なのに仲良しの短気の短七のところへやって来た。長さんは相変わらずで、天気の話をするのに、「夜中に便所に行きたくなって、雨戸を開けて空を見たら星一つ出ていないから、明日は雨かなと思っていたら、思った通りに雨が降った」とゆっくりとした口調の上に話が長い。短七が菓子を出しても、いつまでもモグモグと食べているので、短七は気が気ではいられない。次に煙草を吸おうとキセルを取り出すが、なかなか火が着かず、やっとキセルを吸い出すと、今度はキセルの中で火玉が踊るまで吸っているので、短七はイライラして、「いつまで吸ってるんだ。煙草なんていうのは、こうやって火を点けて、こうやってはたくんだ。俺なんぞ少し急ぐときは吸いつけねぇうちにはたいちまう」と素早くひと口吸って見せる。すると長さんが「お前は気が短いから、他人から何かものを教わるのは嫌いだろうねえ」と言うと、「大嫌いだが、お前ならいいから言ってみな」。それでもなかなか教えないので、「怒らないから、後生だから教えてくれ」と頼みこむと、「さっき吸って、威勢よくはたいた煙草の火玉が、煙草盆に入らないで、左の袂の袖口に入った。いいのかなあと思っていたら、煙が出てきたので、今、大分燃え出したようだが、ことによるとそれは消した方がいい…」。袂に目をやった短七が、あわてて火を消しながら、「馬鹿野郎、何でそんな大事なことを早く言わねえんだ」と怒ると、「それ、みねえ、そんなに怒るじゃねえか。だから教えねえ方がよかった」。
【解説】　原話は中国宋代の『事文類聚』に求められ、それが『笑府』などに再掲されたものが江戸に伝わり、寛文7年（1667）『和漢理屈物語』に「裳の焦げたるを驚かぬ事」として収載されている。また安永9年（1780）『初登』にも「焼抜」という話を見ることができる。三代目桂三木助や五代目柳家小さん、十代目桂文治が得意にし、現在でも多くの演者がかけているが、長さんを上方の人間という設定で演じる型もある。八代目雷門助六はその上方者の長さんが袂に飛び込んだ火玉の話をする前に、着物に端切れがあるのかを尋ねておいて、サゲで「この穴をどうするんだ？」「前もって聞いたやないか。継の切れじゃ」としていた。

提灯屋 （ちょうちんや）
【種別】　滑稽、長屋
【あらすじ】　広告をもらったという男が仲間のところへ持ってきたが、みんな揃って無筆なので、どこに何屋ができたのかが分からない。何の食べ物屋だろうとあれこれと想像をしているところへ隠居が来たので読んでもらうことにする。するとそれは提灯屋の開店の広告で、七日間は開店祝いとして、紋を無料で書き入れ、もし描けない紋があれば提灯を無料で差し上げると書いてあるという。そこで一人が提灯屋に行き、「剣かたばみ」のことを「鍾馗様が大蛇を胴切りにした」と判じ物で迫ると、描けないと言うので提灯をただでもらってきたのをきっかけに、次に行った者は「りんどうくずし」を「仏壇の地震」、「ねじ梅」を「髪結床の看板が湯に入って熱い」、しまいには「くくり猿」を「算盤の掛け声が八一で、商売を始めたら儲かったが、持ちつけない銭を持ったもんだから、道楽を始めた。かみさんが文句を言うから離縁した紋」などと言っては提灯をただでもらってくる。隠居が埋め合わせをしようと店を訪れ、一番高い高張提灯を一対求め、「丸に柏」を書

いてくれと頼むと、怒り心頭の提灯屋は「難しいことを言いやがる。丸に柏、丸に柏…分かった。すっぽんにニワトリだろう」。
【解説】　原話は明和6年（1769）『珍作鸚鵡石』の「難題染物」にあり、大坂のある染物屋が「一つ足らん狐の一声」という注文を受けて、「紺に九曜」を染めさせられるという話がある。その話にしてもそうだが、紋というものに馴染みがなくなってきているのと、元々上方落語であっただけに、スッポンをマル、ニワトリをカシワと呼ぶことのない関東では分かりにくいサゲになってしまった。そこで近年この噺を演じる演者は、噺の冒頭部で何の食べ物屋が開店したんだろうと想像をめぐらせるところで、「変わったところで、大阪ではスッポンをマルと言うから、（広告に書いてある）字が丸まったところを見るとスッポン屋かしら」「いや、カシワ料理屋だろう」と仕込むことが多くなっている。

剣かたばみ

ねじ梅

丸に三つ柏

町内の若い衆（ちょうないのわかいしゅう）
【種別】　滑稽，長屋，艶笑
【あらすじ】　ある男が大将の家に立ち寄ると、留守でその女房だけが在宅していた。二人で話をしていると、奥の方から何か音がする。何でも建て増しをしているとかで、「おたくの大将は働き者ですね」と褒めると、「うちの人の働きじゃないですよ。町内の若い衆が寄ってたかってこしらえてくれたようなもんですよ」と言うので感心をしてしまう。家に帰って女房に話をして聞かせ、「お前にそういうことが言えるのか？」と尋ねると、「言ってやるから、建て増しをしてみろ」と言い返してくる。男があきれて自宅を飛び出すと兄貴分に出会ったので、「何でもいいから家のことをほめてくれ。そのときに女房がどんな挨拶をしてくるかを聞いてくれ」と頼む。兄貴分は早速男の家に行くが、何も褒めるものがないので困ってしまう。女房の腹を見ると妊娠をしているので、「この不景気の最中、赤ん坊をこしらえるなんて、おたくの大将は働き者だね」と言うと、「うちの人の働きじゃないよ。町内の若い衆が寄ってたかってこしらえてくれたようなものよ」。
【解説】　江戸落語の祖である鹿野武左衛門の『枝珊瑚珠』の「人の情」や寛政10年（1798）『軽口新玉箒（あらたまははき）』の「築山」に同種の話を見ることができる。『氏子中』という別題を持つとすることもあるが、この噺とは異なる内容の噺が別にある（『氏子中』の項を参照）。

ちりとてちん
【別題】　あくぬけ／石鹸
【種別】　滑稽，長屋，夏
【あらすじ】　ある家で宴が急に中止となり、誂えた料理がそっくり残ってしまった。そこで旦那はその料理を食べさせようと、お世辞のうまい竹を呼びにやった。やって来た竹は出された食事を「初めて食べるものばかり」と喜んでいるので、旦那も気分が良くなり、自分も一緒に何か食べようと豆腐を出させるが、すでに腐っているので食べられない。すると旦那が一つの趣向を思いつく。竹とは正反対の性格で、知ったかぶりの寅に、この豆腐を食べさせようというのだ。寅を呼びにやり、「ちりとてちん」と名付けた豆腐を目の前に出してやると、その昔、台湾で食べたことがあると言い出した。鼻をつまみながらなんとか食べると、「いったいどんな味がするんだい？」「ちょうど豆腐の腐ったような味がします」。
【解説】　元々『酢豆腐』といった東京落語が上方に流れ、再輸入されたという珍しい流れを持った噺である。ちりとてちんを食べる様子を楽しむ、見る落語の一つ。ちりとてちんを名物とするのは、台湾の他、長崎といった設定もある。「ちりとてちん」の命名は、隣家から聞こえてきた三味線の音色から取ったと噺の中で説明をする場合もある。一人の女性が落語家として成長をしていくというNHKで放送された朝のテレビ小説のタイトルにもなったことでも知られる。

付き馬 (つきうま)

【別題】早桶屋
【種別】滑稽，廓，禁演
【あらすじ】 吉原の若い衆が一人の男に声をかけた。すると，「今日は用足しに来ただけで金がない。だが，明日になればあてがあるから」と言ってきたので，その言葉を信じて，男を店にあげて遊ばせることにする。翌朝，若い衆が勘定の件を告げに行くと，金を払うから自分に着いて来いと，男の付き馬として同行することになった。大門の外に出ると，朝湯や飲食の代金を立て替えさせられ，あちこちと連れ回されるも，なかなか勘定を払ってもらえない。そこで文句を言うと，田原町にある早桶屋へたどり着いた。男が言うにはここは叔父の家とのことで，男は一人で店に入って行き，早桶屋の主人に「外にいる男の兄が，昨日病気で亡くなったから，図抜け大一番小判型の早桶をつくってやってくれ」と言い残して，付き馬を置いて逃げてしまった。何も知らない若い衆が待っていると，出来上がってきたのは大きな早桶。二人とも騙されたことを知るも，早桶の代金を置いていけと言われ，「わたしは一文も持っていません」「なんだ銭がねえのか。奴，吉原までこいつの馬に行って来い」。
【解説】 「付き馬」とは吉原で無銭飲食した者に，店の若い衆が家まで着いて行って勘定を取り立てさせたもので，その昔は馬に乗って吉原にやって来た者に，連れてきた馬子が付いて行ったことから名付けられた。以前の演出では男が早桶屋の店頭で，金の件を依頼していると見せかけるために，両手で小判の形（本当の小判と小判型の早桶）を示して見せる演出があった

という。

突き落とし (つきおとし)

【種別】滑稽，廓，禁演
【あらすじ】 若い者が集まって遊びに行くことになったが，先立つものがない。すると中の一人が，ただで遊べる方法があると言い出した。それは，その男が棟梁になり，若い者と吉原へやってきたという触れ込みで，普段は大見世で遊んでいるが，今日はこうした小見世で遠慮なく遊ぼうということで，一同揃って店に上がり，そこでドンチャン騒ぎをする。翌朝になって勘定を取りにきたら，若い者の一人に紙入れの行方を聞くから，そのとき，清公が「昨日，紙入れを預かったが，姐さんから金を持たせると使い切るまで帰って来ないので，財布から金を抜いて，必要なときは家まで取りにおいでと言われた」と言い出すことにする。そこで「それならなんでそれを先に言わねえんだ。それじゃあ居続けだ」と怒るので，棟梁をなだめて店の若い衆を連れ出す。そしてお歯黒どぶまで来たら，みんなで並んで小便をして，若い衆をどぶへ突き落してしまうというもの。話がまとまって実行すると，すべてがうまくいって，お歯黒どぶまでやって来たときに，若い衆をその中へ突き落した。「逃げろ，逃げろ」と走り出すと清公がいない。あとから走って来た清公が「若い衆が腰にいい煙草入れを下げていたので，もったいないから抜いてきた」。
【解説】 江戸で古くから演じられていた落語で，六代目笑福亭松鶴はこれを大阪へ移して『棟梁の遊び』として演じていた。近年では六代目三遊亭圓生や三代目桂三木助，五代目春風亭柳朝が演じた。圓生はこのあとに「これから品川へ行って同じことをやりますが失敗します」。三木助は「泥棒だなあ，おい」と押し，初代柳家小せんが残した速記では「何しろうまくやったなあ」「今度は品川にしようか」としている。品川でも同じことをやるというのは，『居残り佐平次』のことを指している。同じ付き馬を扱った噺でも，『付き馬』ほど演じられる機会が少ない。

月のじゃがりこ（つきのじゃがりこ）
【種別】　人情，新作
【あらすじ】　東京の盛り場近くの住宅地を柄の悪い二人の男が歩いている。スナック菓子のじゃがりこをかじりながら歩く男はデリバリー型の闇金融をはじめ，色々な事業に手を出している関西弁を操る田島という男で，もう一人の男は多重債務者で今は使いっ走りをしている新次という男。田島は暴力団に借金があり，命を狙われるかも知れないと東京へ逃げて来ている。今日中に二百万円を用意しないといけない田島は，百万円は取り立てて何とかなるが，もう百万円を用意することができないので，連れの新次を売りとばすことに決める。それに気づいた新次は兄貴に許してくれと頼むが，自分が行かなければ兄貴が殺されることを知り，覚悟を決める。するとそこへ田島の愛人であるホステスの京子が現れ，「新ちゃんだけは売ってはあきまへん。田ぁさんは鬼でっせ」と言ってくる。そして田島は京子が水商売を辞めてきた話を聞く。二人で公園のベンチに座り，月を眺めながら，田島が京子に「金だけの関係やのに，なんで東京へ付いてきたんか」と京子に尋ねると，京子は田島の置かれている現状を知り，じゃがりこをかじりながら田島に恋心を抱いていることを話して聞かせる。田島は「じゃがりこは性悪女の食う食べ物やない」と言うが，京子は「田ぁさんも性悪男や」と言って，夢中になってじゃがりこを食べはじめ，暴力団が田島が今週いっぱいで金を返せないなら田島を消せと店のマスターが話していたのを耳にしたと話をして聞かせる。そして田島の女と思われているから東京へ出て来て，ブティックを開店することにしたのだと告白をし，田島に開店祝いの招待状を渡してよこす。そこへは田島が暴力団から借りていた金額の記された領収書が貼ってあり，京子が代わりに払ってくれたことを示すものであった。田島はじゃがりこを食べて心を落ち着かせ，「お前には惚れんぞ」と強く出るが，京子は田島が自分の指輪をしているのを目にし，「東京で二人でじゃがりこ屋という店を開こう」と口にし，夜の公園で二人でじゃがりこをかじりはじめると，その音が三々九度のように響きはじめた。そして田島は京子の指に指輪をはめてやるのであった。
【解説】　三遊亭円丈による新作落語で，平成14年（2002）に創作された『金融道イブ』という噺をベースにした，主人公を関西人の京子と闇金融で働く田島に据えたラブストーリー。現在は京子が東京の事務所に金を取りに来る『新・月のじゃがりこ』として演じられることが多くなってきた。「じゃがりこ」とはカルビー株式会社が製造販売しているジャガイモを原料としたスナック菓子で，噺の中では主役の二人が気分に乗じてそれをかじる音としても使用されている。作者である円丈の他，柳家喬太郎や講釈師の神田茜が演じている。

搗屋無間（つきやむげん）
【種別】　人情，廓，禁演，春
【あらすじ】　人形町の越前屋という搗米屋（つきごめや）で働いている徳兵衛が病気になった。仲良しの芳町の寿楽という幇間（たいこもち）が親方から頼まれて聞き出すと，両国の絵草子屋で見掛けた吉原の松葉屋の丸山という花魁（おいらん）の錦絵に恋をしてしまったという。寿楽が心安い仲だから会わすことができるというと，これまで貯めてきた金があるのでそれを持って行くことにするが，搗米屋の奉公人では具合が悪いので，上総の大尽という触れ込みで訪ねることにする。念願の丸山花魁に会えた徳兵衛が「今度はいつ来てくんなます」と聞かれて本当のことを話すと，それを聞いた丸山は心を打たれ，これからは私が金を出すから会いに来てほしいと言われる。花魁に徳兵衛という男が出来たと聞くと客が寄り付かなくなり，次第に金もなくなり，徳兵衛とも会えなくなった。徳兵衛は昔，梅が枝という遊女が無間の鐘（この鐘をつくと現世では金持ちになるが，来世で無間地獄に落ちるという）をついたところ三百両を得たという話を思い出し，商売物の杵で搗いたところ二百七十両の金が出て来た。なんで一割引かれたのかを考えてみると「一割の搗き減りがした」。
【解説】　『紺屋高尾』や『幾代餅』と同工異曲の噺。サゲは搗米屋が玄米を搗くと，目減りした2割分は余得としてよかったことを示すが，

マクラなどで仕込んでおかないと分からなくなった（本題では主に2割ではなく，1割として演じられている。この噺を得意にした八代目春風亭柳枝も1割で演じていた）。この噺のサゲの部分に関しては，安永5年（1776）『立春噺大集』の「台からうす」や安永7年（1778）『春笑一刻』の一篇などに原話がある。現在では三遊亭圓窓が演じている。

佃島（つくだじま）

【種別】滑稽

【あらすじ】 男友達が二人して天気も良いので釣りでもしようと，船頭を雇って台場沖でのんびりと釣りをはじめた。釣果も上々，海も穏やかで夢中になっていると，にわかに薄墨色の雲が出てきた。やがて嵐になったのであわてて陸へ引き返そうとするも，そのときには舟を操ることもできず漂流するばかり。舟が大きな波頭に乗って，どこかの島に流れ着いたので，船頭が島を確かめに行くと「ここは日本じゃありません」と言い出す。何でも髪の毛は茶色で，赤銅色をした肌をした筒っぽう（袂のない漁師などが着た着物）を着た人達がいたというのだ。もしかするとここは南米かも知れないが，敵意を見せず，事情を話して日本へ帰してもらおうと，島の人達がいる小屋までやって来て，「我々は驚くような者ではありません。分かりますか？ 日本人です。ここは，どこですか？」と尋ねると，「べらぼうめ，ここは佃島だ」。

【解説】 明治時代に活躍した初代三遊亭金馬の速記が残り，それをもとに橘家蔵之助が一席物として復活させて演じている。嵐で遠くへ流されたと思っていたら，実は漁師町として栄えた佃島であったという地理的な錯覚を描いた一席。原話は安永4年（1775）『聞童子』の「難風」に見え，舞台は佃島ではなく大森としている。

佃祭（つくだまつり）

【種別】滑稽，夏

【あらすじ】 神田お玉が池に住む小間物屋の次郎兵衛が，佃祭の帰りに舟に乗ろうとすると，一人の女に引き止められ，最終の舟に乗り損ねてしまった。その女は，三年前に吾妻橋から身を投げようとしているところを次郎兵衛に助けられたという。次郎兵衛が誘われるままに女の家を訪れると，周辺がにわかに慌しくなった。家に戻ってきた船頭の亭主が言うには，しまい舟が沈んで，乗っていた客は一人も助からなかったという。命拾いをした次郎兵衛はその家に泊めてもらうが，事情を知らない次郎兵衛宅では，主人が亡くなったのだから葬式を出さなくてはならないと大騒ぎ。そんな最中に当の本人が帰ってきたので，みんなは驚く。次郎兵衛が事の成り行きを話すと，それを聞いていた与太郎が身投げを助ければ自分の命が危ういときに助けてもらえると思い，身投げを探して歩くようになる。ある日，永代橋で手を合わせている女を見つけたのでつかまえると「歯が痛いから戸隠様へ願をかけているのです」と女が言ってきた。「でも袂に石が入ってる」「これは納める梨でございます」。

【解説】 歯痛に苦しむ者が戸隠様に願掛けをする際に，納める梨を橋の上から流すと効果があるという風習を基にしたサゲだが，分かりにくくなったこともあってか，最近は次郎兵衛の葬式を執り行なっていると，そこへ本人が帰って来たのでドタバタ騒動が起こるというシーンでサゲられることが多くなった。中国の『輟耕録』の「飛雲の渡」に原話と思われる作品がある。三代目三遊亭圓馬から習った三代目三遊亭

次郎兵衛が住んでいたお玉が池は現存しないが，千代田区岩本町に「繁栄お玉稲荷」が祀られている

金馬が得意とし，今も多くの演者が演じている。佃祭は島の鎮守である住吉神社の例大祭で，今も三年に一回開催され，多くの人で賑わいを見せている。

辻駕籠（つじかご）
【種別】　滑稽，長屋
【あらすじ】　大家から遊んでばかりいないで仕事をしろと言われた甚兵衛と喜六の二人が，駕籠を借りて辻駕籠をはじめることにした。天王橋までやって来て，近くを通る人に声を掛けるが，手拭いを持って湯屋に行く人であったり，ものを尋ねてくる人ばかりで嫌になってきた。すると「北国（ほっこく）へやってもらいたい」という客が現れ，加賀か能登へでも行くのかと思っていると，吉原のことを指すと聞いて，早速出発することに。ところが初めて担ぐ駕籠なので，なかなか進むことができない。すると客が「大変な駕籠に乗っちまったな。なんでもいいから，一概にやってくれ」と言って来たのを，「市ヶ谷へやってくれ」と聞き違えてしまった。いい心持ちになった客が目を覚まし「ここはいったいどこだ？」と尋ねると，「水戸様前です」。怒った客が「冗談じゃねぇや，一概に行けってぇのは，急いで行けってんだよ。駕籠を下ろせ。こんな駕籠に乗った日にゃ，どこへ持ってかれるかわかりゃしねぇ。おい，下駄を出せ」と言うと，駕籠に乗るときに脱いだのを置きっぱなしにしてきたと駕籠屋が返してきた。「あきれた野郎だ。裸足じゃ帰れねえや。吉原はやめて，辰巳へやってくれ」。駕籠屋は「辰巳？」と考えながら，客を置いて行ってしまうので，「おい，駕籠屋。どこへ行くんだ？」「家へ行って磁石を持って参ります」。
【解説】　三代目三遊亭小圓朝が演じたくらいの珍しい噺で，現在は小圓朝の弟子であった六代目三遊亭圓橘の門下に伝わり，四代目小圓朝や三遊亭萬橘が演じることがある。辰巳とは南東の方角を指すのとともに，遊廓のあった深川を指すことがサゲに掛かっている。

辻八卦（つじはっけ）
【種別】　滑稽

【あらすじ】　往来で易者が客を呼び止め，顔を見ただけで商売を当てようとか，心持ちをあてようとか，頓智を使っては占っている。するとそこへ芝居好きの男が現れて，『忠臣蔵』五段目のストーリーをそっくり話した上で，「勘平に猪と間違えられて，鉄砲で撃たれた定九郎は何に生まれ変わったのか見てもらいたい」と聞いてきた。すると「定九郎は車を引く牛に生まれ変わった。いまだしっしっ（猪）と追われるだろう」と易者が答える。そして「勘平は湯屋の釜番だろう。いまだに鉄砲のそばを離れられない」と言うので，「では，大石内蔵助は？」。易者が答えにまごついているので「易者易者，由良之助は？」とせきたてると，「ははっ，いまだ誕生つかまつりませぬ」。
【解説】　サゲは『忠臣蔵』四段目で，大星力弥に判官が「力弥，力弥，由良之助は？」と何度も尋ね，「いまだ参上つかまつりませぬ」と答える場面が用いられている。最近では桂歌丸が演じている。

鼓ヶ滝（つづみがたき）
【別題】　西行鼓ヶ滝
【種別】　滑稽，地噺，旅，春
【あらすじ】　西行が歌枕で知られる摂津国の鼓ヶ滝を訪れた。その滝を眺め詠んだ歌が「伝え聞く鼓ヶ滝に来て見れば　沢辺に咲きしたんぽぽの花」で，我ながらいい句が詠めたと思っていると，大分あたりが暗くなってきたので，近くの民家に宿を取ることにした。そこに暮らしていた翁の尋ねるがままに句を披露すると，「伝え聞く」を「音に聞く」とした方がいいと言ってきた。西行は一瞬ムッとするが，確かにその方がいいと思い，その指南を受けることに。すると嫗（おうな）が「来て見れば」を「打ち見れば」の方がいいと言い，さらに娘が「沢辺」よりは「川辺」の方が「鼓」に合っているのではと口にする。結果「音に聞く鼓ヶ滝を打ち見れば　川辺に咲きしたんぽぽの花」と，はるかによい句になったことに気づき，三人に感謝をする。すると誰かが西行のことを揺り起した。滝のほとりで夢を見ていたようで，西行を起した男は「三人が出て来て，句の指南を受けたか。

大抵の者は指南を受けることを嫌う。あのお三方は和歌三神（住吉明神，人丸明神，玉津島明神）の化身だ」と話す。西行はそうとは知らず失礼な対応を取ってしまったのではと思い，「罰が当たるのでは？」「なあに心配するな，ここは鼓ヶ滝，バチはあたらない」。
【解説】 上方落語にもあるが，東京では講談から伝えられた話を落語に転じたものを演じる演者が多い。ともに元々サゲはなかったが，最近よく聞くようになったサゲをここでは記した。サゲ自体は『三味線栗毛』と同じ趣向のものである。

つづら
【別題】 成田の間男／つづらの間男
【種別】 長屋，禁演
【あらすじ】 亭主が「どうにも金の算段ができないので，成田の兄貴のところへ用立てに行って来る。今晩は泊まりになる」と行って家を出た。すると長屋のお婆さんに呼び止められて，「おかみさんはこの頃変わりはしないかい？ 質屋の旦那がお前さんの家にやってくるだろう。お前のかみさんが目的だよ」と言われたので，夜になって家へ引き返すことにした。女房は亭主の出掛けていった留守に，質屋の旦那を家に呼び，酒を酌み交わしていると，そこへ亭主が帰ってきたので，旦那をつづらの中へ隠すことにする。慌てていたので下駄を隠すのを忘れてしまい，亭主は誰がここにいたんだと女房を問いつめる。そしてつづらを開けようとするので，女房が「そのつづらの蓋は開けないでもらいたい。お前さんのところへ，最近，金の催促に誰か来たかい？ 子供にだって日に三度のご飯を食べさせている。私だって悪いが，お前さんも博打に手を出さなければこんなことにならなかったんだよ。だからこのつづらを開けちゃいけない」と止める。話を聞いた亭主はつづらに封をして，質屋に担ぎ込み，「このつづらの中を確かめないで百両貸してくれ」と言うが，番頭は承知をしない。後を追ってきた女房が番頭に耳打ちをすると百両の金を用立ててくれた。金を受け取った亭主が「流しちゃいけないよ」「利を上げておきます」。

【解説】 八代目桂文治が演じていたものを十代目金原亭馬生が聴き覚えて演じていた。質屋に品物を入れ，金を借りた者が品物を流さないために利を上げる（利息を払って期限を延ばすこと）のが本来であり，ここでは質屋と質入れ主のセリフが逆転しているところが笑いにつながるのだが，分かりにくくなってきた。現在では五街道雲助がこの噺を演じている。

つづら泥 （つづらどろ）
【種別】 滑稽，長屋
【あらすじ】 与太郎と仲間の男が質屋へ預けてある品物を受け出せないでいるので，泥棒に入って取り返すことにした。戸締りが厳重な店なので，つづらを質屋の前まで持っていき，「質屋に泥棒が入った」と怒鳴っておいて，二人は急いでつづらに入る。すると質屋の主人は欲張りだから，店の外へ出てきたところでつづらを見つけ，きっと店の中に入れるに違いない。そして店の者が寝静まったあとに仕事にかかるという計画を練った。早速，つづらを質屋の前に持っていき，二人がその中に入ると，予定通りに主人がつづらを見つける。ところがそこに「大与」と書いてあるので，「これは大工の与太郎のつづらだ。さぞかし心配しているだろう」と言って，店の者につづらを届けさせた。あたりが静かになった頃，二人がつづらの中から出てくると，そこには与太郎が普段使っているものが並んでおり，「かかあの奴，こんなものまで質入れしやがって」と騒いだので，おかみさんが目を覚ました。「お前さん，そこで何をしているんだい？」「いけねえ，かかあまで質にとりやがった」。
【解説】 『釜どろ』と同工異曲の落語。以前は六代目蝶花楼馬楽や桂文朝が寄席で演じており，現在では桂南喬や立川流の若手が演じている。

壺算 （つぼざん）
【種別】 滑稽，長屋
【あらすじ】 ある男が二荷入りの水瓶を買いに行くのに，女房の勧めもあって買物上手の徳についてきてもらうことにした。瀬戸物屋で徳は

三円五十銭の一荷入りの瓶を三円に負けさせて，二人してそれを担いで瀬戸物屋を出る。男が欲しいのは二荷入りだと言うと，「これがいずれ二荷入りの瓶になる」と言いながら，瀬戸物屋に戻る。そうして欲しかったのは二荷入りの瓶だったと言い，その値段を聞くと「二荷入りは一荷入りの値段の倍だから…」と言って，本来七円だったのを六円で買えることになった。ただ瓶は二つ要らないので，今買った一荷入りの瓶を下取りしてもらうことにし，「さっき三円払って，この瓶を三円で下取りしてくれるから，二荷入りの瓶をこのまま持って帰っていいな」と言って壺を持ち帰ろうとする。瀬戸物屋は一旦納得するが，勘定が合わないと二人を呼び戻す。どうしても腑に落ちないので，そろばんを入れることにしても計算が合ってしまうので，瀬戸物屋は「一荷入りの瓶を持って帰ってください」「一荷入りはいらねえんだ」「その代わり，いただいた三円もお返しします」。

【解説】 元は上方落語で三代目三遊亭圓馬が東京へ移した。原話は中国の笑話本『笑林広記』の中の「収金」に見られ，そこでは官吏が薬屋から高い薬をせしめている。それが寛延4年(1751)『開口新語』に移されたが，現行の落語に近いものとしては，すでに延享4年(1747)『軽口㔟金苗』の「算用合て銭たらず」に見える。そこでは最後に「どうやら壺かぶったようにござる」とあり，失敗をするとか損をするという意を持つ「壺かぶる」がサゲとして用いられている。現在の演題に用いられる壺算は上方で主に用いられる「坪算」を示し，大工が坪数を見積り損なうところから勘違いの意味を持つ。元々のサゲも「金を調べるとどうも足りません。これは何という勘定なのです」「これは壺算用というのだ」というものであったが，その意味も分かりにくくなってきたことから，上記のようなサゲや，「あなた，この二荷入りの壺を持ってお帰り下さい」「それがこっちの思う壺だ」という形が増えてきた。東西を通じて多くの演者が手掛けており，金額や人物設定も様々であるが，ここでは桂米朝の型と，サゲは東京で演じられることが多いものを示した。

釣りの酒 (つりのさけ)

【種別】 滑稽，新作

【あらすじ】 酒が呑みたくて仕方のない男が「学校の先生をしている中村さんが釣り好きなので，釣りの話につき合って調子を合わせれば，酒をおごってくれる」と耳にする。早速訪ねると，中村さんは喜んで「釣りの話となれば夢中になって，お茶を飲みながら徹夜になることもある」と口にするのでガッカリ。それでも質問に対しておかしな答えをしていると，「面白い方だな。一杯やりませんか？」と言われたので喜んで付き合うことにする。「魚はどんなのが得手です？」「お刺身です」「竿は何本お持ちですか？」「1本ですよ。5本もあったら化け物ですよ」と話しているうちに，中村さんはますます上機嫌になり，これから釣りに出かけようと持ちかける。男は「夜も更けているし，魚も寝ていますよ」と言うと，「これから行って夜の明けるのを待つんです。そこで焼酎を飲んだら美味しいですよ」と言われたのでついていくことにする。男は魚の取り役に徹すると，中村さんは糸を垂らすとすぐに魚を釣り上げてしまうので焼酎を飲む暇がない。しまいには魚に文句を言いはじめ，「魚には義理も人情も知らない奴ばかりですね」「そうとも限るまい。恋（鯉）もあれば，愛（鮎）もあります」。

【解説】 柳家金語楼こと有崎勉による昭和7年(1932)の作で，現在でも落語芸術協会の落語家が演じている。その中の一人である古今亭寿輔はこの噺とともに，やはり金語楼作で，妻に酒を飲ませると酔っ払って自分と同じ言動を取る『妻の酒』という新作も演じている。

つる

【種別】 滑稽，長屋

【あらすじ】 隠居の所に八五郎がやって来て，「鶴というのは日本の名鳥と言うが，どういう訳です？」と尋ねた。すると隠居は鶴の姿かたちが名鳥にふさわしいと説明をし，「鶴は昔，首長鳥と言った。それがあるとき，一人の老人が浜辺で沖を眺めていると，唐土の方から一羽のオスの首長鳥が『ツー』と飛んで来て，浜辺の松の木にポイと止まり，次にメスが『ルー』

と飛んできたので，鶴というようになった」と話して聞かせた。八五郎が他でやってみようと友達の家を訪ねてやってみるが，「一羽のオスの首長鳥が『ツルー』と飛んできて，浜辺の松の木にポイと止まり，次にメスの首長鳥が…」と詰まってしまった。そこで隠居の家でもう一度教えてもらい，再び友達に教えると，「オスの首長鳥が『ツー』と飛んで来て，浜辺の松の枝に『ル』と止まった。そのあとメスの首長鳥が…」。次の言葉が出ない男に友達が「メスはなんて言って飛んで来たんだ」「う～ん，黙って飛んで来た」。

【解説】　原話は寛政元年（1789）『炉開噺口切』の「つる」で，上方落語にあったものが東京へ移された。以前は『絵根問』といって，この噺の前に他の絵の説明がついていたというが，現在ではその部分が演じられていない。登場人物も少なく，典型的なおうむ返し（教わったことを真似してやってみるが，失敗をしてしまう）の噺なので，前座をはじめ，寄席などでよく聴くことのできる噺である。

つるつる
【種別】　滑稽，艶笑，禁演
【あらすじ】　幇間の一八は同じ店で働いている芸者のお梅に惚れているので口説いてみると，「色だの恋だのではなく，女房にしてくれるなら嬉しい。でもお前さんは酒を飲むとズボラになるからダメよ。今夜二時になったら私の部屋へ来て。五分遅れても，いつものズボラがはじまったんだと思って諦めます」と言われる。嬉しくなった一八だが，贔屓の客と出会って「夜通し騒ごう」と言われたので事情を話すと，「じゃあこうしろ。十二時まで付き合え。俺とお梅とどっちが大事なんだ」と大声で言われるので，お供することになった。ところが遊びがはじまれば，コップ一杯につき一円の祝儀をもらえると言われ酒を飲み始めたので，ベロベロに酔っ払ってしまった。やっとのことで帰宅をし，周りにバレないように明かり取りから下げた帯と褌を頼りに，お梅の部屋へ降りる算段をつけるが，酔っているのでそのまま寝てしまった。時計の音で目が覚めたので，つるつるっと下に降りると，約束の時間はとっくに過ぎていて，朝ご飯の途中。師匠が「一八，寝ぼけやがったか」「井戸替えの夢を見ました」。

【解説】　八代目桂文楽の十八番。長屋が総出で行う井戸替えで，褌一つになってつるつるっと井戸の底へ降りて，水の汲み替えをする行事も見られなくなったことから，サゲが分かりにくくなった。明治時代にこの噺を得意にした初代三遊亭圓遊はサゲで「今，ブランコの稽古でございます」とし，八代目文楽の弟子で，現在，この噺を演じる柳家小満んは「ターザンの夢を見ました」として演じている。惚れた女のところにぶら下がって訪れるという趣向は，江戸時代の滑稽噺や中国の笑話にいくつか見られる。

手紙無筆 (てがみむひつ)
【別題】 平の蔭
【種別】 滑稽, 長屋
【あらすじ】 無筆の八五郎が本所の伯父から手紙が届いたので, 兄貴分のところに手紙を読んでもらいにやって来た。ところが兄貴分も字が読めないらしく, 無筆と言われるのも悔しいので, 八五郎から手がかりを得て適当に読み始める。「前文ご免下されたく候, 一筆しめし参らせ候, 拝啓, 陳者, 一筆啓上, 火の用心, おせん殺すな馬肥やせ。お前, このうちどれがいい？」と繰り返していると, 八五郎から「この間, 子供を連れて上野の動物園に行った帰りに, 広小路の角で伯父さんとばったりと会った」と聞いたので, それをそのまま「前文ご免下されたく候。この間, 子供を連れて上野の動物園に行った帰りに, 広小路の角で伯父さんとばったりと会ったっけなァ御座候」と読んだりする。すると八五郎がお店から本膳を借りてくれと言われたことを思い出し, 兄貴分に伝えると「それだ, 手紙に書いてある。『前文ご免下されたく候。この間, 広小路で会ったときに頼んでおいた本膳を貸しておくれよ』とある」。「何人前ですか？」「ン人前だな」「五人前ですか？」「そうだ」「この間は十人前だって言ってた」「十人前を一度に運ぶと大変だから, 五人前ずつ二回に分けて運んでおくれよ, とある」「それだけですか？」「大皿, 小皿, 大平も貸しておくれよ」「お猪口のことは書いてありませんか？」「お猪口？ あんまり小さいので, 大平の蔭に隠れて見えなかった」。
【解説】 無筆者が知ったかぶりをして手紙を読む話で, 宝暦12年 (1762)『軽口東方朔』の「小僕看籠」に原話を見ることができる。笑いどころも多いので, 寄席で演じるときは時間に合わせて,「〜広小路の角で伯父さんとばったりと会ったっけなァ御座候」というところや, 八五郎が兄貴分の「〜しておくれよ」という言い方がおかしいと指摘すると,「おくれよっていうのは花魁が使う里言葉だ。そんな言葉を知っているところをみると, お前のおじさんは元花魁か？」といったところで終えることも多い。古今亭志ん橋や橘家文左衛門などがよく演じている。サゲの大平とは主に汁の多い煮物料理を盛る大きく平たい椀のことである。

出来心 (できごころ)
【別題】 花色木綿
【種別】 滑稽, 長屋
【あらすじ】 間抜けな泥棒が親分に呼び出されて,「お前は見込みがないから泥棒をやめたらどうだ」と言われ,「これからは心を入れ替えて悪事に励むので, どうか置いて下さい」と頼み込む。そして「大きな仕事は向かないから, 空き巣でもやってみろ」と, 狙いをつけた家で声を掛けてみて, 誰かいたら「何の誰兵衛さんはいらっしゃいますか？」と言ってごまかし, もし仕事をはじめてから家の人が現れて「泥棒！」と言われたら, 盗んだ物を前に置いて「まことに申し訳ございません。長いこと失業しております。八つを頭に四人の子供がございます。七十の老婆が長の患い, 薬一つ飲ませることができません。ほんの貧の盗みの出来心でございます」と言い訳をしろと教わり, 早速仕事へ出掛ける。うまい具合に誰もいない家に盗みに入り, 羊羹を見つけたので盗み食いをしていると, 二階から家の人が声を掛けてきた。そこで「イタチ最後兵衛という方をご存知ありませんか？」と尋ねると,「イタチ最後兵衛は俺だよ」と返してきたので慌てて逃げ出すと下駄を履き忘れて来てしまった。次に, 畳はすり切れ, そばに汚い褌が一本転がっているだけの長屋の一室に入るも, 何も盗む物がないので, 褌を懐に入れたところで, そこで暮らす八五郎が帰って来たので縁の下に避難。泥棒が入ったことに気づいた八五郎は, これ幸いと, それを言い訳に店賃を待ってもらおうと大家を呼びに行

く。大家は盗難届を出すから盗まれた物を言えと言うので、出まかせに「布団です」「表はなんだ？」「大家さんのところと一緒です」「じゃあ唐草だ。裏は？」「大家さんのは？」「花色木綿だ」「うちもそれで」と、万事その調子で、札も羽織も蚊帳や箪笥まで「裏は花色木綿」と話していく。泥棒が堪らずに飛び出すと、「お前は泥棒だな」「泥棒って言ったって、何も盗ってない」「人の家に黙って入りゃ泥棒。警察へ突き出すぞ」と言われたので、「まことに申し訳ございません。ほんの貧の盗みの出来心でございます」と教わった通りにあやまる。すると出まかせを言った八五郎が今度は縁の下へもぐったので、「どうしてあんな嘘を並べたんだ」「これもほんの出来心でございます」。

【解説】　最後は「何も盗っていない」と開き直った泥棒を一喝した大家が「私はこのあたりじゃ、少しはうるさいと思われている大家だ。裏から泥棒なんか入られたことはない。この裏をなんだと思う」と言うと、「大家さん、この裏も花色木綿でございます」。または「どこから入った？」「裏から入りました」「どこの裏だ？」「裏は花色木綿です」とサゲることもある。また噺が長いので、時間のない寄席などで演じるときには、羊羹を盗み食いをした家から飛び出した泥棒が、「羊羹食ったから、こっちの儲けだ。あ、いけねえ下駄を忘れてきちゃった」などとサゲることも多く、そこまでを『出来心』とし、本来のサゲまで演じるときには『花色木綿』と呼ぶことがある。原話は寛政頃の『絵本噺山科』の「しな玉」の他、文化５年（1808）『江戸前噺鰻』の「盗人」にも見られる。五代目柳家小さんが得意にしたところから、一門によく伝わっている。なお、花色木綿とは薄い藍色に染めた木綿のことである。

鉄拐（てっかい）
【種別】　滑稽
【あらすじ】　唐の横町に上海屋唐右衛門という貿易商がいて、毎年、創業記念日に開く余興は珍しい出し物が見られるというので大きな期待が寄せられている。そこで番頭が珍しいものを求めて全国を探し回ると、ある山の中で鉄拐という仙人に出会った。鉄拐は一身分体の術といって、息をフーッと吐くと自らの分身を出すことができるので、何とか頼み込んで上海屋の余興に出演してもらうことになった。するとこれが大評判となり、寄席にも出るようになると贅沢になり、芸も弟子に任せっきりになったので、興行主は今度は瓢箪（ひょうたん）から自在に馬を出す張果老という仙人を連れてきた。張果老の人気とは逆に鉄拐の人気が落ちたので、ある日、鉄拐は張果老の瓢箪から馬を吸い込んでしまった。鉄拐は今度は馬に自分の分身を乗せて登場させると言うが、やってみるとうまくいかない。そこで客を腹の中に吸い込んで、そこで見学させることにすると、酔っ払いが喧嘩をはじめて大暴れ。鉄拐が苦しくなって吐き出して、酔っ払いの顔を見ると、なんと李白と陶淵明…。

【解説】　サゲは中国の詩人である李白と陶淵明が大酒豪として知られることを仕込んでおかないと分かりにくい。鉄拐（李鉄拐）も張果老も「八仙」と呼ばれる中国隋代の名高い仙人であり、その妖術は古くは知られていたが、最近では分からなくなってきた。元々中国にあった話と思われるが、文化頃に桜川慈悲成による『落噺常々草』に「腹曲馬」という噺が見える。近年では三代目桂三木助や立川談志が得意にし、現在では柳家小満んが演じている。

てれすこ
【種別】　滑稽
【あらすじ】　ある漁場で珍しい魚が獲れたが、名前が分からないので漁師が役人に届け出た。漁師の分からないものが役人に分かるはずもなく、「魚の名を存じおる者があれば申し出よ。百両の褒美を取らす」とお触れを出した。すると多度屋茂兵衛という者がまかり出て、魚を見て「これは『てれすこ』でございます」といって百両をもらっていった。そこでその魚を干して、同じようにお触れを出すと、再び多度屋茂兵衛がまかり出て、魚を見て「これは『すてれんきょう』にございます」と口にしたので、役人は同じ魚を指して違う名前を言うとは不届であると、茂兵衛を牢に入れてしまった。女房は夫のために火物断ち（火の入った食べ物を口

にしないで祈願をすること）をして，夫の無事を祈るが，打ち首が決まってしまう。白洲へ引き出された茂兵衛は女房と子どもを前に，「どうかその子が大きくなっても，イカの干したのをスルメとだけは言わしてくれるな」と伝えると，それを聞いて奉行は，同じ魚でも生のときと干物にしたときでは呼び名は違うものと感心をし，茂兵衛を無罪にする。茂兵衛夫婦が喜んだのも無理はない。スルメ一枚で命が助かった。助かる訳で，女房が火物（干物）断ちをしたのだから，アタリメェの話…。

【解説】　サゲは引っ張らず「助かる訳で，女房が火物（干物）断ちをしたから」とする場合もある。古く『沙石集』に原話らしき一節が見えるが，笑話本である『醒睡笑』の中にある「うそつき第二話」が，現在に伝わっている元の話とすべきであろう。なお，『醒睡笑』では舞台は「津の国兵庫」で，珍しい魚が新鮮なときは「ほほらほ」と呼び，鮮度が下がれば「くくらく」と呼ぶとしている。二代目三遊亭円歌が得意とし，一時期その弟子であった三笑亭笑三が継承し，その他，むかし家今松らが演じている。

天狗裁き（てんぐさばき）

【別題】　羽団扇（はうちわ）
【種別】　滑稽，長屋，武家
【あらすじ】　家で寝ていた八五郎が「お前さん，どんな夢を見たの？」と女房に揺り起された。「夢なんか見ていない」と答えると，妻は納得せず「夫婦なんだから隠しごとなんかしなくたっていいじゃないか」と言い出す。しまいには夢を見た，見ないで喧嘩になり，隣人が止めに入るが，喧嘩の経緯を聞いた隣人も「どんな夢を見たんだ」と夢の内容を知りたがる。八五郎はやはり「夢は見ていないんだからいい加減にしろ」と言うので，ここでも喧嘩がはじまってしまい，今度は大家が仲裁に入る。「大家と言えば親も同然，店子と言えば子も同然というから話してみろ」と夢について知りたがるので，「夢なんか見ていないんですよ」と話すも信じてもらえず，「隠しごとをするような物騒な奴は長屋から出て行ってもらおうか」

と言われてしまう。八五郎は奉行所で詮議されることになり，奉行は「夢ごときで店立てするとはけしからん。八五郎に罪はない」と裁くが，奉行もまた八五郎の夢について聞き出そうとする。八五郎は「本当に夢なんか見てないんでございます」と答えるので，奉行は「幕府転覆を考えているな」と怒り出し，八五郎を奉行所の松の木に吊るしてしまう。するとそこへ突風が吹き，八五郎は高尾の山に飛ばされると，目の前には大天狗が立っており，「江戸の上空を飛んでいる折に，八五郎の夢をめぐるやり取りを見ていたので助けてやったのだ」と言われる。天狗もまた八五郎の夢のことを聞きたがるが，これまで同様に見ていないと話すと，天狗が長く鋭い爪で八五郎の喉元につかみかかってきたので，八五郎が「助けてくれ～」と大声を出すと，女房が「お前さん，どんな夢を見たの？」。

【解説】　元々は上方落語で『羽団扇（はうちわ）』という噺の前半が独立したものとされる。五代目古今亭志ん生と十代目金原亭馬生は天狗の登場のあと，手に持っている羽団扇で身体を微塵にすると天狗に言われた八五郎が，羽団扇を貸してくれたら話すと言い出す。天狗が聞きたさあまりに羽団扇を貸すと，八五郎はそれを扇いで空を飛んで行ってしまう。やがて降り立ったのは大きな屋敷で，大病で寝ている娘がいたので，「私が診てやろう。ただしこの娘を助けることができたら女房にもらう」と言い，羽団扇を使って娘の病気を治してしまう。そしてめでたく婚礼を上げると，そこで女房に起こされて「あ，夢か」と，もうひと展開設けていた。現在，この噺を得意にする柳家さん喬などは，あらすじで記した展開で演じている。

天災（てんさい）

【種別】　滑稽，長屋
【あらすじ】　隠居の家に「離縁状を二本書いてくれ」と言って，乱暴者の八五郎が飛び込んで来た。何でも夫婦喧嘩をして，女房と婆さんにそれを渡してやるというのだ。すると隠居から「長谷川町の新道に住む紅羅坊名丸（べにらぼうなまる）という心学の先生のところへ行って話をきいてこい」と言

われたので，早速伺うと，先生は「短気は損気。喧嘩というものは儲かるものではない。『気にいらぬ風もあろうに柳かな』『むっとして帰れば門の柳かな』という句があるように，ものに逆らわない心地になれないか」と教える。そして一つの例を持ち出して，さらに「堪忍のなる堪忍は誰もする，ならぬ堪忍するが堪忍。堪忍の袋をいつも首にかけ，破れたら縫え，破れたら縫え」と心学の心について話して聞かせ，「何事も天のなす災い，『天災』と諦めれば，腹を立てなくてすむ」と教えられる。すっかり感心した八五郎が長屋に帰ってくると長屋が騒がしい。何でも隣の辰のところで前のかみさんとの別れ話がすまないうちに，新しい女を家に入れたので，夫婦喧嘩になって，今それがすんだところだというのだ。八五郎は辰のところへ行って，今教わってきた話を話すが，うろ覚えなので，話を聞いている方はチンプンカンプン。「だから，先のかかあが暴れこんだと思うと腹が立つが，天が暴れこんだと思ってみろ。腹が立つめえ。これすなわち天災だ」「なに，俺のところは先妻の間違いだ」。

【解説】「心学」とは，江戸時代に石田梅岩が解き始めた心を修養する学問であり，落語では『二十四孝』でも心学が説かれている。柳派の落語家に古くから伝わり，六代目春風亭柳橋や五代目柳家小さん，また八代目林家正蔵が得意にしたことから，今も正蔵一門の落語家が多く演じている。

転失気 (てんしき)
【種別】 滑稽
【あらすじ】 体調のすぐれない寺の和尚が医者に診てもらったところ，「てんしきはございますか？」と尋ねられた。何のことか分からなかったが，知らないとも言えなかったので，いい加減な返事をしてみたが，やはり気になって仕方がない。そこで小坊主の珍念を呼んで，てんしきについて聞いてみるが「知らない」と言うので，近くの店に求めに行かせるが，風呂敷や釜敷きと間違えて要を得ない。そこで珍念を医者のところに行かせ，自分の言葉から出たように「てんしき」の意味を教えてもらってくるように命じる。すると『傷寒論』という医学書の中に，「『気を転め失う』」と書いて「転失気」と読み，俗に言うおならのことだ」と聞いた珍念は，和尚がそのことを知らないことに気付く。寺へ帰ると，和尚が早速「転失気」の意味を尋ねてきたので，「てんしきとはお盃のことです」というと，案の定，和尚は「そんなことは前に教えたはずだ」と返してきて，さらに「これからは来客の折には，盃を出せとは言わずに『てんしきをもて』と言う」と口にする。次に医者が往診にやって来た際に和尚が「てんしきがありました」と言うと，医者が「それはよかった」と返してきたので，和尚は「この寺に伝わる自慢のてんしきをお目にかけましょう」と盃を見せた。医師が驚いて「医者の方ではおならのことを転失気と言いますが，寺方では盃のことを言いますか？」と質問をしてきたので，和尚は「さようです」「どういう訳ですか？」「これを沢山重ねますと，ブーブーが出ます」。

【解説】 知ったかぶりをして失敗を犯す代表作の一つ。ここで挙げたサゲは「ブーブーと文句を言う」と「おなら」をかけたものであるが，最近はこのサゲの他に，騙されたと知った和尚が小僧に「そんな嘘をついて恥かしいと思わないのか？」と尋ねると「屁とも思いません」。また騙された和尚が「道理で臭い話だと思った」。さらに，医者が「いつ頃から盃のことを転失気と言うようになりましたか？」「奈良(おなら)，平安(屁)時代からです」とサゲることも多くなってきた。

転宅 (てんたく)
【種別】 滑稽
【あらすじ】 浜町あたりの黒板塀の妾宅へ泥棒が上り込んだ。旦那が帰りがけに置いていった金を出せと言うと，女は動じずに泥棒を持ち上げて，「実は私も元は仲間だよ。今の旦那には愛想が尽きているから，もしよかったらこんな私でも女房にしてくれないか」と言うので泥棒は大喜び。「今夜はここへ泊って行く」と言うと，「旦那が焼き餅焼きで，二階に用心棒がいるから今夜はダメ。明日の昼過ぎに尋ねて来ておくれ。入っていいときには三味線を弾くか

ら、三味線の音が聞こえないときには旦那がいるからダメだよ」と言った上に泥棒の財布を確かめて、「亭主の物は女房の物」と中に入っている金を巻き上げて、その気にさせて帰してしまった。次の日になって泥棒が女の家にやって来ると、三味線の音がしない。来るのが早すぎたかと思い、目の前の煙草屋に入ると、「昨日、夜中にマヌケな泥棒が入って…」と、昨夜、妾宅で起こったことを話し出した。「泥棒が入ったが、うまいことを言って丸め込んで夫婦約束をした上に、泥棒の金まで巻き上げてしまった。その後すぐに旦那に相談すると、あとの仕打ちが恐いということで転宅をした」。驚いた泥棒が「あの女は何者です？」「何でも田舎廻りの義太夫の太夫（たゆう）だったとか」「道理でうまく語り（騙り）やがった」。

【解説】 落語は「話す」、講談は「読む」、浪曲は「うなる」と言うように、義太夫は「語る」というのと、騙す意味を持つ「騙る」をかけたサゲである。サゲはもうひと通りあって、旦那がいればタライを家の前に出すと言っておき、泥棒がやってくると約束のタライが出ている。いつまでも出っ放しなので、煙草屋に事情を聞くと、「転宅しました」「転宅（洗濯）？通りでタライが出ていました」というもので、元々はそのサゲであったという説や、明治期に入って「転宅」という漢語が流行ってからのサゲとも言われている。上記で挙げたサゲの原話は、天明8年（1788）の『はつわらい』の中の「かたり」に求められる。以前は三遊派のネタとされていたが、現在では十代目柳家小三治や柳亭市馬といった柳派の落語家も演じている。

電話の遊び（でんわのあそび）

【別題】 電話室／電話の散財
【種別】 滑稽
【あらすじ】 大旦那が毎日茶屋遊びばかりをしているので、若旦那は店の信用にかかわると心配をしている。そこで番頭と二人して意見をすると、金のことなら心配をするなと言う。世間の手前やめてもらいたいと若旦那が返しても、大旦那は納得をしないので、番頭が間に入ってやさしくなだめると、それでは遊びを止めると宣言をする。ところが若旦那が出掛けたと知った途端に茶屋へ遊びに行こうとするので、番頭があわてて止めると、息子に色々言われたので気分転換にお気に入りの芸者の歌声を聞きたいのだと言い出す。そこで番頭が一計を案じ、酒と肴は用意するから電話をかけて声を聞けばよいと言うと、そういう遊びも面白いと大旦那は仕度をさせる。家の中にある電話室の電話を通して、芸者や幇間の芸を楽しんでいると、昔の電話のことで時々混線し、「お話し中」と言うと、よそからの電話の声は引っ込む。段々と楽しくなってきて、電話の向こうで芸者に『磯節』を弾かせて自分も大声で歌っていると、そこへ若旦那が帰って来て、父親の姿に驚き、「どうしたんです。お父さん！」「お話し中」。

【解説】 電話を扱っていることからも分かるように、明治期につくられた新作で、作者は『動物園』などの作者である二代目桂文之助で、二代目林家染丸が練り上げたとされる。五代目三遊亭圓生がSP盤に残しており、その音と速記から五街道雲助が復活させ、鳴り物入りで演じている。他に雲助から教わった三遊亭遊雀が演じている。

道灌（どうかん）

【種別】 滑稽，長屋

【あらすじ】 八五郎が隠居の家へやって来て，家の中にある絵について尋ねる。姉川の合戦や児島高徳の絵の話を聞いた後に，屏風に張ってある「椎茸（しいたけ）があおりをくらったような帽子をかぶって，虎の皮の股引を履いて立っている男の前に，洗い髪の女がお盆の上へライスカレーをのっけてお辞儀をしている」絵が気になったので尋ねると，それは太田道灌の絵だと言われる。道灌公が野掛けに出た際ににわか雨にあい，雨具を借りにあばら家へ行くと，女が「お恥ずかしゅうございます」と言って山吹の枝を差し出した。道灌公はそのときは分からなかったが，そばにいた家来の一人が，「兼明（かねあきら）親王の古歌に『七重八重花は咲けども山吹の実の一つだになきぞ悲しき』という歌がございます。山吹は実をつけることがないので実がない。つまりお貸しする蓑がないという断りでしょう」と聞き，「余はまだ歌道に暗い」と，歌の道に精進し，末には日本一の歌人になったと教えられた。八五郎は雨具を借りに来たのを断る歌と思い込み，それを隠居に書いてもらって家に帰る。すると折からの雨で，早速，友達が駆け込んで来るが，傘ではなく提灯を借りに来た。「雨具を貸して下さいって言えば，提灯を貸してやる」と言うので，友達が言う通りにすると，「お恥ずかしい」と言って，歌の書いてある紙を差し出した。たどたどしく読みはじめる友達に，それはな「『七重八重花は咲けども山吹の…味噌一樽に鍋と釜敷き』って読むんだよ」「なんだいそりゃ，お前がつくった勝手道具の都々逸か？」「都々逸？そういうところを見ると，お前は歌道に暗ぇな」「ああ，暗いから提灯を借りに来た」。

【解説】 登場人物が少なく，言い立てもあり，口慣らしにいいことから前座噺の代表とされる。柳家の一門はこの噺から教わることが多い。前に『小町』をつけて，そのまま歌の解釈へ入っていくという演じ方もある。道灌が狩りに出かけて，雨にあい，蓑を借りるという物語は，儒学者の湯浅常山による『常山紀談』や，西村遠里の『雨中問答』に見られる。噺としての原話らしきものは，初代林屋正蔵の噺本『笑富林』（天保4年・1833）に見える。そこでは夕立にあった友達に，八百屋が茄子と白瓜などを並べると，「この中にキュウリがないな」「はい，かっぱはありません」と，キュウリと合羽をかけている。

胴斬り（どうぎり）

【種別】 滑稽，長屋，武家

【あらすじ】 武士が刀を下げて歩いていた時代。幕末にもなると辻斬りが流行ったという。ある男が湯屋に出掛けた帰りに夜道をぼんやり歩いていると，後ろから近付いてきた辻斬りに真横から斬り払われた。腕が良かったと見えて命は助かったが，上半身だけが天水桶の蓋の上に乗っかってしまった。足の方は近くに立っているので，声を掛けて近くに呼び寄せるも，足の上に乗っかることもできず，このままでは家にも帰れないと弱っているところへ仲間が通りかかった。そこで上半身は背負ってもらい，下半身は褌を引っ張って連れて帰ってもらうことにした。翌日，仲間が家へやって来て，これまでの大工仕事はできないから，上半身は湯屋の番台へ，足の方は蒟蒻（こんにゃく）屋で蒟蒻玉を踏む仕事に就くことにした。しばらくしてそれぞれの様子を見に行くと，湯屋の番台にいる上半身が「最近，目がかすんで仕方がないから，三里に灸を据えてくれと伝言してほしい」と言う。それを伝えに蒟蒻屋を訪れ，下半身に言付けをすると，「恐れ入りますが，こちらからの伝言もお願いします。あまり水や茶ばかり飲むなと言って下さい。小便が近くてかないません」。

【解説】 原話は宝永2年（1705）『軽口あられ酒』の「喧嘩胴切」にあるが，その話にはサゲ

がなく，現行のようなサゲを持った話としては，元禄頃の『軽口ひやう金房』の「火の見矢蔵の事」に，上半身は江戸の火の見櫓で，下半身は京都の麩屋で働かせるものがある。また下半身が「あんまり女湯ばかり見ないようにしてほしい。褌が外れていけない」というバレがかったサゲもある。『首提灯』のマクラとして演じられることが多いが，上方では一席物として演じられ，東京でも三遊亭歌武蔵が一席物として演じている。

道具屋 (どうぐや)

【種別】 滑稽，長屋
【あらすじ】 三十歳を過ぎてもブラブラしている与太郎が伯父さんから呼ばれ，道具屋をやるように言われる。扱うのは引っ張ると首の抜けるお雛様や火事場で拾ってきたのこぎりに，穿いていてひょろっとよろけるとビリッと破けるひょろびりの股引といった「ごみ」と呼ばれる品物ばかり。いつも伯父さんが店を出しているところへ行くと仲間がいて，伯父の代わりにやって来たと言うと，店の出し方などを教えてくれた。早速のこぎりを買いに客がやってくるが，火事場で拾ってきたと正直なことを言うので，小便をして帰って行ってしまう。見るだけで何も買わずに帰っていく客を「小便」ということを教わると，今度は股引を見ている客に，「小便はできません」と言うので，またしても逃げられてしまう。他にも「お前の脇にある本を見せろ」と言われると，「この本は読めません。表紙ばかりだから」とか，毛抜きを手に取った客は，与太郎のあれこれを尋ねながら髭を抜き終わると帰ってしまったりと，失敗ばかり。すると短刀を見つけた客が一緒に引っ張ってくれと言うので，与太郎は抜くのを手伝うが，「抜けんな」「抜けないでしょう。木刀ですから」「すぐに抜けるのはないか？」「お雛様の首が抜けます」。その代わりに鉄砲を見せろと言われ，「これはなんぼか？」「一本です」「そうではない，この鉄砲の代だ」「台は樫です」「分からん奴だな。鉄砲の金じゃ」「鉄です」「鉄砲の値だ」「音はズドーン」。
【解説】 元は三遊派の落語であったが，現在では柳派の落語家が多く演じている。売り物が沢山出てくるので，時間によってどこでも切れる落語。サゲも幾通りかあり，上記の他に，①「お雛様の首が抜けます」で終えてしまう型。②小刀の件を設け「この小刀は先が切れないから，十銭に負けろ」「十銭では先が切れなくても元が切れます」。③笛を手に取った客が笛の穴に指を突っ込んだら抜けなくなったので，与太郎が「買ってくれなきゃ困る」と言って，高い値を吹っかける。すると客が「足元を見るな」「いいえ，手元を見ました」。④笛の客が代金を払ってやるから家まで来いと言うので与太郎がついていくと，客が家から出て来ないので，与太郎が窓の格子から中を覗く。すると与太郎の首が抜けなくなったので「この窓はいくら？」。以上が代表的なサゲである。「音はズドーン」のサゲの原話は安永2年（1773）『今歳花時』の「鉄砲」に，④のサゲの原話は安永3年（1774）『稚獅子』の「田舎者」などに，小便のできない股引の場面は安永2年（1773）『仕形噺』の「股引」などの江戸小咄に原話を見ることができる。この噺を得意にした五代目柳家小さんは①の型で，八代目橘家圓蔵は④の型で演じた。

道具屋曽我 (どうぐやそが)

【別題】 道具屋芝居
【種別】 滑稽，長屋，芝居
【あらすじ】 芝居好きの二人が芝居の話をしていると，町内の道具屋が曽我兄弟の仇討の道具を引き取ったことを知り，ちょうどよいと，それを買う振りをして，裏の空き地に運ばせることにした。芝居の舞台をつくり上げると，近くの稽古屋から三味線の音が流れてきたので，早速，芝居をはじめると，道具屋の主人も茶碗の糸底をこすり合わせて，蛙の鳴き声を入れてきた。二人がいい気分になって，「青柳に飛びつく蛙(かわず)。柳は工藤，蛙は曾我。曽我の痩せ腕で敵討とはしゃらくさい。…あれを見よ，柳に飛びつく蛙。蛙を割いて肴にいたせ」「その儀ばかりは」「奴，志度平とは世を忍ぶ仮の名，まことは曽我兄弟に心を寄せる赤沢十内」と，夢中でやっているうちに芝居の道具を壊してしま

い，逃げ出そうとするので，道具屋が「あなた方はこの道具は買わないんですか」「かわずに帰る」。

【解説】　元々上方落語で，東京では近年，四代目三遊亭圓馬や十代目柳亭芝楽が演じたくらいの珍しい芝居噺。町内の若い衆が集まり，曾我兄弟の仇討を芝居でやろうということになったが，金がないので困っているところへ，道具屋が芝居の道具を持っていたのを思い出して，それを借りる。そしてサゲも，道具屋が「引き取ってもらおう」と言うと，「値段はいくらだ？」「曽我のことですから，兄の十郎（十両）というところで」「もうちょっと負けろ。弟の五郎（五両）という訳にはいかないか？」「それはいけません。工藤（どう）言っても駄目です」「曽我の道具だ，蛙（買わず）に帰ろう」という展開もある。宝暦5年（1755）『口合恵宝袋』の「虎屋」に原話がある。

唐茄子屋政談（とうなすやせいだん）

【別題】　唐茄子屋／南京屋政談
【種別】　人情，長屋，夏
【あらすじ】　若旦那の徳三郎は道楽が過ぎて勘当になってしまう。頼りにしていた吉原の女や知り合いのところからも追い出され，飲まず食わずで過ごしているのも辛くなり，吾妻橋から身を投げようとしたところを，通りかかった伯父に助けられる。伯父は徳三郎の性根を叩き直すべく，翌日から唐茄子の荷商いをさせることにする。慣れない天秤棒を担いで歩いていると，真夏の炎天下のことで道端で倒れ込んでしまうが，おせっかいな男が顔見知りに声を掛けては，二つだけ残して唐茄子を売り捌いてくれた。気を良くした若旦那は吉原田圃（たんぼ）までやって来ると，売り声も出るようなったので，そのまま誓願寺店（せいがんじだな）までやってくると，一人の女性から唐茄子を一つ売ってくれと声を掛けられた。若旦那が一つおまけして，弁当をつかおうとすると，奥から出て来たその家の子どもが弁当を欲しがった。事情を聞くと，浪人をしている夫が行方知れずで，もう二日も子どもにご飯を食べさせていないという。食べられないことの辛さを知っている若旦那は弁当と唐茄子の売り上げを置いて飛び出してしまう。伯父の家に帰って来た若旦那は，今日あったことを告げるが，伯父は信用をせずに誓願寺店までやって来る。すると長屋では浪人者の女房が首をくくったと大騒ぎになっていた。なんでも若旦那が置いて行った財布を返そうと，外に出たところで因業大家に出くわして取り上げられてしまったので，若旦那に申し訳ないと首をくくったというのだ。それを知った若旦那は大家の家に飛び込む。女房は発見が早く，手当も良かったと見えて助かり，大家はきついお咎めを受け，若旦那の勘当も許される。

【解説】　上方では『南京屋政談』と呼び，桂福団治が演じている。講談の『大岡政談』がもとにあり，三代目三遊亭金馬は「大岡政談『唐茄子屋』の一席でございます」と結んでいたが，落語の方には政談の場面はない。全編を通して演じると時間がかかるので，唐茄子を売り捌いてもらった若旦那が，吉原田圃で馴染みの女郎のことを思い出しながら歌を唄い（『薄墨』の場合が多い），売り声とごちゃ混ぜになるところで噺を終えることも多い。『唐茄子屋』という別題を持つが，三代目柳家小さんが上方落語の『みかんや』を東京に移した『かぼちゃや』と混合するので，こちらの噺は『唐茄子屋政談』と呼んでいる。五代目古今亭志ん生や三代目三遊亭金馬が演じ，現在では柳家さん喬や柳家権太楼など多くの落語家が演じている。

動物園（どうぶつえん）

【別題】　ライオン／WHITE LION
【種別】　滑稽
【あらすじ】　仕事もしないで，毎日ブラブラしている男が，力仕事はダメで頭を使わなくて，朝ゆっくりとできて，一日に一万円くれるところだったら働いてもいいと言う。するとその条件にあった仕事があると言われ，移動動物園の仕事を紹介されて訪ねてみると，仕事の内容は急死した虎の代わりに，その毛皮をかぶって檻の中でウロウロするというものだった。確かに力仕事もなく，頭を使うこともなく，朝どころか一日ゆっくりでき，しかも一日一万円くれるということなので引き受けることにした。教わ

った通りに虎を見に来た客を驚かしたりしながら檻の中にいると、突然、「これから虎とライオンの決闘をお目にかけます」というアナウンスが流れ、檻の扉が開いて、ライオンが入って来た。びっくりした男は逃げようとするがもう遅い。ライオンが近づいてきて、大きな口を開けたので「助けてぇ」。するとライオンが耳元で、「心配するな。俺も一万円で頼まれた」。
【解説】　京都に文之助茶屋を開いたことで知られる上方落語家の二代目桂文之助（1859～1930）が明治末期に創作した落語で、今も東西で多く演じられている。原話は西欧の小噺にあるとされ、男が頼まれるのはライオンという設定もあるが、ここでは文之助が残した速記にも見えるように虎で示した。サゲはこの他、虎になった男が、迫って来るライオンを前にして、「園長さん助けて！」と叫ぶと、ライオンが耳元で「私が園長の○○です」というものもある。桂枝雀は『WHITE LION』という題でこの落語を英語で演じた。

東北の宿（とうほくのやど）
【種別】　滑稽、新作
【あらすじ】　ある田舎に老夫婦が経営する一軒の温泉旅館があるが、近くにできた鬼頭グリーンホテルに客を取られてしまって宿泊客がまったくやって来ない。そこでそのホテルの待遇を真似してみようということになった。するとそこへ最終バスに乗り遅れた客が旅館にやって来て、一晩泊まることになった。早速案内されたフロントにはちゃぶ台の前にお婆ちゃんが座っていて、和食と洋食が選べるというので内容を聞くと、味付け海苔かスライスチーズの違いと、箸で食べるか洋食器で食べるかの違いであったり、フローリングにカーペット仕様という洋室は畳を剥がしただけの部屋で、車のプラモデルと飼っている犬がいるのでカーペットだと言ってくる。それでも宿泊することにして、温泉で疲れを癒した客が食事をしようとすると、なんと松茸ご飯に松茸のお吸い物が出てきた。料理にはミネラル成分を含んだ温泉の湯が使われているというが、源泉までは遠いので、風呂の残り湯を使ったとかで、手に取った椀を見ると、お吸い物は入浴剤入りの湯で緑色をしている。嫌になった客は早く寝ることにして、早起きをして10時のバスに乗ろうとチェックアウトをすると、「お客さん、今日は日曜日なのでバスは運休ですよ」「運休？それじゃあもう一晩泊まらないといけない…」。
【解説】　桂きん治といった元落語家で、現在は腹話術師として活躍をしているきんじがつくった落語。現在でも桂文ぶんや鈴々舎馬るこ、古今亭ちよりんといった落語協会の若手が演じている。

胴乱の幸助（どうらんのこうすけ）
【種別】　滑稽
【あらすじ】　腰にいつも胴乱をぶら下げて歩いている幸助という炭屋の親父は、喧嘩の仲裁をするのが道楽。喧嘩を見つけては、近所の飲み屋に連れて行って飲み食いをさせて仲直りをさせるので、それを知っている男が友達と喧嘩を装って、まんまとご馳走になる。幸助がその喧嘩をおさめることができて、気分よく歩いていると、稽古屋から浄瑠璃の、俗に『お半長右衛門』と呼ばれる『桂川連理柵』が聞こえてきた。それも丁度、長右衛門の継母が、長右衛門の妻であるお絹をいびる「帯屋」の段の稽古中で、浄瑠璃を知らない幸助は本物の嫁いじめだと思って稽古屋に飛び込む。稽古をしていた者が、これは京都の話だと言うと、幸助はその仲裁に京都へ行ってくると言い出した。そこで早速船に乗り込み、舞台である柳の馬場の押小路、虎石町の帯屋を探し当てるが、嫁いびりはされていない。店の者が訳を聞くと、「それは『お半長』と違いますか？　お半も長右衛門も、とうに桂川で心中してしまいましたがな」「しまった。それなら汽車で来たらよかった」。
【解説】　上方落語で本来は大阪から京都へ三十石船で向かう設定である。五代目三遊亭圓生が東京へ移した際には、東京駅から汽車で京都に向かい、サゲは「しまった。急行でくりゃよかった」としていた。近年では二代目桂小南が大阪型で演じていた。その弟子の桂小南治や三遊亭歌奴が導入の場面の舞台を東京に移して演じている。

時そば（ときそば）

【別題】　時うどん
【種別】　滑稽

【あらすじ】　往来を流して売っている二八そば屋（夜鷹そば屋）を呼び止めた男が，しっぽくを注文し，屋号にはじまって，箸や器，汁にそばを褒めまくった揚句に，「いくらだい？　十六文？　銭が細かいんだ，手を出してくれ」と言って，「一つ，二つ，三つ，四つ，五つ，六つ，七つ，八つ，今，何刻だい？」「へえ，九つで」「十，十一，…，十五，十六」とうまく一文ごまかして去って行った。それを脇で見ていたボーッとしている男が，自分も真似をしてみようと，次の日に細かい銭を用意して，早い時間からそば屋の屋台を探して歩いた。やっとのことで捕まえて，そばを注文するが，屋号は昨日のそば屋と違う上に，箸も器も汚いし，汁は苦いし，そばもうどんのように太いときている。そしていよいよ勘定となって，「いくらだい？」「十六文いただきます」「銭が細かいんだ，手を出してくんな。一つ，二つ，三つ，四つ，五つ，六つ，七つ，八つ，今，何刻だい？」「へえ，四つで」「五つ，六つ，七つ，八つ，…」。

【解説】　銭の数え方は「ひい，ふう，みい，よう，いつ，むう，なな，やあ，…」と数える演者もいるが，昔の時の数え方は「九刻」にはじまって，「四刻」に終わるので，上で挙げたような数え方が適していると言える。九つは午前0時頃と午後12時頃を指し，四つは午前10時頃と午後10時頃を指す。一人目の男は午前0時頃にそばを食べたが，二人目の男は気持ちがはやったのか，少し早い時間にそば屋を捕まえたので，結果，損をしてしまう訳である。近年ではその時間の数え方が分からなくなってきたこともあり，瀧川鯉昇のように，そば屋の子どもの歳を尋ねる『歳そば』や，『そば処ベートーベン』という題で，そば屋の名前が「ベートーベン」なのでその理由を探ると，器が傷だらけでのこぎりのようで，汁がからいので思わず箸を指揮棒のように振ってしまい，大工（第九）の使うのこぎりと指揮棒だから…というように噺の設定を変える演者もいる。明治中期に三代目柳家小さんが大阪にあった『時うどん』を東京へ移したとされるが，原話は享保11年（1726）『軽口初笑』の「他人は喰より」や，安永2年（1773）『芳野山』の「夜鷹蕎麦」などの江戸小噺に見られる。

徳ちゃん（とくちゃん）

【種別】　滑稽，廓

【あらすじ】　落語家二人が若い衆に声を掛けられ，一円六十銭という安い金額で上等な女の子と遊べると言われて，吉原の小さな店に上がることにした。早速，勘定を取られて案内されたのは，元々一つであったのを二つに分けた落書きだらけの汚い廻し部屋。連れの徳ちゃんが案内されたのは狭い廊下を歩いて行ったところにある，隣の店との間に板と畳を敷いた一畳ばかりのひどい部屋で，この間，その部屋で遊んだ客は下に落っこちたという。徳ちゃんを見送った仲間が部屋で花魁（おいらん）を待っていると，頭はざんばらで，櫛の代わりに箸を差して，しみだらけの着物を着て，芋をかじりながら訛りの強い大女が現れた。花魁は田舎にいるときに芸人と浮き名を流したこともあって，芸人が大好きだと客にすり寄ってくるので，恐ろしくなった男が「花魁，お前の生まれたところはどこだ？」と尋ねると，「秩父の奥のおろち村だ」「おろちだ？　それで俺が巻かれたんだ」。

【解説】　初代柳家三語楼の作と言われ，実際に落語家が体験したエピソードを噺にしたという。モデルは三語楼と同じ四代目橘家圓喬門下であった，本名を中村徳太郎といった橘家小圓太（のち朝寝坊志らく）とされる。三語楼から初代柳家権太楼に伝えられ，近年では志ん生門下の金原亭馬の助が得意とし，現在は柳家さん喬，五街道雲助，桃月庵白酒などが演じている。ここでは馬の助が演じた型を紹介したが，さん喬は男が逃げ帰ろうとすると，追い掛けてきた花魁が廊下の穴に足を突っ込んでしまい，「女の足を抜いてやってくれよ」「足を抜かれたら，商売ができなくなってしまう」と，娼妓が前借り金を清算しないで逃げる「足抜き」を利用したサゲを設けている。また白酒は花魁が越後の小千谷出身だと聞いて，「道理で縮み上がらせやがる」とサゲをつけている。

ドクトル
【種別】　滑稽，長屋
【あらすじ】　ドクトル先生と呼ばれる医者の所に一人の患者がやって来た。目まぐるしく腕と手を動かす男で，ご飯を食べるときにも止まらず，茶碗や箸が飛んで行ってしまうと言う。ドクトル先生が金額は高いがすぐ治るという薬を調合してやるから隣の部屋で待っていろと言うと，そこへもう一人の患者がやって来た。今度は涙が止まらなくなったという女性の患者で，これまた金額は高いが薬を調合してやるから待っていろと声を掛けた。赤い紙に包んだ薬を女性に，白い紙に包んだのを男性に渡すように助手に命じるも，間違えて逆に渡してしまったので，二人の容体はますます悪くなってしまった。すると病がうつったと見えて，今度はドクトルの手が動き出して止まらなくなってしまった。心配になった女性が近づいてくると，今度は涙が止まらなくなってしまった。助手が見かねて「先生，それでもドクトルですか？」「カネトルだ」。
【解説】　元々上方落語で，東京では二代目桂小南が演じ，現在では一門の桂小南治や三笑亭夢花などが演じている。サゲは「先生，それでもドクトルですか？」「スグトルだ」という，先生が診断後に前金で金を要求することを掛けているものもある。

戸田の渡し（とだのわたし）
【種別】　人情，文芸，冬
【別題】　お紺殺し／戸田川／怪談市川堤／雪の戸田川
【あらすじ】　馬喰町(ばくろちょう)の宿屋に長く逗留していた佐野犬伏の絹商人の佐野屋次郎兵衛が，江戸を旅立ち，戸田の渡しまでやって来ると雪が降り出した。これまでの悪事や惚れた女との出会いと別れなどを思い出し，これからは罪滅ぼしに他人へ善行を施そうと思いながら歩いていると，川原に建つ小屋から，汚いぼろを身にまとった，顔に腫物がある女乞食が近づいてきた。次郎兵衛が財布から二分ばかり恵んでやると，その顔を見た乞食が「お前は次郎兵衛だな」と飛びかかってきた。病気で発声も悪く，何を言っているか分からないので，雪の積もる地面に素性を書かせると，それは江戸にいた頃に女房にしていたお紺であった。次郎兵衛は金に困り，病気で寝込んでいたお紺を残し，算段をしに江戸を離れたが，帰ってきたときにはお紺が行方知らずになっていて，それからお前のことを思っていたことを話して聞かせた。するとお紺は次郎兵衛の故郷が佐野であるから，戸田の渡しで待っていれば必ず会えるはずと待ち伏せをしていたと口にする。次郎兵衛はお紺に佐野でまた一緒に暮らそうと，一度は自分の腕を差し出してお紺を導くが，来春までここで待っていてくれと言った途端，お紺がこれまでの悪事を口にしはじめたので，持っていた刀で手にかけてしまう。「人の心持ちも分からねぇで，そう悪事ばかり言い立てやがるんだ。畳の上で往生ができると思っていたのに，ここで手前ぇに巡り合ったんでダメだ。お紺，おいらの負けだよ」。次郎兵衛はそのまま立ち尽くしておりました。戸田の川原は雪でございます…。
【解説】　講釈にある『吉原百人斬り』の一節を落語にしたもので，八代目林家正蔵が演じたものをここではあげた。ここであげたラスト２行は正蔵の語りをそのまま再現した。また，お紺を手にかける場面では芝居噺として演じたこともある。上方では桂米朝や人亭可朝が『怪談市川堤』という題で，露の五郎兵衛は『雪の戸田川』という題で演じた。なおこの噺のあと，次郎兵衛はお紺の幽霊によって命を落とし，次郎兵衛の息子である次郎左衛門は小さい頃に顔にひどい火傷を負い，醜い顔になる。そして成長をして吉原の花魁(おいらん)である八ッ橋に恋心を抱くが，八ッ橋には繁山栄之丞という男がいて，一向になびいてくれず，乱心をした次郎左衛門が妖刀「籠釣瓶(かごつるべ)」で大勢の人を切り殺してしまう…。この後半部分を歌舞伎化したのが『籠釣瓶花街酔醒(さとのえいざめ)』である。

都々逸親子（どどいつおやこ）
【別題】　都々逸坊や
【種別】　滑稽，新作
【あらすじ】　金坊が勉強をしているので，父親が「分からないことがあれば，お父さんに聞き

な」と声を掛けるが，金坊は父親がいつも間違ったことばかりを教えるので，あてにしていない。父親が教科書に何か書いてあるのを見つけ，それを読むと〈俺とお前は玉子の仲よ 俺が自身で君（黄身）を抱く〉としてあった。何でも学校の授業で都々逸を勉強しているので母親に教わったという。父親が昔「ドドチャン（都々逸チャンピオン）」であったことを話すと，金坊から教えてくれと言われたので，〈大きな時計に小さな時計 どっちも時間はおんなじだ〉とかドらないものばかりを披露する。金坊が学校で「茶碗」という題が出たと話すと，父親は〈茶碗片手にお箸を持って おかずの来るのを待っている〉と詠んだので，金坊は同級生がつくった〈桜吹雪が腰掛け茶屋の すする茶碗の中に散る〉という句と，自分の〈夕べも今夜もあなたは来ない ヤケで呑みます茶碗酒〉という句を披露したので父親は驚いてしまう。その後も「魚」という題だと，金坊の〈恋（鯉）しい彼氏（鰈）に愛しの頼り（サヨリ）愛（鮎）しています（鱒）と書いてある〉に対して，父親の〈今日もお弁当のおかずは鮭だ さけは涙かため息か〉。「氷」という題が出ると〈冷たい様でも氷屋の娘 あつい情けに解ける帯〉に対して，〈氷五杯食ってお腹壊し 氷食うのはコオリゴリ〉と完敗。女房から金坊にはかなわないと言われたので，とうとう夫婦喧嘩がはじまってしまう。金坊はそこで「二人とも喧嘩はやめて。これを見てよ」と〈喧嘩するなら私をご覧 仲の良い時出来た子さ〉と詠んでみせるので二人が反省をしていると，金坊がいなくなったあとに一枚の紙が落ちていた。「何か書いてあるぞ。〈仲直り出来た二人の間に僕は 邪魔になります先に寝る〉」。
【解説】 三代目三遊亭圓右こと粕谷泰三による作で，所属していた落語芸術協会だけでなく，落語協会の落語家にも伝わり，寄席の短い時間のときなどに演じられる。新しい都々逸を入れることで，時代に合わせた新しい噺になっていくはずだが，大方は圓右の伝えた型で演じられている。また，都々逸を扱った似た噺として，男が二人して都々逸を次々に披露していく，圓右門下である古今亭寿輔自作自演の『しりとり都々逸』という噺がある。

殿様団子（とのさまだんご）
【種別】 滑稽，武家
【あらすじ】 三太夫が源太という男を屋敷へ呼び，殿様が明治維新がきっかけで商売をやらなくてはならなくなったので，商売のコツを教えてほしいとお願いをする。肝心の殿様は呉服商を「くれのふくしょう」と読んだり，警察の建物を指して「あれは儲かるのか？」という調子なので，どんな商売がしたいのかを尋ねると，「女性と子どもを相手にしたい。餅菓子などはいかがか？」と答える。そこで儲けのことを考えて，以前につくったことのある団子屋をはじめることにした。屋敷を売り払って店を開くと，早速，客がやって来る。すると「何か用かな？ 客であるか，いざまずこちらへ。しばらくの間ごめん」といった対応をするので町人は困惑してしまう。注文を受けて奥方と団子をつくりはじめると，途中で団子を落としてしまうが「構わん，餡をつければ分かるまい」と言って出してしまう。団子は串に刺さっていないし，いざ食べるとゴミがついていたり，一人が食べた団子の中からは唐辛子が，もう一人が食べた団子の中からは梅干しが出てきた。気になった殿様が「余のつくりし団子は無骨か？」「いいえ，粋（酸い）な味です」。
【解説】 『素人鰻』と同様の士族の商法を扱った噺。四代目三遊亭圓馬が演じていたものが，桂小文治や三笑亭夢丸などに伝わっている。

富久（とみきゅう）
【種別】 滑稽，長屋，圓朝，冬
【あらすじ】 酒の上で旦那をしくじった幇間（たいこもち）の久蔵が，富くじを売って歩く知り合いから一枚買い求めた。大神宮様を祀るお宮にしまい，当たるようにと拝んでから，酒を飲んで寝てしまうと，夜中に半鐘が鳴った。火事が芝の金杉あたりと聞いた久蔵は，しくじった旦那の家があるからと駆けつけると，類焼は免れ，その心意気に感心をした旦那から再び出入りを許される。気分がよくなった久蔵が酒をご馳走になり，疲れて横になると再び半鐘の音。今度は浅

草阿部川町の久蔵の家あたりで火事と聞いて，久蔵は急いで帰るがすっかり焼けてしまっていた。久蔵はしばらく旦那の家で世話になるが，たまたま深川八幡の前を通ると，その日は富の当日で大勢の人で賑わっている。すると久蔵の買った富が千両当たり，久蔵は大喜びするが，肝心の札を火事で焼いてしまったので，金を渡すことはできないと言われ，がっかりしながら境内をあとにする。久蔵が気落ちして歩いていると町内の頭から「お前の留守中に火事だったから，布団や釜，それに大神宮様を運び出していた」と声を掛けられたので，大喜びで頭の家に行くと，大神宮様にしまっておいた富札は無事であった。「この暮へ来て，千両に当たったなんて，久蔵，どうする」「これも大神宮様のおかげ，ご近所のお払い（お祓い）を致します」。

【解説】　三遊亭圓朝が実際にあった話を落語に仕立てたと伝えられるが定かではない。圓朝から初代圓左，三代目圓馬，八代目桂文楽へ伝わった型。また圓朝から初代圓右，五代目古今亭志ん生へ伝わった型。さらに三代目小さんから二代目燕枝を経て，八代目三笑亭可楽へ伝わった型などがあるので，久蔵の住む家が日本橋横山町や浅草三間町，突ухをするのが湯島天神や椙森神社であったりと，人物や情景，舞台の設定の仕方などが演者によって異なる。ここでは八代目桂文楽の型をベースにして示した。近年では古今亭志ん朝や立川談志が得意にして演じていた。

豊竹屋 （とよたけや）
【種別】　滑稽，長屋，音曲
【あらすじ】　豊竹屋節右衛門は義太夫が大好きで，何でもすぐに節をつけて義太夫にしてしまう。その日も湯に入りながら，義太夫を語っていると，のぼせてひっくり返ってしまった。帰って来て食事をしていても，おかずを題にしてやはり義太夫。するとそこへ，でたらめの口三味線を弾くという浅草三筋町の三味線堀に住んでいる花林胴八が訪れた。早速二人して，まずは「去年の暮の大晦日，米屋と酒屋にせめられ～て～」と節右衛門が語ると，胴八が「てんてこまい，てんてこまい」といったふうに掛け合いがはじまった。「そばに似れどもそばでなく，うどんに似れどもうどんでなく，酢をかけ，蜜かけ，食べるの～は～」「ところてん，かんてん」「それをあんまり食べ過ぎて，お腹を壊して通うのは～」「せっちん，せっちん」。しばらくすると，台所にネズミが現れて，節右衛門の義太夫に続いて「チュチュ，チュチュ」。「節右衛門さんのところのネズミだけあって，よく弾きますなあ」「いやあ，ちょっとかじるだけ」。

【解説】　上方落語で，幼少時に義太夫語りであった六代目三遊亭圓生が得意にしていた。芸事を少しだけ習ってはやめてしまうことを示す「かじる」という言葉がサゲにかかっている。現在は林家正雀や古今亭志ん輔などが演じている。

酉の市 （とりのいち）
【種別】　滑稽，冬
【あらすじ】　仲の良い三人組が暮の酉の市へ出かけた。願い事を祈願して，縁日をひやかして，縁起物の熊手を買うことにするが，大きいものを買うことはできないので，丁度良い大きさの熊手を選ぶと三千円だと言われる。それを千円に負けさせて祝儀も切らずに手締までさせたので喜んでいると，正札に千円と書いてあった。腹が減ってきたので，何か食べたいと話していると，いつも取り巻いてはご馳走になっている若旦那と出会った。若旦那は三人を洋食屋へ連れて行くが，三人は洋食がはじめてなので，ジョッキに入ったビールを飲めば，泡を吹き飛ばし，一口飲んで「これはセンブリだ」と大騒ぎ。そこへカツレツが出てきたのを見て，「今日はお酉様だから，熊手と包丁が出てきた」と，慣れないフォークとナイフを使うので，ナイフで唇を切ってしまった。目の前にあるバターを塗り薬と思ってつけると，今度は染みてくるので，「若旦那，これは何ですか？」「バターだよ」「ああ，馬鹿ですか」。

【解説】　四代目三遊亭圓馬が三代目譲りということで演じていた。四代目圓馬の弟子である橘ノ圓はこのあらすじの後，店の者から熊手について尋ねられたので，「こんなもので福の神が

舞い込みますかね？」「それはするだろう。ご本尊が大鷲(おおとり)，お酉様だ」とサゲていた。現在は橘ノ圓満や桂夏丸などが演じている。

とんちき
【別題】果報の遊客
【種別】滑稽，廓，禁演
【あらすじ】雨が降って，その上，風が吹く日なら，廓もガラガラで女にもてるだろうと，ある男が吉原へ遊びに出かけた。馴染みの女を呼ぶと「お茶を引くところだったからうれしいよ」と言ってくれるが，寿司や刺身を取ったところで「ちょいと行ってくるからね。少し待っていて頂戴」と言って，他の座敷へ行ってしまった。ところが世の中には同じことを考えている男もいて，女が自分のところへやって来て「お茶を引くところだったからうれしいよ」と言ってきたので，「お前はさっき若い衆に呼ばれたときに嬉しい顔をしたじゃないか。その間夫(まぶ)のところへ行ってやれよ」と言うと，「いい人はお前さんの他にないよ。あれは客だけど，お前さんも知ってる人だよ。この間，顔を洗っているところへ，二階から楊枝をくわえて下りてきた，ひげの濃い，熊が着物を着ているような奴がいたろう」「ああ，あのトンチキか」と，安心して盃のやり取りをはじめた。しばらくすると女が，「ちょいと行ってくるから。おとなしく待ってて頂戴」と言って，先の男のところへ。「今晩は客がいねぇってぇから，俺は遊びに来たんだ。いい人でも来てやがるんだろう？」「いい人はお前さんの他にないよ。あれはお前さんの知ってる人だよ。この間，顔を洗いに二階から下りて来たときに，目尻が下がって鼻の穴の広がった，あごの長い奴がいたろう」「ああ，あのトンチキか」。
【解説】初代の三遊亭圓遊が『果報の遊客』という速記を残す他，廓噺を十八番にした初代柳家小せんがこの噺を得意にした。初代金原亭馬の助が演じた他，最近になって立川談之助が演じている。

トンビの夫婦 (とんびのふうふ)
【種別】滑稽，長屋，新作
【あらすじ】長屋に二組の夫婦が暮らしている。左目を腫らしているおたえに，おさとが理由を尋ねると，いつものことで酔っ払って帰ってきた亭主に手を上げられたのだと言う。おさとが「八っつぁんはひどいことをするのねえ」と言うと，「亭主が女房をぶつっていうのは，まだ女房に気がある証拠。こんなことをした後は『すまない』って思うのか，優しくしてくれて簪(かんざし)を買ってきてくれたりするの」と返してきた。亭主にぶたれたことのないおさとが「うちの人はおとなしいのだけが取り柄だ」と言うと，「熊さんのことを怒らせてみたらいいのよ」と提案される。するとそこへ八っつぁんが現れて，「夕べはすまなかった。お詫びのしるしにお前に似合いそうな簪を買ってきた」とおたえに言ってきた。そんな二人の様子を見て，おさとが今日は試しにと，家で亭主の着物を縫いながら，言いがかりをつけるも，当の熊はキセルで煙草を吸うばかりで何を言っても上の空。最後にはおさとの方から手を上げてしまった。喧嘩がはじまったとおたえが覗いてみると，おさとが泣いているので，「喧嘩したんでしょ？」「そうじゃないの」「熊さんがおさとちゃんのことをぶったんでしょ？中で怒ってるんでしょ？」「あの人ったらね，中で今，着物を縫ってんの」。
【解説】四代目桂右女助が三升家勝好といった前座時代に，O・ヘンリーの短編小説『ハーレムの悲劇』に題材を取って落語に仕立てた一席。ここでは右女助による原作からのあらすじを示した。柳亭燕路や春風亭百栄などが高座で演じているが，その場合，ラストで出掛けようとしているおさとにおたえが様子を尋ねると，「あんまり悪いから，へそくりをはたいて，新しいキセルを買ってあげようと思うの」とサゲたり，噺の展開が異なる場合がある。

な

長崎の赤飯（ながさきのこわめし）
【別題】　上方芝居
【種別】　人情
【あらすじ】　日本橋金吹町の質両替商・金田屋金左衛門は、勘当した一人息子の金次郎の行方を気にしているが、女房のところには手紙が届いていることを知る。金次郎は勘当になった後、伊勢で暮らす伯父の弥左衛門に預けられ、弥左衛門が長崎に商用で出掛ける際に同行し、廻船問屋の長者屋の娘お園に見初められて一緒になったという。金左衛門が番頭の久兵衛に相談をし、「父が病気なので戻って来てほしい」と手紙を送ると、それを読んだ金次郎は急いで江戸に戻って来た。ところが父親は元気なので、長崎に戻りたいと口にすると、金左衛門は久兵衛とまたも相談をして、八丁堀岡崎町の町方取締与力である渡辺喜平次の娘・お市と所帯を持たせることにした。長崎にいるお園が書き置きと金次郎の父親からきた手紙を見つけ、途中で悪い男に引っ掛かってはいけないと、物乞いの格好をして江戸にやって来ると、金田屋の店先に現れたお園を見て金左衛門と久兵衛は驚いた。二人は金次郎が亡くなったと伝えるが、落胆するお園の前に金次郎が現れた。金次郎がお園に旅の汚れを落とさせ、新しい着物に着替えさせると、その美しい姿にまたしても驚いてしまう。金左衛門も考えを変えて、お園を嫁にすることを許そうとするが、そこへお市の仲人が現れたので「この話はなかったことに」と告げると、喜平次がお園を連れ去ってしまった。金左衛門が喜平次の家を訪ねると、「お園には関所破りの疑いがあるので取り調べなければならない」と言われるので、金次郎には「お市さんを一旦迎え入れて、家風に合わないと言って追い出せばいい」と提案をする。だが、婚礼の晩に現れた花嫁はお市ではなくお園であった。喜平次は「お園の思いの強いことを知ったが、お園には関所破りの件があるので、我が家の養女として、市の名で嫁入りをさせる。市はかねてからの望みである尼になる。長崎の長者屋には跡取りがいないので、最初の子を跡目にして、当家は金次郎と市で跡を取ってほしい」と言う。月満ちて、お園が生んだ男子に金太郎と名付けて長者屋を継がせ、初節句に人形を買って送ると、長崎からお返しに赤飯が届いた。
【解説】　古くから演じられている上方落語で、明治期に活躍し、おもちゃ屋の馬生と呼ばれた五代目金原亭馬生（1864～1946）から六代目三遊亭圓生が受け継ぎ、生前は独壇場としており、弟子の三遊亭圓窓などに引き継がれた。また噺が長いので、圓生はお園が江戸の金田屋にやって来て、突然現れた金次郎にすがりついたところで、「放したい（話したい）けれど、あんまり長うなるによって、また今度ゆっくり話します」などと前半で切ることも多かった。サゲは江戸の古い慣用表現で、突拍子もないことを言うと「長崎から赤飯が来る」としたものから来ている。また一方で、四代目橘家圓喬や初代三遊亭圓右が演じていた『上方芝居』という噺があり、こちらはお園が上方の芸者で、上京をすると若旦那が死んだと聞いて墓参りに行くと、案内をする小僧が困って「どれでもよいのを選んで下さい」と『お見立て』と同種のサゲを付けたもので、こちらは八代目林家正蔵が演じていた。

菜刀息子（ながたんむすこ）
【別題】　弱法師（よろぼし）
【種別】　人情
【あらすじ】　父親が息子を呼びつけて、「私が誂えて来いと言ったのは裁ち庖丁で、お前が誂えてきたのは菜や大根を切る菜刀（ながたん）だ」と叱ると、母親はそれをかばうが、父親は返事もまともにできない息子に「根性を持て、家を出て世間を見て来い」と言いつける。しばらくすると

息子の姿が見えなくなり，心当たりのところを探しても見つからなかった。早いもので一年が過ぎ去り，息子は亡きものと思い，仏壇に手を合わせて毎日を過ごしているが，彼岸の中日に天王寺の参道を歩いていると，乞食が物乞いをしているのを見掛けた。銭を上げようとして近づくと，「ながなが患いまして難渋を致しております」と口上を述べる乞食の横で，気が弱いのか何も言わずに座っている者がいる。その顔をよく見ると，一年前に家を出て行った息子の俊蔵であった。母親がそのことを父親に告げると，息子のそばへやって来るが「人違いだ，帰るぞ」と言う。「自分のおなかを痛めて生んだ息子の顔を見間違える母親はいない」と返すと，「年を取ってからの一人息子だ。目の中へ入れても痛くはない。早く帰って来いと言いたいが，これまでの可愛がりようが息子をこのざまにしたのだ。一生面倒を見てあげられる訳でもないので，若いうちにひと苦労させてやるのがあいつのためだ」と母親に告げる。父親は近くで売っている団子を買い，それを母親に渡して「これを息子へやって来い。ただやるんじゃない。芸を買ってあげなさい」と言う。母親は息子の前に立ち，「あなたもおこもさんなら，他人様にものを貰ったときに言うことがあるでしょう。はっきりと大きな声で言いなさい」と声を掛けると，お辞儀をしていた息子が明るく大きな声で「菜刀誂えまして難渋を致しております（ながなが患いまして難渋を致しております）」。

【解説】 別題を『弱法師』と言うように，父親である通俊に家を追い出されてしまった俊徳丸が，悲しみのあまり盲目となり，乞食坊主として暮らすことになる。そしてそのヨロヨロとした様子から「弱法師」と呼ばれ，天王寺を訪れた際に父親と再会するという，謡曲の『弱法師』に原話が求められる。噺の途中で，行方不明となった息子を探すも，行方知れずのまま時間ばかりが過ぎていく様子を，一日の間にやって来る物売りの声と，季節の物売りの声を差し挟むことで，感じ取ることができるのが一つの聴きどころである。東京では四代目桂米団治の速記で覚え直したという二代目桂小南が演じており，小南の噺を多く受け継いだ春風亭華柳や，小南の弟子である桂小南治が演じている。

中村仲蔵 （なかむらなかぞう）

【種別】 人情，芝居

【あらすじ】 苦労の末に名題に昇進をして，屋号を栄屋，俳名を秀鶴とした中村仲蔵が，中村座でかかる『忠臣蔵』でもらった役が，五段目の定九郎たったひと役。弁当幕といって，ちょうど食事の時間に演じられる誰も見ていないような場面だけに，元々その役は名題下の役者が務める役であった。仲蔵は怒りを覚えるが，女房から「今までにないような定九郎を演じてもらいたいのでは」と意見をされたので，何とか工夫を施したいと，柳島の妙見様へ七日間の願掛けをした。その満願の日，参詣の帰りに雨に降られ，一軒のそば屋へ入って雨宿りをしていると，そこへ色の白い，年は三十を出た位の浪人風のいい男が黒羽二重の紋付に茶献上の帯，大小を摑み差しにして尻っ端折り，破れた蛇の目を半開きにして入って来た。仲蔵は「これだ」と思い，その格好で初日の花道に現れ，傘を開いて見得を切った。観客はその出来の良さにただ息をのむばかり。与市兵衛との立ち回りを経て，奪った財布を口にくわえて，刀を拭きながら顔を上げても，見物客はうなるばかり。勘平の放つ鉄砲の音とともに，口の中に含んでおいた蘇芳紅を血の如くにあふれさせても，まだ客はうなっている。だが仲蔵はすっかり芝居をしくじったものと勘違いをし，今日あったことを女房に話して，江戸にはいられないから上方にでも行こうと用意をしはじめた。すると師匠である中村伝九郎の使いが現れたので，師匠の前にやって来ると，普段やかましい師匠から工夫を褒められ，大事にしていた煙草入れをもらった。それを女房に話しながら，「これもお前のおかげだ。かかあ大明神だ」と言って手を合わせると，「なんだねこの人は，やり損ったから上方へ行くって言ったり，帰って来たらあたしを拝んだりして。煙に巻かれるよ」「煙に巻かれる？ もらったのが煙草入れだ」。

【解説】 後に名人と呼ばれる初代中村仲蔵の出世談で，三代目中村仲蔵が著した『手前味噌』

にその苦心談が見て取れる。サゲは八代目林家正蔵のもので，十代目金原亭馬生や古今亭志ん朝，五代目三遊亭圓楽もこの型で演じた。六代目三遊亭圓生は，仲蔵と芝居作家の金井某との芸の上での確執から，仲蔵が定九郎役を振られたとし，最後に褒められた仲蔵が「やり損なったと思い，死のうと思ってました」「馬鹿なことを言うな，お前を仏にできるか。役者の神様だ」というサゲで演じた。

長持（ながもち）

【種別】　滑稽，長屋，艶笑

【あらすじ】　辰と半公が親方の家へ喧嘩の仲裁のお礼にやって来た。するとそこへ町内の若旦那が一人の女性を連れて訪ねてきた。何でも堅気同士が待合へ行く訳にもいかないから，座敷を貸してもらいたいというのだ。親方は引き受け，辰と半公を帰そうとするが，堅気の若者の痴話話を聞いてみたいと言い，そばにあった長持の中に隠れて覗き見することにした。ところが若旦那とお嬢さんが悩ましい様子を見せるので，二人は興奮して長持を倒して，外に飛び出てしまった。若旦那とお嬢さんが慌てて逃げたので，親方は辰と半公に小言を言い，「若旦那とお嬢さんはいい縁だと思っていたが，こういう邪魔が入っては，この縁も長持ちはしねぇな」「それは大丈夫だ。長持がないくらいなら，こんなことにはなりませんでした」。

【解説】　元々上方の艶笑落語で，辰と半公（八っつぁんと熊さん）が長持から出て，それを担いで外へ逃げ出す。あとで親方に小言を言われ，「この縁も長持ちはしねぇな」「長持は横町へ放ってきました」とサゲる。ここでは艶笑落語の型ではなく，三代目三遊亭小圓朝が演じた型を記した。

長屋の花見（ながやのはなみ）

【別題】　貧乏花見

【種別】　滑稽，長屋，春

【あらすじ】　ある貧乏長屋に暮らす連中が，大家が呼んでいると聞いて，家賃の催促ではないかとビクビクしながら訪れると，大家は季節もいいのでみんなで上野の山に花見に行こうと言い出す。酒と玉子焼きと蒲鉾も用意しているというので，それを聞いた長屋の連中は喜ぶも，実は酒は番茶を煮出して水で割ったもので，玉子焼きは沢庵，蒲鉾は大根の漬物と言われがっかり。毛氈代わりの筵を持って，みんなして上野の山へ出掛けるが，宴が始まっても珍妙なやり取りばかりで，番茶に沢庵ではちっとも花見の雰囲気が出ない。すると大家の指示で酒に酔ったふりをした男が「大家さん，近々長屋にいいことが起こりますよ」「そんなことが分かるのかい」「酒柱が立ちました」。

【解説】　元々上方で『貧乏花見』といった噺を，明治・大正期に活躍した三代目蝶花楼馬楽が東京へ移したとされる。噺の中で詠まれる「長屋中歯を食いしばる花見かな」はその馬楽の作と言われている。このあと，酒に模した茶ばかりを飲ませられる男の気分が悪くなり，「この間，井戸へ落っこちたときのような気持ちだ」でサゲる場合もあるが，最近ではあらすじで記したようなサゲで噺を終えることが多い。本来はさらに先もあり，長屋の連中が偽の喧嘩をはじめ，周囲の人達が逃げたのをいいことに，残していった酒と肴で酒盛りをはじめる。するとそれを見ていた幇間が酒樽を手にして怒鳴り込んでくる。ところが本物の酒が入った男達の剣幕は物凄く，幇間に「その手は何だ」「酒のお代わりを持ってきました」となる。江戸時代には上野の山での花見は禁じられていたという資料も見られることから，上野以外に

『長屋の花見』を得意にした三代目蝶花楼馬楽の「馬楽地蔵」（谷中・浄妙院）

舞台を置き換える形もあるが，飲酒や歌舞音曲を伴っての宴が禁じられていたことと，前出の馬楽が明治以降に東京へ移行し，その速記も残ることから，ここでは舞台設定を上野とした。

泣き塩（なきしお）
【種別】 滑稽，武家
【あらすじ】 娘が武士を往来で呼び止めて手紙を読んでくれとお願いをした。親が病気なので心配をしていると言うと，武士が「悔しい，無念だ，あきらめろ」と言う。娘が泣き出したところにやって来たのが焼き塩屋の爺さんで一緒に泣き出した。するとそこに現れた男が手紙を読んでみると，母親の病気も治り，許嫁と近く婚礼をあげることになったので，国に帰って来いという内容であった。それを知った武士が言うには，生まれついての学問嫌いで読み書きを習わなかった。だから手紙を読めないことを「悔しい，無念だ」としたと言うのだ。あとは焼き塩屋の爺さんが何故泣いているのかを尋ねると，「私の商売がそうなんです。泣き（焼き）塩ォ」。
【解説】 初代三遊亭圓右が得意にし，五代目古今亭志ん生も演じた。近年でも古今亭の一門にある落語家が演じることがある。

ナースコール
【種別】 滑稽，新作
【あらすじ】 毎日夜勤続きで疲れている先輩看護師に，気合いを入れて頑張りなさいと言われた新人看護師のみどりは，コーヒーを入れてと言われれば，検尿カップに入れてきたりと，おかしな言動ばかり。そんなみどりはテレビドラマの『白い巨塔』を見て手術に憧れて看護師になったというが，先輩から医師でなければ手術はできないと言われてがっかり。ナースコールのチェックを忘れないようにと言われると，早速，コールが鳴り響いた。204号室の吉田さんからのコールだが，先輩は「助平だから」と行きたがらないので，みどりが行くことにする。吉田さんは，体中が痛いと言えば，みどりが体を揉んでくれ，爪を切れと言えば切ってくれたりと，自分の願いを何でも聞いてくれるので喜んで，何でもごちそうをしてやると，見舞いにもらった大福をみどりにあげる。糖尿病で食べることができない吉田さんにもみどりが無理矢理食べさせると，のどに詰まらせてしまった。「早くナースコールを！」と言うと，みどりが線を切ってしまい，「緊急オペをはじめます」と言って，近くのはさみを持ち出した。そこへ婦長が飛び込んできて，「あやうく死ぬところだった」と吉田さんに言われたので，「何でみどりちゃん，そんなことをするんですか？」「だって，吉田さんの命を助けなきゃと思って…，だって私，白衣の天使だもの」。すると吉田さんが「なに，天使だったのか？ 道理でわしを天国へ連れていこうとした訳だ」。
【解説】 三遊亭白鳥による新作落語。作者である白鳥の他，メインの登場人物が女性2人であることから，柳亭こみち，三遊亭粋歌，立川こはるといった女性落語家が演じている。

茄子娘（なすむすめ）
【種別】 滑稽，夏
【あらすじ】 東海道は戸塚の宿から一里ばかり入った鎌倉山の山あいにある曹源寺の和尚は，ナスが大好きで「大きくなったら私の菜にしてやる」と声をかけながら大事に栽培をしている。ある日，和尚のところに一人の娘が「私はナスの精でございます。妻にしてやると言ったのでやってきました」と言って現れた。和尚は肩などを揉ませているうちに契りを結んでしまったことを深く反省し，さらなる修行のために旅に出た。しばらく振りに寺に帰って来ると，小さな女の子が「お父様」と言ってすがりついてきた。「私は出家の身，子供などあろう道理がない」と言うと，「私はナスの子です」「ここはいつからか無住の寺。そなた，今日まで誰に育ててもらったのだ？ なに，一人で大きくなった。ああ，親はナスとも子は育つ」。
【解説】 九代目入船亭扇橋がよく演じていた噺で，今はその一門などが継承している。『今昔物語集』に収載の「都から東方に下る男が，道中で急に性欲がおこり」という話が原話と思われる。

納豆や （なっとうや）

【種別】　滑稽，新作

【あらすじ】　毎日ブラブラしている男が，伯父さんのところへやって来て，何か金儲けはないかと言い出す。商売を勧めるにも，資本金はないし，夢物語ばかりを話すので，伯父さんは納豆を売ってこいと言う。納豆売りのコツを教わって，売り歩きに行くと，おかしなことを言ったりするので，まったく売れない。友人に会ったので，その家に行くと，そこに居候をしている友達がいて，「残った納豆はみんな持って来い。こいつに食わせるから」と言われ，その言葉に甘えて，残り物を毎日持っていくことにする。ところがそれがずっと続いたので，居候が病気になってしまった。何でも納豆の食べ過ぎで，口の中はネチャネチャするし，体中がベトベトするというのだ。「薬を飲ませるから水を一杯」「薬は今，飲んだばかりです」「医者の薬なんざぁ効きません。原因が納豆ですからカラシが効くでしょう」。

【解説】　柳家金語楼（有崎勉）が昭和7年（1932）につくった噺。落語芸術協会で活躍した三遊亭右女助が演じ，現在では十一代目桂文治が寄席などで演じている。金語楼の速記では，友人のところにいる居候が「俺はこのまま納豆のために，たとえ一命終ろうとも，君はあとに永らえて，わが亡きあとは一遍の回向を頼む。さらばだ」「おい，しっかりしろ。正気のつくように唐辛子水でも飲ましてやろうか？」「いいや，カラシがいい」としてある。

夏どろ （なつどろ）

【別題】　置どろ／打飼盗人（うちがいぬすっと）

【種別】　滑稽，長屋，夏

【あらすじ】　泥棒が夏の夜に，裏長屋の家に盗みに入った。ところが持って行くものが何もない上に，そこで暮らす男に「何か出せ」と言うと，博打で取られて何もないから殺してくれと逆に脅されてしまう。しかも質に入っている道具箱の五円とその利息，同じく質入れをしている着物，半纏（はんてん），腹掛け，股引（ももひき）の代金，米代におかず代…と，有り金をすべて巻き上げられてしまった。泥棒がその家を去ると，「おおい，泥棒」「あんなに銭をやったのに泥棒とはなんだ」「お前の名前が分からないからよ」「で，なんだ？」「来月，また来てくれ」。

【解説】　サゲは「お前の名前が分からないから」で終える場合もあれば，「今度は晦日に来てくれ」というパターンや「陽気の変わり目にまた来てくれ」。また泥棒から煙草をもらい，忘れていった煙草入れを帰そうと泥棒を呼び止めて「煙草入れが落ちていた」といったものもある。原話は安永8年（1779）『気の薬』の「貧乏者」にある。上方では『打飼盗人』といい，「打飼」とは細長い胴巻きの金銭を入れる袋のこと。東京では落語協会では『夏どろ』，落語芸術協会では『置どろ』と呼ぶことが多い。

夏の医者 （なつのいしゃ）

【種別】　滑稽，夏

【あらすじ】　父親が病気になり，息子が隣村の玄伯という医者を呼びに行った。薬籠を持って二人が出発し，山越えの方が近道なので進んでいくと，夏の暑い時分だけに頂上まで来たときには汗だくに。そこで休憩を取って，再び出発しようとしたときに，突然目の前が真っ暗になってしまった。どうやらうわばみに呑まれてしまったらしく，このままではやがて溶けてしまうので，玄伯が薬籠の中から下剤の大黄を腹の中でばらまいた。するとうわばみが苦しみ出し，二人は尻の穴から外へ放り出された。逃げるように家にたどり着くと，父親は萵苣（キク科の野菜でレタスやサラダ菜もこの一種）を食べ過ぎたことによる食あたりであることが分かり，「夏の萵苣は腹にさわることがあるが，薬を飲めば治る」といって薬を調合しようとすると，どうやら薬籠をうわばみの腹の中に忘れてきたらしい。玄伯が山に戻り，ぐったりとしているうわばみに，「あんたに呑まれた医者だがな，腹ん中へ忘れ物をしただ。もういっぺん呑んでもれえてえがな」「もういやだ。夏の医者は腹へさわる」。

【解説】　原話は安永5年（1776）『立春噺大集』の「医者の才覚」にある。四代目橘家圓蔵から六代目三遊亭圓生に伝わった。のんびりとした

田舎の風景を描いた牧歌的な落語である。

七草（ななくさ）
【種別】 滑稽，廓，春
【あらすじ】 正月の七日に食べる「七草粥」は，まな板に七草を置いて，「七草なずな，唐土の鳥が，日本の土地に，届かぬ先に，トントンパタリトンパタリ，オテテッテッテ」と囃子に合わせて，柄杓や箸などで叩いて，以前はつくった。吉原の七越という花魁は器量も良くて芸達者。ところがつまみ食いの癖があるので客がつかない。御内所から意見をされて我慢をしていたが，七草の日につい昔の癖が出て，ホウボウをつまんだところ，小骨が喉に刺さってしまった。すると客が箸で七越の背中を叩きながら「七越泣くな，ホウボウの骨が，刺さらぬ先に，二本の箸で，トントンパタリトンパタリ」とやると，七越が「イテテッテッテ」。

【解説】 小噺を延ばしたような落語で，正月限定のネタといってもいい噺。二代目三遊亭円歌が演じ，現在では三遊亭金馬が正月の寄席で聴かせてくれる。

鍋草履（なべぞうり）
【種別】 滑稽，芝居
【あらすじ】 ある芝居小屋で若い衆が幕が終わってから注文の鍋を持って行こうと，階段に鍋を置いて待っていた。すると，二階の客が階段を下りてきて，鍋があるのを知らずに，片足を突っ込んでしまった。怒る客を先輩の若い衆がなだめ，鍋を注文した客は気が短いし，何も知らないのだからそのまま出せと命じる。待ちくたびれた客が鍋を食べると，豆腐は崩れているし，時々ジャリッとしたり，硬くてかみ切れないものも入っている。そこへ二階の男が現れたので，若い衆が「今，あなたに来られると困る

四代目三遊亭金馬が育てた新作落語

コメディ番組「お笑い三人組」（NHK，昭和30年（1955）～41年（1966））の酒屋の金ちゃん役でその名を売った四代目三遊亭金馬（当時・小金馬）が，同じ時期に桂米丸や三遊亭圓歌（当時・歌奴），三遊亭圓右，春風亭柳昇，林家三平とともに開いていた「創作落語会」で発表した作品で，現在では三遊亭吉窓や桂文雀，春風亭ぴっかりなどが継承している新作落語がある。

その第1回の落語会で演じたのが『病を楽しむ男』（名和青朗・作）で，内容は病気自慢をする2人の男がどちらの具合がより悪いのかを競い合い，しまいには女房を介して電話で危篤だ，死んだ，葬式だとやり取りを続け，最後に「女房にせがまれて金欠病になる」といった落語。

同じ落語会では，逃げようとした泥棒がお婆さんを突き飛ばすと，車に轢かれそうだったのを助けたと表彰される。ところが表彰されるなんて泥棒の恥だからと，悪さを思いつくが，全部裏目に出てしまい，次々に表彰の対象になり，兄貴分に「表彰状には金一封がつくらしいから寄付でもしようか」「寄付はいけない。また表彰される」という『表彰状』（大野桂・作）も演じた。

また，他にも網走刑務所の脱獄囚が民家に侵入するとお産の最中で，産婆に怒られた挙句にお産の手伝いをさせられる。改心した男は自首をすると言い，産婆に「お勤めが済んで出所するときは迎えに来てくれ。真人間になって生まれ変わってくるから。そんときはあんたに取り上げてもらいたい」という『子なさせ地蔵』（大野桂・作）などがある。

ので，向こうに行ってて下さい」「俺は忘れものを取りに来たんだ」「何を忘れたんですか」「鍋の中へ草履を忘れたんだ」。
【解説】　江戸時代の演目記録に『本能寺』という題で見ることができ，六代目桂文治の速記が残る。初代三遊亭圓右が演じていたものを桂歌丸が復活させたという。他に古今亭菊之丞が演じている。

生兵法（なまびょうほう）
【別題】　胸肋鼠（きょうろくねずみ）
【種別】　滑稽
【あらすじ】　剣術に凝っている若旦那が往来で声を掛けられ，何かあると「免許皆伝だ」と自慢ばかり。奥義を見せてやると言って，鉄扇を隠してみせようとするがうまくいかなかったり，二本の指ではどいてやるから胸倉をつかんでみろと言っても，インチキと失敗ばかり。すると男がネズミを持っていたので，一度殺してみて，息を吹き返させようとする。ところがネズミの肋骨三枚目の胸肋に活を入れても生き返らずに，しまいには握りつぶしてしまった。「目が飛び出しちゃったなあ」「心配するな，来年になれば新芽が出る」。
【解説】　幇間の一八が若旦那の剣術の相手となって気絶させられようとするのを嫌がり，持っていたネズミにそれを仕掛けたら死んでしまったので，「このネズミは眠たいのだろう」といった展開もあるが，ここでは現在でも聴くことの多い八代目春風亭柳枝型を示した。圓生一門が演じるときには，本題である『胸肋鼠』とすることが多い。寛政9年（1797）『詞葉の花』の「あて身」に原話が求められる。柳家小袁治が寄席でよく演じている。

なめる
【別題】　重ね菊／菊重ね
【種別】　滑稽，艶笑
【あらすじ】　猿若町の芝居小屋にやってきた八五郎が席を探していると，ある屋敷のお嬢さんとお付の女性から，桟敷で一緒に観て，自分達の代わりに芝居を褒めてほしいと言われ，さらに食事までご馳走になった。お嬢さんが業平で暮らしていると聞いて，お送りしましょうと家までやって来ると，泊まって行ってくれと言われる。家に上がり，差し向かいで酒を飲み始め，酔いが回ったところで，お嬢さんからお願いがあると言われた。それは「お乳の下におできが出来ていますので，それを舐めていただけませんか」というもの。嫌がる素振りをみせると無理矢理引き寄せられて舐めさせられた。今日はこのまま泊まっていくと言うと，家の戸を叩く音がして，酒乱のおじさんがやって来たと言うので逃げ出した。翌日，友達を連れて業平にやって来ると女の家が空き家になっている。隣の主人に聞くと，「お嬢さんにはおできがあって，どの医者でも治すことができず，ある易者にみてもらうと，四つ上の男に舐めてもらえれば治ると言われたので，探していたら芝居小屋で該当する男を見つけることができた。その男が再びやって来たら困るので，昨日のうちに引っ越してしまった。あれでお嬢さんは治るだろうが，舐めた男は毒が回って七日と持たないだろう」と言うので，八五郎はひっくり返ってしまった。連れの男が呼び掛けて，気付け薬の宝丹を舐めさせようとすると，「もう舐めるのは懲りた…」。
【解説】　原話は元禄4年（1691）『露がはなし』の「疱瘡の養生」に見られる。芝居小屋で出会った男を家から追い出す趣向は『転宅』と似ている。なお，噺に登場する宝丹は江戸期に発売された気つけ薬で，現在も胃もたれや胸やけに効く薬として上野「守田宝丹」という店で販売をしている。

奈良名所（ならめいしょ）
【種別】　滑稽，旅
【あらすじ】　気の合った江戸の二人連れが京大坂を見物して奈良まで足を伸ばした。奈良の宿屋町に入ると，客引きがうるさいので「定宿がある」といって断る。「定宿，定宿と言いますが，この先に宿はありません。定宿はどちらですか？」と尋ねられたので，「春日屋」と答えると，「春日屋は私どもでございます」と言われたので，宿を取ることにした。翌日は案内人を雇って奈良見物。「わたくしがこれから奈良

の名所古跡をご案内させていただきます。まず高みにございますのは，西国は三十三所第九番目の札所，南圓堂。ご本尊は三面八臂不空羂索観世音菩薩が祀ってございます。ご詠歌が〈春の日は南圓堂に輝きて　三笠の山に晴るる薄雲〉。これは藤原冬嗣という人のご建立で〈補陀落の南の岸に堂建てて　今ぞ栄えん北の藤波〉というのがそのときのお歌でございます。北に北圓堂，西に三重塔。東へ参りますと花の末に五重塔。これが大湯屋でございます。この興福寺の境内は昔は随分と立派なお堂が沢山ございましたそうでございます。それから〈いにしへの奈良の都の八重桜　今日九重に匂ひぬるかな〉。これは百人一首のうちの伊勢大輔のお歌でございます。その八重桜を北へとりまして，こちらが東大寺，奈良一番の大きなお寺でございます。南大門という仁王門。東の方の仁王さんが湛慶の作で，西の方の仁王さんが運慶の作で，これはなかなか名高いものでございます。正面が大仏様でございます。お身の丈が五十六尺五寸ございます。鼻から傘をきて入れるそうでございます。昔，鼻から傘をきて入って落ちた人があります。カサが鼻へ回りますと，大抵落ちるものでございます。裏へ参りますと，大釣鐘でございます。厚さが八寸三分ございます。いっぺん突くのが一銭でございます。こないだいっぺん付いて十円で釣りをくれえと言ったら，「そんな大きな釣りがねえ」と言ったそうでございます。こちらが四月堂，三月堂，若狭の呼び水の井戸，鵜の社，良弁杉。こちらが二月堂でございます。二月堂のご本尊は十一面観世音菩薩でございまして，御身体にぬくみがあるというので肉身の像と申します。こちらが手向山の八幡様でございます。菅家に〈このたびはぬさもとりあへず手向山　紅葉の錦神のまにまに〉。紅葉が一面に植わってござ

います。こちらが若草山でございます。山が三重になっているので三笠山と申します。真ん中に碑が建ってございます。〈奈良七重七堂伽藍八重桜〉。これは芭蕉の句でございます。こちらが三条小鍛冶宗近の刀屋でございます。さあさあどうぞこちらへ。こちらが春日様でございます。灯籠が沢山ございます。春日様は灯籠の数と鹿の数を読んだ者は長者にしてやると仰るそうでございますが，灯籠の数は暇に任せて読んだら分かりますが，鹿の数はなかなか読めません。みんな同じような顔をしていて目印がないので，しかと分からんそうでございます。春日様には賽銭箱がございません。わしに賽銭をくれるより，鹿に煎餅の一枚も買うてやってくれというのが，春日様のご誓願やそうでございます。放した鹿は可愛がってやれ，噺家は可愛がってやれと仰ったそうでございます。こちらが若宮様走り元の大黒，白藤の滝，十三鐘，これが有名な猿沢の池でございます。この池は魚が半分水が半分，深さは竜宮まで届いてあるそうでございます。鶯の滝，大杉三本杉とくまなく見物を致しまして，二人はすっかりくたびれました。案内者も疲れました。それではみなさんさようなら…」。

【解説】　上方落語『東の旅（伊勢参宮神乃賑）』の一節。上方で演じられることも少なく，『東の旅』として演じられる場合は，ここで取り上げたように，案内人が細かく奈良の町を紹介することはなく，『猿後家』の中で奈良見物を紹介する際の言い立てに近い，短かい形が取られる。ここでは二代目三遊亭百生が残した音をベースに起こした。現在では柳家小満んが演じている。なお，『大仏餅』のマクラに付すことがある「目から鼻へ抜けた」という小噺も『奈良名所』と呼ぶことがあるが，本書ではその噺は『大仏の眼』という題で紹介した。

二階ぞめき（にかいぞめき）

【種別】　滑稽，廓，禁演

【あらすじ】　ある大店の若旦那は吉原通いに夢中なので，父親が勘当をすると言い出す。番頭が間に入り，若旦那に話を聞くと，吉原の雰囲気が好きで，毎晩冷かして歩くのが好きなのだと言う。そこで番頭は店の二階を張り見世の並ぶ吉原そっくりにつくり，冷やかしができるようにした。若旦那が身なりを整えて，いつものように頬かむりをして二階に上がると，その出来栄えに大満足。鼻歌交じりに冷やかしはじめるが，他に人がいないので，人のいなくなった大引け（午前二時ごろ）過ぎの心持ちで，呼び込みをする若い衆の役も一人でこなして遊びはじめる。するとある店の花魁と店へ上がる上がらないで喧嘩をはじめ，その仲裁に入った妓夫とも殴り合いになり，「さあ殺せ！」と大声を出すので，階下にいる大旦那が小僧を呼び，二階に「大きな声を立てるんじゃない」と言いに行かせる。一人で喧嘩をしている若旦那に小僧が声を掛けると，「なんだ長吉かい，悪いとこで会ったなあ。家へ帰っても，ここで会ったことは親父に黙っててくんねえ」。

【解説】　演題にある「ぞめき（騒き）」とは「浮かれ騒ぐ」ことが転じて，「遊廓や夜店などを冷やかして歩く」という意味。若旦那は現在でいう「エア吉原」で遊んでいることになる。古今亭志ん生の独壇場で，その後は五代目立川談志が得意とし，現在では柳家花緑や古今亭菊志んが個々のクスグリを盛り込んで演じている。三代目柳家小さんが東京へ移したとされるが，延享４年（1747）『軽口花咲顔』の「二階の遊興」や江戸小噺を集めた天明８年（1788）『千年草』の「二階牢」などに同種の噺を見ることができる。

錦の袈裟（にしきのけさ）

【別題】　ちん輪／袈裟茶屋

【種別】　滑稽，長屋，廓，禁演

【あらすじ】　隣町の若い連中が，吉原で緋縮緬の長襦袢の揃いで遊んで，その帰り際に「隣町の連中にはこんなに派手な遊びはできないだろう」と言って帰っていったという噂を聞き，自分達もそれに負けない遊びをしようと相談をした。そこで錦を褌にして，みんなで総踊りをしようということに決まった。ところが当てにしている錦では与太郎の分が足りないので，遊びのことではあるが与太郎が女房に相談をしたところ，寺へ行って，錦の袈裟を借りてくることになった。ただし褌にするから貸してくれと言っては貸してくれないから，「親戚の倅に狐が憑きました。ありがたい和尚様の錦の袈裟を掛けると治ると言うのでお貸し下さい」と女房に教えられた。和尚はそういうことならと貸してくれるが，必ず明日の朝に返してくれと言うので，寺をしくじるようなことはしないと約束をして借りてきた。いざ吉原で遊びをはじめると，予想通りに盛り上がったが，店の方では大名の隠れ遊びと勘違いをする。しかも与太郎だけ袈裟についている輪をつけたままの褌をしているので，「あれは小用を足すときに手を使わずに輪に通してするものだから，あれが殿様に違いない」と思われてしまった。一夜明けるとみんなは女が来ないと不満を言いながら起きてきたが，与太郎だけ起きてこないので部屋に行ってみると，女と一緒に寝ている。与太郎を起すと，女は「下がれ家来ども。輪なし野郎」と言って与太郎のことを放さないので，そのまま置いて帰ろうとすると，与太郎が一緒に帰ると言う。すると女が「主はどうしても今朝は帰しませんよ」「袈裟ァ返さねぇ。お寺をしくじる…」。

【解説】　古くはそのまま『ちん輪』という演題で，禁演落語に選ばれたときにもその題で名を連ねた。上方では『袈裟茶屋』と呼んでいる。

二十四孝（にじゅうしこう）

【種別】　滑稽，長屋

【あらすじ】 日頃から乱暴者の男に親孝行をさせようと、家主が唐国の二十四孝の話をして聞かせた。秦の王祥は冬に母親が鯉を食べたいと言うので、裏の池に行ったが厚い氷が張っていて鯉が獲れない。そこで着物を脱いで氷の上に腹這いになると、氷が溶けてそこから一匹の鯉が跳ね上がったのでそれを食べさせた。また孟宗という人は冬に母親が筍を食べたいというので竹藪に行ったが筍はない。母の願いが叶えられないと落涙をすると、そこから筍が二本生えてきた。呉猛という人は貧乏で蚊帳が買えないので、母親が蚊に食われないようにと、自分の身体に酒を吹き付けて、蚊をわが身に集めようとしたが、天の感ずるところで一匹の蚊も出て来なかった。これを聞いた男は家に帰ると、早速真似をしようとするが、母親は筍は硬くて食べられないとか、生臭い魚は嫌いだとか言うので、それならば蚊に食われないようにしてやろうと酒を買ってくる。身体に吹きつけるよりも、飲んだ方が効果があるだろうと、飲み始めると酔っ払って寝てしまった。翌朝、母親に起こされると、蚊の食った跡がないので「酒を飲んで寝たが蚊が一匹も来なかった」と喜んでいると、母親が「何を言ってやがる、私が夜っぴて扇いでいたんだ」。

【解説】 原話は安永9年（1780）『初登』の「不孝」。親孝行を聞かせる件は、他に黄金の釜を掘り出した郭巨の話や、雷が嫌いだった母親の墓を身をもって守った王裒の話などがあり、演者によってその組み合わせが変わることがある。二十四孝は、中国で親孝行であったという24人のことで、虞舜、漢の文帝、曾参、閔損、仲由、董永、剡子、江革、陸績、唐夫人、呉猛、王祥、郭巨、楊香、朱寿昌、庾黔婁、老莱子、蔡順、黄香、姜詩、王裒、丁蘭、孟宗、黄庭堅を指す。六代目三遊亭圓生や三代目三遊亭金馬が演じた他、近年では十代目桂文治がよく演じていた。

にせ金 （にせきん）
【別題】 にせ金使い／酒の癖
【種別】 滑稽、禁演
【あらすじ】 大酒飲みの旦那のところへ、道具屋の金兵衛が書画の残金三円を取りに来た。酔っ払った旦那が金兵衛を褒めちぎるので、金兵衛は「旦那様のためなら命でもなんでも差し上げます」と口にする。すると旦那が早速「頼みがある。お前の睾丸は大きいと聞くので、切り取って五十円で売ってもらいたい」と言い出した。何でも「仲間で珍しいものを見せ合う会を開くので、それを持って行きたい」と言うのだ。金兵衛は驚くが「明日の朝、切って持ってまいります」と約束をする。翌朝、旦那が目を覚まし、昨日のことをすっかり忘れてしまっているところへ、青い顔をした金兵衛が「約束通り、睾丸を切って持参しました」と言ってやって来た。「そんなことを言ったか」と旦那は言うが、仕方なしに五十円と治療費を払うことにする。旦那は酒断ちを誓って、金兵衛の置いていったものを見ると、確かに立派なものであるが、よく見るとそれは蛸の頭を二つ茹でたものであった。旦那は大変怒り、金兵衛はお召し捕りになり、「にせ金使い」ということでお仕置きとなった…。

【解説】 にせの睾丸（きん）と贋金をかけたサゲであり、江戸時代には贋金づくりと贋金使いは重刑であったことがサゲへと掛かっている。原話は『古今著聞集』などにも見られるが、現行に近いものとしては、文化4年（1807）の『挼古於当世（あごおとせ）』の「大金のまね」に見られる。禽語楼小さんによる『酒の癖』という速記が残り、近年では六代目三遊亭圓生や三代目三遊亭小圓朝が演じ、現在では柳家喜多八や瀧川鯉朝などが演じている。

二丁ろうそく （にちょうろうそく）
【種別】 滑稽
【あらすじ】 屋号をしわい屋、名前を吝兵衛（けちべえ）という大店の旦那は、名前の通りに大変なケチで、女房なんて金を使うものと独身を貫いていた。ところが親戚から嫁を持たなければ、今後一切の付き合いをしないと言われたので、所帯を持つことにした。普段から用心はしていたものの、ある寒い夜に女房と一緒に寝たのをきっかけに、女房のお腹が大きくなってきた。出産となると入費がかかると心配をしていると、番

頭の提案で女房を実家に帰すことにした。無事に子供が生まれ、お七夜の宴を開くということで咎兵衛も招待され、ご馳走も出ると聞いたので、一人じゃ勿体ないと小僧の定吉を連れていくことにするが、「お重を二つ用意をして、お前はたっぷり食べて、他人が残したものをこれに入れてくるんだ。帰りは遅くなるだろうから、提灯を持っていきな。ただしロウソクは要らないよ。帰りに私が『提灯に火をつけろ』と言うから、お前がそのときに涙声で『ロウソクを入れてくるのを忘れました』と言え、そうすれば向こうでかけ替え分と合わせて二丁のロウソクを入れてくれるから」と知恵をつけて出掛けることにした。先方へ行ってご馳走になり、重箱に料理を詰め込んだので、いざ帰ろうと定吉に「提灯に火を入れろ」と声を掛けると、定吉が泣きながら「旦那、大変なことをしました」「どうした？ ロウソクを忘れて来たのか？」「いいえ、ロウソクを二丁持って、提灯を忘れてきました」。

【解説】『味噌蔵』を途中から切り離して、一席物としたとされるので、噺の途中までは筋立てが同じである。文政7年（1824）『訳準笑話』の中に同じサゲを持つ漢文体の笑話が見られる。七代目三升家小勝が寄席で演じていた他、現在ではむかし家今松が演じている。

二人旅 （ににんたび）
【別題】　煮売屋
【種別】　滑稽、旅
【あらすじ】　気の合った者同士の二人旅。一人が腹をすかせた上に、くたびれてもう歩けないと音を上げはじめたので、もう一人が気を紛わせるために謎かけをしながら歩こうと言い出す。「お主とこうして二人で歩いていると掛けて、何と解く？」「あげましょう」「それをもらうと、馬が二匹と解く。その心はドウドウ（堂々）だから」「じゃあ、お前と二人で歩いていると掛けて、何と解く？」「あげましょう」「それをもらうと、豚が二匹と犬ッころが十匹と解く。その心は豚二ながらキャン十もの（二人ながら関東者）」といったもの。ところが段々と題が長くなってきたので、今度は都々逸を詠もうということになり、「雪のだるまをくどいてみたら何にも言わずにすぐ溶けた」とか、「『道に迷って困ったときは』っていうのを知ってるか？」「知らねえな」「知らなきゃ、どこかで聞くがいい」「ふざけるな」「『道に迷って困ったときは』っていうのを知ってるか？」「今、聞いたから知ってるよ」「知ってりゃその道行けばいい」と興じているうちに茶店が見えてきた。その茶店の行灯には「『一つ、せんめし、ありやなきや』と書いてあるから、あそこへ行っても飯があるかねぇか分からねぇぞ」と言うと、「変な読み方をするない。あれは『一ぜんめしあり、やなぎや』って読むんだ」と言って飛び込む。早速、茶店の婆さんに酒はあるかと聞くと、「村さめ」という酒があると言う。どんな酒かと尋ねると、「いい心持ちになっても、この村を出るとさめる」。他にも「庭さめ」「じきさめ」があると言われたので、一番ましな「村さめ」を飲むことにする。口直しに何か食べる物がないかと尋ね、卵でも食べようと言うと、表の木の枝にミミズクが巣をつくったからそこから取ってくるとか、どじょう汁を頼むと今からどじょうを取ってくるとか、鉢の中に田螺を煮たものがあるのでそれをもらおうとすると、それは一昨年の村の祭りのときにつくった煮しめの残りの焼き豆腐だと言われたりする。いざ勘定の段になって、「おい婆さん、この酒、水で割ったろう」「何を言ってるだ。そんなもってぇねぇことはしねえだよ。水の中へ酒を落としますだ」。

【解説】　元々は上方落語『東の旅』の中の『煮売屋』という噺で、このあと『七度狐』につなげて演じられる。東京へは四代目柳家小さんが移した。サゲの部分は元禄7年（1694）『座敷はなし』の「酒屋の亭主ひすらこい人」に、謎かけの部分は十返舎一九の『東海道中膝栗毛』の大磯の件に原話を見ることができる。立川談志は、さらに畑に生えている野草を食べると言うと、「あれは煙草の葉だ。あれを茹でて食うか？ユデタバコって」とサゲたり、「『一ぜんめしあり、やなぎや』って書いてあるから飛び込んだのに何もないな」「あれはそう読むんじゃいけねえ。あれは『一つ、せんめし、ありやなき

や』って読むんだ」としてサゲたこともある。五代目柳家小さんが得意にしたことから，現在でも柳家小三治をはじめ，柳亭小燕枝や柳家小里ん，柳亭市馬といった，五代目小さん一門の落語家が演じている。

二番煎じ（にばんせんじ）
【種別】　滑稽，冬
【あらすじ】　冬の寒い晩。町内の旦那衆が火の番として交代で夜回りをすることになった。外に出れば拍子木を持つ手は震え，金棒は冷たくて握れず，「火の用心」の言葉も出てこない。やっと出てきた文句は，得意にしている謡の節回しになったり，浪花節になったりする。やっとのことで戻ってきた番小屋で火の回りに集まると，やおら酒を持ってきた人が出てきたり，なかには猪鍋の用意をしてきた者まで出てくる。番小屋で酒を飲むのはさすがにまずいだろうと，土瓶に移して，煎じ薬と呼び代えて，猪鍋はその口直しにして楽しむことにした。するとそこへ見廻りの役人がやってきたので，あわてて酒を隠したが見とがめられて，拙者も風邪気味だからと飲まれてしまう。酒がなくなってしまうのを心配して「もうございません」というと，「ないとあらば致し方がない。拙者がもう一回りして来る間に，二番を煎じておけ」。
【解説】　火の廻りの場面は演者によって，謡の他，新内や浪花節など，披露するものが異なる。原話は元禄3年（1690）『鹿の子ばなし』の「花見の薬」。上方落語として成立し，東京へは五代目三遊亭圓生が移した。

にゅう
【種別】　滑稽，圓朝
【あらすじ】　半田屋長兵衛という評判の茶器の鑑定家が，万屋五左衛門から度々迎えを寄越されるので，愚か者の奉公人の弥吉を代わりにやる。挨拶を一通り教えたあとに，品物を見せられたらまずは十分に褒める。そして先様が取引値段を聞いてきたときに，品物に「にゅう」といって，疵を見つける（または品物の悪いところを指摘する）ことを伝える。弥吉は出掛けて行って，教わった通りにやろうとするが，チンプンカンプンなことばかりを口にし，しまいには目の前にあった香炉の中の火の点いた香を，饅頭と勘違いして口に入れてしまう。「おお熱い！」「乱暴な人だな。口の中に疵ができましたでしょう」「いえ，にゅうができました」。
【解説】　三遊亭圓朝が初代三遊亭圓生門下であった司馬龍斎の作を受け継ぎ，一席物にしたとされる。「にゅう」とは道具屋の符丁で，陶磁器類の「ひび割れ疵」のことを意味する。近年演じ手がいなかったが，柳家喬太郎が復活させた。

にらみ返し（にらみかえし）
【種別】　滑稽，長屋，冬
【あらすじ】　大晦日に金の工面がつかない熊五郎が長屋に帰って来ると，女房から「うちの人が帰りましたら，夜，必ずお届けしますと言い訳をしたのにどうするつもりなんだ」と責め立てられる。そこへ，今日何度も足を運んでいる薪屋がやって来たので，「払えない」と開き直ると，「払うまで帰らない」と言って喧嘩になってしまう。何とか薪屋を追い返すが，他にも掛け取りがやってくるはずなので，どうしようかと困っていると，借金取りを追い返すという商いの男がやって来たのでお願いすることにする。男は夫婦を押入れに隠して，自分は玄関近くに座って，キセルで煙草をふかしながら，掛け取りがやって来るとギョロリと目をむいて睨みつけ，何を言っても睨んでばかりなので，米屋も酒屋も次々に怖くなって逃げ帰ってしまう。やがて約束の時間が来て，帰る準備をするので，「あと三十分ばかりお願いします」とお願いすると，「いや，そうしちゃいられない。これから家へ帰って，自分のやつをにらみます」。
【解説】　元々上方にあった噺を三代目柳家小さんが東京へ移した。借金の言訳をする『言訳座頭』と同工異曲ではあるがサゲは同一である。原話は安永6年（1777）『春俗』の「借金乞」にあるが，怖い顔をして借金取りを追い返す趣向は天明頃の『うぐひす笛』の「十面」に見える。五代目柳家小さんが得意とし，一門の十代目柳家小三治や柳家権太楼が高座でそれぞれの

怖い顔を見せている。

庭蟹 (にわかに)
【別題】 洒落番頭
【種別】 滑稽
【あらすじ】 洒落の一つも分からない生真面目な旦那が、得意先で番頭が洒落の名人だと聞いたので、番頭に「洒落というものを知らないのでやってみてくれ」と頼む。番頭がそれではと題をもらうと、衝立と出してきたので、即座に「ついたて（一日）、晦日、大晦日」と洒落てみるが、「それがどうした」と言ってくる。次に「庭に蟹が這い出したが、あれはどうだ」と言うと、「そう庭蟹（俄に）は洒落られません」。「雨が降り出したところを、女が傘をさしかかっていくがどうだ」と言うので、「そう、さしかかって（差し当たって）は洒落られません」と洒落てみせるのに、「主人の私がこれほど頼んでいるのに、洒落られないとはなんだ。名人と言うけれど、ちっとも洒落られないではないか」と旦那は怒るばかり。すると小僧が洒落についての説明をし、旦那もそれに納得をして番頭に平謝り。そして「もう一度洒落てくれ」と頼むと、番頭が「旦那のようにそう早急におっしゃっても洒落られません」「うん、これはうまい」。
【解説】 小噺程度の噺でマクラなどにつけられる噺であるが、寄席などで一席物として演じられることがある。原話は安永9年（1780）年の『初登』の「秀句」に見えるが、秀句を言う者を召し抱えようとする大名が秀句を理解せずに太郎冠者に教えられて初めて分かるという、狂言の『秀句傘』にも見て取れる。

人形買い (にんぎょうかい)
【種別】 滑稽、長屋、春
【あらすじ】 長屋に住む神道者のところの子供が初節句で、ちまきが配られたので、お返しに長屋のみんなで人形を贈ることになった。そこで八と熊は一軒あたり百文、長屋二十四軒で二貫四百文を集めることにして、先に人形屋から人形を持って来て、それを見せて銭を集めることにした。早速、人形屋までやって来ると、ずらりと並んでいるのでどれを選んだらいいのか分からない。二人はなるべく安い人形を選ぼうと、店の者に掛け合って二貫三百文に負けさせて、浮いた百文で飲もうということにした。選んだのは神功皇后様と豊臣秀吉の二体で、小僧に持たせて長屋に戻って決めることにするが、この小僧がおしゃべりで、人形が昨年の売れ残りで処分に困っていたものだとか、本当の値段は一貫五百文だったとか口にする。しまいには店の若旦那が女中のおもよに言い寄る話をして銭をせしめようとする。長屋に帰って来た二人がどちらの人形がいいかを易者に見てもらうことにすると、易を立てて、「神功皇后がよろしかろう」と言い、見料を四十八文取られてしまった。次に講釈師のところへ行くと、「さて太閤秀吉は尾州愛知郡中の中村、竹阿弥弥助のせがれにして、幼名を日吉丸といい…」と語り出し、「豊臣家は三代続かなかったから、神功皇后様の方がよろしかろう」と、これまた木戸銭を合わせて五十二文置いていけと言われる。浮かすつもりであった百文をすっかり取られてしまって、いよいよ神道者に人形を届けにいくと、神道者は自分の神職に合ったものと言って喜ぶ。そして「この神宮皇后様と申したてまつるは、人皇は十四代…」とはじめたので、「待った待った、もう一文もないので、どうかお返しで差し引いていただきます」。
【解説】 元々上方落語で二代目桂三木助を経て東京に伝えられたと言われているが、天保5年（1834）の初代林屋正蔵の噺本『落噺年中行事』に「五月のかぶとと人形」という、現在演じられる形とほぼ同内容の噺が見て取れる。三代目桂三木助や六代目三遊亭圓生が演じ、現在でも演じる落語家は多いが、人形屋の件や人形を持たせて小僧と長屋に帰って来る場面で切ってしまうことが多い。

任侠流山動物園
(にんきょうながれやまどうぶつえん)
【別題】 豚次誕生秩父でブー／掛け取り上野動物園／流山の決闘／雨のベルサイユ／天王寺代官切り／男旅牛太郎／悲恋かみなり山／チャボ子絶唱／人生鳴門劇

場／金比羅ワンニャン獣の花道
【種別】　滑稽，新作
【あらすじ】　千葉県にある流山動物園にはライオンや虎のような動物はおらず，象のマサオが人気者だが，そのマサオも病気で寝込んでいる。ある日の閉園後，豚の豚次が園長のところへやって来て，マサオを立派な獣医に見せてあげてくれと頼み込むが，「市からの援助を打ち切られて財政難で，動物達の餌もマサオの牙を売って餌代に当てているくらいなので無理だ」と言い，「どうやったら客が来るのだろうか」と豚次に尋ね返す。豚次は牛の牛太郎とニワトリのチャボ子に相談をするも解決策が見つからないので，縞の合羽に三度笠をかぶり，上野動物園へ向かった。早速，お世話になったことのある親分のパンダのパン太郎に挨拶をし，「かつての子分の頼みとして流山動物園に来てくれないか」とお願いをするが，「天下のパンダがそんなことができるか。お前の覚悟を見せろ」と言うので，兄貴分の虎の虎男に自分の尻をかじらせるも，そのまま動物園から投げ出されてしまう。流山動物園に戻った豚次は牛太郎とチャボ子を呼び，園長から人間の言葉を教えてもらうことにし，血のにじむような努力をして人間の言葉を喋れるようになると，それが話題になって流山動物園は大繁盛。すると今度は上野動物園が閑古鳥になり，腹を立てたパン太郎が虎男を連れて流山動物園へ殴り込みにくる。そこへ象のマサオこと政五郎が登場して，「全国の動物達を束ねた次郎長を知ってるかい？　その次郎長の子分を知っているのか？」と尋ねると，パン太郎はその象が大政と呼ばれた政五郎であることに気づく。それでもパン太郎は虎男に政五郎を襲わせるが，パン太郎と虎男は政五郎に返り討ちにあい，パン太郎を殴り飛ばすと中国の四川省まで飛ばされ，そのときの痣が目の回り黒く残っているという…。

【解説】　三遊亭白鳥作による全10話にのぼる『任侠流れの豚次伝』の中で，最初に生まれた，別題を『流山の決闘』という一席。二代目広沢虎造で知られる『清水次郎長伝』をベースにした，豚の豚次を中心とする動物達の攻防が描かれている。この噺の前段にあたり，上野動物園へ連れて来られた豚次が借金取りの取り立てに困るアライグマ親子を助け，それを機に流山動物園に移り住む『掛け取り上野動物園』。任侠流山動物園のその後の物語で，豚次が死んだ象の政五郎の遺骨を金比羅に眠るゴリラの次郎長親分のもとへ届ける際に，猫のマリーと相対することになる『雨のベルサイユ』などの噺が，作者である白鳥の他に，柳家喬太郎，柳家三三，桃月庵白酒，春風亭一之輔といった若手などにより演じられている。なお，現在10部作から成り立ち，演題を物語のストーリー順に追うと，『豚次誕生秩父でブー』『掛け取り上野動物園』『流山の決闘』『雨のベルサイユ』『天王寺代官切り』『男旅牛太郎』『悲恋かみなり山』『チャボ子絶唱』『人生鳴門劇場』『金比羅ワンニャン獣の花道』となる。

人情八百屋（にんじょうやおや）
【種別】　人情，長屋
【あらすじ】　浅草で八百屋を商っている平助が女房に話して聞かせるのは七日前のこと。深川清住町の裏長屋でおかみさんに声を掛けられて茄子を売ると，子供が出てきてその茄子を生でかじりだした。何でも亭主が長患いで，満足に食べさせることもできないとのことで，売り上げの三百文と弁当をあげて帰ってきたが，あの一件はどうなっただろうと言うのだ。気になって長屋にやって来ると貸家札が貼ってある。近所の者に聞くと，源兵衛夫婦は二人とも亡くなり，子供は鳶の鉄五郎の家にいるという。そこで鉄五郎の家を尋ねると，おかみさんが出て来て，八百屋がやって来たと大喜び。何でも源兵衛夫婦がもらったお金で夕飯を食べようとしたところ，そこへ強欲で知られる大家が現れて家賃の催促をし，全額持って行ってしまったので，夫婦二人して自死してしまったという。そこへ鉄五郎が帰ってきて，八百屋を気に入り，兄弟分になりたいと言う。固めの盃を交わすと，早速鉄五郎が「兄貴に頼みがある。我が家は貧乏なので，遺された子ども二人を食わしていくことができない。一人でいいから面倒見てくれないか」と言ってきた。すると八百屋は「二人とも面倒を見させてほしい。二人いれば

心強いと思う」と返し,「私みたいな八百屋風情が育ててもいいんですか。親方がしつけをした方がいいんではないですか」と尋ねる。すると鉄五郎は「冗談言うな,稼業が火消しだよ。火付け（躾け）はいけねえ」。

【解説】『白子屋政談』の一部で,立川談志が春日清鶴（かすがせいかく）の浪曲から落語に移した。現在でも一門の落語家が演じている。

桂米丸の新作落語

　落語芸術協会の三代目会長を務め,新作落語一筋の四代目桂米丸（1925〜）。ここで「新作一筋」と記したのは,師匠の五代目古今亭今輔による「若い人にピッタリで無理しなくてやれるネタを稽古した方がよい」といった方針から,入門して最初に教わった噺が,古典落語ではなく『バスガール』であったからである（『バスガール』参照）。その後も自作の落語を含め,作家が発表した小説や落語作家による作品を演じてきた。

　星新一のショートショート（掌編小説）からは,円盤に乗った宇宙人が現れ,地球の女性たちを連れ去ってしまう『宇宙戦争』（『賢明な女性たち』）。留守番を頼まれた夫人になかなか家の扉を開けてもらえない『玄関の扉』。風呂が壊れてしまい,同じ団地に住む知り合いの家に風呂を借りに行く『貰い風呂』（ともに古城一兵・作),他にメニューや注文の仕方など,すべてが他の店とは違うので客が慌てる『びっくりレストラン』などがある。近年の代表作では,映画館で話題の映画を観ている女性客の反応を館主が喜ぶという,最後にサゲが幾通りか用意されている『ジョーズ』（『ジョーズのキャー』）がある。

　新作はつくり続けなければならないと,今も新作をつくり続けている米丸が,今後どんな作品を演じていくか。そして,これからの落語家が米丸の演じた新作とどう接していくのかが楽しみである。

ぬ

抜け裏（ぬけうら）
【種別】 滑稽，長屋，新作
【あらすじ】 長屋の連中が家主のところへ集まって，長屋の路地をひっきりなしに通行人が通り抜けるので，何とかそれを防ぐ方法はないかと意見を出し合う。そこで「この路地内に猛犬あり，危険につき通行無用」という張り紙をしようということになったが，肝心の犬を飼っていないので，動物の鳴き真似がうまい八五郎に，誰かが入って来たら犬の鳴き声を真似してもらうように頼むことにした。八が「ただでやるのは嫌だ」と言うので酒をご馳走することにすると，早速酒を飲みながら路地の番をはじめた。するとその鳴き声がうまいので路地を通る人がいなくなった。ところが飲み過ぎてしまい，くだを巻きはじめ，番も乱暴になってきたので，それを見かねた家主が「路地へ貼った紙をはがしてきておくれ。この路地内にトラありと書き直そう」。
【解説】 昭和の初めに五代目柳亭燕路（1886〜1950）がつくった落語で，近年では六代目蝶花楼馬楽，最近では三遊亭圓輔，瀧川鯉昇，柳家小蝠，雷門小助六などが演じている。サゲは乱暴をしはじめた八に「お前は何にも分からないでやってるんだろう？」「いいえ，みんな焼酎（承知）の上でやっています」といったものや，八が酔っ払って寝てしまったので「イヌがトラになった」というものもある。

抜け雀（ぬけすずめ）
【種別】 滑稽，旅
【あらすじ】 小田原のある宿に泊まっている客が，朝から晩まで酒ばかりを飲んでいるので，主人が心配になって宿賃を催促すると，「一文もない」と言い出す。その代わりに部屋の片隅に置いてある衝立に絵を描くと言うので，主人が見ていると雀を五羽描き，「誰にも売るな。必ず帰って来る」と言って男は立ち去ってしまった。翌朝，衝立を見ると雀が飛び出して，しばらくすると戻ってきた。このことが評判となり，大久保加賀守様が千両で衝立を買い上げたいと言うが，男との約束があるので売れないと断ると，それがまた評判となって，宿屋は大繁盛。ある日，一人の上品な老人が宿屋を尋ねて来て，衝立を見たいと言うので見せると，「このままでは雀は羽を休めるところがないので死んでしまう」と言い出す。宿の主人が困っていると，今度はその老人が衝立に籠を書き足して宿をあとにした。すると雀は飛んで出たあとに，衝立の籠に戻って来たので，これがまた評判となり，大久保侯は二千両を出すとまで言い出す。しばらくすると身なりの立派な男が宿へやって来た。着ているものは立派になったが，まさしく雀を描いた男であったので，宿の主人がその後のことと籠の一件を話すと，男は衝立の前に両手をついて「不孝の段はお許し下され」と言い出した。籠を描いたのは男の父親だと言うのだ。「あなたほどの名人，不孝なことはございますまい」「いや亭主，私は親不孝だ。親にかごをかかせた」。
【解説】 米沢彦八作の元禄16年（1703）『軽口御前男』の「山水の掛物」に，私は絵描きで親は籠かきであるという話が見える。サゲは「籠を描く」と「駕籠かき」の地口（しゃれ）であるが，浄瑠璃の『双蝶々曲輪日記』の「橋本の段」に出てくる「野辺の送りの親の輿，子がかくとこそ聞くものを，いかに知らぬと云ふとても，現在親に駕籠かかせ，乗ったあたしに神様や仏様が罰あてて…」というのが元にある。したがって本来は，ここで示したようにサゲは「親にかごをかかせた」とあるべきだが，最近では「親をかごかきにした」とすることが多くなってきた。五代目古今亭志ん生が得意にし，現在では柳家さん喬，柳家権太楼などの演者が演じている。

ねぎまの殿様（ねぎまのとのさま）
【種別】　滑稽，武家，冬
【あらすじ】　ある殿様が三太夫を連れて向島へ雪見に出掛けた。本郷三丁目から湯島の切り通しを通り，上野広小路までやって来ると，居酒屋が軒を並べており，どこからかねぎま鍋の匂いがしてきたので，たまりかねて一軒の店に入った。大神宮様の下の床几代わりの醤油樽に座らされて，小僧ができるものを案内するが，早口なので殿様にはねぎまを「にゃあ」としか聴き取ることができない。出て来たねぎまを食べると，ネギの芯が鉄砲のように口の中で飛ぶので驚く。そして灘の生一本を指すダリという酒を注文すると，いい気持ちになってしまったので，向島へは行かずに屋敷に戻ることにした。ところが，庶民が口にするような食べ物を食べたと知れると問題になるので，内緒にすることになったが，ねぎまの味を忘れられない殿様は，ある日，食べたいものを聞かれたときに，「にゃあ」が食べたいと言い出す。役目の者が困って三太夫に尋ねると，ねぎまのことであると聞いたので，気を遣ってマグロを賽の目に切って蒸籠で蒸かして，ネギを茹でて，ねぎまをこしらえた。それを見た殿様は「先日食べた『にゃあ』は青いところもあれば白いところもあった三毛の『にゃあ』であったが，今日の『にゃあ』はねずみ色の『にゃあ』だ」と言いながら口にすると，味がまったく違う。そこで三太夫に教わってつくり直したものを出すと，殿様は満足。さらにダリを所望して，燗にして持参すると大満足をし，「座っていては面白くない。醤油樽をもて！」。
【解説】　ここでいうねぎまとは，焼き鳥ではなく，マグロとネギを汁で煮ながら食べる鍋料理。町中で庶民の食にはじめて出会い，それに魅了されるというのは『目黒のさんま』と同工異曲である。元々は講釈ネタで，松平不昧公が主人公で，料理番のつくったねぎまが美味しくないので，居酒屋の主を料理番に召し抱えるというストーリーであったという。五代目古今亭今輔が得意とし，現在では四代目三遊亭金馬とその一門が演じている。

猫怪談（ねこかいだん）
【種別】　滑稽，怪談，長屋
【あらすじ】　深川 蛤町の長屋の大家が与太郎を尋ねると，長患いの父親が亡くなっていた。実の親ではないが，長い間大切に育ててくれたのだから邪険にしてはいけないと言い，葬儀をあげるために谷中の寺へ向かうことにする。与太郎と羅宇屋の甚兵衛が早桶を担いで不忍池あたりまで来ると，ひょんなことから早桶を落としてバラバラに壊してしまった。そこで大家と甚兵衛が新しい早桶を買いに稲荷町へ行く間，与太郎がそこへ残り，死んだ父親の番をすることになった。すると一尺ばかりの黒いものが動いたかと思うと，仏がピクピクと動き出し，しまいにはピョンピョンと飛び跳ねる。そして風が吹いた途端に，上野の山の方へ飛んで行ってしまった。そのことを聞いた甚兵衛が「ぬ，抜けました」。「また早桶の底が抜けたのかい」「いえ，今度は私の腰が抜けました」。翌日，その死骸が谷中七軒町の上総屋という質屋の蔵の釘へかかっていたという谷中奇聞「猫怪談」の一席。
【解説】　明治から昭和初期に活躍した五明楼玉輔（原新左衛門）から教わった人から教わったという六代目三遊亭圓生の速記が残っている。近年では橘家文蔵と，文蔵から教わった柳亭左龍などが演じている。人の死んだときにその胸元に短刀などの刃物を置くという習わしと，猫は魔物であるということをマクラで仕込むことで，物語の展開が分かりやすくなる。

猫久（ねこきゅう）
【種別】　滑稽，長屋
【あらすじ】　普段は猫のようにおとなしいこと

から「猫久」と呼ばれている久六という男が，ある日，顔色を変えて帰って来た。そして「今日という今日は勘弁できねぇ，相手のやつを殺しちまうんだから脇差を出せ」とどなったので，女房は押入れから刀を出し，神前で三度いただいて（頭上に持ち上げて）亭主に差し出した。それを見ていた熊が床屋にやって来て，「猫久も変わっているけど，かみさんは変わっている」と口にする。すると傍らにいた五十歳過ぎの立派な侍が猫又という妖怪が現れて，みんなを困らせると勘違いをしたらしく声を掛けてきた。そこで猫久と女房の一件を聞かせると，「笑った貴様がおかしいぞ。猫と呼ばれるおとなしい男が血相を変えてわが家へ立ち帰り，刀を出せと言うのは男子の本分逃れざる場合。また妻なる者は夫の心中をよくはかり，神前へ三遍いただいて刀を使いしたるは，先方に怪我のあらざるよう，夫に怪我のなきよう夫を思う心底。身どもにも今年二十五になるせがれがあるが，さような女をめとらしてやりたい。貞女なり，孝女なり，烈女なり，賢女なり，あっぱれあっぱれ」と褒めちぎった。家に帰った熊がこの話を女房にしどろもどろに伝えていると，猫が台所のイワシをくわえて逃げ出そうとしていた。「そのすりこぎを早く持って来い。張り倒してやるから」「待っといでよ。今，あたしゃ（すりこぎを）いただいてるところだ」。

【解説】　古くから演じられている噺を禽語楼小さんが今の形にまとめた。歴代の小さんの十八番として，「『猫久』ができなければ小さんではない」と言われることがあるように，小さん門下が大切にしている噺である。六代目春風亭柳橋は「お前さんの魂をいただいているんだ」とサゲていた。元々のサゲは会話ではなく，「丁寧に三遍いただいて熊さんへ渡しました」と地でサゲていたとされる。

猫定 （ねこさだ）

【種別】　怪談，長屋

【あらすじ】　八丁堀の玉子屋新道に魚屋ではあるが，本業は博打打ちの定吉という男がいた。ある日，殺される寸前の黒猫をもらってくるが，女房が猫嫌いなので懐に入れて博打場へ出掛けると，鳴き声で賽の目を当てた。それからはいつも猫といるので猫定と呼ばれるようになった。その猫定が旅に出ている間に，女房が若い男といい仲になった。亭主のことが邪魔になった女房は男に殺してくれと頼む。定吉は愛宕下の藪加藤へ出掛けるが，その日に限って猫が鳴かないので，早めに切り上げて采女が原を抜けようとしたときに刺される。その途端に胸元から黒いものが飛び出していった。次の日，采女が原では定吉と男の死骸が見つかり，定吉の女房も自宅で亡くなっていた。定吉と女房の通夜を行い，長屋の連中が居眠りを始めると，棺の蓋が開いて二人の死骸が立ち上がるので，みんな逃げ出すが，按摩の三味の市だけは見えないので平然としている。そこに長屋住まいの浪人が帰ってきて，あたりの様子をうかがい，壁を刀で突くと，「ぎゃあっ」と言う声がしたので，隣の部屋へ向かうと，男の喉元を持った黒猫が息絶えていた。定吉の恩返しと主人の仇を討った忠義な猫ということで，二十五両の褒美が出て，両国回向院に猫塚を建てたという由来の噺。

【解説】　六代目三遊亭圓生が五代目金原亭馬生から教わったという怪談噺。現在は柳家さん喬が手掛けている。同じ回向院の猫塚を題材にした噺としては，五代目古今亭志ん生が演じた『猫の恩返し』がある。

両国回向院に建つ猫塚。隣にはねずみ小僧の墓がある

猫忠（ねこただ）

【別題】　猫の忠信
【種別】　滑稽，長屋，音曲

【あらすじ】　町内の清元の師匠のところに通う六兵衛に次郎吉が声を掛けると，もう稽古には行かないと言う。なんでも六兵衛が弁慶橋に暮らす兄貴分の常と師匠がいちゃついているのを見たというのだ。そこで二人して師匠の家を覗きに行くと，師匠のお静と常が差し向かいで盃を交わしているので二人は悔しがり，夫婦喧嘩をあおってやろうと常の女房に知らせに行くことにする。常の家では今度のおさらい会で亭主と師匠が揃いで着るという衣装の針仕事を女房がしていたので，今見てきたことを話し始めると，顔色を変えるどころか，「友達ならば喧嘩をおさめてくれるのが普通なのに，波風を立てに来るのはどういうつもりだ。亭主は奥で寝ている」と言う。不思議がる二人の前に経緯を聞いていた常が現れ，最近，湯屋や床屋で変なことを言われることがあるので，師匠の家に確かめに行くことにする。そして師匠の家を覗いてみると，自分と瓜二つの男が師匠と飲んでいるので，これは狐狸妖怪に違いないと，六兵衛と次郎吉に中に入らせ，「相手が油断をしたところで耳を押さえろ。狐狸妖怪だと耳がぴょこぴょこと動くに違いない」と命じた。そこで二人が言われた通りにすると，案の定，ぴょこぴょこと動いたので，本物の常吉が飛び込んで取り押さえ，「吉野家の常吉，義経が取り調べる」と言うと，常吉に化けていた大きなネコが，「頃は村上天皇の御世，山城，大和の二国に田畑を荒らす鼠が出た。皇位の側に仕えし女猫の皮にて三味線をつくり，それを弾くと鼠は立ち去るとのお告げ。鼠はいなくなり民百姓は喜び，その三味線を初音の三味線と呼んだ。国のためとは言いながら，親を殺された私はその子猫のこと，泣いて暮らしました。探し当てた私の母親は，あれに掛かりしあの三味線，私はあの三味線の子でございます」と白状をし始めた。それを聞いて，「今度のおさらいは大当たりだね。『千本桜』の掛け合いだろう。これで役者が揃った。兄貴が弁慶橋に住んでいる吉野屋の常さんで吉常（義経）。猫がただで酒を飲んだから，猫のただ飲む（忠信）だ。あっしが駿河屋次郎吉で駿河の次郎。こいつが亀屋六兵衛で亀井の六郎。千本桜が揃ってる」「肝心の静御前がいねえじゃねえか」「師匠の名前が延静だから静御前だ」。すると師匠が「あたしみたいなお多福に静が似合うものかね」。両手を前についた猫が頭を上げて「ニャゥ（似合う）」。

【解説】　大阪の初代松富久亭松竹が江戸期につくった噺を，明治になって六代目桂文治が東京へ伝えたというが，江戸期に江戸と大阪の両方の噺本に同種の話が見られる。江戸では文政12年（1829）に初代林屋正蔵によって編まれた『たいこのはやし』の中に「千本桜」という，ここで挙げた噺とほぼ同じ噺が，大阪では天保15年（1844）頃の『往古噺の魁二編』に「千本桜はよしのゝ花がつほ」という噺がある。いずれにしても義太夫や歌舞伎で演じられる『義経千本桜』の四段目をもじってつくられた噺である。六代目三遊亭圓生や三代目桂三木助が得意にし，噺の後半で猫が素性を明らかにする場面では，鳴り物入りの芝居がかりで演ることが多い。なお，かつてのサゲは「ニャウニャウ」と二声で続けられたが，現在では「ニヤゥ」と一声がほとんどである。

猫と金魚（ねこときんぎょ）

【種別】　滑稽，新作

【あらすじ】　店の主人が番頭を呼びつけて，飼っている金魚がいなくなってしまったと言う。すると番頭は「私は食べてません」と返してくる。どうやら隣の猫が食べたらしいので何とかしろと言うと，番頭は金魚鉢を湯屋の煙突の上に上げればいいと提案したり，湯殿の棚の上に金魚と金魚鉢を別々にして上げたりとか，チンプンカンプンなことをするばかり。ならば猫を懲らしめようということになり，近所に住む威勢のいい鳶の頭の寅さんに頼むことにする。寅さんは問題の猫を風呂場に追い込み格闘をするが，猫の逆襲にあってしまう。その物音に驚いた主人が風呂場に駆けつけると，寅さんは金魚鉢を頭からかぶって気絶していた。それを見た主人が「寅さん，しっかりしておくれ。早く猫

を懲らしめておくれ」「猫は怖いから嫌です」「猫が怖いって，お前は寅さんじゃないか」「名前は寅でも，この通り濡れネズミになりました」。
【解説】　漫画『のらくろ』の作者である田河水泡が昭和の初期に「高沢路亭」というペンネームで書いた落語を，初代柳家権太楼が許可を得て演じるようになった。権太楼の十八番とされ，多くの速記やレコードを残す他，晩年不遇であった権太楼は，辞世の句にも「金魚にも希望あるらし鉢の中　意志の如くに行動している」と詠んでいる。権太楼の他，十代目桂文治，八代目橘家圓蔵などが演じ，現在に伝えられている。また，姉妹編に『猫と電車』があり，次のようなストーリーである。ある男が猫をもらって，帽子の中に猫を隠して電車に乗る。ところが猫が鳴いたり，小便をするので，男は電車を降りる。するとお客が「車掌さん，しっかりしなきゃダメだよ。今の客は帽子の中に猫を隠していたよ」「あの人がですか。道理でおかしいと思ったら，猫をかぶっていたんだ」。近年では橘家蔵之助が演じている。

猫の恩返し（ねこのおんがえし）
【種別】　滑稽，長屋，春，冬
【あらすじ】　八丁堀に住む棒手振りの金が大晦日に博打に手を出して，仕入れ用の三両を取られてしまった。可愛がっている駒という猫に「三両の工面ができねぇか」と話しかけて寝ると，翌朝，小判が三枚あった。ありがたいと思いつつ，「どうせくわえてくるんなら，もっとくわえてこい」と言って床に就き，翌朝，堀留の旦那のところに立ち寄ると，元日の夜に猫が用箪笥を開けようとしているので殺してしまったという。金がその猫を見せてもらうと可愛がっていた駒で，旦那はその事情を聞いて，感心な猫であると五両の金を渡して回向院に葬らせたという。その後，金は酒をやめて一所懸命に働き，立派な店を持ち，みんなが猫金と呼ぶようになった。
【解説】　基本的な筋立ては，猫塚の由来を扱った『猫定』に似ているが，この噺は『藤岡屋日記』に原話がある。五代目古今亭志ん生が演じた珍しい噺である。

猫の災難（ねこのさいなん）
【別題】　猫災（ねこさい）／犬の災難
【種別】　滑稽，長屋
【あらすじ】　朝湯から帰ってきた熊は一杯飲みたいが，あいにくの一文無し。何とかならないものかと考えているところへ，隣家のおかみさんが大きな鯛の頭と尻尾を手にして現れた。何でも飼い猫の病気見舞いに鯛をもらったのだが，身は食べさせてしまったから，残った部分を捨てるというのだ。熊は鯛というのは眼肉がおいしいのだから，捨てるんだったら欲しいともらい受けた。あまりにも立派なのでざるを上に乗せてみると，一匹の鯛のように見える。そこへ兄貴分が飲みの誘いに現れて，立派な鯛を目にしたので，それを肴に一杯やろうと，酒を買いに出かけてしまう。本当のことを言い出せなかった熊は言い訳を考え，帰ってきた兄貴分に，鯛を料理しているところへ隣家の猫が現れ，身の部分を持ち逃げしてしまったと説明をする。兄貴分はそれなら代わりの魚をあつらえてくると行って，今度は魚屋に出かけてしまった。熊はその間に買ってきた酒を全部飲んでしまい，その言い訳として，また隣の猫がやってきて酒をひっくり返してしまったと，再び猫のせいにすることにする。そして隣家の家へ言ってくれと口にしたときに，おかみさんが現れて本当のことを話してしまった。兄貴分は「お前，俺を隣家に連れて行ってどうしようっていうんだ」「隣へ行って，よく猫に詫びをしてくれ」。
【解説】　元々大阪にあった噺で，本来のサゲの部分は猫が神棚の前へやって来て，「悪事災にゃんをまぬがれますように」というものであった。また五代目古今亭志ん生は猫を犬に，鯛を鶏肉に変えて『犬の災難』という題で演じた。現在では桃月庵白酒がその型で演じている。原話は宝永5年（1708）『かす市頓作』の「猫の番」にある。

猫の皿（ねこのさら）
【別題】　猫の茶碗

【種別】 滑稽
【あらすじ】 諸国を歩き廻り，掘り出し物の骨董を探している端師(はたし)が一軒の茶屋で休んでいると，猫が高麗の梅鉢という何百両もする高価な皿で餌を食べているのを目にした。その皿を何とかせしめようと，茶店の主人に三両で猫を売ってくれと申し出ると，主人はその猫にそんな価値はないというが，猫が好きだからと言って猫を買い取ることにした。ついては猫が食べ慣れた器も一緒にもらいたいと言うと，主人が「それは高麗の梅鉢といって，高価な物なので差し上げることはできません」と受け付けない。当ての外れた端師が「何でそんな高い物で猫に餌をやっているんだい？」と尋ねると，「こうしておくと，時々猫が三両で売れるんです」。
【解説】 原話はいくつか見られる中，滝亭鯉丈作の『大山道中膝栗毛』（文政4年・1821）の中にある話が比較的知られている。また天保13年（1842）の漢文体笑話本『奇談新編』にも似た噺がある。五代目古今亭志ん生が得意にし，一門の金原亭伯楽がよく演じている他，三遊亭歌武蔵が茶店の主人を特徴づけて演じている。

ねずみ
【別題】 甚五郎の鼠
【種別】 人情，旅，夏
【あらすじ】 旅に出た左甚五郎が仙台の宿場町へ差し掛かると，「私の家へ泊まって下さい」と子どもに声を掛けられた。ねずみ屋という小さな宿で，あまり綺麗な建物ではなく，寝るときに布団を使うなら，前金をもらえないと借りてこられないと言う。甚五郎はその宿に泊まることにして訪ねると，子どもの言った通りで，おまけに主人の腰が抜けていた。甚五郎が卯兵衛という主人に話を聞くと，元は仙台一の虎屋の主人で，女房に死なれた後，女中のお紺を後妻に迎えたが，実はその女房は番頭といい仲であった。卯兵衛は七夕の日に階段から転げ落ちて，腰が立たなくなってしまったので，息子の卯之吉と虎屋の物置に移り住んでいると，喧嘩友達の生駒屋から，番頭の丑造(うしぞう)が店を乗っ取ったことを聞かされた。卯兵衛と卯之吉は生駒屋の世話になるが，小さくてもいいからと宿屋をはじめ，今に到っていると言う。その話を聞いた甚五郎は正体を明かし，一匹のネズミを彫り上げ「福鼠」と名付けた。そのネズミを店の前に置くと動き出したので大評判となり，ねずみ屋は大繁盛する。それに対して虎屋は悪評も流し，閑古鳥。そこで伊達様お抱えの飯田丹下という彫物師に頼んでトラを彫ってもらい，虎屋の二階からネズミを睨ませると，ねずみ屋のネズミが動かなくなってしまった。卯兵衛が甚五郎に手紙を出すと，二代目の政五郎を連れて仙台へやって来た。虎屋の様子を見た甚五郎が「政坊の眼から見て，あのトラはどう思う」「そんなにいいトラだとは思いませんね」「あたしもそれほどいい出来だとは思わない。ネズミ，俺はお前を彫るときに魂を打ち込んで彫り上げたつもりだけど，あんなトラが怖いのかい」「え，あれ，トラですか。あっしはネコだと思った」。
【解説】 噺の中盤までその名が明かされない甚五郎物の一席で，京から江戸へ下る間を描いた『竹の水仙』。その後，江戸で大工政五郎の世話になりながら彫り上げた『三井の大黒』。それから十年ほど政五郎の世話になった甚五郎が旅に出て，仙台にやって来たというのがこの噺である。元々は浪曲ネタの『甚五郎の鼠』という題で，三代目桂三木助が広沢菊春と交換したものである。飯田丹下という甚五郎のライバルが登場し，その飯田が彫り上げたトラの出来から，改めて甚五郎の腕の良さを確認できる噺でもある。

ねずみ穴（ねずみあな）
【種別】 人情，冬
【あらすじ】 竹次郎という男が江戸で大店(おおだな)を営んでいる兄のもとを訪ねる。父親が亡くなったときに分けてもらった身代を使い果たしてしまい，兄のところで働かせてほしいというのだ。ところが兄は自分で商売をした方がいいと勧め，その資金を貸してくれた。竹次郎がもらった額を確かめてみると，三文しか入っていない。わずかな額で何が出来るんだという悔しさをバネに，寝る間を惜しむように働き，十年後

には深川蛤町(はまぐりちょう)に蔵を三つ持つような店の主となった。そしてある風の強い日に，火事が起きたら蔵のねずみ穴を塞ぐようにと番頭に命じ，借りた金を手にして，久し振りに兄の店を訪れた。そこで兄は竹次郎に，放蕩の癖が直っていなかったようだから，あえて三文を貸したなどと訳を話す。兄の思いを知って，その晩は兄弟して枕を並べて寝ると，蛤町で火事が起こり，竹次郎の家が蔵ごと焼けてしまった。困った竹次郎が兄の家に再び金を借りに行くと，貸すことはできないと言われる。竹次郎は娘を吉原に売って金をこしらえるが，帰り道にそれを掏られ，どうしようもなくなり，首をくくって死のうとしたところで兄に起された。「ここはどこだ。火事があっただろ」「そんなものはない。夢でも見たのか。火事の夢は縁起がいい。この春は身代が燃え盛るように大きくなるぞ」「ありがたい。おらぁ，ねずみ穴が心配で…」「夢は土蔵(五臓)の疲れだ」。
【解説】　大阪にあった噺で，東京では三代目三遊亭圓馬が演じ始めた。近年では六代目三遊亭圓生や立川談志が得意とした。1両を現在の8〜10万円として換算すると，1文は約20円。竹次郎が商売の元手として受け取った3文と言えば，わずか60円ということになる。サゲの「夢は五臓の疲れ」とは「夢を見るのは五臓(心臓・肝臓・肺臓・脾臓・腎臓)の疲労から生じる」ということである。

寝床(ねどこ)
【別題】素人義太夫／素人浄瑠璃
【種別】滑稽，長屋，禁演(戦後)
【あらすじ】　義太夫に凝っている大店(おおだな)の旦那は，いつも奇妙な声で語るのでみんなを困らせている。今日も義太夫を聞かせる会を開こうとしているのだが誰もやって来ないので，店の茂造に呼びに行かせた。ところが提灯屋はお得意に開業式があって，酸漿提灯(ほおずきぢょうちん)を三百五十つくらねばならず，小間物屋はおかみさんが臨月で，豆腐屋はがんもどきを八百五十つくらねばならない。頭(かしら)は朝一番で成田山に行かなければならないからと誰もやって来ない。そこで店の者に聞かせようとするが，二日酔いの番頭にはじまって，脚気だ胃痙攣だ，しまいには眼病だと仮病を使って逃げ出す上に，茂造は「私は因果と丈夫」と涙ぐむので，旦那は怒り出して，長屋の者に店立てを，店の者には暇を取らせると言い出す。茂造が長屋を回ってそのことを告げると，長屋の連中が相談をして，「旦那の義太夫が気になって…」と旦那を持ち上げて店に集まったので，旦那は機嫌を直し，義太夫の会を開くことになった。集まった連中は旦那が御簾内(みすうち)で語っているのをいいことに，飲み食いを散々して，満腹になったのでその場に横になって眠り出した。座敷があまりにも静かなので，自分の芸に聞き惚れたのかと思った旦那が御簾を上げると，みんなが横になって寝ているのでまたしても怒り出す。するとそこへ泣き声が聞こえてきた。小僧の定吉が泣いているので，「どこが悲しかった？　馬方三吉の子別れか？　先代萩か？　宗五郎の子別れか？」と尋ねると，「あそこでございます」と旦那が義太夫を語っていた場所を指差した。「あそこは私が義太夫を語っていた床じゃないか」「あそこが私の寝床(ねどこ)でございます」。
【解説】　『寝床浄瑠璃』という上方落語を三代目蝶花楼馬楽が東京に移したものとされるが，『きのふはけふの物語』には自分の舞をみせる話，中国の笑話集『笑得好』には琴を弾いてみせる話など同種の話が見られる他，安永4年(1775)『和漢咄会』の「日待」などの江戸の小噺にも同じサゲを持つ原話が見られる。噺の展開としては，①「茂造が旦那にみんなが来られないことの言い訳をする」，②「茂造が旦那の怒っていることを長屋に告げに行く」，③「旦那に詫びを入れて義太夫を聞く」の3場面から成り立ち，あらすじでは①と③を示した。最近では義太夫を語る舞台を示す「床」が分かりにくくなったこともあったのと，時間の関係もあり，③のサゲまで行かず，①②と展開をし，以前にいた番頭も旦那の義太夫が原因で店を辞めたという形で終わることが多い。その場合，古今亭志ん朝は「その後，番頭はソ連に行っちゃった」とか「共産党に入った」といったサゲを用意したこともある。通して演じるときには，②を省略して，旦那が店立てを宣言した後に，

長屋の連中が謝りに来るという展開が多い。寄席の世界では自分の素人芸を他人に披露して迷惑を掛けることを「寝床」と称することがある。二代目三遊亭円歌は義太夫ではなく浄瑠璃に変えた『素人浄瑠璃』として、桂米助はプロ野球を舞台とした『野球寝床』として演じている。

年枝の怪談 （ねんしのかいだん）

【種別】　怪談，新作

【あらすじ】　横浜が開けて寄席ができ，春風亭柳枝という大看板が興行をすることになった。周辺にある寄席と掛け持ちをしており，弟子で腕のいい春風亭年枝が横浜の寄席を終えると，師匠と入れ替わりに周辺の寄席を廻るというのを繰り返していた。ある晩，年枝が神奈川の寄席を終えて，宿屋で按摩を呼ぶと，その按摩が大変に強情で，柔術の話になったときに技競べをして，誤って按摩を絞め殺してしまった。年枝は師匠から自首を勧められるが，真剣に芸に取り組みたいので見逃してくれと頼み，師匠の柳枝も芸のことであるので許すことにする。名古屋で芸を磨いた年枝は座長として金沢で半年の興行を打つことになった。夏になり怪談噺をかけると，笑う場面ではないところで笑いが入った。客席を見渡すと神奈川で締めた按摩なので，年枝はそのまま気を失ってしまった。翌日の高座では何も起こらないので，安心をして宿で風呂に入ると，湯船に浸かっていたのが神奈川の按摩だった。年枝は静養をすることになり，宿屋の親戚の寺に預けられると，鏡の中に按摩が現れるので，頭を丸めて按摩の供養をすることにした。そのうちに修行が認められ，新潟にある寺の別院の住職になった。ある日，町で師匠の春風亭柳枝の看板を見つけたので，夜になって師匠のもとを訪ねると，師匠は再会を喜び，神奈川の按摩は死んではいないと伝える。年枝に落語家に戻ることを勧めた師匠が「聞いてのとおり，年枝があたしたちと東京へ戻って噺家になる。みんなでお目出たく，手を締めよう」と言うと，年枝が「待って下さい。締めるのはこりごりです」。

【解説】　八代目林家正蔵が，上方落語を東京に移した実績を残す柳家小はん（生没年不詳）から実話だと教わり，そのときの話を再構成して一席物に仕上げた作品。主人公の春風亭年枝と師匠の三代目春風亭柳枝はともに実在した落語家であり，正蔵は柳枝を二代目としているが，二代目柳枝門下に年枝という名前は確認できない。三代目柳枝門下で明治34年（1901）に亡くなった年枝という人気を得ていた落語家がいるのと（正蔵は「若手の真打でバリバリ売れている」としている），大正7年（1918）に亡くなった五明楼松鶴という落語家が，一時期年枝を名乗り，怪談噺で地方を廻っていたという記録が残るので，その人もモデルと考えられるが，いずれにしても特定しがたい。なお，噺の途中で年枝によって披露されるのは『真景累ヶ淵』の「宗悦殺し」であったり，『怪談累草紙』であったりする。現在では林家正雀や柳家三三などが演じている。

能狂言 (のうきょうげん)

【種別】 滑稽, 武家, 夏

【あらすじ】 ある殿様が江戸から国許に帰り, 江戸で見た能狂言が面白かったので, 端午の節句の際に披露しろと家老に申し付けた。ところが, 能狂言について知っている者がいないので「知っている者がいたら城内へ申し出よ。褒美を取らせる」という高札を立てた。そこへ旅興行をしている落語家二人が現れ, 能狂言を知っているという話をしたので城へ連れて行かれる。家老から能狂言を教えてくれと言われるが, 今更詳しくは知らないとも言えず, 間に合わせの衣装と鳴り物で, 『忠臣蔵』五段目の茶番を『忠五二玉』と題して, うまくごまかして見せようと決める。本番の日, もっともらしいセリフ運びで『忠臣蔵』を演じはじめ, 与市兵衛に定九郎が金を渡せと迫り, 斬りつけると与市兵衛が舞台に倒れる。定九郎は「久しぶりなる五十両。この金持って島原へ。まず女郎買いへ参ろう」と言って舞台から下がった。ここで芝居なら幕が下りるのだが, 能舞台なので幕も緞帳もない。殺されたはずの与市兵衛が起き上がり,「わしを殺して金を取り, 女郎買いに行くとはふてぇ野郎。島原へはやるまいぞ。女郎買いにはやるまいぞ, やるまいぞ。やるまいぞ, やるまいぞ」(と言いながら舞台から退場する)。

【解説】 上方落語で三代目三遊亭圓馬が六代目三遊亭圓生へ伝えた。『疝気の虫』と同様に, 演者がセリフを口にしながら舞台を去って行くという見る落語の一つ。サゲの「やるまいぞ, やるまいぞ」は, 能狂言で追い込みと言い, 「逃さないぞ」という意味がある。

野ざらし (のざらし)

【別題】 骨釣り
【種別】 滑稽, 長屋

【あらすじ】 長屋の八五郎が隣家に暮らす尾形清十郎のところへやって来て, 昨夜来ていた若い女は誰だといきなり切り出す。清十郎が言うには, 昨日向島へ釣りに出掛けたところ, 雑魚一匹かからないので帰ろうとすると, 霞の間からカラスが飛び出し, そこに野ざらしのどくろがあった。そこで持っていたふくべの酒をかけて「野を肥やす骨をかたみにすすきかな」と手向けの句を詠んで回向をしてやったところ, その夜遅くになって, おかげで浮かばれましたと女がやってきたのだという。「夕べの娘はこの世の者ではないのだ」と聞いた八五郎だが, 幽霊でもああいういい女ならいいと, 無理に竿を借りて, 早速向島へ釣りに行くことにする。釣り人で賑わう向島の土手にやって来て, 八五郎は女が家にやって来たらどうしようかと, 一人で妄想をしながら, 回りの迷惑を顧みずに騒いでばかり。しまいには釣り糸で自分のあごを釣ってしまった。するとカラスではなく, ムクドリが飛び立ったので探してみると, 人骨を見つけ, 清十郎と同じように酒をかけて, 自分の住んでいる長屋の家を教えて帰る。するとその様子を屋根船の中で見ていた幇間が, 女と会う約束をしたのだと思い, そこへ行けば祝儀をもらえるだろうと, 夜になって八五郎の家を訪ねる。てっきり女の幽霊が来たのだと思いきや, 現れたのは口の悪いベラベラと喋る男なので, 「いったい, お前は誰だ?」「新朝という幇間で」「なに, 新町の太鼓?しまった, 昼間のは馬の骨だった」。

【解説】 前身が托善という僧であった二代目林屋正蔵がつくったとされるが, 原話は中国の『笑府』の「学様」に見られ, 元々因果応報譚の陰気な噺であったのを, 明治期に活躍した初代三遊亭圓遊が現在のような賑やかな演出に変えたとされる。サゲは「新朝」と名乗る「幇間」と, 浅草の「新町」でつくられる「太鼓」に張った馬の皮にかけたもので, 他に幇間の別名である「狸」にちなんで,「それでは狸の骨であったか」とサゲることもあった。本来は

「馬の皮」でサゲるべきだが，どくろに酒をかけてきたので「馬の骨」としている。いずれにしても新町や太鼓の皮が馬の皮でできていることが分からなくなったこともあり，最近では本来のサゲまで演じることは少なくなった。その場合，八五郎が向島で釣りをしながら大騒ぎをし，自分のあごを釣り上げた釣り針を外して，「さあ，来い！」「あの人は針を取っちゃったよ」として噺を終えることが多い。近年では三代目春風亭柳好が，そしてその芸に惚れ込んだ立川談志が得意にして演じていた。また舞台を中国に移した『支那の野ざらし』(別題『樊噲(はんかい)』)という噺もある。上方では『骨釣り』といって，礼にやって来た石川五右衛門の幽霊に対して，「それでは釜割りに来たのだな」でサゲている。

のっぺらぼう
【別題】 こんな顔
【種別】 滑稽，怪談
【あらすじ】 四谷左門町に住んでいる小間物屋の吉兵衛という男が，得意先の赤坂のある殿様と碁を打ち終えて，夜遅くになった帰り道に赤坂見附の弁慶橋にさしかかった。すると橋の真ん中あたりで，文金高島田に振袖姿の娘が身投げをしようとしているので，そっと近寄って帯をつかんでそれをとどめた。泣いている娘に事情を聞こうとすると，「おじさん，こんな顔でも聞いてくれますか？」と，振り向いた顔はのっぺらぼう。驚いた吉兵衛が逃げ出すと，夜明かしのそば屋が店を出していたので，そこに飛び込んで，今あったことを話した。「旦那もご覧になったんで？こんな顔じゃありませんでしたか？」と，そば屋の顔を見ると，これまたのっぺらぼう。驚いて我が家に逃げ帰ってきて，女房に話して聞かせると，「お前さんの見たのっぺらぼうって，こんな顔だったかい？」と，女房の顔までのっぺらぼうなので，吉兵衛は目を回して倒れてしまう。女房に起こされた吉兵衛は全部夢だったかと安心をして，改めて女房に夢で見たことを話すと，「私の顔がのっぺらぼうだって？そんな顔があるかい？お前さんが見たのはこんな顔かい？」とまたのっぺらぼうなので目を回してしまう。そして「お前さん起きなさいよ」と起こされて…と，終わりがない話。
【解説】 民話に数々の原話が見られるが，この噺に近いのは小泉八雲(ラフカディオ・ハーン)の『怪談』に収載されている「むじな」である。小噺のように演じられていた話を六代目三升家小勝が一席物にまとめたとされている。演者によって噺の結び方が異なるが，橘家二三蔵は繰り返しを続ける中，高座に現れた前座に「俺はまだ喋りたいんだ」と叫びながら楽屋の方に引きずられていくというサゲで演じることがある。他にも柳家蝠丸や十一代目桂文治などが寄席で演じている。

のめる
【別題】 二人癖(ににんぐせ)
【種別】 滑稽，長屋
【あらすじ】 何かあるとすぐに「のめる」と言うのが口癖の男と，同じように「つまらねえ」と言う口癖の男が，癖を口にしたら50銭の罰金を払おうという決め事をした。何とか相手に「つまらねえ」と言わせたい男が隠居のところでいい方法を聞いてきて，早速，試してみることにする。糠だらけの格好で相手を訪ね，練馬のおばさんから大根百本をもらったのだが，醤油樽につまろうかと尋ねると，相手は口癖だけに「つまらない」と言いそうになるのだが，気づいてしまった。そして今度は逆に婚礼で忙しいんだから帰ってくれと口にすると，それを聞いた男が「のめるな」と言わされて五十銭取られてしまう。男はくやしがって隠居のところへ再び訪ね，新たな作戦をとる。それは元から詰まない詰将棋。将棋の好きな相手だけに，夢中になって考え込んだところで，「つまろうか」と声をかけると，思わず「つまらねえ」。「引っ掛かりやがった，さあ，五十銭よこせ」「よく考えたな。だから倍の一円やらあ」「ありがてえ，一杯のめる」「おっと，差し引きだ」。
【解説】 寄席等でよく聴くことのできる「癖」を扱った噺。原話は元禄14年(1701)『百登瓢箪(ひゃくなりひょうたん)』の「癖はなおらぬ」。

は

羽織の遊び（はおりのあそび）
【別題】 羽織の女郎買い
【種別】 滑稽，廓
【あらすじ】 若い衆が集まっているところへ伊勢屋の若旦那が通りかかった。昨夜，廓へ遊びに行ったところ大変にもてたという話を面白おかしく聞かせるので，「モテるところを見てみたいのでお供させて下さい」と言うと，「連れて行ってあげてもいいが，羽織がなければいけません」と言ってきた。みんなは銘々に羽織を持っているが，熊だけは持っていないので，差配のところへ借りに行くと，あいにく留守。おかみさんから借りようとすると「どこへ着ていくのか」と尋ねられたので，「今夜，女郎買いに行くんです」と正直に答えてしまう。「吉原へ行くんで貸したんでは旦那に怒られる。祝儀不祝儀であれば貸さないでもない」と言うので，「不祝儀です」とごまかすと，「誰が死んだんだい」「小間物屋の彦兵衛さん」「いつ？」「今朝」「おかしいね。今しがた荷を背負って家の前を通ったよ。一体誰なんだい」「長屋の糊屋の婆ですよ」「大きな声出すんじゃないよ。今，二階で仕事しているよ。本当は誰が死んだんだよ」「そのうち，誰か死にましょう」。
【解説】 噺には続きがあり，羽織を全員が着てきたので，若旦那が一人の男に反身になって床の間の掛け軸をほめる役を頼む。店に上がって座敷で言われた通りに反身になると，一所懸命に反ったのでひっくり返ったり，紙入れを突き出したときに気取って咳払いをしろと言われたので，その通りやってみると，紙入れの代わりに懐へ入れておいたレンガが飛び出した，という場面があったという。三，四代目春風亭柳好が得意にして演じていた他，六代目三遊亭圓生や古今亭志ん朝の音も残る。現在では十一代目桂文治などが演じている。

化け物使い（ばけものつかい）
【種別】 滑稽，夏
【あらすじ】 本所の割下水で暮らす，元御家人で一人暮らしの隠居は，口やかましくて人使いが荒いので使用人がなかなか居つかない。そこへ日本橋葭町の口入屋である千束屋から杢助という男が覚悟の上でやって来た。隠居は今日は骨休みをしてくれと言いながら，薪割りにはじまって，草むしり，縁の下に天井裏の掃除，さらに手紙を品川まで届けて，ついでに千住に廻ってこいという人使いの荒さ。杢助はそんな家でも三年の間働き続けるが，隠居が化け物の出る家に引っ越すと聞いて，「旦那様にお願えがごぜえます。お暇をいただきてぇ」と言って国へ帰ってしまった。するとその夜，背中がゾーッとしたかと思うと，一つ目小僧が現れた。早速，洗い物や水汲み，布団敷きに肩たたきと用事を言いつけ，「いやだ」と言おうものなら「ひどい目にあわすぞ」と叱りつけてはこき使う。そして「明日はもう少し早くに出て来い」と言って寝てしまった。次の日になって隠居の前に出て来たのは大入道。一つ目小僧と同じ仕事をさせると心得ているので，ついでに庭の石灯籠を直させて屋根の草むしりをさせながら，「お前は十日に一度ぐらい来てくれると重宝だ」と言う。三日目に現れたのは大きなタヌキで，そのタヌキが毎晩化けていたと言い，涙ぐみながら「旦那にお願いがございます。お暇をいただきたいのですが」「暇をくれ？」「こちらさまのように，こう化け物使いが荒くっちゃ，とても辛抱がなりかねます」。
【解説】 大正時代になってつくられた新しい落語という。が，原話らしき話が井原西鶴の『武道伝来記』中の「按摩とらする化物屋敷」に見える。三代目桂三木助，八代目林家正蔵，五代目古今亭志ん生と多くの演者が演じ，ここでは三木助と正蔵の型を示した。近年，この噺を演じた古今亭志ん朝は三日目にのっぺらぼうの女を登場させ，隠居にジロジロ見られるので恥ずかしそうにしていると，隠居が「なまじ目鼻

があって苦労している女はいるんだから」と言葉をかけたり，裁縫をさせたときに針に糸を通す様子を見て「どこから見ているんだろう」といった秀逸なクスグリを入れて演じていた。また最後は「お前さんのような化け物使いが荒い人はいません」でサゲる演者も多い。口入屋については『引っ越しの夢』を参照のこと。

化物娘（ばけものむすめ）
【別題】　本所七不思議／おいてけ堀
【種別】　怪談
【あらすじ】　本所割下水に住む浅井久之進という直参の娘は，小さいときに疱瘡にかかった上に煮え湯を浴びてしまい，醜い顔になってしまった。それに悩んだ妻を亡くした久之進が，吉原へ遊びに行った際に，高窓という花魁と馴染みになり身請けをして後妻にした。久之進は藤八拳仲間で傘職人の伊之助が友達の家に居候をしていることを知り，自分の屋敷に迎えてやることにする。ある寒い夜，後妻が寒いだろうからと伊之助を娘の部屋で寝かせると，そこは男と女のことで，それをきっかけにして娘が妊娠をしてしまった。娘は継母に何を言われるか分からないから連れて逃げてくれと言うので，伊之助は困って阿部川町の伯父の所へ身を寄せることにするが，娘を置いて逃げてしまう。娘は身重のまま割下水へ身を投げ，その後，伊之助を探して化けて出るようになった。
【解説】　明治26年（1893）3月刊の雑誌「百花園」に，禽語楼小さんによる『化物娘』の速記が残り，そこでは「化物娘と云ふ怪談端緒の御情話でござります」としているが，その続きは他書などでも見られない。五代目古今亭志ん生が演じた音が残っている。本所七不思議とは江戸時代の怪異譚の一つで，現在の墨田区を中心にした奇談を集めたもの。諸説あるが「置行堀」「足洗屋敷」「狸囃子」「送り提灯」「片葉の葦」の五つの他，「落葉なき椎」「津軽の太鼓」「燈無蕎麦」「送り拍子木」のいずれか二つを加えて，そう呼んでいる。

羽衣の松（はごろものまつ）
【別題】　羽衣／三保の松原
【種別】　滑稽
【あらすじ】　三保の松原に天女が降り立ち，着ている羽衣を松の枝に掛けて遊んでいると，近くを通りかかった漁師の伯良がそれを見つけて持ち帰ろうとした。声を掛けられた伯良が天女を見ると，その姿が大変綺麗なので「夫婦になってくれ」と言うと，「その羽衣を返してほしい」と言ってきた。「羽衣を返したら飛んで行っちゃうだろう」と言い返すと，「うそはつきません」と言うので，その羽衣を肩にかけてやると，吹いてきた一陣の風にのって空中へ上ってしまった。伯良が「天女さん，今言ったことはどうしたい？」と声を掛けると，雲の間から顔を出して「あれはみんな空っことだよ」。
【解説】　四代目橘家圓喬による『三保の松原』という速記が残り，五代目古今亭志ん生が演じた。現在でも柳家小満んが演じることがある。

三保の松原の羽衣の松

橋の婚礼（はしのこんれい）
【種別】　滑稽
【あらすじ】　幇間の一八が橋本の旦那のところを訪ねると，今日は両国橋の開橋式で，橋に縁がある名前なので，旦那も呼ばれているという。なんでも「自分の名前に橋がつくだけでなく，庭にお稲荷さんを二社祀っており，その間に橋を架けて信心をしていたところ，夢枕に立った神様から呼ばれた」とのこと。一八が不思議に思ってついていくと，今日は両国橋と吾妻橋との婚礼でもあると聞く。そうして橋までやって来ると，旦那が受付係をすることになり，

橋が人間の姿を借りて次々にやって来る。自分なんかがやって来てもいいのかと悩んでいるのが「思案橋」。何でこんなことになったのかと疑問に思ってばかりいる「言問橋」。自分の鬚を撫でてばかりいるお爺さんが「白鬚橋」。年を取って目が悪くなったので手を引いて上げましょうと「眼鏡橋」もやって来る。公家の恰好で「千早ふる神代も聞かず竜田川」と詠んでいるのは「業平橋」。お料理番でやって来たのは「俎橋」で、新しい菜箸を持って来たのが「心斎橋」。するとそこへ巨大な吾妻橋が花嫁衣裳でやって来た。宴がはじまると吾妻橋が酔っ払って寝てしまったので、「吾妻橋さん、寝込んでも大丈夫ですか」「ご心配なく、そばに『枕橋』が控えています」。

【解説】 初代三遊亭圓遊がつくったと思われる落語で、近年、柳家喬太郎が構成をし直して演じ、そのあらすじを示した。明治38年（1905）1月号の「文芸倶楽部」に圓遊による『橋の結婚』という題の速記が残されており、そこでは吾妻橋の仲人を務めるのは「永代橋」で、橋渡しは以前は渡船であったが今は橋になった「厩橋」。「ところでお嫁さんの脇に小さい橋がいますが、あれはどこの橋です？」「お嫁が吾妻橋だけに、そばに枕橋がついています」というものであった。枕橋は『文七元結』などにも出てくる橋で、吾妻橋の近くに架橋されている。

橋場の雪（はしばのゆき）
【別題】 雪の瀬川／夢の瀬川
【種別】 滑稽、冬
【あらすじ】 若旦那のところに幇間の一八が現れ、瀬川花魁が向島の植半で待っているという。橋場の渡しから舟に乗ろうとすると舟は出てしまい、雪が降り出してきた。すると下女を連れた女性が傘をかかげてくれ、家へ立ち寄ってくれと言ってきたが、舟が戻って来たので向島に渡った。だが瀬川は帰ったばかりで、一八も行方不明。仕方がないので舟で戻ろうとすると船頭がいない。そこへ雪と下駄を持った小僧の定吉が現れ、対岸で手招きをする先ほどの女性を見つけた。定吉の漕ぐ船で川を渡り、女の家へ行き、酒を飲み、酔いが回ったところで横になると、布団の中へ女が…というところで、女房のお花に起こされた。見ていた夢の話をすると、女房がやきもちを焼いて喧嘩になる。騒動が一旦落ち着き、若旦那の肩を叩いていた定吉が居眠りをし始めたのを見たお花は、大旦那を呼びに行き、「若旦那がまた橋場の女のところに出掛けるつもりでございます」。居眠りをしているのを見た大旦那は「何処にも行かず、部屋にいるじゃないか」「いいえ、定吉がまた舟を漕いでおります」。

【解説】 『夢の酒』の元ネタとなった噺。原話は安永2年（1773）『聞上手』の「やきもち」や安永2年（1773）『仕方噺』の「夢」などにある。現在でも演じる人はいるが、ここでは柳家三三の型を示した。

バスガール
【種別】 滑稽、新作
【あらすじ】 ある男が嫁さんを紹介してもらうが、相手には一つキズがあるという。それは「訛り」。言葉は国の手形というから気にはしないと言うと、お国訛りではなくて仕事訛りだという。それでも構わないということで、鶴子という女性がやって来ると、早速、「はーい、ありがとうございまぁす。不束者のわたくしを、お世話下さる方あらば、なにぶんよろしくお願い申しまぁす」とはじまった。何でも以前は下関で観光バスのガイドをしていたということで、男は「年中旅行しているようで、きっと楽しいだろうと思います」といって喜んで一緒になることにする。会社の友人が「今度、斎藤が奥さんをもらったんだが、美人だし、とっても愉快なんだ。斎藤がある日『お茶でも入れたら』と言ったら、奥さんは『オーライ』。お茶を運んで来たら『粗茶でございますが』ではなくて、『宇治か狭山か静岡か、見分けもつかぬわたくしが、湯加減構わず入れました。一つ召し上がっていただきとうございまぁす』と万事その調子だったらしい」と噂をしている。そこで家に遊び行くことにすると、途中で斎藤にバッタリと出くわした。早速奥さんの話になると、斎藤が言うには「僕とは似合いの夫婦だ」とのこと。先日は地震があったときに、少しも

慌てずに「揺れますからご注意願いまぁす」と言ったとか。ところがこの間、初めて夫婦喧嘩をしたら、やはりバスガイド口調で、それを仲裁に来た隣のお婆さんがつられて、「犬も食わないこの喧嘩、お止めになってはいかがです。夫婦団らん円満が、一番よろしゅうございまーす」。
【解説】 柳家金語楼（有崎勉）が観光バスに乗り、バスガイドの口調を聴いているうちに思いつき、昭和6年（1931）につくったという落語。基本の筋立ては『たらちね』と同様であり、口慣らしにいいこともあって、金語楼が設立に携わった落語芸術協会では前座が演じている。桂米丸が五代目古今亭今輔に入門した際に、これからは新作落語の時代だからと言うことで、この噺を最初に稽古してもらったという話が残る。

八問答 （はちもんどう）
【種別】 滑稽、長屋
【あらすじ】 町内の先生のところに八っつぁんがやって来た。先生が本名を聞くと「山田八五郎で、生まれたのは八月八日の八時八分で、八番目の子どもなので、八五郎という名前になった」と言う。「八という数字は末広がりで縁起のいい数字だ」と先生は言い、日本は八百万の神、神様には八幡様があれば、京都には八坂神社があると、日本と「八」の関係を話していく。江戸は八百八町、銀座八丁、土手八丁、中をくぐれば仲之町、白井権八、小紫。小紫は花魁だから外八文字（そとはちもんじ）。しまいには東海道は五十三次も「五と三を足せば八だ」と言う。女は母に、年をとればババ。いい女は八頭身で、悪い女は八つ裂きだ。他にも人間の顔に、動物や魚の名前、食べ物、名物、スポーツに楽器となんでも「八」とからめてくる。「バイオリンにも『八』がある。演奏をする弓を『キュウ』と言うだろう」「キュウじゃだめです」「一を引けばいい。弾かなきゃ音が出ないだろう」。
【解説】 花月亭九里丸によると、初代桂春団治が小噺の『戎小判（えびすこばん）』と『お日いさんの宿』を続けて演じ、それに『八問遁甲（はもんとんこう）』という仏説を加えたものという。東京では春雨や雷蔵をはじめとした、雷門助六一門の噺家が演じている。

八九升 （はっくしょう）
【種別】 滑稽
【あらすじ】 耳の遠い隠居が女中から「ご飯ができましたから召し上がっていただきたいんですが」と言われるが、自分のことを馬鹿にしたと勘違いをして小言を言う。すると番頭が困っている女中に「お前は無愛想でいけない。相手は耳が聞こえないんだから、ニコニコして頭を下げていればいいんだ」と教え、隠居のところへ行って、ニコニコしながら「くたばりぞこないの厄介おやじ」と声を掛けると、番頭の笑顔に騙されて、隠居の機嫌が直ってしまう。隠居が「いい火鉢を買ったが、あれはどこで手に入れたんだい？」と尋ねると、「うるせえじじいだな」と言いながら、懐から帳面を出して隠居に横にして見せた。「帳面を横にした…。ああ、横丁か。あれは何の木だ？」。髪の毛を一本抜いて、火鉢の中へくべてみせると、「ええ、ケヤキ（毛焼き）か。それから、この間、たいそう米を買い入れたが、米の産地はどこだ？」。番頭が糞を着て、扇を広げて踊りの格好をすると、「美濃米か。今、一両でどのくらいだ？」。番頭は「ああ、めんどくさい」と言いながら、こよりを隠居の鼻へ突っ込んだから、隠居がくしゃみをして、「ハックショウ（八九升）か」。
【解説】 六代目三遊亭圓生が「これは、初心のうちに教える噺として、あたくしは弟子になった者には、まず一番先にこれを稽古します」と自著で述べるように、圓生一門の多くは、現在でもこの噺を最初に教わる。圓生は続けて「こういう噺が、完全にできれば、大した噺家なのですが、人物もいろいろ出てまいりますし、おぼえやすさを重点に、これを稽古用としております」としている（『圓生全集・別巻中』より）。マクラに「三ぼう（泥棒、つんぼ、けちん坊）」の中から「つんぼ」の小噺を据えることが多い上に、本題そのものも耳の聞こえない人を扱っているだけに、放送で聞いたり、音として残ることが少ない。芝居好きの若旦那が寺に預けられるが、芝居の真似事ばかりをして、番頭と和尚を困らせるという、文政12年（1829）『たい

このはやし』の「芝居好」に原話が見て取れる。

初天神（はつてんじん）
【種別】　滑稽，長屋，新春
【あらすじ】　羽織を着て初天神に出かけようとしている父親が女房から金坊も連れて行ってくれと言われる。最初は嫌がるが，金坊に「あれ買って，これ買って」と言わないという約束をさせて連れて行くことにした。ところが縁日の露店が並んでいるのを見ると，約束を破って大声であれを買え，これを買えと言い始める。「だからお前なんか連れて来なけりゃよかった」と思いながらも，仕方がないので飴を買ってやることにして，父親が店先に並んでいる飴を舐めまわしていると飴屋から注意される。金坊は買ってやった飴を舐めているが，「飴を落としちゃった」「どこへ落とした？」「お腹の中」。次に団子を買うことになると，団子屋が蜜をたっぷりつけて渡そうとするので，「着物が汚れるじゃねぇか」と垂れてくる蜜をきれいに舐め上げ，それを子供に渡す。「そんなの嫌だ」という子供をなだめながら，父親が団子屋の目を盗んで蜜の入った壺の中に持っていた団子をチャポンとつけて「ほら，食え」と渡すと，今度は金坊が蜜を舐め上げ，父親と同じように団子をチャポン。やっとのことで参詣を終えると，今度は凧を買ってくれとせがまれる。近くの空き地で早速買った凧を揚げようとすると，凧を持った金坊が酔っ払いにぶつかって怒鳴られてしまう。それを見ていた父親が「どうもすみません。何分にも子供のしたことですのでご勘弁願います」。すると今度は糸を持っている父親がぶつかってしまうので，金坊が「どうもすみません。何分にも大人のしたことですのでご勘弁願います」。やっとのことで凧を揚げると，父親は夢中になってしまって金坊に糸を渡そうとしないので，「こんなことならお父っつぁんなんか連れて来なけりゃよかった」。
【解説】　元は上方落語で三代目三遊亭圓馬が東京に移したとされる。演題の初天神とは正月25日の，その年初めての天満宮の縁日のこと。羽織を着て初天神に出掛ける父親は，参詣を口実に遊びに出掛けるという設定もあり，金坊を連れて行けと女房が言うのは，その浮気封じのためともされる。寄席などで演じるときには，飴をお腹に落とした件か，団子を蜜の入った壺につけるところで終えることが多い。サゲの凧の場面に関しては，寛保2年（1742）『軽口若夷（かるくちわかえびす）』の「いかのぼり」や安永2年（1773）『聞上手』の「凧」などに同じサゲを見ることができる。

初音の鼓（はつねのつづみ）
【別題】　ぽんこん／継信
【種別】　滑稽，武家
【あらすじ】
▷ぽんこん
　骨董好きの殿様のところへ道具屋の吉兵衛がやって来て，一つ打つとそばにいる者にキツネがのりうつって「コン」とひと鳴きする初音の鼓を百両の値で売り込む。といっても，偽物なのでひと鳴きしたら一両差し上げると三太夫を買収して殿様に見せることにした。殿様が早速一つ打つと三太夫が「コン」と鳴くので，「三太夫，いかが致した？」と尋ねると，「前後忘却にございます」と返してくる。殿様がポンポンポンと打つとコンコンコンと鳴く。すると殿様は今度は自分にものりうつるのかと道具屋に打たせると，あわてる道具屋が調べる度にコンと鳴いた。「これはまさしく初音の鼓じゃ，代金を受け取れ」。すると一両だけ下げ渡されたので，道具屋がそれを言うと，「余の鳴いたのと三太夫の鳴いた分を差し引いてある」。
▷継信（つぎのぶ）
　骨董好きの殿様のところへ，鼓を調べると必ず生き物がそこに現れるという初音の鼓を道具屋が百両で売りに来た。売れたら半分の五十両を差し上げると三太夫を丸め込んで殿様に見せると，早速，縁側に出て鼓を調べはじめた。すると雑用をする夫役として庭にいた百姓が，殿様が現れたのであわてて縁の下へ身を潜めたが，殿様がポンポンと鼓を打ち始めたので，それに驚いて飛び出してきた。殿様は「生き物が出ると申したが，人間が出て参った。その方どもはなんだ？」「夫（ぶ）の者でございます」「なんの

夫じゃ」「ただの夫でございます」「初音の鼓を打って忠信が出て参るとは面白い。源平屋島の合戦の模様を物語れ」「そんなことは存じませぬ」「そちが知らんで，誰が存じおる」「次の夫（継信）にお聞き下さい」。
【解説】　初音の鼓とは，歌舞伎『義経千本桜』などに登場する，源義経が静御前に形見として与えた狐の皮でできた鼓である。義経の家来である佐藤忠信に化けた子狐が，親狐の皮でつくられた鼓を奪おうとすると，静の打つ鼓の音で正体を現すもので，『猫忠』などにも登場する。『ぽんこん』は上方種の噺とされるが，現在，東京ではこちらが演じられることが多い。『継信』は古くから速記が見られ，四代目橘家圓喬の速記では『ちり塚お松』に続いて演じられている。原話は『醒睡笑』の「かすり」の他，安永3年（1774）『茶のこもち』の「歩の者」，享和元年（1801）『笑の友』の「聞たがり」などに見られ，安永4年（1775）『聞童子』の「やしま」に噺の原型が見られる。

派手彦（はでひこ）
【種別】　滑稽，長屋
【あらすじ】　長谷川町の新道に坂東お彦という踊りの師匠がいた。歳は二十二歳で大変な美人であったが男嫌い。芸風が大層派手だったことから「派手彦」と呼ばれていた。近くの乗物町の松浦屋という酒屋の四十二歳になる番頭の佐兵衛という男は，仕事一途の女嫌いだが，お彦の稽古風景を見て恋思いをしてしまう。お彦が出入りの頭の妹分であることから，その力添えで夫婦になることができた。佐兵衛は女房孝行で，お彦を大切にして暮らしたが，ある日，木更津に祭礼があり，義理があってお彦が踊りで出ることになった。佐兵衛は悲しみ，小網町から船で出ていくところでも「どうか早く帰っておくれ」と泣くばかり。すると固まって石になってしまった。「おい，番頭さん。石になったのかい」「石になった」「何の石だ」「女房孝行（香々）で重石になった」。
【解説】　近年では六代目三遊亭圓生や柳家小満んが演じたくらいの珍しい噺。松浦佐用姫（まつらさよひめ）が夫の大伴狭手彦（おおとものさでひこ）が新羅に出陣するときに，別れ

を悲しんで石になったという伝説や，それを描いた浄瑠璃の『朝顔日記』のことを仕込むことで噺が分かりやすくなる。

花筏（はないかだ）
【別題】　提灯屋相撲
【種別】　滑稽
【あらすじ】　提灯屋の七兵衛のところに，相撲部屋の親方が訪ねてきた。銚子での巡業を控えているのに，大関の花筏が病気になってしまったので，姿格好が似ている提灯屋に身代わりになってもらい，巡業に来てほしいというのだ。断る提灯屋に相撲は取らなくてもいいし，手間賃を取らせるから付いてきてほしいと言うと，やっとのことで来てもらえることになった。ところが，いざ巡業先へ訪れると，地元は相撲人気で沸きかえり，その千秋楽に網元の息子で負け知らずの千鳥ヶ浜という素人相撲と対戦せざるをえなくなった。提灯屋は立ち会いと同時にひっくり返るという秘策を立て，一方の千鳥ヶ浜も相撲は取らないと父親と約束させられるものの，結びの一番がやってくると土俵に上がらざるを得なくなった。そして軍配が返った途端に，提灯屋が両手を突き出したので，千鳥ヶ浜は不意を食らってひっくり返ってしまった。それを見ていた観客が驚いた。「さすがは大関花筏。張るのがうまいな」。張るのはうまいわけで，提灯屋ですから。
【解説】　上方で『提灯屋相撲』といった噺を，三代目三遊亭圓馬が東京へ移した。八代目春風亭柳枝は水戸の大浜で七日間の巡業としていた。サゲの部分は「花筏は張るのが上手だ」「当たり前だ，提灯屋だから」とセリフにする演者もいるが，観客は提灯屋であることを知らない訳なので，地（演者の語り）でサゲた方が無難といえる。

鼻利き源兵衛（はなききげんべえ）
【別題】　出世の鼻
【種別】　滑稽，春
【あらすじ】　日本橋の通り一丁目の白木屋という呉服屋の前に大勢の人だかりができた。ある大家（たいけ）から珍しい布の名前が知りたいと預かった

のだが分からないので,名前を教えてくれた者に百両を差し上げると,店頭にその布がぶら下げてあるのだ。すると突然の竜巻でその布が飛ばされてしまい,店の者は大切な預かり物を無くしたということで大騒ぎをし,今度は布を探し当てた者には三百両を差し上げるとした。その一部始終を見ていた野菜の荷商いをしている源兵衛は,家の物を売り払った十三両の金を持って白木屋の目の前に店を借り,早速,白木屋へ挨拶に伺い,失せ物の話を持ち出しながら,十里四方の物は嗅げばわかると言って,一番蔵の折れ釘にぶら下がっている布切れを見つけてみせた。源兵衛は柳原で三枚の暖簾を買い求め,「近江屋伊勢屋松坂屋」と店に掲げると,その翌日,白木屋の番頭がやって来て三百両の金を置いていく。布の名前は分かったが,今度は京都にある本店の出入りの御所に泥棒が入り,八咫の御鏡が紛失したので,源兵衛の鼻で見つけてほしいと頼んできた。源兵衛は物見遊山のつもりで京都にやって来るが,御所ばかりは平民は入れないので「左近尉近江伊勢松坂守源兵衛藤原鼻利」という位をもらって嗅ぎまわると,庭の大木の穴から泥棒が出てきた。見逃してやる代わりに鏡を返してもらい,それを報告すると,千両のご褒美をもらうことになる。源兵衛が「その金で小さな八百屋の店を持ちたい」と口にすると,「存外,望みが低いのう。なぜじゃ」「ハナの命は短うございます」。
【解説】 近年,この噺を復活させて演じていた五代目三遊亭圓楽の型を示した。本来の話では源兵衛が京都で嗅ぎ分けるのは,近衛家で預かっている定家卿の色紙と八咫の御鏡で,それを発見した礼として受け取るのは吉野山の御殿である。すると京都では源兵衛の噂でもちきりになり,「一度でいいから(源兵衛の)鼻を見たいものだ」「ハナが見たけりゃ吉野へござれ」というものであった。天保10年(1839)『噺の種』の「天狗のおじぎ」に原話が見られる。なお,似た演題で『鼻利き長兵衛』という上方種の噺がある。嫌われ者の長兵衛が,仲間が飲んでいるのを嗅ぎつけて現れるが,店の女中にいないと言われるので,連中の一人の女房が亡くなったと嘘をついて仲間に入れてもらうと,そこへ頼んであった田楽がやって来て…と,サゲが『ん廻し』と同種であるものがある。

噺家の夢 (はなしかのゆめ)
【別題】 落語家の夢
【種別】 滑稽,旅
【あらすじ】 噺家という商売を知らないような田舎で,東京の噺家が一軒の田舎家に泊めてもらうことになった。その夜はひどいものを食べさせられるが,翌朝,「漁師のところに行って魚を買って来い。ただし値段を吹っかけられるから安く買って来い」と言われる。早速,港に行って,漁師に「鯛をもらいたい」と言うと,「安くねえぞ,驚くな。一匹一銭でどうだ」。あまりの安さに驚いていると,漁師は高すぎたかと思い,平目十匹,さらにマグロ十本,しまいには鯨を持っていけと言い出す。噺家が五銭を渡すと漁師たちは大騒ぎ。泊めてもらったお礼に十銭を渡すと「孫子の代まで安楽に暮せるだ」とこれまた騒ぎに。自分の懐に金はあるし,ここで暮らそうと,城みたいな家を建て,贅沢三昧な暮らしをして,「こんなことなら噺家なんかやってられるか」と喜んでいると,目が覚めてしまった…。
【解説】 四代目三遊亭圓遊が三代目柳家小さん門下であった柳家小はんから教わったという噺で,現在は柳家喜多八をはじめとした落語家が演じている。上方落語の『深山隠れ』に同種の噺が見られることから,そこから独立させた話ではないかと思われる。

鼻ねじ (はなねじ)
【別題】 隣の桜
【種別】 滑稽,春
【あらすじ】 旦那が定吉を呼び,隣家に暮らす学者がせっかく咲いた庭のサクラの枝を勝手に切ったので,「ひと言言ってくれれば枝を切りましたのに」と苦情を言いに行かせた。学者先生は「サクラの枝が無断で塀を越えてこちらへ来たから折ったんだ」と言い,「塀越しに隣の庭に出た花は 捻じろ倒そとこちら次第」と短冊に詠んで,小僧に渡した。旦那は仕返しをしてやりたいと考え,番頭に相談をし,芸妓衆を

呼んで桜の宴を開くことにした。すると先生が何を騒いでいるのだろうと，塀の節穴から覗いたところで穴がふさがれた。そこで塀の上から身をのり出すと，番頭は釘抜きで先生の鼻をねじ上げた。「痛い，何をする」「先生，今朝方の返歌でございます。塀越しに隣の庭に出た鼻は捻じろ倒そとこちら次第」。
【解説】　元は上方落語で，東京では二代目桂小南が演じ，それが広まった。中で詠まれる歌は「塀越しに隣の庭へ出た花は捻じろ手折ろとこちら任せ」というものもある。

鼻ほしい (はなほしい)

【別題】　口惜しい／鼻の狂歌
【種別】　滑稽，旅
【あらすじ】　病気のために鼻の障子（鼻腔を左右に分ける軟骨）がなくなってしまった浪人は，今は手習いの師匠をしているが，言葉が鼻に抜け，子供たちにも馬鹿にされるので引き籠もってしまった。心配をした妻から湯治に行くことを勧められたので，江戸を立ち，途中で馬に乗ることにした。馬を曳く馬子の頭は禿げているが，後ろにわずかな毛が残っている。そこで「はげ山の前に鳥居はなけれども　うしろに神（髪）がちょっとまします」と狂歌を詠むと，馬子が「山々に名所古蹟は多けれど　はなのないのがさびしかるらん」と返してきた。浪人は怒って馬を下りて帰宅。その事情を聞いた妻が血相を変えて，薙刀を持って飛び出そうとするので，「こりゃ待へと申ふに」「わたくしは口惜しうございます」「そちゃ口惜ひいか。わひは，はにゃがほひい（わしは鼻がほしい）」。
【解説】　原話は享保13年（1728）『軽口機嫌囊（ふくろ）』の「油断強敵」や民話などにも見られる。八代目雷門助六や十代目桂文治は『口惜しい』の題で演じた。大阪では桂福団治が『鼻の狂歌』の題で演じている。

花見酒 (はなみざけ)

【種別】　滑稽，春
【あらすじ】　花見で賑わう場所で，一杯十銭で酒を売って儲けようと，酒好きの男が酒屋で酒と釣銭用の十銭を借りてきて，天秤棒を担いで出掛けることにした。しばらくすると後棒を担いでいる男が，流れてくる酒の匂いに我慢ができなくなって，「俺に一杯売ってくれ」と，十銭払って一杯飲む。すると先棒の男も我慢ができなくなって，「俺にも一杯」。それをかわるがわるにやっていたので，肝心の向島に着き，客に売ろうとしたときには二人は酔っ払って，酒樽の中はからっぽ。二人が売り上げを見ると十銭玉一つ。あそこで俺が買って，これがお前のところへ行って，次にお前が買ったから，これが俺のところに来て…。「ああそうか。してみりゃ無駄はない」。
【解説】　酒屋で借りた十銭は，二十銭玉を出してきた客用の釣銭で，二十銭銀貨が流通していた明治から大正の頃の噺である。舞台になる向島は烏亭焉馬（うていえんば）が「咄の会」を開催した，江戸落語発祥の地であり，花見の他にも『野ざらし』では釣りの舞台，『おせつ徳三郎』では男女の密会の場所として落語に登場する。

花見の仇討 (はなみのあだうち)

【別題】　八笑人／桜の宮
【種別】　滑稽，長屋，禁演（戦後），春
【あらすじ】　長屋に暮らす江戸っ子四人が，花見の趣向に仇討を見せて，評判を取ろうと計画をする。巡礼兄弟による浪人の仇討ちとそれを仲裁する六部といった具合に，役どころと段取りを決めて，当日，飛鳥山に向かうことにした。ところが六部役の半公が約束の場所へ向かう途中に，耳の遠い伯父さんに「巡礼に出掛ける」と勘違いされ，家へ連れていかれ，酒を飲んで酔い潰れてしまった。巡礼兄弟は仕込み杖で練習をしながら歩いていると，酔っ払った武士の頭に杖をぶつけてしまい，無礼討ちにされそうになるが，連れの武士に止められ，仇に出会ったときには助太刀をすると言われる。その仇役はみんながなかなかやって来ないので待ちくたびれて，いらいらしながら飛鳥山で待っている。するとそこへ巡礼兄弟がやってきたので，早速茶番をはじめるが，セリフはしどろもどろで，六部がやってこないので，変な仇討になってしまう。丁度そこに先程の武士が現れ，助太刀と言って飛び込んで来たので，驚いた三人が

一緒になって逃げ出すと、「これこれ、逃げるには及ばん。最前から見受けるところ、勝負は五分と五分であるぞ」「勝負は五分でも、肝心の六部が参りません」。

【解説】　滝亭鯉丈の『花暦八笑人』の「春の部」が原話であるために、『八笑人』という別題がある。噺に出てくる「六部」は、本来は六十六部と呼ばれ、法華経を六十六部書き写し、日本全国の六十六ヵ国の霊場に一部ずつ奉納してまわった僧のことである。飛鳥山は向島と並んで、江戸の人々に人気の花見の場所であった。

はなむけ

【種別】　滑稽、長屋、旅、冬

【あらすじ】　兄は一度握ったら離さないというケチであるが、弟は入って来たものはすぐに手放してしまうので、いつも火の車。晦日になって家賃も借りも返せないでいると、女房から兄のところで借りて来いと言われる。以前、兄が旅に出たときに、はなむけに五円あげたことがあるから、今度は自分が旅に出ることになったと言って、五円を返してもらおうというのだ。兄のところで早速その話を持ち出すが、何を言っても受け付けない。癪に触って「行ってきます」といって立ちあがる途端に、兄の鼻先で大きなやつをブイと放った。「人の前で臭えじゃないか。気を付けろ」「これで一句浮かびました。旅立ちにおなら一つが置き土産」「面白いな。俺がそのあとを付けてやろう。あまりの臭さにはなむけもせず」。

【解説】　短い噺なので、ケチの小噺をマクラに振って演じることもある。三代目三遊亭小圓朝によると、この噺を教わった二代目三遊亭金馬の演出ではこのあとがあり、弟からこの話を聞いた人が「兄弟なのにそれはひどいから、私が掛けあってあげよう」といって掛け合うも、兄が取り合わないので「あなたのようなケチな人はみたことがない」「なに、私のような気性のいい者はいない。死ねばこの身代は他人にやっちまう」としていたという。原話は安永4年(1775)『いちのもり』の「餞別」。

母恋いくらげ　（ははこいくらげ）

【種別】　滑稽、新作

【あらすじ】　朝、海の中ではタコやイカ、カレイやアナゴといった魚たちが挨拶を交わしている。そこへやって来たクラゲのそばには、今日初めて顔を見せる子どものクラゲ、クラノスケがいる。クラノスケに海の中や陸の上、そして空のことを話していると、海岸線の道路に遠足の小学生が乗った一台のバスが走ってきた。車内ではバスガイドがみんなで歌を唄おうなどと子どもたちとやり取りをしている。すると今まで穏やかであった海の天気が一転し、大きな風が吹き、波が荒れ、道路脇に水たまりができ、そこにクラノスケが一人残されてしまった。母親がいなくなり、心細くて仕方がないクラノスケのところへ、遠足のバスから投げ捨てられたミカンの皮が広がってクラゲのような形で落ちてきたので、クラノスケは母親と勘違いをしてそばに近寄ろうとする。ところがそこへゴミを拾いに先生がやって来て、ミカンの皮を拾おうとしたので、電気クラゲのクラノスケは母親が連れて行かれるものと思って電気を流し、先生を追い返した。生まれて初めての放電で疲れ切ったクラノスケはミカンの皮の中で寝てしまう。その頃、海の中では大騒ぎ。するとウミガメのカメゾウが陸の上を探してくれることになり、クラノスケを見つけて連れて帰ってきた。カメゾウから事情を聞いた母親クラゲが「お母さんのことを守ってくれたんだね。でも、ほんのちょっと見ないだけで、随分とたくましくなったような気がする。ね？カメゾウさん」「そうかも知れない。ミカンのおかげで、ひと皮むけた」。

【解説】　柳家喬太郎が「みかん・電気・水たまり」の題からつくった三題噺で、他に三遊亭歌武蔵や柳家三三、上方の桂春蝶などが演じている。魚たちが主役という珍しい噺で、それぞれが見せる泳ぐ様が楽しい、見る落語の一つ。

浜野矩随　（はまののりゆき）

【別題】　名工矩随

【種別】　人情、冬

【あらすじ】　寛政の頃に腰元彫りで名を馳せた

浜野矩安は四十九歳で亡くなり、息子の矩随が後を継ぐが、父親にははるかに及ばないへたくそで、今は芝神明の若狭屋新兵衛だけが、どんなまずいものを持っていっても一分という金で買い上げてくれていた。ところがある日、いつものように矩随が若狭屋に現れ、彫ってきた馬を見せると足が三本しかない。若狭屋は酒が入っていたせいもあって、いつもとは違った厳しい口調で、矩随の気が入っていない仕事を叱り、手切れ金の五両を渡して「お前なんかは死んじまえ」と言い放つ。矩随は悔しい思いを抱えながら家に帰り、母親に伊勢参りに行くので、ここに五両を置いていくと言って出て行こうとするが、若狭屋での一件を見抜かれてしまう。事情を聞いた母親が「それならば死ぬ前に、私のために観音様を彫っておくれ」と頼み込むと、矩随は冬の寒い日ではあるが、頭から水をかぶり、不眠不休で観音様を彫り上げた。それを手に取って見た母親は「これを若狭屋に持って行きなさい。そして三十両で買い上げてもらいなさい」と言い、茶碗に汲んだ水を半分飲み、半分を矩随に飲ませて見送った。若狭屋はこの間の一件を詫びて、矩随の持って来た観音像を前にすると、「矩安の作品がまだあったのか」と深く頭を下げた。矩随は父ではなく、自分の彫ったものであると告げ、若狭屋から三十両の金を受け取ると、若狭屋は「どうしてこんな像を彫れたんだ」と尋ねてくる。そして母親が飲ませたのは水盃だと言い、矩随を家に帰すと、母親は既に亡くなっていた。これをきっかけに矩随は開眼し、後には名人と言われるようになった。

【解説】 浜野矩随は実在した人物であり、講釈にあった話を落語に移した。明治期の名人である初代三遊亭圓右が演じていたものを聞き覚えた五代目古今亭志ん生が『名工矩随』として演じたが、近年では五代目三遊亭圓楽が一龍斎貞鳳から教わったものを演じていた。なお、腰元彫りとは刀の柄や鍔といった、刀の付属品に施す彫刻のことである。

遥かなるたぬきうどん（はるかなるたぬきうどん）

【種別】 滑稽、新作

東京で演じられる六代目桂文枝の創作落語

　上方落語界の重鎮である六代目桂文枝は、若い頃に三遊亭円丈が新作落語と戦っている高座姿に刺激を受け、自らも創作落語に打ち込むようになり、その作品数も今や200を超えるまでになった。日常生活のちょっとした疑問やおかしな話に目を向けた内容は落語ファンに受け入れられるばかりでなく、多くの落語家、しかも東京で活躍する落語家の手によって演じられるようになった。

　代表作は、料理屋の生け簀の中の魚達が会話をする『鯛』に、居酒屋のカウンターに一人座り、グチを言いながら飲んでいる『ぼやき酒屋』。組の再興を願うが組員がみんな年老いてしまったやくざの世界を描いた『背なで老いてる唐獅子牡丹』。子どもの好き嫌いをなくすのにモーツァルトを聞かせる『君よモーツァルトを聴け』。口うるさい女房が旅行に出ると聞いて心の中で喜ぶ夫の姿を描いた『妻の旅行』。読書の授業で読む本を父親の本棚から借りてきたら、中身がまったく違う内容だった『読書の時間』等、演じられる作品も演者も増えてきて、もやは文枝作品は現代に根付いた古典落語の一つとしてもおかしくなくなってきた。今後、どんな作品が生まれ、演じられていくのかが楽しみである。

　東京の高座では柳家はん治や林家種平などをはじめ、若手が演じるようにもなってきている。

【あらすじ】 標高4,478mのマッターホルンの北壁にピッケルを突き刺して登っているのは，足立区のうどん屋長寿庵の店主。店の常連客である山本が電話で注文してきたたぬきうどんをつくるために山頂を目指しているのだ。やっとの思いで山頂に着くと，マッターホルン山頂支店という幟を掲げて，うどんをつくり始める。それはかつおだしの汁に，ネギはその場で刻み，長寿庵の丼に入れ，しかも"マッターホルンの黒がらし"を振りかけて食べてもらうという本格的なもの。山本はそのうどんに舌鼓を打ち，店主のためにうどんを少し残して食べさせると，凍傷にかかり箸を正しく持てない店主は，うどんがこんなに美味しいものなのかと涙ぐむ。山本が下山をしようと声を掛けると，店主はキラキラと輝く空や雲や岩や雪を眺め，満ち足りた気持ちになり，先に下山をしてくれと言い出す。そして疲れからなのか眠ろうとする店主を起こす山本。「寝るんじゃない，寝てはだめだ」という魂の叫びが雪崩を起こさせ，2人はそれに飲まれてしまった。そして長寿庵の丼だけが雪崩に乗って滑り降り，山頂には幟がたなびいていた。その6年後，マッターホルンの北壁を登る一人の男がいた。それは魂を引き継いだうどん屋の息子であった…。
【解説】 三遊亭円丈による平成11年(1999)初演の作品。うどん屋の店主が持つピッケルを描くのに，扇子を一本ずつ両手に持って演じる所作がなされるなど，円丈の落語に対する探究心を見ることのできる作品。円丈の他，自身もエベレストに挑戦した林家彦いちが演じている。

春雨宿 (はるさめやど)
【種別】 滑稽，旅
【あらすじ】 仲の良い二人が君塚温泉を目指して旅歩き。やっとのことでたどり着いたのは小さくて汚い宿で，そこの女中さんときたら，「君塚温泉」を「ケメヅカ温泉」，「君子さん」を「ケメ子さん」と呼ぶように訛りがひどい。目的の君塚温泉まではまだ山越え八里あるというので，二人はあきらめて支店というその宿に泊まるが，部屋は汚く，風呂は八里離れた本店にあると言われたり，秋田生まれの女中に『秋田音頭』を歌わせたら訳の分からない歌詞ばかりが並んだり，足を洗った水で味噌汁をつくられたりする。しまいには部屋の中に雨が降ってきたので文句を言うと，「心配することはねぇよ。長靴と傘貸してやるだから」「それで布団の中で寝ろと言うのか」「そうではねぇ。長靴履いて，傘差して，本店まで行っとくれ」。
【解説】 八代目雷門助六によると，父親である六代目雷門助六が『鶯宿梅』という落語の一節を元につくった作品であり，それを受け継ぎ，さらにアレンジしたというが，そのアレンジの度合いが分からないので，『鶯宿梅』のどの部分から派生した噺なのかは不明である。落語芸術協会で演じられている噺で，現在は九代目助六や昔昔亭桃太郎が演じている。

ハワイの雪 (はわいのゆき)
【種別】 滑稽，人情，新作
【あらすじ】 孫娘のメグミと一緒に雪国新潟で暮らしている留吉の元に一通の手紙が届く。送り主はハワイに住むジョージ藤川という人で，孫に手紙を読ませるとジョージ藤川は日系三世で，祖母はチエコという名前で，その祖母が病気で先が長くないらしく，病床で留吉の名前を呼んでいるのだと言う。留吉は「何をいまさら」と前置きをしながら，「チエちゃんは同じ町で生まれた三つ下の幼馴染で，いつも一緒に遊び，お互いに大きくなったら結婚をしようと約束をしていた。ところがチエちゃんは海外を見てみたいとハワイに一人で行ってしまった。そしてその間に戦争があって，私は婆さんと所帯を持った訳だが，幸せな人生だった」と，半ば怒りながらも，自分の思いを聞かせた。メグミが「会いたいんじゃないの？」と尋ねると，最初は「会いたくない」と言っていたが，「実は会いたい」と本音をもらしたので，優勝賞品がハワイ旅行という市主催の腕相撲大会への出場を提案する。留吉は昔，腕相撲で鳴らした男なのでシルバー部門に出ることに決めるが，今も酒屋で商売をしている永遠のライバルの清吉が出たら勝ち目はないと留吉は言う。メグミは清吉を訪ねて事情を話し，「負けてもらえない

か」と頼むが，「わしもチエちゃんが好きだったから，わしが勝ってハワイに行く」と返してくる。大会の当日，二人の戦いは白熱し，留吉が負けそうになったときに清吉が力を抜いた。「わしの分まで会うてきてくれ」という清吉の言葉を後押しに，留吉とメグミはハワイへ飛び立ち，チエコと再会する。チエコは「ごめんね，留ちゃん」と謝るが，互いに「いい人生だった」と言い交わす。留吉がメグミに持って来させた行李を開けさせると空なので，何を入れてきたのかと尋ねると「新潟の雪だ。二人で雪かきをしたかった」と言う。すると急に身体が冷えてきたかと思うと雪が降ってきた。チエコは「長年暮らしてきたけど，ここで雪が降るのを見たのは初めて」と言って，手の上に積もり始めた雪で二人して雪かきをはじめる。意識の遠のくチエコに「生まれ変わったら，今度は一緒に所帯を持とう」と声を掛けると，「約束します。ありがとう」と言い終えて旅立ってしまう。いつまでも降り続けるハワイの雪…。

SWAによる新しい新作落語像

　落語のつくり方には色々な形があり，これまでは演者がつくり手を兼ねて演じていくパターンと，落語をつくる作家から譲り受けた落語を演じていくパターンが比較的多かった。本書でも多くの新作落語を掲載しているが，原則として取り上げているのは複数の演者が演じるようになった汎用性や普遍性の高い落語である。一方で取り上げなかった多くの新作はイコールその演者「のみ」というものが多い。
　そんな中，平成16年（2004）に結成されたSWA（創作話芸アソシエーション）は，若手人気落語家が集まったことと，その落語のつくり方の二つが大きく注目された。結成メンバーは春風亭昇太，三遊亭白鳥，柳家喬太郎，林家彦いち，講談の神田山陽（のちに脱退）で，メンバー全員でコンセプトやテーマを持ち寄ってつくり上げていき，完成した落語はメンバーで共有していき，それまでに演じてきた新作落語のリノベーションを行うこともあった。名作も多く生まれ，つくられた噺が複数の演者によって語られていくことで，一つの作品に演者による異なる世界が演じ込まれていったことはやはり大きい。
　SWA結成後の第一作である春風亭昇太作の『夫婦に乾杯』は，結婚以来，夫婦円満でいる会社員が冷えきった夫婦向けの商品のネーミングを考えることになる噺。定年退職を迎えたサラリーマンが白線流しのように背広を結んで隅田川に流す『明日に架ける橋』との両作はつくり手の昇太の他に喬太郎も演じている。動物園のパンダが二代目カンカンを襲名することに飼育係とパンダウサギが異を唱える『真夜中の襲名』は彦いち作で白鳥が自分のものにし，夢枕獏が描いた，若旦那が二年振りに江戸へ帰ってくると，捨てていった女房が鬼になって出るという『鬼背参り』は昇太と喬太郎が演じている。
　その他にもSWAで生まれ，それぞれの得意ネタになった噺に，春風亭昇太には足が遅い男の子が運動会の日に雨が降るように祈ると家族の秘密を知る『空に願いを』。三遊亭白鳥による江戸っ子口調で音声ガイドをする『江戸前カーナビ』。柳家喬太郎には父親の十三回忌に集まった同級生達が話す都市伝説の事実が判明する『路地裏の伝説』や，小学生の男の子が初めての一人旅で見知らぬ大人の生きざまに触れる『八月下旬』。息子の一人立ちの日に父親がやり残したことをしたいと明かす『同棲したい』。林家彦いちには柔道で世界を目指す女性が恋愛に目覚める『青畳の女』などがある。

【解説】　柳家喬太郎が平成10年（1998）に池袋演芸場で行われた三題噺対決の高座で、「八百長・ハワイアン・雪」の題からつくった落語。三遊亭遊雀や柳家三三などが演じることがある。

反魂香（はんごんこう）
【別題】　高尾
【種別】　滑稽、長屋
【あらすじ】　長屋の隣の住人が、毎晩、鉦を叩くのでうるさくて眠れないと、八五郎が文句を言いに行った。その人は島田重三郎という浪人者で、伊達公により手討ちになった吉原三浦屋の高尾太夫と契りを結び、その高尾を供養するために、夜な夜な鉦を打ち、魂を返す反魂香を焚いていると言う。八五郎が高尾の姿を見せろというので、重三郎が反魂香をくべると、高尾の幽霊が現れた。八五郎は、三年前に亡くした女房に会いたいので、その香を分けてくれというが、これは私と高尾が交わしたものだからと言って分けてくれない。そこで、八五郎は近くの生薬屋へ飛んでいって、同じものを買おうとするが名前を忘れてしまい、越中富山の反魂丹を買ってきてしまう。早速、火にくべたところ、大変な煙が出るばかり。すると表から「ちょいと、八っつぁん」「そちゃ女房お梅じゃないか」「あたしゃ隣のおさきだけどもね、さっきからきなくさいのはお前さんのとこじゃないの？」。

【解説】　上方落語の『高尾』を元にした落語で、サゲはこの他にも、八五郎の女房の名を「おかじ」として、なかなか幽霊となって現れてこないので、「かじー、かじー」と叫んでいると、それを聞いた長屋の連中が飛び込んできて、水をかけて火を消してしまう。「なんだって水をかけるんだ」「火事を出してるからよ」「かじが出ねえから、煙を出したんだ」と言ったもの。また「おせき」という名前では、「そちゃ女房おせきじゃないか」「私は隣のおきくだけどね、きなくさいけど、何かくべたのかい」「これをくべていたんだ」「これは咳止めの薬よ」「どおりで出てこないわけだ」といったものがある。なお、「反魂香」は漢の武帝が亡き妻を呼び出すために焚いた香であり、「反魂丹」は腹痛や腹下しを止めるための飲み薬。そのあたりの違いが、噺の中の事件を生み出している。また、ここに出てくる「高尾」は伊達騒動の元となった、吉原三浦屋の二代目とされる高尾太夫のことである。

反対車（はんたいぐるま）
【別題】　いらち車
【種別】　滑稽
【あらすじ】　人力車が東京の町を盛んに走っていた頃、上野駅まで急いで行きたいという男が、一台の人力車を捕まえた。ところが車はオンボロで、年を取った俥屋は昨日まで入院していたということで早く進めず、他の車にドンドン抜かれてしまう。仕方がないので途中で降りて次の車を探していると、今度は大層威勢のいい、若い車夫が曳く車が走って来た。ところがまだ乗らないうちに、アラヨ！っと走り出してしまったり、乗れば物凄いスピードで走り、道に横たわっている土管を飛び越えたり、走っている電車と競争して勝ってみせたりするので、車を止めるととっくに上野駅を過ぎてしまっていた。引き返させると、また上野駅を通り過ぎてしまうので、「今夜の最終列車に乗らなきゃいけないんだ。時間を見ておくれ」「午前三時で」「それじゃあ、終列車には間に合わないじゃないか」「その代わり、一番列車には間に合います」。

【解説】　元は上方落語家の桂文屋（1867～1909）がつくったとされる『いらち俥』という噺で、それを東京へ移したと言われている。東京では四代目立川談志（1888～1952、六代目トモ）が得意にし、「俥屋の談志」と呼ばれたことでも知られている。近年では八代目橘家圓蔵が『杭盗人』という小噺をマクラで演じ、それを伏線とした形で演じていた。その内容は次の通りである。威勢の良い俥屋が芸者をはねると、その芸者が池に落っこちた。すると水練の心得があると見えて、池の真ん中にある杭につかまった。俥屋が長い棒でもって「杭か、泥棒か、杭か、泥棒か」「ふざけてないで、芸者を助けてやれ。芸者を上げてやれ」「冗談言っちゃいけない。芸者をあげられるくらいなら俥屋

なんかしてねぇ」。若手の落語家がこの噺を演じるときには，俥屋が土管やドラム缶を飛び越すときに，正座のまま座布団から飛び上がったりすることもある。中で林家彦いちは座布団の上で回転をしてみせたり，俥屋が川を越えるのに水に潜ってしまい，それを所作で見せたりしており，サゲは圓蔵型で演じている。また最近のサゲでは，上野駅を通り過ぎた俥屋が足を止めると，空気がいいので「俥屋さん，ここはどこだい？」「あそこに書いてあります。○○県の××です」であるとか，さらにそれに続いて，俥屋を上野駅まで引き返させ，「ところで旦那，どこへ行くんです？」「○○県は××」と二段オチにすることもある。

反対夫婦（はんたいふうふ）
【別題】　あべこべ夫婦
【種別】　滑稽，長屋
【あらすじ】　長年連れ添った夫婦。夫が家に帰って来ると誰もいないので声をかけると，妻はトイレから出て来て，「留守中大変なことがあったんだよ。浅草までお使いに出掛けたらね，電車とバスのショウタツがあったんだよ」「ショウタツだって言いやがる。日本語も知らない奴だね。あれは衝突って言うんだ」「両方でぶつかったときに立ちあがるからショウタツ」「危なかったな。乗ってなかったのなら，よかったじゃないか」「それがよくないのよ。オートバイが避けようとして歩道に来たのよ。私はそこを歩いていたの」「危なかったな」「それが危なくないのよ。オートバイはその前にひっくり返っちゃったの」「お前は運がいい」「それがよくないのよ。そのときに財布を落っことしちゃったの」「災難だな」「災難じゃないのよ…」と話が噛み合わない。「お茶が飲みたい」と言えば，「コーヒーがいい」と，万事，反対のことを返してくるので，女房に文句を言うと，お茶にコーヒーを入れて出してくる。「見てみろよ。コーヒーに茶柱が立っている」。そこへ舅がやって来て，子どもと旅にでも行ってこいと勧める。すると今度は子どもに足袋をはかせるかどうかで喧嘩になり，「なんで足袋をはかせるんだ？」「だってそう言うでしょう。かわいい子には足袋をはかせよ」。
【解説】　初代柳家権太楼による新作落語といわれ，近年では三代目橘ノ圓が寄席の高座で演じ，時間のないときには「コーヒーに茶柱が立っている」で終えることが多かった。現在では弟子の五代目三遊亭圓馬などが演じている。

半分垢（はんぶんあか）
【別題】　富士の雪
【種別】　滑稽，長屋
【あらすじ】　巡業から久しぶりに帰ってきた力士の家へ町内の者が訪ねてきた。女房が旅の疲れから休んでいることを伝えると，「寝ているなら起こさないでいい。さぞ大きな体になられただろう」と言うので，「入口から入れないので格子や雨戸を外さなければならなかった…」などと自慢をする。それを奥で聞いていた力士が，「三島の茶屋で休んだときに，富士山が見えて，大きなものだと感心をしていると，茶屋の婆さんが『大きく見えても，半分は雪でございます』と，自慢するところを謙遜するので，かえって富士が大きく見えた」と説教をした。すると，そこへまた別の客がやって来たので，小言を言われた女房は，今度は「関取は小さくなって，格子の隙間から入ってきました」と言う。力士が驚いて顔を出すと，客は「大きくなったなあ」「いいえ，大きく見えましても半分は垢でございます」。
【解説】　文化頃の『落噺桂の花』の「富士の山の争ひ」に，ほぼ同じ噺が見られる。その他，富士山の件は寛保2年（1742）『軽口耳過宝』の「三国一」や，安永2年（1773）『坐笑産』の「駿河の客」に。力士の件は元禄14年（1701）『軽口百登瓢箪』の「肥満男」に見える。寄席などの時間の短いときに演じられる一席。

ひ

備前徳利（びぜんどっくり）
【種別】　滑稽，武家
【あらすじ】　備前池田藩の殿様が諸国の大名を呼んで宴を開いた。中に酒豪の大名がいて，相手のできる者を呼んでほしいと言うので，御台所役の片山清左衛門が相手をすると，飲み比べで勝ったので，それを喜んだ池田公は清左衛門を三百石に取り立てた。清左衛門は妻を亡くしており，裕福になったこともあって，息子の清三郎と家来と三人して，毎日好きな酒を飲んで暮らしていたが患ってしまった。余命が長くないことを悟った清左衛門は「薬ではなく，好きな酒を飲んで死んでいきたい」と言うので，医者もそれを許してやると，臨終のときに「酒のおかげで出世をすることができた。備前徳利に自分の姿を残してもらい，酒の側にいさせてほしい。そのことを殿様に願い出てくれ」と息子に託した。殿様は快諾をして清左衛門の絵を入れた徳利を焼くことにした。ご近習となり，参勤交代で江戸に出ることになった清三郎は，ある日，吉原に遊びに行くと九重という花魁に夢中になり，吉原に入り浸るようになって父清左衛門と同じように大酒を飲むようになった。回りの者も心配をし，家来の権八が意見をするが，これまた酒好きなので，酒を飲まされてうまくごまかされてしまう。すると枕元に清左衛門が立ち，意見をする夢を毎晩見るようになったので，清三郎は吉原通いを止めてしまった。するとまた父親が夢に現れたので，親子して酒を飲むことにして，「どこにいらっしゃるんですか」と尋ねると，「両国の酒屋に買われ，酒を入れられている」と喜んで返事をし，それから毎日のようにやって来るようになった。ところがそのうちに父親が現れなくなったので心配をしていると，しばらくして父親が現れた。「お父上，どうなさいました。お顔の色がすぐれませんがどうかなさいましたか」「わたしは情けないことになった。このところ口が欠けたので，醤油徳利にされてしまった」。
【解説】　三代目柳家小さんが演じたという。近年になり十代目柳家小三治が復活させ，柳家小満んなどが演じるようになった。

引っ越しの夢（ひっこしのゆめ）
【別題】　口入屋（くちいれや）
【種別】　滑稽，禁演
【あらすじ】　ある大店で口入屋から新しい女中が来るというので大騒ぎになる。女が店にやって来ると早速，番頭が自分の存在をひけらかし，下心があることをほのめかす。案の定，その日は店を早じまいにして，まだ明るいうちから小僧や丁稚を寝かしつけると，最初に目を覚ました二番番頭が女中部屋に夜這いに行こうとする。ところが暗い上に，中二階へ続く梯子段が外されているので，吊るしてある棚を足場にして上ろうとすると，縄が古くなっていて，棚が崩れ，二番番頭は肩で棚を担いで支えることになってしまう。するとそこへ，同じように女中部屋に夜這いに行こうとした一番番頭が現れ，やはり棚を足場にしようとして，反対側の縄を切ってしまって，もう片方の棚を肩で担ぐことになってしまった。三番目に目を覚ました店の者は，梯子段が外してあるので，内井戸にぶら下がって，明かり取りの窓から忍び込もうとするが，釣瓶の留め金が外れていたので井戸へ落っこちてしまった。そこへ主人が騒がしいのでやって来たので，三人していびきをかいてごまかしていると，「いったいお前たちは何をやっているんだ」「夢でございます」「夜中にどんな夢を見ているんだ？」「引っ越しの夢を見ております」。
【解説】　噺の前半では，店の若い者に間違いがあるといけないということで，主人の計らいでやって来る女中が醜女ばかりなので，番頭が丁稚を買収して美女を連れて来させるという件を入れることもある。三人目の井戸に落ちる男が登場するのは大阪型であったが，今は東京型に

も登場することが多くなってきた。笑話本の『醒睡笑』にも「恋のみち」といった噺が見られるが，十返舎一九による『東海道中膝栗毛』の中で，弥次喜多の二人が四日市の宿で女の泊まる部屋へ忍びに行き，棚を担ぐことになる話が見られる。その他，寛政元年（1789）『御祓川』の「壬生の開帳」にも同種の話が見られる。元は『口入屋』という上方落語で，東西で多くの演者が手掛けている。なお，口入屋とは奉公先などを周旋する職業紹介業で，他に『百川』や『化物使い』にも登場する。

一つ穴（ひとつあな）
【種別】　滑稽，禁演
【あらすじ】　旦那にお囲い者ができたと知って気が気でない女房が，いつもお供で付いていく権助に詳しいことを尋ねてみるが，「知らない」の一点張り。そこで小遣いを渡して，どこへ行くのか見届けるようにと頼むが，丁度そこへ旦那が帰って来て，またすぐに出掛けるというので，早速権助を一緒に行かせることにする。旦那は途中で権助を帰そうとするが，権助が姿を見せなくなったので，安心して妾宅を訪ねることにした。こっそり旦那のあとをついていった権助が塀の穴から覗き見ると，年の頃なら二十二，三の色の白い器量のいい女と旦那が仲良くご飯を食べはじめた。しかも権助の悪口を口にし出したので，権助は腹を立てて家に帰った。奥方に今見てきたことを報告すると，すぐに先方へ行きたいと言い出すので，権助が「そりゃあよくないぞ」と旦那をかばう風なので，奥方は「お前もなんだねえ，旦那と一つ穴の狐だねえ」と言う。狐と言われたことが面白くない権助が奥方を妾宅へ連れて行くと夫婦喧嘩がはじまったので，二人の間に割って入った。旦那は「どうもおかしいと思ったら，お前が連れてきたんだな。犬め。貴様ぐらい悪い奴はいない。畜生！犬！」「あんたのところで給金は貰っているにちげえねえが，畜生，犬だとは何だ！」「あっち行っちゃ尻尾を振って，こっち来ちゃ尻尾を振ってるから犬と言うんだ」「ありまあ，おめえ様はおらを犬と言うし，おかみさんは一つ穴の狐だと言った」。

【解説】　古くからある江戸落語で，四代目橘家圓喬などの速記も残る。現在では「一つ穴のむじな」（または「同じ穴のむじな」）と言うので，サゲが分かりにくくなった。三遊亭圓窓や桂文生，柳家喜多八などが演じている。

一目上がり（ひとめあがり）
【別題】　七福神
【種別】　滑稽，長屋
【あらすじ】　隠居の家にやって来て，「しなわるるだけはこらえよ雪の竹」としてある「雪折笹」の掛け軸を見て，「いい都々逸だね」と言うと，「こういうものを見たときは『いい讃ですね』とほめるんだ」と教えられた八五郎。次に大家の家へ行き，「近江の鷺は見難し遠樹の烏は見易し」という掛け軸を見て，「いいサンだ」とほめると，大家は「これは讃ではなくて，根岸に住む亀田鵬斎の詩だ」と言われる。今度は町内の先生のところで，「仏は法を売り，祖師は仏を売り，末世の僧は祖師を売る」という掛け軸を読んでもらい，それを「いいシだ」と言うと，「これは一休禅師の悟だ」と言われてしまう。八五郎は サン，シ，ゴと一目ずつ上がってきているので，次は「ロク」に違いないと，友達の家で「長き世のとうの眠りのみな目覚め　波乗り舟の音の良きかな」という宝船の絵を見て，「いいロクだ」と言うと，友達は「これは七福神の宝船だ」。口惜しいので，そばに掛けてある「古池やかわず飛び込む水の音」と書いてある短冊を見て，「いいハチだ」というと，「いいや，これは芭蕉の句だ」。

【解説】　以前は「七福神の宝船だ」でサゲていたが，最近では「芭蕉の句だ」でサゲることが多くなってきた。三・四・五と来て，最後に「これは六ですか？」とする話が安永2年（1773）『再成餅』の「掛物」に。さらに書付を見て「六ですな」と言うと，「いえこれは質（の）でござる」という話が，安永4年（1775）『聞童子』の「掛物」に見える。また，三・四・五と来て七・九，そして最後に天文の図を広げて「難しい十だな」「いや十一屋のかかれたの」とする話が，文化5年（1808）『む尽一九ばなし』の「品玉」に収められている。噺本として

は初代林屋正蔵の『百歌撰』に「掛物の賞め言葉」として七福神のサゲを見て取れる。讃は賛とも書き，画賛のこと。詩は漢詩。悟は禅語を示している。

一人酒盛（ひとりさかもり）
【種別】　滑稽，長屋
【あらすじ】　熊五郎に呼ばれて，友達の留吉がやって来た。上方から滅多に手に入らない酒をもらったので呼びにやったと言う。留吉は喜びながら，熊に頼まれて燗をつけたり，刺身を取ったり，漬物を出してきては刻んだりと，かいがいしく動き回る。その間，熊はというと，留吉に用を言いつけるばかりで，「うまいか？」と聞かれると，「飲んでいるときに声を掛けるな」と一人でべらべら喋っては飲んでいる。なかなか飲ませてもらえないので，さすがに苛立ってきた留吉が酒を沸騰させてしまうと，文句を言われた上に酒がなくなってしまったので，「何を言ってやがんだ。一人でがぶがぶ食らいやがって。そんな酒なんぞ飲みたくねえや。てめえみたいなのとは生涯付き合わねえや。面ァ見やがれ，この馬鹿野郎ッ」と怒って帰ってしまった。女房が入れ違いで帰って来て，「ちょいと熊さん，どうしたんだよ。けんかでもしたのかい？」「うっちゃっときなよ。あの野郎は酒癖が悪いんだから」。
【解説】　上方では引っ越しをしたばかりの男の家に友人が訪ねて来て，男は酒でも用意するからゆっくりしてくれと言いつつ，自分は壁紙を貼っているので，火をおこしてくれとかうどんの出前を頼んできてくれと，友人に酒の準備をさせてしまうという設定で演じられている。六代目三遊亭圓生の十八番

雛鍔（ひなつば）
【種別】　滑稽，長屋
【あらすじ】　植木屋がある屋敷で仕事をしていると，庭で遊んでいた八歳になる若様が天保銭を拾い上げるのを目にした。お付きの者に「これは何か？」と尋ねると，「何とお思いですか？」と返されたので，しばらく考えて「丸くって，四角な穴が空いていて，文字が書いてあるから，お雛さまの刀の鍔ではないか？」と答えた。銭を知らない若様に感心をしたと女房に聞かせると，やはり八歳になる息子が「遊びに行くから銭をおくれ」と言ってきたので，同じ八歳でも大変な違いだとあきれ返ってしまう。女房が銭を与えてしまうので，それだからいけないんだと言い合っていると，お店の隠居がやって来た。ちょっとしたことで喧嘩となったので，隠居の方から謝りに来たのだ。するとそこへ息子が穴あき銭を持って戻って来て，「こんなも～の拾った。何だろうなこれ。真ん中に四角い穴が空いていて，字が書いてあるから，お雛さまの刀の鍔かなあ」と言い出す。それを聞いた隠居が「この子は銭を知らないのかい？」と感心をし，読み書き手習いの道具を揃えてあげようと言う。植木屋が喜びながら，「不浄のものだから，そんなものは捨てちまいな」「やだい。これで焼き芋を買って食べるんだ」。
【解説】　銭を知らない花魁の話が享保18年（1733）『軽口独機嫌』の「全盛の太夫さま」に，銭と知っていて知らない振りをする女郎の話が安永２年（1773）『飛談語』の「小粒」に見えるので，両者を合わせてできた噺と考えることもできる。登場する銭を一文銭で演じる落語家がいるが，裏面に青海波の模様があるのは明和５年（1768）発行の四文銭であるので，ここでは天保銭と示した。三代目三遊亭金馬が得意にし，現在でも多くの演者が手掛けている。

ひねりや
【種別】　滑稽，廓，禁演
【あらすじ】　日本橋本町の捻屋素根右衛門は，夏の暑い日に寒いと言っては炬燵に入り，冬の寒い日に暑いと言っては裸で外を歩くような，名前の通りのひねくれ者。一人息子の素根吉は父親まさりのひねくれ者で，ある日のこと，商いの勉強をしているのを素根右衛門が見つけ，「心を入れ替えて道楽をしなければ，家へ置いておくことができない。出て行きなさい」と言われてしまう。素根吉は「お父っつぁんにそう言われれば，はいそうですかとは言えません。商いの勉強を続けますから，どうぞ勘当をして下さい」と返すと，今度は素根右衛門が「何と

か遊んでくれ」と頭を下げて頼む。「親が頭を下げて遊びに行ってくれというのは捻っていて面白い」と，駕籠で遊びに行くのは普通で面白くないので，大八車に乗っかって吉原へ出掛けることにする。店に上がると，変わった食べ物を口にしたり，祝儀をはずむから花魁も目が三つに耳がとがったような女がいいなどと変な注文ばかり。帳場の方では口のきけない女を相手につかせようと，喋れない振りをさせた女を素根吉のところへやらせる。素根吉が女に「生まれはどこなんだい？」と尋ねると，あくびをして鼻をつまんで「浅草」などと，身振り手振りで説明をはじめる。父親が病気をしているのでその薬代を稼ぐのに働いていると言う女に，「父親の名前は？」と尋ねると，釣鐘を突き，あかんべえをするので「権兵衛（ゴーン，ベェ）か。面白いな。少ないけど，この金をお前にやるよ」「ありがとうございます！」「ひねった唖だ。口を利いた」。
【解説】 明治時代に初代三遊亭圓左が演じた速記が残るくらいであるが，近年になって，雷門小助六が速記をもとに復活させた。圓左の速記ではここで挙げたあらすじの前に，素根右衛門夫妻に子供ができないので神信心をしようとするも，普通の神様では面白くないからと，沢庵石にしめ縄を張ってこしらえた素根大明神を拝むと子供ができ，取上げ婆ならぬ取上げ爺によって素根吉が生まれるという件がある。サゲは『唖の釣』と同様である。

姫かたり （ひめかたり）
【種別】 滑稽，艶笑，冬
【あらすじ】 大層な人で賑わう浅草寺の暮の市を訪れた身分のある若い娘が，浅草寺で参詣を終えると，顔色を悪くしてしゃがみこんでしまった。そこで二天門を抜けたところにある吉田玄龍という，金貸しも兼ねている医者のところへ連れて行くと，さる大名の姫君と聞いて儲けを考えて診察を始めた。苦しんでいる顔が大変な美人であり，麝香の香りと白粉と髪油の匂いが混じり合って漂ってきたので，思わず抱き寄せようとすると，姫が「あれーッ」と悲鳴を上げた。すると控えていた供の者が飛び込んでき

て，「不届き至極である。このようなことが殿に知れたら，拙者は切腹しなければならぬ。そなたを手打ちに致すから，そこに直れ」と言うので玄龍が謝り，命乞いをすると，「口止め料を二百金出せ」と言うので，言われた通りに金を出した。するとその金を懐へねじ込んで，「おい，姫君，帰ろうじゃねぇか」「こんなもの着てると，窮屈でしょうがねぇや」と言って着物を脱ぐや，結城木綿のあわせに八反の三尺を締めて，上から唐桟の半纏を着て，濃紫の手ぬぐいで頰被りをして，尻を端折って，「とんだ弁天小僧だ。髷も島田に由比ヶ浜って，これか。おい，これから若い娘さんが来たら，変なことするなよ」と言って出て行ってしまった。表は観音の市で大賑わい。「市ゃまけた，市ゃまけた，注連か，飾りか，橙かぁ～」と，新年のお飾りの売り声が飛び交っている。それを聞いていた医者がため息をつきながら見送っていると，その売り声が「医者負けた。医者負けたぁ」と聞こえる。思わず「ああ，姫（注連）か，騙り（飾り）か，大胆（橙）な」。
【解説】 文政7年（1824）の桜川慈悲成による『屠蘇喜言』の「まじめでこわらしいうそ」に，現行のものとほぼ同じ原話が見られる。年の市の風景が変わり，サゲの売り声も聞くことがなくなったこともあって，演じられることが少なくなった。近年では五代目古今亭志ん生や二代目三遊亭円歌，立川談志が演じた他，五街道雲助が演じることがある。

干物箱 （ひものばこ）
【別題】 吹替息子
【種別】 滑稽
【あらすじ】 道楽が過ぎて二階で謹慎状態になっている若旦那が，父親から湯にでも行ってこいと言われたので，これ幸いにと貸本屋の善公のところへ向かった。馴染みの女のところへ遊びに行きたいが，時間がないので，善公得意の声色（物まね）で自分に化けてもらい，父親が待ち構える家で自分の代わりになってもらうというのだ。まんまと若旦那の部屋に忍び込んだ善公は，あれこれ父親が尋ねてきても困らないように，事前に聞いておいたことで窮地を切

り抜けていたが、突然「もらった干物をどこにしまった」と想定外の質問をされてしまったので、「干物箱です」と答えてしまい、チンプンカンプンなやり取りがはじまってしまう。すると父親が二階へ上がってきたので、すべてバレてしまった。そこへ若旦那が忘れ物を取りに来たので、「バカ野郎、お前なんかどこへでも行っちまえ！」「善公は器用だ。親父そっくり」。
【解説】 原話は文化頃の『軽口臍宿変』の「とは、不調法」や延享4年（1747）『軽口花咲顔』の「物まねと入替り」にあるが、狂言の『花子』や歌舞伎『身替座禅』にも似た展開がある。噺の中で、父親が俳諧の運座へ行った話を聞くかも知れないからと、巻頭の句「親の恩夜降る雪に音もせず」と巻軸の「大原女や今朝新玉の裾長し」を取り込む場合もある。

百年目（ひゃくねんめ）
【種別】 滑稽、春
【あらすじ】 ある大店の番頭は大変にやかましく、奉公人は何を言っても小言につながるので、ただ黙って従うばかり。今日も小言をひと通り言い終えると、用事があると言って外出をした。その途中で洒落た身なりに着替えた番頭は、柳橋から幇間や芸者衆と屋形舟で花見の趣向。ただし遊んでいるところを見つかってはまずいからと、最初は障子を締め切って注意をしていたが、酔った勢いから扇子で顔の前を隠して、桜の咲き誇る向島の土手へ上り、芸者衆を追い回す遊びをしていたときに、やはり花見に来ていた旦那とばったりと出会ってしまった。驚いた番頭は「お久し振りでございます。ご無沙汰を申し上げておりました…」と挨拶をして急いで店へ帰った。まんじりともせず迎えた翌朝、番頭は旦那に呼ばれたのでかしこまって話を聞いていると、怒られるどころか、日頃の働きぶりを褒められ、五天竺に生える栴檀と南縁草のたとえを持ち出して、上の者と下の者は持ちつ持たれつだから、下の者をいたわってやってほしい、そして商売のためなら金を使いなさいとまで優しく言われた。すると旦那が「昨日会ったとき、お久し振りでございますと言ったのはどういう訳だ？」と尋ねてきたので、番頭が「あんなざまでお目に掛かりましたので、これが百年目と思いました」。
【解説】 上方落語の大ネタ中の大ネタであるが、文化年間の江戸の演目表に題名が見られたり、宝暦12年（1762）『軽口東方朔』の「手代の当惑」や明和7年（1770）『軽口片頬笑』の「うろたへても気転」、安永5年（1776）『軽口駒さらゑ』の「手代の答話」、安永6年（1777）『さとすずめ』の「大さわぎ」などに原話が見えるように、古くから江戸にあった噺でもある。

日和違い（ひよりちがい）
【種別】 滑稽、長屋
【あらすじ】 ある男が遠出をするのに空模様が気になるので、長屋に住んでいる易者に尋ねてみると、「今日は降る天気じゃない」と言われ、安心して出掛ける。ところが雨に降られてしまい、仕方がないので俵をもらい、その中に入って帰って来た。易者のところへ文句を言いに行くと、「今日は降る。天気じゃない」と言い返された。何日かしてまた出掛けるときに、今度は色々な人に尋ねることにした。そして魚屋に「今日は降りかね」と聞くと、「ブリはないけどサワラがあるから、サワラ切ろうか」「いや俵を着るのはこりごりだ」。
【解説】 前半は「ぎなた読み」（「弁慶が、なぎなたを持って」と読むところを「弁慶がな、ぎなたを持って」と読んだことから、文の区切りを間違えて読むこと）で、後半は洒落の連続で噺が進められる。サゲの部分は演者によって工夫がなされ、例えば歯医者に天気を聞くと「ハレルねぇ」、魚屋に聞くと「本ブリだ」。最後に神父に聞くと「アーメン」といった形でサゲる演者もいる。

平林（ひらばやし）
【別題】 名違い
【種別】 滑稽
【あらすじ】 小僧の定吉が主人から、平林さんの家に手紙を届けるように言われる。どこへ行くのか忘れないように「ヒラバヤシさん」と口の中で唱えて出掛けたが、夢中で歩いているう

ちに途中で巡査に呼び止められ，「道は青歩きの赤止まりだ，言ってみろ」と言われ，それを繰り返しているうちに名前を忘れてしまう。そこで歩いている人に宛名を読んでもらうと，「タイラバヤシ」と読んだり，「ヒラリン」と読んだりする。どうも違うように思うので，また尋ねると，今度は字を崩して「イチ（一）ハチ（八）ジュウ（十）のモクモク（木木）」，さらには「一つに八つにトッキッキ」と読まれてしまう。定吉は仕方ないので，「タイラバヤシかヒラリンか，イチハチジュウのモクモク，一つに八つにトッキッキ〜」と大声を張り上げながら歩いていると，知り合いが声を掛けて，「気でも違ったのか？」「いいえ，字が違うんです」。

【解説】 前座噺の代表的な一席として知られる。原話は『醒睡笑』の中にあり，そこでは「平林」を「ヒョウリンかヘイリンか，タイラバヤシかヒラリンか，イチハチジュウニボクボク，それにてなくば，ヒョウバヤシ」としている。他にも『きのふはけふの物語』や各地の民話にも見ることができる。サゲは代表的なものを示したが，他に，知り合いが「その手紙，どこへ届けるんだ？」「ええ，ヒラバヤシさんのところです」。また「どこへ届けるんだ？」「ここに書いてあります」。さらに小僧が名前を読みながら高座を去って行くといったように演者によって様々な形がある。二代目桂枝太郎が『名違い』という演題で演じており，一時期，聴くことが少なくなっていたが，近年，柳家花緑や十一代目桂文治といった若手が演じるようになった。

ふぐ鍋（ふぐなべ）
【別題】 ふぐ汁
【種別】 滑稽，冬
【あらすじ】 ある旦那のところへ客人がやって来て，鍋をつつきながら酒を飲もうということになった。ところが中身がふぐで，あたるのが怖いので，二人ともなかなか手を出せない。すると乞食がやって来て，「何かお余りものはありませんか」と聞いてきたので，勿体なく思うも鍋を少し分けてやることにした。しばらくして乞食の様子を見に行くと元気そうなので，二人も食べることに。夢中になってペロリと食べ終わったところで，乞食がまたやって来た。「先程のあれはどうなさいましたか？」「みんな食べてしまった」「身体の具合は何ともありませんか？ 私も安心して食べることにします」。
【解説】 原話は十返舎一九の『臍くり金』（享和2年，1802）の「鰒汁（ふぐじる）」にあり，後に二代目林家染丸が一席物にしたと言われている。

福禄寿（ふくろくじゅ）
【種別】 人情，圓朝，冬
【あらすじ】 深川万年町の福徳屋萬右衛門は，本名を福田というが福徳が備わっているので福徳屋と呼ばれていた。惣領の禄太郎は大きな事業に手を出しては失敗ばかりをし，真面目で商売熱心な弟の福次郎に金を借りてはまた失敗を繰り返している。雪の降り続く暮の二十八日に，母親が離れの隠居所にいるところへ禄太郎が久々に訪れた。最後の無心だから弟に三百円を都合してもらうように言ってくれと頼み込むが，度々のことなので，福次郎に言うことはできないと説教をしていると，そこへ福次郎がやって来たので，禄太郎をコタツの中へ隠した。福次郎は一日の色々を話し，灘の生一本と，暮のことであるから誰か困っている人がいたらと三百円の金を置いて出かけて行った。禄太郎はその金を母親から受け取り，酒を五，六杯あおると，ほろ酔い機嫌で帰って行く。すると入れ違いのように福次郎が戻って来て，雪の道に先程自分が預けた袱紗（ふくさ）包みの金が落ちていたと母親に話す。福次郎は母親から事情を聞き，「人にはそれぞれ分限といったものがある。一升袋には一升しか入らない。それより入れようとしてもこぼれるし，無理をして入れようとすると破ける。兄さんは小さい袋を持っているのに，大きなことばかりしようとする」と話していると，それを聞いていた禄太郎が入って来てあやまる。福次郎はこの金を持って行けというが，禄太郎は十円だけ貸してくれと言い，福島県に旅立って荒れ地を開拓する。そこで得た資本を元に，今度は北海道に渡り，亀田村を開墾して成功をしたという。
【解説】 三遊亭圓朝が明治19年（1886）に，井上馨侯の北海道視察旅行に随行した際に得た題材をもとに創作した作品。六代目三遊亭圓生が晩年に最後のネタ下ろしをした噺である他，三代目三遊亭小圓朝も演じた。現在では柳家さん喬や三遊亭圓橘が演じている。

不孝者（ふこうもの）
【別題】 茶屋迎い
【種別】 滑稽
【あらすじ】 道楽者の若旦那が柳橋へ遊びに行ったっきり帰ってこない。大旦那は下男の清蔵の着物を借りて，頬かむりをして柳橋を訪れた。もう少し遊びたい若旦那は清蔵が迎えに来たのだと思い，階下の空き部屋で待たせておくことにする。すると清蔵に化けた大旦那が待つ部屋に芸者が部屋を間違えて入って来た。それは昔，大旦那が世話をしていた女で，思い出話と二人が別れてからの話で盛り上がり，やけぼっくいに火が着き，芸者の肩へ手を掛け，引き寄せたそのときに「若旦那がお帰りですよ」「親不孝者め」。
【解説】 六代目三遊亭圓生が大阪にあった『茶

屋迎い』という噺を立川ぜん馬から筋を聞いて一席物にまとめた。現在では林家正雀や柳家三三が演じている。

富士詣り（ふじまいり）
【種別】　滑稽，旅，夏
【あらすじ】　江戸っ子がみんなして富士詣り。一番威勢の良かった者が疲れたから一服したいというが，先達が「行道」と声を掛けるまでダメだと言う。疲れたら六根清浄と声を掛けて進めと言われて登っていくと「行道」という声がやっと掛かった。するとにわかに天気が悪くなってきたので，先達が「嘘をついたり，悪いことをしたやつがいると，怒りに触れて，山が荒れる」と言う。みんなが次々に，湯屋で新しい下駄を履いてきたとか，寿司屋で食べた数をごまかしたとか，女湯で出会ったおかみさんと色々あって，その女性が先達のおかみさんだとか告白をする。再び登山をはじめると，一人が具合が悪くなったので，「初山だからお山に酔ったんだろう」「先達さん酔う訳ですよ。ちょうどここが五合目です」。
【解説】　三代目三遊亭小圓朝が得意とし，弟子の朝之助から若手に伝わった。サゲが分かりにくくなってきたこともあり，最近では湯屋で出会った女の人と色々あって，「それはどこのおかみさんだ」「面目ねえ，先達さんのおかみさんです」といったところで終えることが多い。

無精床（ぶしょうどこ）
【種別】　滑稽
【あらすじ】　無精で口の悪い親方がやっている床屋へ客が飛び込んだ。「元結ぐらい自分で切れ」とか，「桶の水で自分で湿せ」とか言ってくるので，言われた通りにして桶の中をのぞくと，水は腐っていてボウフラが湧いている。それでもなんでも用意ができたので，頭をやってもらおうとすると，親方は新米の小僧を呼び寄せてやらせようとする。小僧が剃刀をあてると，痛くて仕方がないので，親方にそれを言うと，その剃刀は下駄の歯を削った古いものであった。親方が剃刀の当て方をやってみせると，小僧がよそ見ばかりしているので叱ろうとするが，手の届かないところにいるので，客の頭をポカリ。ところが拍子でカミソリで叩いたので，頭を切ってしまった。「親方，切れたんじゃないか？」「あ，やった」「冗談じゃない，どれくらい切った？」「安心しろ。縫うほどじゃないから」。
【解説】　古くから江戸で演じられてきた噺で，サゲは他に，近所の犬が嬉しそうにやって来るので，その理由を尋ねてみると，この間，客の耳を切り落としてしまって，犬がそれを食べてしまい，それ以来，耳の味を覚えて客が来ると待っていると言う。そこで「お客さん，すまねぇが，耳を片方，犬にやってくれないか」といったものもある。五代目古今亭志ん生や五代目柳家小さんが演じたことから，一門の落語家が寄席で演じている。

武助馬（ぶすけうま）
【種別】　滑稽，芝居
【あらすじ】　下っ端役者の中村武助が『一谷嫩軍記』で馬の後足役をやることになった。そこで以前に働いていた店の旦那に知らせると，大勢で見に来てくれたので武助は大喜び。おまけに客席から「馬の足！武助馬！」と声を掛けられたので，武助はうれしくなって跳んだり跳ねたりした上に，ヒヒーンといなないてしまった。客席は大笑いだが，親方に「後足が鳴く奴があるか」と怒られたので，「それでも親方，最前，前足がおならをしました」。
【解説】　原話は鹿野武左衛門による『鹿の巻筆』の「堺町馬の顔見世」。元禄6年（1693）にソロリソロリという悪疫が流行した際に，この噺にヒントを得て，馬が人語を発して「南天の実と梅干の実を煎じて飲めば即効あり」という風説を流し暴利を得た八百屋惣右衛門と浪人筑紫園右衛門の罪科に連座して，武左衛門が伊豆大島に流罪となり，板木が焼却されたという筆禍事件を引き起こすきっかけになった噺である。ただし，近年の研究では，武左衛門が流罪になった記録が見られないことと，筆禍事件後にも『鹿の巻筆』が刊行されていたこともあり，事件そのものには疑問が呈されている。三遊亭圓窓や瀧川鯉昇などが寄席で演じている。

札所の霊験 （ふだしょのれいげん）

【別題】　敵討札所の霊験
【種別】　圓朝，人情，旅
【あらすじ】　湯島六丁目で店を開く藤屋七兵衛は女房を亡くし，二人の子供と暮らしている。ある日，寄合の帰りに根津の遊廓に連れて行かれ，相方となった増田屋の小増と気心が知れて，身請けをして後妻として迎えた。小増には越後高田藩の重役の倅である，中根善之進という間夫がいたが，同藩の江戸詰の武士である水司又市から惚れられ，その又市は善之進を斬り殺して逃げ去っていた。

七兵衛にはお継と正太郎という子があるが，お梅と名を変えた小増とそりが合わず，正太郎を前妻の母もとへ預けることにする。七兵衛の店は自火を出して焼け落ち，借金も膨らんだので，七兵衛は家族を連れて越中の高岡に移り，新たな店を出す。近くにある総持寺の住職永禅は元の又市で，お梅は言い寄られて密通を重ねる。それを知られた永禅は寺を訪ねた七兵衛を殺し，死骸を縁の下に隠すも，寺で開かれていた博打の手入れで，役人によって変わり果てた七兵衛を見つけられ，永禅の悪事が露見する…。

永禅はお梅と納所坊主の真達と逃げるも，真達を殺害し，お梅を尼に化けさせる。その途中，長逗留した家が真達の実家で，両親に自分のことを知られたために夫婦を殺害。越後に逃げる。

中根善之進の妹お照は武田重二郎という養子を迎えるが，白島山平という下役と密通をして身ごもる。重二郎はそれを知るも，お照が白島に敵討ちの助太刀を頼んでいるということにして二人を出立させる。お照が生んだおやまと弟の山之助の二人は信州の白島村で暮らすことに。おやまは浪人の柳田典蔵から言い寄られるが，そこへ永禅が現われておやまを口説きにかかる。永禅は自分のことを責めるお梅に，おやままでをも殺害する。

西国巡礼となったお継は旅の途中で柳田典蔵に襲われ，同じ頃，山之助の方も同じように襲われてしまう。偶然に出会った二人は互いの敵が水司又市と知り，夫婦約束をして旅を続け，江戸に向かう。山之助は敵と思われる永島太一という男を見つけ，斬りかかるが返り討ちにあってしまう。ところがそれは実父の白島山平であった。お継は山平から剣術を仕込まれ，兄の正太郎の助けを受け，深川六間堀の猿子橋で見事に又市を討つ。

【解説】　明治20年6月からやまと新聞に連載された，三遊亭圓朝の初期の作品。寛政10年（1798）に実際にあった仇討を題材にしたとされる。六代目三遊亭圓生は永禅の悪事露見までを演じ，ここでは音に残っている圓生の口演をベースにし，細かな設定等は圓朝の残した速記に拠った。正式な演題は『敵討札所の霊験』であるが，『札所の霊験』と呼ぶことが多いので，そちらを採用した。近年，立川談春や蜃気楼龍玉が演じる他，三遊亭白鳥が地方から東京に出てきた大学生がサークル内で女の子に恋をするも…という設定に置き換えて演じている。

双蝶々 （ふたつちょうちょう）

【別題】　小雀長吉／長吉の生い立ち／権九郎殺し／雪の子別れ
【種別】　人情，長屋，圓朝，冬
【あらすじ】

▷**小雀長吉**（こすずめちょうきち）／**長吉の生い立ち**（ちょうきちのおいたち）

湯島大根畑で八百屋を営んでいる長兵衛の息子長吉は，小さい頃から店のものを盗んだり，賽銭泥棒をしたりと，悪いことばかりをしている。ある日，継母に銭をせびるがもらえないので，膳をひっくり返して外へ飛び出してしまう。そして父親にあらぬことを言いつけると，長兵衛はそれを信じ，後妻であるお光を殴りつけるが，大家から真実を聞かされ，長吉を真っ当な人間にさせようという勧めもあり，下谷山崎町の山崎屋という玄米問屋に奉公に出すことにする。

▷**権九郎殺し**（ごんくろうごろし）

長吉のような悪いことをしようという人間は，目端もきいてよく働き，店の信用もすぐに得るようになった。長吉が十八歳になったある日，店の内風呂が壊れたので，湯屋に出掛けることになった。ところが長吉だけ帰りが遅いので，番頭の権九郎が不審に思ってあとをつけてくると，稲荷町の広徳寺の境内で仲間の長五郎

と，通りかかった女性のかんざしを抜き取る現場を目撃した。権九郎が長吉の持ち物を調べてみると，盗んだと思われる金品が出てきたので，店に戻った長吉を呼びつけ，盗みを白状させると，「吾妻という吉原の半蔵松屋で働く花魁(らん)と馴染みであるが，実は店の若旦那も同じで，百両という金が用意できないと先に身請けをされてしまうので，主人の用箪笥から百両盗み出してくれ」と頼み込んでくる。弱みを握られた長吉は夜になり，主人夫婦の寝室から金を盗み出すことに成功するが，せっかく手にした大金を権九郎に持って行かれるのが惜しくなり，権九郎を殺して逃げようかと独り言を言っているのを小僧の定吉に聞かれてしまう。長吉は定吉が欲しがっている掛け守りを買ってやるから寸法を測らせろと言って，首を絞めて殺し，権九郎も殺して奥州路へ逐電してしまう。

▷**雪の子別れ**（ゆきのこわかれ）

長兵衛とお光は息子の悪行が知れ渡り，世間に顔向けができないと住む場所を転々と変え，今は本所番場の裏長屋に暮らしている。長兵衛は腰が抜け，お光は長兵衛には内緒にして物乞いをして，何とか食いつないでいる。ある冬の晩，お光がいつものように多田薬師の石置き場で物乞いをしていると，大金をくれた人がいた。隠す顔を見ると長吉であったので，お光は長吉を長屋に連れて行き，長兵衛に引き合わせる。長吉はせめてもの親孝行と五十両の金を差し出すが，長兵衛は受け取らない。そこで長吉が，奥州で子分を沢山に持つやくざ渡世を送っていることを話すと，長吉を許した長兵衛はその金を受け取り，追われる身である長吉に羽織を与え，長吉は雪の降る中，長屋をあとにする。父親のことを思い続ける長吉は吾妻橋を渡るところで追手に取り囲まれて御用となる。

【解説】 浄瑠璃の『双蝶々曲輪日記』から登場人物と題名を取っている。圓朝全集には『小雀長吉』として掲載されているが，古くから演じられており，圓朝作であるかは疑わしい。二話に分けて，権九郎殺しあたりまでを『小雀長吉』などとして「上」，その後を「下」として演じることもある。『権九郎殺し』の場面では鳴り物を入れ，『雪の子別れ』の最後の場面は芝居がかりで演じる場合があり，八代目林家正蔵やその弟子の林家正雀が芝居噺の型で演じている。六代目三遊亭圓生の他，現在では桂歌丸や五街道雲助とその一門などが演じている。

ふたなり

【別題】 書置違い
【種別】 滑稽
【あらすじ】 何でも頼みごとを引き受けてくれることから，猟師仲間に鰐鮫と呼ばれている亀右衛門のところへ，若い衆が相談にやってきた。借りた金が返せないので夜逃げをしなければならないと言ってきたので，亀右衛門は小松原のおかんこ婆のところへ金の工面に行くことにする。その途中，天神の森を通ると，一人の娘に声を掛けられた。「私はこの町の池田屋という小間物屋の娘で，若気のいたりで男の子供を宿してしまったが，どうすることもできないので死ぬことにした。書き置きを持って出たので，これを親元へ届けてほしい。もし届けてくれたら，ここに十両の金があるので差し上げます」と言うのを聞いて，金が必要な亀右衛門は引き受けることにする。娘はさらに死ぬ方法を教えてくれと言うので，松の木へ紐を下げて，首つりのやり方を見せているうちに，亀右衛門は本当に首を吊ってしまい死んでしまった。それを見ていた娘は死ぬ気がなくなり，書き置きだけを置いて金を持って逃げてしまった。亀右衛門の帰りが遅いと，同じ道をやって来た二人は死骸を見つけたのでびっくり。役人を呼び，死骸を改めると，懐から書き置きが出てきた。そこには「一つ書き残し候。ご両親様に先立つ不幸もかえりみず，かの人と互いに深く言い交わし，人目を忍ぶ仲となり，ひと夜，ふた夜，三夜となり，度重なれば情けなや。ついにお腹へ子を宿し…」と書いてあるので，驚いた役人が「この者は男子か女子か」「りょうし（猟師）でございます」。

【解説】 元は上方落語で，サゲも「この親爺はふたなりか？」「いいえ，宵に出たなりでございます」，または「いいえ，宵に食たなりでございます」というものであった。「ふたなり」は「二形」「双成り」などとも書き，一人で男

女両性をそなえていることを意味する。以前は五代目古今亭志ん生の独壇場で、その後は五街道雲助や十一代目金原亭馬生といった一門の落語家が演じている。

普段の袴（ふだんのはかま）
【種別】　滑稽，武家
【あらすじ】　御成街道は上野広小路にある一軒の道具屋へ、墓参帰りの武士が立ち寄った。主人相手にキセルで煙草を吸いながら、文晁の描いた鶴の掛け軸を見て、「うーん」と感心をした途端に雁首の火玉が袴の裾に落ちてしまった。「殿様、大変でございます。お袴の裾へ火玉が落ちました」。すると慌てる風でもなく、「案じてくれるな、これはいささか普段の袴である」と言って帰ってしまった。それを見ていた八五郎、自分もやってみようと大家から袴を借りて、道具屋へやってきた。武士と同じように掛け軸を褒めて、「うーん」と感心したが、キセルの手入れをしていないので、火玉が飛び出さない。ふっと息を吹き込むと火玉が頭の上へ落ちた。「お頭へ火玉が落ちました」「なぁに心配するな、こいつは普段の頭だ」。
【解説】　人の真似をして失敗をする「おうむ返し」の噺の一つ。噺の中に登場する谷文晁は江戸後期に活躍した江戸南画の大成者。その人気のため、偽物が多いと言われている。

不動坊（ふどうぼう）
【別題】　不動坊火焔
【種別】　滑稽，長屋，禁演
【あらすじ】　家主が店子の吉兵衛のところへ縁談を持ち込んできた。相手は講釈師の不動坊火焔の女房お滝で、ひと月程前に不動坊が旅先で亡くなり、残した借金もあるので、女一人では生活に困るだろうからと話を持って来たというのだ。以前からお滝に思いを寄せていたこともあり、結納代わりに借金の肩代わりも引き受けて、一緒になれることが嬉しくて仕方がない吉兵衛は、湯屋に行って、「お滝さん、本当にあたしが好きで来てくれるんですか？　長屋には独り者が他にもいますよ。鍛冶屋の鉄つぁんはどうです？　あんな顔の裏表がはっきりしない人！　チンドン屋の万さんは？　あんな河馬みたいな人！　漉き返し屋の徳兵衛は？　ちり紙に目鼻みたいな顔して！」と湯船の中でお滝とのやり取りを想像して大騒ぎしている。それを徳兵衛が聞いており、他の二人に話すと、あわよくばと狙っていたお滝を取られたので、婚礼の晩に不動坊の幽霊を出して夫婦別れをさせてしまおうと相談が決まった。幽霊役は近所に住む万年前座に頼み、すっかり用意をして屋根の上に上がった。紐で結わえた幽霊を天井の引き窓からつり下ろす算段だが、幽霊火に必要なアルコールをあんころ餅と間違って買ってきたり、幽霊が出るときに必要な太鼓をちんどん屋の賑やかな音で流してしまったりと騒ぎながら、幽霊を下すことに。ところが「四十九日も過ぎぬのに、嫁入りするとはうらめしい」と言うところを「うらやましい」と言ってしまったりするので、吉兵衛は驚かず、逆に「何がうらめしいんだ。俺は借金を肩代わりしてやったんだ。お前の気持ちも分かるから、十円やるから浮かんでくれ」と渡してきたので、幽霊役は喜んでしまう。それを見ている上にいた三人が屋根の上から揺さぶったので、「十円もらえば浮かばれると言ったのに、まだ宙に迷っているのか」「いいえ、宙にぶら下がっております」。
【解説】　二代目林家菊丸（生没年不詳）作の上方落語で、三代目柳家小さんが東京に移した。本来のサゲは幽霊が落っこちてしまい、「お前は誰だ」「講釈師です」「講釈師が幽霊の真似をするのか」「幽霊稼ぎ人です」といったものであった。明治時代に芸人が「遊芸稼ぎ人」という鑑札を受けていたことからきたものであったが、分かりにくくなったこともあって、東京では三代目小さんが考えたという上記のサゲを用いることが多い。五代目柳家小さんが得意とし、今は一門の柳家権太楼が十八番としている。

船徳（ふなとく）
【種別】　滑稽，夏
【あらすじ】　道楽が過ぎて勘当となった若旦那の徳兵衛は、柳橋の船宿の二階で居候をしている。ある日、船頭になりたいと言い出したので

親方は反対をするが，船頭連中におだてられて何とか船頭になることができた。四万六千日の暑い日，晶屓客（ひいき）が連れを伴って店にやって来て，大桟橋までやってほしいと言うが，船頭は出払ってしまって誰もいない。すると徳兵衛が舟を操ると言い出し，船宿の女将が止めるのも聞かずに客を乗せて出発をしてしまう。すると棹を流してしまったり，大川に出れば舟を同じところで回してしまったり，石垣に近寄ってしまうと，持っている傘で石垣を突けと客に言ってみたり，ひどく舟を揺らせたりして大騒ぎに。大桟橋が見えてきたところで浅瀬に乗り上げてしまい，徳兵衛はくたびれて舟を動かすことができなくなってしまった。仕方がないので客がもう一人の客をおぶって陸に上がると，徳兵衛は青い顔をしながら，「お客さま，お上がりになりましたら，船頭を一人雇って下さい…」。
【解説】 初代古今亭志ん生の作とされる人情噺『お初徳兵衛』の発端を，明治に入って初代三遊亭圓遊が独立させて演じ始めた（詳細は『お初徳兵衛』を参照）。四万六千日は旧暦の7月10日を指し，この日に参詣をすると四万六千日参詣したほどの功徳があると言われている。浅草寺ではほおずき市が立ち，大勢の参詣客で賑わう。八代目桂文楽や古今亭志ん朝が得意とし，現在でも多くの演者が取り組んでいる。

文違い（ふみちがい）
【種別】 滑稽，廓，禁演
【あらすじ】 内藤新宿の遊女お杉は，通ってくる半七という男に，「父親の無心にはほとほと困り，縁を切りたいから，金を用意してほしい」と頼み込む。同じく田舎者の角蔵にも，「母親の具合が悪いから」と言って金をせしめていたが，実はその金はお杉が惚れた芳次郎の眼病を治すためのものであった。お杉が芳次郎に金を渡して見送った後に，芳次郎が座っていたところを見ると手紙が置き忘れられていた。それを読んでみると，芳次郎もまた，惚れた遊女のために金を無心していて，眼病というのは真っ赤な嘘であったことが分かった。一方で半七もお杉が芳次郎からもらった手紙を見つけたので怒り出し，開き直ったお杉との間で喧嘩がはじま

った。それを隣の座敷で聞いていた角蔵が，若い衆を呼び，「あれは色恋の金じゃねえと言って止めて来い。いや待て，そう言ったらば，おらが色男だってことがあらわれやしねえか」。
【解説】 「四宿」（千住・品川・板橋・新宿の宿場町）を舞台にした多々ある落語の中でも，新宿を舞台にした珍しい落語である。六代目三遊亭圓生が得意とした。

風呂敷（ふろしき）
【別題】 風呂敷の間男
【種別】 滑稽，長屋
【あらすじ】 町内に住む兄貴分の所に熊の女房が「大変だ」と言って飛び込んで来た。何でも「今日は遅くなるよと言って出て行った亭主が早く家に帰って来た」と言うのだ。兄貴分が不思議なことを言うなと思っていると，留守の間にやって来た亭主の友達を家にあげてお茶を飲んでいるところへ，やきもち焼きの亭主が酔っ払って帰って来たので，何かあってはいけないと，あわてて押入れへ男を隠して，ここへやって来たと言う。兄貴分は女房を諌めて，何とかしてやろうと風呂敷を一枚持って熊の家へ訪れる。熊が「どうしたんだ？」と尋ねてきたので，兄貴分は「あるやきもち焼きの亭主が，今日は遅くなると言って出て行ったのに，早く帰って来た。ところがその間に女房が男を連れ込んで，あわてて押入れに隠したのを，助けてやったんだ」と話して聞かせる。熊はどうやって逃がしたのかを聞きたがるので，風呂敷を取り出して，「ちょうどいい，お前がそうやって押入れの前に座っているから，お前をその亭主と思ってやってやろう」と，熊の頭に風呂敷をかぶせて目隠しをし，それから押入れを開けて，中にいる男に「早く出ろ！」と声を掛けて逃がしてやったんだと，そこで風呂敷を取ってみせた。すると熊が「そいつはうまく逃がしやがったな」。
【解説】 以前は女房が間男を家に引き入れているところへ亭主が帰って来たので，押入れの中へとりあえず隠し，困っているところへ頭がやって来るといった艶笑噺の形を取っていた。さらに初代柳家小せんがそれを，女房が昔吉原で

働いていた女で、馴染みの男と出会ったので、家で酒を飲んでいたという演出に変えた。ここで挙げたあらすじは、この噺を得意にして聞かせた五代目古今亭志ん生の型を示したが、近年ではサゲはもうひと押しして、「俺はその亭主野郎の面が見てみてぇや」とすることが多い。立川談志は、最後に「その風呂敷破けてるぞ」と熊が言ったので慌てて、「だけど話は分かったな？」「お前の話がうまいから目の当たりに見るようだった」と落とした。初代三遊亭圓遊が残した『不貞妻』という速記には「外国のお咄で御座いますが」としているが、原話は国内にも見られ、安政3年（1856）『落噺笑種蒔』の「みそかを」では、押入れではなく四斗樽に隠した間男を風呂敷で助けている。

文七元結（ぶんしちもっとい）

【種別】　人情、長屋、圓朝、冬

【あらすじ】　本所の達磨横丁に住む左官の長兵衛は、腕はいいが、博打に凝って身を持ち崩し、年を越すこともできないでいる。年の瀬も押し迫ったある日、半纏（はんてん）一枚で博打が開かれている細川様の屋敷から帰ってくると、一人娘のお久がいなくなったと言って女房が騒いでいる。夫婦で言い合いをしているところへ、吉原の佐野槌（さのづち）から使いがやって来て、お久が店にやって来ていると聞く。長兵衛が店へ行くと、女将からお久が自ら身売りをして、両親を助けたいと言ってきたことを聞かされる。女将はその思いに心を打たれ、お久と引き換えに長兵衛に五十両を貸すことにする。ただし一年の間は女中として預かるが、一日でも過ぎたら店に出すと条件を付ける。長兵衛は改心をし、吉原を後にして吾妻橋までやって来ると、橋の上から身投げをしようとしている若者を助ける。彼は日本橋横山町の鼈甲問屋近江屋卯兵衛の文七という店の奉公人で、集金してきた五十両の金を盗られたので死ぬのだと言う。長兵衛は身投げを諫めるが、金がなければ死ぬと言うので、借りてきた五十両をやってしまう。文七が店へ帰ると、金は盗られたのではなく、集金先に忘れてきていたことが分かり、長兵衛から金をもらったことを聞いた主人は、翌日、文七を連れて長兵衛の家を訪ねる。五十両の金とお礼を渡すと、吉原から身請けをしたお久を連れてきた。のちに文七とお久は夫婦となり、麹町貝坂へ元結屋の店を開いたという一席。

【解説】　三遊亭圓朝が明治22年（1889）に「やまと新聞」に連載をした創作噺とされる。原話は中国にあるといわれるが、それも定かではない。この噺を得意にした八代目林家正蔵によると「圓朝師匠が、土手場といわれる山の手の寄席へいって、うしろで聞いていたら、この文七元結をやった人がいた。（中略）それをもとに圓朝師匠がつくったと聞いています」としている（『林家正蔵集・上』より）。東随舎という人物による文化2年（1805）の読本『聞書雨夜友』に「陰徳にて顕長寿之相話」という、『文七元結』と共通の要素を持つ、『ちきり伊勢屋』と『佃祭』を合わせたような話があると中込重明が指摘している。圓朝の後、四代目三遊亭圓生から三遊亭一朝に伝わり、それが六代目三遊亭圓生や八代目林家正蔵へと継承された。吉原の店は「佐野槌」ではなく「角海老」という設定もある。また五代目古今亭志ん生は鼈甲問屋の名前を「近卯」ではなく「近惣」で演じていた。

舞台になった現在の吾妻橋。橋を渡って左手が細川様の屋敷（現在の隅田公園）。右手に達磨横丁があった

ぺたりこん
【種別】 滑稽，新作
【あらすじ】 新橋商事営業二課に電話がかかってきた。電話の相手は社員の高橋で，取引先に書類を届けに行ったが，道にバナナの皮が落ちていたので注意をして歩いていたら，その前に落ちていたリンゴの皮に滑って，両足をくじいて歩けないと言うのだ。課長は急いでいるんだからと代わりの社員をやると，帰って来た高橋が突然，大きな声を出した。机に手をついたら張り付いて取れなくなってしまったと言う。みんなで引っ張るが取れる様子がないので，部長に報告をすると，「クビにするチャンスだ」と，高橋の机を部屋の鬼門にあたる方角へ移動させた。救急車を呼んでくれと頼むも，会社の規定で呼べないと言われ，のこぎりで机を切ろうと提案をすれば，机と高橋の会社への貢献度を考えた場合，机の優先順位が高いので無理だと言われる。高橋はクビになってはまずいと，仕事をしようとするが仕事を与えてくれない。そこへ会社の顧問弁護士が現れて，高橋が就業規則違反をしていると言い出す。机を引きずることやバナナの皮で滑ることはいけないと指摘され，本来ならば懲戒免職に値するが，高橋が机の一部になれば会社の備品として扱われるので，クビは免れ，給料の代わりにリース料を支払うと言われる。高橋はその条件を飲み，丈夫で立派な机として頑張ると宣言をしたので，課長は嫌がらせのように沢庵石をのせたりする。高橋は自宅に電話をし，自分が机になったので帰ることはできないが，給料は出ることや息子には大学に行くまでは机で頑張ること，娘には遊園地に遊びに行けなくなったことなどを報告する。その後，高橋は体力が落ち，ストレスがたまり，机に手をついたまま死んでしまうと，会社はその事実を隠蔽するが，課長は就業規則に違反をしてクビになる。「就業規則第11条，社員は机の上に沢庵石をのっけてはいけない」。
【解説】 昭和50年（1975），三遊亭円丈が三遊亭ぬう生といった二ツ目時代に，新作落語の作家集団である「日本ボールペン・クラブ」の会員が，机に手が貼り付くというシチュエーションを考え，それを円丈が一席物としてこしらえ上げた作品。最近では柳家喬太郎が演じている。

へっつい盗人 （へっついぬすっと）
【別題】 へっつい泥棒
【種別】 滑稽，長屋
【あらすじ】 兄貴分が引っ越しをしたと聞いた弟分が，二人して祝いの品を贈ろうと相談をする。以前にへっついが痛んでいると耳にしたことがあるので，へっついを贈ることにするが，肝心の金がない。そこで道具屋に置いてあるへっついを盗もうということになり，夜になってから天秤棒と縄を持って泥棒に入ることにした。ところが一人が暗いこともあって大騒ぎをした上に，へっついを持ち上げることもできないので，喧嘩がはじまってしまった。しまいには互いをアホ（バカ）呼ばわりするので，「じゃあ，お前と俺のどっちがアホ（バカ）か，道具屋を起こして聞いてみよう」。
【解説】 初代桂春団治が得意にした上方落語で，東京では春風亭昇太が演じたことがある。春団治は音にも残し，道具屋に忍び込んだ男が暗がりで石灯籠の頭が落ちてきたので，驚いた拍子に三輪車のラッパを手で押さえてしまい，その様子を「カラ，カッチンカッチン，ドンガラガッチャ，ブップウ」。さらに男が小便をしたいと言い出し，「ジャジャー，ジャージャー，ジャアアアア，ポトン，チョピン」と用を足すなどといった派手な擬音語を用いて演じた。本来のサゲは，へっついを担いで二人が店を出ると，騒ぎを聞きつけた道具屋の主人がそれを見つけ，あとをつけることに。翌朝，二人のもとを訪ねて代金を請求すると，金のない二人は服を金に換えることに。「これもへっついさんな

ぶった（粗末に扱った）たたりや」などといったもので，へっついやかまどをぞんざいに扱うと災難にあうという俗信に基づくものであったが，現在ではそうしたことも分かりにくくなったことから，上記したようなサゲを用いることが多い。

へっつい幽霊（へっついゆうれい）
【種別】 滑稽，長屋，夏
【あらすじ】 ある道具屋がへっつい（かまど）を三円で売り出すと，気に入った客がすぐにそれを買っていくが，夜中になると必ず返しに来る。そして同じように売り出すと，またすぐに売れては，それを返しにくるので事情を聞くと，夜中に痩せた顔の青白い男が「金返せ〜」と言って出てくるのだと言う。道具屋の方は三円で一旦売ったものを半値で買い取るのでいい商売になるが，幽霊の噂が立って，他の品物が売れなくなってしまった。そこで「一円つけて誰か貰ってくれないか」と夫婦して話していると，それを裏長屋に住む遊び人の熊が耳にし，勘当された若旦那と，そのへっついを貰い受けることにする。早速，長屋に運び込もうとすると，へっついの角をかいてしまい，そこから三百両の金が出てきたので，二人はその金を半分ずつに分け，熊は博打場に，若旦那は吉原に出掛け，その日のうちに使い果たしてしまった。すると夜になって，寝ている若旦那のところに幽霊が出て来て「金返せ〜」と言うので，熊は若旦那の実家に行って，三百両の金を借りてきた。そして幽霊の出て来るのを待って，幽霊から事情を聞くと，「丁」より他に張ったことがないという博打好きの左官で，ある日大勝をして，へっついに金を塗り込んでから食べたフグに当たって死んでしまい，地獄の沙汰も金次第と言うし，残した三百両にも気が残っているので，毎晩現れたのだと告白をする。熊は嫌がる幽霊を説得して半金をせしめるが，博打好きの二人だけに，お互いに中途半端な額だからと百五十両で勝負をすることにした。夜が明けたら消えなければならないからと一発勝負で，幽霊は生きていたときのまま「丁」に張る。ところが出た目は「半」なので，幽霊はガッカリしてしまう。「もう一つ壺を伏せて下さいな」「それはよそうじゃないか。お前の方に銭がないのは分かっているんだから」「親方，あっしも幽霊だ。決して足は出さねぇ」。
【解説】 元々は上方落語で明治期に三代目三遊亭圓馬が東京へ移したとされる。道具屋がへっついをどうするかという場面や，熊と若旦那のところに最初に幽霊が現れるタイミングなど，演者によって異なることがあるが，ここでは三代目桂三木助型をベースにした。安永２年（1773）の『今歳花時(ことしばなし)』の「幽霊」に，亡くなった男の一周忌に友達が墓参の際に博打をすると，そこへ幽霊となって男が現れるという噺があり，それが原話であると思われる。元々のサゲは勝負に負けた幽霊が翌晩また現れたので，「まだこの金に未練があるのか？」「いえ，テラをお願いに参じました」と，寺と博打のテラ銭を掛けたサゲであった。近年では柳家小のぶがこの型で演じている。三木助の他，六代目三遊亭圓生や五代目柳家小さん，立川談志が得意とし，現在でも多くの演者が手掛けている。

遍照金剛（へんしょうこんごう）
【別題】 順礼陰門
【種別】 艶笑
【あらすじ】 親子の乞食がいて，父親は眼が悪くて，耳も遠いが，十八になる娘は大変な器量よし。通りがかりの人が父親の前にある鉦の中にお金を入れようとすると，娘が父親に「お父っつぁん，入れますよ」と声を掛け，父親は鉦を叩いて「南無大師遍照金剛」と言う。ある日，仲間の乞食が娘を口説きにかかり，娘に襲い掛かってしまう。娘が驚いて「お父っつぁん，入れますよ」。父親は鉦を叩いて「南無大師遍照金剛」。
【解説】 艶笑小噺の一つで，六代目三遊亭圓生が演じた音が残っている。上方では『順礼陰門』といい，娘が「お父さん入れて下さいました」と口にすると，「おありがとうございます」と返してくる展開である。

東京へやってきた上方の新作落語

　東西交流も盛んになり，東京で上方落語を気軽に楽しめるようになった。なかには東京に定着した上方の創作落語もあり，別項で掲げた桂文枝作品の他にも『一文笛』『まめだ』『幽霊の辻』『除夜の雪』『ハンカチ』などが，その代表に挙げられる。

　『一文笛』は桂米朝の作で，前半は明治期の随筆家田村秋男の作に案を求めたというが，江戸の案内書に原話が求められ，後半は米朝の創作である。スリの男が一文笛を盗んで子どもにあげたが，それがかえって仇になってしまい，その子どもが井戸へ身を投げたと知る。スリはその話を聞いて自分の指を切り落とすが，それでも見事に仕事をしてみせるので親分が尋ねると，「わてぎっちょですねん」。むかし家今松が東京へ移したとされる。

　『まめだ』は脚本家の三田順市の作で，狸が薬売りのところへやってきて，葉っぱを小判に変えて薬を求めるが，使い方がわからずに死んでしまう。薬売りがそれを悲しんでいると枯れ葉がたくさん散り始めたので「仲間が香典を持ってきてくれた…」。『一文笛』とともに九代目林家正蔵をはじめとして演者が増えてきている。

　『幽霊の辻』は落語作家の小佐田定雄が桂枝雀のために書き下ろした作品であるが，その噺に惚れ込んだ柳家権太楼が東京へ移した。ある男が堀越村を目指すが道に迷い，茶店の婆さんに道を尋ねると，途中で恐ろしいスポットがあると紹介をしていく…。権太楼をはじめ，権太楼から噺を受け継いだ落語家がサゲを個々に考えており，今後，どのような噺の展開とサゲが登場するかが期待できる。

　『除夜の雪』は落語作家の永滝五郎の作で，雪の降る大晦日に小坊主達が暖を取っていると，そこへ亡くなったはずの提灯屋の嫁がやって来るという噺で，立川談春などが演じている。

　近年の作では，妻の誕生日に「妻に愛を叫ぶコンテスト」に内緒で夫が出場をするという，漫才師2丁拳銃の小堀裕之による上方落語台本大賞優秀賞受賞作の『ハンカチ』も若手により演じられることがある。

法事の茶 (ほうじのちゃ)
【種別】　滑稽，音曲

【あらすじ】　幇間の一八が若旦那に呼ばれ，何か気晴らしに面白いことはないかと言われた。そこで一八は，よく焙じて熱い湯をさすと，煙と同時に出て来てほしいと思う人が現れるという茶葉を差し出す。面白ければ買ってやると言われたので，一八は早速若旦那の注文を聞き，役者や芸人などを次々に出してみせる。一八が他から呼ばれたので座敷を出て行くと，その間に若旦那が馴染みの女に会いたいと，見よう見まねで茶を焙じてみると，三年前に死んだ父親が現れ，「お前は私が死んだときも遊んでいやがって，いまだに道楽を続けている。この馬鹿野郎」と怒って消えてしまった。そこへ一八が帰って来て，「馴染みの女に会いたいと思って焙じたら，死んだ親父が出てきた」「そんなはずはありませんが…。分かりました，あなたの法事（焙じ）が足りないからだ」。

【解説】　安永2年（1773）の『近目貫（きんめぬき）』の「茶釜」や安永2年（1773）『聞上手三篇』の「せんじ茶」などに原話が見られるが，現行の噺に近いものとしては，天保15年（1844）『古今秀句落し噺』の「杜若」に見える。焙じた際に登場するのはその時代に関係した芸人や思い出の俳優や役者といったものであるので，声色や音曲を得意とする演者が演じている。近年では三笑亭夢楽が得意にして演じていたが，現在では古今亭菊之丞や橘ノ圓満が得意の喉を披露して高座にかけている。

坊主の遊び (ほうずのあそび)
【別題】　坊主茶屋

【種別】　滑稽，廓，禁演

【あらすじ】　坊主頭のご隠居が床屋の親方から剃刀を預かって一緒に吉原へ遊びに行くと，酒癖の悪い親方は酒を飲んで，悪態をついて帰ってしまった。隠居の相手の女郎は廻しが入っていて，なかなかやって来ないので隠居はイライラしている。そしてやっと来たかと思うと，私はお年寄りと坊主が嫌いだと言って，さっさと寝てしまったので，腹が立った隠居は懐から剃刀を取り出して，女を丸坊主にしてしまった。ところが途中で我に返った隠居があわてて帰るので，「お客が帰ったよ」と起された遊女が頭に手をやると「やだよ，お客様が帰ったって言うけど，まだここにいるよ」。

【解説】　五代目古今亭志ん生が得意にし，現在では三代目三遊亭圓歌の持ちネタになっている。原話は『笑府』の「解僧卒」にあり，享保13年（1728）『軽口機嫌嚢（ふくろ）』の「水にうつる面影」や寛政7年（1795）『わらひ鯉』の「寝坊」，文政7年（1824）『咄土産』の「女郎」などに見える。「お客様はここに居まさァね。じゃあ私はどこに居るんだろう」とサゲることもある。

棒だら (ほうだら)
【種別】　滑稽

【あらすじ】　ある料理屋で江戸っ子の二人連れが飲んでいる。すると隣座敷で，田舎侍が蛸の三杯酢をエボエボ坊主のすっぱ漬け，マグロの刺身を赤ベロベロの醤油漬けなどと言って，そのうちに「おしょうがちぃ（お正月）は松飾り～，にがちぃ（二月）はテンテコテン…」とか「もずの嘴」といった妙な歌を唄い出した。酔っ払った江戸っ子の一人が，酒がまずくなるから変な歌を唄うなと啖呵（たんか）を切ったのがきっかけで，最後には喧嘩になってしまった。芸者があわてて止めに入り，人を呼ぶと，丁度鱈もどきという料理をつくっていた料理人が，薬味の胡椒を手にしたまま「まあまあ」と止めたので，そこにいた一同が色々と口にしながらもくしゃみの連発。「二階の喧嘩はどうなった？」「心配ない，故障（胡椒）が入った」。

【解説】　演題にもある棒鱈とは，真鱈を三枚におろして，素干しにした食べ物であるが，他に

三代目三遊亭圓歌と新作落語

「待ってました，歌奴！ ひどい人になると『山のアナやれ～』。忘れちゃったよ，あんな落語…」。二ツ目で三遊亭歌奴といった時代からメディアで売れまくった三代目三遊亭圓歌のブレークするきっかけになったのは，田舎から東京へやってきた訛りの強い教師が，カール・ブッセの「山のあなた」を読んでみせる『授業中』であった。その後『浪曲社長』『月給日』とヒット作を生むが，圓歌落語の無二の点は，噺の主人公が語り手とともに年齢を重ねていったことにある。『授業中』に登場した生徒が卒業をして，就職活動を行い，社長の前で浪曲を披露するのが『浪曲社長』である。気持ち良さそうに浪曲を唸る様子には，恩師の教えの影響を見るようであり，会社で働き出してからは毎月もらえる給料を楽しみにして，行きつけの飲み屋に通う様が『月給日』で描かれる。そして家庭を持ち，今度は両親の面倒を見ることになるも，騒動ばかりを起こしては自分を困らせる『中沢家の人々』（旧『G&G』）は，まさに圓歌の歩んできた落語人生の総決算とも言える落語である。両親を無事送った今，圓歌はこれまでの落語家人生を振り返り，かつて似ていたと言われた常陸宮の前で落語を演じた『御前落語』を演じている。そんな圓歌の代表作である『授業中』は三遊亭若圓歌が，『浪曲社長』は三遊亭多歌介といった圓歌の弟子達が受け継いでいる。

江戸っ子が田舎者や武士をつかまえて言うときに使った，間抜けとか野暮という意味を持つ。サゲは途中で邪魔が入ったり，進行をさまたげる意味である「故障が入る」という言葉と「胡椒」をかけたもので，これも最近は分からなくなってきた。五代目柳家小さんが得意にし，今も一門の柳家さん喬や柳家小里んをはじめ，演じる落語家が多い。

包丁（ほうちょう）

【別題】 包丁間男
【種別】 滑稽，禁演
【あらすじ】 久し振りに往来で友達の寅に会った久次という男が，盃を交わしながら女房で清元の師匠であるおあきと別れたいと切り出す。他にいい女ができて，そっちと一緒になりたいと言うのだ。そこで寅に家を訪ねてもらい，兄貴が帰って来るまで待たせてほしいと言って上がり込み，持参した酒を飲んで，酔っておあきを口説く。そしてからみついたところで，出刃包丁を持って入っていくので，寅が逃げ出した

ところで，女を売り飛ばそうという芝居を打つことになった。寅は計画通りに事を進め，おあきに酒を勧めてみるが冷たくあしらわれるばかり。酔ってきた寅が歌を唄いはじめ，手を伸ばすと，おあきに手を叩かれ，しまいには「女を口説く顔かい。ダボハゼみたいな顔をしてやがって，面を見やがれ」とまで言われたので，腹を立てて，本当のことを話してしまった。それを聞いたおあきは久次に腹を立て，「あいつに恥をかかせてやりたい。私が嫌でなければ一緒になって下さい」と言い出す。それを受け入れた寅がおあきを相手に飲んでいるところへ，打ち合わせ通りに久次が「亭主の面へ泥を塗りやがって」と言って包丁を持って入って来た。するとおあきが毒づいて久次を追い出してしまった。改めて二人で飲み始めると，久次が戻ってきて「出刃包丁を出せ」「俺達を四つにして切ろうと言うのか」「横丁の魚屋に返しに行くんだ」。

【解説】 元々は上方落語で，明治中期に東京へ移されて『えびっちゃま』という題で演じられ

た。本来はこの先にもうひと展開あったというが，詳細が分からない。明治31年（1898）の四代目柳亭左楽による『出刃包丁』という速記が残っているが，現行のものに近い。近年では六代目三遊亭圓生の独壇場であり，二代目三遊亭圓橘の弟子で音曲師であった三遊亭橘園から習い，間に『八重一重』を唄いながら女を口説く場面を見せ場とした。立川談志がこの噺を自分の会で予定演目に出したが，演じるには難しく「どうやろうと思ってもできないんで，代演です」と言って，圓生に演じてもらったことがあり，そのときの音が残されている。

棒屋（ぼうや）
【種別】　滑稽，長屋
【あらすじ】　町内の若い連中が広告をもらうが字が読めないので，食い物屋だとか天ぷら屋だとか想像をしている。そこへ隠居が通ったのでそれを読んでもらうと，棒屋の広告だと言う。そこには「棒屋を開業いたし候。棒，一切取り揃えあり。申し越しの棒無きその節は，いかようになされても差し支え無し」としてあるので，早速，みんなして店に行くことにする。「びんぼう（貧乏）が欲しい」と言うと，長い棒を持ち出して「長い貧乏で，木は過樅（柿）だ」とか，「通せんぼうをくれ」と言うと，踏切の遮断機を持ってきて「木は枕木だ」などと言って，棒屋も頓智をきかせて対応をしてくる。最後の男が「つんぼうを出しておくれ」と言うと，「鉄梃の柄で『金梃つんぼ』はいかがでしょう」「なるほど，このつんぼを五本もらおう」「一本しかございません」「売れが遠いから仕込まないのか」「いいえ，耳が遠うございます」。
【解説】　『提灯屋』と同種の噺であるが，差別用語があるために最近では演じられなくなった。サゲは鉄でできた梃である「鉄梃」の棒と，まったく耳の聞こえない人を表す「金つんぼ」がかかっている。近年では四代目三遊亭圓馬が演じていた。

星野屋（ほしのや）
【別題】　三両残し
【種別】　滑稽，禁演
【あらすじ】　星野屋の主人である平蔵が，囲ってあるお花のところへやって来て，商売がうまくいかなくなり生きていられなくなったからと，手切金の五十両を渡した。そして，もし自分のことを思ってくれるなら一緒に死んでくれないかと言われたお花は嫌とも言えず，金を母親に渡して，八ツ（午前二時）の鐘を合図に吾妻橋に向かうが，先に飛び込んだ旦那を残して，家に戻ってきてしまった。しばらくすると，お花と旦那の間を取り持った重吉がやって来て，旦那の幽霊が現れて，薄情なお花のことを取り殺すと言ってきたと伝えた。驚いたお花が心中の一件を話すと，「髪の毛を切って，一生亭主を持ちませんと誓えば，旦那は浮かばれるかも知れない」と言われたので，お花は切った髪を重吉に渡した。途端にそこへ旦那が入って来て，「お花の心を試そうと重吉とたくらんだ狂言であって，川へ飛び込めば下には舟が止まっていて，正式に星野屋の新造になることができたんだ。薄情なばかりに髪がなくなって人前にも出られないだろう」と言うと，お花が「そんな髪の毛だったらいくらでもやるよ。大方そんなことだろうと思って，鬘をやったんだ」と言い返してきた。重吉が「さっき旦那が渡した金は，あれは贋金だ。使ってみろ，すぐにふんじばられらァ」と続けるので，お花はもらった金を投げ出した。「これが贋金か。贋金だったら旦那の方が先に縛られらァ」「口惜しいねえ。おっかさん，本当の金だとさ」。すると母親が「そうだろうと思ったから，三枚くすねておいた」。
【解説】　贋金使いに関する似た話は明和6年（1769）『珍作鸚鵡石』の「うらのうら」や，文化4年（1807）『按古於当世』の「太鼓持の手管」あたりに見られるが，この噺に登場するような男女のやり取りと，最後のサゲに似た展開が出てくる話は，元禄11年（1698）『初音草噺大鑑』の「恋の重荷にあまる智慧」にすでに見られる。六代目春風亭柳橋や八代目桂文楽が得意とし，現在でも春風亭小柳枝や春風亭小朝，大阪の桂文珍などが演じている。

法華長屋（ほっけながや）
【種別】　滑稽，長屋
【あらすじ】　ある長屋の大家は熱心な法華信者なので，他宗の者には家を貸さず，長屋へ出入りする商人も日蓮宗の者だけという徹底ぶり。あるとき，下肥を汲みに来る男が長らく休んでいるので，長屋の住人が困ってしまった。そこで往来を通る掃除屋を呼び，宗旨が同じであれば汲ませるということにした。他宗の者だと塩をぶっかけられてしまうので，そのことが同業者中の評判となった。すると一人の男が法華信者の振りをして長屋に向かい，大家から宗旨を尋ねられたので，「おらも法華以外の者から肥を汲んだことはねえ。お前の宗旨を聞いて，気に入れば汲んでやる。おらは法華だ」と言うので，大家は喜んでご馳走までする。酒に酔った男は「そろそろ汲んでくれ」と言われたので，肥を汲み桶を担ぐと，よろけた拍子に思わず「南無阿弥陀仏」と言ってしまった。「お前は法華じゃないな。今，よろけたときに念仏を唱えただろう」「なに，こんだ汚ねぇときには他宗へ被けるだよ」。
【解説】　初代三遊亭圓右や四代目橘家圓喬などの速記が残り，近年では六代目三遊亭圓生が演じたくらいであったが，最近になって快楽亭ブラックが演じるようになった。文化頃の『落噺桂の花二編』の中に「日蓮宗のかみさん」という原話が見られる。なお，「被ける」とは責任を転稼することである。

仏馬（ほとけうま）
【種別】　滑稽
【あらすじ】　弁長という坊主が小坊主の珍念に荷物を持たせて，酔っ払って歩いている。すると道端の松の木に黒馬が繋いであるのが目に入ったので，自分の腰紐を外して，振り分けにした荷物を馬の背中に乗せて，珍念に運ばせることにした。弁長は少し休んでいきたいと寝返りを打っても困らないように，もう一本の腰紐を外して，自分の体と松の木を縛って眠ってしまった。そこへ馬の持ち主である次郎兵衛がやって来て，馬が見当たらないので，「おらんところの馬を知らねぇか」と弁長を起こした。弁長は機転を利かして，「私が馬でございます。私は弁長という僧でしたが，素行が悪いのでお釈迦様に馬へと姿を変えられていたのですが，修行を積んだので，また人間の姿に戻ることができました」とごまかした。次郎兵衛はすっかりそれを信じて，自分の家に連れて行って，酒をご馳走する。弁長が寺に戻ると，和尚から「珍念が馬を連れて帰ってきたので，市に行って売ってきてくれ」と言われた。弁長と入れ替わるように市へやって来た次郎兵衛は自分が飼っていた黒馬が売られていたので驚いた。「お前は弁長さんだろ。俺が昨日酒を飲ませたから罰が当たって，また馬になったな？」。馬がくすぐったくて首を振ったので，今度は耳元で「隠さなくったってええだよ。その左耳の差し毛が証拠だ」。
【解説】　同種の話がハンガリーの民話である『呪われた修道士』に見られる。長く演じられることがなかったが，最近になって柳家喬太郎が復活させた。

骨違い（ほねちがい）
【種別】　滑稽，長屋
【あらすじ】　熊五郎が酔っ払って帰って来ると，女房のお光が「今晩はうちの人がいないからゆっくりして泊まっておいでよ」と話している。それを耳にした熊が頭に来て，家の扉を開けるなり，お光の前に座っている男の頭を薪で殴りつけた。それは隣に住む大工の棟梁の息子である源次郎で，継母との折り合いが悪いので，見かねたお光が家に呼んだだけのことだった。夫婦が死んでしまった源次郎の死骸を大川に捨てようとするが，途中で弟分の吉五郎に会ったので，「犬の死骸を処分するんだ」と話すと，吉五郎は「それはまずい。俺の家の床下に埋めるのが一番だ」と言うので言われるままにした。隣家の棟梁は後妻に逃げられ，息子が行方不明になったので病気になってしまい，そのまま亡くなってしまう。熊五郎が棟梁を継ぐと，腕もいいので，仕事も多くもらえるようになり，懐が温かくなったことから，他に女をつくり，女房とは夫婦喧嘩ばかりするようになった。するとお光が源次郎殺しの一件を口走るの

で，それを八丁堀の同心に聞かれて二人は捕縛されてしまう。証人として吉五郎が白洲に呼ばれると，「床下に埋めてあるのは兄貴が可愛がっていた犬の死骸だ」と申し立てたので，役人が調べると，確かに犬の死骸であった。吉五郎が察して，源次郎の死骸を川に捨てて，犬の死骸とすり替えていたのだ。無罪放免となった熊五郎が奉行所を出ると，犬が吠えついてきたので「こん畜生，てめえも人間にされるな」。

【解説】　二代目柳家つばめ（1875～1927，浦出祭次郎）の速記本にあったものを六代目三遊亭圓生が掘り起こして演じていた。ここでは元にあったサゲを記したが，圓生は「ぶち殺すぞ」と言うと，犬が「人間にはなりたくないや」とサゲていた。圓生以降演じられることが少なくなったが，立川談幸や古今亭駿菊が演じたことがある。

堀の内（ほりのうち）
【別題】　あわて者／いらちの愛宕詣り
【種別】　滑稽，長屋
【あらすじ】　大変にそそっかしい男が，粗忽（そこつ）を直すために堀の内のお祖師様にお参りすることにした。神田から堀の内（杉並）に向かうのに，反対の両国へ行ってしまったり，自分の行くところを忘れてしまい，他人に尋ねたりしながら，何とか到着することができた。ところが財布ごと賽銭箱に放り込んでしまったり，弁当を食べようとして首にくくりつけておいた風呂敷包みを開けてみると，枕を包んだ女房の腰巻が出てきたりして，そこでも大騒ぎ。長屋へ帰って来て女房に文句を言おうとすれば，隣の家の女房をどなってしまう。女房から頼まれて，「お父っつぁんはあたいを逆さに入れるから嫌だ」と言う子どもを湯に連れて行くと，湯屋ではよその子どもの着物を脱がせたり，刺青を背中に入れた男を子どもと間違って叱ったりと，やはり大騒ぎ。やっとのことで子どもの背中を洗い出し，「ずいぶんと大きな背中だな」と感心していると，「お父っつぁん，羽目板洗ってらぁ」。

【解説】　粗忽者の代表のような噺で，元は『いらちの愛宕詣り』という上方落語であったが，

民話にも多く見られ，噺の原話は名古屋の笑話本に見られる。自分のせわしない性格を熱田神宮に行って直してもらうという，文化頃の『新古茶話雑談軽口噺』の「熱田詣り」がそれで，現行とほぼ同じ筋立てである。帰って来て隣家の女房を叱る件は，安永3年（1774）『茶のこもち』の『麁相』にも見られ，堀の内から帰り，湯屋に行ってからの騒ぎの件は寛政10年（1798）『無事志有意』の「そそか」にある。お祖師様は杉並区にある日円山妙法寺という日蓮宗の寺院。初代柳家権太楼から移された十代目桂文治が『あわて者』の題で演じていたので，今も一門では『あわて者』の題で演じている。

日円山妙法寺の本堂

本膳（ほんぜん）
【種別】　滑稽
【あらすじ】　ある村の庄屋で婿の披露目をやることになったが，招待をされた村の者達は正式な本膳の食べ方を知らないので，手習いの師匠のところへ教わりに行くことにする。師匠は今から一人ずつ教えている時間はないので，上座に座ることになる私の真似をしろと言う。一同揃って庄屋の屋敷を訪ねると，上座に座った師匠がお辞儀をすれば，それを真似てお辞儀をし，本膳が出て汁椀の蓋を取れば，同じように蓋を取る。師匠がうっかり鼻の頭に飯粒を付けようものなら，みんなも飯粒を鼻へ付ける始末。しまいには師匠が平椀に入っていた里芋を膳の上に転がすと，みんなも同じように転がすので，それを見かねた師匠が隣に座る男の横腹を拳固で突いた。すると隣の男はその隣の男に「お作法だ，礼式だ」と言って突いたので，次

へ次へと突き始めた。お詰めの男が今度は自分の番だから、思い切り突いてやろうとすると、隣は壁で誰もいない。「先生ェ、この礼式はどこへ持って行くだ？」。

【解説】　見よう見まねで失敗をするという噺は、古くから民話に『芋転がし』といった話が見られる。笑話としては元和頃の『戯言養気集』の中に，信濃国の連中が伊勢参りの際に振舞われた食事の最中に，先達が山椒にむせたのを真似をするという話が求められる。寄席などで演じるときには，芋転がしの部分を省略して，飯粒を鼻につけているのを見た師匠が見かねて…という展開で演じる場合もある。五代目柳家小さんや金原亭馬の助などが演じた。近年，寄席などで演じられるようになった，加藤清正や福島正則らが茶道の真似をするという講談から移された『荒茶』という噺も同種である。

ぼんぼん唄（ぼんぼんうた）
【種別】　人情，長屋，秋
【あらすじ】　八丁堀の玉子屋新道に住んでいる小間物屋の源兵衛とおみつは，大変に仲の良い夫婦。子どもができずにいたので，授かることができるようにと浅草の観音様に日参をすると，ある日，雷門を出たところで泣いている女の子に出会った。ただ泣くばかりなので家に連れてきても，どこの子どもであるか分からず，観音様からの授かりものとして，お白という名前を付けて大事に育てた。お盆の頃，お白がぼんぼん唄をみんなと歌っていると，「ぼん，ぼん，ぼーんは今日，明日ばかり，江戸一番八丁堀のおどり」というところを，お白だけは「相生町のおどり」と歌った。それを耳にした源兵衛夫婦は相生町の子どもではと調べに出掛けると，材木問屋の伏見屋紀左衛門の家で子どもをなくして騒いでいたというので訪ねることにした。すると三年前に観音様へ出掛けた際に，お玉という女の子と離れ離れになってしまったと知ったので，源兵衛夫婦はお白を伏見屋へ連れて来るが，お白は怖がるばかりなので，伏見屋は源兵衛夫婦に一緒に住んでほしいとお願いをする。お白は生みの親と育ての親に大事にされ，年頃になると，小間物屋をやりたいということで婿を取り，源兵衛と紀左衛門から一字ずつ取って，源紀屋という店を出して，大層繁昌したという…。

【解説】　ぼんぼん唄とは，盆に子供が群れをなして唱える盆歌のことで，明治になってすたれてしまった。古くは四代目春風亭柳枝（華柳）の速記が残るのと，五代目古今亭志ん生が演じたぐらいの珍しい噺だが，志ん生は子供が見つかったというところで噺を終えているので，ここでは十代目金原亭馬生型のあらすじを示した。最近では一門の古今亭駿菊の他，立川談四楼などが演じる他，上方の桂文我が舞台を大阪に移して構成をし直し，『盆唄』という演題で演じている。

ま

マキシム・ド・のん兵衛（まきしむどのんべえ）
【種別】 滑稽，新作
【あらすじ】 東京の外れにある「のん兵衛」という老夫婦が営んでいる居酒屋は，チェーン店におされて客があまり来ない。今日も二人で愚痴を言い合っていると，孫娘のチエから，夜，銀座でご馳走をしてくれるという電話がかかってくる。おばあさんが銀座の「マキシム・ド・パリ」というフランス料理店を訪ねると，まず沢山の花が出迎えてくれ，夜景も素晴らしい上に，ウェイターの心行くサービスを味わえる。シェフによる高級料理に，ソムリエによるワインサービスに感激して，早速，店へ帰って真似をすることにする。常連客の留さんが久々にやって来ると，店の前には葬儀用の花輪が並び，暖簾には「マキシム・ド・のん兵衛」の文字。驚いて店の中に入ると，夜景ならぬ電球を身に着けた野犬が眺められる便所の前の席に案内され，おばあさんがソムリエのように乳母車を押して，白ワインだと言って，三十年もののみりんを飲ませられる。そして頭にコック帽ではなく長靴を被ったおじいさんが妙な工夫を施した料理を並べ出すので，怒った留さんが「かゆいところに手が届くのを本当のサービスというんだ」と言うと，「ああ，それでチエが孫の手を貸してくれたんだ」。
【解説】 三遊亭白鳥による新作落語で，鈴々舎馬桜や五明楼玉の輔などが寄席で演じている。古典落語にも用いられる「おうむ返し」の手法を使った落語である。

将門（まさかど）
【別題】 追いだき／相馬良門雪夜話（そうまよしかどゆきのよばなし）
【種別】 滑稽，冬
【あらすじ】 雪の降り積もる夜，飯炊きの権助が主人に「晩飯の仕度はしてあるのか」と聞かれ，「ご飯がないから今日は晩飯は抜きだ」と返す。「ご飯がなくても米があるなら追いだきをしろ」と言うが，「客が来る度に追い炊きをしなければならないから，こんな寒い日に今日はもう追いだきはしたくない」と返してくる。しばらくして修行僧が泊めてほしいと家にやって来たので権助は断るが，主人が「私の分を僧に回して上げなさい」と言って泊めることにする。主人は先祖の命日にあたるので，僧に回向を頼むと，その位牌には俗名として藤原秀郷と書いてある。修行僧は平将門の子孫であり秀郷は仇。すると障子に七騎の武者が映ったので，それを見ていた権助が「こう人数が増えては，追い炊きをせずばなるまい」。
【解説】 平将門が藤原秀郷（俵藤太）に討たれたことと，将門には7人の影武者がいたことが噺のベースにある。修行僧が平将門の子孫であることを明かすところで芝居がかりになり，その型で二代目三遊亭円歌が演じ，三遊亭圓朝作としていたが，圓朝全集にも収載されないことから圓朝作であるかは疑わしい。

松田加賀（まつだかが）
【別題】 頓智の藤兵衛
【種別】 滑稽
【あらすじ】 本郷の通りで，年端もいかない小僧の按摩が同じ盲人とぶつかった。互いに互いが持つ杖をさぐり合うと，ぶつかった相手が按摩の最高位である検校と分かったので小僧は平謝り。検校は小僧をめった打ちにし，「惣録屋敷へ連れて行き，お前の師匠に掛け合いをする」と大騒ぎ。そこへ通りかかったのが松田加賀という神道者で「あなたに行き当たった無礼な小坊主は年端もいかぬので，身分のある方に行き当たり，度を失ってあやまりの言葉が出てこない。仲人は時の氏神と申しますので，ここは私に任せて納まってくれませんか」と声を掛けると，検校は「もののよくお分かりになる方のようなのでお任せはしましょうが，あなた様のおところとお名前を承りたい」と返してき

た。そこで「失礼致しました。私は本郷に住んでいる松田加賀と申します」と答えると，検校は「本郷の松田」を，加賀百万石の「本郷の前田」と聞き違えて杖を放り捨ててその場に平伏。引っ込みのつかなくなった松田は「いかにも加賀である。検校，そちは身分のある者じゃな。下々の者は哀れんでやれ。喧嘩口論は見苦しいぞ」と言って去っていった。それを知らずに平伏をしつづけていると，周囲にいた野次馬がドッと笑ったので，検校が「さすがは百万石のお大名だ。たいしたお供揃え」。
【解説】 原話は安永4年（1775）『いちのもり』の「乗打」。喧嘩の仲裁者を頓智のきく藤兵衛とする噺があるが，ここでは八代目林家正蔵が三遊亭一朝から教わった噺を取り上げた。現在でも正蔵一門の八光亭春輔が演じることがある。

松曳き（まつひき）
【種別】 滑稽，武家
【あらすじ】 粗忽者の殿様が，先代が植えた庭の松を曳く（移す）ことができないかと植木屋に尋ねたところ，移せると聞いて，嬉しくなって植木屋達と酒宴をはじめた。その最中に三太夫のもとへ手紙が届き，それを読むと「国表において御殿様，姉上様，御死去」とあった。三太夫は殿様の姉上が亡くなったことを知り，それを伝えると，殿様は「姉上のご死去はいつのことであった」と尋ねた。確認をするために，再び書面を見ると「御貴殿，姉上様」と記してあり，それは三太夫の姉が亡くなったことを示す知らせであった。三太夫が殿様にそのことを言上すると，殿様はご立腹になり切腹を命じる。いよいよ三太夫が腹を切ろうとしたときに，「待て待て，切腹には及ばぬ。予に姉はなかった」。
【解説】 殿様と三太夫がともに粗忽者であるために起こるドタバタ騒動を描いた一席。

真二つ（まっぷたつ）
【種別】 滑稽，新作，秋
【あらすじ】 神田錦町に住む古道具屋で，正直者の甚兵衛が商売繁盛の願掛けをしに成田不動尊に出掛けた。その帰り道，農家の庭先で一服していると，干してある大根が目にとまった。豊作と見えて竿が足りないらしく，薙刀にまで干しているのを見ていると，銀杏の葉が落ちて来て，薙刀に触れた瞬間に二つに割れてしまった。飛んできたトンボも薙刀に止まろうとすると，やはり二つになってしまったので，驚いた甚兵衛が持っていたキセルを薙刀に触れさせるとこれまた二つになってしまう。そこで赤錆びた薙刀を調べてみると，備前国の刀匠が鍛えたという「魚切丸」という名刀であることが分かった。何とかして手に入れたい甚兵衛は「慣れない旅に足が疲れて，杖にして歩きたいと思っていたら，薙刀の柄がたいそう気に入ったので譲ってほしい」と家の者に声を掛けた。「いくらで売ってくれる？」と尋ねると，奥で女房と相談をしてきた亭主が指を三本出してきた。甚兵衛が三十両だと思って「それは高いよ」と言うと，「二本で譲る。二分でいい」と言ってきた。甚兵衛は単位が丸っきり違ったことに驚き，泣き笑いで手を打ち，江戸へ向かうことにした。途中，草鞋の紐が切れたので，薙刀をお地蔵さんに立てかけたら，お地蔵さんが真二つになったので，成田山の御利益だからお礼参りをしようと先程の家に立ち寄って薙刀を預かってもらうことにした。ところがお参りを済ませて戻ってみると，百姓が使いやすいようにと薙刀の柄を半分に切って紐を付けて握りやすいようにしておいたというので，甚兵衛は驚いてしまう。「先の刃はどうした？」と尋ねると，「子供がいたずらすると危ねぇから，裏の池に捨てた」と言うので池までやってくると，鮒がみんな片身になって泳いでいた。そこで甚兵衛が池の中へ入っていくと，向こう岸に二つになって上がってきた…。
【解説】 映画『男はつらいよ』の監督などで知られる山田洋次が五代目柳家小さんのために書き下ろした新作落語の一つで，現在では六代目柳家小さんや柳家花緑，柳家さん喬などが演じている。山田洋次はこの他，女郎買いに行ったことが女房にバレたために家を追い出された八五郎に，その女房が亡くなったことを暗に知らせる，ドタバタ騒動を描いた『頓馬の使者』

や，客嗇家の大旦那が亡くなったあとも医学の力で目玉を生き残し，店ににらみをきかせようとする『目玉』といった作品を提供している。

松山鏡 (まつやまかがみ)
【別題】 鏡のない国／鏡のない村
【種別】 滑稽
【あらすじ】 越後国松山村には，昔，鏡がなかった。百姓の正助は正直な上に親孝行者で，お上からご褒美を下しおかれることになった。「その方に褒美を取らせるが何がよいか？」と聞かれたので，「死んだ父っつぁまにひと目会わしてくんろ」と答えると，お上は考え込むが，名主に正助が亡くなった父親に年恰好も顔つきもそっくりと聞いて鏡を与えた。正助が鏡を覗くと，自分の姿が映っているとも知らないで，父親に会えたと大喜び。そして「子は親に似たるものをぞ亡き人の 恋しきときは鏡をぞ見よ」という歌を付けて鏡をもらってきた。だが決して鏡を人に見せるなと言われたので，納屋の中の葛籠にしまって，朝夕鏡を眺めては挨拶をしていると，正助の女房がそれに気づいた。夫の留守に葛籠を開けてみると，そこに鏡があったのでそれを覗くと，自分の姿を他の女と勘違いをして喧嘩をはじめた。帰って来た正助と夫婦喧嘩になったところを通りかかったのが隣村の尼さん。「あれは父っつぁまだ」「あれはアマっこだ」と言い合う中へ仲裁に入り，事情を聞いて「おらがその女子に会って，話をしてやる」と言って鏡を見ると，「二人とも心配するな。お前らがひどい喧嘩をしたので，中の女はきまりが悪いと坊主になった」。
【解説】 噺の源流は古代インドの民間説話を収める仏典『百喩経』第35の「宝篋の鏡の喩」にあり，その話が中国に伝わり，日本へ移されたという説や，中国宋代に編まれた『北夢瑣言』が笑話本『笑府』の「看鏡」へ移されて日本に伝わり，それに民話要素が加わった等々諸説ある。謡曲『松山鏡』に狂言の『土産の鏡』あたりも噺の源流と言えそうで，現在演じられる形に近い話は，文政7年（1824）『訳準笑話』の中に見られる。舞台は現在の新潟県東頸城郡松之山町の他，四国の伊予松山村として設定されることもある。八代目桂文楽が得意にし，今も多くの演者が手掛けている。

豆や (まめや)
【種別】 滑稽，長屋
【あらすじ】 ある男が豆を売り歩くことになった。売り声を出して歩けるようになると，「赤ん坊がいるから静かにしてくれ」と言われたり，一升五十円の豆を五円に無理矢理負けさせられ，しかも脅されて山盛りに計らされたりする。何とかその家を逃げ出すと，次に呼び止めたのは恐い顔の男。「いくらだ？」と聞いてきたので，今度は最初から「一升五円」と言うと，「そんな安いはずがない。どこかで盗んで来たんだろ？」と返され，「六十円で売れ」と言われる。升に大盛りにすると「平らにしろ…。掻き出せ…。升を逆さにして引っぱたけ！」「空になりました」「俺んところじゃ買わねえんだ」。
【解説】 三代目柳家小さんが大阪より移した噺と言われている。売り声のマクラを付けることで伸縮自在になるので，寄席でよく聴けるネタの一つ。十代目から受け継いだ十一代目桂文治が得意にしている。安永3年（1774）『茶のこもち』に同種の「不精」という噺が見られる。

万金丹 (まんきんたん)
【別題】 鳥屋坊主 (とやぼうず)
【種別】 滑稽，旅
【あらすじ】 江戸っ子の二人連れが旅の途中で路銀を使い果たし，腹を空かせて歩いていると，寺を見つけたので，そこで世話になることにする。数日経って，和尚から旅立つように言われるが，あてもないので坊主になるも，根が遊び好きの怠け者なので，身の入らない修業ばかりをしている。あるとき，和尚が本山へ用があり，一ヵ月程留守をしなければならなくなった。留守の間に何かあったら，他の寺に頼むようにと出掛けてしまうと，二人はこれ幸いと池の鯉をすくって酒を飲みはじめる。するとそこへ，檀家の万屋金兵衛が亡くなり，葬儀をあげてもらいたいと言ってきたので，二人は金にな

るから引き受け，いい加減な経を読んで済ませてしまう。戒名をもらいたいというので，掃除をしたときに出てきた薬袋を渡すと，そこには「官許伊勢浅間霊宝万金丹」と書いてある。遺族がこれを見て，「この官許とはどういう意味ですか？」「今，和尚が棺の前で経を読んだから『かんきょう』だ」「伊勢浅間とは？」「生きてるうちは威勢がいいが，死んだらあさましいから『いせあさま』だ」「霊宝とは？」「礼は法によって出せって言うんで『れいほう』って言うんだ」「戒名にお布施の催促まで書いてあるとは…。万金丹は？」「万屋の金兵衛だから，よろきんの『まんきん』だ」「丹は？」「喉に痰が絡まって死んだんだろ？だから『たん』だ」「いや，屋根から落っこちて死んだんだ」「落っこったん，万金丹だ」「ただし白湯にて用うべしと戒名に但し書きが書いてある」「この仏に改めてお茶湯を上げるには及ばない」。
【解説】上方の旅噺『鳥屋坊主』を東京に移したもの。「鳥屋」とは「鳥屋につく」という俗語で「旅回りの役者などが，次の土地に出発できないで宿屋にこもること」を意味する。サゲはこの他，仏が川にはまって死んだということから「水にはこりている」というものがあり，またこの噺を得意にした五代目柳家小さん門下の柳家さん喬は「この戒名を茶化してはいけないんだよ」とサゲている。延宝3年（1675）『軽口曲手鞠』の「文盲坊主戒名付る事」に同種の話があるが，安楽庵策伝による『醒睡笑』中にも『無智の僧』という小噺が見える。

万歳の遊び（まんざいのあそび）
【種別】滑稽，廓，禁演，春
【あらすじ】正月に江戸の町を流して歩いた万歳は，太夫が三河からやって来て，才蔵は野州栃木からやって来て，江戸橋の才蔵の市で一組になり，一ヵ月の間，一緒に稼業をして，また別れて互いの国へ帰っていく。ある万歳が別れを惜しみ，太夫が旦那で，才蔵がその供という触れ込みで吉原へ遊びに行くことにした。ところがつい万歳の癖が出て，正体を見破られそうになる。すると芸者が「お前さんは面白い方だねえ。きっと芸人，落語家でしょ？」「（万歳の調子で）落語家なんぞじゃ，なかなかねえ」「じゃあ幇間でしょ？」「なあに，おらぁつづみだ」。
【解説】万歳において太夫は万歳の語り手（現在のツッコミ）で，才蔵はおどけ役で鼓を持っていた（現在のボケ）。その鼓と幇間をかけたサゲであるが，三河万歳をはじめとした万歳の風習が見られなくなったこともあって，この噺が演じられることは少なくなってきた。寛政年間につくられた噺とされるが詳細は不明で，嘉永頃の『今年はなし』の『才蔵』に原話らしき話が見られる。五代目桂文楽が得意にし，近年になって雷門小助六が復活させて演じた。

まんじゅうこわい
【種別】滑稽，長屋
【あらすじ】若い者が大勢集まって，好きな物の話から嫌いな物の話になった。ヘビやクモ，アリやオケラ，馬がこわいと挙げていく中で，松公だけはこわい物はないと言う。それでも詰め寄ると，最後に「まんじゅうがこわい」と言い出し，青い顔をしてガタガタと震え出した。隣の部屋に布団を敷いて寝かせてから，一同は普段からあいつは威張っているから懲らしめてやろうと，みんなで色々なまんじゅうを買ってきて，枕元に並べて，松公を起こすことにした。すると松公は「こわい，こわい」と叫びながら，饅頭をうまそうに食べ始めた。すっかり一杯食わされた連中は，「お前は一体何がこわいんだ」「ここいらでお茶が一杯こわい」。
【解説】元々中国の『五雑俎』や『笑府』に載る「饅頭」などに原話が見られ，それらが和訳本として日本に伝えられた。安永5年（1776）『一の富』の「饅頭」や，安永8年（1779）『気の薬』の「饅頭」などが現行のものとサゲが同一である。

万病円（まんびょうえん）
【種別】滑稽，武家
【あらすじ】湯屋の湯船の中で傍若無人にも褌を洗っている侍がいるので番頭が注意をすると，「身体を湯船に入れても構わないのに，それを包む褌を洗って何が悪い」と屁理屈を並べ

て，おまけに湯銭も払わずに立ち去ってしまった。侍は次に餅屋に入り，饅頭の名を尋ね，「多分に求めつかわすから，いくらか負からないか」と言うと，「いくら召し上がっても四文です」と返されたので，たらふく饅頭を食べると四文だけを置いて，店の者を閉口させてこれまた立ち去ってしまった。次に古着屋を訪ねると，店主が「ない物はございません」と言うので，三角の座布団や綿入れの蚊帳があるかどうかを尋ねるも，店主があれこれ言い返してくるので，その店は早々に立ち去ってしまう。最後に立ち寄ったのが薬も扱う紙屋で，「万病円」という薬の名前を見つけたので，「昔から病の数は四百四病と決っている。いつ増えたのだ」と尋ねると，「四百四病に，お子供様の百日咳，殿方の疝気痔癪（千き千百），ご婦人の産前産後（三千三五）がございます」「なるほど，それでも万病に足らんぞ」「一つでも腸満（兆万）がございます」。

【解説】 侍が訪れる店は，この他に居酒屋があったりする場合もあるが，その件は『両国八景』などにも見られ，さらにその部分が独立して『居酒屋』になったとされる。また古着屋の件は『無いもん買い』という題で上方で演じられ，安永5年（1776）『立春噺大集』の「通り一遍」に原話が見られる。メインとなる紙屋（薬屋）の件は貞享4年（1687）『正直咄大鑑』の「万病錦袋円」をはじめ，宝暦5年（1755）『口合恵宝袋』の「万病円」，天保15年（1844）『往古噺の魁二篇』の「ねぢ上戸」に，ほぼ噺と同形の話を見ることができる。三代目三遊亭金馬が演じたが，近年では三遊亭圓窓がサゲの「腸満」という言葉が使われなくなったことから，「一つで腸捻転があります」とサゲて演じている。以前は明治期の四代目橘家圓喬による『侍の素見』に見えるように，「ご婦人の産前産後もありますれば，脚気肥満（四万）もございます」とサゲていたこともあったようである。なお，万病円とは実際に売られていた解毒剤の丸薬である。

み

木乃伊取り（みいらとり）

【種別】 滑稽，廓，禁演

【あらすじ】 吉原へ遊びに出掛けた若旦那がもう二日も帰ってこない。そこで番頭の佐兵衛を迎えにやると，そのまま五日帰らず，次に鳶の頭（かしら）を迎えにやると，これまた七日行ったきりと，ミイラ取りがミイラになってしまった。すると飯炊きの清蔵が「首に縄つけてもしょっ引いてくるだ」と言って吉原へ向かうことにする。若旦那のいる座敷へ乗り込み，色々と話をして聞かせ，しまいには腕力で連れ出す勢いなので，若旦那は降参をし，「一杯だけ付き合え」と言って清蔵に酒を飲ませる。すると綺麗な女性のお酌に気を良くした清蔵は杯を重ねるうちに酔っ払ってしまった。若旦那が「おいおい，清蔵，そろそろ引き上げるぞ」と声を掛けると，「あんだい？もう帰るってェ？帰るならあんただけお帰んなせえ。俺ァもう二，三日ここにいるだよ」。

【解説】 古くからある噺で，女郎買いの噺がうまかった四代目三遊亭圓生や初代の三遊亭圓馬が得意にしており，前者の型は六代目圓生に，後者の型は八代目林家正蔵に伝えられた。「ミイラ取りがミイラになる」とは「人を連れ戻しに行った者が先方にとどまってしまうこと」である。

水屋の富（みずやのとみ）

【種別】 滑稽，長屋

【あらすじ】 水屋が千両富に当たったが，それをしまっておく場所に困り，さんざん考えた挙句，金を風呂敷に包んで，畳を上げて根太板をはがし，縁の下に吊るしておくことにした。そして，朝，起きたときと，商売から帰ってきたときに，長い竿を縁の下に突っ込んで包みがあるかどうかを確かめることにした。ところが眠りにつけば強盗や泥棒に襲われる夢を見るので，落ち着いて寝ることもできない水屋は，金が心配で仕方がなく，竿で縁の下を確かめてばかり。すると，向かいに住んでいる遊び人がその様子を怪しみ，水屋が商いに出掛けた後に，その金を見つけて盗んで行ってしまった。そうとは知らずに帰って来た水屋が，いつものように竿で縁の下をかき廻してみるが手ごたえがない。畳を上げて根太板を上げて見ると，包みも金もすっかり無くなっている。「誰かに盗まれた。…ああ，これで苦労がなくなった」。

【解説】 「水屋」とは神田上水や玉川上水から流れ出る水を汲み，飲料水に適さない井戸水しか出なかった本所・深川方面を中心に水を売り歩いた商売。売値は一荷（72リットル）で四文（80円前後）程度であった。休むこともできずに大変な商売であったが，元手が要らなかったのと，水を必要としない人はいなかったので，重宝がられた商いであった。なお，夏に「冷ゃっこい，冷ゃっこい」と白玉と砂糖入りの水を売り歩く「冷水売り（ひやみずうり）」とは異なる。持ち慣れぬ大金を手にして，気が気でない様子を描いた噺は，明和７年（1770）『軽口片頰笑』の「了簡違」や，安永２年（1773）『出頰題』の「気がかり」，安永２年（1773）『仕形噺』の「ぬす人」，文化10年（1813）『百生瓢（ひゃくなりふくべ）』の「富の札」など多数見られる。五代目古今亭志ん生や古今亭志ん朝が演じていた。現在では柳家さん喬，柳家小袁治，三遊亭金時などが演じている。

味噌蔵（みそぐら）

【種別】 滑稽，冬

【あらすじ】 赤螺屋吝兵衛（あかにしやけちべえ）という味噌問屋の主人はケチで有名。周囲から嫁をもらうように勧められても，女房なんて金を使うばかりだからと断っているが，女房をもらわなければ付き合いはこれきりと言われ，しぶしぶもらうことにした。するとある冬の寒い夜に添い寝をしたことから子供ができて大騒ぎ。金がかからないようにと里に返してお産をさせると，無事出産し

たという知らせが届いたので，小僧の定吉を連れて出かけることになった。心配なのは火事のことで，もし蔵に火が点いたときには，商売物の味噌を蔵に塗りこめば，火事が済んだあとに，それをおかずにすることができるといった伝言を番頭に残していった。旦那が出かけると聞いた店の者は大喜びで，番頭に申し出て，酒や普段は味わえないおいしいものを頼み，最後に焼き立ての味噌田楽を注文して，ドンチャン騒ぎをはじめた。ところがそこへ旦那が帰って来たので大変。しかも怒り出したところへ，豆腐屋が注文の田楽を持って「焼けてきました」「どの位焼けてきた？」「二，三丁（町）焼けてきました」。客兵衛が表の戸を開けた途端に，田楽の味噌の匂いが鼻をついたので，「いけない，味噌蔵に火が入った」。

【解説】 古くは延宝8年（1680）『噺物語』の「鰻かばやきの咄」や，元文頃の『軽口大矢数』の「でんがくの取ちがへ」などに原話が見える。『位牌屋』の最初の場面を膨らませて独立させたとも言われている。最近では柳亭市馬が酒盛りの場面で『磯節』を披露したりと，工夫を施して演じている。

味噌豆（みそまめ）

【種別】 滑稽

【あらすじ】 小僧の定吉が味噌豆の煮加減を見るつもりでつまみ食いをはじめると，なかなかやめられなくなってしまった。するとそれを旦那に見つかり，使いに出される。旦那も味噌豆に手を出すと，同じようにやめられなくなってしまうが，定吉に見つかってはしめしがつかないので，どこか見つからずに食べられるところはないかと考えた末に，お椀によそって便所で食べることにした。定吉は使いから帰って来ると，旦那の姿が見えないので，味噌豆をまた食べ始めるが，旦那に見つからないように，どこかで食べられないかと考え，味噌豆を持って便所に向かった。そして戸を開けると，中で旦那が味噌豆を食べているので，「あ，旦那」「何だ，定吉か。何しに来た？」「お代わりを持ってきました」。

【解説】 いわゆる「前座噺」と呼ばれる短い噺。この噺をマクラに据えて，他の噺に入って行く演じ方もある。

三井の大黒（みついのだいこく）

【別題】 甚五郎

【種別】 滑稽，旅

【あらすじ】 京都から江戸へやって来た左甚五郎が，神田八丁堀の藍染川の近くの普請場で働いている大工の様子を見て，「江戸の大工は身なりはいいけれど，仕事が半人前だ」と言って，大工に殴られる。棟梁の政五郎がそれを止めたのをきっかけに甚五郎は世話になることになる。棟梁は名前を聞くが，甚五郎は「名前を忘れた」と言うので，若い衆が「ぽん州」と名付けることに。翌日から甚五郎は仕事に出るが，板を削れと言われたので，二枚の板を削って張り合わせると，それを剥がすことができないという腕を持っていたので一同は驚く。政五郎は無礼を詫び，丁重にもてなすが，今度はまったく仕事をしなくなってしまった。そこで政五郎が恵比寿大黒の彫り物でもやってみないかと勧めると，甚五郎は三井家から大黒を頼まれているのを思い出し，さっそく取り掛かることにした。できた大黒が大変に素晴らしい出来なので，政五郎が感心をしていると，「甚五郎先生から大黒様が彫りあがったと連絡を受けたので参上した」と越後屋から使いがやって来た。ぽん州が左甚五郎であることに気づいた政五郎は，甚五郎から大黒の残金七十両のうち五十両をもらう。越後屋から阿波の運慶が彫った恵比寿様には「商いは濡れ手で粟（阿波）の一つかみ（ひとつ神）」という歌がついていると聞いた甚五郎は，大黒様に「守らせ給え二つ神たち」と下の句を書く。

【解説】 左甚五郎物の一つで，講釈にあったネタを落語に移したというが，古くから落語家が演じていたともいう。京都で修業を終えた甚五郎が藤沢（または三島）宿で竹の水仙を彫り（『竹の水仙』），その足で江戸にやってきたところを描いている。三代目桂三木助型を記したが，六代目三遊亭圓生は「ぽん州」ではなく「ぬうぼう」で演じた。

緑林門松竹（みどりのはやしかどのまつたけ）

【別題】 忍岡義賊の隠家／下谷五人男／医者秀永の家／三味線堀の殺し／原の郷の捕物／またかのお関／新助市の最期／あんま幸治

【種別】 人情，円朝

【あらすじ】

▷**医者秀永の家**（いしゃしゅうえいのいえ）

根津七軒町に暮らす医者の山木秀永のもとで働く下男の新助は，ある日，秀永のお供で本所の一つ目へ出掛けたときに，秀永に妾と子供があることを知る。新助は本妻にはうまくごまかすことを秀永に伝え，そのついでに毒薬について尋ねる。家に帰った新助は秀永の妻に今日あったことをすっかり話してしまうばかりでなく，「妾が女房を追い出してほしいという頼みを先生にし，先生も毒を盛って殺してしまおう」と話していたと嘘をつく。新助はそんな毒薬があるからいけないと毒薬のある場所を聞き出す。

▷**三味線堀の殺し**（しゃみせんぼりのころし）

新助が秀永の妻を佐竹の三味線堀まで連れてやって来ると，その袂を取り，思いを寄せていたことと願いを一度だけ叶えてほしいと口にする。すると「主が主なら家来まで。そんなことは許さない」と言ってかんざしを抜いたので，新助は自分が新助市五郎という盗人であることを白状し，匕首で殺してしまう。そして本所の妾宅へやって来た新助は「家に泥棒が入り，奥方の姿が見えないので，家へ帰って来てくれ」と言う。帰宅した秀永は「急いで帰ってきたから喉が渇いた」と新助から水をもらうと，毒の入った水を飲まされて絶命してしまう。新助は秀永の格好をして頭巾をかぶり再び本所へ向かうと，秀永と勘違いをしているおすわと一夜をともにする。おすわは朝になり相手の男が新助であることに気付くと，新助は自らの身元と悪事について話して聞かせ，おすわを脅して上州の原の郷へ逐電をし，そこで茶店を開く。

▷**原の郷の茶店**（はらのごうのちゃみせ）

原の郷の茶店に手習いの師匠である就学堂の親子が訪れたので，新助は以前，江戸で世話になったことを話し，親子を親切に迎えるも，新助は就学堂を毒殺したうえに，その娘のお時を車坂の伯母の家に連れ帰ると騙して，仲間の源次に頼んで吉原へ売り飛ばしてしまう。そのことを新助に問いただしたおすわは恐ろしく，またその悪事を許せなくなり，秀永との間に生まれた新太郎に本当のことを話して仇討ちをさせようとするが，二人は新助に返り討ちにあってしまう。

▷**原の郷の捕物**（はらのごうのとりもの）

おすわを殺したところで源次が飛び込んできて，立て場の茶店に本庄から捕り方が集まっており，新助市五郎を召し捕る算段をしていると言う。そこで新助は赤城山へ逃げることにするが，捕り方がすでに家の周りを囲んでおり，それを潜り抜けた新助は江戸へ向かうことにし，弟分であるあんま幸治の世話になる。

▷**またかのお関**（またかのおせき）／**新助市の最期**（しんすけいちのさいご）／**あんま幸治**（あんまこうじ）

車坂で桜香という化粧品を売っている化粧品屋の脇に女易者が住んでいる。その女は元は品川の女郎であり，手癖が悪く客の持ち物を何度も盗むことから，またかのお関という身体に大蛇の彫物をしている莫連者で，表向きは堅気として暮らしている。その亭主は身体一面に桜の彫物をしている小僧平吉という下谷周辺の巾着切の大親分で，二人は平吉が以前働いていた店の若旦那の惣次郎が縁で知り合った。その頃，若旦那は吉原の常磐木という花魁に入れ込んでおり，年季が明けたら一緒になろうと約束をしていたが，そこにもう一人，剣術の指南役である天城豪右衛門も常磐木に恋心を抱いていたものの振られてばかりいるので，それならば身請けをしようと考えていた。それを阻止しようと惣次郎も身請けをしようと平吉に相談をすると，平吉は脇で取ってきた五十両の証文を渡した。ところが惣次郎は金が取れるか取れないかを観てもらうためにお関のところに現れると，色仕掛けで証文を取られてしまったので，平吉がその証文を取り返しに来たのをきっかけに平吉はお関といい仲になった。そんなことを話しているところへ流しの按摩がやって来たので，肩の凝ったお関が呼び入れると，それは品

川時代に夫婦であった新助市五郎であった。新助から秀永を殺して毒薬を手に入れた話を聞いたお関は，その毒を取り上げて新助に勧めた酒に混ぜて殺してしまう。新助の懐に六十両の金が入っているので，四十両を足して惣次郎に渡すと，惣次郎は吉原へ向かうが，天城の方が先口であったので，平吉が天城の道場に向かうも，道場の者に叩き出されてしまう。その姿を見たお関は平吉の仇を取ることを決め，女隠居に化けて，若主人が入門をしたいからといって天城の道場を尋ね，お関の色香に迷った天城に毒を盛って殺してしまう…。

【解説】 三遊亭圓朝の作で，別名を『忍岡義賊の隠家(しのぶがおかぎぞくかくれが)』や『下谷五人男』といった長編噺。ここではこの噺を連続物で演じた八代目林家正蔵の高座をもとに，登場人物や舞台などで不明な部分は三遊亭圓朝の速記に倣った。現在は五街道雲助に林家正雀，鈴々舎馬桜や蜃気楼龍玉などが手掛けている。正蔵は新助を毒殺したお関が新助の持っていた金を懐に吉原へ行くと，それが贋金であったことから捕り手に囲まれてしまい，もはやこれまでと奉行に出頭をする形で噺を終えていた。一方，六代目三遊亭圓生はお関が天城を毒殺したところで，「さてこの収まりがどういうことに相成りますか，またかの折に申し上げることに致します」と結んでいた。『またかのお関』以降も物語は進み，平吉は天城をつけ狙うが，誤って惣次郎の父である惣右衛門を吉原土手で殺してしまう。その際に惣右衛門は惣次郎を許嫁のおくみに会わせてほしいと遺言をする。平吉の父平蔵は平吉の悪事を恥じて故郷の常陸へ向かう。平吉は旅先で惣次郎が入牢していることを聞き，それを助けようとさらに悪事を重ねる。一方であんま幸治はお関に頼まれて，鼈甲問屋の清三郎と浪人の花蔭左五郎の妹おなつとの縁談を壊そうとする番頭の藤七と女中おさきの金を巻き上げる手伝いをし，お関が藤七とおさきを殺す。家出をしたおなつを幸治が助けると，実は幸治は花蔭の家臣の息子であった。お関と平吉は罪を申し出て牢内で毒を飲んで自死。惣次郎とおくみ，そして清三郎とおなつは夫婦になり，幸治は刑期を終えた後に坊主に，常磐木は尼になる。

身投げ屋（みなげや）

【種別】 滑稽，新作

【あらすじ】 不景気になると変わった商売が流行るもので，ある男が落ちている物を探して歩き廻る地見屋をしているところを友達に声を掛けられた。そこで新たに教わった商売は，人の多い橋の上から身投げをするというもの。そうすれば誰かが止めに入り，金がないから死ぬということを告げれば，金がもらえるというのだ。ただし相手の身なりを見て金額を決めなくてはならないとも教わった。早速，男は両国橋にやって来て，「南無阿弥陀仏」と唱えて間合いよく飛び込もうとすると，大層立派な格好をした男性が「お待ちなさい」と言って止めてきた。男が高めの200円が欲しいと言うと，持ち合わせがないとは言え，半金の100円をもらうことができた。気を良くして，同じことをすると，次に止めに入ったのは言葉もぞんざいな職人風の江戸っ子で，それに合わせて，今度は3円という金額を提示すると，いくらも持っていないということで，使用済みの電車の切符を渡して去って行った。がっかりして次に…と橋の上を見ると，今まさに親子連れが心中をしようとしている。二人で腰を結んで飛び込もうというときに，あわてて男が止めに入ると，父親は身体も不自由な上に金がないから死ぬのだと言ってきた。必要な金は丁度男がせしめた金額と同じなので，それをそのまま渡して立ち去り，橋のたもとで親子の様子を見ていると，子どもが「お父っつあん，もういないよ」「本当にいないのか？ それじゃあ，今度は吾妻橋に行こう」。

【解説】 柳家金語楼（有崎勉）が大阪にあった話をヒントに昭和11年（1936）につくり上げた噺。冒頭には一席物として演じられることもある『地見屋』のダイジェストを付して演じている。金語楼の残した速記にはさらに続きがあり，子供が「ありがたいな，お父っつあん，こいつは久し振りでの儲けだな」と言ったところに，男が再び現れて「一杯食わされたよ。もしもし，あなた方，さっきのはウソなのかい？」「はい，手前どもは身投げ屋でございます」としている。現在では五街道雲助が演じており，

それが若手に広がっている。

宮戸川（みやとがわ）
【別題】　お花半七
【種別】　滑稽，夏，禁演
【あらすじ】
▷上・お花半七（おはなはんしち）
　毎晩のように将棋に夢中になって帰りが遅くなることが原因で，小網町の質屋の息子半七が家から締め出しを食ってしまう。すると幼馴みで隣家の船宿の娘お花もかるた取りで遅くなり，同じように締め出しを食っている。半七が霊岸島の伯父の家に泊めてもらいに行こうとすると，お花も一緒に行きたいと言うので必死に断るが，嫌がる半七のあとをお花はついて来てしまう。飲み込みがはやによい伯父は，二人を二階の部屋に上げて一つの布団に寝かせようとするので，困った半七は布団の真ん中に解いた帯を置いて境界線をつくる。ところが降り出した雨がやがて激しくなり，雷が鳴ると，怖がるお花が半七にしがみついてきたので，お花の鬢付け油の匂いと真っ白い足が半七を刺激して…。ここから先は本が破けてて先が分からない。お花半七馴れ初めの一席。
▷下
　結ばれた二人は伯父の世話になり，両国横山町に小さな店を持ち，仲良く暮らし始める。夏のある日，小僧の定吉を連れて，浅草寺へ参詣に出掛けたお花が雷門まできたところで雨にあい，定吉に傘を取らせにやり，雨宿りをしていると，大きな雷が近くに落ち，気を失ってしまう。そこへ近所のならず者がやってきて，倒れているお花を連れ去ってしまう。半七は手を尽くして探すも見つからず，お花がいなくなった日を命日とした。それから一年。一周忌の法事を済ませた半七が山谷堀から舟で両国に帰ると，船頭（または同船した客）から，昨年の夏，雷門でさらった女を多田薬師の石置き場で手込めにした上に，三人のうちの一人がお花の知った顔だったので，殺して宮戸川に放り込んだという話を聞く。半七は「いい話を聞いた」と，船頭に酒を勧めたところで，盃を出した手をねじって，「これで様子ががらりと知れた」

（ここから芝居がかりになる）。…と，そこで半七が小僧に起こされたので，お花の様子を尋ねると，今まで見ていたのは夢であり，無事であることが分かる。「そうか，夢は小僧の使い（五臓の疲れ）だ」。
【解説】　京都でお花・半七という男女が起こした心中事件を，近松門左衛門が浄瑠璃の『長町女腹切（ながまちおんなのはらきり）』に仕立てたのをきっかけに心中物が流行した。その後，鶴屋南北が『宵花千人禿（よいのはなせんにんかむろ）』という作を書き，それがヒットしたことから，道具入り正本芝居噺の祖とされる初代三遊亭圓生が作り上げたとされる。現在では伯父の家の二階でお花と半七が結ばれる「上」の場面で噺を終えることが多い。「下」の部分は鳴物入りの芝居噺の形で演じられることが多く，あまり演じる者がいなかったが，五街道雲助や柳家喬太郎など，最近になって手掛ける落語家が多くなってきた。「下」まで演じることで，この噺の演題がお花を捨てた川の名前であることが分かってくる。サゲは『ねずみ穴』と同じで「夢は五臓の疲れ」からとっている。

茗荷宿（みょうがやど）
【別題】　茗荷屋／茗荷宿屋
【種別】　滑稽
【あらすじ】　東海道は神奈川宿。元は脇本陣を務めていた茗荷屋という宿は，竹次郎が継いでからは泊まり客も少なくなり，宿場外れで営業をするようになった。ある日，一人の旅人が泊めてほしいと訪ねてきて，帳場に百両の金を預けた。宿屋の主人はその金があれば立派に生きていけると思いながら眠りにつくと，夜中に旅人の部屋に行って，寝ている旅人を切り殺そうとしたところで女房に起こされた。女房に今見た夢の話をすると，「明日の朝，茗荷がいくらでも生えているからそれを料理して，旅人に食べさせて金を忘れさせてしまおう」と女房が提案をしてきた。旅人が目を覚ますと，「先祖の命日なので，何でも茗荷を食べていただく日です」と言って，漬物から焼き物，酢の物，茗荷の炊き込みご飯と，茗荷づくしの食事をしてもらった。食事を終えた旅人が「また寄せてもらうよ」と言って荷物をすっかり忘れて旅立った

ので，宿屋夫婦が喜んでいると，忘れ物を取りに旅人が戻って来て，荷物を持って再び出て行ってしまった。それでも昨晩預けて行った百両の金があるからと夫婦が喜んでいると，また旅人が戻って来て「預けておいた百両を忘れていた」と，荷物をすべて持って宿屋をあとにした。主人が「何か忘れていったものはないかね」「宿賃もらうのを忘れていた」。

【解説】 原話と思われる話は軽口咄や漢文体の笑話本，さらに民話などに見られる。現行に近いものとしては，安永2年（1774）『聞上手二篇』に「茗荷」という話が収載されている。十代目金原亭馬生が演じ，以前は，宿泊客は足を怪我をした飛脚や，昔馴染みの飛脚という設定で演じられていたが，ここでは柳亭市馬が演じる型をベースにした。他に柳家小満んや桃月庵白酒などが演じている。

未練の夫婦 （みれんのふうふ）
【種別】 滑稽，長屋
【あらすじ】 ある夫婦がふとしたことで喧嘩となり，しまいには亭主が「一緒に暮らすわけにはいかないから出ていけ」と女房に言い渡した。女房の方も「分かりました，出て行きます」と，鏡の前に座って化粧をはじめ，身支度を終えて，亭主の前で改めて「長々お世話になりました。出て行きます」と挨拶をした。亭主には未練があると見えて，「ちょっと待て。そっちは玄関だ。城にたとえれば大手門だ。離縁された者が玄関から出て行く法があるか」と言うので，女房は「失礼致しました。それでは裏から出て行きます」と裏口へ回ろうとする。今度は「裏からこそこそ出て行くのか」と声を掛けるので，「表もいけない，裏もいけないって，出て行くところがないじゃありませんか」「それじゃあ，家にいろ」。

【解説】 六代目三升家小勝の自作自演とする説もあるが，古くは『きのふはけふの物語』に，一旦は別れるつもりであったが，着飾った女房に未練が出て，舟で送り届ける舟賃が払いたくないと言って，自宅に連れ戻す話がある。安永2年（1773）『再成餅』の「夫婦喧嘩」や民話にも現行に近い噺が見て取れる。三代目三遊亭小圓朝が演じ，近年では三遊亭圓窓や桂文雀が演じている。

名人長二 (めいじんちょうじ)

【別題】 指物師名人長二／仏壇叩き／湯河原／谷中天龍院／請地の土手／清兵衛縁切り／お白洲

【種別】 人情, 長屋, 圓朝

【あらすじ】

▷**仏壇叩き** (ぶつだんたたき)

　文政の初め, 江戸は両国の大徳院前に清兵衛という評判の指物師が住んでいた。娘お政の婿となった常太郎に跡を継がせるが, 常太郎は腕は悪くないが名人の資質ではなく, 弟弟子で二十八歳になる, 本所の〆切に一人で暮らす長二郎(長二)の方が腕が良かった。ある日のこと, 長二は蔵前の札差である坂倉屋助七から仏壇の注文を受けるが断ってしまう。改めて助七が丁寧に依頼をしてきたので,「いつでき上がるか分からないし, でき上がってみないと手間賃も分からない」と言って引き受ける。七ヵ月経ち, 仏壇ができたというので坂倉屋が受け取ると, 百両という大金を請求してくる。「どこに百両の手間があるのか？」と聞かれた長二は自分の仕事への思いを語り, それならばと持っていた才槌で仏壇を打ち叩く。坂倉屋はその頑丈さに驚き,「千両で買わせていただきます」と疑ったことを詫びるが, 長二は「千両の値打ちはない」と百両だけを持ち帰る。この仏壇が江戸中の評判となり, 長二の名声も上がる。

▷**湯河原** (ゆがわら)

　同じ年の十一月, 弟弟子の兼松がノミで足の指を突いたことがきっかけで足が腫れ, 長二も背中の古傷が痛むので湯河原へ湯治へ行くことにする。温泉宿で手伝いをしている老婆と, 自分の背中に指の先が入る程の穴があることや身の上について話をしているうちに, 老婆が両親の名前を当て, 長二が湯河原の竹藪の中に捨てられていた捨て子であり, 背中の傷はそのときにできた傷であること。さらに長二を育てた長左衛門夫婦は本当の親ではないことを聞かされる。長二は実の親の不実さを知るとともに, 改めて養い親である長左衛門の恩を感じ, その供養を谷中天龍院で手厚く行う。

▷**谷中天龍院** (やなかてんりゅういん)

　育ての親である長左衛門の法事を谷中天龍院で済ませた長二が和尚に真実を伝えようとするところへ, 年の頃なら五十三, 四になる身なりの良い男が現れ, 墓へ向かった。その男は鳥越の亀甲屋幸兵衛という名で, 寺に納められている長二による経机を褒め, 注文をしたいものがあると言い, それを機に亀甲屋は長二を贔屓(ひいき)にする。深川の成田山の御開帳の日, 亀甲屋は女房のお柳を連れて柳島の寮に帰る前に長二の家を訪ねるが, 長二の顔を見たお柳の具合が悪くなり, 二人は長二の家を後にする。ある日, 亀甲屋から書棚の注文がきたので, 柳島の寮に長二が訪ねると, そこで身の上話がはじまり, 幸兵衛夫婦が詳しいことを尋ねてくる。そこで背中の傷を見せるとお柳が驚いて倒れた。これまでの様子からして, 二人が実の親なのではないかと長二は思うようになる。

▷**請地の土手** (うけちのどて)

　長二が亀甲屋の素性を調べてみると, 元は根岸にあった店で, お柳は先代の夫人で幸兵衛は店の手代であったことなどが分かった。長二は今度会ったときに本当のことを聞こうと思っていると, 遊山帰りの幸兵衛夫婦が訪ねてきた。そして一人暮らしは大変だろうから嫁を貰えと勧める上に, お金のことなら何とかすると五十両の金を差し出した。長二が「自分の親ではないか。親であるとひと言名乗ってほしい」と迫ると幸兵衛は怒り出し, お柳が家を飛び出そうとするので, 長二が止めようとしたが, 幸兵衛が長二を突き飛ばし, 二人して長二の家を後にした。置いていった五十両の金を懐に入れて, 二人を追い掛けていくと, 請地の土手まで来たところで長二は幸兵衛夫婦の立ち話を耳にし, 自分がお柳と先代幸右衛門の間に生まれたことを知る。二人になおも親であったことを名乗っ

てくれと迫ると，幸兵衛が長二をののしるので，持っていた五十両を投げつけると，それが幸兵衛の額にあたり，二人で揉み合いがはじまる。力では長二に勝てない幸兵衛が短刀を抜いたので，長二がそれを奪い取る間に，とうとう二人を殺してしまう。

▷清兵衛縁切り（せいべえええんきり）
　弟弟子の兼松が深川六間堀の伯母の家の病気見舞いから帰って来ると，長二の家に貸家の札が貼ってあった。大家に尋ねると，「急に遠方へ行くことになったので，店賃は全部払って，道具一切は兼松に譲る」と残していったとのこと。不思議に思った兼松が親方の清兵衛の家を尋ねて事情を話していると，そこへ珍しく酔っ払った長二が現れた。長二は京都へ行って今の利齋の弟子になると言い出すので，清兵衛が鹿島様へ収めるという棚を持ってくると，「この仕事には嘘がある」などとケチをつけて才槌で叩き壊してしまった。親方を怒らせた長二は縁切り状を書いて出ていった。だが書面にはひと月早い日付が書いてあった。

▷お白洲（おしらす）
　縁切状を渡した翌日，長二は奉行所に出頭し，親殺しをしたと自首をして出る。南町奉行の筒井和泉守が取り調べると，長二は身持ちも良く，腕も非凡であることから助命をしたいと，発狂ゆえの凶状と断じようとするが，長二は親殺しをしたことを陳述をしたので，その罪状を無にすることができなくなってしまった。和泉守が知恵を絞って，亀甲屋幸兵衛について調べてみると，亀甲屋の前の主人である半右衛門の女房お柳が幸兵衛と密通していたこと。さらに幸兵衛とお柳の仲人をした下谷稲荷町に住む美濃屋茂二作とお由という夫婦がいることが分かり，事情を確かめたところ，幸兵衛は長二の実の親ではないので親殺しではないと判断をした。だがお柳は実の母親だったのでやはり死罪は免れなかった。茂二作とお由が長屋へ帰ると，鍼医の岩村玄石がやって来て，百両の金の無心をはじめた。和泉守の密偵がそのやり取りを耳にし，捕まえて調べてみると，半右衛門はお柳が百両で岩村玄石に鍼で殺させたことが分かった。和泉守は林大学頭（述斎）から『礼記』の中に，「孔子の孫に子思という人がおり，子思には子上という子がいた。子上を産んだ母親は離縁された後に死んだが，そのとき，子上には喪につかせなかった。それは離縁した女房は他人だから喪服は着せないということであった」という話を知り得て，それを長二にもあてはめた。つまり，お柳は半右衛門の存命中に密夫を引き入れたので，姦通の罪で半右衛門の妻である道を失い，半右衛門もその事実を知っていたら離縁するはずである。さらに幸兵衛とともにお柳は半右衛門を殺した悪女であるので，もはや半右衛門の妻とは言えない。半右衛門の妻でなければ，長二の母でもなく，長二は実父の仇を討ったことになる。そうして長二は親殺しに当たらないという裁きを受け，親の仇を討ったとして青差拾貫文の褒美を授けた。玄石と茂二作夫婦は八丈島へ遠島となり，長二は幼名の半之助と改めて亀甲屋を相続し，坂倉屋の娘で筒井和泉守の腰元であった島路と夫婦になり，指物御用達を仰付けられて，店は大層繁昌をする。そして弘化二巳年（1845）九月二日に五十歳で亡くなり，墓は孝徳院長譽義秀居士と題して谷中天龍院に眠っている。

【解説】　三遊亭圓朝がモーパッサンの小説『親殺し』を，有島武夫の父武の夫人を通じて聞き，それを翻案，作話した作品で，圓朝の口演速記ではなく筆記したものが，明治27年（1894）から「中央新聞」に，明治28年4～6月に「やまと新聞」に連載された。『湯河原』の段は，圓朝が明治18年（1885）に人力車から落ちた傷を癒しに，湯河原へ湯治に行った際に取材した内容が使われており，噺の中でも湯河原の風物を事細かに描いている。近年では五代目古今亭志ん生や八代目林家正蔵が演じ，最近では五街道雲助や林家正雀が演じている。ここでは五代目志ん生と隅田川馬石が口演したものをベースに，各段の演題を示すとともにあらすじとした。

妾馬（めかうま）

【別題】　八五郎出世
【種別】　滑稽，長屋，武家
【あらすじ】　長屋に暮らすおつるという娘が，

年に一度の井戸替えの日に，駕籠で通行中の赤井御門守という殿様の目に止まり，側妾（そばめ）として屋敷へ上ることになった。やがてお世継ぎの男子が出生し，兄に会いたいということで，がさつな性格の八五郎が屋敷に招かれることになった。早速，家主に呼ばれ，丁寧な言葉を使わなければならないなどと教わり，正装をして屋敷を訪ねる。八五郎は殿様の前で，何にでも最初に「お」を，最後に「奉る」をつけて喋るので，殿様は分からず，「無礼講じゃ，朋友に物申すごとく遠慮なく申せ」と許した途端に，今度は勝手なことを話し出すので，そばにいる三太夫をハラハラさせる。殿様が八五郎に酒を勧めると，喜びの酒にすぐに酔っ払ってしまい，目の前に美しく着飾った，今はお鶴の方となった妹のおつるの姿を見ると驚いてしまう。そして身分の違いで初孫の顔を母親に見せられないことに涙を流す。湿っぽくなった座を明るくしようと得意の喉を聞かせると，殿様の反応が悪いと文句を言いながらも，自分の歌に気持ちよくなって，「どうでえ殿公！」。すかさず三太夫が「これ，控えろ」と言うも，殿様が「面白い奴だ。召し抱えて使わせ」と鶴の一声で，八五郎が出世をするというおめでたい話。

【解説】演題は「めかうま」（発音上は「めかんま」）と読むが，それだけを聞くと何故『妾馬』と呼ぶのかが分からない。噺には続きがあって，殿様に気に入られた八五郎は士分に取り立てられ，名も岩田杢蔵左衛門蟹成（または石垣杢蔵源蟹成）となる。ある日，殿様が馬で出かけるときに使者を仰せつかったが，馬の乗り方を知らないのでおっかなびっくり。やっと乗れたと思ったら馬が駆け出してしまうので，馬の首にしがみついていると，屋敷の者が「岩田氏，どちらへ参る」「どこへ行くか分からないので，前へ回って，馬に聞いてくれ」というのが本来のサゲとなる。「妹のおかげで馬におぶっさり」という川柳があるように，「妾の兄の馬」，または殿様が可愛がっていた「妾のような馬」を与えられたという意味からその題が付いた訳である。本来のサゲまで演じられることは少なく，大抵は上記した型で噺を終えることが多いので，『八五郎出世』という別題で呼ばれることも多い。また，井戸替えの場面からおつるが奉公に上がるまでを省略し，八五郎が大家に呼ばれるところからはじめられる場合が多い。馬の件には原話があり，露の五郎兵衛による『軽口あられ酒』（宝永2年・1705）の「馬に乗りつけぬ医者」をはじめ，その後の江戸小噺にも見られる。六代目三遊亭圓生が得意にし，現在では柳家さん喬や春風亭一朝，本来のサゲまで演じたことのある演者として五街道雲助などがいる。

めがね泥（めがねどろ）

【別題】眼鏡屋泥棒
【種別】滑稽
【あらすじ】ある眼鏡屋の前で，泥棒が入る相談をしているのを耳にした小僧が，泥棒が戸の節穴から様子を伺おうとしているので，最初に一つの物がいくつにも見える眼鏡をはめこんだ。泥棒が覗くと，手習いをしている小僧が沢山いるので，驚いて相棒に代わると，今度は小僧が顕微鏡に変えたので，小僧が大きく見えて相棒が驚く。最後に泥棒の親方が覗こうとしているので，遠眼鏡を逆さにはめると，「とても仕事ができない。奥まで入るうちに夜が明けちまう」。

【解説】二代目桂小南が寄席で演じた。演じ手は少ないが，今でも寄席などで演じられるときがある。

目薬（めぐすり）

【種別】滑稽，長屋，艶笑，禁演
【あらすじ】ある男が目を悪くして，女房に目薬を買いに行かせた。効能書通りに使えと言われたが，夫婦して字を読むのが得意ではない。「めしりにつけるべし」と書いてあるが，「め」の字が読めず，銭湯の入口にある字だからと「女」と読んでしまった。女と言えば女房しかいないので，嫌がる女房を四つん這いにさせて，その尻に目薬をさす。だが，あまりにもそれがくすぐったいので，女房が思わずブッ。すると目薬が飛び散って，亭主の目に入った。「ああ，やっぱりこうやってつけるんだ」。

【解説】短い噺なので，マクラで字の読めな

人の小噺や病気の小噺などを付けて演じることもある。

目黒のさんま（めぐろのさんま）
【種別】 滑稽，武家，秋
【あらすじ】 ある殿様が目黒まで野駆けに出かけたが，弁当を持ってこなかったので，腹が減って仕方がない。すると近所の百姓家からサンマを焼く匂いが漂ってきた。家来からは下魚（げうお）だと言われるが，空腹には勝てず，百姓から分けてもらって口にしたところ，秋の時分で脂が乗り切った焼き立てのサンマだけに，たとえようのない美味。城に帰ってから，サンマを目黒で食べたことを口にしてはいけないと言われるが，毎度出て来る食事はおいしくないものばかりなので，殿様はサンマのことを忘れられないでいる。ある日，宴席に呼ばれて，何でもお好きなものをおつくりしますと言われたので，殿様はサンマを注文。お台所では上等のサンマを取り寄せて，殿様のお腹にさわりがないように脂と骨を抜いて，お椀として出した。やっとサンマに巡り合えた殿様がそれを一口食べたがうまくない。そこで「これはなんじゃ？」「ご注文のサンマにございます」「いずれから取り寄せた？」「日本橋魚河岸にございます」「それでいかん。サンマは目黒にかぎる」。
【解説】 主人公の殿様の多くは「さる大名」とされるが，そのモデルは徳川家光や吉宗とされている。ここでは比較的演じられることの多い型を示したが，殿様を松平出羽守（雲州侯）とし，城中の控えの間で諸侯にサンマのことを話すと，その中にいた黒田筑前守がサンマを取り寄せて食べることにする。ところが家臣が塩気と脂気が多いのを気にして，それをすっかり取り除いたものを出してきたからうまくなかった。そのことを出羽守に話すと，「まるで木を茹でて噛んでいるようなもので，よほどまずい」「ご貴殿様はいずれからお取り寄せになりました？」「家来に申し付けて房州の網元から」「それは房州だからまずい，サンマは目黒に限る」という，禽語楼小さんの型があり，最近では四代目桂右女助がこの型で演じている。同種の噺に『ねぎまの殿様』がある。

毛氈芝居（もうせんしばい）

【種別】　滑稽，芝居，武家，禁演（戦後）

【あらすじ】　芝居を観たことのない，ある国の殿様が芝居見物。出し物は『蔦紅葉宇津谷峠』の「文弥殺し」。伊丹屋重兵衛が盲人の文弥を殺し，金を奪い取る段になると，それを見ていた殿様が「盲人を殺して金を奪うとは不届きな奴である」と怒り，重兵衛を刑罰に処すと言い出す。芝居の頭取が芝居だと言っても通じないので，「文弥は一旦殺されましたが，毛氈で囲って楽屋に追い込みましたので，楽屋で息を吹き返しております」と言い，文弥役の役者に顔を出させる。すると殿様が「死んだる者も毛氈で囲えば生き返るのか」「はい」「三太夫，余の先祖は姉川の合戦において切り死にをしたというが，その頃に毛氈はなかったか」。

【解説】　途中の「文弥殺し」の場は，芝居がかりで演じられる。八代目林家正蔵と五代目古今亭今輔が演じていたものが，それぞれ林家正雀と桂歌丸に伝わり，現在でも演じられている。

もう半分（もうはんぶん）

【種別】　滑稽，怪談，冬

【あらすじ】　千住の小さな居酒屋へおじいさんがいつものようにやって来て，「もう半分下さい」と言って茶碗に半分ずつ飲んでいく。亭主が尋ねると，その方がたくさん飲んだ気になるし，酒屋の方もぴったり半分は注ぎにくいと言うのだ。そのおじいさんが店を出て行ったあとを見ると，五十両の入った財布が置き忘れられていた。亭主が返しに行こうとすると，「それを元手にすれば大きな商売ができる。そんなのは無かったと言えばいい」と女房から言われる。そこへ帰って来たおじいさんは財布の行方を尋ねるも「知らない」と言われるので，自分が貧乏な八百屋で，娘が大変だからといって吉原にわが身を売ってこしらえてくれた金だからと事情を話すが，それでも知らないの一点張り。おじいさんが肩を落として出て行ったあとを心配になった亭主が追うと，おじいさんは川へ身投げをしてしまった。その金を元手に夫婦は大きな店を出したが，女房が産み落とした赤ん坊を見ると，しわだらけで髪が真っ白な，あのおじいさんに瓜二つ。女房は驚いて亡くなってしまったので，亭主は乳母を雇うが，みんなすぐに辞めていってしまう。その訳を聞くと，夜中になると赤ん坊が起き出して，行灯のところまで行き，油をなめるのだと言う。そこで亭主がその様子を覗いてみると，八ツ（午前2時頃）の鐘が鳴ると赤ん坊が行灯の油を飲み始めた。亭主が飛び込んでいき「おのれじじい，化けやがったな」。すると赤ん坊が振り返って「もう半分下さい」。

【解説】　舞台は他にも永代橋そばとされることもある。明治時代の速記に五代目林家正蔵の『正直清兵衛』という同工異曲の噺がある。そちらは主人公が八百屋で，居酒屋は金を取ったことを訴えられてはいけないと清兵衛を殺す。生まれてきた清兵衛そっくりの赤ん坊が，成人した後に，居酒屋夫婦に仇を討つという天保年間の怪談に発する。

もぐら泥（もぐらどろ）

【別題】　おごろもち盗人

【種別】　滑稽

【あらすじ】　ある店の旦那が勘定をしているが，どうしても計算が合わないで困っている。すると物音がするので，よく見ると，床下から泥棒の手が伸びている。敷居の下を掘って，手を突っ込んで掛け金を外してから中に入る「もぐら泥」というやつで，旦那はその手をねじ上げて縛り上げてしまった。動きが取れなくなって弱っている泥棒の近くを，金策の工面がつかない男が通りかかったので，「背中に財布が入っていて，そこに刃物があるので取ってくれ」と泥棒が声を掛けて頼み込む。その男が財布を取り出し，中を見ると金が入っているので，泥

棒が動けないことを確かめると、そのまま逃げ出してしまった。それを見かねた泥棒が「泥棒ーッ！」。

【解説】　演じ手の少ない噺で、近年では十代目柳家小三治とその一門が手掛けている。上方では『おごろもち盗人』といい、「おごろもち」とは「もぐら」を意味する大阪の方言である。泥棒が敷居を掘って手をのばすところなど、見る落語の一つである。

元犬 （もといぬ）

【種別】　滑稽, 長屋, 圓朝
【あらすじ】　浅草蔵前にいる白犬は、人に頭をなでられては、「白い犬は人間に近いというから、生まれ変わったら今度は人間になれる」といつも聞かされていた。生まれ変わってからではつまらないので、八幡様に人間に生まれ変わりたいと願掛けをすると、満願の日に毛が抜けて人間になることができた。ところが着るものが何もないので、裸で困っているところへ、いつも可愛がってくれる上総屋の旦那が通りかかり、店へ連れて行ってくれた。人間の勝手が分からず、妙な行動ばかりを取ることから、変わった奉公人を欲しがっていた隠居を紹介された。隠居に名前を尋ねられて「シロ」と答えると、「何四郎だ？」と返されるので、「ただ、シロです」。「ああ、忠四郎か。うちにはおもとという女中がいるので仲良くしてくれよ。お茶を入れよう。そこで鉄瓶がチンチン言っている」と言われると、前足を上げてチンチンをしたり、「（茶を焙じる）焙炉を取ってくれ。焙炉。焙炉！」と言われるとワンワンと吠えたりと、トンチンカンな行動ばかりを取ってしまう。さすがに気味が悪くなった隠居が、「もと、おもとはいないか、もとは居ぬか」と尋ねると、「へい。今朝ほど人間になりました」。

【解説】　「圓朝全集」に掲載されることから圓朝作とされることもあるが、この噺とほぼ同じ話が文化頃に編まれた「落噺桂の花二篇」に「白犬の祈誓」として見られる。また「焙炉」と言われて吠えてしまうという噺は、寛政10年（1798）「新玉箒」の「焙炉」などにも見られる。五代目古今亭志ん生や八代目春風亭柳枝

が演じ、今でも寄席の高座にかかる。なお、「元犬像」が舞台となった蔵前神社の境内に建てられている。

舞台になった蔵前神社境内に建つ「元犬像」

百川 （ももかわ）

【種別】　滑稽, 夏
【あらすじ】　日本橋浮世小路の料理屋「百川」に奉公人としてやって来た田舎者の百兵衛が主人とあれこれ話していると、二階の客間で呼ぶ声がしてきたので、用を聞きに行ってくれと命じられる。二階の客は威勢の良い河岸の若い衆ばかりで、百兵衛の田舎言葉がさっぱり分からない。そして百兵衛が口にした「主人家の抱え人」を、祭りに必要な「四神剣の掛け合い人」と聞き間違えてしまったことから、大切な四神剣を質に入れたことがバレてはいけないと慌てて、「ひとまず具合も黙って飲み込んでほしい」と百兵衛にお願いをする。すると、頼まれた百兵衛が「具合を飲み込む」という言葉を聞き間違えて、目の前にあった「クワイのキントン」を飲み込んでしまったので、その様子を見た若い衆が驚いた。あとになって百兵衛の正体を知った若い衆は、百兵衛に長谷川町の三光新道へ、常磐津の歌女文字という師匠を呼びに行かせるが、遣いに出た百兵衛は歌女文字という名前を忘れて、似た名前の鴨地玄林という医者を訪ね、「河岸の若ェ衆が今朝がけに四、五人きられやして、先生にちょっくらおいでを願えてぇ」と言うのを、「裃がけに四、五人斬られた」と聞き間違えられてしまう。百兵衛が薬籠

を持って帰ると，若い衆はおかしいと思うが，そこへ鴨地先生がやって来たので，百兵衛の間違いと知った若い衆は「抜け初め」と言い放った。すると「おら百兵衛ちゅうだ」「名前じゃねぇや，抜けてるてぇんだ」「どのくれぇ抜けてます」「みんな抜けてらい」「そうかね。か，め，も，じ。か，も，じ。たんとではねぇ。たった一字だ」。

【解説】「百川」は江戸から明治に日本橋に実在し，来航したペリーに料理を供応した料理屋であり，この噺は百川のPRのためにつくられたとも言われている。日本橋浮世小路は現在のコレド日本橋があるあたりで，長谷川町の三光新道は現在の日本橋人形町にあり，今も新道とその名が残っている。

桃太郎（ももたろう）

【種別】 滑稽，長屋，禁演（戦後）

【あらすじ】 昔の子どもは素直で無邪気で，夜寝るときに桃太郎のようなおとぎ話を聞かせてやれば，いつの間にか寝てしまい，「子どもなんて罪がないものだ」と思われていた。ところが最近の子どもはそうはいかない。父親が桃太郎の話を聞かせると，「昔々」とはいつの時代で，「あるところ」とはどこだと，粗探しをしはじめるので，親が怒り出す。そして子どもがこの噺は乾坤坊良斎という人がこしらえたもので，いつの時代の子どもたちにも，どんな地方の子どもたちにも分かるように，時代や場所を定めずにつくったものだと話すと，父親が感心をして聞き始めた。父の恩は山よりも高く，母の恩は海よりも深いという教えから，父を爺に母を婆に置き換えて，おじいさんは山へ柴刈に，おばあさんは川へ洗濯に行った訳で，供に連れた犬と猿と雉は，忠義と知恵と行動力であることを表し，持って帰ってきた宝物とは「信用」であることなど，この話は普遍的なテーマを持ったよくできたお話なんだと解説をする。すると父親がいつの間にか眠ってしまったので，「ああ，親なんて罪がないものだ」。

【解説】 前座噺の一つであり，寄席でよく聴く噺の一つ。噺の中に登場する乾坤坊良斎は実在した落語家で，元の名を菅良助（1769～1860）といい，初代三笑亭可楽門下であったが，のちに剃髪をして乾坤坊良斎という名で講釈師に転じた。ただし乾坤坊良斎が「桃太郎」の作者であったという説は証拠に乏しい。なお，二代目菅良助が『今戸の狐』の主人公である。

紋三郎稲荷（もんざぶろういなり）

【種別】 滑稽

【あらすじ】 常陸国は笠間の城主の家来山崎平馬が江戸へ向かう途中に，幸手の松原から松戸まで駕籠へ乗った。風邪気味でコンコンと咳き込んでいるのと，寒いので着ていた狐の胴服の尻尾が駕籠の外へ飛び出していたので，駕籠屋は紋三郎稲荷の眷属（けんぞく）（使者）と勘違いをする。その様子を知った平馬がそれならばからかってやろうと，キツネになりすまし，松戸の本陣までやって来ると，その主人が駕籠屋から事情を聞いて，先祖代々笠間様を信仰しているということもあって，下へも置かぬもてなしを受ける。ところが平馬はいたずらがこれ以上大きくなってバレたら大変と，朝早くに本陣にある祠に手を合わせて抜け出した。それを見ていた祠にいたキツネが「近頃化かすのは人間にかなわない」。

【解説】 原話は寛政10年（1798）『無事志有意（ぶじしうい）』の「玉」にある。四代目橘家圓蔵から橘家圓玉へ，そして二代目三遊亭円歌に伝わった。現在でも入船亭扇辰をはじめとした演者がいる。

やかん
【別題】 無学者／魚根問
【種別】 滑稽,長屋
【あらすじ】 世の中に知らないものはないという先生のところに八五郎がやって来て,「浅草の観音様に行ってきたが,人が出たの出ないの,猫も杓子もいた」と話すと,「観音様ではない。金龍山浅草寺に安置し奉る聖観世音菩薩だ。出たの出ないのではなく,出たの出たのだ。それに猫や杓子が行くか,あれは女子も赤子も言うのだ」と,知ったかぶりをして次々に答えていく。魚の話になると,クジラは朝の九時頃に潮を吹くからクジラ。平たいところに目があるから平目で,カレイは平目の家令だ。ヌルヌルして鳥が食べるのに難儀するからウナギ…と言った具合に,珍説を披露していく。そして,茶碗の名の由来を聞くと「ちゃわんと(ちゃんと)しているから茶碗」「土瓶は?」「土でこしらえたから土瓶だ」「やかんは?」「あれは矢でこしらえたわけではない。あれは昔は水沸かしと言った」と,ヤカンの由来を講釈の口調で説明をはじめる。昔,合戦の場で,敵から攻められたときに,兜を探したが見当たらず,水沸かしを代わりにして頭にかぶり戦いに臨んだ。すると,敵が放った矢が飛んで来て,水沸かしに『カーン』,矢が飛んで来ては『カーン』,それでやかんとなった」「蓋はどうします?」「あれはポッチをくわえて面の代わりになる」「持つところは?」「つるは顎にかけて忍び緒の代わりだ」「注ぎ口は?」「敵の名乗りが聞こえんといけないから,耳についている」「耳なら両方にありそうなものですが」「無い方は枕をして寝る方だ」。
【解説】 『浮世根問』と同じで,物事について説明を加えていく噺であるが,主人公である先生と隠居には差がある(『浮世根問』の項を参照)。落語家仲間で「やかん」と言うと,知ったかぶりを指すのは,この噺から来ている。サゲは「…矢が飛んで来ては『カーン』,それでやかんとなった」でサゲる場合や,「(口が)無い方は枕をして寝る方だ」をさらにひと押しして,「かぶっていた水沸かしを取ると,湯気で頭が蒸れて,頭の毛が全部抜けた。それからそういう頭を『やかん頭』と言う」といったものもある。また,前半の魚の名前についてのやり取りだけで噺を締め,『魚根問』と題する場合もある。原話は元禄11年(1698)『初音草噺大鑑』の「神代の頭巾」に「かないろという器物」について説明をする話があるが,明和9年(1772)『鹿の子餅』の「薬鑵」に,この噺に近い噺が見られる。十一代目桂文治,柳家三三などが寄席の高座で演じている。

やかん泥 (やかんどろ)
【種別】 滑稽,泥棒
【あらすじ】 新米の泥棒がドジばかりを踏んでいるので,親分が仕事に連れ出す。親分は子分を塀の外へ待たせておいて,自分はそれを乗り越えて中へ入り,塀の壊れたところから釜や鍋,鉄瓶といったものを渡す。嬉しくなった子分は受け取った金盥を叩くので,親分に突き飛ばされて,金盥ごと転がってしまう。騒がしい音を聴いた当家の隠居が,泥棒を捕まえてやろうと,坊主頭へ向こう鉢巻をして,六尺棒を小脇に抱えて,ひょいと頭を出すと,「おや,親分,今度は大きなやかんだ」。
【解説】 泥棒の小噺を延ばしたような落語で,この噺を得意にした八代目桂文楽は足の速い泥棒や『鯉盗人』などの小噺を付けて演じていた。原話は明和9年(1772)『鹿の子餅』の中の「盗人」などに見える。

やかんなめ
【別題】 茶瓶ねずり
【種別】 滑稽,武家,春
【あらすじ】 癪持ちの大家のおかみさんが花見へ出掛けたところ,草むらから出てきた蛇を見

て，癪を起こして倒れてしまった。おかみさんの癪を止めるのに適切な合薬（あいぐすり）は，やかんをなめることなのだが，出先であるのでやかんもなく，お供の女中は慌てるばかり。するとそこへ侍が従者と一緒に通りかかった。その侍の頭を見ると，頭には一本の毛もない，俗に言う「やかん頭」。そこで女中は覚悟を決めて，侍に助けてもらおうと声を掛けると，侍は立腹するがなめさせることにした。おかみさんの癪は無事治まり，礼を言って去ると，侍の頭がひりひりしてきた。従者が見ると，頭に歯形が付いている。「傷の具合はどうだ」「ご心配には及びません。まだ漏るほどではございません」。

【解説】 十代目柳家小三治が掘り起こした噺であり，現在では小三治一門を中心とした落語家が演じている。落語の中には様々な病気が出てくるが，ここで扱われる病は女性につきものの「癪」。辞書に求めると，「胸や腹が急に痙攣を起こして痛むこと」とある。それが起こったとき，合薬という民間療法が施されるのだが，病は気からという言葉もあるように，医者が用立てた薬よりも，その人の体質や病状に合ったものを求めた方が余程効くということがあるのかも知れない。

厄払い（やくはらい）

【種別】 滑稽，長屋，春

【あらすじ】 与太郎が毎日ぶらぶらしているので，伯父が節分の厄払いをやらせることにした。そこで「あーらめでたいなめでたいな，今晩今宵のご祝儀に，めでたきことにて払おうなら，まず一夜明ければ元朝の，門に松竹しめ飾り，床にだいだい鏡餅，蓬莱山に舞い遊ぶ，鶴は千年亀は万年，東方朔（とうぼうさく）は八千歳，浦島太郎は三千年，三浦の大助百六つ，この三長年が集まりて，酒盛りいたす折からに，悪魔外道が飛んで出で，さまたげなさんとするところ，この厄払いがかいつまみ，西の海へと思えども，蓬莱山のことなれば，須弥山（しゅみせん）のかたへ，さらぁりさらり」という文句を教えるが，覚えられないので，与太郎は紙に書いてもらい，出掛けることにした。するとある商家から声を掛けられ，つっかえながらも厄払いをはじめる。ところが途中まで来て「東方朔」の「朔」の字が読めないので，「とうぼう…」と言葉に詰まってしまって，そのまま逃げ出してしまった。「表が静かになったな，ちょっと見てみろ」「あ，厄払いが向こうに逃げて行きます」「それで今，逃亡と言っていた」。

【解説】 古くから演じられている季節が限定されるネタ。上方ではこの続きがあって，店の者が厄払いの文句を借りて，縁起のいいことを言い合い，最後に小僧の定吉が布団を振り回して「夜具（厄），払いましょう」とサゲている。

弥次郎（やじろう）

【別題】 うそつき弥次郎

【種別】 滑稽，長屋，旅

【あらすじ】 普段から嘘ばかりを口にしている弥次郎が隠居の所へやって来ると，早速ホラを吹きはじめる。侍になるべく全国を修行に廻ったときのこと。北海道はあまりにも寒いので雨が凍ってしまい，雨払い棒を持って外出しないといけない。「おはよう」という声も，小便も凍り，鴨が田圃（たんぼ）で寝ていると水が凍ってしまうので，鴨が飛べなくなり，朝になると簡単に鴨をつかまえることができる。そして火事までも凍ってしまい，それが大層綺麗なので持って帰ろうと牛の背に積んだら，途中で溶けてきたので，水をかけても消えなかったのは「焼け牛に水」だった。怒った牛が追い掛けてきたので逃げ出すと，南部の恐山（おそれざん）。そこでは大勢の山賊に囲まれたので，三間（5m以上）近くもある大岩を小脇に抱えて，ちぎっては投げ，ちぎっては投げて山賊を追い払った。すると今度は大きなイノシシがやって来たので，馬乗りになって睾丸を握ると，イノシシは倒れて，腹から子ものシシが十六匹出てきた…。弥次郎はシシを退治したことが村人に喜ばれて庄屋の家に招かれるが，そこの娘に言い寄られたので逃げ出すと，紀州の日高川へやって来た。船頭に祝儀をやって向こう岸に渡してもらうと，貧乏寺があり，その台所にあった水瓶の中へ姿を隠すことにした。娘も川までやって来たが，船頭が船を出してくれないので，川に飛び込むと，大蛇ではなく小さな蛇に姿を変えた。そして寺までや

って来ると，水瓶の周りを七巻半。ところがしばらくすると，瓶にナメクジが張り付いていたので蛇が溶けてしまった。「まるで虫拳(むしけん)だな」「そこで水瓶から出たんですが，これがまたいい男で」「おまえさんはそのときも侍だったのかい？」「いえ，安珍という山伏で」「道理でホラを吹き通した」。

【解説】　クスグリも多く，切れ場も多いので，寄席などで重宝される噺である。演じられることの多いのは，北海道へ行ったときに色々なものが凍ってしまう場面や，山中で山賊とイノシシに会う場面である。前者だけで切る場合は鴨が田圃で羽を休めていると，寝ている間に水が凍ってしまって飛べなくなる。すると村人がやってきて，鎌で足から上を切り取ってしまう。春になるとそこから芽が生えて来て「カモメになる」。後者で切る場合は「オスのイノシシから子が生まれるか」「そこが畜生のあさましさで」でサゲる場合が多い。後半の安珍清姫のパロディシーンが演じられることは近年あまり多くはない。小便が凍ってしまう場面は延宝8年(1680)『軽口大わらひ』の「寒国の大咄の事」に，田圃で鴨が逃げられなくなってしまう場面は文化頃の『軽口臍宿替(かるくちへそのやどがえ)』に，火事が凍ってしまう場面は文化頃の『新古茶話雑談軽口噺』の「寒国」に，山中で岩をちぎっては投げる場面は安永2年(1773)『口拍子』の「角力取」や安永3年(1774)『茶のこもち』の「大石」に原話が見られるように，多数の小噺をつなぎ合わせて一席に仕上げたものとも言える。五代目古今亭志ん生や六代目三遊亭圓生，三代目三遊亭金馬などが演じ，現在でも多くの演者が高座でかけている。

安兵衛狐（やすべえぎつね）
【別題】　天神山／墓見
【種別】　滑稽，長屋
【あらすじ】　ある六軒長屋に偏屈の源兵衛と，グズ安と呼ばれる安兵衛の二人が住んでいた。源兵衛は長屋の他の四軒の連中に，亀戸から向島への萩見物に誘われるがそれを断わり，一人で酒を持って天王寺へ墓を見に行くことにした。谷中の墓地までやって来て，女性の墓の前で一人で酒盛りを始めると，塔婆が倒れて墓に穴が開いているのに気づき，そこから骨が見えたので酒をかけて弔って帰ってきた。晩になると綺麗な女性が訪ねてきて，昼間，回向をしてもらった女だと素性を明かし，毎晩のようにやって来ては女房のような働きをしてくれるようになった。それを知った安兵衛が源兵衛から訳を聞いて，自分も同じことをしようと，谷中までやって来るが，適当な墓が見つからず，キツネを捕っている男に出会ったので，罠にかかった子ギツネを一円で買い上げて逃がしてやった。するとその帰り道に「安兵衛さん」と，昔馴染みの知り合いであるという「おこん」という女性に声を掛けられ，その晩から夫婦になってしまった。長屋の連中が源兵衛と安兵衛が女房をもらったことを噂にし，安兵衛の女房は話の最後に「コン」と言うので，キツネではないかと疑い始めた。そこで正体をあらわしてやろうと，安兵衛の留守に尋ねて，「あなたはキツネではないか？」と尋ねると，姿をあらわして窓から飛び出していってしまった。長屋の連中が安兵衛もキツネかも知れないと疑って，隣町の安兵衛の伯父のところへ行くと，耳が遠いので会話が噛み合わない。そこで大きな声で「おじさ〜ん，安兵衛さんは来ませんかぁ」「何，安兵衛？　安兵衛はコン(来ん)」「おじさんも狐だ」。

【解説】　元は『天神山』という上方落語で，サゲも演者によって異なることがある。上記の他，安兵衛夫婦に子どもが生まれたのを受けて，「貸家道楽大裏長屋，愚図の嬶の子，放ったらかしという『天神山』というお笑いでした」と，「芦屋道満」と「葛の葉」を地口に盛り込んだサゲで終える形。姿を見破られた女ギツネが寝ている子どもに天神山に帰ると言い残して，「恋しくば尋ねきてみよ南なる　天神山の森の中まで」と障子に歌を書いて姿を消し，その際に鳴り物を入れ，実際に高座に用意をした障子に演者が口に筆を加えて曲書きをしてみせる演出などがある。五代目古今亭志ん生が演じ，現在では十一代目金原亭馬生や隅田川馬石という一門の落語家が受け継いでいる。

宿屋の仇討（やどやのあだうち）

【別題】 宿屋仇／庚申待
【種別】 滑稽，旅，禁演（戦後）
【あらすじ】 ある宿屋に，年の頃三十二，三の万事世話九郎という侍がやって来た。何でも前夜は小田原の宿に泊まったが，巡礼夫婦や駆け落ちをしてきた男女と同じ部屋に通されてうるさくて眠れなかったので，今晩は狭くてもいいから静かに過ごせる部屋に案内してほしいと番頭の伊八に言う。そのあとにやって来たのは，江戸の若い衆で，侍の隣の部屋に上がるやいなや芸者をあげてドンチャン騒ぎをはじめた。伊八は世話九郎に呼びつけられたので，三人連れを注意すると，今度は相撲をはじめるといったふうに騒ぎは収まらない。三人は仕方がないので床につくことにするが，源兵衛という男が三年前に川越の伯父のところで小間物屋の手伝いをしているときに，石坂段右衛門という武士の妻といい仲になったが，それを段右衛門の弟に知られ，斬りかかってきたところを反対に切り殺して，五十両の金を持ち出して逐電をした。ところが足手まといになったその奥様を殺したという話をしはじめたので，それを聞いていた二人が「源兵衛は色事師，色事師は源兵衛」と囃し立てた。その騒ぎを聞いて世話九郎は伊八を呼ぶが，今度は「万事世話九郎とは世を忍ぶ仮の姿で，本当の名を石坂段右衛門。今宵，隣部屋の源兵衛が妻の仇と判明した。明朝，当宿外で出会い仇とするので，それまで源兵衛を逃さぬように」と言うので，宿の者は三人を荒縄で縛ってしまった。翌朝，世話九郎が出立しようというので，伊八が「あの源兵衛と友人二人はいかが致しましょうか」と尋ねると，「あれは座興じゃ」と返してきた。「なんだって，そんな出まかせをおっしゃったんで？」「あのくらいに申しておかんと，拙者が夜っぴて寝られん」。
【解説】 元々大阪系統と東京系統があり，ここでは三代目柳家小さんや三代目桂三木助，八代目林家正蔵が伝えた大阪系統の『宿屋の仇討』を挙げた。五代目古今亭志ん生などが演じた東京系統の噺は『庚申待（こうしんまち）』といい，後半部は同じだが，前半が異なる。日本橋馬喰町の大黒屋という宿で庚申待（庚申の日に，三戸（さんし）という虫が体内から抜け出て，天帝にその人の悪事を告げ，その虫が人の命を短くするので，帝釈天や猿田彦神を祭り，徹夜をする行事）で，大勢が集まって徹夜で色々な話をして聞かせる。そこへ大切な客が来たので，断り切れずに泊めると…という展開になる。庚申の夜明かしについては天保頃の『如是我聞（にょぜがもん）』の「庚申社会」に，大騒ぎをしては静かにするように言われる場面は文化頃の『無塩諸美味（ぶえんのもろあじ）』の「百物語」などに見られる。現在は『宿屋の仇討』の方が演じられることが多く，『庚申待』は古今亭の一門が演じるくらいになってしまった。

宿屋の富（やどやのとみ）

【別題】 高津の富（こうづのとみ）
【種別】 滑稽
【あらすじ】 馬喰町（ばくろちょう）の旅籠に泊まった一人の客は，自分の家には奉公人が何十人いて，この間入った泥棒は大勢して，一晩で千両箱を八十しか持って行くことができず，あり余る金はあちこちの大名に貸しているが，利息をつけて返してくるから困るとホラを吹いている。すると宿屋の主人が副業で富の札を売っていることを聞き，話の流れから一枚買うことになってしまった。なけなしの一分をはたいたことで，一文無しになってしまったが，「千両当たったら半分の五百両をお前にあげよう」と大風呂敷を広げる。富の当日，湯島天神までぶらりとやって来ると，何と買わされた「子の一三六五番」が一番富の千両に当たってしまった。びっくりして体が震えてきたので，宿屋に戻って布団をかぶって横になっていると，そこへ客が千両当てたことを知った主人も帰って来た。客が寝ていることを知り，二階へ上がると，驚いて夢中になっていたので，下駄を履いたまま座敷へ入ってきてしまった。そして「千両当たりましたよ。下に支度ができてますから起きて下さい」と，寝ている布団をまくると，客は草履を履いて寝ていた。
【解説】 上方落語で高津神社を舞台にした『高津の富』を，三代目柳家小さんが四代目桂文吾に教わり，東京へ移した。谷中感応寺，目黒

瀧泉寺（目黒不動尊），湯島天神を「江戸の三富」と呼んだことから，舞台を湯島天神にする型もあるが，馬喰町の近くにあり，現在でも境内に「富塚」が立っている椙森神社を舞台にすることも多い。舞台を湯島天神とした五代目古今亭志ん生や志ん朝が演じたようにサゲは地で締める型もある一方で，やはりこの噺を得意にした五代目柳家小さんは「あれ，旦那も下駄をはいて寝ていらっしゃる」と，宿屋の主人のセリフでサゲていた。また富を当てた男も古今亭では標準語を話すのに対して，柳家のものでは地方から算段に出て来た田舎者とし，訛りのある男と設定している。今も盛んに東西で演じられている一席。

人形町の椙森神社に立つ「富塚」

柳田格之進 （やなぎだかくのしん）

【別題】　柳田の堪忍袋／碁盤割
【種別】　人情，秋，武家
【あらすじ】　彦根の城主井伊家の家臣柳田格之進は故あって浪人暮らしをし，今は浅草阿部川町の裏長屋で娘のきぬと暮らしている。ある日，きぬの勧めもあって，碁会所へ行き，浅草馬道の両替商である万屋源兵衛の碁の相手をしたのをきっかけに交遊がはじまる。中秋の名月の晩，万屋で碁を楽しんだ柳田が帰宅した後，その晩集金したばかりの五十両の金が行方不明になり，番頭の徳兵衛は「柳田様がもしかしたら」と思うが，主人は「柳田様に限ってそれはない」と事を納めようとする。ところが番頭が柳田のもとを訪れて事の次第を話すと，柳田が「身に覚えがない」と言うことから，「お上に届ける他はない」と口にすると，「五十両の金は用意するので，明日の昼に来なさい」といって番頭を返す。困りあぐねた柳田の様子を見たきぬが吉原に身をしずめて金をつくるが，翌日，金を受け取りに来た番頭に「私はどんなことがあっても，人の物を盗むことはない。後日，金が出たらどうする」と尋ねると，「そのときは私と主人源兵衛の首を差し上げます」といって金を持ち帰った。主人源兵衛がそれを聞くと，とんでもないことをしたと番頭を連れて柳田の長屋を訪れるが，すでに家を引き払った後であった。煤払いの日，万屋で掃除をしていると，額縁の裏から五十両が出てきた。源兵衛が預かった金を置き忘れていたのであった。源兵衛は店の者を使って柳田の行方を探させるが見つからず，年が改まった正月のある日，番頭が年始回りの帰り道に，雪の降る湯島の切り通しで，立派な姿をした柳田格之進と出会った。今は三百石取りになった柳田に，店で五十両が見つかったことを話すと，柳田は明日の昼頃，万屋に伺うと番頭に告げた。源兵衛は番頭を使いに出し，柳田を迎えて非礼を詫びると，使いには出ずに店にいた番頭が「私の一存でしたこと」と主人をかばうも，柳田は娘の手前許すことはできないと二人を並べて切り捨てると言う。源兵衛と徳兵衛の二人が覚悟を決めると，柳田が振り上げた刀は碁盤を真っ二つに。二人を許した柳田は五十両の金を用意するのに，きぬが身を売ったことを話したので，早速源兵衛がきぬを身請けし，きぬに詫びると父のためならと許す。柳田と源兵衛は再び深い付き合いをするようになり，番頭の徳兵衛ときぬは夫婦となり，万屋の夫婦養子となって男の子をもうけた。そしてその男の子を柳田が引き取り，家名を継がせたという，柳田の堪忍袋の一席。

【解説】　『柳田の堪忍袋』や『碁盤割』という別題があり，元は講釈にあった話とされる。一時期講釈師であった五代目古今亭志ん生が落語に移したとされることもあるが，明治25年（1892）3月の『百花園』に三代目春風亭柳枝による『碁盤割』という速記が掲載されており，そのマクラで「尤も此話は随筆にも御坐り

まする。夫を一席のお話に致します」とあるので，原話があると思われる。以前は，五代目古今亭志ん生，十代目金原亭馬生，古今亭志ん朝のお家芸で，志ん生は「親が囲碁の争いをしたから，娘が娼妓（しょうぎ）になった」というサゲをつけて演じていた。ここでは現行演じられることの多い志ん朝型を記したが，元は藤堂家の家臣である柳田が，地主の越前屋作左衛門と碁を囲んでいると百両がなくなり，金が見つかった後は番頭の久兵衛が柳田のもとを訪れ，謝りに行くという展開の噺であった。

柳の馬場（やなぎのばば）
【種別】 滑稽
【あらすじ】 按摩の杢市は療治がうまいこともあり，ある旗本の贔屓（ひいき）に与っている。ある日，療治が終わって話をしていると，杢市が剣術の心得があると言い出した。「目の不自由な自身を守るために，剣術は小野派一刀流の免許皆伝，槍は宝蔵院流免許皆伝，薙刀は静流免許皆伝，弓術は日置流免許皆伝」と話して聞かせるので，殿様が「見えないお前が弓と的をどう扱う」と尋ねると，「そこが免許皆伝の腕前で，心の眼で見据えます」と答える。さらに「馬術は大坪本流の免許皆伝，ご当家は馬術に秀でていらっしゃり，立派な馬場があるのに，馬がいないのが残念。もし馬がいれば荒馬でも乗ってみせますのに」と口にすると，殿様から「この間，友人が荒馬を置いて行ったので，一鞍責めてくれ」と言われてしまう。何とか逃げ口上を述べるが，「みどもに術を盗まれるのを心配して，そう申すのであろう。心配するでない」と言って，杢市は無理矢理馬に乗せられてしまった。そして馬場に向かって鞭をあてられたので，馬が走り出してしまった。必死に馬にしがみつく杢市は馬場を何周かしたところにあった柳の大木の枝につかまることができた。「杢市，下は谷底だ。手を離すなよ」「早く助けて下さい」「明日の昼までには足場が組めるだろう」「もう腕が抜けそうだ。私には妻子老母がおりまして，路頭に迷ってしまいます」「長年のよしみ，妻子老母は養ってつかわそう」「もうダメです。南無阿弥陀仏」と手を放すと，地面と足

がたった三寸。
【解説】 サゲは，口先だけでうまく相手をあしらう「舌先三寸」がかかっており，「…手を放すと，足の下三寸」というのが本来のものである。この噺を得意にした，八代目林家正蔵はさらにひと押しして，「かかとと地面とがたった三寸。舌（下）三寸は災いの元」とサゲることもあった。足下は谷底だと思っていたら，たった三寸（9cm）であったことの錯覚がサゲになっている。中国の笑話集に原話があるとされるが定かではない。他に二代目三遊亭円歌が演じた。

藪医者（やぶいしゃ）
【種別】 滑稽
【あらすじ】 患者がなかなかやって来ないので，藪医者が下男の久蔵をサクラに使って，玄関で患者の家から迎えがやって来たように大声で呼ばせることにした。ところが久蔵は小声で呼んでみたり，「台所から来ました」とか，同じ患者の名前を何度も名乗ったりとチンプンカンプン。最後に「神田三河町，越中屋玄兵衛ちゅう米屋からめぇりました」と出入りの米屋の名前を名乗ると，「して，何の御用で」「先月のお米の勘定をもれぇに来た」。
【解説】 落語によく出てくる「でも医者」（医者でもやってみようと思って医者になったという噺）の一つ。寄席では『葛根湯医者』や『手遅れ医者』といった小噺から本題に入るが，時間のあるときなどは『無筆の医者』から入って行く場合が多い。元々『金玉医者』の前半であったのを，四代目柳家小さんが一席物とした。五代目柳家小さん一門の落語家が寄席でよく演じている。

藪入り（やぶいり）
【別題】 鼠の懸賞
【種別】 人情，長屋
【あらすじ】 年に二度の藪入りをはじめてもらって帰って来るわが子を心待ちにしている父親は，床についても，どこへ連れて行ってやろうか，何を食わせてやろうかと考えているので，一睡もできず，時の流れの遅さに文句を言う始

末。いつもより早起きをして，家の前を慣れない掃除をしたりして待ち受けているところへ亀吉が帰って来たが，玄関に立てば立派な挨拶をするので，父親は今度は恥ずかしさと涙で亀吉の姿をまともに見ることができない。亀吉を銭湯へ行かせる間に，女房が紙入れの中を覗くと五円札が三枚も入っていた。悪い了見でも起こしたのではないかと，父親は帰って来た息子を殴りつける。泣き出す亀吉をなだめながら女房が，店でネズミが出るのでそれを捕まえては交番に持って行ったのが懸賞に当たり，店の主人が預かっていたのをもらって帰って来たのだと訳を聞き出す。それを聞いた父親が「これからも主人を大切にしなよ。みんなチュウ（忠）のおかげだ」。

【解説】　天保15年（1844）の正月に小伝馬町一丁目の呉服屋で実際にあった，番頭の性的寵愛を受けた小僧が気絶をしてしまったという事件をヒントにつくられた『お釜様』という艶笑噺が元にある。明治になり初代柳家小せんがペストの流行と，それにより警察が実施していた懸賞金付きのネズミの駆除届出制度をベースにした『鼠の懸賞』に改作。それを三代目三遊亭金馬が現行のような人情噺風につくり替えて十八番にした噺である。サゲはネズミの泣き声と忠義奉公の「忠」をかけたものだが，現在では分かりづらいこともあり，例えば十代目柳家小三治のように「ネズミの懸賞か。お父っつぁんはネコババをしたと思ったんだ」などとサゲをつくり替えて演じる落語家も増えてきた。

山岡角兵衛（やまおかかくべえ）

【種別】　滑稽，武家，禁演（戦後），冬

【あらすじ】　松の廊下の刃傷事件の後，浪士となった山岡角兵衛は志を得ないままに病死した。すると妻のお縫が仇討の手伝いをしたいと，吉良上野介のところへ奏奉公に入り，情報を大石内蔵助に流していた。いよいよ討入りの夜，お縫は薙刀を持って，今井田流の達人である美濃部五左衛門に斬りかかるも，逆に斬り下ろされて，縁側から真っ逆さまへ落ちてしまった。ところがひっくり返って立ち，横に払った薙刀で五左衛門の足を払って仕留めた。それを見ていた大石内蔵助が「お縫，よくひっくり返った」。ひっくり返るはず，根が角兵衛の女房だから。

【解説】　忠臣蔵を扱った噺で，サゲは角兵衛獅子（獅子頭をかぶった子供が笛や太鼓に合わせて曲芸をしてみせるもの）をかけている。三代目三遊亭小圓朝や二代目三遊亭円歌が高座にかけたが，現在では演じ手の少なくなった噺。円歌は角兵衛の女房ではなく，娘として演じていた。

山崎屋（やまざきや）

【種別】　滑稽，廓，禁演

【あらすじ】　日本橋横山町三丁目の鼈甲問屋山崎屋の若旦那は大変な道楽者で，番頭に帳面をごまかして，遊びの金を工面してくれと頼み込む。断られた若旦那は，番頭が隣町に妾を囲っていることを大旦那に知らせると言うので，番頭は若旦那が夫婦になれば道楽をやめるというのを聞いて，吉原の花魁と一緒にすることを約束する。番頭の筋書きは，花魁を親元身請けして，町内の鳶の頭に預けておく。頃合いを見て，番頭の代わりに若旦那を掛け取りに行かせ，その金は頭のところに置いておき，金を落としたと大旦那に言う。するとそこへ頭が金を拾ったと届けてくる。大旦那がそのお礼に行ったときに，身内の娘を持参金を付けて嫁に行かせたいと言って花魁を見せれば，息子の嫁にもらいたいと言うに違いない。そうすれば花魁と夫婦になれるというものであった。事はうまく運び，大旦那は隠居をして，若旦那に店をまかせる。そんなある日，大旦那が嫁に色々なことを尋ねる。「お前はどこに奉公していたんだ？」「北国ざます」「加賀様か。お女中衆の数も多いんだろうね」「三千人ざます」「参勤交代の際に道中はするのか？」「暮れ方に出て，伊勢屋へ行って，尾張屋へ行って，大和の，長門の，長崎へ…」「男の足だってそんなに歩けるもんじゃない。諸国を歩くが六十六部，足の達者が飛脚と天狗。お前には，六部に天狗が憑いたのか？」「いいえ，三分で新造がつきんした」。

【解説】　前半の部分を独立させて『よかちょろ』と題して演じられている。サゲは吉原の遊

び方で，噺に出てくる花魁が，新造という若い見習い遊女が付いて三分（現在の金額で7～8万円）で遊べた遊女であることを含んだものである。なお，番頭の考えた筋書きについては安永4年（1775）の漢文体の笑話本『善謔随訳』の中に見られる。

闇夜の梅（やみよのうめ）
【別題】　穴釣り三次／忍岡恋の釣穴
【種別】　人情，圓朝
【あらすじ】　浅草三筋町にある紙問屋の甲州屋は，主人が亡くなった後，女房のお杉が店を支えていた。一人娘の十七歳になるお梅は大層な美人で，今年十九歳になる店の手代の粂之助と，いつしかいい仲になっていた。お杉から相談を受けた鳶の頭は，粂之助に「このままでは店の暖簾に傷がつくので，しばらくの間，谷中の兄の玄道が住職をしている長安寺で暮らしてはどうだ」と話して聞かせる。粂之助が言われた通りに店を出ると，お梅は逢いたさ一途に五十両の金を持ち出し，夜中に店を抜け出して谷中へ向かう。寺を探し出すことができないでいるお梅は池之端で屋台のおでん屋を見つけると，そこで酒を飲んでいた穴釣り三次と呼ばれる，鰻の穴釣りを道楽にしている目つきの鋭い男が，長安寺の門番をしているというので，寺に案内をしてもらうことにする。ところがその途中，首を絞められて殺されてしまう。翌日の昼頃，寺にいる粂之助のもとに一人の男が訪ねてきて「お梅が夕べ訪ねて来て，粂之助と一緒になりたいと言ってきたが，お梅の乳母でもある自分の母親がとんでもないことだと言い，夜も遅いので泊まっていった」などと話した。それを聞いた粂之助は，男に「上州の高崎に知り合いがいるので，そこへ行って二人で暮らすといい。そのためには当座の資金が必要だ」と言われ，寺の本堂修繕費である八十両の金を持ち出そうとする。そして男がお梅の巾着を置いていったので，それに金を入れて植木屋九兵衛と名乗った男のところへ向かおうとする。甲州屋ではお梅がいないことに気付くが，不忍池でお梅の死体が見つかったことを知らされる。店の番頭は粂之助が殺して金を盗んだと言い張るので，頭が粂之助のもとを訪ね，お梅が殺されたことを知らせると，粂之助は兄と一緒に甲州屋へやって来る。店で犯人の嫌疑を掛けられた粂之助がお梅の巾着を落としたので，中を調べると五十両ではなく八十両が入っていた。粂之助が事情を話すと，兄の玄道は「お前の父は早川三右衛門という武士であり，長男である自分は僧侶となり，幼いころから手癖の悪かった次男は行方不明。兄弟二人がしっかりしなければならない」と粂之助を叱責する。粂之助が脇差を抜いて自害しようとするところに，「粂，お前は死ななくていいんだ」と植木屋が入って来た。そしてお梅を殺めたのも金を盗ませたのも自分であり，玄道と粂之助の兄弟三次であることを打ち明け，奉行所に名乗って出る。三次は三宅島送りとなり，数年経って江戸に戻ってからは兄の元で仏道修行をする。粂之助は甲州屋の養子となり，下谷仲町の古着屋紺田屋の娘をもらい，夫婦で母親孝行をした。
【解説】　三遊亭圓朝作と言われる作品で，圓朝は『忍岡恋の釣穴』の題で演じたという。二代目三遊亭小圓朝の速記が残り，その弟子であった五代目古今亭志ん生は上下に分けて演じた音を残している。近年になって八代目橘家圓太郎が演じた。志ん生はお梅の母をお常，玄道の寺を龍泉寺，粂之助の父親を早川三左衛門などとしているが，ここでは「圓朝全集」に載っている名前を示した。

やんま久次（やんまきゅうじ）
【別題】　大べらぼう
【種別】　人情
【あらすじ】　番町御厩谷の旗本青木久之進の弟久次郎は，道楽者で背中一面に大やんまの彫物があることから「やんま久次」と呼ばれている。本所あたりの博打場に入り浸っており，今日も博打に負け，番町の屋敷へ金の無心に行く。現れた用心の伴内に，凶状持ちになったので，旅に出なくてはならなくなったから，その旅費をよこせと騒ぎ，さらに座敷に座り込んで酒を持ってこいとわめき散らす。するとそこへ浜町で道場を営む大竹大助が屋敷を訪ねて来て，久次が騒いでいるのを聞きつけ，このまま

では家名に傷がつくので，久次に切腹をさせて，自分が介錯しようと兄の久之進に話をする。そこで久之進が，毒づいている久次の後ろ手を取ると，腹切りの場所に久次を連れていき，大竹大助が厳しく説教をして切腹を促す。久次は泣いて詫びを入れ，母親を呼ぶと母親が現れて，「改心致したらしいので，命をお助け下さいまして，私にお預けいただけないでしょうか」と願い出るので，久次を許してやり，大竹とともに久次は屋敷を出る。大竹は母親から観世音へ納める祠堂金から預かって来た三両を渡して，身支度を整えて侍奉公をして母親を安心させるようにと諭す。久次は頭を垂れて大竹を見送るが，大竹が遠くに去って行った途端に態度を変え，「よぉく聞けよ。（芝居がかりの口調で）所詮お前ぇらの道楽と言やぁ，天水桶のぼうふらをかき集めて，金魚を養ってみたり，たかだかそんなことしかありゃあしねぇ。男と男が博打で，身体ァ賭けて丁半張って，大当たりして宙へ舞いあがるような心持も，あべこべにとことん取られに取られ，地獄の淵へ片足を入れて，身震いするような思いをしたことはあるめぇ。人間五十年，俺のやりてぇようにやって，手前ェ達朴念仁に意見をされてたまるものかい。大べらぼうめェ」。

【解説】　初代古今亭志ん生（1809～56）による作と言われ，サゲのひと言から『大べらぼう』という別題を持つ。三遊亭圓朝が長講人情噺『緑林門松竹（みどりのはやしかどのまつたけ）』の中の『またかのお関』の場で，このやんま久次を登場させ，またその噺の中で「大べらぼうめ」というセリフを取り入れている。三遊亭一朝から，八代目林家正蔵に伝えられ，現在は五街道雲助が演じている。サゲは雲助が演じたものをベースに示したが，正蔵は「大べらぼうめェ」と放った後に，「さつまさ」の囃子にのって，手拭いで頬被りをして立ち上がり，両手を弥蔵（やぞう）に組んで（懐に手を入れて拳をつくり着物の胸のあたりを突き上げるしぐさ）退場していくという形を取った。

幽女買い（ゆうじょかい）
【種別】　滑稽，廓
【あらすじ】　急に暗いような明るいようなところへ来た太助が，三ヵ月前に死んだはずの源兵衛とバッタリ。そして「お前も死んだんだよ」と言われて驚く。今いるところは冥土で，「このところ人間が多くなったから，天災や病気でこっちへ亡者を送り込んでいる。ところが閻魔の庁でも仕事が追い付かないので，大王様の裁きも間に合っていない。浄玻璃の鏡は磨いている暇がなく，娑婆での悪行も映らないから，うまく極楽へ行けるんじゃないかと思っている」と話を聞かせる。そして久し振りに出会ったからと白団子を肴に一杯やり，新吉原ならぬ死吉原で，遊女ではなく幽女買いをすることになった。駕籠の代わりに早桶で大門に乗りつけると，吉原の中は伏見町ではなく不思議町，江戸町は冥土町で，角町に揚屋町は死に町にあの世町，京町は経町という並びに。張り見世を覗けば，青白い顔をして染の帷子を着た幽女が「ちょいとそこの新亡者，私が成仏させて上げるから，ここで往生しな」と袖を引くので，上がることにすると「仏様がお二人！」の声。見立てた女の名は蓮の飯に線香で，「お通夜の方は本通夜にしますか？それとも半通夜で？」と尋ねられるので，「半通夜で，今晩はみんなでうわ〜って泣いて，陰気に沈もう」。座敷では芸者が首から数珠をぶらさげてりんと木魚を叩き，坊主姿の幇間が百万遍を唱え始める。お引けになって部屋に入ると，枕屏風は逆さに立ててあって北枕。そこへ相方の幽女が入って来ると「恨めしい」と言ってきた。夜が明けると，幽女が「わちきはおまはんを離さない。いっそ二人で生き返りたいね」と言うので，「生きて花実が咲くものか」と返したりしながら帰り支度を済ませる。若い衆を呼んで末期の水を飲み，「また来るよ」と言うと，「冥土ありがとうございます」。表へ出ると，茶屋の若い衆が「お迎え，お迎え」。
【解説】　明治期に演じられた噺で，六代目桂文治による『魂祭』，初代三遊亭金馬による『亡者の遊興』の速記が残っている。近年では立川談志が演じ，現在ではその一門や柳家小満んなどが演じている。サゲは精霊流しの際にもらい歩く人の声を，遊客を店に迎えに来る茶屋の者の声に掛けたものである。

夕立勘五郎（ゆうだちかんごろう）
【別題】　新版三十石
【種別】　滑稽
【あらすじ】　町内の寄席で浪花節が聴けると耳にした男たちが早速出向くと，なまりの強い赤沢熊蔵という浪曲師が出てきた。唸る浪曲は音の外れたひどい節で，侠客者の国定忠治を「コウカク者のクヌサダツウズ」，清水次郎長を「スミズのズロチョウ」という始末。本題の『夕立勘五郎』もなまりがたっぷりで，音もはずれ，しかもすぐに終わってしまった。呆れた男たちがどこの侠客だと尋ねると，「イドのコウカク，ユウダツキャンゴロウ」と言うので，「江戸の侠客は夕立勘五郎と言うんだ。こんな浪花節は聴いたことがないし，もう聴きに来ない」と返すと，「聴きに来なくていいわ」と応戦。「あんな夕立があるか。聴いててゾーッとした」「あれは聴いているときにゾーッとするもんだ。名前が夕立じゃないか」。
【解説】　落語には珍しく浪曲を扱った噺で，五代目古今亭志ん生がまとめたとされる。落語の中に田舎者が登場すれば江戸っ子にとっては野暮な存在の骨頂だが，この噺では最後になまりの強い浪曲師が反論している。現在でも志ん生の孫弟子にあたる古今亭志ん輔が演じるほか，五街道雲助は中で語る浪曲を『石松三十石船道中』に変えた『新版三十石』という題で演じている。なお，「夕立勘五郎」は講談で伝えられる侠客で，江戸の人入れ稼業の元締で，本名を伊賀屋勘五郎。天明の頃に，松平出羽守の愛馬

「夕立」をなぐり殺したのが縁で出入りを許され「夕立」の異名をとった。

幽霊タクシー（ゆうれいたくしー）
【別題】 幽霊自動車
【種別】 滑稽，怪談，新作，夏
【あらすじ】 あるタクシー会社の運転士たちが，眠気覚ましに怖い噺でもしようということになり，一人の運転士が去年の夏に体験した話をしはじめる。それは午前二時頃のことで，営業所で客待ちをしていると，「お客さんだよ」と声が掛かり，客を乗せてある屋敷まで行った。応接間に通されてご祝儀をもらって外に出ると，行くときは何でもなかったが雨が降っていて，走る車の前を黒猫が横切ったのでブレーキをあわてて踏んだがひき殺してしまった。するとそこへ，年の頃なら二十七，八歳の洗い髪の女が黒猫を抱いて，「運転士さん，青山の墓地までお願いします」と，まだ車のドアを開けていないのに乗り込んできた。夢中になって指定された場所まで来て，後ろの座席を見ると誰も座っておらず，座席がグッショリと濡れていたと言う…。そんな話をしているところへ，「お客さんだよ」と声がしたので，怖い話を聞いた男が車へ向かうと，そこには二十七，八歳の女性が立っていて，行先は青山だという。震えながら車を運転し，途中，何度も声を掛けるも返事が返ってこない。青山まで来たので後ろを振り返ると誰もいないので，急いで営業所へ帰って来ると，「どうしたんだ」「青山へ行ったね。誰もいないんだよ」「そうだろ，乗せないで行ったんだから」。

【解説】 推理作家都筑道夫の兄であり，夭逝した鶯春亭梅橋（1926～55）による新作落語。四代目柳亭痴楽が得意にし，現在でも柳家蝠丸をはじめとした落語芸術協会の落語家が演じている。原作では前半の怖い噺の部分が，営業所へ女が訪ねてきてから話されるという展開である。同種の噺で，ラジオで幽霊の話を聞いたタクシーの運転士が一人の男を乗せるが目的地に着くと誰もいないという，春風亭昇乃進の自作自演である『深夜のタクシー』という噺がある。

落語芸術協会の新作落語【春風亭柳昇】

「大きなことを言うようですが，今や春風亭柳昇と言えば，わが国では…私一人でございまして」というフレーズで知られた春風亭柳昇。その新作は日常生活の中にふと現れる面白さを掬ってみせるものが多く，特に晩年は，近所に暮らす老人がおかしな話を聞かせてくれるというような高座が魅力であった。

代表作は結婚式で感じる矛盾や杓子定規なスピーチの穴を探る『結婚式風景』。高層マンションが建つと聞いて商店街の人達がこれからの生活を協議する『日照権』。警察官に免許の提示を求められたドライバーがなぜか慌てふためく『免許証』。自らの軍隊生活を振り返る『与太郎戦記』といった自作。さらに，上司の家に子供が産まれたというので褒めに行くとペットの子どもであったという『課長の犬』は『子ほめ』を改作した落語で，現在でも芸術協会の若手が演じている。また，落語芸術協会で行った台本募集の応募作を改作した『カラオケ病院』は患者数を増やそうと秘策に打って出る作品で，現在は弟子の昔昔亭桃太郎が演じている。

他に歴史・文芸物では，滝口の武士であった斎藤時頼が横笛という女性への恋模様を描いた『滝口入道』。森鴎外の『大つごもり』や『高瀬舟』，山本周五郎の『幼友達』なども演じた。

雪てん（ゆきてん）
【別題】　雑俳／歌根問
【種別】　滑稽，長屋
【あらすじ】　八五郎が隠居のところへやって来て，隠居の趣味が雑俳であると聞いたので，「『初雪や烏ころんでトンビかな』ってやつでしょ？前にやったことがあります」と言う。隠居が他にどんな句を詠んだのかと尋ねると，「春雨」という題を出されたので，そのときに詠んだのが「舟底をガリガリかじる春の鮫」。「蛙」では「がま口を忘れて何も買わずかな」。「椿」では「痰よりも少し綺麗なつばきかな」。「百日紅」では「狩人に追っ掛けられて猿すべり」。「くちなし」は自信作だと言って「くちなしや鼻から下はすぐに顎」と披露する。初心者には発句が向いていると言い，「初雪」という題で詠んでみると，まずは隠居が「初雪や二の字二の字の下駄のあと」と詠んでみせると，「初雪やこれが塩なら金もうけ」に「初雪やこれが砂糖なら金もうけ」。見たままを詠めと言われれば「初雪や方々の屋根が白くなる」という調子。するとそこへ隠居の雑俳仲間がやって来て，「先だっての獣詠み込みの狂歌ができましたので持参致しました」「早速，拝見を。『子鼠が阿漕にかじる網戸棚　度重なりて猫に喰まれる』。結構ですが天にはなりかねますな。『狩人が鉄砲置いて月を見ん　今宵はしか（鹿）と隈（熊）もなければ』これは天になりそうですな」と隠居が言うと，八五郎が「初雪や二尺あまりの大イタチ　この行く末は何になるらん」「それなら貂（天）になるだろう」。
【解説】　前半の雑俳部分は演者がそれぞれに色々な句へと変えて入れることができ，この噺を『雑俳』という題で演じた春風亭柳昇は「朝顔を洗うは年に二三回」（朝顔），「JR目白の次は池袋」（目白），「月見より安くてうまいたぬきそば」（月見），「こうもりの便利のいいのはワンタッチ」（こうもり），「青空やあなたの財布はしじゅう空」（シジュウカラ）といった句を入れていた。その柳昇型では「初雪」の題で詠んだ後に，隠居が遊べる句がいいだろうと，「月々に月見る月は多けれど　月見る月はこの月の月」に「山王の桜に三猿三下がり　合いの手と手と手手と手と手と」と紹介すると，八五郎が「合いの手と手と」がなかなか言えないで繰り返しているので，隣の人がガラッと戸を開けて「お宅ではラッパの稽古ですか？」とサゲていた。元々は前半部分に「りん廻し」をつけて演じていたが，現在は『りん廻し』は別の噺として演じられている。

雪とん（ゆきとん）
【別題】　お祭佐七／春の夜話
【種別】　滑稽，冬
【あらすじ】　ある船宿に田舎から出てきた若旦那が泊まっていたが，江戸見物をしているうちに体を壊してしまった。女将が聞き出すと恋患いで，その相手は本町二丁目の糸屋の娘で，男嫌いで知られるお糸だと言う。若旦那は「杯の一つでも酌み交わすことができれば，諦めて田舎へ帰る」と言うので，女将はお糸の女中に訳を話し，小判二枚を包んで渡すと，女中がお糸にその話を伝え，明晩，四ツ（午後10時頃）を廻った時分に裏木戸をトントンと叩くのを合図に，お糸に会える段取りを整えた。その晩は大雪で，若旦那はお糸のところへ向かうも家が分からなくなり，一軒一軒木戸を叩いてみるがどこも開けてくれない。そこへ年の頃なら二十五，六の役者に負けないようないい男が，遊びへ出掛ける途中，足駄に雪が挟まり，糸屋の塀でトントンと雪を落としたので，裏木戸が開いて，女中に連れ込まれてしまった。店の中では被り物を取った顔があまりにもいい男なので，お糸も一目惚れをしてしまい，その晩，その男を泊めることにした。翌朝，女中に送り出された男を，一晩中外を歩いていた若旦那が目にした。その後をつけていくと船宿の女将と会話を交わしたので，若旦那が女将に正体を尋ねると，彼が外を歩くと町中の女達が取り巻いてお祭のようなので，お祭佐七と呼ばれる男だと言う。「お祭だ？それで俺がダシにされた」。
【解説】　雪の日に裏木戸をトントンと叩くことから『雪とん』という演題が付けられた。『お祭佐七』という別題を持つが，『お祭佐七』という落語が別にあるので，ここでは『雪とん』とし，五代目古今亭志ん生が演じた型を示し

た。本来は若旦那（佐野の大尽）はこの後お糸の両親を口説き落として，お糸と婚礼を挙げることになったが，その当日にお糸が佐七と駈け落ちをしてしまい，二人を調べると佐七の名前が分かったので，「お祭佐七と逃げた？ 道理でダシに使われた」という展開である。

雪の瀬川（ゆきのせがわ）
【別題】　傾城瀬川／松葉屋瀬川
【種別】　人情，廓，冬
【あらすじ】　下総屋の若旦那善次郎は堅物で，普段から読書ばかりをしているので，番頭が善次郎を浅草へ連れ出した。ところが横山町から浅草橋までやって来て，浅草見附から茅町，瓦町，閻魔様を参拝して，蔵前八幡から黒船町。駒形堂に雷門，仲見世を通って，伝法院前の灯籠に五重の塔，そして浅草寺の額と，案内するはずの番頭が反対に若旦那に教えてもらう始末。甘酒家という茶屋で茶を飲んでいたときに，古河にいる父親の善兵衛が心配して，息子を遊ばせてやれと送って来た金があるので，吉原で遊んで行ってはどうだと提案をすると，そういうことを止めるのが番頭の役目ではないかと怒られてしまう。すると幇間の華山に出会ったので若旦那のことを頼むと，次の日に華山が店を訪ねてきた。華山はいきなり遊びを教えるのではなく，花の活け方から教え，吉原で開かれる花の会に若旦那が自分から連れて行ってほしいと言ってきたときに，はじめて吉原へ連れて行った。華山は宇治五蝶という仲間の幇間と組んで，松葉屋の瀬川という花魁を若旦那の相手にさせると，若旦那は遊びの味を覚え，瀬川に惚れ込んでしまい，八百両という金を使い込んで勘当されてしまう。そして若旦那が永代橋から飛び込もうとしたときに，通りかかったかつて店で働いていた忠蔵という，今は麻布で居屋をやっている男に助けられ，そこで居候をすることになるが，瀬川のことが忘れられないでいる。そこで瀬川に手紙を書いて，五蝶に頼んで渡してもらうと，瀬川は若旦那のことを思い続け，それが原因で病に臥せっていたので，喜んで返事を書き，困っているだろうからと一緒に金を渡して寄越した。手紙には，雨の降る日にあなたに会いに行きますとしてあったので，若旦那は天気のことばかりを尋ねるようになった。ある朝，雪が降り始めたので，若旦那が心待ちにしていると，八つ（午前二時頃）を過ぎる頃に雪を踏みしめる駕籠屋の足音が聞こえてきた。駕籠から下りて来たのは武士の格好をした者で，大小の落とし差しと合羽を取ると，燃え立つような緋縮緬の長襦袢で，頭巾を取ると珠のかんざしに髪を巻き付けた瀬川であった。その後，善次郎は詫びを入れて，勘当を解かれ，瀬川を身請けして夫婦になった。

【解説】　講談の「大岡政談」の中にある『煙草屋喜八』という話を落語に移したもので，柳派で演じられていた『傾城瀬川』という噺に手を入れたものを六代目三遊亭圓生が演じ，現在では柳家さん喬が手掛けている。長い演目なので八百両を使い込んだところまでを「上」，その後の展開を「下」と，上下に分けて演じる場合もある。『雪の瀬川』というと，『夢の瀬川』と別に呼ばれる『橋場の雪』（当書ではこちらの演題で掲載）を指す場合もある。

遊山船（ゆさんぶね）
【種別】　滑稽，長屋，夏
【あらすじ】　喜六，清八の二人が花火見物にやって来て，橋の上から屋根船で遊んでいる様子を眺めている。するとそこへ錨の模様の揃いを着た連中がやって来たので，清八が「さっても綺麗な錨の模様」と声を掛けると，「風が吹いても流れんように」と返してきた。その答えに感心した清八が「お前のかみさんに，あんな洒落たことは言えないだろう」と喜六に言うと悔しがり，家に帰って来て早速「お前に言えるか？」と女房に尋ねてみる。すると「それぐらいのことは言える」と言うので，ためしにやってみることにする。押入れの中から錨の模様の古い着物を引っ張り出してきて，行水をするタライを舟に見立てて女房を乗せて，喜六は橋の上のつもりで天窓に上がり，そこから覗きこむと，「さっても綺麗な…，それにしても汚いなあ。さっても汚い錨の模様」と声を掛けると，女房が「質に置いても流れんように」。

【解説】　上方落語の一つであるが，柳家喜多八

が演じることもある。「さっても綺麗な錨の模様」は「見れば綺麗な錨の模様」とすることもある。

夢金（ゆめきん）
【種別】　滑稽，冬
【あらすじ】　欲深い船頭の熊蔵は，今夜も二階で「百両欲しい」と寝言を言いながら眠っている。雪の降りしきる静かな晩だけに，金勘定をしていると泥棒に勘違いされはしないかと主人が気が気でないところへ，十七，八の身なりの綺麗な女性を連れた，その相手に似つかわしくない浪人風情の男がやって来た。深川まで屋根舟をあつらえたい旨を伝えてきたが，肝心の漕ぎ手がいないからと店の者は断る。するとそこへ熊の寝言が聞こえてきて，酒代をはずむということで，熊を船頭にして出発をする。舟が進み始めてしばらくすると，男が熊に相談を持ちかけてきた。あの女が癪で苦しんでいたところを介抱して連れてきたが，懐に大金を持っているので，二人で殺して金を山分けしようというのであった。熊は渋々ながらそれを受け，舟を中州に着けると，侍が下りるのを見て，川中へ舟を戻した。そして，女を家に送り届けると，そのお礼に金包みをもらった。その場で包みを開けると百両という大金が入っていたので「こいつはしめた」と両手で握り締めると，あまりにも痛いので目が覚めた。熊は船宿の二階で両方の急所を握り締めていた…。
【解説】　これに似た原話が安永2年（1773）『出頬題』の「七ふく神」にある。最近ではサゲがあまり綺麗でないのと下がっているせいもあってか，もらった大金を手にして「百両〜」と叫んだところで目が覚め，「あ，夢か」。または「百両〜」と叫ぶのを聞いて，親方が「熊，うるさい」といったサゲなどが一般的である。『欲の熊鷹』という別題があったが，同題の上方落語で別の噺がある。

夢の酒（ゆめのさけ）
【種別】　滑稽，夏
【あらすじ】　昼寝をしている大黒屋の若旦那が女房に起こされ，機嫌が悪くなった。夢の中で向島へ用事に行くと雨に降られて雨宿り。その家の女中に声を掛けられて部屋に上がると，女主人は自分のことを知っており，しかも美人ときている。そしてご馳走になった上に色っぽいことになりそうなときに起されたというのだ。それを聞いて夫婦喧嘩が起こり，女房の泣き出したところで，大旦那が仲裁に入ると，嫁から向島まで行って，その女に会って叱って下さいと頼まれてしまった。そこで嫁の言うように淡島様に願を掛けて横になると，若旦那が立ち寄った家に行くことができた。大旦那は酒を勧められるが燗しか飲まないと言うと，燗ができるまで冷やで飲んで下さいと，さらに勧められるが，それを断っているうちに嫁から起こされた。「惜しいことをしたな」「お小言を仰ろうというところをお起こし申しましたか？」「いや，冷やでもよかった…」。
【解説】　元は『夢の瀬川』という噺であったが，初代三遊亭圓遊が一席物にこしらえ上げたという。延享4年（1747）『軽口瓢金苗』の「夢中の酒」や安永2年（1773）『聞上手三篇』の「焼餅」などに原話が見られる。小噺程度で演じられることもある。

夢八（ゆめはち）
【別題】　夢見の八兵衛
【種別】　滑稽，長屋
【あらすじ】　甚兵衛のところへやって来た八兵衛がボンヤリとしている。近頃，夢ばかり見ていて，寝ていても夢の中で夢を見て，その夢の中でまた夢を見て寝ていられないという。そんな八兵衛に甚兵衛が仕事を紹介する。一晩，釣りの番をして二円で，しかも食事付きという好条件なので，釣りが大好きな八兵衛は喜んで引き受ける。甚兵衛は八兵衛に薪を一つ持たせて，長屋の誰もいない真っ暗な一室に連れて来ると，風呂敷包みの中に入っている重箱を開けさせて，腹が減っているという八兵衛に，持って来た薪を一晩中叩かせながら握り飯を食べさせる。ただし天井からぶら下がっているむしろだけは触るなと言って，甚兵衛は鍵を外からかけて帰ってしまった。むしろが気になって仕方がない八兵衛が近くに寄ると，そこには死体が

ぶら下がっており，釣りはつりでも首つりの番だと気付くも，鍵かかかって逃げられないので，薪で床をひたすら叩いている。すると屋根の上を歩いていた猫が天窓から覗き，八兵衛が驚いている姿を見て，驚かせてやろうと首つりに毒気を吹き込む。すると，死体が「伊勢音頭を唄え。唄わないと，そばへ寄って頬っぺたなめるぞ」と言い出したので，八兵衛は仕方なしに「お伊勢ェ〜参りは，七度参る〜」と唄うと，首つりが「よ〜い，よい」と調子を取ってきた。途端に縄が切れて首つりが落ちたので八兵衛は目を回してしまう。甚兵衛が翌日やって来ると，八五郎が首つりと抱き合って寝ているので揺り起こすと，「お伊勢ェ〜参りにこの子ができた〜」と再び唄い出すので，「伊勢参りの夢を見ている」。
【解説】 元は上方落語で，東京では三遊亭百生や二代目桂小南が演じていた。噺の途中で，「私，この噺が嫌いなんです」と言って，手拭いを使って首つりの姿を描写する場面が見どころの一つである。最近では柳家蝠丸や柳家一琴の他，桂雀々が寄席の高座などで演じている。

湯屋番（ゆやばん）
【別題】 居候
【種別】 滑稽
【あらすじ】 棟梁の家の二階で居候をしている若旦那が湯屋に奉公することになった。紹介状を持って出向くと，やることは木っ端を集める外回りや煙突掃除と言われ，そういう仕事は色っぽくないから，番台に上がらせてくれと言い出す。昼飯を食べてくる間，座っていてくれと言われたので喜んで上がると，女湯には誰もいないのに，男湯は昼間っから混み合っている。そのうちに女湯にやって来た女性に見初められる空想を描きはじめる…。ある日，女の家の前を通ると，その家で働く女中と出会い，女の家に上がりご馳走になる。するとにわかの夕立ちで，近所に雷が落ちて女が気を失ってしまう。そこで若旦那が口移しで盃洗（はいせん）の水を飲ませてやると，「今の水のうまかったこと」「今の水がうまいとはそんなら今のは空瘋（そらじゃく）か」「雷様は怖けれど，二人のためには結びの神」「うれしゅうございます，番頭さん」と芝居がかりで楽しんでいるところを，一人の客に殴られてしまう。「俺の下駄がなくなったじゃねェか」「それならそっちの下駄を履いていって下さい」「これはお前の下駄か？」「いえ，中の誰かのでしょう」「俺が履いて行ったら大変だろう」「順々に履かせていって，一番しまいは裸足で帰します」。
【解説】 噺の前半で若旦那が何もせずにブラブラしているので，働く気はないかと棟梁が尋ねると，棟梁の女房の扱いが悪いと文句を言ったり，発明や商売について色々と考えているというところだけを『居候』という題で演じることがある。また丁寧に演じていくと時間がかかるので，番台に上がった若旦那が空想にふけり，落雷したのと同時に番台から落ちてしまい，「あの野郎，番台から転げ落ちたと思ったら，昇って行くよ」というところで終えたり，昇り終えたところで，男湯の客が横にいる仲間の顔を見ると，顔中血だらけになっているので，「お前，その顔をどうしたんだ？」「あんまりあいつが下らないことを言っているから，石鹸と間違えて軽石で顔こすっちゃった」などと噺を終える場合もある。また，客が騒いでいるので湯屋の主人が顔を出すと，若旦那が銭をくすねているので，「この金で飲み食いする気だな」と咎めると，「いいえ，お祓いは先方の女（想像で出てきた女）がします」とサゲることもあったという。古くから演じられている噺で，かつて三遊派は湯屋の名前を「桜湯」，柳派は「奴湯」や「梅の湯」で演じていたが，現在ではその差もなくなってきた。四代目柳家小さんは昭和初期の風俗を取り入れ，『帝国浴場』という題で演じていた。五代目柳家小さんが得意にしたことから，柳家の一門によく伝わっている。

よいよい蕎麦 (よいよいそば)

【種別】 滑稽

【あらすじ】 江戸見物へやって来た田舎者の二人が馬喰町あたりへ宿を取って, 浅草散策。腹が減ったので, 大福や鶯餅を食べようとするが高いと言って買おうとしない。しまいには炭団を食べ物と勘違いして口にしてしまう。やっとのことでそば屋へ入るが, そばを食べたことがないので, せいろの上からつけ汁をかけたり, 薬味の唐辛子をたっぷりかけたり, そばを持ち上げるも長くて下から口に入れることができないからと, 一人が寝転んで, もう一人が食わせたりと大騒ぎ。するとそこへ職人が入って来て「おう, もりを一つくれ」とサッと食べたが, 中から虫が出て来たので「面ぁ見やがれ。よいよいっ」と飛び出して行った。二人はその一部始終に感心して,「最後によいよいと言って行ったが, あれは何のことだ」とそば屋に尋ねると,「江戸で流行っている言葉で, お前の家のそばはよいそばだ。いいことをよいよいと申します」とごまかした。そば屋を出た二人は芝居を見に小屋へ入り, うまい役者が出たので「よいよい役者!」と声を掛けると, 他の客が「静かにしろい。こんな立派な役者をつかまえて, よいよいとは何だ。そう言うてめえ達二人がよいよいだ」「ありがてえ, おらまでお褒めにあずかった」。

【解説】 田舎者を扱った噺で, 以前は仲見世で絵草紙屋を眺める場面もあったという。ここでは小圓朝が演じた型を取り, そばから出て来たのを虫としたが, 釘で演じることもある。話中の「よいよい」とはまぬけとか役立たずの意味である。

よかちょろ

【種別】 滑稽, 禁演

【あらすじ】 道楽者の若旦那が掛け取りに出たまま帰って来ない。番頭が旦那に相談をされているところへ若旦那が帰って来た。「吉原と父親とどっちが大事なんだ」と尋ねられれば,「吉原の女」と答える若旦那は, 番頭の前で惚気を次々に並べながら, 親父を言いくるめてやると言って父親と対面する。「掛け取りでもらってきた五十円はどうした?」と尋ねると,「全部使った」と言うので,「使った金が親の前で全部言えるのか? 書き立ててやるから, 十銭でも無駄があったら許さない」と返して, 使った金について申告させる。若旦那は「髭剃りが五円」と, 通常では考えられない額を並べ出す。次に「よかちょろが四十五円」と言うと, 父親がそれを見てみたいと言うので, 若旦那は「ハア〜, 女ながらも, まさかのときは, ハッハよかちょろ, 主に代わって玉だすき, よかちょろ, すいのすいの, してみてしっちょる, 味みちゃよかちょろ, しげちょろパッパ」と歌うと, 父親が呆れて夫婦喧嘩がはじまり, 若旦那は勘当になってしまう…。

【解説】 元々『山崎屋』の前半にあたる部分に, 初代三遊亭遊三が明治時代に流行した「よかちょろ節」を取り入れて一席物とした。八代目桂文楽は若旦那が勘当になったところで終えたが, 立川談志は, 一旦, 父親の前から逃げ出した若旦那が番頭を相手にして,「口直しに吉原に行ってくるから金を貸してくれ」と言うと, 番頭が「そんな金は持っていない」「分かってるよ, うまくごまかしてくれ。はじめてじゃないだろ」と, 番頭の隠れ遊びを指摘する『山崎屋』の冒頭部分を取り入れ, 番頭が「また私をおどすでしょ」「大丈夫, 困ったら, お前もよかちょろを唄え」とサゲていた。

吉住万蔵 (よしずみまんぞう)

【種別】 人情, 廓

【あらすじ】 京橋南八丁堀浅蜊河岸に暮らす吉住万蔵という鳴物師が, 上州興行の帰りに熊谷の扇屋という宿に泊まり, お稲という宿の娘と芸の話をしているうちに, いい仲になってしま

った。万蔵は別れを惜しみながら江戸へ帰って来たが，忙しさと懐が温かくなったことから島原の廓で遊んでいるうちに，花遊という女と馴染みになったこともあって，お稲のことを忘れてしまった。遊びが過ぎて金も尽きた万蔵が，高崎の旦那のところで小遣いを稼ごうと，その途中で熊谷へ立ち寄ると，扇屋に忌中の札が下がっていた。扇屋の前にある小松屋という宿へ泊ると，扇屋では娘のお稲が万蔵という男の子を宿し，井戸へ身を投げて死んだと聞く。万蔵が手を合わせているところへ近くの寺から迎えがやって来たので寺へ行くと，和尚は万蔵であることを見破り，万蔵は墓の前まで連れて行かれ，「とり殺されたくなければ念仏を唱えて，三日の間，通夜をしてやりなさい」と言われる。万蔵が言われた通りに一心に念仏を唱えていると，真夜中になって「くやしい」という声が聞こえたので，「助けてくれ」と言った途端に花遊に揺り起された。夢とはいえ，気になって仕方がないので熊谷へ駆けつけると，扇屋には売家の札が下がっており，何でも主人が米相場で失敗をして，夜逃げ同様に娘と江戸へ行ったと聞く。万蔵は花遊のところへ通い過ぎたばかりに懐が苦しくなり仲間を頼って馬道の二階を借りて引っ越すことにする。ある日のこと，万蔵が吉原を冷やかしていると，大口楼という店の若い衆が「墨染花魁が呼んでいる」と声を掛けてきた。言われたままについていくと，そこにはお稲がいて，「千住の伯父を頼って江戸へ来たが，父も母も病気で死んで，借金を返すために身売りをしました」と語って聞かせた。万蔵は「金のことは気にしなくてもいいから会いに来てほしい」と，今は墨染と名前を変えたお稲に言われて店へ通うようになるが，借金がかさむばかりの墨染は店を変え，来る客に起請をどんどん渡すようになった。その中で日本橋小伝馬町の岡本屋の番頭である勝吉という堅物の男が墨染から起請をもらってのぼせあがっており，墨染が万蔵という男のためにそうしていることを知ったので，墨染と無理心中をしてしまう。勝吉と墨染は親戚一同相談のうえ，一緒に埋められることになった。万蔵が墨染の伯父からお稲の戒名を借り，線香を上げて「一生女房

は持たない。あの世へ行ったらお前と一緒になろう」と独り言を言っていると，ロウソクの火が戒名へ燃え移って灰になってしまった。翌朝，墨染の伯父がやって来て，「間違えて勝吉の戒名を渡したので返したくれ」と言うので，万蔵が昨日の話をすると，「ああ，勝吉の戒名がそれを聞いちゃ焼ける（妬ける）のは当たり前だ」。

【解説】　元々人情噺であったものが講談へと移り，講釈師の邑井貞吉から教わった六代目三遊亭圓生が独自にサゲをつけて復活させた。三遊亭圓窓や快楽亭ブラックなどが演じている。

吉田御殿（よしだごてん）

【種別】　滑稽，武家，艶笑

【あらすじ】　淀君というある大名の奥方は若くして殿様を亡くしてしまい，後家になって寂しく暮らしている。不義はお家の御法度という言葉があるように，このまま屋敷に置いておくと家中が乱れるのではと家老が心配をして，人里離れた地に屋敷を立てて，そこに隠居させることにした。ところが淀君はというと，これぞという男の旅人が通ると吉田御殿と名付けられた屋敷に引きずり込んで過ごすようになる。ある日のこと，山中の茶屋に若い武士が立ち寄り，店脇の松の木で用を足している様子を淀君が遠眼鏡で見ていて驚いた。男の道具が大層立派であったのだ。これを逃してはいけないと女中に命じて屋敷へと呼び寄せると，その武士は新之助という名前で，国へ戻る途中の身。新之助も淀君を一目見て，後家の身とは分かるもののその綺麗さに驚いてしまい，旅の疲れを癒してほしいと勧められるままに風呂に入り，そのあと奥座敷に案内され，淀君と盃を酌み交わすことに。するとにわかに雨が降ってきて，近くに落ちた雷に驚き，淀君が新之助の胸の中に…。新之助の立派な道具から離れられなくなった淀君は，それから毎日，一日中新之助と布団の中。新之助は精を吸い切られてしまったのか，とうとう息絶えてしまった。淀君が新之助と離れられないでいるので，家老が新之助の一物を切り離してから葬り，法要を済ませた後にうなだれた淀君に新之助の形見を渡すと，淀君は喜ん

で、片手に位牌、片手に新之助の道具を持って拝みはじめた。すると新之助の上半身が浮かび上がったので、「会いに来てくれたか。うれしく思うぞ。なぜそなたは全身を現さないのじゃ？」「それは無理でございます。腰から下はあなたが抱いております」。
【解説】 多くの艶噺を現代に伝えた四代目古今亭志ん好が演じた落語で、最近になって柳家喬太郎が復活させた。ここでは志ん好の型を示した。豊臣秀吉のもとに嫁いでいた千姫が本多忠刻(ただとき)に再嫁するが、忠刻も没し、家老の吉田修理之助(しゅりのすけ)に預けられ「吉田御殿」で暮らすという講談の『吉田御殿』が話のベースにあると思われる。

四段目 (よだんめ)
【別題】 蔵丁稚
【種別】 滑稽、芝居、禁演（戦後）
【あらすじ】 小僧の定吉は芝居が大好きで、使いに出るとなかなか帰って来ない。今日も遅くに帰って来たので、旦那が「芝居を観てきたな」と尋ねると、「私は芝居なんて大嫌いです」と言ってきた。そこで旦那は「いい芝居が出ているので、明日、奉公人を連れて芝居見物に行くが、そんなに芝居が嫌いなら、お前は留守番をしておくれ」と言う。そして、今演じられている芝居の内容や配役を間違って話すので、「それは嘘です。あたしは今まで見てたんですから」と白状させられてしまった。そこで旦那は定吉を蔵へ入れると、空腹の定吉は芝居の真似をしていれば気がまぎれるからと、見てきたばかりの忠臣蔵は四段目、判官切腹の場の判官役を演じることにする。ところが熱が入ってきて、蔵の中にある道具をうまく使って、おまけに短刀もあったので「ご検視、お見届けください」と、その九寸五分を腹へ刺す真似までする。その様子を覗き見た女中が驚いて、旦那に告げると、「腹がへっていたので死のうというんだ」と、お櫃を脇に抱えて、バタバタバタと蔵の戸をガラリと開け、小僧の前へ「ご膳ーッ（御前）」「蔵の内でかァ（由良之助かァ）」「は、はーッ」「待ちかねたァ」。
【解説】 上方落語の『蔵丁稚』を東京に移したものとされるが、東京でも古くから演じられていたという。原話は天明8年（1788）『千年草』の「忠信蔵」。同じ四段目を扱った落語でも『淀五郎』は俳優の苦心談を、こちらは滑稽味あふれる庶民の芝居好き振りが描かれている。古くは八代目春風亭柳枝や二代目三遊亭円歌が得意とし、円歌は『野球小僧』という改作も演じていた。近年では六代目笑福亭松鶴から教わったという古今亭志ん朝が得意とし、その後も多くの演者が手掛けている。

淀五郎 (よどごろう)
【種別】 滑稽、芝居
【あらすじ】 江戸三座の一つ森田座(ざがしら)で、市川団蔵を座頭に『仮名手本忠臣蔵』をかけることになった。大星由良之助と高師直(こうのもろなお)の二役は団蔵で決まりだが、塩屋判官役が病に倒れたので、芝居茶屋の倅で相中(あいちゅう)という下級の役者である淀五郎が代役に抜擢された。淀五郎は張り切るものの、四段目の判官切腹の場で、本来ならば判官が大星力弥に「由良之助は」と尋ねると、「いまだ参上つかまつりませぬ」「存生に対面せで、無念なと伝えよ」といったセリフとともに九寸五分を腹に突き立てると、花道から由良之助が現れて「御前」「由良之助かぁ、待ちかねた」となるはずが、団蔵演じる由良之助は淀五郎に息が入っていないと、花道に平伏したまま判官の近くにやって来ない。「近う近う」と言われても、花道に座ったまま「委細承知つかまつってござりまする」と言うだけで動こうとしない。芝居を壊してはいけないと思った淀五郎は仕方なくそのまま切腹をし、終演後に今日の訳を団蔵に尋ねると、「判官が腹を切っているから由良之助が寄って行くのだ。淀五郎が腹を切っているところへは由良之助は行けない」「どう切ればよろしいんでしょうか」「本当に切ってしまえ」とにべもない返事。淀五郎は稽古を重ねるが翌日も同じなので、「明日は団蔵を刺し、それから腹を切って死んでやろう」と思い、日頃世話になっている中村仲蔵のもとへ挨拶に向かうことにする。話を聞いた仲蔵が自分の眼の前で、淀五郎に切腹の型を演じさせると、「団蔵の言う通りだ。お前の判官はいいと

ころを見せたいという気持ちが前に出ているからなっていない，判官の気持ちになっていない」と，判官を演じる際に必要な型やコツを教える。次の日になり，由良之助役の団蔵が花道まで来ると，すっかりできているので驚いた。そこで判官のところまでやって来ると「御前ッ」。淀五郎がいつものように花道を見ると，今日は花道にもいないのかと驚いていると，自分の脇に団蔵がいたので，「う～ん，待ちかねたァ」。

【解説】　この噺にも登場し，落語の演題にもなっている『中村仲蔵』とともに名優の苦心談。芝居役者には居なり待ち（新相中）－三階－相中　－相中上分－名題下－名題などといった身分制度があり，家柄がないものは出世ができない。そうした世界で主人公の沢村淀五郎は相中から名題に抜擢されたことで喜びを見せる。四代目橘家圓喬が得意にし，主に三遊派に伝承されてきた噺で，『四段目』と題することもあるが，同名の噺が別にあるので，『淀五郎』と呼ぶことが多い。五代目古今亭志ん生や六代目三遊亭圓生，八代目林家正蔵が得意とし，現在でも五街道雲助や春風亭一朝，林家正雀らが演じている。

四人癖（よにんぐせ）
【種別】　滑稽
【あらすじ】　やたらに人差し指で鼻の下をこする癖のある者，両の掌で眼をこする癖のある者，着物の袖口をつまんで引っ張る癖のある者，「こいつはいいや」と手を叩く癖のある者が四人集まって，癖をやめることにして，やったものから罰金を取ることにした。ところが四人して歩くと，つい癖が出てしまいそうになる。我慢のできなくなった男が「あそこに鳥がいる，あれを撃ち落とそう」と言って，撃つ振りをして鼻の下を指でこすると，「そんなことを言ったら可哀相」と言って両目で眼をこすり，「安心しなさい，飛んで行ってしまった」と袖口を引っ張る。それを見ていたもう一人の男が三人から罰金がもらえると思って「こいつはいいや」。

【解説】　『のめる（二人癖）』と同じで癖を扱う

が，こちらは仕草でみせる噺である。原話は元禄14年（1701）『百登瓢箪（ひゃくなりひょうたん）』の「癖はなほらぬ」や宝永4年（1707）『露休置土産』の「曲者のよりあひ」などに求められる。

夜店風景（よみせふうけい）
【別題】　秘伝書
【種別】　滑稽
【あらすじ】　夜店で大層な物言いで本を売っている者がある。内容は「釜無くして飯を炊く法」「ひと月100円で食う方法」「酒無くして酔える法」「ただで電車に乗る方法」といったものが書いてあると言い，安価で授けるというので，一冊買い求めることにする。早速読んでみると，「釜無くして飯を炊く法」には「鍋で炊け」。「ひと月100円で食う方法」には「ところてんを食え」。「酒無くして酔える法」には「ビールを飲め。ウイスキーならなおよし」。「ただで電車に乗る方法」には「車掌になれ」と人を食ったようなことが書いてある。最後に「泳ぎを知らずして水に溺れぬ法」とあるので，それを読むと「裸になって立ち上がり，腹に墨で線を引き，それより深いところへ入るな」。

【解説】　「水に溺れぬ秘伝」については，安永4年（1775）『聞童子（ききどうじ）』の「水練」に原話がある。新しい「方法」を入れることもでき，どこでも切ることができるので，寄席で時間の調整が必要なときなどに重宝される一席でもある。上方に『秘伝書』という噺があり，この噺の別題とされることもあるが，中身は別のものである。

寄合酒（よりあいざけ）
【種別】　滑稽，長屋
【あらすじ】　町内の若い衆が寄り集まり，酒はあるが金がないので，それぞれ肴を持ち寄って飲もうということになった。すると乾物屋の主人の目をごまかして干鱈を持って来る者。やはり乾物屋で数の子の上に風呂敷を広げて「大根をくれ」と言うと，乾物屋に野菜はないと言われたので，風呂敷をたたんだら数の子がついてきちゃったと言う者。子ども達が鬼ごっこをやっている中に入れてもらって，鬼の角の代わり

にするからと乾物屋の子どもに鰹節を持ってこさせた者。さらに，与太郎は裏の原っぱに落っこちていたといって新聞紙にくるんである味噌を持ってきた。本物かどうかを調べると，確かに味噌。何でも原っぱに自転車が落ちていて，その荷台に籠が落ちていて，その中に味噌が落ちていたのだという。しかもその自転車は乾物屋のもの…。最後に持ってきたのは鯛で，行商人が自転車に入れておいたのを犬が咥えて行ったので下駄を投げたら，犬が「クワン（食わん）」と言ったのを持って来たのだと言う。早速，集めた食材で料理をはじめるが，鯛をおろそうとするとさっきの犬がやって来て吠えるので，それを兄貴分に言うと，「そんなのは頭でもしっぽでも，一発食らわせ」と言われ，言葉通りにとらえて鯛の頭と尻尾を食べさせてしまったり，お燗番は燗のつけ方を確かめているうちに酔っ払ってしまったり，鰹節でダシを取ったと言っては出し殻を持って来てしまったりと大騒ぎ。「これは出し殻だよ。だし汁の方はどうした？」「あんまり綺麗だから褌を洗ってるところだ。今つけたばかりだから，絞って持ってこようか？」。

【解説】『ん廻し』の前半部を独立させたもの。クスグリも多く，乾物屋の自転車の件で「他にもまだ落ちていたって？じゃあ味噌じゃなくてビールを持って来い」とか，「犬がクワンと言ったから，俺達で食べちゃおう」等々，切れ場も多いので寄席でよく演じられている。

夜の慣用句（よるのかんようく）

【種別】 滑稽，新作
【あらすじ】 ある会社の課長が，若い社員とともに居酒屋に飲みに行く。無礼講と言いながらも気を遣えと話す中で，部下達に座右の銘を尋ねて行く。課長の座右の銘は「人間万事塞翁が馬」だが，急に聞かれた部下達は「棚からぼた餅」とか「飼い犬に手をかまれる」と答えるので，課長は気分を害してトイレに立ってしまう。そこで部下たちの行きつけのキャバクラに店を変えると，女好きの課長は今度はキャバクラ嬢に座右の銘を尋ねる。するとまたもや「地獄の沙汰も金次第」とか「天に代わって悪を討つ」と言い出すので不機嫌に。課長がトイレに行っている間にチェンジした女の子は，店のナンバーワンの双子の姉妹。席に戻った課長は両隣に座った女の子が自分の兄の娘であることに気づき，しかもこの店始まって以来のスケベ親父とレッテルを貼られたことを知って動揺をする。課長は自分の置かれている状況を「四面楚歌か？四面じゃないもんな。前門の虎，後門の狼とも違うな」と表しているので，それを見た部下が「課長，今度はそれが座右の銘ですか？」「いや，左右の姪だ」。

【解説】 平成10年（1998）初演の柳家喬太郎による新作。最近，桂三木男が演じ始めた。

らくだ

【別題】 らくだの葬礼
【種別】 滑稽、長屋、冬
【あらすじ】 らくだとあだ名されている、本名を馬という乱暴者の男のところへ兄貴分が訪ねると、手料理で食べたフグに当たってらくだが死んでいた。弔いの真似事でもしてやりたいと思っても、肝心の持ち合わせがないので、通りかかった屑屋を呼び止めるが、買い取ることのできるものはないと断られる。するとその兄貴分は屑屋を脅して、月番のところへ行って香典を集めて来いと言う。屑屋が帰って来ると、「今度は家主のところへ行って、弔いの場に出す酒肴を持って来るように、もしくれないと言ったら、らくだの死骸のやり場に困っているから、担ぎこんで『かんかんのう』という踊りを見せてやる」と言いつける。屑屋が家主にそのことをいうと、店賃を貯め込んでいたのだから酒なんかとんでもないというので、兄貴分は屑屋に死骸を背負わせて、家主のところに行き、『かんかんのう』を踊らせて、酒と肴を持ってこさせる約束をさせた。次に八百屋に行って、早桶がわりの樽をもらってこさせると、そこへ香典やら酒肴が届いていたので、兄貴分は屑屋に清めだと言って酒を飲ませる。ところが屑屋がだんだん酔ってくるとからみ出し、しまいには兄貴分と立場が逆転する。そして樽に詰めたらくだを落合の火屋（焼き場）へ連れて行くことにするが、途中で転んだ拍子に樽の底が抜けたのを知らずに焼き場へ到着したので、中には何も入っていない。そこで引き返すと、たまたま酔っ払って寝ていた願人坊主を連れてきて、火の中へ入れてしまう。その坊主が目を覚まして「ここはどこだ」「日本一の火屋だ」「冷酒でもいいからもう一杯」。
【解説】 大阪の四代目桂文吾が得意にしていたものを、三代目柳家小さんが東京へ移した。サゲが取ってつけたようでもあるので、立川談志が願人坊主をうるさいと言って殴ると、「痛ェ、痛ェ、瘤だらけになっちまう」「いいんだ、お前はらくだだから」としたように、サゲを変えて演じたり、屑屋が酒に酔って、らくだの兄貴分を脅すところでサゲてしまうことが多くなった。『かんかんのう』は江戸末期に大坂や長崎で大流行した舞踊曲で、看看踊りや唐人踊りとも呼ばれ、腰を使った官能的な振り付けで人気があった。

ラブレター

【別題】 女郎の文／女給の文
【種別】 滑稽
【あらすじ】 ある男が行きつけの飲み屋の女性からラブレターを貰った。それを友達に自慢気に見せるが、字が汚い上に、カタカナで書いてあるのでよく分からない。最初からして「『こなだ、こなだ』って、うどん粉でももらったのか？」「それは『イ』が抜けていて、『こないだは、こないだは』と読むんだよ！」と万事その調子で、「あなたは畑のタニシだわ。私はあなたの勘定よ。ミシンがないが仕立てるわ」は、「あなたは私の彼氏だわ。私はあなたの彼女よ。しみじみ話がしたいわ」。最後に「『私のケツ愛するし、うんちゃんへ。やなべっかんこ』ってこれはなんだ？」「それはな、『私の熱愛する伸ちゃんへ。矢田部カンコ』、彼女の名前だよ」。
【解説】 元々『女郎の文』といった噺を、初代柳家蝠丸が『女給の文』と直し、同じ時期に『ラブレター』という題で演じるようになった。四代目柳亭痴楽や四代目柳家小せん、蝠丸の実息である十代目桂文治が得意にし、現在では十一代目文治が演じている。ここでは文治型を示したが、痴楽は最後の名前を「アラ、嫌ヨ（新井ヤヨ）」としていた。

ラーメン屋 （らーめんや）

【別題】 夜鷹そば屋
【種別】 人情、新作

【あらすじ】　ある老夫婦が営んでいる屋台のラーメン屋。夜中の十二時を回ったので、おじいさんが店を切り上げようとすると、おばあさんが「家に帰っても孫の顔が見られるわけじゃない」と言い出す。二人には子どもができず、いつも子どもがいればと考えている。するとそこへ一人の客が飛び込んで来た。年の頃なら二十二、三歳で、おばあさんはおじいさんに顔がそっくりだと言って、「盛りが悪いんじゃないか」とか、「昼ご飯を食べなかったって言っていたけどどうしてだろうか」と、その男が気になって仕方がない。男はラーメンを三杯平らげると、「この近くに交番はないか？」と尋ねてきた。何でも一文無しで、無銭飲食で捕まれば、一晩泊まれて飯にもありつけるというのだ。おじいさんが事情を聞くと、小さい頃に両親を亡くし、学校も退学して色々な商売をしてきたが、そんな自分が嫌になったというのだ。おじいさんが屋台を引っ張り出すと後押しのおばあさんに力がないので、男は二人の家まで屋台を引くことにした。家までやって来ると、交番へ行きたいと言う男を上げて、一杯やることに。するとおばあさんがここまで屋台を運んで来た労働賃金はどうなっていると言い出すので、おじいさんはラーメン三杯分と差し引きにすることと、今日はこの家に泊まって行けと言う。男が「それは困る。それに自分はグレた人間だから何をしでかすか分からない」と言うと、おじいさんは家の金のある場所を教える。そして酒を飲んでいるうちに、おじいさんは頼みごとを男に持ちかける。それは「一度も『お父っつあん』と呼ばれたことがないので、『お父っつあん』と呼んでほしい」と言うのだ。するとおばあさんは、「お金がないんだから、一回『お父っつあん』と言ってもらったら百円上げなさいよ」と提案する。男は父親を早く亡くしているので「お父っつあん」とも言い慣れず、照れながらおじいさんに向かって「お父っつあん」と言う。それを見ていたおばあさんが「今度は私」と言って、二百円を出して「おっ母さん」と呼んでもらう。おじいさんは「三百円出すから今度は男の名前を呼んだら『なんだい、お父っつあん』と返してほしい」と、安夫という名前を聞き出して呼び掛ける。おばあさんは「自分も」と言って、五百円を出して、「今度は安夫を叱らせてくれ」と言う。それを聞いて男は「ごめんね」。おじいさんが「今度は千円出すから」と言ったところで、男が「勘弁してくれ」と言い出したので、おじいさんは「もう一度だけ」と言って、「お父っつあん、ラーメン屋なんかよしてくれよ。俺に任せてくれ」と言ってもらうと、「今夜は楽しかった。ありがとう、いい思いをさせてもらいました」「俺は金は要らないから、俺の言うことも聞いてもらえないかな？」「なんですね？」「これからずっと、せがれって呼んでもらいたいんだ」「せがれ！」「なんだい？お父っつあん…」。

【解説】　柳家金語楼（有崎勉）が小山内薫の『息子』という作品を読み、それが落語にならないかと考えていたときに、藪入りをテーマにした『団扇』という芝居を演じたのをきっかけに、長谷川伸から教えを受けてつくった。昭和40年（1965）に五代目古今亭今輔によってネタ下ろしされた。現在でも今輔一門の古今亭寿輔や桂米助が演じている。また五街道雲助は舞台を江戸に直して『夜鷹そば屋』という題で演じている。金語楼が残した速記では、男が自分の頼みも聞いてもらいたいと言ったところで、「あなたの頼みって？」「せがれと呼んで下さい」で締めくくっており、今輔は「なんだい？お父っつあん…」の後に、「善人の目に悪人なしとはこのことでございましょう」と地の言葉で噺を結んでいる。

ランゴランゴ

【種別】　滑稽、新作

【あらすじ】　ある寄席の支配人のところへ幼なじみが訪ねてきて、「勤めている会社でパーティをやることになって落語家を派手に呼んで、予算は低めに開きたい。社長の要望は真打で売れていて面白くて、ただでも来る落語家だ」と言う。「そういう芸人はギャラが高い。予算を言え」と返すと、「予算は3,000円だ」「今時、前座だって1万円かかるよ」とあきれるが、「一人だけ7,000円で行く前座がいる。なんな

ら現物支給でも大丈夫だ」と紹介をする。それは「アフガニスタン出身の落語家で，日本語はたどたどしく，泣かせる人情噺を演じれば笑え，笑える落とし噺を演じれば腹が立つ，三遊亭アフドラアハメドパルジャニユセフモハメッドという名前で，アフガン一の剽軽者だ」と言う。すると髭を生やして，頭にターバンを巻いて着物姿，手にはコーランを持った男が登場した。早口言葉をやらせてみると，「アカマカメケメケモコモコ…」と意味不明なことを口にし，落語をやらせても同じ調子なので，「冗談じゃないよ！」と怒ると，「お前は知らないだろうが，この男の師匠は三遊亭ボーマホベイといって，アフリカのザイール系の落語家で，出てくると最初の1時間はお祈りをする」と言って，頭に紺献上の帯を巻き，仙台平の袴から首を出した妙な格好をした落語家を紹介された。すると「ランゴランゴキテキテ…」と喋り出し，またしても意味不明なことを口にするも，それは落語だと言う。しばらくするとボーマホベイ師匠は笑わないからと怒り出し，復讐の踊りを踊り出したので，支配人が「お前はここへ残って客代表として死んでくれ」。

【解説】 三遊亭円丈による新作落語。平成5年（1993）初演。演題の『ランゴランゴ』とはザイール語で「落語」のことと噺の中で紹介されている。作者である円丈の他，三遊亭白鳥がケニア人の落語家が『芝浜』ならぬ『芝馬』を披露する『新・ランゴランゴ』として演じている。

り

龍宮 (りゅうぐう)
【別題】 小倉舟／竜宮界龍の都
【種別】 滑稽，旅
【あらすじ】 大阪と小倉を往復する小倉船には多くの人が乗り込んでいる。船べりで青ざめている男がいるので事情を聞いてみると，江戸の本町二丁目の浦島屋という骨董屋の太郎兵衛という男で，長崎に使いに出て，受け取って来た三十両を海の中へ落としてしまったと言う。「主人に申し訳ないので，ここから身投げをします」と言うのを止めると，ある男が「長崎で大きなフラスコを買ってきたので，これに入って探してみてはどうだろう」と声を掛けてきた。そこで太郎兵衛をその中へ入れて，縄でつないで海の中へフラスコを沈めることにする。太郎兵衛は色々な魚が泳いでいる海の中で金を見つけるが，フラスコの中にいるのでそれを取ることができない。そこで腰の矢立でフラスコを割ったので，海の中へ放り出されてしまった。すると竜宮城へたどり着き，乙姫様が浦島太郎と勘違いをして迎え入れてくれ酒盛りがはじまる。ところがそこへ本物の浦島太郎がやって来たので，太郎兵衛が玉手箱を持って逃げ出すと，珊瑚樹畑に抜けることができた。そして今度は珊瑚を土産にしようとすると，珊瑚樹畑の見張りに見つかってしまう。そこへ「帰り車なので安くします」と駕籠屋が声を掛けてきた。駕籠賃は三万六千里で一両でいいと言う。「馬鹿に安いじゃないか。お前は何ものだ？」「私は猩々でございます」「それじゃあ乗れない。駕籠賃は安くても，酒手の方が高くつく」。
【解説】 サゲに登場する「猩々」とはオランウータンの別名であり，顔と手足は人に似ているが，髪は赤く長く垂れて酒をたくさん飲む，中国の想像上の動物をも指す。駕籠屋にはご祝儀として酒手（酒代）をはずむことがあり，その駕籠屋が猩々であれば，酒手も高くなるというサゲである。大阪の林家蘭丸がつくったと言われる落語で，東京にも『浦島屋』という似た噺がある。二代目三遊亭百生や二代目三遊亭円歌が鳴り物入りで賑やかに演じ，近年では古今亭寿輔が海の中の魚を駄洒落で紹介をしていく形で復活させて演じている。ここでは二代目円歌の型を示した。

両国八景 (りょうごくはっけい)
【別題】 九段八景
【種別】 滑稽
【あらすじ】 居酒屋で熊が店の小僧を相手に酔っ払ってクダを巻いている。もう一本飲ませろと騒ぎ，しまいには大声で都々逸を唄い始めたところへ，兄貴分の虎が通りかかり，勘定を代わりに済ませて店から熊を連れ出した。「もう一軒行こう」と言う熊をなだめて歩いていると両国広小路へ出た。今日は川開きで花火も上がるから人出も多い。すると様々な屋台が並んでいて，「さあさあ，人間は病の器だよ。トロトロッと眠る，高い所から落ちる夢を見る。全身にはビッショリ汗をかいている。そういうときがご用心。ここに解剖譜が掛けてある。これは人間の身体の中だ，一番上から肺臓，心臓，腎臓，肝臓，膵臓，大腸，小腸，盲腸，回腸，結腸，直腸，これを合わせて五臓六腑という…。手前あげます五臓円の練り薬，これを舐めると精神爽やかになる。お試しになりたい人は舐めてごらん」と口上を言う店の前に立った熊が，試しに舐めて「これはいいな。酒のつまみにもってこいだ。もう一つくれ」と香具師にからむので，兄貴分が慌てて止めに入る。次に「さあさあ，皿を割った，丼を割った。焼き接ぎ屋に持って行くが日がかかる。そういうときに早接ぎの粉があったらご重宝。この粉に水を一滴二滴垂らして，このヘラでよく練ると，下の板が着いて上がるようになる。こうなればもう大丈夫…。いつもは二十文で売っているが，今日は口開けの方に限って十文。お試しなさる方はないか」と焼き継ぎの粉を実演販売していると

ころへ熊が行き,「お試しなさるよ。色が悪いが味に変わりはないだろう」と粉を口に入れてしまうので,口がくっついてしまった。そこへ兄貴分がやって来て,水をもらってヘラで口をこじあけた。「お詫びに一袋もらうよ。いくらだい？」「十文です」「安いじゃないか」「口開けは十文でございます」。
【解説】 噺の前半は『居酒屋』や『ずっこけ』として,後半は『がまの油』として独立させて演じられている。八代目雷門助六が演じ,現在では九代目助六と雷門小助六が受け継いで演じている。サゲは「口開けは半額でございます」とすることもある。初代柳家三語楼が招魂社の大祭に舞台を移して『九段八景』という題で演じた音が残る。

両どろ（りょうどろ）
【種別】 滑稽,長屋
【あらすじ】 大きな風呂敷包みを背負った,今日が仕事始めの新米泥棒の島吉が,往来でぶつかったベテラン泥棒の寅吉から,仕事のコツや盗んできた物の処分の仕方などを教わる。早速,近くの質屋で盗んできた物を金に換えてくると,寅吉を屋台のおでん屋に誘うことにする。二人は親分子分の契りを交わすと,島吉は商売がうまくいったのと酒が入ったこともあって気が大きくなり,空巣であることを大声で喋るので寅吉が注意をする。寅吉が島吉を店から連れ出すと,「家に行きましょう」とうるさく言うので,島吉の家に行くことにする。家にやって来ると,中が荒らされ,家財道具一切がなくなっていたので「泥棒に入られた」という島吉に,寅吉は「ここがお前の家か。さっき俺が入ったんだ」「親分が入ったんですか？ 見事な仕事ですね」と返し,盗んでいった物を取り返しに行くと,寅吉の家の位置を確認して「あれが私がさっき入った家です」。
【解説】 登場人物の二人が互いに互いの家に泥棒に入ったことから,この題名がついた。演じられることのあまりなかった噺だったが,近年になって落語芸術協会の三笑亭可龍や二代目三笑亭夢丸といった若手が演じるようになった。

旅行日記（りょこうにっき）
【種別】 滑稽,旅,新作
【あらすじ】 登山旅行に出掛けた男二人が歩き疲れた頃に,やっと「御宿屋」の看板を見つけたので飛び込んだ。座敷に上ると畳は汚いし,障子は破けているが,一人の男が前にこの宿に泊まったときに,おいしい鳥鍋を食べたことを思い出した。宿で飼っていた鳥をさばいたもので,お代わりを持って来てくれて,帰るときにはお土産まで持たせてくれて,宿代が千円という安さだった。その次に泊まったときは豚鍋で,そのときも同じようにお土産を持たせてくれたという。親切で情がある宿屋だと話していると,主人がやって来て,「今朝方,村に強盗が出て,それが東京の人間だと分かった。客人が東京の言葉を話しているので村の入口は閉鎖した。早めに素性を知りたいから宿帳を書いてくれ」と言い出した。そこでこの宿に何度か泊まったことがあることを話すと,顔は覚えていないと言うので,七年前に宿泊をして鳥鍋をご馳走になってお土産までもらったことを話して聞かせると,はっきりと思い出し「今までお達者で」と口にした。実はあのとき,ニワトリが病気で死んだので,それを食わせたのだと言い出した。続いて四年前に食べた豚鍋の話をすると,その年は豚がコレラでたくさん死んだので,それを食べさせたと言って部屋を出て行ってしまった。するともう一人の男が「今夜は肉を食べるのをよそう。恐ろしいから」「どうして？」「下の部屋が騒々しいから中を覗いたら,婆さんが患ってうなっていた」。
【解説】 紙切りで活躍をした初代林家正楽（一柳金次郎）による新作。旅に出てご難に出会うというのは『二人旅』や『三人旅』などとも同じ設定である。お婆さんもので人気を得た五代目古今亭今輔をはじめ,正楽が所属した落語芸術協会で演じられている他,落語協会でも四代目三遊亭金馬や柳家喜多八が寄席の高座で演じている。

悋気の独楽（りんきのこま）
【別題】 喜撰／喜撰小僧
【種別】 滑稽,禁演

【あらすじ】　旦那が夜になり，出掛けてくると家を出たので，女房が怪しんで小僧の定吉にあとをつけさせた。それに気づいた旦那は「このまま家に帰って，旦那を見失ってしまいましたと言え」と命じるも，定吉は妾の家までついてきてしまった。妾宅に上がり込んだ定吉は綺麗な独楽を目にしたので，どうやって遊ぶのかを尋ねると，黒いのが旦那の独楽で，赤いのが妾の独楽，色の薄いのがおかみさんの独楽で，それを三つ同時に回して，旦那の独楽が私の方にくっついたら今晩はお泊りで，本妻の方にくっついたら家に帰ると教わる。定吉がその独楽をもらって家に帰ると，早速，本妻が旦那の行方を知りたがるので，旦那を見失ったと報告するも嘘を見抜かれてしまう。そして「旦那はお泊りなのかい？　帰って来るのかい？」と尋ねられたので，もらってきた辻占の独楽を回すと，そのたびに旦那の独楽が妾の独楽にぶつかってしまう。悔しがる本妻が「旦那の独楽を調べてごらん」と言うと，「これはいけません。旦那の独楽は肝心の心棒が狂っております」。

【解説】　元々上方落語で明治期に東京へ移されたとされる。四代目古今亭志ん生が最後の独楽回しの場を省略して，本妻が帰って来た定吉に肩を叩かせていると，この間のお嬢さんの踊りの『喜撰』が良かったと，「せじで丸めて浮気でこねて…」と唄い出し，手が滑って横腹を叩いてしまうので，本妻が「お前，わたしを茶にしたね」「今，演ったのが喜撰でございます」とサゲる『喜撰』または『喜撰小僧』という噺もある。これは馬鹿にするという意味を持つ「茶にする」と，宇治の高級茶である喜撰をかけたサゲであるが分かりにくいこともあり，最近では演じられなくなった。

悋気の火の玉（りんきのひのたま）

【種別】　滑稽

【あらすじ】　浅草は花川戸の立花屋という鼻緒問屋の旦那は堅物で知られているが，付き合いで吉原に連れて行かれたのがきっかけで，すっかり遊びにのめり込んでしまった。ところがそろばんをはじくと大変な金額なので，女郎を身請けして，根岸に立派な妾宅を構えた。面白くないのはそれを知った本妻で，旦那に嫌味を言い始め，お茶を入れてくれと頼まれても「あたくしがお茶を入れたらうまくないでしょ，フン」。ご飯が食べたいと言っても「あたくしのお給仕じゃうまくないでしょ，フン」とふて腐れるので，面白くない旦那は月の大半を根岸で暮らすようになる。本妻は妾を生かしてなるものかと，藁の人形に五寸釘を打ち始めると，その噂が根岸にも伝わり，ならばこちらもと妾の方では六寸釘で藁人形を打ち始めた。七寸釘，八寸釘と続けているうちに互いの念が通じたのか，とうとう本妻と妾が二人とも亡くなってしまった。旦那が弔いを二つ出し，初七日を迎えると，立花屋から一つの火の玉がフワフワと根岸の方へ向かって行った。すると根岸の方からも火の玉が花川戸に向かってやって来て，中間の大恩寺前でぶつかって火花を散らすという騒動が起こった。困った旦那は親戚の和尚に成仏させてもらおうと頼み，二人で大恩寺前に立っていると，根岸から火の玉がやって来た。煙草が吸いたかった旦那が，火の玉で一服吸いながら妾をなだめていると，そこへ本妻の火の玉が凄い勢いでやって来た。本妻をなだめながら，もう一服つけようとすると，火の玉がすっとそれて「あたしのじゃうまくないでしょ，フン」。

【解説】　文政9年（1826）刊の人情本で鼻山人による作『廓雑談』に収められている実話をもとにしてつくられた話であるとされ，原話は桜川慈悲成の『延命養談数』（天保4年・1833）の「怪談」などにある。八代目桂文楽の十八番で，近年は五代目三遊亭圓楽が得意にした。

悋気の見本（りんきのみほん）

【種別】　滑稽，新作

【あらすじ】　ある会社の重役が容姿端麗な奥さんをもらった。ところがこの奥さん，焼き餅をまったく焼かずに，いつもニコニコと笑っている。亭主が外泊をしようと何をしようとまったく文句を言わないので，男としてはかえって物足りず，少しは焼き餅を焼いてほしいと，黙って箱根に一週間出かけてみたりするが，「何かあったら会社からご連絡があるはず」などと言って，家にいる者達とカルタ取りなどをして遊

んでいる。そこで嫉妬深い女房をもらったという知り合いの家に夫婦して訪ねてみることにした。思惑通り，その家の女房は毎晩亭主の帰りが遅いと言って機嫌が悪く，しまいには他の女性から届いた手紙を見つけて夫婦喧嘩がはじまる。それを見ていた重役が奥さんに「よく分かったか？」「ええ，よく分かりました」「でも，これほど焼かなくてもいいよ」。
【解説】『かんしゃく』や『女天下』の作者と同じ，益田太郎冠者による作で，八代目三笑亭可楽が演じた音が残るが，可楽没後，演じる人がいなくなってしまった。

りん廻し（りんまわし）
【別題】　雑俳
【種別】　滑稽，長屋
【あらすじ】　八五郎が隠居のところへやって来て，隠居の趣味である雑俳をやる。「りん」という言葉のつくものを入れて詠もうということになり，隠居が「リンリンとリンと振ったる小薙刀　ひと振り振れば敵は散りリン」「リンリンと綸子や繻子の振り袖を　娘に着せてビラリシャラリン」と詠めば，八五郎が「リンリンと綸子や繻子はちと高い　襦袢の袖は安いモスリン」と返す。隠居が今度は「リンリンとリンと咲いたる桃桜　嵐につれて花は散りリン」。それを受けて八五郎が「リンリンとリンとなったる桃の実を　さも欲しそうにあたりキョロリン」。そして最後に八五郎が「リンリンと淋病病みは痛かろう　小便するたびチョビリチョビリン」。
【解説】　元々『雪てん』の前半部分にあったものを独立させたもの。『雪てん』と同様に，雑俳部分は演者がそれぞれに色々な句や歌を入れ替えることができる。

六郷の煙草 (ろくごうのたばこ)
【別題】 たばこ好き／たばこ道成寺
【種別】 滑稽
【あらすじ】 煙草好きの男が川崎大師からの帰りに，六郷の渡しの近くの松の根元に腰を下ろして一服していると，大きな荷物を背負った煙草好きがやって来て，互いの煙草自慢がはじまった。すると背負っていた荷物に入っている日本全国の様々な煙草を見せ，引き出しの中から何本もキセルを取り出しては，それに煙草を詰めて勧めてよこすので，渡された男も「甲州の生坂だ。国府の車田だ。野州の野口だ。秦野の裏葉だ」と次々に当てていくが，さすがの煙草好きでも苦しくなってしまい，六郷の渡しに飛び乗って逃げ出してしまった。相手も追いかけて来るので，一軒の古寺に駆け込んでかくまってもらうと，和尚が追ってきた男をやり過ごしてくれた。和尚が「煙草は毒になるばかりで，薬にはならないからやめなさい」と忠告をすると，「煙草はやめます」「煙草をやめるとなったら，心が落ち着いたろう」「ええ，落ち着いたところで一服」。
【解説】 原話は上方で刊行された安永5年(1776)『立春噺大集』の「好の論」の他，江戸でも寛政2年(1790)『落話花之家抄』の「煙草好き」に見える。初代三遊亭金馬や三代目柳家小さんの速記が残る他，七代目橘家圓蔵の音も残り，近年では柳家小満んや柳家喜多八が演じている。執念深い人に追いかけられ，船で逃げて，寺に駆け込むところから，『たばこ道成寺』という別題を持つ。

六尺棒 (ろくしゃくぼう)
【種別】 滑稽，禁演
【あらすじ】 若旦那の孝太郎が吉原で遊んで遅くに帰って来た。家に入れてもらおうと戸を叩くと，番頭や店の者ではなく，父親の孝右衛門が起きていて「商人の家は夜十時限りですから，お買い物でしたら明朝に願います」と言ってきた。そこで，「あなたの息子の孝太郎です」と言うと，「孝太郎のお友達ですか？うちにも孝太郎というやくざな息子がいましたが，親類一同相談の上，勘当したと伝えて下さい」と返してきた。孝太郎が「知らない奴にこの家を渡すぐらいなら燃やしちゃいます」と言って火を点けようとするので，父親が六尺棒を持って飛び出してきた。孝太郎は逃げ出すが，途中で父親から逃げ切って，家まで戻って来ると，中に入って心張棒をかって戸を閉めてしまった。すると，父親が戸を叩いて使用人を呼ぶので，今度は孝太郎が「商人の家は夜十時限りですから，お買い物でしたら明朝に願います」「お前の父親の孝右衛門だ」「孝右衛門のお友達ですか？うちにも孝右衛門という父親がいましたが，親類一同相談の上，勘当したと伝えて下さい」と真似をするので，「そんなに真似がしたかったら，六尺棒を持って追っかけてこい」。
【解説】 文化年間の演目表に見える他，トルコに伝わる物語にも同種の話があるという。明治期に活躍した初代三遊亭遊三が得意とし，『火焔太鼓』や『疝気の虫』を遊三に学んだ五代目古今亭志ん生がやはりこの噺を得意にしていた。最近では九代目桂文楽や三遊亭兼好などがよく演じている。

ろくろ首 (ろくろくび)
【種別】 滑稽，長屋，怪談
【あらすじ】 伯父の世話で与太郎に養子の話が舞い込んだ。相手はさるお屋敷のお嬢さんで，器量よしで，財産もあるのだが，夜中になると首が伸びて，枕元にある行灯の油をなめるという。一度寝てしまったら何があっても起きないので，それでもいいと与太郎は婿へ行くことにするが，先方への挨拶が難しいので，与太郎の下帯に紐を結びつけて，一つ引いたら「さようさよう」，二つで「ごもっともごもっとも」，三つで「なかなか」と決めておいて，なんとかそ

禁演落語

戦前・戦中の禁演落語

　1940（昭和15）年に，当時の「講談落語協会」（それまでいくつかあった落語団体は戦局を前にして団体を統一）が社会事情を鑑み，時勢にふさわしくない落語を演じるのを避けるべきではという声を挙げた。

　そこで当時，落語界の顧問的な存在であった作家の野村無名庵（1888～1945）が提案をし，艶笑物，博徒物，白浪物の口演禁止を打ち出し，その後，具体的に，女郎買い物，酒飲み物，間男物，美人局物，泥棒物を選定し，最終的に53席の落語を「禁演落語」として制定した。その53席は以下の通りである。

　「明烏」「粟餅」「磯の鮑」「居残り佐平次」「氏子中」「お茶汲み」「おはらい」「お見立て」「親子茶屋」「紙入れ」「蛙茶番」「首ったけ」「廓大学」「後生鰻」「五人廻し」「駒長」「子別れ」「権助提灯」「三助の遊び」「三人片輪」「三人息子」「三枚起請」「品川心中」「城木屋」「疝気の虫」「高尾」「辰巳の辻占」「付き馬」「突き落とし」「揚屋無間」「つづら（つづら間男）」「つるつる」「とんちき」「二階ぞめき」「錦の袈裟」「にせ金」「白銅」「引越しの夢」「一つ穴」「ひねりや」「不動坊」「文違い」「坊主の遊び」「包丁」「星野屋」「万歳の遊び」「木乃伊取り」「宮戸川」「目薬」「山崎屋」「よかちょろ」「悋気の独楽」「六尺棒」

（以上，本書で掲載した演題の表記に直した。また，五十音順に配列をし直した。次項同）

　上記53種の噺が出そろったところで，野村無名庵が中心となり，政府に届け出をしたが，「参考としての受理」という形をとられたという。正式な受理をしてしまうと，徹底するために全国へ知らせなくてはならず，また違反した落語家がいた場合の処分も決めなくてはならない。さらに，地方の取締り担当役が落語を聴いて，それを「禁演落語」であるかどうか判定できるかどうかの，取締りのための教育を行わなければならないという問題を懸念したと考えられる。

浅草・本法寺に今も立つ「はなし塚」

浅草・本法寺の門
塀の赤い文字部分に噺家や演芸関係者の名前が刻まれている

53種の落語は都々逸や雑俳の師匠であり，落語作家であった鶯亭金升（1868～1954）に碑に刻む文字を頼み，1941（昭和16）年10月に浅草の本法寺に「はなし塚」を建て，台本や扇を奉納した。現在も「はなし塚」は，地下鉄銀座線田原町駅から歩いてすぐのところにある境内に建っている。なお，1945（昭和20）年3月10日の東京大空襲の際には，寺の本堂は焼失したにもかかわらず，この「はなし塚」だけは残り，1946（昭和21）年9月30日に「禁演落語復活祭」によって解除された。

戦後の禁演落語

ところが，それで「禁演落語」の歴史は終わった訳ではない。1947（昭和22）年5月30日には連合国軍最高司令官総司令部（GHQ）の民間情報部の指示に応じる形で，今度は軍国主義的，暴力的，敵討や婦女子虐待を描いた作品など20演目が新たに「禁演落語」に指定された。その20席は以下の通りである。

「お七の十」「景清」「岸柳島」「肝つぶし」「くしゃみ講釈」「裃姿御前」「後生鰻」「写真の仇討」「宗論」「将棋の殿様」「城木屋」「高尾」「ちきり伊勢屋」「寝床」「花見の仇討」「毛氈芝居」「桃太郎」「宿屋の仇討」「山岡角兵衛」「四段目」

再び「はなし塚」に葬られはしたが，GHQによる占領が終わりを迎えても，先の「禁演落語」のように復活祭のようなものは行われなかったところをみると，制定はされても演じられていたようで，その指定はかなり緩いものであったと言われている。

本書では，戦前・戦中の禁演落語（【種別】禁演）と戦後の禁演落語（【種別】禁演（戦後））のあらすじを掲載しているので，それぞれの落語をあわせて参照してもらいたい。

れで縁談がまとまった。その夜，与太郎は普段と違う床のせいか，夜中に目を覚ましてしまった。すると隣で寝ているお嬢さんの首が伸びたので，驚いた与太郎は伯父の家へ逃げ帰った。伯父が「伸びるのを承知で行ったんじゃねえか，家へ帰れ」「おふくろんところに帰る」「どの面下げてお袋ところへ帰れる。おふくろは大喜びで，明日はいい便りが聞けるだろうと，首を長くして待っているんだ」「首を長く？ それじゃあ家へも帰れねえ」。

【解説】サゲは幾通りかあり，ここでは五代目柳家小さんが演じた型を示した。この噺を東京へ移した四代目柳家小さんは「首を長くしている？ じゃ，おふくろもろくろ首だ」とサゲ，今もその型で演じられることがある。三代目桂三木助は伯父が「そんなことを言わないで，お屋敷に帰れ。お嬢さんが首を長くして待っている」としてサゲた。元は上方落語で，そのサゲは「先方へ申し訳ないから帰れ」「それじゃあ，夏だけは養子を休みにしてくれ」「なぜだ」「首の出入りに蚊が入って困る」というものであった。

和歌三神（わかさんじん）

【種別】 滑稽，冬

【あらすじ】 俳人の主人が雪が降ったので，権助を連れて向島へ出掛けた。すると乞食が三人して土手の下で雪見酒をしている。持参した酒を恵んでやると，お茶屋や料理屋の前にある犬のフンを片付けて金をもらっているふんやの安秀と呼ばれている男が「吹くからに秋のくさやはさむしろの　肘を枕に我は安秀」。次に垣根の下で丸くなって寝てばかりいる垣の元の人丸が「ほのぼのとあかしかねたる冬の夜に　縮み縮みて人まるく寝る」。最後の一人癩病み坊のなりひらが「千早振る神や仏に見放され　かかる姿に我はなりひら」と詠んだ。主人が「お前さん方は雲の上人，和歌三神だな」「いいえ，馬鹿三人でございます」。

【解説】 大阪の桜の宮へ雪見へ行くという設定の噺を東京へ移した。五代目古今亭志ん生はマクラに『鍬盗人』の一部を据えて演じていた。本来の和歌三神は歌道を守護する三柱の神のことで，柿本人麻呂・山部赤人・衣通姫など流派によって異なるが，ここでは文屋康秀・柿本人麻呂・在原業平の三人としている。またここで挙げたサゲに続いて「してみれば，お前方は，こもの上人であろう」というのもある。

なお，それぞれの本歌は以下の通りである。

「吹くからに秋の草木のしをるれば　むべ山風を嵐といふらむ」（文屋康秀，古今和歌集）

「ほのぼのとあかしの浦の朝霧に　島隠れゆく舟をしぞ思ふ」（柿本人麻呂・伝，古今和歌集）

「千早ぶる神代もきかず竜田川　からくれなゐに水くくるとは」（在原業平，古今和歌集）

綿医者（わたいしゃ）

【種別】 滑稽

【あらすじ】 ある男が腹をおさえて，大層痛がる様子で医者のところへやって来た。診察をすると内臓がひどいことになっているので，すぐに手術をしてすべての内臓を取り出すことになった。空になった身体の中を綺麗にした後に，新しい内臓を入れようとするが，代わりの内臓がないので，ひとまず綿を詰め込むと，不思議なことにそれで治ってしまった。身体も楽になり，何を食べても飲んでも構わないと言うので，大好きな酒を飲み，その後にキセルで煙草を吸うと，強く吸ったこともあって火玉を飲み込んでしまい，身体の中のアルコールが染み込んだ綿に引火してしまった。慌てて水を飲むとジューッと消すことができ，「ああ，助かった」「治ったと言っていたのにどうしたんだ」「胸が焼けたんだ」。

【解説】 元は上方落語で，近年演じ手がいなかったが，柳家喬太郎が復活させた。本来のサゲは身体の中のアルコールに火が付き，回りの者が驚いて「火事だ，火事だ」と騒ぎ出すと，「どこが火事だ？」「胸（棟）が焼けた」というものであった。

笑い茸（わらいたけ）

【種別】 滑稽，長屋，圓朝

【あらすじ】 仏頂という男は一度も笑ったことがないので，それを心配した女房が医者のところへ相談にやってきた。「身体が悪いという訳ではないから問題はないが，笑わせる工夫はしたのか？」と尋ねられたので，「わきをくすぐったら怒られ，寄席に連れて行ってもクスリとも笑わない」と言う。そこで医者から笑い茸をもらい，それを酒に浸して飲ませると，次第に笑うようになり，そのうち笑いが止まらなくなった。笑う門には福来るという言葉があるように，仏頂夫婦のところには金が集まるようになり，しまいには大金持ちになった。すると回りにいる者も笑うようになり，空でもお日様がヒヒ，お星様がホホホホ（ホを4回）と笑う声が響くようになってきた。その声を金が聞きつけて，そちらへ向かおうとするので，仏頂が

「行くには及ばない。あれはソラ笑いだ」。
【解説】 三遊亭圓朝による作と言われるが定かではない。演じ手は少なかったが，立川談志が演じたことから弟子の立川志遊に伝わり，他に林家しん平などが演じている。

藁人形（わらにんぎょう）
【種別】 滑稽，怪談，長屋，廓，夏
【あらすじ】 神田龍閑町の糠問屋の娘おくまは，好いた男と上方に駆け落ちをするが，男が死んだので江戸へ戻ると，両親も亡くなっており，店も人手に渡っていた。そこで今は千住宿の若松屋という店で女郎として働いている。そこへ毎日のように西念という願人坊主がやって来て，おくまは自分の父親に顔がそっくりだというので，いくらかのお布施を与えては念仏を唱えさせている。ある日のこと，いつものように西念がおくまを訪ねると，ある上方の旦那に身請けをされ，絵草紙屋を持たせてもらうことになり，そのついでにお前を引き取って世話をすることになったが，店を手に入れる金が二十両足りずに困っていると言う。そこで西念が貯めていた二十両をおくまに渡すと大喜びをし，もてなしを受ける。そんな西念が風邪で数日寝込み，久し振りにおくまのところへやって来ると，おくまは「金を借りた覚えはない」と言った上に，「お前が金を持っているという噂だから，みんなして賭けをして，巻き上げてやったのだ」と口にした。騙されたと知って怒った西念はおくまにつかみかかるが，店を追い出されてしまう。西念はそれから二十日余り家に引きこもったままで暮らしているが，そこに伝馬町の牢から出て来た甥の甚吉が訪ねてくる。甚吉がこれからは養ってやると言うと，西念は喜び，そばをご馳走してやると言って外を出ようとするが，「そこにかけてある鍋の蓋を取って，中を覗いちゃいけねえよ」と念を押す。西念が出掛けて行った後，鍋のことが気になる甚吉が蓋を開けて覗いてみると，煮え立つ油の中に藁人形が浮かんでいた。そこへ西念が帰って来ると蓋がずれているので，「見られたか。俺の念力も届かない。悔しい，無念だ」と残念がるので甚吉が事情を聞く。「伯父さん，藁の人形に五寸釘ということは聞いたことはあるが，油ためというのは聞いたことがない」「釘じゃきかないんだ。相手は糠屋の娘だ」。
【解説】 丑の刻（午前2時前後）に神木に釘で藁人形を打ち込んで人を呪う「丑の刻詣り」をもとにした噺で，八代目林家正蔵（彦六）が十八番にしていた。現在では正蔵一門をはじめ，多くの落語家が演じている。原話は安永2年（1773）『坐笑産』の「神木」にあり，そこでは油ではなく，神木に灸をすえている。四宿（品川・千住・板橋・新宿）の中で千住を舞台にした噺である。

ん廻し（んまわし）

【別題】 運廻し／田楽食い／寄合酒
【種別】 滑稽，長屋
【あらすじ】 町内の若い衆が集まって，角の豆腐屋で木の芽田楽をこしらえているので，それを肴に飲もうということになった。ただ飲んでも面白くないからと，運がつくように「『ん』という言葉をひとつ言うごとに田楽を一本」という決まりを設けた。すると早速「みかん」で一本，続いて「きんかん」で二本，「みかんきんかん，わしゃすかん」で四本と持って行く。しまいには「産婦三人みんな安産，産婆さん安心」で十本とか，「先年，新禅院の門前玄関番，人間半面半身，金看板銀看板，金看板『根本万金丹』，銀看板『根元反魂丹』，瓢箪看板，灸点」で四十二本持って行く大物も出た。するとそろばんを持って来いと言った男が，「ジャーン」とはじめた。「ジャーンジャンジャーン」，「ジャンジャンジャンジャンジャン…。鐘がガンガンガン…」と火事の半鐘と鐘を鳴らす音を真似をして，田楽を多くせしめようというのだ。兄貴分が「お前はこれを食いな」「生の豆腐じゃないか」「今やったのが消防の真似だろう。だから焼かずに食わせるんだ」。

【解説】 元は上方落語で本来は『寄合酒』が頭につくが，最近ではそれぞれを独立させて演じることが多くなった。「ん廻し」の部分は自在に入れ事ができるので，若手落語家が個性を見せて，様々な「ん」のつくものを披露して演じている。本来のサゲは「おいおい，そんなにたくさんじゃ，焼くのが間に合わないじゃないか」「いいよ焼かず（矢数）で食う」というものであったが，「矢数」という言葉が分かりにくくなったこともあり，ここで記したような六代目三遊亭圓生が演じた型や，「火事だから，あんまり焼かない方がいいだろう」。また，三遊亭小遊三のように薬屋の看板の件で，二度繰り返して「四十二本だけど，二回言ったから六十四本だ」「お前，勘定が違ってないか。しっかりしろ。四十二本を二回やったら七十八本だ」等々でサゲる場合が増えてきた。寛永頃の『きのふはけふの物語』には秀句で田楽を取り合う話が，元和頃の『戯言養気集』の「うたの事」には「ん」を入れた言葉の数で田楽を取り合う話が見られる。

落語江戸歴史地名事典

▷本事典は本書に収載された古典落語，新作落語，人情噺などに現れた，江戸・明治期の地名，俗称，橋，坂，寺社，大名家，料亭，店舗名などを五十音に配列し，簡単な解説を加えたものである。

▷収録した地名，その他は，原則として東京都区部に入るものに限定した。

▷地名に関しては，「神田紺屋町」「根津七軒町」「本所相生町」などと示されるものもあるが，本事典においては「紺屋町」「七軒町」「相生町」として，また「横町」という表記も固有名詞でない限りは「横丁」として収録をした。

▷解説冒頭に「本郷3丁目」などとあるのは現在の地名である。同様に，歴史的地名と現在の地名のどちらを指しているのか紛らわしい場合は，「現在の」などと断ったが，断りのない場合は現在の地名を指す。

▷原則として本書に採録した落語演題に登場した地名を取り上げたが，演題では触れられていない場合でも重要と思われるものは収載した。

📖 あ行

▽あ

相生町（本所）（あいおいちょう）（ほんじょ）
　墨田区両国2～4丁目，緑1丁目周辺。堅川の北岸沿いの町で，落語にも登場する塩原多助の炭屋は同町2丁目にあった。

相川町（あいかわちょう）
　江東区永代1丁目周辺。現在の永代橋の南東詰にあたり，以前は新兵衛町といい，相川は新兵衛の姓にあたる。深川猟師町（深川猟師町参照）の一つ。

藍染川（あいぞめがわ）
　現在の千代田区内神田3丁目周辺から柳原の堤下を通り，神田川へ流れていた大溝。現在の石神井川を指すこともある。

赤塚村（あかつかむら）
　板橋区赤塚1～8丁目。千葉自胤の築いた赤塚城址があり，その荒れ塚が赤塚となったとされる。『怪談乳房榎』の舞台になった松月院が赤塚8丁目にある。

浅草田圃（あさくさたんぼ）⇨吉原田圃

浅草見附（あさくさみつけ）
　中央区日本橋馬喰町2丁目と東日本橋1丁目の間，浅草橋の南詰めにあった内外濠につくられた江戸三十六見附（城門を警固する番所）の一つで，寛永13年（1636）に設けられた。浅草橋の南西側に「浅草見附跡」碑が建っている。

麻布絶江（絶口）**釜無村**（あざぶぜっこうかまなしむら）⇨絶江

飛鳥山（あすかやま）
　元亨年間（1321～24）に豊島左衛門が熊野飛鳥祠を山上に置いた（現在は王子神社に移転）ことからその名がついた。享保5年（1720）に徳川吉宗の政策で桜を植え，花見の名所として賑わうようになった。

愛宕下（あたごした）
　港区愛宕1～2丁目，西新橋3丁目周辺。愛宕神社のある愛宕山（標高25.7m）下の現在の愛宕下通りが走る町。

新し橋（あたらしばし）
　現在の千代田区霞が関1丁目・内幸町2丁目と港区西新橋1丁目側を渡す。虎の門と幸橋との間に架かっていた橋。現在のイイノホールの入る飯野ビルの南西側にあった。

吾妻橋（あづまばし）
　隅田川に架かる江戸四橋（両国橋，新大橋，永代橋）のうち最後に架けられた橋。安永3年（1774）架橋で大川橋と呼ばれた。

阿部川町（あべかわちょう）
　台東区元浅草3～4丁目周辺。新堀川（合羽橋道具街通りに存在した水路）沿いの寺地が町屋になってできた町。

淡島様（あわしまさま）
　浅草寺本堂の西側に建つ淡島明神社。同地には東照大権現の宮があったが，寛永19年（1642）に火事で焼け，その跡へ紀州加太から勧請した社が建った。戦災で消失し，現在は六角堂と石橋が残っている。

▽い

飯倉片町（いいくらかたまち）
　港区麻布台3丁目から六本木5丁目周辺。北側に武家屋敷が並んでおり，片側町であったことからその名が付いた。おかめ団子は実在した団子屋であった。

池之端（いけのはた）
　台東区上野2丁目から池之端周辺。不忍池の南岸を指す。江戸の頃には出合茶屋（男女が密会に利用する茶屋）が多く並んでいた。

伊皿子台町（いさらごだいまち）
　港区高輪2丁目周辺で，現在の泉岳寺駅周辺を指す。伊皿子町つづきの高台にあった伊皿子坂に沿った町。伊皿子とは明（現在の中国）出身の伊皿子（いんぺいす）が住んだことから，その名が付いたとされる。

板橋（いたばし）⇨四宿（ししゅく）

一石橋（いちこくばし）
　中央区日本橋本石町1丁目と八重洲1丁目を結ぶ外堀と，日本橋川が分岐する地点に架橋された橋。江戸初期に橋の北に幕府金座御用の後藤庄三郎，南に幕府御用呉服所の後藤縫殿助の屋敷があり，後藤（五斗）と後藤（五斗）で

「一石橋」と名付けたという説や，永楽銭の使用を禁じたときに，ここで銭一貫文と玄米一石を交換したからという説がある。現存する橋のたもとには「一石橋迷子しらせ石標」が残る。

一本松（いっぽんまつ）
　港区元麻布の一本松坂に植わっている松。平将門を追討した源経基がその帰途に，松に衣冠をかけたことから冠松とも呼ばれたという。現在も三代目または五代目とされる松が植えられている。

稲荷町（いなりまち）
　台東区東上野3～5丁目周辺。下谷の総鎮守であり，下谷稲荷の名で知られる下谷神社があることからその名が付いた。八代目林家正蔵が暮らしたことでも知られる。地下鉄の駅名では「いなりちょう」としている。

今川橋（いまがわばし）
　千代田区鍛冶町にあった橋。天和年間（1681～83）に名主であった今川氏により，神田堀（神田八丁堀，龍閑川）に架橋された。昭和25年（1950）に龍閑川が埋め立てられ今川橋も撤去された。現在，今川橋跡碑が建っている。

今戸（いまど）
　台東区今戸1～2丁目。隅田川の西側で，現在は暗渠である山谷堀の今戸橋から橋場までの町。以前は瓦焼きのかまどが多く並び，土細工の小物である今戸焼が焼かれた。今戸神社に『今戸焼発祥の地』碑が建っている。

入谷（いりや）
　台東区入谷周辺。奥州街道沿いの寺町の裏側にあたり，大名の下屋敷や町家が多かった。切花や鉢物の栽培地として知られ，明治以後に開かれるようになった入谷の鬼子母神（真源寺）の朝顔市が知られている。

因果塚（いんがづか）⇨お行の松（おぎょうのまつ）

▽う

植半（うえはん）
　料理茶屋。奥の植半と呼ばれる本店は現在の墨田区堤通にある木母寺境内にあり，中の植半，または柳畑の植半と呼ばれた支店は，現在の向島5丁目の隅田川沿いにあった。植木屋半右衛門が代々営んだことからその名がついた。

浮世小路（うきよしょうじ）
　現在の中央区日本橋室町2丁目，COREDO日本橋と福徳稲荷のある場所にあった横丁。浮世ござ（石畳のような模様のござ）を扱う店があったとか，風呂屋があり遊女が多くいたことからその名が付いたという説がある。「うきよこうじ」ではなく「うきよしょうじ」と呼んだ。

請地（うけち）
　墨田区向島4丁目，押上2～3丁目，京島1～2丁目，文花1丁目の広い地域を指す。

采女が原（うねめがはら）
　中央区銀座5丁目で，歌舞伎座前から新橋演舞場あたりまでに松原采女正定基の屋敷があり，火事で焼けた後に馬場がつくられた。

馬道（うまみち）
　台東区花川戸1～2丁目と浅草1～2丁目周辺。吉原へ行く客がここで馬に乗ったとか，浅草寺のお僧侶が馬術の稽古をした馬場があったという説などがある。現在も交差点に名前が残っている。

厩の渡し（うまやのわたし）
　幕府の厩奉行の役宅があったことから名が付いた厩河岸の三好町と対岸の南本所外出町（現在の墨田区本所1丁目）を結んだ渡し船で，古くは文殊院の渡しといった。明治7年（1874）に厩橋が架橋されたのを機に廃止された。

▽え

永代橋（えいたいばし）
　隅田川に架かる江戸四橋（両国橋，新大橋，吾妻橋）の一つ。元禄9年（1696）架橋。文化4年（1807）8月19日の深川八幡の祭礼時に見物客の重さに耐えかねて橋が落ち，犠牲者を生んだ。目黒の海福寺と千葉県市川の徳願寺に供養塔が建っている。

回向院（えこういん）
　墨田区両国2丁目。国豊山無縁寺回向院。明暦3年（1657）の振袖火事の犠牲者の遺骸を集めて葬った。また境内で寛政3年（1791）から大相撲の興行が開かれ，諸国寺院の出開帳とともに多くの参詣客で賑わった。境内にねずみ小僧の墓がある。

江戸町（えどちょう）⇨吉原（よしわら），別掲（336ページ）

榎町（えのきまち）
現在の新宿区榎町，東榎町，南榎町，弁天町周辺。昔，町内に榎の大木があったことからその名が付いた。

衣紋坂（えもんざか）⇨吉原（よしわら），別掲（336ページ）

縁切榎（えんきりえのき）
板橋区本町を通る旧中山道沿いに現在三代目の榎が植えられている。樹木を削り，茶や酒などに混ぜて相手に飲ませると悪縁を絶つことができると言われている。

▽お

お岩稲荷（おいわいなり）
現在の新宿区左門町にあり，『四谷怪談』の田宮お岩を祀ったとされる。お岩の怨念を慰めるために建てられたのがお岩稲荷で，その後，田宮神社となった。神社の向かいの陽運寺にも於岩稲荷がある他，中央区新川2丁目にも於岩稲荷田宮神社がある。

王子（おうじ）
北区王子周辺。熊野信仰の若一王子を祭った王子権現を勧請したことからその名が付いた。

王子稲荷（おうじいなり）
北区王子にある神社で正式には王子稲荷神社。関東の稲荷社の総社として，狐にまつわる言い伝えが多く残されている。JRをはさんで反対側には，関東八ヵ国の稲荷のお使いが装束を着替えたという，装束稲荷神社が建っている。

御厩谷（おうまやだに）
現在の千代田区三番町の大妻学園の前に，現在も「御厩谷坂」として名を残している。昔，御厩があったことからその名がついた。

大川（おおかわ）⇨隅田川（すみだがわ）

大桟橋（おおさんばし）
隅田川から山谷堀に入り，最初の橋である今戸橋際にあった桟橋をそう呼び，舟で吉原へやって来た客がここから歩いたとされる。もう一方で，駒形橋の西詰めにある駒形堂から大川に突き出た桟橋があり，それも大桟橋と呼んだと

いう。『船徳』に登場するのは浅草寺参詣のための後者と思われる。

大門（おおもん）⇨吉原（よしわら），別掲（336ページ）

お行の松（おぎょうのまつ）
現在の台東区根岸4丁目の西蔵院不動堂の境内にある松で，根岸の大松として親しまれた。現在の松は三代目で昭和51年（1976）に植えられた。初代の松は昭和3年（1928）に，二代目も枯死したが，戦後，初代の松の根を掘り出して護持されている。松の下で寛永寺門主輪王寺宮が行法を修したことからその名がついたとされる。別名「時雨の松」とも呼ばれた。

奥山（おくやま）
浅草の観音堂の西側から裏あたりを指し，浅草公園五区と呼ばれ。物売りや大道芸人，飲食店が並び，多くの人で賑わうエリアであった。

お玉が池（おたまがいけ）
千代田区岩本町2丁目周辺。昔，桜ヶ池という大きな池があり，そのほとりにお玉という美しい娘がいる茶店があった。二人の若者から求婚されたお玉が，迷った上に池へ身を投げたという伝説が残る。明暦の頃まであったが，振袖火事がきっかけで埋め立てられた。現在はお玉稲荷という小さな祠が祀られている。

落合（おちあい）
新宿区下落合1丁目。現在の西武新宿線下落合駅前で，かつて妙正寺川と旧神田上水が落ち合ったことからその名が付いた。神田川には落合橋が架かっている。また上落合3丁目に火屋（火葬場）が現存する。

御成街道（おなりかいどう）
神田須田町の筋違御門から上野公園までつづく現在の中央通りで，将軍が上野の霊廟へ参詣する際に通る道を指す。

お歯黒どぶ（おはぐろどぶ）⇨吉原（よしわら），別掲（336ページ）

御厩の渡し（おんまやのわたし）⇨厩の渡し

📖 か行

▽か

貝坂（かいざか）
　千代田区平河町1〜2丁目にある坂で，古くは甲斐坂といった。現在も都道府県会館の東側から新宿通りにかけて坂がある。

片門前（かたもんぜん）
　港区芝大門2丁目。芝片門前。増上寺の門前町で，大門と古川に架かる将監橋の間にあった片側町。

河童天王（かっぱてんのう）
　現在の品川区北品川にある荏原神社。南品川の産土神（うぶすながみ）であるが，現在は目黒川が改修されたのを機に移動したので北品川にある。北品川には別に品川神社があり，毎年6月の天王祭りのときには両社合同で行い，その前日に神輿を海中に乗り入れて渡御するので，河童天王と呼ばれる。

角海老（かどえび）⇨吉原（よしわら），別掲（336ページ）

金杉（かなすぎ）
　港区芝1〜2丁目周辺で，このあたりの海岸を芝浦と呼んだが，今は埋め立てられてしまっている。金杉同朋町，金杉片町，金杉裏町，金杉浜町などがあった。

鎌倉河岸（かまくらがし）
　千代田区内神田1〜2丁目。現在の首都高神田橋ランプのある北側の川沿いを指す。

雷門（かみなりもん）
　風雷神門が正式名の浅草寺の山門。寛政7年（1795）につくられたが，慶応元年（1866）に放火で消失。再建されたのは昭和35年（1960）である。

神谷町（かみやちょう）
　港区虎ノ門5丁目で，三河の神谷村にあった稲荷を勧請したことから芝神谷町とも呼んだ。地下鉄の駅名として残っている。

亀戸（かめいど）⇨亀戸天神（かめいどてんじん）

亀戸天神（かめいどてんじん）
　正式名は亀戸天神社。太宰府天満宮や亀戸天満宮とも呼ばれ，昭和に入り現名となった。境内には季節には藤や梅，萩の花が咲き，多くの参詣客で賑わう。かつては境内裏手に遊廓があり，今でも面影を残している。亀甲型の井戸があったので亀井戸といったのが，地名の起こりとされる。

榧寺（かやでら）
　台東区蔵前3丁目の浄土宗池中山正覚寺。現在では榧寺が正式名であり，石川雅望（まさもち）（狂歌師，国学者，戯作者）の墓がある。

茅場町（かやばちょう）
　中央区日本橋茅場町。以前は神田橋の近くにあった町という。町屋が密集してきたので，町の名となった茅置き場は深川へ移された。

烏森（からすもり）
　現在のJR新橋駅西口に広がる飲食街の中に建つ烏森神社とその周辺を指す。天慶3年（940）に平将門の乱を鎮圧することができた藤原秀郷が稲荷神社を創建しようとしていたときに，夢に白狐が現れて神烏が群がっているところへ建てるようにとお告げを受け，現在の地に神社を建てたことに由来する。

臥龍梅（がりょうばい）
　現在の江東区亀戸3丁目。伊勢屋彦右衛門の別荘で，多くの梅の木が植えてあり，梅屋敷と呼ばれるようになった。その中の一株の梅がまるで龍が地を這うように咲いていたことから，水戸光圀が臥龍梅と命名。行楽地として賑わったが，明治43年（1910）の水害で梅の木がすべて枯死し廃園となった。浅草通り沿いに碑が建っている。

寛永寺（かんえいじ）
　現在の台東区上野公園にある天台宗の寺。東叡山円頓院寛永寺。寛永2年（1625）天海により創建。比叡山が京都の鬼門（北東）にあたるのに対して，江戸の鬼門にあたり東叡山と号した。戊辰戦争で堂舎の大半を焼失したが五重塔や霊廟などが残る他，彰義隊の墓がある。

神田（かんだ）
　旧神田区（現・千代田区）の区域を指し，JRや地下鉄の駅名にもある。江戸時代，日本橋川に鎌倉河岸をはじめとした河岸があった他，鍛冶町や紺屋町といった商工業に従事する町人が住んだ。

神田八丁堀（かんだはっちょうほり）⇨今川橋（いまがわばし）

▽き

菊坂（きくざか）
　現在の文京区本郷4丁目と5丁目の間にある長い坂で、坂の周辺に菊畑があり、菊づくりをする人が多かったことから名前が付けられた。明治23年（1890）に樋口一葉が菊坂下通りに移り住み、現在でも一葉の使った掘抜井戸が残っている。

北町奉行所（きたまちぶぎょうしょ）
　千代田区丸の内1丁目。北と南にあった江戸町奉行の一つで、呉服橋御門内にあった。天正18年（1590）に町奉行所が置かれ、慶長8年（1603）に八重洲河岸につくられ、呉服橋の方を北町、八重洲の方を南町とした。JR東京駅八重洲北口そばに碑がある。

吉祥寺（きちじょうじ）
　文京区本駒込3丁目にある曹洞宗の寺。諏訪山。元は和田倉や神田にあったが、明暦3年（1657）の大火のあと、現在の駒込の地に移った。『八百屋お七』では、火事で焼け出されたお七がこの寺に身を寄せ、そこで小姓の吉三と出会う設定であるが、お七一家が寄寓したのは文京区白山1丁目にある円乗寺である。武蔵野市の吉祥寺は明暦の大火で焼失した諏訪山吉祥寺の門前町を同地に移して再建したのがその由来である。

木場（きば）
　江東区木場周辺。本来は材木置場の俗称で、水路が多く走った当地に多くの木場があったことが由来。地下鉄の駅名に木場の名が残るが、現在は新木場などにその機能は移されている。

京橋（きょうばし）
　中央区京橋3丁目と銀座1丁目の間を流れていた京橋川を渡る橋で、川は現在暗渠となり、その上を首都高速が走っている。北西岸にかつて大根河岸と呼ばれる青物市場があり、その碑と「江戸歌舞伎発祥の地」碑が建っている。

清住町（きよすみちょう）
　江東区清澄1丁目。清洲橋の東詰にあった町。深川猟師町（深川猟師町参照）の一部で、元禄期に清住町と改称。昭和に入り、深川清澄町となった。

清水観音堂（きよみずかんのんどう）
　台東区上野公園内。創建は寛永8年（1631）で、京都の清水寺を模して不忍池に面した山上につくられた。

清水様（きよみずさま）⇨清水観音堂（きよみずかんのんどう）

桐ケ谷（きりがや）
　品川区西五反田5丁目。現在は荏原1丁目にある霊源寺という浄土宗の寺内にあった火葬場が現在の桐ヶ谷斎場という説もある。土地の名は桐の木が多く生えていたとか、霧深い谷であったからとか諸説ある。

切通し（きりどおし）
　山や丘を掘削してつくった交通路を指すが、江戸には湯島の切通しと芝の切通しがあった。前者は現在の春日通りを本郷3丁目から湯島天神の北側を抜け上野広小路へ下る坂で、坂の北側には湯島切通町、西には湯島切通片町があった。後者は増上寺に属する瑞蓮院（現在の正則高校前）を北東に下る坂で、その途中の青竜寺に「芝切通しの鐘」と呼ばれる時の鐘があった。

▽く

喰違い（くいちがい）
　現在の千代田区紀尾井町にあった「喰違見附」を指す。慶長17年（1612）につくられた江戸城外郭門の一つで、門と石垣を使わず、土塁を互い違いに築いて敵の直進を阻むようにした見附門。首くくりの名所として知られたように寂しい場所であったという。

蔵前（くらまえ）
　台東区蔵前。元和6年（1620）に幕府の米蔵が建設されたことから、蔵の前にあたる旧奥州街道の一帯を御蔵前と呼んだことが地名の由来である。

蔵前神社（くらまえじんじゃ）
　蔵前八幡とも。台東区蔵前3丁目に現存。元禄7年（1694）、石清水八幡を勧請。昭和2年（1927）に今の名称になった。敷地内に「元犬」の像が立つ。

車坂（くるまざか）
　現在のJR上野駅公園口前から上野駅山下口に向けて南に下る坂。上野駅はかつて寛永寺の下寺が並び、北から信濃坂、屏風坂、車坂とあったが、線路の増設により前の2坂は明治期に無くなった。

黒門町（くろもんちょう）
　台東区上野1〜4丁目。不忍池東側に元黒門町、現在の松坂屋周辺に東黒門町、黒門小学校や落語協会がある周辺を西黒門町といった。八代目桂文楽が暮らし「黒門町の師匠」と呼ばれたことでも知られる。

▽け

鶏声ヶ窪（けいせいがくぼ）
　文京区本駒込1丁目と白山5丁目周辺。以前は駒込曙町といい、そこから鶏声の名が生まれた。また、土井大炊頭の下屋敷内の塚から金製の鶏が出てきたことから、そう呼ばれるようになったともいう。

玄冶店（げんやだな）
　中央区人形町3丁目。幕府の御番医である岡本玄冶が拝領した町屋があったことから、その名がついた。近くには昭和45年（1970）まで営業をしていた人形町末広の跡や北に三光新道がある。

▽こ

小網町（こあみちょう）
　中央区日本橋小網町。日本橋川に面していたため、廻船問屋などが多く建ち並んだ。

麹町（こうじまち）
　千代田区麹町。徳川家康の入国以前から開けていた町で、多くの商店が並んでいた。寛政期に外堀が完成した際に、召し上げられた町の一部が四谷門外となった。

広徳寺（こうとくじ）
　台東区東上野4丁目にあった1万坪近い広い寺域の寺で、現在の台東区役所が寺域にあたる。臨済宗円満山広徳寺。関東大震災で焼失し、練馬区桜台に移った。

小梅（こうめ）
　墨田区向島1〜3丁目周辺。閑静な田園地帯で、四季を通じて行楽の名勝地であった。

石町（こくちょう）
　中央区日本橋本石町3〜4丁目、日本橋室町3〜4丁目周辺。寛永期に現在の万世橋の南側に通新石町と川合新石町ができたことから本石町と称されるようになった。江戸屈指の商業地で、江戸で最初に設けられた「時の鐘」があった（現在は日本橋小伝馬町の十思公園に移されている）。

小伝馬町（こでんまちょう）
　中央区日本橋小伝馬町。南方に奥州街道が通り、荷物を運搬する馬と役人（伝馬役）が住んだことからその名がついた。現在の十思公園前に伝馬町牢屋敷があり、公園内には「時の鐘」が保存されている。

御殿山（ごてんやま）
　品川区北品川3〜4丁目の台地。太田道灌が長禄元年（1457）に館を築いたことや、江戸初期に将軍家の狩猟の際の御殿が設けられたことに地名の由来があるなど諸説ある。江戸時代には桜の名所として賑わった。ペリー来航時にこの山を削り、その土で品川沖に砲台を築いた。

木挽町（こびきちょう）
　中央区銀座2〜8丁目。昭和通り沿いに東西に細長かった町で、慶長11年（1606）の江戸城増強工事の際に木挽職人が移住した。

駒形（こまがた）
　台東区駒形。隅田川に臨む地区。駒形橋西岸に駒形堂（馬頭観世音）を祀ることが地名の由来である。

垢離場（こりば）
　両国橋の東詰（墨田区側）にあった水垢離をする場所。富士詣りや大山詣りをする者が水垢離を行う場所で、明治10年（1877）頃までつづいていたという。ただし、江戸時代の両国橋は現在よりも100m程下流に架けられていたので、垢離場の場所もそれに準ずる。

五郎兵衛町（ごろべえちょう）
　中央区八重洲2丁目。中野五郎兵衛という名主がいたことから付けられた。現在の鍛冶橋通り沿いと外堀通りが交差する南側にあった。

紺屋町（こんやちょう）
　千代田区神田紺屋町周辺であるが、代地など

も含めると広範囲に渡り，現在の神田鍛冶町1丁目から岩本町1丁目あたりまでを指す。JR神田駅の東側に今も町名が残る。

📖 さ行

▽さ

材木町（ざいもくちょう）
　台東区雷門2丁目と中央区日本橋1～3丁目，京橋1～3丁目周辺の2ヵ所あった。前者は吾妻橋と駒形橋の川沿い（隅田川西岸）にあった町で『星野屋』の舞台などで知られる。後者は現在の昭和通りと首都高速道路に挟まれた場所にあり，『心眼』の舞台などで知られる。

佐賀町河岸（さがちょうかし）
　江東区佐賀1～2丁目の隅田川に面した河岸。船宿が多く並んだ。

佐野槌（さのづち） ⇨吉原（よしわら），別掲（336ページ）

鮫が橋（さめがはし）
　新宿区若葉町2～3丁目で，古くに汐入の入江があり，鮫が上って来たために鮫河橋と呼ばれるようになった橋があった。谷町，北町，表町などからなりたち，江戸で有名な貧民街であり，赤坂御用地の鮫が橋門や鮫ヶ橋せきとめ稲荷などにその名を残している。

左門町（さもんちょう）
　新宿区左門町。御先手組（江戸城各門の警備や城下の警備を務めた役職）の諏訪左門組が屋敷を賜った場所で，武家屋敷が並び，以前は左門殿町と呼んでいた。お岩稲荷（於岩稲荷）もこの地に立つ。

猿若町（さるわかまち）
　台東区浅草6丁目周辺。天保の改革にあたり，天保13年（1842）に堺町，葺屋町，木挽町にあった芝居小屋を浅草聖天町に移し，猿若町と改称した。江戸三座といわれる中村座，市村座，河原崎座（森田座）があり，芝居の町として繁栄し，俳優である猿若勘三郎からその名が付いた。

三光新道（さんこうじんみち）
　中央区日本橋堀留町2丁目。長谷川町と新和泉町の間にある新道で，今も玄冶店の北側にその名と路地を残している。道沿いには三光稲荷が祀られている。

三崎（さんさき）
　台東区谷中2～5丁目で三崎坂沿いにあった町。坂を東に上ったところに，三遊亭圓朝が眠る全生庵がある。

山谷（さんや） ⇨山谷堀（さんやほり）

山谷堀（さんやほり）
　王子に発する音無川（石神井用水）が三ノ輪から日本堤の外側（吉原と反対側）を流れ，隅田川へ流れ出るまでの堀で，現在は暗渠となり山谷堀公園として整備されている。

▽し

汐留（しおどめ）
　現在の港区東新橋1丁目。内幸町にあった幸橋御門から浜離宮を通って，隅田川に流れ出る川（その下流を築地川と呼んでいる）の汐留にあったことからその名が付いた。

潮見坂（しおみざか） ⇨団子坂（だんござか）

四宿（ししゅく）
　江戸を起点とする東海道，中山道，日光道，奥州道，甲州道の五街道の最初の宿場である品川，板橋，千住，新宿を指す。各宿場には宿泊客へ給仕をする「飯盛女」という名目で遊女を置くことが黙認されていた。幕府は吉原以外の遊女屋を一切禁止したが，こうした私娼がいなくなることはなかった。

七軒町（しちけんちょう）
　台東区池之端2丁目。不忍池の北西側で根津に向かって広がる町で，池之端七軒町や根津七軒町などとも呼ばれる。

品川（しながわ） ⇨四宿（ししゅく）

不忍池（しのばずのいけ）
　台東区上野公園にある古くからあった池。蓮の名所として知られ，池の周りには料亭や出合茶屋（男女が密会に利用する茶屋）などが並び，池中の小島には弁財天が祀られている。

芝（しば）
　芝口。現在の港区新橋1～3丁目周辺で第一京浜沿いの地を指す。

芝の山内（しばのさんない） ⇨増上寺（ぞうじょうじ）

芝浜（しばはま）
　港区芝4丁目周辺にあった浜で，現在の本芝公園周辺を指す。江戸時代に魚が水揚げされたことから雑魚場と呼ばれた。明治5年（1872）の鉄道開通後も鉄道のガード下から東京湾に通じていたが，次第に芝浦の埋め立てがはじまり，昭和43年（1968）に埋め立てられた。

〆切（しめきり）
　現在の墨田区吾妻橋3丁目で，水戸街道に架かる源森橋周辺を指す。

三味線堀（しゃみせんぼり）
　現在の台東区小島1～2丁目にあった堀で，不忍池から流れ出た忍川が落ち，鳥越川を経て隅田川へとつながった。堀の形が三味線に似ていることからその名が付いた。

砂利場（じゃりば）
　現在の豊島区高田1～2丁目で，このあたりにあった川で砂利が多く採れたことから，その名がついたという。

十二社（じゅうにそう）
　新宿区西新宿2・4丁目。新宿中央公園の西の外れにある熊野神社をかつて十二社と呼んだことからその名がついた。神社内にかつて大きな滝と池があった。

首尾の松（しゅびのまつ）
　台東区蔵前1丁目で蔵前橋の100mほど南にあたる，浅草御米蔵の四番堀と五番堀の間の隅田川の川辺に生えていた松。海苔を育てるための資材である「ひび」が立っていたからとか，吉原へ通った人達がここで首尾を語ったからその名が付いたなど諸説ある。

撞木橋（しゅもくばし）
　墨田区緑4丁目と江東橋1丁目の間を流れる大横川に架かる橋で，「時の鐘」があったことから名が付いたが，江戸時代には北辻橋といった。

聖天（しょうでん）⇨待乳山聖天（まつちやましょうでん）

白壁町（しらかべちょう）
　千代田区鍛冶町2丁目と内神田3丁目周辺。幕府御用壁方の拝領地で，左官職が多く住んでいた。

白金（しろかね）
　港区白金と白金台周辺。江戸時代は百姓地であり，北の台地が現・白金にあたる。

新網（しんあみ）
　港区浜松町2丁目で，浜松町駅前の世界貿易センタービル南側一帯を指し，江戸で有名な貧民街があった。

新川（しんかわ）
　中央区新川1丁目の中心を流れていた川で現在は埋め立てられてしまった。川岸に酒問屋が多く並び，北岸には関西からやってくる下り酒問屋，南岸には関東近郊の地廻りの問屋が軒を並べた。

新石町（しんこくちょう）
　千代田区神田須田町1丁目で，現在の須田町交差点南側周辺を指す。

新材木町（しんざいもくちょう）
　中央区日本橋堀留町1丁目。元和頃（1615～24）から材木商が多く並び，江戸橋近くにある材木町に対して新材木町と呼んだ。

新宿（しんじゅく）⇨四宿（ししゅく）

新橋（しんばし）
　中央区と港区の間を流れる汐留川に架かる東海道の橋で，古くから花柳界としても知られる。現在の博品館ビルの南東側に架かっていた。日本の鉄道発祥の地として知られ，駅名としても使われるが，町名としての「新橋」が登場するのは，昭和に入ってからのことである。

新幡随院（しんばんずいいん）
　現在の台東区谷中2丁目の三崎坂の登り口の南側にあったが，現在は足立区東伊興に移転している。普賢山法受寺。

新堀（しんほり）
　中央区を流れる日本橋川の下流で，湊橋と豊海橋の間を指す。酒問屋や醤油・塩問屋などが軒を並べた。霊岸島新堀ともいう。

▽す

水神（すいじん）
　墨田区堤通2丁目の隅田川神社。昭和57年（1982）に防災拠点の再開発によって，南西へ約100m移動した。

水天宮（すいてんぐう）
　中央区日本橋蠣殻町2丁目に鎮座。文政元年（1818），領国から芝赤羽根の久留米藩主有馬頼徳の屋敷内に水天宮を分祀。明治期に有馬家とともに一時青山に移るが，明治5年（1872）現在地に移った。安産祈願の神として信仰されている。

水道尻（すいどうじり）⇨吉原（よしわら），別掲（336ページ）

椙森神社（すぎのもりじんじゃ）
　中央区日本橋堀留町1丁目。杉の木立が深かったことから杉森稲荷と呼ばれていた。文政4年（1821）〜天保7年（1836）の間に13回の富興行が行われ，境内には「富塚」が建っている。

洲崎（すさき）
　現在の江東区木場1・6丁目周辺。元禄期に深川築地奉行の深津八郎右衛門正隆が富岡八幡宮南東の海岸を埋め立てたエリア。洲崎弁天（元禄13年・1700創建）が祀られ，さらに東側の現在の東陽1丁目には，明治21年（1888）に根津の遊廓が移転してきて，洲崎遊廓として賑わった。

筋違見附（すじかいみつけ）
　千代田区神田須田町1丁目周辺で，現在の万世橋の100mほど上流にある。江戸城外郭門の一つであり，内神田から外神田に出る筋違御門があり，その門外に広小路があった。神田や日本橋方面からの道がいくつも集まり，さらに神田川に斜めに架かっていたために筋違と呼ばれた。

鈴ヶ森（すずがもり）
　品川区南大井1丁目。江戸の北にあった小塚原刑場とともに置かれた刑場を指し，現在でも旧東海道と国道15号線が交差する場所に鈴ヶ森刑場跡がある。最初の処刑者は慶安の変（1651）の首謀者の一人である丸橋忠弥とされ，他に八百屋お七も処刑された磔刑や火刑用の台石が残されている。

須田町（すだちょう）
　千代田区神田須田町1丁目。神田川岸の低地にあり，水田が多かったことから田に関連した地名が付いた。江戸時代には青果市場が並び，後に神田多町の青物市場と統合し，神田市場ができた。

隅田川（すみだがわ）
　元は入間川の下流部であったが，寛永年間に行われた荒川の整備によって，千住大橋以南の呼称であった隅田川が一旦，荒川の本流となり（昭和40年（1965）に荒川放水路が完成し，そちらが本流となった），現在の呼称へと変えられた。古くは「住田川」「宮戸川」などとも呼ばれ，特に浅草周辺を「宮戸川」，吾妻橋以南を「大川」と呼んでいた。全長23.5km。歌舞伎などでも「佃」周辺を「大川端」などと呼ぶことで知られる。

摺鉢山（すりばちやま）
　現在の上野公園内にある小山。摺鉢を伏せたような形をしているためにそう呼ばれた。元は前方後円墳であり，その跡とされる。

▽せ

誓願寺店（せいがんじだな）
　台東区西浅草2丁目。浅草通りを挟み，現・ROXビルの反対側にあった田島山誓願寺（現在は多磨霊園前に移設）門前の町屋を指す。

清正公（せいしょうこう）
　江戸には二つの清正公があった。一つは現在の港区白金台1丁目にある日蓮宗最正山覚林寺（寛永8年・1631創建）で，加藤清正の位牌や自画像が納められていることから白金の清正公と呼ばれる。もう一方は中央区の浜町公園内にある熊本の本妙寺の別院である日蓮宗の清正公寺で，元々は細川家の下屋敷内に清正公の分霊を勧請して創建された。落語では『井戸の茶碗』に登場するのは前者，『清正公酒屋』に登場するのは後者である。

絶江（ぜっこう）
　現在の港区南麻布2・3丁目で，赤穂義士の一人である寺坂吉右衛門が寺男を務めたという臨済宗の曹渓寺の周辺を指し，今も絶江坂や絶江児童公園などに名前を残している。釜無村と木蓮寺は架空の舞台である。

千住（せんじゅ）⇨四宿（ししゅく）

浅草寺（せんそうじ）
　現在の台東区浅草にある寺で浅草観音とも称

される。元は天台宗で、現在は聖観音宗の総本山で金龍山伝法院と号する。本尊は聖観音菩薩。推古36年（628）、宮戸川（隅田川）で漁をしていた檜前浜成・竹成兄弟の網に観音像がかかり、郷司の土師中知との3人で像を祀ったのが起源とされる。大化元年（645）に勝海上人が本堂を開山し、観音像は秘仏となった。

▽そ
増上寺（ぞうじょうじ）
　港区芝公園4丁目。浄土宗の寺院で三縁山増上寺。麹町にあった光明寺が前身で、一時期日比谷に移り、江戸城の拡張で慶長3年（1598）に芝へ移された。徳川家の菩提寺で江戸城の鬼門である寛永寺に対し、裏鬼門として建てられたともいう。

惣録屋敷（そうろくやしき）
　墨田区千歳1丁目。関東の盲人を取り締まる惣検校の屋敷。杉山和一という鍼医が五代将軍綱吉の病を鍼で治し、その礼に盲人なので目が欲しいと答えたところ、本所一ツ目の土地を賜ったという。現在は江島杉山神社となり、境内には勧請された江ノ島弁財天が祀られている。

📖 た行

▽た
大音寺（だいおんじ）
　台東区竜泉1丁目。浄土宗正覚院響流院大音寺。田圃に囲まれた地に建っていたため、門前の通りである大音寺前には追い剥ぎや辻斬りが出没したという。

大根畑（だいこんばたけ）
　現在の文京区湯島2丁目。上野の宮家の隠居屋敷があったが、正徳年間（1711〜16）に無くなったあとに野菜畑になった。のちに遊女屋が並んだ。

大徳院（だいとくいん）
　両国の回向院の南隣にある寺。門前に岡場所（私娼街）があった。

高田馬場（たかたのばば）
　新宿区高田馬場、西早稲田周辺。寛永13年（1636）徳川家光の命により馬術や流鏑馬の訓練のための馬場が築かれた。史跡などとしては「たかたのばば」と呼ばれるが、駅名をはじめとした一般的な呼び方は「たかだのばば」である。

高輪（たかなわ）
　港区高輪一帯。台地にあり、その台地沿いの道を高縄手道（高台のまっすぐな道）と呼んだことに地名の起源をもつ。四十七士の墓で知られる泉岳寺や高輪大木戸跡がある。

田島橋（たじまばし）
　新宿区下落合1丁目と高田馬場3丁目の間を流れる神田川に架かる橋。東京富士大学の東脇に架かっている。

多田薬師（ただやくし）
　墨田区東駒形1丁目。玉島山東江山に安置されていた薬師像。源満仲の念持仏と言われている。元々隅田川沿いにあった寺であったが、関東大震災を機に葛飾区東金町に移築された。

多町（たちょう）
　千代田区神田多町。慶長の頃から青物市が開かれたところで、現在は神田青物市場跡の碑が建っている。二丁目に青物問屋が多く並んだ。

辰巳（たつみ）
　現在の江東区深川地域の花街を指すが、洲崎遊廓ができてからは廓のことも辰巳と呼ぶようになった。江戸城を中心にして辰巳の方角（南東）にあたることからそう呼んだ。門前仲町の深川不動尊の西側に今も飲食街がある。

堅川（たてかわ）
　万治2年（1659）に開削された川で、江戸城から見て縦（東西）に流れていることから名付けられた。川沿いの通りを堅川通りと呼び、江戸落語中興の祖である烏亭焉馬は通り沿いに生まれ、暮らしたことから立川焉馬とも称した。現在は川の上を首都高速が走っている。

堅大工町（たてだいくちょう）
　千代田区内神田3丁目。JR神田駅の西側にあった町で、幕府の御用を受け持った大工が住んでいたことからその名が付いた。

田所町（たどころちょう）
　中央区日本橋堀留町2丁目。呉服問屋の多い町で、田所平蔵という名主がいたことからその名が付いた。

玉子屋新道（たまごやしんみち）
　中央区八丁堀3丁目の町を東西に割る道で，現在の京華スクエア周辺にあった。

田町（浅草）（たまち（あさくさ））
　江戸には田町という町名が多く見られたが，落語に登場する田町は浅草寺裏から吉原に抜ける間にあった町を指し，現在の台東区浅草5〜6丁目周辺を指す。

達磨横丁（だるまよこちょう）
　現在の墨田区東駒形1丁目。達磨を売る店があったことからその名が付いた。現在の駒形橋の南東側にあった北本所表町の一区域である。

太郎稲荷（たろういなり）
　現在の台東区千束1丁目に流れていた浅草新堀川の堀留にあった立花左近の下屋敷に祀られていた稲荷。明治初年に江東区亀戸の天祖神社の境内に移された。

田原町（たわらまち）
　台東区雷門1丁目，寿4丁目。浅草広小路の西側にあった町で，地下鉄の駅名に残る。

団子坂（だんござか）
　現在の文京区千駄木にある坂で，千駄木坂や潮見坂という別名がある。坂の途中に団子屋があったとか，悪路のために転ぶと団子のようになることから，そう呼ばれるようになったという。幕末から明治期にかけて菊人形の小屋が並んだことで知られ，現在は森鷗外の住居である森鷗外記念館がある。

▽ち

長者町（ちょうじゃまち）
　台東区上野3丁目で，御徒町駅南口周辺から蔵前橋通りの間の西側線路沿いにあった南北に細長い町。

長命寺（ちょうめいじ）
　現在の墨田区向島にある天台宗の寺で宝寿山遍照院長命寺。開山ならびに創建年次は不明で，寛永年間（1624〜44）に将軍が鷹狩りの途中で気分が悪くなり，寺内にあった井戸水を飲んだところ快復したことから，その井戸水を長命水と名づけ，寺号も改めたとされる。門前にある山本屋で売られている桜餅が知られている。

▽つ

佃（つくだ）⇨佃島（つくだじま）

佃島（つくだじま）
　中央区佃。隅田川河口の単独の島で，江戸初期に摂津国佃（大阪府西淀川区）の漁民が移住したことからその名が付いた。現在は埋め立てにより石川島や月島と地つづきとなっている。佃煮の発祥地としても知られる。

角筈（つのはず）
　新宿区西新宿周辺。開拓した渡辺与兵衛の髪の束ね方が矢筈（掛軸を掛けるための先端が二股に分かれた細い竹の棒）に見えたことから，それが転じて地名になったという。

▽て

鉄砲洲（てっぽうず）
　中央区湊1〜3丁目周辺。寛永9年（1632）頃，または明暦の大火の後に埋め立てられたという。海に突き出した洲崎の形が鉄砲に似ていたことからその名が付いたとされる。

天徳寺（てんとくじ）
　現在の港区虎ノ門3丁目にある浄土宗光明山和合院天徳寺。天文2年（1533）江戸城紅葉山に創建され，慶長16年（1611）に現在の地に移転された。

天王寺（てんのうじ）
　台東区谷中7丁目にある天台宗護国山尊重院天王寺。日蓮の弟子である日源が文永11年（1274）に開山し感応寺と称したが，元禄11年（1698）に幕府により改宗させられ，天保4年（1833）に天王寺へ改号した。幕府公認の富の興行が許され，湯島天神，目黒不動とともに「江戸の三富」として賑わった。

伝法院（でんぽういん）
　浅草寺の本坊で正式名は伝法心院。回遊式庭園は小堀遠州の作と伝えられる。

伝馬町（でんまちょう）
　四谷や赤坂にも同町が見られるが，多くは牢屋敷があった現在の中央区日本橋小伝馬町を指す。慶長年間（1596〜1615）に常盤橋外から移された。明治8年（1875）に市ヶ谷谷町にできた監獄に移された。

天龍院（てんりゅういん）
　台東区谷中4丁目にある臨済宗妙心寺派の現存する寺。海雲山天龍院。

▽と

稲荷堀（とうかんぼり）
　中央区日本橋小網町と日本橋蠣殻町の間を流れていた箱崎川にあった堀。日本橋川の北西側にあったが現存しない。河岸の端に稲荷神社があり、稲荷を音読みで、「とうか」や「とうかん」と呼んだことからその名がついたとされる。瀬戸物問屋が多く並び、堀の出入口には塩の取り引きが行われた行徳河岸があり、賑やかな場所であった。

道灌山（どうかんやま）
　荒川区西日暮里4丁目で、JR西日暮里駅西側の開成学園側の北側台地を指す。江戸城を築いた太田道灌の出城址であったという説や、鎌倉時代の豪族関道観の屋敷址であったという説がある。

道哲（どうてつ）
　現在の台東区浅草6丁目。山谷堀の西岸に江戸時代の初期に処刑場があり（小塚原にのち移転）、明暦（1655〜58）の頃に道哲という名の念仏僧が草庵を結び念仏を唱えた。のちに寺の名は西方寺とされたが、日本堤に上がる場所にあったので土手の道哲と呼ばれた。現在は豊島区西巣鴨に移転した。

時の鐘（ときのかね）
　江戸市中にあった時を知らせる公認の九つの鐘を指す。石町（日本橋）、入江町（本所）、上野（上野公園内）、浅草（浅草寺境内）、弁天山の鐘）、芝切通し、市谷八幡、成満寺（赤坂）、目白、天竜寺（四谷）にあった。

土蔵相模（どぞうさがみ）
　品川区北品川1丁目。品川宿の中で歩行新宿といわれた地域にあった妓楼で「相模屋」をそう呼んだ。表が土蔵づくりであり、北本宿にあった丸相模と呼ばれた店と区別するためにそう呼ばれたとされる。コンビニエンスストア前に跡の説明板が立っている。

富岡八幡宮（とみおかはちまんぐう）
　現在も江東区富岡に鎮座し、深川八幡宮とも称す。天平宝字年間（757〜765）の創建と伝えられているが、源三位頼政が尊崇した神像を、のちに太田道灌が守護神にしたとされ、寛永4年（1627）に永代島に建てられ、慶安4年（1651）に現在の地に社殿が建った。8月15日が例祭「深川祭」で、神田祭、山王祭とともに江戸三大祭の一つに数えられる。

鳥越（とりごえ）
　現在の台東区鳥越。白雉2年（651）に建立されたとされる白鳥神社（現在の鳥越神社）が町名の由来である。

📖 **な行**

▽な

内藤新宿（ないとうしんじゅく）⇨四宿（ししゅく）
なか⇨吉原（よしわら）、別掲（336ページ）

中洲（なかす）
　中央区日本橋中洲。現在の清洲橋の西岸周辺の埋め立て地で、安永年間（1772〜81）に完成し岡場所（私娼街）として栄えた。

仲町（なかちょう）
　永代寺の門前町の一つで、現在の江東区門前仲町1〜2丁目を指す。台東区上野の池之端仲町や千代田区外神田にあった神田仲町を仲町と呼ぶこともある。

仲の町（なかのちょう）⇨吉原（よしわら）、別掲（336ページ）

中橋（なかばし）
　現在の中央区京橋1丁目周辺。東京駅八重洲口正面でブリヂストン美術館のある交差点に南北に架かっていた橋。またその周辺地域。古道具屋が並んでいた。

鍋町（なべちょう）
　千代田区神田鍛冶町2〜3丁目周辺。現在のJR神田駅西側にあった町で、幕府御用鋳物師に与えられ、鋳物師が多く住んだ。

鍋屋横丁（なべやよこちょう）
　中野区本町4丁目の堀の内の名で知られる日円山妙法寺への参詣道で、茶店が軒を連ね多くの人で賑わった。青梅街道から分かれるところに鍋屋という茶店があったことからその名が付いたという。

業平（なりひら）

現在の墨田区業平周辺。現在は公園として整備されている大横川を渡す浅草通りに業平橋があり、その西側にあった南蔵院（南蔵院参照）の境内に業平天神社があって、そこから名が付いた。業平天神社は在原業平の居住した地に建てられたとされている。

南蔵院（なんぞういん）

天台宗の寺院で、業平山東泉寺。創建は貞和4年（1348）とされる。在原業平が居住した地（墨田区吾妻橋3丁目）に建てられ、盗難除けや縁結びで知られる「しばられ地蔵」が安置されている。関東大震災後、葛飾区東水元に移転した。

▽に

日朝様（にっちょうさま）

港区赤坂5丁目の日蓮宗仏智山円通寺。寺に祀られる日朝上人の木像が信仰を集めていたが、空襲で焼けてしまった。以降は日朝上人による曼陀羅が安置されている。

日本橋（にほんばし）

中央区を流れる日本橋川に架かる橋。日本の道路網の始点。慶長8年（1603）に初代の木造橋が架けられ（復元された橋が江戸東京博物館に展示されている）、現在の橋は明治44年（1911）に架けられた石づくりのものである。地名としての日本橋は中央区の前身にあたる日本橋区（神田川あたりから京橋あたりまで）を指す。

人形町（にんぎょうちょう）

現在の中央区人形町。天保12年（1842）に浅草猿若町に移転するまで芝居の中心地で、人形職人が多く住んでいたためにその名が付いた。江戸時代には長谷川町と新乗物町の間に人形丁（町）と道路標示が見えるだけで、人形町という町名ができたのは昭和8年（1933）になってからである。明治以降、水天宮の門前町として発展した。

▽ね

根岸（ねぎし）

現在の台東区根岸。上野の山の北にあたり、時雨が岡などとも呼ばれ、落語でも「根岸の里の佗び住まい」と下につければ句がなりたつとされるほど閑静な住宅街であった。

根津（ねづ）

現在の文京区根津。徳川綱重の下屋敷があり、同家の産土神である根津権現（根津神社）が千駄木から移転されてから根津と呼ばれるようになった。門前地は岡場所（私娼街）として多くの人で賑わった。

練塀町（ねりべいちょう）

神田練塀町。秋葉原駅の北東にあり、江戸時代には練塀（瓦と練土を交互に積み上げ、上を瓦で葺いた土塀）が一帯に広がる武家地であったことからその名が付いた。

▽の

乗物町（のりものちょう）

中央区日本橋堀留町1丁目で、神田の乗物町（元乗物町）に対して新乗物町というが、単に乗物町というとこちらを指す。駕籠かきが多く住んだことからその名がついた。

は行

▽は

萩寺（はぎでら）

江東区亀戸3丁目にある天台宗慈雲山龍眼寺。元禄期より境内に萩を植えはじめ、萩の咲く時期には多くの見物客で賑わった。

馬喰町（ばくろちょう）

中央区日本橋馬喰町。奥州街道の出発点にあたり、馬市が立ち、馬喰（博労トモ。牛馬の仲買人）などが多くいたことからその名が付いた。

橋場の渡し（はしばのわたし）

台東区橋場と墨田区堤通を結んだ渡し船で、現在の白鬚橋のあたりを渡していた。隅田川の渡し船としては最も古いとされ、在原業平が渡った渡しも、この渡しとされる。

長谷川町（はせがわちょう）

中央区日本橋堀留町2丁目で、古くは禰宜町と呼ばれ、吉原が新吉原に移ってから長谷川町と称されるようになった。

八丁堀（はっちょうぼり）
　中央区八丁堀。堀のあった住所は新富1丁目，入船1丁目，湊1丁目。寛永年間（1624～44）に隅田川に通じる舟便のため堀がつくられ，その長さが八町（約873 m）あったことからそう呼ばれた。町奉行所の与力や同心の組屋敷があったことから，彼らを指して「八丁堀の旦那」と呼んだ。

花川戸（はなかわど）
　台東区花川戸。花の名所として知られる向島の対岸の入口にあたるからとか，端川津の転訛ともいわれる。江戸時代には多くの料理屋が並んだ。花川戸公園に花川戸助六の碑が建っている。

蛤町（はまぐりちょう）
　江東区永代2丁目。この町から将軍に蛤を献上したことからその名がついた。海辺新田とも呼ばれた。

浜町（はまちょう）
　現在の中央区日本橋浜町。江戸時代には細川家をはじめとした武家屋敷が集まり，浜町河岸があった。明治以後に武家屋敷が開放され，遊興街として発展した。

幡随院（ばんずいいん）
　台東区東上野4・5丁目にあった浄土宗系の寺で，現在は小金井市前原町にある。神田山新知恩寺。慶長8年（1603）に神田駿河台に建てられ，池の端を経て当時の下谷山崎町へ移った。

番町（ばんちょう）
　現在の千代田区番町。旗本の大番衆（江戸城や二条城の警固役）の屋敷地が一番町から六番町まであったことからその名が付いた。芝居などで知られる『番町皿屋敷』は一番町にあった青山播磨守の屋敷で，元文年間（1736～41）に起こった事件とされる。

番場（ばんば）
　墨田区東駒形1丁目，本所1丁目。鶴という鳥の猟場で鶴場といったものが変じて番場と呼ばれるようになった。

▽ひ

日蔭町（ひかげちょう）
　港区新橋2～6丁目。現在の新橋交差点から浜松町1丁目交差点までの第一京浜の西側にあった町。大名屋敷が多かったことから，国許へ帰る侍が江戸土産にするために用いた小間物屋や化粧品屋，刀剣屋が多く集まっていた。

東両国（ひがしりょうごく）⇨両国（りょうごく）

一ツ目（ひとつめ）
　墨田区を流れる竪川に架かる隅田川から数えて最初の橋である，現在の一之橋（万治2年・1659架橋。両国2丁目と千歳1丁目を渡す）周辺を指す。

百花園（ひゃっかえん）
　現在の墨田区東向島にある公園。文化元年（1804）に骨董商の佐原鞠塢（きくう）が万葉植物を集めた庭園を開園した。昭和13年（1938）に東京市に寄贈された。古くは花屋敷や新梅屋敷などとも呼ばれた。

▽ふ

深川（ふかがわ）
　現在の江東区深川とその周辺。隅田川河口の東岸を指す。慶長年間（1596～1615）に大坂から移住して，周辺を開発した深川八郎右衛門の功績からその名が付いた。現在の深川神明宮がその屋敷跡である。また岡場所（私娼街）が七ヵ所あったことから花街を指して，そう呼ぶこともある。

深川八幡（ふかがわはちまん）⇨富岡八幡宮（とみおかはちまんぐう）

深川猟師町（ふかがわりょうしまち）
　現在の江東区永代，清澄，佐賀，門前仲町，富岡の一部で，元禄期に清住町，佐賀町，熊井町，富吉町，諸町，黒江町，大島町，相川町の八つの町から成り立った。

葺屋町（ふきやちょう）
　中央区人形町3丁目周辺。屋根葺職人が多く住んでいたことからその名が付いた。天保13年（1842）まで市村座があった（猿若町へ移転）。

富士横丁（ふじよこちょう）
　台東区浅草5丁目。出羽本荘藩六郷家の下屋敷があり、邸内に「浅草のお富士さん」と呼ばれた浅間神社があった（現存）。浅草警察署や富士小学校の北側通りを指す。

▽へ
弁慶橋（べんけいばし）
　現在の千代田区紀尾井町と港区元赤坂に架かる橋。江戸城普請方の大工弁慶小左衛門が架けた橋からその名が付いた。

▽ほ
細川家（ほそかわけ）
　肥後熊本新田藩の細川能登守の下屋敷が現在の吾妻橋東詰正面にあり、この屋敷の中間部屋は博打が開かれることで知られていた。また、同じ肥後熊本藩の細川越中守の中屋敷が現在の港区高輪1丁目にあり、赤穂義士のうち大石内蔵助が預けられたことで知られる。『文七元結』の舞台は前者、『井戸の茶碗』に出てくる細川家は後者を指す。

牡丹町（ぼたんちょう）
　江東区牡丹。江戸時代に海岸を埋め立ててできた地で、牡丹を栽培する農家が多かったのでその名が付けられたという。

北国（ほっこく）⇨吉原（よしわら）、別掲（336ページ）

堀（ほり）⇨山谷堀（さんやぼり）

堀の内（ほりのうち）
　杉並区堀ノ内3丁目にある元和元年（1615）に開山した日蓮宗の日円山妙法寺を指す。厄除けの祖師として堀の内のお祖師様の名で知られている。

本郷（ほんごう）
　現在の文京区本郷。江戸時代には武家屋敷や寺社が多数あり、中山道沿いの町場として発展した。川柳に「本郷もかねやすまでは江戸の内」と詠まれた。なお、「かねやす」は現在も本郷3丁目交差点にある商店である。東京大学の本郷キャンパスがある。

本所（ほんじょ）
　現在の墨田区本所。江戸初期には農村であったが、明暦の大火（1657）以後、市街地として開発された。万治3年（1660）に本所築地奉行が設けられ、竪川、横川、十間川、南割下水などの堀がつくられ、低地を埋め立てて宅地が造成された。

本町（ほんちょう）
　日本橋本石町2丁目から日本橋室町2～3丁目、日本橋本町2～3丁目周辺。日本銀行本店周辺から日本橋三井タワー、COREDO室町裏辺りまでを指す。

📖 ま行

▽ま
枕橋（まくらばし）
　現在の墨田区吾妻橋1・2丁目と向島1丁目を結ぶ北十間川に架かる橋。寛文2年（1662）に架橋され、最初は源森橋または源兵衛橋と呼ばれていたが、橋の北に水戸藩の下屋敷（現在の隅田公園）があり、そこに入る掘割に小橋があり、二つ並んでいたことから枕橋と呼ばれるようになった。明治8年（1875）に枕橋が正式名となり、北十間川の東に架かる橋が源森橋となった。

松倉町（まつくらちょう）
　墨田区東駒形3～4丁目と本所3～4丁目周辺。現在の三ツ目通り沿いにあった町。元々江戸城本丸御膳所の小間使衆へ下賜された町であった。

松坂町（まつざかちょう）
　墨田区両国2～3丁目。赤穂義士の討ち入り後、元禄16年（1703）には吉良家も没収され、しばらくは荒地になっていたが、宝永期（1704～11）に町屋が並び、松坂町となった。吉良邸跡の一部が現在「本所松坂町公園」として、整備保存されている。

待乳山聖天（まつちやましょうでん）
　現在の台東区浅草7丁目にある聖観音宗の寺院で待乳山本龍院。推古天皇3年（595）創建の浅草寺の子院の一つである。寺が建つ隅田川べりの小高い丘（待乳山）を龍が守護したことから、浅草寺の山号である金龍山の由来となったと伝えられる。

俎橋（まないたばし）
　千代田区九段北と神田神保町の間を流れる飯田川に架かる靖国通り上の橋。江戸初期の架橋とされ，2枚の俎を渡したような橋であったとか，近くに台所町があることから名付けられたなどと諸説ある。

万年町（まんねんちょう）
　現在の江東区深川1丁目と台東区東上野1丁目周辺と2ヵ所ある。前者は現在の清澄庭園の南にあたる仙台堀川に架かっていた相生橋と海辺橋の南側に広がっていた町で，前者は（下谷）山崎町ともいったところである（山崎町参照）。

▽み

三浦屋（みうらや）⇨吉原（よしわら），別掲（336ページ）

見返り柳（みかえりやなぎ）⇨吉原（よしわら），別掲（336ページ）

三河町（みかわちょう）
　千代田区内神田1丁目，神田司町2丁目，神田美土代町周辺。徳川家康とともに江戸へ入国した三河の町人に宅地として与えた町。江戸時代には名医師が多く暮らしていた。

三筋町（みすじちょう）
　台東区三筋。東から御書院番組東町，仲之町，西之町の組屋敷があり，3本の道路があったことからその名が付いた。

水戸家（みとけ）
　水戸徳川家の上屋敷は現在の文京区後楽にある後楽園の地にあったが，その下屋敷（蔵屋敷）は現在の墨田区向島に広がる隅田公園の地にあった。『文七元結』などに登場するのは下屋敷の方である。

南町奉行所（みなみまちぶぎょうしょ）
　以前は鍛冶橋周辺にあったが，宝永4年（1707）頃に現在の千代田区有楽町2丁目に移ったとされる。有楽町駅東口広場とその地下に遺構が残されている。北町奉行所を参照。

南割下水（みなみわりげすい）⇨割下水（わりげすい）

三橋（みはし）
　現在の台東区上野2丁目と4丁目の間にあった，不忍池から流れ出た忍川に架けられた御成街道上の橋。幅約6間の中の橋と幅約2間の小橋が両側にあったことからその名が付いたとか，中の橋が将軍の渡る橋であったことから御橋が転じて三橋になったなどと諸説ある。

三囲神社（みめぐりじんじゃ）
　現在の墨田区向島にある稲荷神社で，祭神は倉稲魂命（うかのみたまのみこと）。俳人である宝井其角が雨乞いのために，「夕立や田をみめぐりの神ならば」の句を神前に奉納したところ，雨が降って日照りに悩んだ農民を助けたという伝説で知られる。

宮戸川（みやとがわ）⇨隅田川（すみだがわ）

茗荷谷（みょうがだに）
　文京区にあり，地下鉄にも同名の駅があるが，『井戸の茶碗』をはじめとした落語では麻布の地名とされる。ただし，麻布には同名の地は見当たらない。架空の地名か。

妙見様（みょうけんさま）
　現在の墨田区業平にある日蓮宗の寺院で柳嶋妙見山法性寺。弘治5年（1492）法性房日遒によって開山。葛飾北斎が信仰していた寺として知られ，「柳島の妙見さま」と慕われ，吉運を願う参詣客で賑わった。

▽む

向島（むこうじま）
　墨田区向島1～5丁目，東向島1～6丁目周辺。浅草側から隅田川を隔てて島のように見えたためにその名が付いたといわれる。木母寺，牛嶋神社（牛御前），三囲神社，弘福寺，長命寺，白鬚神社などがあり，享保年間（1716～36）に八代将軍吉宗が堤上に桜を植えさせてからは花の名所となり，料理茶屋が建ち並んだ。現在でも花街が残る。烏亭焉馬が天明8年（1786）に「咄の会」を開いた料亭武蔵屋は隣接する須崎村にあり，現存する秋葉神社の西二軒隣にあって，現在の水戸街道が走る場所と推測される。

向両国（むこうりょうごく）⇨両国（りょうごく）

▽め

目黒（めぐろ）
　現在の目黒区一帯を指す。寛永年間（1624～44）に徳川家光によって目黒不動（瀧泉寺）が

建てられてからは行楽地として賑わった。

▽も

木蓮寺（もくれんじ）
　落語に登場する架空の寺。『黄金餅』では麻布絶江の釜無村（架空の村）にあったとされ、『悋気の火の玉』では谷中にあったと演じられることもある。絶江を参照。

元柳橋（もとやなぎばし）
　現在の中央区東日本橋1丁目で薬研堀の河口に架かっていた橋。元禄11年（1698）に神田川の河口に現在の柳橋が架けられたので、元柳橋と呼ばれるようになった。橋の北詰に柳の木が植わっていたことからその名が付いた。古くは難波橋と呼んだ。

百川（ももかわ）
　現在の中央区日本橋室町2丁目の浮世小路にあった桃川茂左衛門が経営した料亭。宴会や会合に多く使われ、嘉永7年（1854）にペリーがやってきた際に、料理を供したことでも知られる。

門跡（もんぜき）
　浅草にある東本願寺のこと。

や行〜わ行

▽や

矢切（やぎり）
　現住所で言えば千葉県松戸市下矢切であるが、矢切と葛飾区柴又を結ぶ、江戸川を渡す「矢切の渡し」があることでも知られる。

薬研堀（やげんぼり）
　現在の中央区東日本橋1丁目周辺で、幕府の米蔵である矢之蔵への入堀として開削された。元禄11年（1698）の火災で米蔵が築地に移されると、堀の一部が埋め立てられて町屋になった。明治期に堀は埋め立てられた。堀底の形が薬研（漢方薬の薬種を細かくする器具）の窪みに似ていることからその名が付いた。

八つ山（やつやま）
　品川と高輪との境に位置する丘。品川宿の入口にあり、現在も八ツ山橋にその名を残している。この地に八つの岬があったという説や、八人の大名屋敷があったという説、かつて谷山村（ややまむら）の一部だったからなどと諸説ある。江戸期に道路整備や目黒川の洪水復旧、護岸整備のために切り崩され、現在も坂は残るが平地に近い地形になっている。

谷中（やなか）
　台東区谷中周辺。上野と駒込の中間にある谷が地名の由来である。明治7年（1874）に開園された谷中霊園がある。

柳島（やなぎしま）
　墨田区から江東区にかけて存在した地名で、墨田区業平、横川、太平、錦糸、江東区亀戸周辺を指す。柳の木が多かったことが地名の由来で、『中村仲蔵』などに登場する「妙見様（法性寺）」はこの地域にある。妙見様を参照。

柳橋（やなぎばし）
　台東区柳橋。神田川が隅田川へ流入する落口に架けられた柳橋に由来。慶長年間（1596〜1615）に船遊びのための船宿が立ち並び花街へと発展。昭和45年（1960）頃に料亭街は消滅した。

柳原（やなぎわら）
　現在の浅草橋（浅草見附、浅草御門）周辺から万世橋あたりまでの神田川南岸沿いの土手を指す。柳が植えられており、明治期まで古着屋や古道具屋が軒を並べていた。

山崎町（やまざきちょう）
　現在の台東区北上野1丁目と東上野4丁目で、台東区役所北側周辺地域。江戸で有名な貧民街があった。

山下（やました）
　現在の上野駅南口前につくられた火除地で、多くの店で賑わった。東叡山下の略称。

▽ゆ

湯島天神（ゆしまてんじん）
　文京区湯島にある神社。485年創祀で、祭神は天之手力雄命（あめのたぢからおのみこと）と菅原道真。正式名は湯島天満宮と呼び、学業の神として知られている。

▽よ

横山町（よこやまちょう）
　中央区日本橋横山町周辺。両国広小路そばに

あり、商店が軒を連ねていた。
葭町（よしちょう）
　現在の中央区日本橋人形町2・3丁目。桂庵（口入屋）と呼ばれる職業斡旋所が多く並んだ。
芳町（よしちょう）⇨葭町（よしちょう）
吉原（よしわら）⇨別掲（336ページ）
吉原田圃（よしわらたんぼ）
　現在の台東区浅草3～5丁目周辺にあった浅草寺と吉原遊廓の間に広がる田圃を指し、浅草田圃とも呼んだ。明治15年（1882）前後に埋め立てられた。
四ツ目（よつめ）
　墨田区を流れる竪川に架かる橋で、川が掘られたときに隅田川から数えて四番目の橋であった。現在の四之橋（万治2年・1659架橋。墨田区江東橋3・4丁目と江東区毛利1・2丁目を渡す）周辺を指す。なお、艶笑落語などに登場する「四ツ目屋」は、江戸時代に媚薬や淫具などを扱った専門店で両国米沢町にあった。黒地に四目結を染め抜いた紋を使用したことから、その名が付いたという。
四谷（よつや）
　現在の新宿区四谷周辺。街道の両側に四つの谷があったからとも、四谷見附周辺に家が4軒しかなかったことから四つ家といわれるようになったとも諸説ある。江戸城の外堀をつくるにあたって、外郭門を建設して四谷門と呼び、その門外から大木戸（四谷4丁目）までを四谷と呼んだ。
米沢町（よねざわちょう）
　中央区東日本橋2丁目。両国広小路と薬研堀の間にあった町で、幕府の米蔵が並んでいた。

▽ら
羅生門河岸（らしょうもんがし）⇨吉原（よしわら）、別掲（336ページ）

▽り
竜閑町（りゅうかんちょう）
　千代田区内神田2丁目周辺で、宝暦の大火（1760）後につくられた火除け地に掘られた物資運搬用の堀（神田八丁堀）に架かる竜閑橋の北側にあった。
両国（りょうごく）
　隅田川（大川）を挟んで武蔵・下総両国の境をなし、明暦の大火（1657）後の万治年間（1658～61）に隅田川の最初の橋として架けられ、大橋と呼ばれた。現在は墨田区の地名にあたるが、元は川の西側の東日本橋周辺を火除地として整備し、両国広小路が開かれ、盛り場として賑わった。橋の東詰は向両国と呼ばれ、明暦の大火の焼死者を葬った回向院が建てられた。回向院境内では勧進相撲が行われ、明治42年（1909）には国技館が完成し、一時期蔵前に移ったが、昭和60年（1985）に戻った。
両国橋（りょうごくばし）⇨両国（りょうごく）
両国広小路（りょうごくひろこうじ）⇨両国（りょうごく）

▽れ
霊岸島（れいがんじま）
　中央区新川1丁目。日本橋川の下流と亀島に挟まれた島で、江戸の中島と呼ばれた。寛永元年（1624）に霊巖寺（浄土宗。現在は江東区白河にある）ができたことから霊巖島（のち霊岸島）と呼ばれるようになった。

▽ろ
六郷の渡し（ろくごうのわたし）
　大田区東六郷と川崎を渡した多摩川の渡し舟の一つ。慶長5年（1600）に徳川家康が橋を架けさせたが、大雨のために何度も橋が流されたことから、貞享5年（1688）の洪水以後は再建されずに渡しが設けられた。

▽わ
割下水（わりげすい）
　墨田区亀沢1～4丁目。南割下水と北割下水の二つがあり、単に割下水と呼ぶときは、現在の北斎通りを流れていた南割下水を指す。武士の家が多く並んでいた。

吉　原

吉原の歴史

　現在の台東区千束。元和3年（1617）に江戸市中に散在していた遊女屋を日本橋葺屋町（ふきやちょう）に集め，遊女屋を営んでいた庄司甚内（甚右衛門）が遊廓の開設を願い出て，二代将軍徳川秀忠により公許された。元和4年より営業を開始し，それ以外の私娼街は非公認として「岡場所」（おかばしょ）と呼ばれるようになった。幕府は江戸市中にあることで社会風紀が乱れることを懸念して，明暦3年（1657）の大火をきっかけに日本堤付近に移転させた。そのことにより移転以前の日本橋にあった遊廓を「元吉原」，移転以後を「新吉原」という。また，新吉原は江戸城の北にあったので「北国」などとも呼ばれた。遊廓は昭和33年（1958）の「売春防止法」施行とともに廃止された。

吉原へのアクセス

　大きく分けて4通りあった。①柳橋あたりから大川（隅田川）を舟で進み，山谷堀を上がって，日本堤を進むルート。②浅草周辺から馬道を進み，日本堤に出るルートで，馬や駕籠を使う者が多かった。③浅草寺裏の吉原田圃（浅草田圃）を抜けて，日本堤に出るルート。④現在の昭和通りなどを利用し，竜泉方面から日本堤に入るルートである。いずれにしても吉原の入口は大門の1ヵ所しかなかったことから，「見返り柳」が立つ現在の吉原大門交差点から「衣紋坂」（えもんざか）（五十間道）を通り，「大門」をくぐった。

五丁町と仲之町

　新吉原は間口180間（約330m），奥行き135間（約250m）の長方形をしており，周囲は幅5間（約9m）の「お歯黒どぶ」と呼ばれる堀割で囲まれていた。大門を入り，正面のメインストリートが「仲之町」。その一番先の突きあたりが「水道尻」。遊女屋は仲之町から左右に入った横丁（五丁町）に並んでいた。大門から入り，一本目の左路地が「伏見町」。二本目の路地の左手が「江戸町2丁目」で，右手が「江戸町1丁目」。三本目の左路地が「堺町」。四本目の路地の左手が「角町」で，右手が「揚屋町」。五本目の路地の左手が「京町2丁目（新町トモ）」，右手が「京町1丁目」。正面から見て，左手奥のお歯黒どぶ沿いには『お直し』などにも登場する，格安の女郎屋が並んだ「羅生門河岸」（らしょうもんがし）があった。この吉原全体を指して「なか」と呼んだ。

吉原での「遊び」方

　吉原での「遊び」方はピンキリであり，また時代によっても異なる。まず，元吉原時代から新吉原に移り，宝暦年間（1751〜64）頃までは，遊客はまず引手茶屋（茶屋）に行き，その日の遊びの趣向を伝える。そして「揚屋」に出向き酒宴を開く。茶屋から連絡を受けた揚屋は「遊女屋」に揚屋差紙という依頼状を送り，遊女屋はこれを受けて遊女を揚屋へ送り届け，客は揚屋で遊女と遊んだ。ところが経費がかさむこともあり，宝暦以降は引手茶屋から直接遊女屋へ出向くことが多くなった。ただし，これはいわゆる「大見世」での高級遊びで，一般の客は中見世や小見世といった

「張見世」の格子越しに居並ぶ遊女を「見立て」(選び),「妓夫」という若い衆と金額の交渉を行い,その見世で遊ぶということが多かった。『お見立て』や『付き馬』などに見られるように落語の世界で描かれる吉原は,おおよそ後者の遊び方が多かった。そして,初めてその遊女と遊ぶことを「初会」といい,二度目が「裏(を返す)」,三回目で「馴染み」となって,ようやく床入りが許されるのが基本であった。その遊女の中でも,吉原の中で位の高い遊女を「花魁」と呼んでいる。京大坂では最高位の遊女を「太夫」と呼び,吉原でも「高尾太夫」のように太夫はいたが,宝暦年間には太夫という呼び方をしなくなった。なお,吉原以外の四宿の遊女を指して「花魁」と呼ぶことは原則ない。

落語に登場する有名店

- 「角海老」:京町1丁目の仲之町に面していた。屋上に大きな時計台があったという。
- 「佐野槌」:江戸町2丁目にあった佐野槌屋のこと。京町2丁目に森川槌屋という店があったためにそう呼んだ。
- 「三浦屋」:京町1丁目にあった吉原第一の妓楼で,大三浦とも呼ばれた。

吉原の用語

- 「衣紋坂」:吉原へ向かう遊び客が衣紋(襟)の乱れを直すことから,そう呼ばれ,大門までの距離が50間(約90m)あったので「五十間道」とも呼んだ。現在も吉原大門交差点から,緩やかな上り坂のS字カーブの道が残っている。
- 「大門」:吉原の入口にあった黒塗りの冠木門で,左脇に面番所と呼ばれる町奉行や与力の控え場所,右脇には四郎兵衛会所と呼ばれる警備所があった。現在の吉原交番がある場所に建っていた。
- 「お歯黒どぶ」:遊廓を囲んだ遊女の逃亡を防ぐために設けたどぶ。遊女たちが使ったお歯黒を流したことからその名がついたと言われる。
- 「水道尻」:遊廓の突き当たりや町はずれのエリアを指してそう呼んだ。
- 「土手八丁」:三ノ輪まで続く山谷堀は隅田川から13丁(約1.3km)あったが,吉原の入口までは8丁であったことから,吉原までの日本堤を指してそう呼んだ。
- 「見返り柳」:吉原遊廓の出入口にあった柳。朝帰りの客があとを振り返る頃合いに生えていたことから名が付いた。

種別索引

- 季節の噺 ………………………………………………… 340
  - 新春 ………………………………………………… 340
  - 春 …………………………………………………… 340
  - 夏 …………………………………………………… 340
  - 秋 …………………………………………………… 340
  - 冬 …………………………………………………… 340
- 長屋噺 …………………………………………………… 341
- 武家噺 …………………………………………………… 342
- 旅の噺 …………………………………………………… 343
- 地　噺 …………………………………………………… 343
- 廓　噺 …………………………………………………… 343
- 艶笑噺 …………………………………………………… 344
- 禁演落語 ………………………………………………… 344
- 禁演落語（戦後） ……………………………………… 344
- 圓朝物 …………………………………………………… 344
- 人情噺 …………………………………………………… 345
- 怪談噺 …………………………………………………… 345
- 芝居噺 …………………………………………………… 345
- 音曲噺 …………………………………………………… 345
- 文芸物 …………………………………………………… 346
- 新作落語 ………………………………………………… 346

◎四季や噺の内容にそって分類をした。なお，各演題の別題は示していない。

季節の噺

新春

粟田口	6
かつぎや	64
御慶	77
つる	189
七草	210
初天神	234
万歳の遊び	269
薮入り	289

春

愛宕山	3
あたま山	4
有馬のおふじ	6
幾代餅	11
おせつ徳三郎	39
怪談乳房榎	52
鶴満寺	58
雁風呂	71
御慶	77
紺屋高尾	93
五月幟	95
桜鯛	110
崇徳院	151
節分	155
そば清	160
高田馬場	167
たけのこ	169
団子坂奇談	177
搗屋無間	185
鼓ヶ滝	187
長屋の花見	207
人形買い	217
鼻利き源兵衛	235
鼻ねじ	236
花見酒	237
花見の仇討	237
百年目	248
やかんなめ	285
厄払い	285
安兵衛狐	286

夏

青菜	1
あくび指南	1
麻のれん	3
宇治の柴船	22
鰻の幇間	23
永代橋	27
応挙の幽霊	30
大山詣り	34
お菊の皿	35
臆病源兵衛	36
お化け長屋	42
お初徳兵衛	42
蚊いくさ	51
怪談阿三の森	51
怪談乳房榎	52
かんしゃく	70
祇園祭	73
菊江の仏壇	73
汲み立て	86
三年目	120
蛇含草	136
真景累ヶ淵	145
酢豆腐	151
須磨の浦風	152
千両みかん	157
たがや	167
団子坂奇談	177
ちりとてちん	183
佃祭	186
唐茄子屋政談	198
茄子娘	208
夏どろ	209
夏の医者	209
ねずみ	225
能狂言	228
化け物使い	230
富士詣り	251
船徳	254
へっつい幽霊	257
宮戸川	275
めだか	61
百川	282
幽霊タクシー	294
遊山船	296
夢の酒	297
藁人形	315

秋

粟田口	6
王子の狐	30
怪談阿三の森	51
権兵衛狸	108
笠碁	61
雁風呂	71
野ざらし	228
札所の霊験	55, 252
ぽんぽん唄	265
目黒のさんま	280
柳田格之進	288

冬

朝友	2
穴どろ	4
按摩の炬燵	9
言訳座頭	10
市助酒	14
うどん屋	23
梅若礼三郎	25
おかめ団子	35
加賀の千代	57
掛取万歳	59
鰍沢	62
狂歌家主	77
権助提灯	107
猪買い	126
しじみ売り	126
紫檀楼古木	127
芝浜	134
尻餅	142
大仏餅	165
戸田の渡し	201
富久	203
西の市	203
二十四孝	213
二番煎じ	216
にらみ返し	216
ねぎまの殿様	221
猫の恩返し	224
ねずみ穴	225
橋場の雪	232
はなむけ	238
浜野矩随	238
姫かたり	247

種別索引　341

ふぐ鍋	250	男の花道	39	鷺とり	110
福禄寿	251	お化け長屋	42	酒の粕	110
双蝶々	252	お祭佐七	46	佐々木政談	111
文七元結	256	お神酒徳利	47	匙加減	112
将門	266	おもと違い	48	真田小僧	113
味噌蔵	271	蚊いくさ	51	佐野山	114
もう半分	281	加賀の千代	57	三軒長屋	115
弥次郎	285	掛取万歳	59	三人旅	118
柳田格之進	288	風の神送り	64	三人無筆	119
山岡角兵衛	290	壁金	65	三方一両損	120
雪とん	295	かぼちゃ屋	65	さんま火事	121
雪の瀬川	296	釜どろ	66	鹿政談	124
夢金	297	髪結新三	68	持参金	125
らくだ	304	蛙茶番	69	仕立おろし	127
和歌三神	314	堪忍袋	71	七の字	129
		看板のピン	71	十徳	130
		肝つぶし	75	品川の豆	131

長屋噺

		伽羅の下駄	76	死神	132
		狂歌家主	77	芝浜	134
		御慶	77	締め込み	135
青菜	1	近日息子	78	蛇含草	136
あくび指南	1	黄金の大黒	79	写真の仇討	136
あたま山	4	杭盗人	82	三味線栗毛	137
穴子でからぬけ	4	くしゃみ講釈	81	洒落小町	137
穴どろ	4	薬違い	83	寿限無	138
鮑のし	8	熊の皮	85	松竹梅	141
安産	9	汲み立て	86	樟脳玉	141
言訳座頭	10	鍬潟	86	尻餅	142
家見舞	10	稽古屋	89	しわいや	144
いかけ屋	11	喧嘩長屋	90	真景累ヶ淵	145
石返し	12	源太の産	90	新聞記事	146
磯の鮑	13	孝行糖	92	鈴ヶ森	150
市助酒	14	強情灸	92	酢豆腐	151
井戸の茶碗	15	高野違い	94	清書無筆	154
稲川	15	五月幟	95	節分	155
今戸焼	19	黄金餅	95	粗忽長屋	159
浮世根問	21	五貫裁き	96	粗忽の釘	159
氏子中	21	後家殺し	98	そば清	160
馬大家	24	小言幸兵衛	98	租徠豆腐	161
馬のす	24	小言念仏	99	大工調べ	163
厩火事	25	胡椒のくやみ	99	高砂や	167
梅若礼三郎	25	小粒	101	だくだく	168
越後屋	28	子ほめ	103	館林	171
大山詣り	34	小町	103	狸	172
お菊の皿	35	駒長	104	狸寝入り	172
臆病源兵衛	36	小間物屋政談	104	狸の遊び	172
お七	36	五目講釈	105	狸の釜	172
啞の釣	37	子別れ	105	狸の鯉	172

狸の札	173	初天神	234	藁人形	315
狸　賽	173	派手彦	235	ん廻し	316
魂の入れ替え	176	鼻ほしい	237		
手向けのかもじ	176	花見の仇討	237		
たらちね	177	はなむけ	238	## 武家噺	
千早振る	180	反魂香	242	（奉行・浪人，含む）	
茶の湯	181	反対夫婦	243		
長　短	182	半分垢	243	荒　茶	5
提灯屋	182	一日上がり	245	井戸の茶碗	15
町内の若い衆	183	一人酒盛	246	大坂屋花鳥	32
ちりとてちん	183	雛　鍔	246	帯　久	43
辻駕籠	187	日和違い	248	怪談阿三の森	51
つづら	187	双蝶々	252	怪談乳房榎	52
つづら泥	188	普段の袴	254	怪談牡丹燈籠	54
壺　算	188	不動坊	254	岸柳島	72
つ　る	189	風呂敷	255	紀　州	74
手紙無筆	191	文七元結	256	伽羅の下駄	76
出来心	191	へっつい盗人	257	禁酒番屋	78
天狗裁き	193	へっつい幽霊	257	首提灯	83
天　災	193	棒　屋	262	首　屋	84
道　灌	196	法華長屋	263	源平盛衰記	90
胴斬り	196	骨違い	263	五貫裁き	96
道具屋	197	堀の内	264	小間物屋政談	104
道具屋曽我	197	ぽんぽん唄	265	盃の殿様	109
唐茄子屋政談	198	豆　や	268	桜　鯛	110
ドクトル	201	まんじゅうこわい	269	佐々木政談	111
富　久	203	水屋の富	271	三方一両損	120
豊竹屋	203	未練の夫婦	276	塩原多助一代記	123
トンビの夫婦	203	名人長二	277	鹿政談	124
長　持	207	妾　馬	278	しびん	135
長屋の花見	207	目　薬	279	三味線栗毛	137
夏どろ	209	元　犬	282	将棋の殿様	139
錦の袈裟	213	桃太郎	283	将軍の賽	140
二十四孝	213	厄払い	285	素人鰻	143
にらみ返し	216	弥次郎	285	真景累ヶ淵	145
人形買い	217	安兵衛狐	286	須磨の浦風	152
人情八百屋	218	柳田格之進	288	政談月の鏡	55
抜け裏	220	藪入り	289	粗忽の使者	160
猫怪談	221	雪てん	295	蕎麦の殿様	160
猫　久	221	雪の瀬川	296	大工調べ	163
猫　定	222	遊山船	296	大名道具	166
猫　忠	223	夢　八	297	高　尾	166
猫の災難	224	寄合酒	302	たがや	167
野ざらし	228	らくだ	304	たけのこ	169
のっぺらぼう	229	両どろ	308	天狗裁き	193
のめる	229	りん廻し	310	胴斬り	196
羽織の遊び	230	ろくろ首	311	殿様団子	202
八問答	233	笑い茸	314	泣き塩	208

種別索引 343

抜け雀	220	叩き蟹	170			
ねぎまの殿様	221	田能久	173	**廓 噺**		
能狂言	228	旅の里扶持	175			
初音の鼓	234	長者番付	181	明 烏	2	
備前徳利	244	鼓ヶ滝	187	粟 餅	8	
普段の袴	254	妻の旅行	239	幾代餅	11	
松曳き	267	奈良名所	211	磯の鮑	13	
万病円	269	二人旅	215	居残り佐平次	17	
妾 馬	278	抜け雀	220	大坂屋花鳥	32	
目黒のさんま	280	ねずみ	225	お茶汲み	39	
毛氈芝居	281	能狂言	228	お直し	41	
やかん泥	284	八月下旬	241	おはらい	43	
やかんなめ	285	噺家の夢	236	お見立て	47	
柳田格之進	288	鼻ほしい	237	義 眼	73	
山岡角兵衛	290	はなむけ	238	首ったけ	85	
		春雨宿	240	廓大学	87	
旅の噺		反対夫婦	243	紺屋高尾	94	
		半分垢	243	五銭の遊び	100	
		富士詣り	251	五人廻し	102	
		札所の霊験	55.252	子別れ	105	
いが栗	10	万金丹	268	盃の殿様	109	
一眼国	14	三井の大黒	272	三助の遊び	117	
江戸の夢	149	名人長二	277	三人片輪	117	
大どこの犬	33	弥次郎	285	三枚起請	121	
大山詣り	34	宿屋の仇討	287	四宿の尻	126	
男の花道	39	よいよい蕎麦	299	品川心中	131	
お神酒徳利	47	龍 宮	307	高 尾	166	
怪談累草紙	52	旅行日記	308	狸寝入り	172	
怪談牡丹灯籠	54			狸の遊び	172	
貝野村	56	**地 噺**		縮み上がり	179	
笠と赤い風車	61			付き馬	184	
鰍沢	62			突き落とし	184	
鰍沢二席目	62	池田屋	12	搗屋無間	185	
勘定板	70	お血脈	36	徳ちゃん	200	
雁風呂	72	紀 州	74	とんちき	204	
祇園祭	73	国訛り	84	七 草	210	
九州吹き戻し	76	袈裟御前	89	二階ぞめき	213	
桑名船	87	源平盛衰記	90	錦の袈裟	213	
小間物屋政談	104	西 行	109	羽織の遊び	230	
三十石	116	三国誌	116	ひねりや	246	
三人旅	118	蜀山人	142	文違い	255	
さんま芝居	122	大師の杵	164	坊主の遊び	260	
しじみ売り	126	高 尾	166	万歳の遊び	269	
七度狐	128	鼓ヶ滝	187	木乃伊取り	271	
渋 酒	135			山崎屋	290	
真景累ヶ淵	145			幽女買い	293	
大仏の眼	165					
竹の水仙	169					

雪の瀬川	296
吉住万蔵	299
藁人形	315

艶笑噺

氏子中	21
紙入れ	67
蛙茶番	69
義眼	73
源太の産	90
故郷へ錦	97
駒長	104
四宿の屁	126
品川の豆	131
鈴振り	150
疝気の虫	156
宗漢	158
大名道具	166
短命	178
町内の若い衆	183
つるつる	190
長持	207
なめる	211
姫かたり	247
遍照金剛	258
目薬	279
吉田御殿	300

禁演落語

明烏	2
粟餅	8
磯の鮑	13
居残り佐平次	17
氏子中	21
お茶汲み	39
おはらい	43
お見立て	47
親子茶屋	48
紙入れ	66
蛙茶番	69
首ったけ	85
廓大学	87

後生鰻	100
五銭の遊び	100
五人廻し	102
駒長	104
子別れ	105
権助提灯	107
三助の遊び	117
三人片輪	117
三人息子	119
三枚起請	121
品川心中	131
城木屋	143
疝気の虫	156
高尾	166
辰巳の辻占	171
付き馬	184
突き落とし	184
搗屋無間	185
つづら	188
つるつる	190
とんちき	204
二階ぞめき	213
錦の袈裟	213
にせ金	214
引っ越しの夢	244
一つ穴	245
ひねりや	246
不動坊	254
文違い	255
坊主の遊び	260
包丁	261
星野屋	262
万歳の遊び	269
木乃伊取り	271
宮戸川	275
目薬	279
山崎屋	290
よかちょろ	299
悋気の独楽	308
六尺棒	311

禁演落語（戦後）

お七の十	37
景清	58
岸柳島	72

肝つぶし	75
くしゃみ講釈	81
袈裟御前	89
後生鰻	100
写真の仇討	136
宗論	138
将棋の殿様	139
城木屋	143
高尾	166
ちきり伊勢屋	179
寝床	226
花見の仇討	237
毛氈芝居	281
桃太郎	283
宿屋の仇討	287
山岡角兵衛	290
四段目	301

圓朝物
（圓朝作伝，含む）

熱海土産温泉利書	55
粟田口	6
安中草三牛破り	55
江島屋騒動	27
縁切榎	28
お若伊之助	49
怪談阿三の森	51
怪談乳房榎	52
怪談牡丹灯籠	54
鰍沢	62
敵討札所の霊験	55
菊模様皿山奇談	55
黄金餅	95
駒長	104
塩原多助一代記	123
死神	132
芝浜	134
素人鰻	143
心眼	144
真景累ヶ淵	145
心中時雨傘	55
政談月の鏡	55
大仏餅	165
富久	203
業平文治漂流奇談	55
錦の舞衣	55

種別索引　345

にゅう	216
福禄寿	251
札所の霊験	55, 252
双蝶々	252
文七元結	256
緑林門松竹	273
操競女学校	55
名人競べ	55
名人長二	277
元犬	282
闇夜の梅	291

人情噺

粟田口	6
幾代餅	11
井戸の茶碗	15
稲川	15
梅若礼三郎	25
江島屋騒動	27
阿武松	31
大坂屋花鳥	32
おかめ団子	35
おせつ徳三郎	39
男の花道	39
お富与三郎	40
お初徳兵衛	42
帯久	43
お藤松五郎	44
お若伊之助	49
怪談累草紙	52
怪談牡丹燈籠	54
景清	58
笠と赤い風車	61
鰍沢	62
火事息子	63
髪結新三	68
幸助餅	93
甲府い	93
紺屋高尾	94
小猿七之助	99
子別れ	105
匙加減	112
佐野山	114
塩原多助一代記	123
しじみ売り	126

芝浜	134
三味線栗毛	137
心眼	144
水神	148
善悪双葉の松	155
宗珉の滝	158
徂徠豆腐	161
大仏餅	165
たちきり	170
旅の里扶持	175
ちきり伊勢屋	179
月のじゃがりこ	185
搗屋無間	185
唐茄子屋政談	198
戸田の渡し	201
長崎の赤飯	205
菜刀息子	205
中村仲蔵	206
人情八百屋	218
ねずみ	225
ねずみ穴	225
浜野矩随	238
ハワイの雪	240
福禄寿	251
札所の霊験	55, 252
双蝶々	252
文七元結	256
ぽんぽん唄	265
緑林門松竹	273
名人長二	277
柳田格之進	288
藪入り	289
闇夜の梅	291
やんま久次	291
雪の瀬川	296
吉住万蔵	299
ラーメン屋	304

怪談噺
（一部，お化け噺，含む）

尼寺の怪	5
江島屋騒動	27
お菊の皿	35
怪談阿三の森	51
怪談累草紙	52
怪談乳房榎	52

怪談牡丹灯籠	54
三年目	120
質屋庫	130
真景累ヶ淵	145
団子坂奇談	177
猫怪談	221
猫定	222
年枝の怪談	227
化物娘	231
もう半分	281
幽霊タクシー	294
ろくろ首	311

芝居噺

一分茶番	14
男の花道	39
蛙茶番	69
きゃいのう	75
九段目	82
五段目	101
さんま芝居	122
七段目	128
質屋芝居	130
真景累ヶ淵	145
菅原息子	148
田能久	173
道具屋曽我	197
中村仲蔵	206
鍋草履	210
能狂言	228
武助馬	252
毛氈芝居	281
四段目	301
淀五郎	301

音曲噺

植木のお化け	20
稽古屋	89
虱茶屋	142
豊竹屋	203
猫忠	223
法事の茶	260

文芸物

あんま	62
鶉　衣	149
江戸の夢	149
笠と赤い風車	61
心のともしび	149
小判一両	149
五月雨坊主	62
すててこ誕生	62
大名房五郎	149
旅の里扶持	175
髑髏柳	61
戸田の渡し	201
二つ面	62
耳なし芳一	62
めだか	62

新作落語

青畳の女	241
アジアそば	3
明日に架ける橋	241
アドバルーン	81
イスラムの世界	60
一分線香	122
一文笛	259
E.T.	153
稲葉さんの大冒険	16
異母兄弟	122
宇宙戦争	219
馬大家	24
英会話	81
江戸前カーナビ	241
大つごもり	294
大山家の人々	60
幼友達	294
おしゃべり往生	38
Oh！タカラヅカ	60
男の井戸端会議	60
男の勲章	60
踊るファックス	45
鬼背参り	241
親の顔	45
女天下	50
会長への道	60
買い物ぶぎ	45
ガーコン	59, 60
笠と赤い風車	61
課長の犬	294
カラオケ病院	294
歓喜の歌	45
かんしゃく	70
堪忍袋	71
君よモーツァルトを聴け	239
きゃいのう	75
くず湯	82
月給日	261
結婚式風景	294
ゲバラ自伝	138
玄関の扉	219
肥辰一代記	95
極道のバイト達	97
御前落語	261
子なさせ地蔵	210
こぶ取り爺さん	45
酒の素	81
佐藤栄作の正体	138
里帰り	112
社長の電話	122
ジャンバラヤ	60
授業中	261
縮　辞	122
純情日記横浜編	139
ジョーズ	219
除夜の雪	259
シンデレラ伝説	146
新聞記事	146
水　神	148
杉良太郎の世界	60
寿司屋水滸伝	149
スマチュウ	45
相撲部屋外伝	60
生徒の作文	154
背なで老いてる唐獅子牡丹	239
ぜんざい公社	156
先用後利	45
臓器移植	60
空に願いを	241
鯛	239
大河への道	45
代書屋	164
タイタニック	153
台東区の老人達	60
高瀬舟	294
滝口入道	294
橘ノ園物語	60
旅の里扶持	175
たまや	153
試し酒	176
探偵うどん	178
チャーザー村	60
月のじゃがりこ	185
妻の旅行	239
釣りの酒	189
ディア・ファミリー	45
トイレット部長	138
峠の歌	60
同棲したい	241
東北の宿	199
読書の時間	239
都々逸親子	201
トラタク	122
取り次ぎ電話	122
トンビの夫婦	203
中沢家の人々	261
ナースコール	208
納豆や	209
日照権	294
任侠流山動物園	217
抜け裏	220
猫と金魚	223
年枝の怪談	227
爆笑龍馬伝	60
幕末龍馬伝	60
橋の婚礼	231
バスガール	232
八月下旬	241
母恋いくらげ	238
ぱぴぷぺぽ	60
林家彦六伝	60
遥かなるたぬきうどん	239
パールのようなもの	45
ハワイの雪	240
ハンカチ	259
B型人間	60
びっくりレストラン	219
表彰状	210
表　札	81

夫婦に乾杯	241	みどりの窓口	45	呼び出し電話	122
冬のそなた	122	身投げ屋	274	嫁取り	81
フロ野球	60	息子の結婚	122	夜の慣用句	303
ぺたりこん	257	名人への道	60	落語家の兵隊	81
ぼやき酒屋	239	免許証	294	ラーメン屋	304
マキシム・ド・のん兵衛	266	毛沢東本伝	138	ランゴランゴ	305
増位山物語	60	貰い風呂	219	旅行日記	308
松下幸之助伝	138	病を楽しむ男	210	悋気の見本	309
真二つ	267	ヤマダゴイチ	60	老人天国	60
まめだ	259	幽霊タクシー	294	浪曲社長	261
真夜中の襲名	241	幽霊の辻	259	路地裏の伝説	241
身代わりポン太	45	与太郎戦記	294	ローマの休日	153

検索ワード索引

場所・舞台索引……………………………………………… 350
季節索引……………………………………………………… 363
職業・人物（普通名詞）索引……………………………… 364
人物（固有名詞）索引……………………………………… 384
動植物索引…………………………………………………… 396
食べ物・嗜好品索引………………………………………… 400
行事・行動・習慣索引……………………………………… 407
事物・事象・その他索引…………………………………… 424

検索ワード索引　凡例と使い方

◎本書に収載した落語に登場するキーワードを「場所・舞台」「季節」「職業・人物（普通名詞）」「人物（固有名詞）」「動植物」「食べ物・嗜好品」「行事・行動・習慣」「事物・事象・その他」に分類をして掲げた。
◎本文中のあらすじには掲載しなかったが，その噺を検索するのに必要と思われるキーワードも各項目内で取り上げている。
◎演者によって細かな演出などが異なることもあるため，各演題の固有名詞は変わっていることもある。
◎「場所・舞台」内で掲載した江戸市中に関する各地名の詳細に関しては，別掲した「落語江戸歴史地名事典」を参照されたい。
◎「場所・舞台」では噺に登場する特徴ある場所・舞台を取り上げた。したがって「家」「田舎」「往来」「座敷」といった特定しがたい舞台は省略した。
◎「場所・舞台」では噺の中では「江戸町二丁目」と出てくるものでも，丁目を省略して示した。
◎「季節」に関しては《種別索引》の「季節の噺」を参照されたい。
◎「職業・人物（普通名詞）」で取り上げたワードに関しては，なるべく一般的な名称として示した。
　（例）「赤鬼」→「鬼」
◎具体的な店名や屋号は「人物（固有名詞）」で取り上げた。
◎噺によっては類似する名前もあるので，検索したい名前の周辺も探していただきたい。
　（例）清さん→清七，清八，清吉，清公，清五郎，清助，清蔵　等々
◎「人物（固有名詞）」では，その噺で主要となる動物名も取り上げた。
　（例）「シロ」（犬の名）
◎「食べ物・嗜好品」では各種食べ物の他，薬や民間医療に関する項目も掲載した。
　（例）万金丹，いもりの黒焼
◎神仏信仰に関する項目は「事物・事象・その他」で取り上げた。

索引の使い方・ガイドライン

①演題のわからない落語の中から，その噺に登場する代表的な二，三の単語を思い浮かべる。
②「索引」で紹介する「場所・舞台」「季節」「職業・人物（普通名詞）」「人物（固有名詞）」「動植物」「食べ物・嗜好品」「行事・行動・習慣」「事物・事象・その他」のどれに該当するかを考え，思い浮かべた単語を索引で検索してみる。
③たとえば「屋敷，柳蔭または直し，真似をして失敗する」が含まれる演題を検索したいときは，屋敷→「場所・舞台」索引，柳蔭または直し→「食べ物・嗜好品」索引，真似または（および）失敗→「行事・行動・習慣」索引をたどることで，三つに共通する『青菜』という演題にたどりつける。
④演題が五十音順に並んでいる本文から『青菜』（あおな）を探す。

場所・舞台索引

📖 あ行

▽あ
相生町
　ぼんぼん唄　265
藍染川
　三井の大黒　272
青柳の昌福寺
　鰍沢　62
青山霊園
　幽霊タクシー　294
赤坂
　ちきり伊勢屋　179
赤塚
　怪談乳房榎　52
空き地（原っぱ）
　さんま火事　121
　道具屋曽我　197
　初天神　234
　寄合酒　302
阿漕ヶ浦
　西行　109
浅草
　おはらい　43
　小猿七之助　99
　紺田屋　107
　心眼　144
　せむし茶屋　155
　高田馬場　167
　魂の入れ替え　176
　付き馬　184
　西の市　203
　人情八百屋　218
　姫かたり　247
　雪の瀬川　296
　よいよい蕎麦　299

浅草阿部川町
　富久　203
　柳田格之進　288
浅草田圃
　ぞろぞろ　162
麻布
　井戸の茶碗　15
　怪談阿三の森　51
　雪の瀬川　296
麻布絶口釜無村
　黄金餅　95
麻和田村
　怪談累草紙　52
飛鳥山
　花見の仇討　237
愛宕下
　猫定　222
愛宕山　3
吾妻橋
　佃祭　186
　唐茄子屋政談　198
　橋の婚礼　231
　双蝶々　252
　文七元結　256
　星野屋　262
　身投げ屋　274
穴蔵
　穴どろ　4
あばら家
　いが栗　10
阿倍川町
　おすわどん　38
　化物娘　231
尼寺
　七度狐　128
阿弥陀堂
　西行　109

阿波国田能村
　田能久　173
安中
　蒟蒻問答　107

▽い
飯倉片町
　おかめ団子　35
医院
　犬の目　16
　カラオケ病院　294
　義眼　73
　金玉医者　79
　地獄巡り　124
　疝気の虫　156
　代脈　165
　転失気　194
　ドクトル　201
　ナースコール　208
　藪医者　289
　綿医者　314
池
　あたま山　4
　杭盗人　82
　真二つ　267
　→不忍池も見よ
伊皿子台町
　粟田口　6
伊勢
　長崎の赤飯　205
居候先
　紙屑屋　67
板橋
　縁切榎　28
　阿武松　31
　四宿の屁　126
市
　仏馬　263

市川真間		
粟田口	6	
市ヶ谷		
辻駕籠	187	
一眼国		
一眼国	14	
井　戸		
一文笛	259	
お菊の皿	35	
加賀の千代	57	
きらいきらい坊主	79	
狸の化寺	173	
魂の入れ替え	175	
長者番付	181	
引っ越しの夢	244	
稲荷町		
猫怪談	221	
今　戸		
今戸の狐	18	
因果塚		
お若伊之助	49	
▽う		
上　野		
崇徳院	151	
長屋の花見	207	
猫怪談	221	
上野動物園		
任侠流山動物園	217	
上野広小路		
手紙無筆	191	
ねぎまの殿様	221	
普段の袴	254	
請　地		
名人長二	277	
宇　治		
宇治の柴船	22	
宇治川		
宇治の柴船	22	
牛込榎町		
肥辰一代記	95	
歌の宿		
怪談累草紙	52	
采女が原		
猫　定	222	
馬　道		
有馬のおふじ	6	
笠と赤い風車	61	

心　眼	144	
柳田格之進	288	
吉住万蔵	299	
海		
九州吹き戻し	76	
品川心中	131	
清正公酒屋	154	
佃　島	186	
母恋いくらげ	238	
裏長屋		
→「種別索引」の長屋		
宇和島		
田能久	173	
うわばみ		
夏の医者	209	
営業所		
幽霊タクシー	294	
▽え		
映画館		
ジョーズ	219	
永代橋		
永代橋	27	
髪結新三	68	
小猿七之助	99	
佃　祭	186	
もう半分	281	
雪の瀬川	296	
永平寺		
蒟蒻問答	107	
駅		
みどりの窓口	45	
回向院		
開帳の雪隠	56	
猫　定	222	
猫の恩返し	224	
絵草子屋		
搗屋無間	185	
越　後		
怪談累草紙	52	
狸の札	173	
越後国松山村		
松山鏡	268	
越前国		
蒟蒻問答	107	
越　中		
怪談累草紙	52	
江　戸		

鬼背参り	241	
九州吹き戻し	76	
能狂言	228	
三井の大黒	272	
江戸川		
粟田口	6	
江戸城		
紀　州	74	
将軍の賽	140	
江戸町		
大坂屋花鳥	32	
縁　側		
初音の鼓	234	
縁切榎		
縁切榎	28	
縁　日		
初天神	234	
閻魔堂橋		
髪結新三	68	
▽お		
お岩稲荷		
ぞろぞろ	162	
王　子		
小烏丸	96	
王子稲荷		
王子の狐	30	
大　川		
お初徳兵衛	42	
岸柳島	72	
擬宝珠	74	
汲み立て	86	
辰巳の辻占	171	
船　徳	254	
星野屋	262	
もう半分	281	
夢　金	297	
大坂（大阪）		
宇治の柴船	22	
お神酒徳利	47	
貝野村	56	
大桟橋		
船　徳	254	
大店（おおだな）		
有馬のおふじ	6	
一分茶番	14	
芋　俵	19	
うどん屋	23	

場所・舞台索引　　351

おせつ徳三郎	39	
お若伊之助	49	
菊江の仏壇	73	
金玉医者	79	
廓大学	87	
ざる屋	114	
三人息子	119	
死　神	132	
しの字嫌い	133	
千両みかん	157	
宗　漢	158	
染　色	161	
大仏餅	165	
菜刀息子	205	
二階ぞめき	213	
二丁ろうそく	214	
ねずみ穴	225	
派手彦	235	
引っ越しの夢	244	
百年目	248	
福禄寿	251	
夢　金	297	
六尺棒	311	
→店(みせ)も見よ		
大塚鶏声ヶ窪		
三味線栗毛	137	
鷲神社		
西の市	203	
大貫村		
江島屋騒動	27	
大　門		
付き馬	184	
大　山		
大山詣り	34	
奥　州		
双蝶々	252	
奥　山		
高田馬場	167	
せむし茶屋	155	
阿三の森		
怪談阿三の森	51	
恐　山		
弥次郎	285	
お玉が池		
男の花道	39	
小田原		
お神酒徳利	47	
笠と赤い風車	61	
小間物屋政談	104	
三人旅	118	
須磨の浦風	152	
抜け雀	220	
落　合		
怪談乳房榎	52	
らくだ	304	
音羽の滝		
茶　金	180	
御成街道		
普段の袴	254	
お歯黒どぶ		
首ったけ	85	
突き落とし	184	
親不知		
怪談累草紙	52	
御厩の渡し		
岸柳島	72	

📖 か行

▽か

会　社		
バスガール	232	
ぺたりこん	257	
悋気の見本	309	
廻船問屋		
めだか	61	
海　中		
桑名船	87	
龍　宮	307	
街　道		
三人旅	118	
七度狐	128	
長者番付	181	
二人旅	215	
仏　馬	263	
真二つ	267	
万金丹	268	
旅行日記	308	
貝野村		
貝野村	56	
鶴満寺		
鶴満寺	58	
楽　屋		
きゃいのう	75	
掛　川		
雁風呂	72	
笠　間		
紋三郎稲荷	283	
鰍　沢		
鰍　沢	62	
火事場		
お祭佐七	46	
上　総		
搗屋無間	185	
学　校		
親の顔	45	
神奈川宿		
大山詣り	34	
お神酒徳利	47	
三人旅	118	
年枝の怪談	227	
茗荷宿	275	
金　沢		
年枝の怪談	227	
金沢八景		
大山詣り	34	
金谷宿		
男の花道	39	
金田屋		
長崎の赤飯	205	
釜ヶ淵		
鰍　沢	62	
鎌倉河岸		
梅若礼三郎	25	
鎌倉山		
茄子娘	208	
雷　門		
おはらい	43	
粗忽長屋	159	
ぽんぽん唄	265	
宮戸川	275	
上屋敷		
三味線栗毛	137	
亀　戸		
安兵衛狐	286	
亀戸天神		
怪談阿三の森	51	
亀田村		
福禄寿	251	
茅場町		
しじみ売り	126	
心　眼	144	
川		
泳ぎの医者	49	

場所・舞台索引　　　353

風の神送り	63	
七度狐	128	
釣りの酒	189	
弥次郎	285	
遊山船	296	
川崎大師		
品川の豆	131	
匙加減	112	
大師の杵	164	
厠（便所）		
越後屋	28	
開帳の雪隠	56	
勘定板	70	
三人息子	119	
味噌豆	272	
川原		
戸田の渡し	201	
寛永寺		
啞の釣	37	
神崎川		
江島屋騒動	27	
神田		
王子の幇間	31	
品川心中	131	
神田お玉が池		
佃祭	186	
神田川		
素人鰻	143	
神田紺屋町		
紺屋高尾	94	
神田堅大工町		
三方一両損	120	
神田鍋町		
梅若礼三郎	25	
神田錦町		
真二つ	267	
神田八丁堀		
三井の大黒	272	
神田三河町		
藪医者	289	
火事息子	63	
神田龍閑町		
藁人形	315	
観音様		
紺田屋	107	
せむし茶屋	155	

▽き		
魏		
三国誌	116	
祇園		
祇園祭	73	
木更津		
お富与三郎	40	
派手彦	235	
紀州		
宗珉の滝	158	
吉祥寺		
お七の十	37	
木場		
粟田口	6	
おせつ徳三郎	39	
たばこの火	174	
君塚温泉		
春雨宿	240	
キャバクラ		
夜の慣用句	303	
京都		
祇園祭	73	
京の茶漬	77	
紺田屋	107	
茶金	180	
胴乱の幸助	199	
鼻利き源兵衛	235	
三井の大黒	272	
京橋		
阿武松	31	
京橋五郎兵衛町		
小間物屋政談	104	
京橋南八丁堀浅蜊河岸		
吉住万蔵	299	
清水観音堂		
景清	58	
吉良邸		
山岡角兵衛	290	
桐ケ谷		
黄金餅	95	
桐生		
善悪双葉の松	155	
銀座		
マキシム・ド・のん兵衛	266	
▽く		
熊谷		

吉住万蔵	299	
熊本		
九州吹き戻し	76	
蔵		
江島屋騒動	27	
火事息子	62	
質屋庫	130	
質屋芝居	130	
たちきり	170	
ねずみ穴	225	
味噌蔵	271	
四段目	301	
蔵前		
蔵前駕籠	86	
茶の湯	181	
名人長二	277	
蔵前神社		
元犬	282	
倶利伽羅峠の戦い		
源平盛衰記	90	
栗橋		
怪談牡丹燈籠	54	
車坂		
緑林門松竹	273	
廓		
→「種別索引」の廓噺		
軍隊		
与太郎戦記	294	
▽け		
稽古所		
あくび指南	1	
汲み立て	86	
派手彦	235	
猫忠	223	
稽古屋	89	
警察		
背なで老いてる		
唐獅子牡丹	239	
境内		
御慶	77	
蹴転（けころ）		
お直し	41	
玄冶店（げんやだな）		
お富与三郎	40	
▽こ		
小網町		

派手彦	235
宮戸川	275

公園
稲葉さんの大冒険	16
月のじゃがりこ	185

甲子園
ガーコン	59, 60

麹町
おかふい	34
ちきり伊勢屋	179

麹町貝坂
文七元結	256

講釈場
くしゃみ講釈	81

甲州
甲府い	93

広徳寺
双蝶々	252

鴻池
大どこの犬	33
お神酒徳利	47

国府台
粟田口	6

小梅
水神	148

高麗屋
肥辰一代記	95

碁会所
柳田格之進	288

石町（こくちょう）
大どこの犬	33
小烏丸	96

極楽
お血脈	36
死ぬなら今	133

五合目
富士詣り	251

五重塔
鷺とり	110

御所
鼻利き源兵衛	235

小塚原
真景累ヶ淵	145

木挽町
芝居の喧嘩	134

五百羅漢寺
五百羅漢	102

小室山

鰍沢	62

垢離場
梅若礼三郎	25

婚礼
高砂や	167

📖 さ行

▽さ

佐賀町河岸
粟田口	6

桜島
九州吹き戻し	76

佐竹
緑林門松竹	273

幸手
紋三郎稲荷	283

佐渡
お富与三郎	40

砂糖屋
お祭佐七	46

鮫が橋
からくり屋	69

三光新道
百川	282

三崎（さんさき）
怪談牡丹燈籠	54

三十石船
三十石	116

三条寺町
紺田屋	107

三途の川
朝友	2
おしゃべり往生	38

山中
いが栗	10
弥次郎	285

山谷
お見立て	47
子別れ	105

山谷堀
宮戸川	275

▽し

汐留
しじみ売り	126

潮見坂
団子坂奇談	177

地獄
朝友	2
お血脈	36
お七の十	37
地獄巡り	124
死ぬなら今	133

四宿
四宿の屁	126

下谷山崎町
黄金餅	95
双蝶々	252

七面堂
七面堂	129

実家
かんしゃく	70
里帰り	112
二丁ろうそく	214
味噌蔵	271

品川
居残り佐平次	17
匙加減	112
四宿の屁	126
品川心中	131
品川の豆	131
将軍の賽	140
ちきり伊勢屋	179

不忍池
臆病源兵衛	36
唖の釣	37
鷺とり	110
蛸坊主	169
猫怪談	221
闇夜の梅	291

芝居小屋
さんま芝居	122
鍋草履	210
なめる	211
毛氈芝居	281
よいよい蕎麦	299

芝
粟田口	6
しじみ売り	126

芝伊皿子台町
梅若礼三郎	25

芝片門前
大仏餅	165

芝金杉
富久	203

芝神谷町		
小間物屋政談	104	
芝増上寺		
徂徠豆腐	161	
芝日陰町		
江島屋騒動	27	
芝田町		
お富与三郎	40	
芝　浜		
芝浜	134	
芝山内		
首提灯	83	
芝山の仁王尊		
小粒	101	
事務所		
極道のバイト達	97	
〆切（本所）		
名人長二	277	
下　総		
江島屋騒動	27	
下屋敷		
三味線栗毛	137	
三味線堀		
緑林門松竹	273	
十二社の滝		
怪談乳房榎	52	
宿場町		
ねずみ	225	
首尾の松		
お初徳兵衛	42	
撞木橋		
怪談乳房榎	52	
商　家		
穴どろ	4	
貝野村	56	
猿後家	114	
試し酒	176	
猫と金魚	223	
六尺棒	311	
松月院		
怪談乳房榎	52	
浄光寺		
ちきり伊勢屋	179	
上　州		
蒟蒻問答	107	
緑林門松竹	273	
妾　宅		
転宅	184	

一つ穴	245	
悋気の独楽	308	
書画屋		
応挙の幽霊	30	
白壁町		
三方一両損	120	
白　金		
井戸の茶碗	15	
新　川		
永代橋	27	
小猿七之助	99	
晋　国		
写真の仇討	136	
信　州		
そば清	160	
新　宿		
おかふい	34	
四宿の屁	126	
縮み上がり	179	
文違い	255	
天災	193	
新　橋		
しじみ売り	126	
新幡随院		
怪談牡丹燈籠	54	

▽す

水神の森		
水神	148	
水門前		
真景累ヶ淵	145	
巣鴨鶏声ヶ窪		
怪談累草紙	52	
椙森神社（すぎのもりじんじゃ）		
宿屋の富	287	
鈴ヶ森		
お七の十	37	
鈴ヶ森	150	
砂　場		
黄金の大黒	79	
須　磨		
須磨の浦風	152	
隅田川		
明日に架ける橋	241	
→大川も見よ		
相撲小屋		
相撲風景	152	
相撲部屋		

鍬潟	86	

▽せ

誓願寺店		
唐茄子屋政談	198	
摂津国		
鼓ヶ滝	187	
善光寺		
お血脈	36	
鰍沢二席目	62	
千　住		
今戸の狐	18	
四宿の屁	126	
もう半分	281	
藁人形	315	
浅草寺		
擬宝珠	74	
甲府い	93	
粗忽長屋	159	
ぽんぽん唄	265	
仙　台		
ねずみ	225	
銭　湯		
→「職業・人物（普通名詞）」		
索引の湯屋		
船　場		
貝野村	56	

▽そ

草加屋		
お藤松五郎	44	
曹源寺		
茄子娘	208	
総寧寺		
栗田口	6	
空		
水神	148	
笑い茸	314	

📖 **た 行**

▽た

大恩寺前		
大坂屋花鳥	32	
大恩寺		
悋気の火の玉	309	
代官所		
てれすこ	192	

大家（たいけ）			鼻ほしい		237	▽つ		
→大店（おおだな）			王子屋新道			佃		
大徳院				猫 定	222		小猿七之助	99
	名人長二	277		ぽんぽん唄	265	佃 島		
台 場			達磨横丁				佃 島	186
	佃 島	186		唐茄子屋政談	198		佃 祭	186
大松屋				文七元結	256	佃 長		
	お初徳兵衛	42	太郎稲荷				お藤松五郎	44
台 湾				ぞろぞろ	162	辻 堂		
	ちりとてちん	183	田原町				いが栗	10
高尾山				粟田口	6	鼓ヶ滝		
	天狗裁き	193		付き馬	184		鼓ヶ滝	187
高 田			団子坂			▽て		
	怪談乳房榎	52		団子坂奇談	177	鉄砲洲		
高田馬場			丹 沢				小猿七之助	99
	高田馬場	167		猪買い	126	寺		
高 輪			団 地				尼寺の怪	5
	ちきり伊勢屋	179		玄関の扉	219		植木屋娘	20
高 橋				貰い風呂	219		ご印文	92
	探偵うどん	178	壇ノ浦の戦い				寿限無	138
滝				源平盛衰記	90		将軍の賽	140
	鼓ヶ滝	187					除夜の雪	259
タクシー			▽ち				鈴振り	150
	幽霊タクシー	294	秩 父				狸の釜	172
竹 藪				猪買い	126		狸の化寺	173
	たけのこ	169	茶 室				転失気	194
田島橋				荒 茶	5		茄子娘	208
	怪談乳房榎	52		茶の湯	181		錦の裂裟	213
多田薬師			茶 店				年枝の怪談	227
	双蝶々	252		→「職業・人物（普通名詞）			仏 馬	263
	宮戸川	275	中華街				万金丹	268
橘郡平間村				純情日記横浜編	139		弥次郎	285
	大師の杵	164	中 国				六郷の煙草	311
多 町				鉄 拐	192	寺田屋		
	千両みかん	157	長安寺				三十石	116
辰 巳				闇夜の梅	291	天 竺		
	辰巳の辻占	171	長坂橋（ちょうはんきょう）				お血脈	36
	辻駕籠	187		三国誌	116	電 車		
館 林			銚 子				網棚の荷物	81
	館 林	171		花 筏	235		女天下	50
店（たな）			長者屋				胴乱の幸助	199
	→店（みせ）			長崎の赤飯	205		八月下旬	241
谷 底			帳 場				反対車	242
	笠と赤い風車	61		たばこの火	174	天王寺		
旅 先			長命寺				菜刀息子	205
	噺家の夢	236		おせつ徳三郎	39		安兵衛狐	286
旅 路			鎮 守			天王橋		
	そば清	160		渋 酒	135			

辻駕籠		187
伝馬町		
藁人形		315
電話室		
電話の遊び		195

▽と
トイレ		
→厠（かわや）		
東海道		
茄子娘		208
稲荷堀（とうかんぼり）		
お富与三郎		40
東　京		
ガーコン		59
国訛り		84
月のじゃがりこ		185
洞　窟		
死　神		132
道具屋		
→「職業・人物（普通名詞）」		
索引		
道　場		
お若伊之助		49
館　林		171
東大寺		
大仏の眼		165
動物園		
動物園		198
任侠流山動物園		217
真夜中の襲名		241
東　北		
東北の宿		199
戸　田		
塩原多助一代記		123
戸田の渡し		201
戸　塚		
笠と赤い風車		61
茄子娘		208
土　手		
野ざらし		228
百年目		248
名人長二		277
和歌三神		314
土　俵		
大安売り		33
佐野山		114
花　筏		235

富　山		
先用後利		45
豊倉楼		
縮み上がり		179
鳥　越		
名人長二		277
鳥坂峠		
田能久		173
西の市		
西の市		203

📖 **な行**

▽な
内藤新宿		
怪談乳房榎		52
長　崎		
てれすこ		192
長崎の赤飯		205
中　橋		
今戸の狐		18
代　脈		165
中村座		
男の花道		39
中村仲蔵		206
淀五郎		301
中目黒		
おかめ団子		35
長　屋		
→「種別索引」の長屋噺		
長屋の路地		
いかけ屋		11
流　山		
紺屋高尾		94
流山動物園		
任侠流山動物園		217
名古屋		
国訛り		84
那智の滝		
宗珉の滝		158
名主の家		
大師の杵		164
鍋の中		
ぐつぐつ		83
納　屋		
松山鏡		268
奈　良		
大仏の眼		165

奈良名所		211
奈良三条横町		
鹿政談		124
奈良茂		
たばこの火		174
成田山		
真二つ		267
南蔵院		
怪談乳房榎		52
難波池		
お血脈		36

▽に
新　潟		
ハワイの雪		240
二　階		
二階ぞめき		213
日朝様		
景　清		58
新羽屋源兵衛		
お神酒徳利		47
日本橋		
お文様		45
叩き蟹		170
日本橋浮世小路		
百　川		282
日本橋金吹町		
長崎の赤飯		205
日本橋石町		
三人息子		119
日本橋小伝馬町		
吉住万蔵		299
日本橋新材木町		
城木屋		143
髪結新三		68
日本橋田所町		
明　烏		2
日本橋通り一丁目		
鼻利き源兵衛		235
日本橋本町		
ひねりや		246
日本橋村松町		
おせつ徳三郎		39
日本橋横山町		
お若伊之助		49
文七元結		256
雪の瀬川		296
庭		

場所・舞台索引

青 菜 1
植木のお化け 20
おかめ団子 35
桜 鯛 110
松曳き 267
庭 蟹 217
人形町
　幾代餅 11
　搗屋無間 185

▽ぬ, ね
沼 田
　塩原多助一代記 123
根 岸
　大坂屋花鳥 32
　茶の湯 181
　悋気の火の玉 309
根岸お行の松
　お若伊之助 49
根 津
　臆病源兵衛 36
根津七軒町
　阿武松 31
　真景累ヶ淵 145
　緑林門松竹 273

▽の
農 家
　真二つ 267
野 田
　幾代餅 11
能登国
　阿武松 31
乗物町
　派手彦 235

📖 は行

▽は
博打場
　看板のピン 71
　品川心中 131
　狸 賽 173
　猫 定 222
　やんま久次 291
馬喰町
　お神酒徳利 47
　勘定板 70

宿屋の富 287
よいよい蕎麦 299
箱 根
　笠と赤い風車 61
　小間物屋政談 104
　盃の殿様 109
　しじみ売り 126
　須磨の浦風 152
　試し酒 176
　悋気の見本 309
橋
　橋の婚礼 231
　遊山船 296
橋場の渡し
　橋場の雪 232
バ ス
　母恋いくらげ 238
長谷川町
　天 災 193
　派手彦 235
　百 川 282
畑
　七度狐 128
　茶の湯 181
　茄子娘 208
八幡宮
　粟田口 6
八丁堀
　心 眼 144
　猫 定 222
　猫の恩返し 224
　ぼんぼん唄 265
八丁堀岡崎町
　長崎の赤飯 205
花川戸
　悋気の火の玉 309
離 れ
　お文様 45
離れ座敷
　麻のれん 3
羽生村
　真景累ヶ淵 145
馬 場
　柳の馬場 289
浜 町
　染色（そめいろ） 161
原っぱ
　→空地

原の郷
　緑林門松竹 273
腹の中
　地獄巡り 124
ハワイ
　ハワイの雪 240
番小屋
　二番煎じ 216
半蔵松屋
　双蝶々 252
番 台
　湯屋番 298
番 町
　お菊の皿 35
番町御厩谷
　やんま久次 291
番 屋
　禁酒番屋 78

▽ひ
東両国
　名人長二 277
肥 後
　九州吹き戻し 76
日高川
　弥次郎 285
常陸国
　紋三郎稲荷 283
火 屋
　らくだ 304
病 院
　→医院
病 室
　ナースコール 208
広瀬川
　ねずみ 225

▽ふ
深 川
　髪結新三 68
　探偵うどん 178
　ちきり伊勢屋 179
　名人長二 277
深川相川町
　小猿七之助 99
深川清住町
　人情八百屋 218
深川佐賀町

場所・舞台索引　359

江島屋騒動	27
深川仲町	
粟田口	6
深川八幡	
永代橋	27
富　久	203
深川蛤町	
怪談阿三の森	51
猫怪談	221
ねずみ穴	225
深川牡丹町	
怪談阿三の森	51
深川万年町	
福禄寿	251
奉行所	
→「職業・人物（普通名詞）」	
索引の奉行	
福　島	
福禄寿	251
武　家	
→「種別索引」の武家	
藤ヶ谷新田	
江島屋騒動	27
藤沢宿	
鈴振り	150
竹の水仙	169
富士山	
半分垢	243
富士詣り	251
伏　見	
宇治の柴船	22
伏見街道	
三十石	116
富士横丁	
心　眼	144
普請場	
三井の大黒	272
舞　台	
一分茶番	14
蛙茶番	69
きゃいのう	75
九段目	82
五段目	101
武助馬	251
舞踏会	
シンデレラ伝説	146
船乗り場	
派手彦	235

船　宿	
お初徳兵衛	42
しじみ売り	126
船　徳	254
宮戸川	275
雪とん	295
夢　金	297
舟	
あくび指南	1
粟田口	6
おしゃべり往生	38
お初徳兵衛	42
汲み立て	86
桑名船	87
小猿七之助	99
高　尾	166
佃　島	186
橋場の雪	232
百年目	248
船　徳	254
宮戸川	275
夢　金	297
龍　宮	307
六郷の煙草	311
風　呂	
くず湯	82
猫と金魚	223
→「職業・人物（普通名詞）」	
索引の湯屋,「事物・事	
象・その他」索引の風呂	
も見よ	

▽へ，ほ
弁慶橋	
のっぺらぼう	229
便　所	
→厠（かわや）	
法論石	
鰍　沢	62
法華津峠	
田能久	173
細川様	
井戸の茶碗	15
墓　地	
お見立て	47
北海道	
福禄寿	251
弥次郎	285

堀越村	
幽霊の辻	259
堀　留	
猫の恩返し	224
堀の内	
縮み上がり	179
堀の内	264
本　郷	
お七の十	37
怪談牡丹灯籠	54
肥辰一代記	95
本　所	
怪談阿三の森	51
怪談乳房榎	52
七面堂	129
団子坂奇談	177
探偵うどん	178
名人長二	277
やんま久次	291
本所相生町	
塩原多助一代記	123
本所五ツ目	
五百羅漢	102
本所番場	
双蝶々	252
本所一つ目	
緑林門松竹	273
本所四つ目	
塩原多助一代記	123
本所割下水	
怪談阿三の森	51
化け物使い	230
化物娘	231
本　庄	
旅の里扶持	175
本　陣	
紋三郎稲荷	283
本　町	
帯　久	43

ま行

▽ま
前　橋	
旅の里扶持	175
枕　橋	
橋の婚礼	231
松倉町	

真景累ヶ淵	145	鼻ねじ	236	武蔵国		
マッターホルン		一つ穴	245	大師の杵	164	
遥かなるたぬきうどん	239	平　林	248	村		
松　戸		ぽんぽん唄	265	宗　漢	158	
紋三郎稲荷	283	木乃伊取り	271			
松　本		味噌蔵	271	▽め，も		
善悪双葉の松	155	味噌豆	272	冥　途		
鞠子宿		宮戸川	275	朝　友	2	
さんま芝居	122	もぐら泥	281	幽女買い	293	
饅頭屋		元　犬	282	眼鏡屋		
清正公酒屋	154	厄払い	285	めがね泥	279	
万　八		山崎屋	290	目　黒		
たばこの火	174	六尺棒	311	黄金餅	95	
		水戸様		目黒のさんま	280	
▽み		孝行糖	92	木蓮寺		
三　島		港		黄金餅	95	
お神酒徳利	47	噺家の夢	236	元柳橋		
三筋町		身延山		お富与三郎	40	
闇夜の梅	291	鰍　沢	62	物　置		
水たまり		甲府い	93	渋　酒	135	
母恋いくらげ	238	三保の松原		百　川		
見　世		羽衣の松	231	百　川	282	
朝　友	2	三囲稲荷		森		
店		おせつ徳三郎	39	ふたなり	253	
按摩の炬燵	9	水　神	148	森田座		
言訳座頭	10	宮戸川（隅田川）		淀五郎	301	
市助酒	14	宮戸川	275			
位牌屋	17	民　家		や行		
馬の田楽	25	鼓ヶ滝	187			
おもと違い	48			▽や		
笠　碁	61	▽む		矢　切		
片　棒	64	麦　畑		粟田口	6	
かつぎや	64	七度狐	128	屋　敷		
紙入れ	67	向　島		青　菜	1	
蛙茶番	69	男の花道	39	石返し	12	
九段目	82	おせつ徳三郎	39	大どこの犬	33	
小烏丸	96	怪談阿三の森	51	おすわどん	38	
ざこ八	111	野ざらし	228	火焰太鼓	57	
三人無筆	119	ねぎまの殿様	221	禁酒番屋	78	
七段目	128	橋場の雪	232	首　屋	84	
松竹梅	141	花見酒	237	袈裟御前	89	
崇徳院	151	百年目	248	盃の殿様	109	
たちきり	170	やかんなめ	285	桜　鯛	110	
手向けのかもじ	176	安兵衛狐	286	紫檀楼古木	127	
つるつる	190	夢の酒	297	将棋の殿様	139	
庭　蟹	217	和歌三神	314	須磨の浦風	152	
寝　床	226	武蔵野		粗忽の使者	160	
八九升	233	試し酒	176	蕎麦の殿様	160	

場所・舞台索引　　　361

大名道具	166	
高　尾	166	
たけのこ	169	
茶の湯	181	
殿様団子	202	
にゅう	216	
ねぎまの殿様	221	
化け物使い	230	
初音の鼓	234	
備前徳利	244	
雛　鍔	246	
本　膳	264	
松曳き	267	
妾　馬	278	
目黒のさんま	280	
やかん泥	284	
柳の馬場	289	
やんま久次	291	
吉田御殿	300	
ろくろ首	311	

屋島の合戦
　源平盛衰記　　　90

屋　台
　うどん屋　　　23
　年枝の怪談　　227
　噺家の夢　　　236
　ラーメン屋　　304
　両国八景　　　307

宿　屋
　→「職業・人物（普通名詞）」

谷　中
　怪談牡丹燈籠　54
　安兵衛狐　　　286
　闇夜の梅　　　291

谷中七軒町
　猫怪談　　　　221

谷中天龍院
　名人長二　　　277

谷中霊園
　団子坂奇談　　177

柳　島
　名人長二　　　277
　怪談乳房榎　　52
　怪談牡丹燈籠　54

柳　橋
　鶯宿梅　　　　31
　おせつ徳三郎　39
　お初徳兵衛　　42

親子茶屋	48	
九州吹き戻し	76	
金魚の芸者	78	
汲み立て	85	
幸助餅	93	
たばこの火	174	
百年目	248	
不孝者	250	
船　徳	255	

柳　原
　三方一両損　　120
　鼻利き源兵衛　235

屋根舟
　野ざらし　　　228

藪加藤
　猫　定　　　　222

山
　愛宕山　　　　3
　あたま山　　　4
　善悪双葉の松　155
　鉄　拐　　　　192
　夏の医者　　　209

山口屋
　粟田口　　　　6

山崎屋
　双蝶々　　　　252
　山崎屋　　　　290
　よかちょろ　　299

山下公園
　純情日記横浜編　139

山　道
　渋　酒　　　　135
　夏の医者209

山村座
　芝居の喧嘩　　134

▽ゆ

遊　廓
　→「種別索引」の廓噺

友人宅
　惚気の見本　　309

湯河原
　名人長二　　　277

遊行寺
　鈴振り　　　　150

湯島切通し
　柳田格之進　　288

湯島大根畑

双蝶々	252	

湯島天神
　宿屋の富　　　287

▽よ

横　浜
　純情日記横浜編　139
　心　眼　　　　144
　年枝の怪談　　227

横山町
　お富与三郎　　40
　お藤松五郎　　44

葭　町
　お藤松五郎　　44

芳　町
　搗屋無間　　　185

義経の鵯越え
　源平盛衰記　　90

吉　野
　鼻利き源兵衛　235

吉　原
　明　烏　　　　2
　粟田口　　　　6
　粟　餅　　　　8
　幾代餅　　　　11
　磯の鮑　　　　13
　梅若礼三郎　　25
　王子の狐間　　31
　近江八景　　　32
　大坂屋花鳥　　32
　お茶汲み　　　39
　お直し　　　　41
　おはらい　　　43
　お見立て　　　47
　お若伊之助　　49
　義　眼　　　　73
　首ったけ　　　85
　蔵前駕籠　　　86
　紺屋高尾　　　94
　五銭の遊び　　100
　五人廻し　　　102
　子別れ　　　　105
　盃の殿様　　　109
　三助の遊び　　117
　三枚起請　　　121
　酢豆腐　　　　151
　高　尾　　　　166
　狸寝入り　　　172

狸の遊び	172	吉原田圃		梅若礼三郎	25
魂の入れ替え	176	唐茄子屋政談	198	お藤松五郎	44
千早振る	180	寄　席		幸助餅	93
付き馬	184	鉄　拐	192	搗屋無間	185
突き落とし	184	年枝の怪談	227	猫の恩返し	224
搗屋無間	185	夕立勘五郎	293	両国橋	
辻駕籠	187	ランゴランゴ	305	おせつ徳三郎	39
唐茄子屋政談	198	四　谷		染色（そめいろ）	161
徳ちゃん	200	からくり屋	69	たがや	167
とんちき	204	塩原多助一代記	123	橋の婚礼	231
七　草	210	ぞろぞろ	162	身投げ屋	274
二階ぞめき	213	四谷大門町		両国広小路	
錦の裂裟	213	真景累ヶ淵	145	両国八景	307
ねずみ穴	225	米沢町		両国横山町	
反魂香	242	お藤松五郎	44	宮戸川	275
備前徳利	244	夜　店		料理屋	
ひねりや	246	夜店風景	302	鯉盗人	92
双蝶々	252				
文七元結	256	▱ ら 行		▽れ，ろ	
坊主の遊び	260			霊岸島	
万歳の遊び	269	▽ら，り		宮戸川	275
木乃伊取り	271	羅漢寺		レストラン	
緑林門松竹	273	五百羅漢	102	びっくりレストラン	219
もう半分	281	羅生門河岸		六郷の渡し	
柳田格之進	288	お直し	41	大師の杵	164
山崎屋	290	竜宮城		六郷の煙草	311
幽女買い	293	龍　宮	307	路　地	
雪の瀬川	296	寮		抜け裏	220
吉住万蔵	299	怪談阿三の森	51	路地裏の伝説	241
悋気の火の玉	309	両　国			

季節索引

「種別索引」の季節の噺（340ページ）を見よ。

職業・人物（普通名詞）索引

📖 あ行

▽あ
赤ん坊
- 穴どろ 4
- お七 36
- お文様 45
- 小言念仏 99
- 後生鰻 100
- 五百羅漢 102
- 子ほめ 102
- 寿限無 138
- 団子坂奇談 177
- もう半分 281

悪党
- 五月雨坊主 61
- 宮戸川 275

足軽
- 盃の殿様 109

兄
→兄弟

兄貴分
- 家見舞 10
- 越後屋 28
- 臆病源兵衛 36
- おもと違い 48
- 壁金 65
- 肝つぶし 75
- くしゃみ講釈 81
- 源太の産 90
- 極道のバイト達 97
- 胡椒のくやみ 99
- 手紙無筆 191
- 猫忠 223
- 猫の災難 224
- らくだ 304
- 両国八景 307

姉
→姉妹

アフガニスタン人
- ランゴランゴ 305

油屋
- お初徳兵衛 42
- 茶金 180

尼
- 尼寺の怪 5
- 大山詣り 34
- 三人旅 118
- 七度狐 128
- 新聞記事 146
- 松山鏡 268

阿弥陀様
- おはらい 43

飴屋
- 壁金 65
- 初天神 234

荒物屋
- 粟田口 6
- 鰍沢二席目 62

案内人
- 奈良名所 211

按摩
- 麻のれん 3
- あんま 61
- 按摩の炬燵 9
- 真田小僧 113
- 三味線栗毛 137
- 心眼 144
- 猫定 222
- 年枝の怪談 227
- 緑林門松竹 273
- 柳の馬場 289

▽い
家主
→大家，家主（やぬし）

いかけ屋
- いかけ屋 11

居酒屋
- 居酒屋 12
- がまの油 66
- ずっこけ 150
- 館林 171
- ねぎまの殿様 221
- ぼやき酒屋 239
- もう半分 281
- 夜の慣用句 303
- 両国八景 307

医者
- 幾代餅 11
- 犬の目 16
- 江島屋騒動 27
- おかふい 34
- 男の花道 39
- 泳ぎの医者 49
- 怪談阿三の森 51
- 景清 58
- 義眼 73
- 肝つぶし 75
- 近日息子 78
- 金玉医者 79
- 九段目 82
- 熊の皮 85
- 紺屋高尾 94
- 匙加減 112
- 死神 132
- 疝気の虫 156
- 代脈 165
- 転失気 194
- ドクトル 201
- 夏の医者 209
- 姫かたり 247
- 緑林門松竹 273

職業・人物（普通名詞）索引　　365

百　川		282
藪医者		289
綿医者		314
笑い茸		314
伊豆屋		
お富与三郎		40
市助酒		14
伊勢屋		
小烏丸		96
後家殺し		98
持参金		125
代　脈		165
高砂や		167
短　命		178
羽織の遊び		230
居　候		
紙屑屋		67
唐茄子屋政談		198
納豆や		209
船　徳		254
湯屋番		298
板　頭		
品川心中		131
井筒屋		
お富与三郎		40
糸　屋		
雪とん		295
田舎侍		
首提灯		83
棒だら		260
田舎者		
お見立て		47
勘定板		70
五人廻し		102
試し酒		176
長者番付		181
二人旅		215
文違い		255
百　川		282
宿屋の富		287
夕立勘五郎		293
よいよい蕎麦		299
位牌屋		
位牌屋		17
妹		
→姉妹		
芋　屋		
位牌屋		17

岩佐屋		
宗眠の滝		158
隠　居		
意地くらべ		13
植木のお化け		20
浮世根間		21
お菊の皿		35
お富与三郎		40
加賀の千代		57
看板のピン		71
稽古屋		89
高野違い		94
後生鰻		100
子ほめ		102
小　町		103
鷺とり		110
持参金		125
十　徳		130
蛇含草		135
洒落小町		137
松竹梅		141
新聞記事		146
高砂や		167
短　命		178
千早振る		180
茶の湯		181
提灯屋		182
つ　る		189
天　災		193
道　灌		196
のめる		229
化け物使い		230
八九升		233
一目上がり		245
雛　鍔		246
坊主の遊び		260
棒　屋		262
元　犬		282
やかん泥		284
弥次郎		285
雪てん		295
りん廻し		310
インド人		
アジアそば		3
▽う		
植木屋		
青　菜		1

植木屋娘		20
雛　鍔		246
松曳き		267
植　半		
おせつ徳三郎		39
男の花道		39
橋場の雪		232
魚河岸		
稲　川		15
百　川		282
宇宙人		
宇宙戦争		219
うどん屋		
うどん屋		23
替り目		69
探偵うどん		178
遥かなるたぬきうどん		239
鰻　屋		
いかけ屋		11
鰻の幇間		23
うなぎ屋		24
後生鰻		100
子別れ		105
素人鰻		143
包　丁		261
乳　母		
粟田口		6
お文様		45
もう半分		281
ウミガメ		
母恋いくらげ		238
運転士		
幽霊タクシー		294
▽え		
駅　員		
国訛り		84
易　者		
お神酒徳利		47
御　慶		77
辻八卦		187
人形買い		217
日和違い		248
緑林門松竹		273
絵　師		
怪談乳房榎		52
抜け雀		220
江島屋		

	江島屋騒動	27		三枚起請	121		橋場の雪	232
絵草紙屋				千早振る	180		不孝者	250
	幾代餅	11		搗屋無間	185		木乃伊取り	271
	搗屋無間	185		徳ちゃん	200		山崎屋	290
越後屋				七草	210		雪の瀬川	296
	越後屋	28		二階ぞめき	213	大道具		
越前屋				反魂香	242		さんま芝居	122
	搗屋無間	185		備前徳利	244	大番頭		
江戸っ子				緑林門松竹	273		たばこの火	174
	江戸前カーナビ	241		山崎屋	290	大家		
	祇園祭	73		幽女買い	293		馬大家	24
	三十石	116		雪の瀬川	296		梅若礼三郎	25
	さんま芝居	122		よかちょろ	299		お化け長屋	42
	縮み上がり	179	扇屋				掛取万歳	59
	奈良名所	211		王子の狐	30		伽羅の下駄	76
	富士詣り	251		吉住万蔵	299		御慶	77
	棒だら	260	王子				黄金の大黒	79
	宿屋の仇討	287		王子の幇間	31		喧嘩長屋	90
	よいよい蕎麦	299	王子様				孝行糖	92
江戸屋				シンデレラ伝説	146		五貫裁き	96
	九州吹き戻し	76	奥州屋				小言幸兵衛	98
園長				お富与三郎	40		匙加減	112
	動物園	198	嫗				三方一両損	120
	任侠流山動物園	217		鼓ヶ滝	187		さんま火事	121
閻魔大王			近江屋				大工調べ	163
	お血脈	36		宗漢	158		たらちね	177
	地獄巡り	124		試し酒	176		辻駕籠	187
			お梅				出来心	191
▽お				反魂香	242		天狗裁き	193
甥			OL				唐茄子屋政談	198
	藁人形	315		ぐつぐつ	83		長屋の花見	207
追い剝ぎ			大岡越前守				人情八百屋	218
	蔵前駕籠	86		帯久	43		猫怪談	221
	鈴ヶ森	150	大口楼				一目上がり	245
花魁（おいらん）				吉住万蔵	299		普段の袴	254
	明烏	2	大坂屋				不動坊	254
	幾代餅	11		大坂屋花鳥	32		法華長屋	263
	磯の鮑	13	大旦那				妾馬	278
	王子の幇間	31		宇治の柴船	22		らくだ	304
	大坂屋花鳥	32		親子茶屋	48		→家主も見よ	
	お茶汲み	39		菊江の仏壇	73	お上		
	お直し	41		擬宝珠	74		→奉行	
	お見立て	47		七段目	128	女将		
	鰍沢	62		死ぬなら今	133		三枚起請	121
	首ったけ	85		千両みかん	157		太鼓腹	163
	紺屋高尾	94		染色（そめいろ）	161		ひねりや	246
	五人廻し	102		電話の遊び	195		船徳	254
	盃の殿様	109		二階ぞめき	213		文七元結	256

職業・人物（普通名詞）索引　　367

雪とん　295	中沢家の人々　261	地獄巡り　124
おかみさん	もう半分　281	伯母（叔母）
からくり屋　69	ラーメン屋　304	夏の医者　209
京の茶漬　77	花見の仇討　237	宮戸川　275
たちきり　170	和　尚	おばあさん
狸寝入り　172	朝　友　2	いが栗　10
猫の災難　224	尼寺の怪　5	馬の田楽　25
やかんなめ　285	植木屋娘　20	越後家　28
→女房も見よ	鶴満寺　58	臆病源兵衛　36
翁	貝野村　56	開帳の雪隠　56
鼓ヶ滝　187	きらいきらい坊主　78	壁　金　65
置　屋	蒟蒻問答　107	釜どろ　66
金魚の芸者　78	鷺とり　110	くず湯　81
奥　様	七面堂　129	ご印文　92
青　菜　1	寿限無　138	三十石　116
殿様団子　202	大師の杵　164	七度狐　128
手向けのかもじ　176	狸の釜　172	シンデレラ伝説　146
王子の蓹間　31	転失気　194	中沢家の人々　261
唐茄子屋政談　198	茄子娘　208	二人旅　215
桶　屋	錦の裂裟　213	表彰状　210
佐々木政談　111	年枝の怪談　227	マキシム・ド・のん兵衛
幼なじみ	仏　馬　263	266
縁切榎　28	堀の内　264	幽霊の辻　259
伯父（叔父）	万金丹　268	ラーメン屋　304
牛ほめ　22	吉住万蔵　299	親　方
お富与三郎　40	悋気の火の玉　309	鮑のし　8
かぼちゃ屋　65	六郷の煙草　311	幾代餅　11
からくり屋　69	→坊主も見よ	浮世床　17
五月蟻　95	お嬢さん	馬の田楽　25
故郷へ錦　97	しゃっくり政談　136	からくり屋　69
写真の仇討　136	崇徳院　151	紺屋高尾　94
辰巳の辻占　171	宗　漢　158	五目講釈　105
手紙無筆　191	代　脈　165	寿司屋水滸伝　149
道具屋　197	長　持　207	団子・坂奇談　177
長崎の赤飯　205	なめる　211	搗屋無間　185
納豆や　209	ろくろ首　311	長　持　207
夏の医者　209	追　手	花　筏　235
真二つ　267	双蝶々　252	無精床　251
宮戸川　275	夫	武助馬　251
安兵衛狐　286	→亭主	めがね泥　279
吉住万蔵　299	おでん屋	湯屋番　298
ろくろ首　311	両どろ　308	親　子
おじいさん	弟	大仏の眼　165
開帳の雪隠　56	→兄弟	身投げ屋　274
釜どろ　66	男の子	めだか　62
子ほめ　103	→子ども	→父親，母親，息子，娘
渋　酒　135	鬼（青鬼・赤鬼）	親　分
シンデレラ伝説　146	朝　友　2	氏子中　21

職業・人物（普通名詞）索引

お化け長屋	42	
紙屑屋	67	
品川心中	131	
狸の鯉	172	
出来心	191	
やかん泥	284	
御留守居役		
宗珉の滝	158	
汚穢屋		
肥辰一代記	95	
温泉宿		
春雨宿	240	
女の子		
→子ども		

📖 か行

▽か
会社員		
明日に架ける橋	241	
バスガール	232	
夫婦に乾杯	241	
ぺたりこん	257	
廻船問屋		
長崎の赤飯	205	
臥煙（がえん）		
→火消し		
学者		
徂徠豆腐	161	
鼻ねじ	236	
学生		
ガーコン	59	
駕籠屋		
粟田口	6	
蜘蛛駕籠	86	
蔵前駕籠	86	
ちきり伊勢屋	179	
辻駕籠	187	
紋三郎稲荷	283	
薮医者	289	
龍宮	307	
貸本屋		
紙入れ	66	
品川心中	131	
干物箱	247	
鍛冶屋		
紀州	74	
画商		

応挙の幽霊	30	
頭（かしら）		
鮑のし	8	
王子の狐	31	
お祭佐七	46	
高野違い	94	
小烏丸	96	
三軒長屋	115	
魂の入れ替え	175	
寝床	226	
派手彦	235	
風呂敷	255	
木乃伊取り	271	
山崎屋	290	
→棟梁も見よ		
上総屋		
心眼	144	
元犬	282	
仇		
笠碁	61	
花見の仇討	237	
刀屋		
粟田口	6	
おせつ徳三郎	39	
怪談牡丹灯籠	54	
課長		
ぺたりこん	257	
夜の慣用句	303	
叶屋		
匙加減	112	
彼女		
純情日記横浜編	139	
ラブレター	304	
かぼちゃ屋		
かぼちゃ屋	65	
唐茄子屋政談	198	
がまの油売り		
がまの油	66	
高田馬場	167	
カマボコ屋		
桑名船	87	
紙屑屋		
紙屑屋	67	
子別れ	105	
紙問屋		
ちきり伊勢屋	179	
闇夜の梅	291	
髪結		

厩火事	25	
髪結新三	68	
家老		
能狂言	228	
吉田御殿	300	
官員		
五人廻し	102	
観客		
→見物客		
看護師		
ナースコール	208	
患者		
犬の目	16	
男の花道	39	
義眼	73	
死神	132	
転失気	194	
ドクトル	201	
ナースコール	208	
綿医者	314	
鑑定家		
井戸の茶碗	15	
茶金	180	
にゅう	216	
願人坊主		
黄金餅	95	
らくだ	304	
乾物屋		
大どこの犬	33	
くしゃみ講釈	81	
寄合酒	302	

▽き
生薬屋		
お若伊之助	49	
肥辰一代記	95	
五目講釈	105	
反魂香	242	
義母		
→母親		
木彫師		
景清	58	
客（客人）		
アジアそば	3	
居残り佐平次	17	
うなぎ屋	24	
男の花道	39	
お直し	41	

職業・人物（普通名詞）索引　369

開帳の雪隠	56
かぼちゃ屋	65
がまの油	66
替り目	69
かんしゃく	68
桑名船	87
四宿の屁	126
質屋芝居	130
素人鰻	143
寿司屋水滸伝	149
ぞろぞろ	162
代書屋	164
他　行	188
茶の湯	181
辻駕籠	187
道具屋	197
動物園	198
東北の宿	199
殿様団子	202
とんちき	204
七　草	210
花見酒	237
反対車	242
無精床	251
船　徳	254
ぼやき酒屋	239
みどりの窓口	45
湯屋番	298

客引き
三人旅	118

キャバクラ嬢
夜の慣用句	303

京　男
祇園祭	73

京　女
祇園祭	73

狂歌師
鍬盗人	88
紫檀楼古木	127
蜀山人	142

俠　客
夕立勘五郎	293

行　司
佐野山	114

経師屋
館　林	171

兄　弟
真景累ヶ淵	145

善悪双葉の松	155
高田馬場	167
ねずみ穴	225
はなむけ	238
福禄寿	251
闇夜の梅	291

銀行員
女天下	50

金山寺味噌売り
黄金餅	95

▽く

屑　屋
井戸の茶碗	15
岸柳島	72
雪の瀬川	296
らくだ	304

薬屋（薬売り，薬問屋）
風の神送り	64
薬違い	83
五月雨坊主	61
先用後利	45
まめだ	259
万病円	269

果物屋
千両みかん	157

口入屋
引っ越しの夢	244
化け物使い	230
元　犬	282
百　川	282

首　屋
首　屋	84

熊の膏薬売り
鰍　沢	62

組　員
極道のバイト達	97

クラゲ
母恋いくらげ	238

俥　屋
替り目	69
反対車	242
ひねりや	246

軍　隊
落語家の兵隊	81

▽け

芸妓（芸者）

愛宕山	3
粟田口	6
縁切榎	28
鶯宿梅	31
お初徳兵衛	42
親子茶屋	48
鶴満寺	58
菊江の仏壇	73
金魚の芸者	78
小猿七之助	99
子別れ	105
匙加減	112
しじみ売り	126
虱茶屋	142
心　眼	144
鈴振り	150
染色（そめいろ）	161
たちきり	170
辰巳の辻占	171
たばこの火	174
つるつる	190
電話の遊び	195
百年目	248
不孝者	250
棒だら	260
万歳の遊び	269
宿屋の仇討	287
幽女買い	293

警察官
稲葉さんの大冒険	16
探偵うどん	178
免許証	294

下　女
やかんなめ	285
三軒長屋	115
→女中も見よ	

下　男
おもと違い	48
怪談乳房榎	52
緑林門松竹	273
藪医者	289

家　来
粟田口	6
写真の仇討	136
将棋の殿様	139
蕎麦の殿様	160
大名道具	166
道　灌	196

能狂言	228	
備前徳利	244	
目黒のさんま	280	
紋三郎稲荷	283	
検校		
三味線栗毛	137	
松田加賀	267	
見物客（人）		
佐野山	114	
芝居の喧嘩	134	
相撲場風景	152	
粗忽長屋	159	
たがや	167	
松田加賀	267	
玄米問屋		
双蝶々	252	
▽こ		
講釈師		
くしゃみ講釈	81	
桑名船	87	
人形買い	217	
不動坊	254	
紺屋		
お富与三郎	40	
紺屋高尾	93	
碁がたき		
→かたき		
後家		
鰍沢二席目	62	
後家殺し	98	
猿後家	114	
御家人		
怪談牡丹灯籠	54	
後妻		
笠と赤い風車	61	
小烏丸	96	
五百羅漢	102	
三年目	120	
乞食		
稲川	15	
大仏餅	165	
菜刀息子	205	
ふぐ鍋	250	
遍照金剛	258	
和歌三神	314	
腰元		
きゃいのう	75	

腰元彫		
宗珉の滝	158	
浜野矩随	238	
牛頭馬頭（ごずめず）		
死ぬなら今	133	
小僧		
粟田口	6	
按摩の炬燵	9	
居酒屋	12	
位牌屋	17	
芋俵	19	
王子の稲荷	31	
大どこの犬	33	
おせつ徳三郎	39	
お文様	45	
火焔太鼓	57	
かつぎや	64	
蛙茶番	69	
禁酒番屋	78	
しじみ売り	126	
七段目	128	
質屋庫	130	
質屋芝居	130	
しゃっくり政談	136	
ずっこけ	150	
清正公酒屋	154	
染色（そめいろ）	161	
茶の湯	181	
二階ぞめき	213	
二丁ろうそく	214	
庭蟹	217	
人形買い	217	
ねぎまの殿様	221	
橋場の雪	232	
平林	248	
無精床	251	
双蝶々	252	
味噌蔵	271	
味噌豆	272	
宮戸川	275	
めがね泥	279	
悋気の独楽	308	
骨董屋		
龍宮	307	
子ども		
いかけ屋	11	
一眼国	14	
一文笛	259	

馬の田楽	25	
おしゃべり往生	38	
ガーコン	59	
君よモーツァルトを聴け		
	239	
黄金の大黒	79	
小判一両	149	
佐々木政談	111	
真田小僧	113	
水神	148	
スマチュウ	45	
大仏餅	165	
叩き蟹	170	
茄子娘	208	
人情八百屋	218	
母恋いくらげ	238	
雛鍔	246	
ぺたりこん	257	
堀の内	264	
味噌蔵	271	
桃太郎	283	
寄合酒	302	
呉服屋		
おすわどん	38	
かつぎや	64	
子分		
鯉盗人	92	
鈴が森	150	
やかん泥	284	
小坊主		
狸の釜	172	
転失気	194	
仏馬	263	
小間物屋		
梅若礼三郎	25	
五百羅漢	102	
小間物屋政談	104	
のっぺらぼう	229	
ぽんぽん唄	265	
米屋		
言訳座頭	10	
にらみ返し	216	
藪医者	289	
御用聞き		
大坂屋花鳥	32	
蒟蒻屋		
蒟蒻問答	108	
胴斬り	196	

📖 さ行

▽さ
ザイール人
 ランゴランゴ 305
才　蔵
 万歳の遊び 269
材木問屋
 宇治の柴船 22
 ぽんぽん唄 265
魚　屋
 鮑のし 8
 言訳座頭 10
 梅若礼三郎 25
 女天下 50
 掛取万歳 59
 金魚の芸者 78
 ざこ八 111
 しじみ売り 126
 芝浜 134
 節　分 155
 狸の鯉 172
 猫　定 222
 日和違い 248
 禁酒番屋 78
 にらみ返し 216
 派手彦 235
 →棒手振りも見よ
酒　屋
 お文様 45
 禁酒番屋 78
 清正公酒屋 154
 試し酒 176
 花見酒 237
 ハワイの雪 240
左　官
 三方一両損 120
酒問屋
 小猿七之助 99
 長者番付 181
指物師
 名人長二 277
雑穀商
 ざこ八 111
座　頭
 言訳座頭 10
差　配

羽織の遊び 230
侍
 →武士
サラリーマン
 ぐつぐつ 83
ざる屋
 小判一両 149
 ざる屋 114
参詣人
 七面堂 129
三　助
 三助の遊び 117
山　賊
 弥次郎 285
産　婆
 安　産 9
 源太の産 90
 子なさせ地蔵 210

▽し
爺さん
 →おじいさん
シェフ
 マキシム・ド・のん兵衛 266
地紙折り
 怪談乳房榎 52
直　参
 化物娘 231
使　者
 金明竹 80
 宗　漢 158
 粗忽の使者 160
師　匠
 あくび指南 1
 磯の鮑 13
 お若伊之助 49
 汲み立て 85
 稽古屋 89
 つるつる 190
 中村仲蔵 206
 猫　忠 223
 派手彦 235
 包　丁 261
 本　膳 264
 ランゴランゴ 305
仕立屋
 小言幸兵衛 98

質　屋
 おもと違い 48
 火事息子 63
 質屋庫 130
 質屋芝居 130
 つづら 187
 つづら泥 188
質両替商
 長崎の赤飯 205
指南役
 緑林門松竹 273
死　神
 死　神 132
地　主
 鮑のし 8
芝居好き
 一分茶番 14
 蛙茶番 69
 七段目 128
 辻八卦 187
 道具屋曽我 197
 四段目 301
支配人
 ランゴランゴ 305
姉　妹
 肝つぶし 75
 しじみ売り 126
 シンデレラ伝説 146
地見屋
 身投げ屋 274
社　長
 かんしゃく 70
 社長の電話 122
 浪曲社長 261
三味線弾き
 お藤松五郎 44
住　職
 →和尚
従　者
 きゃいのう 75
 姫かたり 247
 やかんなめ 285
舅
 反対夫婦 243
住　民
 日照権 294
重　役
 悋気の見本 309

職業・人物（普通名詞）索引

十両（相撲）		将軍の賽	140	男の花道	39
佐野山	114	正直者		お神酒徳利	47
修行僧		井戸の茶碗	15	怪談累草紙	52
蒟蒻問答	107	鹿政談	124	貝野村	56
鈴振り	150	松山鏡	268	きらいきらい坊主	78
将　門	266	正塚婆		小烏丸	96
主人（店）		朝　友	2	碁どろ	102
市助酒	14	商　人		五百羅漢	102
うなぎ屋	24	いが栗	10	持参金	125
大坂屋花鳥	32	大どこの犬	33	紫檀楼古木	127
おかめ団子	35	戸田の渡し	201	清正公酒屋	154
お神酒徳利	47	使用人		人形買い	217
鍬盗人	88	泳ぎの医者	49	八九升	233
小烏丸	96	かんしゃく	70	春雨宿	240
紺田屋	107	化け物使い	230	引っ越しの夢	244
三人旅	118	文七元結	256	元　犬	282
質屋芝居	130	情　夫		雪とん	295
死　神	132	近江八景	32	四段目	301
しの字嫌い	133	庄　屋		女　郎	
写真の仇討	136	貝野村	56	→遊女	
素人鰻	143	噺家の夢	236	汁粉屋	
大仏餅	165	職　員		石返し	12
竹の水仙	169	ぜんざい公社	156	しわいや	
蛸坊主	169	職　人		さんま火事	121
叩き蟹	170	甲府い	93	しわいや	144
魂の入れ替え	176	後家殺し	98	二丁ろうそく	214
長者番付	181	五人廻し	102	親　戚	
転　宅	184	三方一両損	120	死ぬなら今	133
抜け雀	220	素人鰻	143	新　造	
猫と金魚	223	寿司屋水滸伝	149	紫檀楼古木	127
猫の皿	224	粗忽の使者	160	神道者	
普段の袴	254	大工調べ	163	人形買い	217
将　門	266	殿様団子	202	新内流し	
茗荷宿	275	化物娘	231	替り目	69
百　川	282	よいよい蕎麦	299	新　米	
紋三郎稲荷	283	女子高生		鈴ヶ森	150
宿屋の富	287	極道のバイト達	97	やかん泥	284
夢　金	297	助　手		両どろ	308
旅行日記	308	ドクトル	201		
和歌三神	314	女　性		▽す	
巡　査		宇宙戦争	219	漉き返し屋	
平　林	248	ジョーズ	219	不動坊	254
巡　礼		女　中		寿司屋	
花見の仇討	237	麻のれん	3	寿司屋水滸伝	149
小学生		芋　俵	19	炭　屋	
八月下旬	241	王子の狐	31	言訳座頭	10
将　軍		阿武松	31	塩原多助一代記	123
紀　州	74	おすわどん	38	胴乱の幸助	199

職業・人物（普通名詞）索引　　373

相撲取り			小猿七之助	99	一眼国	14
→関取，力士			三十石	116	大　工	
ス　リ			大師の杵	164	子別れ	105
一文笛		259	佃　島	186	三方一両損	120
永代橋		27	佃　祭	186	粗忽の使者	160
文七元結		256	船　徳	254	大工調べ	163
			宮戸川	275	大名房五郎	149
▽せ			弥次郎	285	高砂や	167
生　徒			夢　金	297	竹の水仙	169
母恋いくらげ		238	仙　人		叩き蟹	170
関　取			鉄　拐	192	夏どろ	209
稲　川		15	先　輩		ねずみ	225
阿武松		31	フィッ	250	三井の大黒	272
佐野山		114			幇間（たいこもち）	
千早振る		180	▽そ		鰻の幇間	23
→力士も見よ			葬儀屋		王子の幇間	31
瀬戸物屋			近日息子	78	お藤松五郎	44
壺　算		188	掃除屋		鶴満寺	58
前　座			法華長屋	263	九州吹き戻し	76
ランゴランゴ		305	僧　侶		三助の遊び	117
先　生			→修行僧		虱茶屋	142
親の顔		45	粗忽者		太鼓腹	163
蚊いくさ		51	粗忽長屋	159	たばこの火	174
小　粒		101	粗忽の釘	159	ちきり伊勢屋	179
三軒長屋		115	粗忽の使者	159	狸の遊び	172
三人無筆		119	堀の内	264	搗屋無間	185
地獄巡り		124	そば屋		電話の遊び	195
授業中		261	アジアそば	3	富　久	203
しわいや		144	尼寺の怪	5	野ざらし	228
生徒の作文		154	石返し	12	橋の婚礼	231
だくだく		168	おすわどん	38	橋場の雪	232
館　林		171	そば清	160	百年目	248
魂の入れ替え		176	団子坂奇談	177	法事の茶	260
釣りの酒		189	時そば	200	幽女買い	293
八問答		233	のっぺらぼう	229	雪の瀬川	296
一目上がり		245	よいよい蕎麦	299	大根売り	
やかん		284	ソムリエ		おかめ団子	35
先　達			マキシム・ド・のん兵衛		大　将	
大山詣り		34		266	町内の若い衆	183
富士詣り		251	染物屋		代書屋	
銭　湯			紺屋高尾	94	代書屋	164
→湯屋					大　尽	
船　頭			📖 **た 行**		五人廻し	102
粟田口		6			品川心中	131
お初徳兵衛		42	▽た		大神宮様	
岸柳島		72	大学生		おはらい	43
九州吹き戻し		76	純情日記横浜編	139	大僧正	
桑名船		87	代　官		鈴振り	150

職業・人物（普通名詞）索引

大道易者		初天神	234	鼻ねじ	236
近江八景	32	旦 那		反対夫婦	243
大 名		青 菜	1	一つ穴	245
盃の殿様	109	麻のれん	3	百年目	248
三味線栗毛	137	愛宕山	3	ふぐ鍋	250
将軍の賽	140	穴どろ	4	武助馬	251
須磨の浦風	152	有馬のおふじ	6	文七元結	256
粗忽の使者	160	意地くらべ	13	星野屋	262
大名道具	166	居残り佐平次	17	味噌蔵	271
能狂言	228	厩火事	25	味噌豆	272
松曳き	267	応挙の幽霊	30	もぐら泥	281
→殿様も見よ		王子の狐	31	元 犬	282
駄菓子屋		阿武松	31	よかちょろ	299
開帳の雪隠	56	おかふい	34	四段目	301
たがや		おせつ徳三郎	39	悋気の独楽	308
たがや	167	お富与三郎	40	悋気の火の玉	309
宝船売り		お直し	41	悋気の見本	309
かつぎや	64	お藤松五郎	44	旦那衆	
凧 屋		お文様	45	二番煎じ	216
初天神	234	おもと違い	48		
畳問屋		鶴満寺	58	▽ち	
お富与三郎	40	掛取万歳	58	父 親	
畳 屋		笠 碁	61	明 烏	2
浮世床	20	紙入れ	66	石返し	12
脱獄囚		蛙茶番	69	牛ほめ	22
子なさせ地蔵	210	堪忍袋	71	親子酒	48
煙草屋		九州吹き戻し	76	親子茶屋	48
転 宅	184	幸助餅	93	親の顔	45
旅 人		碁どろ	102	泳ぎの医者	49
三人旅	118	権助魚	106	火事息子	63
さんま芝居	122	権助提灯	107	ガーコン	59
七度狐	128	虱茶屋	142	片 棒	64
渋 酒	135	心 眼	144	かんしゃく	70
鈴ヶ森	150	崇徳院	151	きゃいのう	75
竹の水仙	169	せむし茶屋	155	近日息子	78
長者番付	181	大名房五郎	149	金玉医者	79
二人旅	215	たばこの火	174	金明竹	80
猫の皿	224	試し酒	176	廓大学	87
ねずみ	225	ちりとてちん	183	小判一両	149
春雨宿	240	つづら	188	里帰り	112
三井の大黒	272	つるつる	190	真田小僧	113
茗荷宿	275	転 宅	184	三人息子	119
太 夫		富 久	203	しゃっくり政談	136
万歳の遊び	269	にせ金	214	宗 論	138
団子屋		二丁ろうそく	214	寿限無	138
おかめ団子	35	庭 蟹	217	シンデレラ伝説	146
怪談阿三の森	51	寝 床	226	菅原息子	148
殿様団子	202	橋の婚礼	231	清正公酒屋	154

職業・人物（普通名詞）索引

清書無筆	154	
善悪双葉の松	155	
他　行	169	
同棲したい	241	
読書の時間	239	
都々逸親子	201	
菜刀息子	205	
夏の医者	209	
初天神	234	
ひねりや	246	
干物箱	247	
双蝶々	252	
遍照金剛	258	
息子の結婚	122	
桃太郎	283	
藪入り	289	
六尺棒	311	
路地裏の伝説	241	

縮み屋
　狸の札　173

茶　人
　大仏餅　165

茶　店
　愛宕山　3
　馬の田楽　25
　お藤松五郎　44
　鰍沢二席目　62
　雁風呂　72
　蜘蛛駕籠　86
　ご印文　92
　渋　酒　135
　茶　金　180
　二人旅　215
　猫の皿　224
　半分垢　243
　幽霊の辻　259
　吉田御殿　300

茶　屋
　鴬宿梅　31
　大坂屋花鳥　32
　虱茶屋　142
　せむし茶屋　155
　太鼓腹　163
　たちきり　170
　辰巳の辻占　171
　茶　金　180
　電話の遊び　195
　雪の瀬川　296

提灯屋
　除夜の雪　259
　提灯屋　182
　寝　床　226
　花　筏　235

町役人
　五貫裁き　96

縮緬問屋
　紺田屋　107

チンドン屋
　不動坊　254

▽つ
付き馬
　付き馬　184

搗米屋
　幾代餅　11
　搗屋無間　185

月　番
　らくだ　304

造り酒屋
　長者番付　181

妻
　→女房

つまみ菜売り
　→八百屋

釣り人
　あたま山　4
　風の神送り　64
　野ざらし　228

▽て
亭　主
　今戸の狐　18
　今戸焼　19
　厩火事　25
　お直し　41
　加賀の千代　57
　替り目　69
　熊の皮　85
　裟袈御前　89
　三年目　120
　仕立おろし　127
　品川の豆　131
　洒落小町　137
　スマチュウ　45
　粗忽の釘　159
　旅の里扶持　175

佃　祭　186
つづら　188
妻の旅行　239
バスガール　232
ハンカチ　258
目　薬　279

弟　子
　今戸の狐　18
　代　脈　165
　年枝の怪談　227
　髪結新三　68

丁　稚
　→小僧

鉄砲鍛冶
　小言幸兵衛　98

寺　男
　鶴満寺　57

天　狗
　天狗裁き　193

店　主
　遥かなるたぬきうどん　239
　ぼやき酒屋　239
　万病円　269

天　女
　羽衣の松　231

▽と
道具屋
　家見舞　10
　お藤松五郎　44
　火焔太鼓　57
　金明竹　80
　しびん　135
　茶　金　180
　道具屋　197
　道具屋曽我　197
　にせ金　214
　猫の皿　224
　初音の鼓　234
　普段の袴　254
　へっつい盗人　258
　へっつい幽霊　257

盗　賊
　善悪双葉の松　155

頭　取
　毛氈芝居　281

唐茄子屋
　→かぼちゃ屋

職業・人物（普通名詞）索引

豆腐屋
笠と赤い風車	61
釜どろ	66
伽羅の下駄	76
甲府い	93
小言幸兵衛	98
鹿政談	124
徂徠豆腐	161
高砂や	167
千早振る	180
寝床	226
味噌蔵	271

棟梁
鮑のし	8
おもと違い	48
三枚起請	121
大工調べ	163
突き落とし	184
骨違い	263
三井の大黒	272
湯屋番	298
→頭（かしら）も見よ	

ドクトル
ドクトル	201

床屋（髪結床）
浮世床	17
権兵衛狸	108
崇徳院	151
ぞろぞろ	162
猫久	221
無精床	251
坊主の遊び	260
本膳	264

床山
きゃいのう	75

どじょう屋
小言念仏	99

年寄
佐野山	114

殿様
竹の水仙	169
井戸の茶碗	15
火焔太鼓	57
禁酒番屋	78
盃の殿様	109
桜鯛	110
将棋の殿様	139
宗眠の滝	158
蕎麦の殿様	160
大名道具	166
たがや	167
殿様団子	202
ねぎまの殿様	221
のっぺらぼう	229
初音の鼓	234
備前徳利	244
松曳き	267
妾馬	278
目黒のさんま	280
毛氈芝居	281
柳の馬場	289
→大名も見よ	

鳶
穴どろ	4
お祭佐七	46
お若伊之助	49
人情八百屋	218
猫と金魚	223

鳶の頭
→頭（かしら）	

供
→従者	

友達
あくび指南	1
お茶汲み	39
強情灸	92
五月幟	95
後家殺し	98
小粒	101
ざんぎり地蔵	115
ずっこけ	150
生徒の作文	154
狸賽	173
町内の若い衆	183
つる	189
道灌	196
胴斬り	196
納豆や	209
なめる	211
二人旅	215
一目上がり	245
宿屋の仇討	287
ラブレター	304
ランゴランゴ	305
悋気の見本	309

泥棒
穴どろ	4
粟田口	6
芋俵	19
梅若礼三郎	25
おかめ団子	35
お血脈	36
おしゃべり往生	38
釜どろ	66
杭盗人	82
鯉盗人	92
碁どろ	102
しじみ売り	126
七面堂	129
締め込み	135
新聞記事	146
鈴ヶ森	150
善悪双葉の松	155
だくだく	168
館林	171
魂の入れ替え	176
探偵うどん	178
出来心	191
転宅	184
夏どろ	209
鼻利き源兵衛	235
表彰状	210
双蝶々	252
へっつい盗人	258
水屋の富	271
めがね泥	279
もう半分	281
もぐら泥	281
やかん泥	284
両どろ	308

な行

▽な

仲間
→友達

長屋の連中
粟餅	8
大山詣り	34
お化け長屋	42
風の神送り	64
汲み立て	85
喧嘩長屋	90
孝行糖	92

職業・人物（普通名詞）索引　377

黄金餅	95
さんま火事	121
富久	203
長屋の花見	207
寝床	226
棒屋	262

仲人
厩火事	25
江島屋騒動	27
ざこ八	111
たらちね	177

納豆や
納豆や	209

名主
江島屋騒動	27

鳴物師
吉住万蔵	299

▽に

女房
青菜	1
鮑のし	8
稲葉さんの大冒険	16
今戸の狐	18
今戸焼	19
植木屋娘	20
氏子中	21
馬大家	24
厩火事	25
大山詣り	34
おかふい	34
おかめ団子	35
お七	36
おしゃべり往生	38
お直し	41
鬼背参り	241
お文様	45
親子酒	48
女天下	50
蚊いくさ	51
怪談乳房榎	52
怪談牡丹灯籠	54
火焔太鼓	57
加賀の千代	57
壁金	65
紙入れ	67
替り目	69
かんしゃく	70

伽羅の下駄	76
狂歌家主	77
御慶	77
熊の皮	85
鍬潟	86
幸助餅	93
五月幟	95
小烏丸	96
後家殺し	98
碁どろ	102
小間物屋政談	104
子別れ	105
権助魚	106
三年目	120
仕立おろし	127
品川の豆	131
芝浜	134
社長の電話	122
尻餅	142
心眼	144
水神	148
菅原息子	148
ずっこけ	150
スマチュウ	45
善悪双葉の松	155
宗漢	158
粗忽の釘	159
手向けのかもじ	176
たらちね	177
短命	178
町内の若い衆	183
つづら	188
つづら泥	188
妻の旅行	239
てれすこ	192
天狗裁き	193
長崎の赤飯	205
中村仲蔵	206
錦の袈裟	213
二丁ろうそく	214
にらみ返し	216
猫久	221
猫定	222
のっぺらぼう	229
羽織の遊び	230
橋場の雪	232
バスガール	232
初天神	234

鼻ほしい	237
はなむけ	238
ハンカチ	259
反対夫婦	243
半分垢	243
一つ穴	245
一人酒盛	246
雛鍔	246
不動坊	254
風呂敷	255
文七元結	256
ぺたりこん	257
骨違い	263
堀の内	264
松山鏡	268
目薬	279
病を楽しむ男	210
山岡角兵衛	290
遊山船	296
悋気の火の玉	309
悋気の見本	309
笑い茸	314
→おかみさんも見よ	

人形屋
人形買い	217

人相見
ちきり伊勢屋	179

人足
須磨の浦風	152

▽ぬ，ね，の

糠屋
藁人形	315

能役者
梅若礼三郎	25

📖 は行

▽は

婆さん
→おばあさん

婆や
王子の狐	31
おせつ徳三郎	39

俳人
和歌三神	314

バイト
極道のバイト達	97

俳　優			母恋いくらげ	238	節　分	155	
→役者			浜野矩随	238	千両みかん	157	
博打ち			双蝶々	252	たちきり	170	
猫　定		222	福禄寿	251	茶　金	180	
化け物			星野屋	262	つづら	188	
化け物使い		230	息子の結婚	122	壺　算	188	
バスガール			妾　馬	278	鉄　拐	192	
バスガール		232	藪入り	289	電話の遊び	195	
バスガイド			やんま久次	291	長崎の赤飯	205	
母恋いくらげ		238	よかちょろ	299	二丁ろうそく	214	
旅　籠			早桶屋		庭　蟹	217	
→宿屋			付き馬	184	人形買い	217	
端師（はたし）			鍼　医		猫と金魚	223	
猫の皿		224	小烏丸	96	ねずみ	225	
旗　本			真景累ヶ淵	145	寝　床	226	
大坂屋花鳥		32	名人長二	277	八九升	233	
怪談牡丹燈籠		54	判　官		鼻利き源兵衛	235	
柳の馬場		289	四段目	301	引っ越しの夢	244	
やんま久次		291	淀五郎	301	百年目	248	
旗本奴			番太郎		双蝶々	252	
芝居の喧嘩		134	市助酒	14	万病円	269	
噺　家			番　頭		木乃伊取り	271	
→落語家			粟田口	6	味噌蔵	271	
花　屋			按摩の炬燵	9	宿屋の仇討	287	
転失気		194	居酒屋	12	柳田格之進	288	
花見客			市助酒	14	山崎屋	290	
あたま山		4	一分茶番	14	闇夜の梅	291	
母　親			位牌屋	17	雪の瀬川	296	
おかめ団子		35	江島屋騒動	27	よかちょろ	299	
お藤松五郎		44	おかふい	34	吉住万蔵	299	
景　清		58	おせつ徳三郎	39	犯　人		
ガーコン		59	帯　久	43	バールのようなもの	45	
笠と赤い風車		61	お文様	45	番　人		
火事息子		63	お神酒徳利	47	唖の釣	37	
きゃいのう		75	火事息子	63			
金明竹		80	片　棒	64	▽ひ		
故郷へ錦		97	かつぎや	64	飛　脚		
子別れ		105	髪結新三	68	茗荷宿	275	
里帰り		112	廓大学	87	火消し		
真田小僧		113	五貫裁き	96	火事息子	63	
三人息子		119	子ほめ	103	お祭佐七	46	
寿限無		138	紺田屋	107	百　姓		
染色（そめいろ）		161	猿後家	114	粟田口	6	
ちきり伊勢屋		179	持参金	125	馬の田楽	25	
都々逸親子		201	七段目	128	権兵衛狸	108	
菜刀息子		205	質屋庫	130	茶の湯	181	
二十四孝		213	質屋芝居	130	真二つ	267	
化物娘		231	死　神	132	松山鏡	268	

職業・人物（普通名詞）索引　379

目黒のさんま		280

▽ふ
夫　婦
安　産		9
言訳座頭		10
今戸焼		19
買い物ぶぎ		45
掛取万歳		59
かんしゃく		70
堪忍袋		71
御　慶		77
杭盗人		82
熊の皮		84
喧嘩長屋		90
甲府い		93
五百羅漢		102
子別れ		105
芝　浜		134
締め込み		135
尻　餅		142
節　分		155
疝気の虫		156
東北の宿		199
トンビの夫婦		203
人情八百屋		218
夫婦に乾杯		241
茗荷宿		275
未練の夫婦		276
もう半分		281
貰い風呂		219
ラーメン屋		304
惚気の見本		309

部　下
社長の電話		122
夜の慣用句		303

奉　行
おかふい		34
帯　久		43
孝行糖		92
後家殺し		98
小間物屋政談		104
佐々木政談		111
匙加減		112
三方一両損		120
鹿政談		124
しゃっくり政談		136
大工調べ		163

てれすこ		192
天狗裁き		193
骨違い		263
松山鏡		268
名人長二		277

武　家
→「種別索引」の武家噺

武　士
粟田口		6
お七の十		37
男の花道		39
怪談乳房榎		52
火焔太鼓		57
伽羅の下駄		76
首　屋		84
蜘蛛駕籠		86
品川心中		131
しびん		135
素人鰻		143
高田馬場		167
たがや		167
たけのこ		169
館　林		171
団子坂奇談		177
泣き塩		208
猫　久		221
花見の仇討		237
姫かたり		247
普段の袴		254
万病円		269
やかんなめ		285
宿屋の仇討		287
夢　金		297
吉田御殿		300

双　子
夜の慣用句		303

札　差
名人長二		277

部　長
ぺたりこん		257

フランス料理店
マキシム・ド・のん兵衛		266

古着屋
永代橋		27
江島屋騒動		27
小言幸兵衛		98
万病円		269

▽へ，ほ
鼈甲問屋
お富与三郎		40

弁護士
ぺたりこん		257

幇間（ほうかん）
→幇間（たいこもち）

奉公人
幾代餅		11
江戸の夢		149
おかめ団子		35
紺屋高尾		94
搗屋無間		185
寝　床		226
文七元結		256

坊　主
いが栗		10
黄金餅		95
除夜の雪		259
蛸坊主		169
仏　馬		263
→和尚も見よ

棒　屋
棒　屋		262

ホステス
月のじゃがりこ		185
夜の慣用句		303

棒手振り
芝　浜		134
猫の恩返し		224
→魚屋も見よ

本　妻
有馬のおふじ		6
権助提灯		107
惚気の独楽		308

📖 **ま行**

▽ま
迷　子
おせつ徳三郎		39
ぽんぽん唄		265

間　男
紙入れ		66
小烏丸		96
つづら		187

薪　屋
にらみ返し		216

職業・人物（普通名詞）索引

馬子
- 馬のす　24
- 馬の田楽　25
- 怪談牡丹燈籠　54
- 三人旅　118
- 鼻ほしい　237

孫
- くず湯　81
- マキシム・ド・のん兵衛　266

町奴
- 芝居の喧嘩　134

魔法使い
- シンデレラ伝説　146

豆や
- 越後屋　28
- 豆や　268

▽み

帝
- 茶金　180

水屋
- 水屋の富　271

見世物小屋
- 魂の入れ替え　176

味噌屋
- 味噌蔵　271

身投げ屋
- 身投げ屋　274

南町奉行
- 梅若礼三郎　25
- 名人長二　277

▽む

婿
- 江戸の夢　149

息子
- 意地くらべ　13
- 江島屋騒動　27
- おしゃべり往生　38
- 親子酒　48
- 親子茶屋　48
- 片棒　64
- 髪結新三　68
- 近日息子　78
- くず湯　81
- 故郷へ錦　97
- 三人息子　119

宗論　138
- シンデレラ伝説　146
- 清書無筆　154
- 宗漢　158
- 読書の時間　239
- 長崎の赤飯　205
- 菜刀息子　205
- 夏の医者　209
- 遙かなるたぬきうどん　239
- 備前徳利　244
- ひねりや　246
- 息子の結婚　122
- 藪入り　289

娘
- 粟田口　6
- いが栗　10
- 植木屋娘　20
- 鵜衣　149
- 江島屋騒動　27
- 江戸の夢　149
- おかめ団子　35
- 泳ぎの医者　49
- からくり屋　69
- 金玉医者　79
- 小烏丸　96
- 心のともしび　149
- 紺田屋　107
- 里帰り　112
- 清正公酒屋　154
- 旅の里扶持　175
- ちきり伊勢屋　179
- 千早振る　180
- 鼓ヶ滝　187
- 長崎の赤飯　205
- 泣き塩　208
- 茄子娘　208
- ねずみ穴　225
- のっぺらぼう　229
- 化物娘　231
- 姫かたり　247
- ふたなり　253
- 遍照金剛　258
- 緑林門松竹　273
- 名人長二　277
- もう半分　281
- 闇夜の梅　291
- 夢金　297

村人

- 馬の田楽　25
- 権兵衛狸　108
- 七度狐　128
- 田能久　173
- 本膳　264
- 万金丹　268

▽め

姪
- おもと違い　48
- 夜の慣用句　303

名人
- 粟田口　6
- 宗珉の滝　158
- 竹の水仙　169
- 叩き蟹　170
- 抜け雀　220
- ねずみ　225
- 浜野矩随　238
- 三井の大黒　272
- 名人長二　277

妾
- 有馬のおふじ　6
- お富与三郎　40
- 権助提灯　107
- 三軒長屋　115
- 転宅　184
- 一つ穴　245
- 緑林門松竹　273
- 惚気の独楽　308
- 惚気の火の玉　309

飯炊き
- 将門　266
- 木乃伊取り　271
- しの字嫌い　133

▽も

盲人
- 松田加賀　267

餅屋
- 尻餅　142
- 叩き蟹　170
- 万病円　269

門番
- 石返し　12

📖 や行

▽や

八百屋
- 位牌屋 17
- お神酒徳利 47
- 人情八百屋 218
- 鼻利き源兵衛 235
- 双蝶々 252
- もう半分 281
- らくだ 304

焼き塩屋
- 泣き塩 208

やくざ
- 極道のバイト達 97
- 背なで老いてる
  - 唐獅子牡丹 239

役者（俳優）
- 今戸焼 19
- 梅若礼三郎 25
- 男の花道 39
- きゃいのう 75
- 九段目 83
- さんま芝居 122
- 田能久 173
- 中村仲蔵 206
- 俳優の命日 18
- 武助馬 251
- まめだ 259
- 毛氈芝居 281
- よいよい蕎麦 299
- 淀五郎 301

役人
- 永代橋 27
- 禁酒番屋 78
- ぜんざい公社 156
- てれすこ 192
- 二番煎じ 216
- 人情八百屋 218
- ふたなり 253

厄払い
- 厄払い 285

香具師（やし）
- 一眼国 14
- がまの油 66
- 両国八景 307

宿屋

稲川 15
阿武松 31
男の花道 39
お神酒徳利 47
貝野村 56
勘定板 70
三人旅 118
さんま芝居 122
品川の豆 131
しびん 135
宗珉の滝 158
竹の水仙 169
東北の宿 199
奈良名所 211
抜け雀 220
ねずみ 225
茗荷宿 275
宿屋の仇討 287
宿屋の富 287
旅行日記 308

家主
- 井戸の茶碗 15
- 髪結新三 68
- 狂歌家主 77
- 小言幸兵衛 98
- 小間物屋政談 104
- 二十四孝 213
- 抜け裏 220
- 薬違い 83

屋根職人
- 水神 148

闇金融
- 月のじゃがりこ 185

遣り手婆
- 四宿の屁 126

槍持ち
- 大名道具 166

▽ゆ

遊女
- 明烏 2
- 粟田口 6
- 粟餅 8
- 今戸の狐 18
- 近江八景 32
- 臆病源兵衛 36
- 義眼 73
- 五銭の遊び 100

子別れ 105
三助の遊び 117
三人片輪 117
三人旅 118
四宿の屁 126
品川心中 131
品川の豆 131
狸寝入り 172
狸の遊び 172
縮み上がり 179
とんちき 203
錦の袈裟 213
ひねりや 246
文違い 255
坊主の遊び 260
吉住万蔵 299
悋気の火の玉 309
藁人形 315
→花魁も見よ

友人
→友達

幽霊
→「事物・事象・その他」索引

行き倒れ
- 粗忽長屋 159

湯屋
- 蛙茶番 69
- 三助の遊び 117
- 胴斬り 196
- 豊竹屋 202
- 不動坊 254
- 堀の内 264
- 万病円 269
- 湯屋番 298

▽よ

養子
- 植木屋娘 20
- ざこ八 111
- 短命 178

洋食屋
- 寿司屋水滸伝 149
- 西の市 203

横綱
- 阿武松 31
- 幸助餅 93
- 佐野山 114

酔っ払い			塩原多助一代記	123	反魂香	242
居酒屋	12		そば清	160	柳田格之進	288
うどんや	23		佃　島	186	老　婆		
馬の田楽	25		羽衣の松	231	江島屋騒動	27
親子酒	48		噺家の夢	236	名人長二	277
鶴満寺	58		ふたなり	253	老武士		
替り目	69	猟　師			岸柳島	72
蜘蛛駕籠	86		猪買い	126	六十六部		
酒の素	81		ふたなり	253	一眼国	14
ずっこけ	150	料理人			花見の仇討	237
相撲風景	152		貝野村	56	山崎屋	290
館　林	171		棒だら	260		
トラタク	122	料理屋			**□ わ行**	
初天神	234		王子の狐	30		
棒だら	260		お藤松五郎	44	▽わ	
宮戸川	275		親子茶屋	48	若い衆	
嫁			鯛	239	穴どろ	4
山崎屋	290		蛸坊主	169	尼寺の怪	5
与　力			胴乱の幸助	199	磯の鮑	13
長崎の赤飯	205		棒だら	260	稲　川	15
			百　川	282	居残り佐平次	17
□ ら行			旅　館			浮世床	17
			→宿　屋		氏子中	21
▽ら			隣　人			うどん屋	23
ラーメン屋				粗忽の釘	159	大安売り	33
ラーメン屋	304					おはらい	43
羅宇屋			▽ろ			お祭佐七	46
紫檀楼古木	127	浪曲師			お見立て	47
猫怪談	221		夕立勘五郎	293	蛙茶番	69
落語家			老　人			御　慶	77
今戸の狐	18		田能久	173	黄金の大黒	79
純情日記横浜編	139		抜け雀	220	九段目	82
旅の里扶持	175		→おじいさん，おばあさん，爺さん，婆さん，老婆も見よ		五銭の遊び	100
徳ちゃん	200				五目講釈	105
能狂言	228				子別れ	105
噺家の夢	236	老　僧			三人片輪	117
落語家の兵隊	81		蛸坊主	169	四宿の屁	126
ランゴランゴ	305	浪　人			品川の豆	131
			石返し	12	そば清	160
▽り			鵙　衣	149	探偵うどん	178
力　士			お祭佐七	46	長者番付	181
大安売り	33		怪談乳房榎	52	提灯屋	182
半分垢	243		怪談牡丹燈籠	54	付き馬	184
→関取も見よ			心のともしび	149	突き落とし	184
両替商			小判一両	149	徳ちゃん	200
柳田格之進	288		唐茄子屋政談	198	鍋草履	210
漁　師			中村仲蔵	206	二階ぞめき	213
怪談阿三の森	51		鼻ほしい	237	錦の袈裟	213

	抜け裏	220	貝野村	56	電話の遊び	195
	羽織の遊び	230	鰍沢二席目	62	唐茄子屋政談	198
	ふたなり	253	火事息子	63	西の市	203
	百　川	282	紙屑屋	67	長　持	207
	安兵衛狐	286	蛙茶番	69	生兵法	211
	幽女買い	293	菊江の仏壇	73	二階ぞめき	213
	吉住万蔵	299	擬宝珠	74	人形買い	217
	寄合酒	302	廓大学	87	羽織の遊び	230
	ん廻し	316	五目講釈	104	橋場の雪	232
若　様			山号寺号	116	干物箱	247
	雛　鍔	246	三人片輪	117	不孝者	250
若　侍			しじみ売り	126	船　徳	254
	岸柳島	72	七段目	128	へっつい幽霊	257
和歌三神			死ぬなら今	133	法事の茶	260
	鼓ヶ滝	187	菅原息子	148	木乃伊取り	271
	和歌三神	314	酢豆腐	151	緑林門松竹	273
若旦那			崇徳院	151	山崎屋	290
	宇治の柴船	22	清正公酒屋	154	雪とん	295
	鶯宿梅	31	千両みかん	157	雪の瀬川	296
	お富与三郎	40	染色（そめいろ）	161	湯屋番	298
	鬼背参り	241	太鼓腹	163	よかちょろ	299
	お初徳兵衛	42	たちきり	170	六尺棒	311
	親子茶屋	48	狸の遊び	172		

人物（固有名詞）索引

📖 あ行

▽あ
相生屋小四郎
　　小間物屋政談　　104
相川新五兵衛
　　怪談牡丹燈籠　　54
青木久之進
　　やんま久次　　291
赤井御門守
　　粗忽の使者　　160
　　妾馬　　278
赤螺屋吝兵衛
　　位牌屋　　17
　　片棒　　64
赤間源左衛門
　　お富与三郎　　40
浅井久之進
　　化物娘　　231
浅野左京大夫幸長
　　荒茶　　5
阿部玄益
　　匙加減　　112
阿部新十郎
　　怪談阿三の森　　51
甘井羊羹
　　藪医者　　289
天城豪右衛門
　　緑林門松竹　　273
荒木又ずれ
　　おすわどん　　38
在原業平
　　洒落小町　　137
　　和歌三神　　314

▽い
飯島佐七郎

お祭佐七　　46
飯島平左衛門
　　怪談牡丹燈籠　　54
飯田丹下
　　ねずみ　　225
井伊直弼
　　将軍の賽　　140
幾代太夫
　　幾代餅　　11
池田三左衛門尉輝政
　　荒茶　　5
池田屋
　　池田屋　　12
　　梅若礼三郎　　25
生駒姫
　　洒落小町　　137
生駒屋
　　ねずみ　　225
生駒弥太郎
　　団子坂奇談　　177
石川五右衛門
　　お血脈　　36
　　釜どろ　　66
　　強情灸　　92
石田の旦那
　　景清　　58
和泉屋与兵衛
　　帯久　　43
伊勢屋
　　後家殺し　　98
伊勢屋勘右衛門
　　三軒長屋　　115
磯貝浪江
　　怪談乳房榎　　52
伊丹重兵衛
　　毛氈芝居　　281
市川団蔵
　　淀五郎　　301

市助
　　市助酒　　14
市兵衛
　　貝野村　　62
井筒姫
　　洒落小町　　137
一八（幇間）
　　愛宕山　　3
　　鰻の幇間　　23
　　鶴満寺　　58
　　山号寺号　　116
　　虱茶屋　　142
　　太鼓腹　　163
　　ちきり伊勢屋　　179
　　つるつる　　190
　　橋の婚礼　　231
　　橋場の雪　　232
　　法事の茶　　260
稲垣小左衛門
　　粟田口　　6
稲川
　　稲川　　15
稲葉さん
　　稲葉さんの大冒険　　16
井上素山
　　宇治の柴船　　22
伊能忠敬
　　大河への道　　45
猪之さん
　　三枚起請　　121
伊之助
　　お若伊之助　　49
　　ちきり伊勢屋　　179
　　化物娘　　231
伊八
　　宿屋の仇討　　287
岩村玄石
　　名人長二　　277

人物（固有名詞）索引　　385

▽う
牛若丸
　　青　菜　　　　　　　　1
　　源平盛衰記　　　　　　90
卯之吉
　　ねずみ　　　　　　　225
卯兵衛
　　ねずみ　　　　　　　225
梅
　　ご印文　　　　　　　92
　　松竹梅　　　　　　　141
梅が枝
　　搗屋無間　　　　　　185
梅ヶ谷
　　幸助餅　　　　　　　93
梅津長門
　　大坂屋花鳥　　　　　32
梅若礼三郎
　　梅若礼三郎　　　　　25
浦　里
　　明　烏　　　　　　　2
浦島太郎
　　龍　宮　　　　　　　307
運　慶
　　三井の大黒　　　　　272

▽え
栄　吉
　　梅若礼三郎　　　　　25
越後屋
　　三井の大黒　　　　　272
閻魔大王
　　朝　友　　　　　　　2
　　地獄巡り　　　　　　124
　　死ぬなら今　　　　　133

▽お
お　朝
　　朝　友　　　　　　　2
お　磯
　　怪談累草紙　　　　　52
お　市
　　長崎の赤飯　　　　　205
お　糸
　　雪とん　　　　　　　295
お　稲
　　吉住万蔵　　　　　　299
お　梅

つるつる　　　　　　　190
　　闇夜の梅　　　　　　291
おえい
　　塩原多助一代記　　　123
大石内蔵助
　　辻八卦　　　　　　　187
　　山岡角兵衛　　　　　290
大岡越前守
　　五貫裁き　　　　　　96
　　小間物屋政談　　　　104
　　匙加減　　　　　　　112
　　三方一両損　　　　　120
　　城木屋　　　　　　　143
大久保加賀守
　　にらみ返し　　　　　216
大久保彦左衛門
　　須磨の浦風　　　　　152
大竹大助
　　やんま久次　　　　　291
太田道灌
　　道　灌　　　　　　　196
大伴狭手彦
　　派手彦　　　　　　　235
大野惣兵衛
　　粟田口　　　　　　　6
大星由良之助
　　一分茶番　　　　　　14
　　淀五郎　　　　　　　301
おかじ
　　小烏丸　　　　　　　96
尾形清十郎
　　野ざらし　　　　　　228
おかつ（お勝）
　　越後屋　　　　　　　28
　　子別れ　　　　　　　105
おかの
　　梅若礼三郎　　　　　25
おかめ屋
　　おかめ団子　　　　　35
　　塩原多助一代記　　　123
　　団子坂奇談　　　　　177
岡本政七
　　粟田口　　　　　　　6
岡本屋
　　吉住万蔵　　　　　　299
お　軽
　　一分茶番　　　　　　14
　　七段目　　　　　　　128

お　菊
　　お菊の皿　　　　　　35
おきせ
　　怪談乳房榎　　　　　52
沖田総司
　　池田屋　　　　　　　12
おきぬ（お絹）
　　紺田屋　　　　　　　107
　　ざこ八　　　　　　　111
　　団子坂奇談　　　　　177
　　柳田格之進　　　　　288
荻生徂徠
　　徂徠豆腐　　　　　　161
おきん
　　笠と赤い風車　　　　61
お　国
　　怪談牡丹燈籠　　　　54
おくま（お熊）
　　鰍　沢　　　　　　　62
　　髪結新三　　　　　　68
　　真景累ヶ淵　　　　　145
　　縮み上がり　　　　　179
　　藁人形　　　　　　　315
小　車
　　阿武松　　　　　　　31
おこう
　　水　神　　　　　　　148
おこの
　　怪談阿三の森　　　　51
お　駒
　　駒　長　　　　　　　104
　　城木屋　　　　　　　143
　　旅の里扶持　　　　　175
おこん
　　安兵衛狐　　　　　　286
お　紺
　　戸田の渡し　　　　　201
お　崎
　　厩火事　　　　　　　25
お　里
　　江島屋騒動　　　　　27
阿　三
　　怪談阿三の森　　　　51
お　静
　　猫　忠　　　　　　　223
お　七
　　お七の十　　　　　　37
おしの

	粟田口	6		怪談牡丹燈籠	54	おみつ（お光）		
お　白			乙　姫				善悪双葉の松	155
	ぼんぼん唄	265		龍　宮	307		トンビの夫婦	203
お　杉			お　富				双蝶々	252
	文違い	255		お富与三郎	40		骨違い	263
お　隅			音　羽				ぼんぼん唄	265
	真景累ヶ淵	145		粟田口	6	おみね		
おすわ			お　仲				怪談牡丹燈籠	54
	おすわどん	38		清正公酒屋	154	おもと		
おせい			おなみ				おもと違い	48
	塩原多助一代記	123		匙加減	112		元　犬	282
お　関			お　縫				おもよ	
	緑林門松竹	273		山岡角兵衛	290		貝野村	62
おせつ			お　初				大師の杵	164
	おせつ徳三郎	39		お初徳兵衛	42	お　由		
おせん（お賤）			お　花				名人長二	277
	笠と赤い風車	61		植木屋娘	20	お　米		
	真景累ヶ淵	145		菊江の仏壇	73		怪談牡丹燈籠	54
お　園				甲府い	93	おりえ		
	真景累ヶ淵	145		塩原多助一代記	123		おかふい	34
	長崎の赤飯	205		橋場の雪	232		怪談牡丹燈籠	54
お　染				星野屋	262	お　柳		
	おすわどん	38		宮戸川	275		名人長二	277
	品川心中	131	小　原			お　累		
おたえ				純情日記横浜編	139		真景累ヶ淵	145
	トンビの夫婦	203	お　半			お　若		
お　滝				胴乱の幸助	199		お若伊之助	49
	小猿七之助	99	お　彦			尾張屋		
	不動坊	254		派手彦	235		試し酒	176
お　竹			お　久					
	心　眼	144		真景累ヶ淵	145	📖 **か 行**		
おたま（お玉）				文七元結	256			
	幸助餅	93	帯屋久七			▽か		
	辰巳の辻占	171		帯　久	43	加賀の千代		
	佃　祭	186	おふじ（お藤）				加賀の千代	57
お　常				有馬のおふじ	6	嘉　吉		
	髪結新三	68		お藤松五郎	44		笠と赤い風車	61
お　露			お　正			柿本人麻呂		
	怪談牡丹燈籠	54		旅の里扶持	175		鍬盗人	88
おつる			お　政				和歌三神	314
	からくり屋	69		名人長二	277	角三郎		
	妾　馬	278	お　松				三味線栗毛	137
おてる				江島屋騒動	27	角　蔵		
	小烏丸	96		洒落小町	137		文違い	255
おとき（お時）			お祭佐七			景　清		
	小間物屋政談	104		雪とん	295		景　清	58
	緑林門松竹	273	おみえ			片山清左衛門		
お　徳				粟田口	6		備前徳利	244

人物（固有名詞）索引　387

花　鳥
　　大坂屋花鳥　　　　　32
勝　吉
　　吉住万蔵　　　　　299
勝五郎
　　小烏丸　　　　　　96
　　芝浜　　　　　　　134
加藤左馬助嘉明
　　荒茶　　　　　　　5
加藤肥後守清正
　　荒茶　　　　　　　5
兼明親王
　　道灌　　　　　　　196
金田屋金左衛門
　　長崎の赤飯　　　　205
兼　松
　　名人長二　　　　　277
雷の重五郎
　　芝居の喧嘩　　　　134
神谷幸右衛門
　　大仏餅　　　　　　165
神　代
　　千早振る　　　　　180
亀右衛門
　　ふたなり　　　　　253
亀　吉
　　子別れ　　　　　　105
　　藪入り　　　　　　289
鴨地玄林
　　百川　　　　　　　282
華　山
　　雪の瀬川　　　　　296
花　遊
　　吉住万蔵　　　　　299
唐犬の権兵衛
　　芝居の喧嘩　　　　134
可楽（初代三笑亭）
　　今戸の狐　　　　　18
花林胴八
　　豊竹屋　　　　　　203
河内屋吉左衛門
　　善悪双葉の松　　　155
河内屋金兵衛
　　大仏餅　　　　　　165
関　羽
　　三国誌　　　　　　116
勘　蔵
　　真景累ヶ淵　　　　145

勘　平
　　辻八卦　　　　　　187
　　五段目　　　　　　101
菅良輔
　　今戸の狐　　　　　18

▽き

菊　江
　　菊江の仏壇　　　　73
岸田右内
　　塩原多助一代記　　123
紀州公
　　紀州　　　　　　　74
喜　助
　　お見立て　　　　　47
　　五人廻し　　　　　102
　　たばこの火　　　　174
喜瀬川
　　お見立て　　　　　47
　　五人廻し　　　　　102
　　三枚起請　　　　　121
木曽義仲
　　源平盛衰記　　　　90
吉五郎
　　三方一両損　　　　120
吉　三
　　お七の十　　　　　37
吉兵衛
　　お七　　　　　　　36
　　のっぺらぼう　　　229
　　不動坊　　　　　　254
亀甲屋幸兵衛
　　名人長二　　　　　277
紀伊国屋文左衛門
　　髪結新三　　　　　68
喜之助
　　九州吹き戻し　　　76
紀貫之
　　鶯宿梅　　　　　　31
　　雁風呂　　　　　　72
紀内侍
　　鶯宿梅　　　　　　31
木村庄之助
　　佐野山　　　　　　114
木村又兵衛
　　宗珉の滝　　　　　158
久　次
　　包丁　　　　　　　261

　　やんま久次　　　　291
久蔵（久造）
　　幾代餅　　　　　　11
　　紺屋高尾　　　　　94
　　試し酒　　　　　　176
　　富久　　　　　　　203
九兵衛
　　お初徳兵衛　　　　42
　　田能久　　　　　　173
　　長崎の赤飯　　　　205
久　六
　　蚊いくさ　　　　　51
京　子
　　月のじゃがりこ　　185
吉良上野介
　　山岡角兵衛　　　　290
喜　六
　　七度狐　　　　　　128
　　辻駕籠　　　　　　187
　　遊山船　　　　　　296
金次郎
　　長崎の赤飯　　　　205
金　蔵
　　品川心中　　　　　131
金　太
　　女天下　　　　　　50
　　壁金　　　　　　　65
金太郎
　　三方一両損　　　　120
金ちゃん
　　寿限無　　　　　　138
金時金兵衛
　　芝居の喧嘩　　　　134
銀　南
　　代脈　　　　　　　165
金兵衛
　　江島屋騒動　　　　27
　　黄金餅　　　　　　95
　　にせ金　　　　　　214
金　坊
　　都々逸親子　　　　201
　　初天神　　　　　　234

▽く

空　海
　　大師の杵　　　　　164
楠運平橘正猛（正国）
　　三軒長屋　　　　　115

人物（固有名詞）索引

熊（熊五郎）
 宇治の柴船   22
 植木のお化け   20
 大山詣り   34
 お　七   36
 貝野村   62
 擬宝珠   74
 五月幟   95
 子ほめ   103
 子別れ   105
 三人無筆   119
 七の字   129
 質屋庫   130
 新聞記事   146
 崇徳院   151
 粗忽長屋   159
 手向けのかもじ   176
 にらみ返し   216
 人形買い   217
 猫　久   221
 猫の災難   224
 羽織の遊び   230
 一人酒盛   246
 風呂敷   255
 へっつい幽霊   257
 骨違い   263
 両国八景   307
熊　蔵
 夢　金   297
粂之助
 闇夜の梅   291
倉岡元庵
 江島屋騒動   27
クラノスケ
 母恋いくらげ   238
ク　ロ
 大どこの犬   33
黒川孝蔵
 怪談牡丹燈籠   54
黒田甲斐守長政
 荒　茶   5
鍬　潟
 鍬　潟   86

▽け
袈裟御前
 袈裟御前   89
吝兵衛（ケチ兵衛）

 あたま山   4
 二丁ろうそく   214
源右衛門
 江島屋騒動   27
源　公
 辰巳の辻占   171
乾坤坊良斎
 今戸の狐   18
源左衛門
 大師の杵   164
源さん
 穴子でからぬけ   4
 地獄巡り   124
源　治
 薬違い   83
源　氏
 源平盛衰記   90
源次郎
 骨違い   263
源　太
 源太の産   90
源太郎
 江島屋騒動   27
玄　道
 闇夜の梅   291
源兵衛
 明　烏   2
 臆病源兵衛   36
 小間物屋政談   104
 猿後家   114
 三人無筆   119
 鼻利き源兵衛   235
 ぽんぽん唄   265
 安兵衛狐   286
 宿屋の仇討   287
 幽女買い   293

▽こ
小泉熊山
 九段目   82
小　糸
 たちきり   170
幸右衛門
 植木屋娘   20
 小烏丸   96
 名人長二   277
 六尺棒   311
幸　吉

 小猿七之助   99
孔　子
 厩火事   25
幸　治
 緑林門松竹   273
甲州屋
 闇夜の梅   291
康次郎
 朝　友   2
孝　助
 怪談牡丹燈籠   54
 幸助餅   93
 胴乱の幸助   199
孝太郎
 怪談牡丹燈籠   54
 肥辰一代記   95
 六尺棒   311
鴻池家
 長者番付   181
蝙蝠安
 お富与三郎   40
肥　辰
 肥辰一代記   95
九　重
 備前徳利   244
小三郎
 粟田口   6
葭産松
 お富与三郎   40
児嶋高徳
 小　町   103
五　蝶
 雪の瀬川   296
近衛様
 茶　金   180
小　春
 心　眼   144
五兵衛
 かつぎや   64
小　緑
 阿武松   31
権右衛門
 江島屋騒動   27
権九郎
 双蝶々   252
権　助
 有馬のおふじ   6
 一分茶番   14

人物（固有名詞）索引　389

泳ぎの医者		49
鶴満寺		58
かつぎや		64
鍬盗人		88
権助魚		106
権助提灯		107
蒟蒻問答		108
しの字嫌い		133
宗論		138
宗漢		158
一つ穴		245
将門		266
藪医者		289
和歌三神		314
紺田屋		
紺田屋		107
近藤勇		
池田屋		12
近藤氏		
禁酒番屋		78
権八		
備前徳利		244
権平		
一分茶番		14
権兵衛		
権兵衛狸		108

📖 さ行

▽さ
西行		
西行		109
鼓ヶ滝		187
斎藤		
バスガール		232
西念		
黄金餅		95
藁人形		315
酒井雅楽頭		
三味線栗毛		137
坂倉屋助七		
名人長二		277
作十		
渋酒		135
作蔵		
真景累ヶ淵		145
佐兵衛		
木乃伊取り		271

ざこ八		
ざこ八		111
佐々木信濃守		
佐々木政談		111
笹屋		
怪談牡丹灯籠		54
定吉		
位牌屋		17
おせつ徳三郎		39
お文様		45
火焔太鼓		57
七段目		128
茶の湯		181
二丁ろうそく		214
猫定		222
寝床		226
橋場の雪		232
鼻ねじ		236
平林		248
双蝶々		252
味噌蔵		271
味噌豆		272
宮戸川		275
四段目		301
悋気の独楽		308
定九郎		
五段目		101
辻八卦		187
定次郎		
景清		58
定安		
小烏丸		96
佐野槌		
文七元結		256
佐野屋次郎兵衛		
戸田の渡し		201
佐野山		
佐野山		114
佐兵衛		
派手彦		235
佐平次		
居残り佐平次		17
沢村淀五郎		
淀五郎		301
三五郎		
小間物屋政談		104
三次		
闇夜の梅		291

三蔵		
大坂屋花鳥		32
真景累ヶ淵		145
三太夫		
桜鯛		110
粗忽の使者		160
大名道具		166
殿様団子		202
ねぎまの殿様		221
初音の鼓		234
松曳き		267
妾馬		278
毛氈芝居		281

▽し
塩原角右衛門		
塩原多助一代記		123
塩原多助		
塩原多助一代記		123
繁		
持参金		125
茂吉		
お富与三郎		40
茂造		
寝床		226
繁八		
愛宕山		3
鍛冶屋喜平次		
阿武松		31
仕立屋のみいちゃん		
蛙茶番		69
紫檀楼古木		
紫檀楼古木		127
七蔵		
小猿七之助		99
七之助		
小猿七之助		99
七兵衛		
啞の釣		37
七の字		129
治武太治部右衛門		
粗忽の使者		160
島田出雲守		
梅若礼三郎		25
島田重三郎		
高尾		166
反魂香		242
四万太郎		

	塩原多助一代記	123	城木屋	143	お藤松五郎	44	
下総屋			次郎八		菅原道真		
	雪の瀬川	296	三助の遊び	117	質屋庫	130	
上海屋唐右衛門			白子屋		杉平柾目正		
	鉄拐	192	髪結新三	68	粗忽の使者	160	
就学堂			佃祭	186	助さん		
	緑林門松竹	273	仏馬	263	縮み上がり	179	
重吉			新吉		捨丸		
	星野屋	262	紙入れ	67	善悪双葉の松	155	
重三郎			真景累ヶ淵	145	素根吉		
	粟田口	6	甚吉		ひねりや	246	
寿限無			藁人形	315	墨染		
	寿限無	138	新三		吉住万蔵	299	
寿楽			髪結新三	68	住吉明神		
	搗屋無間	185	新次		鼓ヶ滝	187	
春風亭年枝			月のじゃがりこ	185			
	年枝の怪談	227	新七		▽せ		
庄三郎			紺田屋	107	清吉		
	髪結新三	67	新助		ハワイの雪	240	
上州屋徳三郎			鰍沢	62	清公		
	おすわどん	38	緑林門松竹	273	三枚起請	121	
正助			新撰組		突き落とし	184	
	松山鏡	268	池田屋	12	清五郎		
丈助			甚蔵		お祭佐七	46	
	粟田口	6	真景累ヶ淵	145	清三郎		
庄之助			新太郎		備前徳利	244	
	髪結新三	68	緑林門松竹	273	清さん		
丈八			新朝		おしゃべり往生	38	
	駒長	104	野ざらし	228	清七		
	城木屋	143	シンデレラ		清正公酒屋	154	
蜀山人			シンデレラ伝説	146	清正公様		
	青菜	1	新之助		清正公酒屋	154	
	蜀山人	142	吉田御殿	300	清助		
ジョージ藤川			甚兵衛		粟田口	6	
	ハワイの雪	240	鮑のし	8	清蔵		
白井左近			言訳座頭	10	幾代餅	11	
	ちきり伊勢屋	179	火焔太鼓	57	不孝者	250	
シロ			加賀の千代	57	木乃伊取り	271	
	大どこの犬	33	熊の皮	85	清八		
	元犬	282	鍬潟	86	七度狐	128	
四郎吉			蛇含草	136	遊山船	296	
	佐々木政談	111	辻駕籠	187	清兵衛		
次郎吉			猫怪談	221	市助酒	14	
	猫忠	223	夢八	297	井戸の茶碗	15	
白木屋・城木屋			真二つ	267	清正公酒屋	154	
	城木屋	143			そば清	160	
	鼻利き源兵衛	235	▽す		名人長二	277	
城木屋庄左衛門			菅野松五郎		瀬川		

人物（固有名詞）索引　391

王子の稲間	31	
橋場の雪	232	
雪の瀬川	296	

仙吉
　からくり屋　69

善公
　三人息子　119
　干物箱　247

善次郎
　雪の瀬川　296

仙太
　粟田口　6
　笠と赤い風車　61

仙台公
　伽羅の下駄　76
　高尾　166

善八
　髪結新三　68

善兵衛
　雪の瀬川　296

▽そ
惣右衛門
　真景累ヶ淵　145
宗悦
　真景累ヶ淵　145
宗観
　真景累ヶ淵　145
宗漢
　宗漢　158
惣吉
　真景累ヶ淵　145
宗三郎
　宗珉の滝　158
惣次郎
　真景累ヶ淵　145
　緑林門松竹　273
宗助
　二番煎じ　216
曹操
　三国志　116
惣兵衛
　五百羅漢　102
曽我兄弟
　道具屋曽我　197
そば清
　そば清　160
染殿の内侍

西行　109

📖 た行

▽た
大黒屋
　夢の酒　297
平将門
　将門　266
高尾
　紺屋高尾　94
　高尾　166
　反魂香　242
高木作左衛門
　井戸の茶碗　15
高橋
　ぺたりこん　257
滝口入道
　滝口入道　294
竹
　ご印文　92
　松竹梅　141
　ちりとてちん　183
武隈文右衛門
　阿武松　31
竹次郎
　ねずみ穴　225
竹六
　怪談乳房榎　52
田島
　月のじゃがりこ　185
太助
　明烏　2
　幽女買い　293
多助
　おかめ団子　35
　塩原多助一代記　123
立花屋・橘屋
　幸助餅　93
　悋気の火の玉　309
橘屋善兵衛
　阿武松　31
辰
　長持　207
竜田川
　千早振る　180
多度屋茂兵衛
　てれすこ　192

田中三太夫
　粗忽の使者　160
　将棋の殿様　139
谷風梶之助
　佐野山　114
谷文晁
　普段の袴　254
田能久
　田能久　173
太兵衛
　永代橋　27
　猿後家　114
玉津島明神
　鼓ヶ滝　187
太郎兵衛
　龍宮　307
短七
　長短　182

▽ち
チエコ
　ハワイの雪　241
ちきり伊勢屋
　ちきり伊勢屋　179
千鳥ヶ浜
　花筏　235
智伯
　写真の仇討　136
千早
　千早振る　180
茶金
　茶金　180
忠七
　髪結新三　68
忠蔵
　雪の瀬川　296
張益
　三国志　116
長右衛門
　胴乱の幸助　199
張果老
　鉄拐　192
長吉
　双蝶々　252
長左衛門
　名人長二　277
長さん
　子別れ　105

人物（固有名詞）索引

長　短		182
長二（長二郎）		
名人長二		277
長者屋		
長崎の赤飯		205
趙襄子		
写真の仇討		136
張　飛		
三国誌		116
長兵衛		
髪結新三		68
駒　長		104
双蝶々		252
文七元結		256
千代田卜斎		
井戸の茶碗		15
珍　念		
転失気		194
仏　馬		263
▽つ		
塚原出雲		
鹿政談		124
月の兎		
鰍　沢		62
筒井和泉守		
名人長二		277
常　吉		
笠と赤い風車		61
後家殺し		98
猫　忠		223
常太郎		
名人長二		277
鶴　吉		
ざこ八		111
▽て		
鉄		
不動坊		254
鉄　拐		
鉄　拐		192
鉄五郎		
人情八百屋		218
伝　吉		
植木屋娘		20
甲府い		93
伝三郎		
鰍　沢		62

伝次郎		
ちきり伊勢屋		179
▽と		
陶淵明		
鉄　拐		192
東　作		
盃の殿様		109
時子姫		
源平盛衰記		90
時次郎		
明　烏		2
常磐木		
緑林門松竹		273
徳		
壺　算		188
徳川家光		
須磨の浦風		152
徳三郎		
おせつ徳三郎		39
唐茄子屋政談		198
徳兵衛		
お初徳兵衛		42
搗屋無間		185
不動坊		254
船　徳		255
柳田格之進		288
徳力屋万右衛門		
五貫裁き		96
土佐光信		
雁風呂		71
土手の甚蔵		
真景累ヶ淵		145
富五郎		
真景累ヶ淵		145
富の市		
言訳座頭		10
留		
マキシム・ド・のん兵衛		266
留　吉		
ハワイの雪		240
一人酒盛		246
伴　蔵		
怪談牡丹灯籠		54
豊志賀		
真景累ヶ淵		145
豊竹屋節右衛門		

豊竹屋		203
豊臣秀吉		
鍬盗人		88
寅		
堪忍袋		71
ちりとてちん		183
棒だら		260
包　丁		261
虎		
両国八景		307
虎五郎		
善悪双葉の松		155

📖 **な行**

▽な		
長尾一角		
お若伊之助		49
中　村		
釣りの酒		189
中村歌右衛門		
男の花道		39
中村伝九郎		
中村仲蔵		206
中村仲蔵		
中村仲蔵		206
淀五郎		301
中村武助		
武助馬		251
半井源太郎		
男の花道		39
那須与一		
源平盛衰記		90
七　越		
七　草		210
奈良茂		
たばこの火		174
▽に，ね，の		
錦　木		
三味線栗毛		137
根岸肥前守		
鹿政談		124
猫　久		
猫　久		221
鼠小僧次郎吉		
しじみ売り		126
根津先生		

人物（固有名詞）索引　393

女天下	50
捻兵衛	
樟脳玉	141
能登守教経	
源平盛衰記	90
乃楽（三笑亭）	
今戸の狐	18

📖 **は行**

▽は
梅　喜	
心　眼	144
萩原新三郎	
怪談牡丹燈籠	54
白翁堂勇斎	
怪談牡丹燈籠	54
伯　良	
羽衣の松	231
橋　本	
橋の婚礼	231
八（八五郎）	
浮世根問	21
越後屋	28
臆病源兵衛	36
堪忍袋	71
狂歌家主	77
御　慶	77
強情灸	92
高野違い	94
子ほめ	103
小　町	103
蒟蒻問答	107
三人無筆	119
地獄巡り	124
七の字	129
新聞記事	146
粗忽長屋	159
高砂や	167
だくだく	168
狸寝入り	172
狸の遊び	172
狸の釜	172
狸の鯉	172
狸の札	173
狸　賽	173
たらちね	177
短　命	178

つる	189
手紙無筆	191
出来心	191
天狗裁き	193
天　災	193
道　灌	196
なめる	211
人形買い	217
抜け裏	220
野ざらし	228
八問答	233
反魂香	242
一目上がり	245
普段の袴	254
妾　馬	278
やかん	284
雪てん	295
りん廻し	310
夢　八	297
初五郎	
お若伊之助	49
派手彦	
派手彦	235
花　筏	
花　筏	235
花　扇	
盃の殿様	109
花車重吉	
真景累ヶ淵	145
浜野矩安	
浜野矩随	238
浜野矩随	
浜野矩随	238
林屋正喬	
旅の里扶持	175
林屋正蔵	
旅の里扶持	175
原丹三郎	
塩原多助一代記	123
原丹治	
塩原多助一代記	123
は　る	
里帰り	112
半　公	
青　菜	1
汲み立て	86
長　持	207
館　林	171

蛙茶番	69
万事世話九郎	
宿屋の仇討	287
半　七	
文違い	255
宮戸川	275
幡随院長兵衛	
芝居の喧嘩	134
半田屋長兵衛	
にゅう	216

▽ひ
土方歳三	
池田屋	12
土方縫之助	
男の花道	39
菱川重信	
怪談乳房榎	52
尾州公	
紀　州	74
常陸宮	
御前落語	261
左甚五郎	
竹の水仙	169
叩き蟹	170
ねずみ	225
三井の大黒	272
人丸明神	
鼓ヶ滝	187
捻屋素根右衛門	
ひねりや	246
百兵衛	
百　川	282

▽ふ
深見新五郎	
真景累ヶ淵	145
深見新左衛門	
真景累ヶ淵	145
福島左衛門大夫正則	
荒　茶	5
福次郎	
福禄寿	251
福徳屋萬右衛門	
福禄寿	251
房五郎	
大名房五郎	149
藤野屋杢左衛門	

	塩原多助一代記	123		怪談累草紙	52		塩原多助一代記	123
伏見屋紀左衛門			本多佐渡守正信			三井家		
	ぼんぼん唄	265		荒 茶	5		長者番付	181
藤原秀郷			本多善光				三井の大黒	272
	将 門	266		お血脈	36	水戸家		
武 助							将軍の賽	140
	善悪双葉の松	155	▨ **ま行**			水戸光圀		
ブ チ							雁風呂	72
	大どこの犬	33	▽ま			みどり		
仏 頂			政五郎				ナースコール	208
	笑い茸	314		三軒長屋	115	源義経		
不動坊火焔				大工調べ	163		青 菜	1
	不動坊	254		三井の大黒	272		源平盛衰記	90
武兵衛			舛屋新兵衛			美濃部五左衛門		
	永代橋	27		ざこ八	111		山岡角兵衛	290
文 七			松			美濃屋茂二作		
	文七元結	256		ご印文	92		名人長二	277
文 弥				松竹梅	141	宮野辺源次郎		
	毛氈芝居	281	松井源哲				怪談牡丹燈籠	54
文屋康秀				怪談阿三の森	51	見る目嗅ぐ鼻		
	和歌三神	314	松岡半之進				死ぬなら今	133
				怪談阿三の森	51			
▽へ			松公			▽む，め，も		
平右衛門				石返し	12	村上天皇		
	七段目	128		まんじゅうこわい	269		鶯宿梅	31
平 家			松田加賀			冥界十王		
	源平盛衰記	90		松田加賀	267		死ぬなら今	133
平 助			松浦佐用姫			メグミ		
	王子の幇間	31		派手彦	235		ハワイの雪	240
	人情八百屋	218	松本屋			め 組		
可 内				匙加減	112		お祭佐七	46
	大名道具	166	間与島伊惣次			目玉の富八		
	たけのこ	169		怪談乳房榎	52		お富与三郎	40
紅羅坊名丸			真与太郎			杢 市		
	天 災	193		怪談乳房榎	52		麻のれん	3
弁 長			丸 山				化け物使い	230
	仏 馬	263		搗屋無間	185		柳の馬場	289
			万			杢 蔵		
▽ほ				不動坊	254		シンデレラ伝説	146
星野屋						杢兵衛		
	星野屋	262	▽み				お見立て	47
細川越中守忠興			三浦屋				五人廻し	102
	荒 茶	5		反魂香	242	物部守屋		
細川幽斎			三河屋				お血脈	36
	鍬盗人	88		掛取万歳	59	盛 遠		
堀越与右衛門			水野十郎左衛門				袈裟御前	89
	怪談累草紙	52		芝居の喧嘩	134	守屋大臣		
堀越与左衛門			道連れ小平				お血脈	36

人物（固有名詞）索引　395

や行

▽や

八百善
　　大仏餅　165
弥　吉
　　にゅう　216
弥左衛門
　　長崎の赤飯　205
弥次郎
　　弥次郎　285
安田一角
　　真景累ヶ淵　145
安兵衛
　　安兵衛狐　286
弥太五郎源七
　　髪結新三　68
柳沢美濃守
　　雁風呂　72
柳田格之進
　　柳田格之進　288
藪井竹庵
　　幾代餅　11
山岡角兵衛
　　山岡角兵衛　290
山木秀永
　　緑林門松竹　273
山口屋善右衛門
　　塩原多助一代記　123
山崎平馬
　　紋三郎稲荷　283
山　田
　　女天下　50
山　本
　　遥かなるたぬきうどん　239
山本志丈
　　怪談牡丹燈籠　54

▽よ

与市兵衛
　　五段目　101
楊貴妃
　　肝つぶし　75
横谷宗珉
　　金明竹　80

宗珉の滝　158
与三郎
　　お富与三郎　40
芳次郎
　　文違い　255
吉住万蔵
　　吉住万蔵　299
吉田八右衛門
　　塩原多助一代記　123
予　譲
　　写真の仇討　136
与太郎
　　穴子でからぬけ　4
　　粟　餅　8
　　磯の鮑　13
　　氏子中　21
　　牛ほめ　22
　　唖の釣　37
　　かぼちゃ屋　65
　　近日息子　78
　　金明竹　80
　　薬違い　83
　　汲み立て　86
　　孝行糖　92
　　酒の粕　110
　　品川心中　131
　　大工調べ　163
　　他　行　169
　　佃　祭　186
　　つづら泥　188
　　道具屋　197
　　錦の裂裟　213
　　猫怪談　221
　　寄合酒　302
　　ろくろ首　311
淀　君
　　吉田御殿　300
淀屋辰五郎
　　雁風呂　72
米　市
　　按摩の炬燵　9
与兵衛
　　鹿政談　124
万　屋
　　怪談乳房榎　52
万屋卯兵衛

おかふい　34
万屋五左衛門
　　にゅう　216
万屋清三郎
　　お藤松五郎　44
万屋源兵衛
　　柳田格之進　288

ら行，わ行

▽ら，り，ろ

雷　電
　　鍬　潟　86
らくだ
　　らくだ　304
力　弥
　　淀五郎　301
李　白
　　鉄　拐　192
利兵衛
　　梅若礼三郎　25
劉備玄徳
　　三国誌　116
良観和尚
　　怪談阿三の森　51
漁師善兵衛
　　怪談阿三の森　51
良石和尚
　　怪談牡丹燈籠　54
禄太郎
　　福禄寿　251
六兵衛
　　伽羅の下駄　76
　　蒟蒻問答　107
　　猫　忠　223

▽わ

若狭屋
　　浜野矩随　238
　　藁人形　315
若狭屋甚兵衛
　　小間物屋政談　104
渡　辺
　　純情日記横浜編　139
渡辺喜平次
　　長崎の赤飯　205

動植物索引

📖 あ行

▽あ
藍
　紺屋高尾　94
赤い草
　そば清　160
朝　顔
　加賀の千代　57
穴　子
　穴子でからぬけ　4
鮎
　釣りの酒　189
蟻
　まんじゅうこわい　269
鮑（あわび）
　鮑のし　8
　磯の鮑　13
　菅原息子　148
鮟鱇（あんこう）
　居酒屋　12

▽い
烏賊（いか）
　てれすこ　192
犬
　穴子でからぬけ　4
　稲葉さんの大冒険　16
　犬の目　16
　大どこの犬　33
　課長の犬　294
　杭盗人　82
　鹿政談　124
　抜け裏　220
　一つ穴　245
　無精床　251
　骨違い　263

　元　犬　282
　桃太郎　283
　寄合酒　302
猪
　きゃいのう　75
　五段目　101
　猪買い　126
　辻八卦　187
　中村仲蔵　206
　弥次郎　285
イモリ
　薬違い　83

▽う
植　木
　植木屋娘　20
鶯（うぐいす）
　鶯宿梅　31
兎（うさぎ）
　洒落小町　137
牛
　穴子でからぬけ　4
　牛ほめ　22
　杭盗人　82
　小　粒　101
　辻八卦　187
　弥次郎　285
鶉（うずら）
　鶉　衣　149
鰻
　穴子でからぬけ　4
　いかけ屋　11
　鰻の幇間　23
　うなぎ屋　24
　後生鰻　100
　ちりとてちん　183
馬
　馬大家　24

　馬の田楽　25
　厩火事　25
　江島屋騒動　27
　きゃいのう　75
　三国誌　116
　三人旅　118
　塩原多助一代記　123
　品川の豆　131
　写真の仇討　136
　三味線栗毛　137
　蕎麦の殿様　160
　付き馬　184
　鉄　扨　192
　鼻ほしい　237
　浜野矩随　238
　武助馬　251
　仏　馬　263
　将　門　266
　松曳き　267
　まんじゅうこわい　269
　妾　馬　278
　目黒のさんま　280
　柳の馬場　289
海　亀
　母恋いくらげ　238
梅
　鶯宿梅　31
　松竹梅　141
ウワバミ
　蛇含草　136
　松竹梅　141
　そば清　160
　田能久　173
　夏の医者　209
　→蛇も見よ

▽え，お
榎

動植物索引

怪談乳房榎　52
縁切榎
　縁切榎　28
狼
　シンデレラ伝説　146
　善悪双葉の松　155
オケラ
　まんじゅうこわい　269
女郎花（おみなえし）
　植木のお化け　20
万年青（おもと）
　おもと違い　48

📖 か行

▽か
蚊
　麻のれん　3
　蚊いくさ　51
　鈴ヶ森　150
　二十四孝　213
蛙（蝦蟇（がま））
　がまの油　66
　蛙茶番　69
　道具屋曽我　197
河童
　浜野矩随　238
蟹
　叩き蟹　170
　庭蟹　217
カボチャ
　かぼちゃ屋　65
　シンデレラ伝説　146
　唐茄子屋政談　198
亀
　浮世根問　21
鴨
　鷺とり　110
　弥次郎　285
烏
　小烏丸　96
　駒長　104
　三枚起請　121
　水神　148
　野ざらし　228
雁（かり）
　→雁（がん）
苅萱（かるかや）

植木のお化け　20
雁（がん）
　雁風呂　72
　鷺とり　110

▽き
雉（きじ）
　桃太郎　283
狐
　今戸の狐　18
　王子の狐　30
　七度狐　128
　洒落小町　137
　狸寝入り　172
　初音の鼓　234
　一つ穴　245
　紋三郎稲荷　283
　安兵衛狐　286
伽羅（きゃら）
　伽羅の下駄　76
金魚
　金魚の芸者　78
　須磨の浦風　152
　猫と金魚　223
銀杏（ぎんなん）
　真二つ　267

▽く
鯨
　噺家の夢　236
梔子（くちなし）
　植木のお化け　20
熊
　熊の皮　85
　子別れ　105
蜘蛛
　蜘蛛駕籠　86
　まんじゅうこわい　269
クラゲ
　母恋いくらげ　238
栗
　いが栗　10

▽こ
鯉
　あたま山　4
　家見舞　10
　噲の釣　37

金魚の芸者　78
狸の鯉　172
釣りの酒　189
二十四孝　213
万金丹　268

📖 さ行

▽さ
榊（さかき）
　植木のお化け　20
魚
　鯛　239
　母恋いくらげ　238
　龍宮　307
鷺
　鷺とり　110
桜
　おせつ徳三郎　39
　鶴満寺　58
　桜鯛　110
　団子坂奇談　177
　鼻ねじ　236
　花見酒　237
　花見の仇討　237
　百年目　248
笹
　一目上がり　245
鮫（さめ）
　桑名船　87
　ジョーズ　219
猿
　火事息子　63
　猿後家　114
　桃太郎　283
秋刀魚
　目黒のさんま　280
鹿
　鹿政談　124
　ディア・ファミリー　45

▽し
シジミ
　しじみ売り　126
蛇含草
　蛇含草　136
猩々（しょうじょう）
　龍宮　307

シラミ		
紺田屋	107	
虱茶屋	142	
たらちね	177	
▽す		
水　仙		
竹の水仙	169	
スケソウダラ		
権助魚	106	
ススキ		
野ざらし	228	
雀		
怪談乳房榎	52	
小鳥丸	96	
抜け雀	220	
すっぽん		
提灯屋	182	
疝気の虫（せんきのむし）		
疝気の虫	156	
▽せ, そ		
栴檀（せんだん）		
百年目	248	
象		
杭盗人	82	
任侠流山動物園	217	

📖 た 行

▽た		
鯛		
鯛	239	
噺家の夢	236	
大　根		
七度狐	128	
のめる	229	
大　蛇		
→ウワバミ		
竹		
愛宕山	3	
小鳥丸	96	
竹の子		
鈴ヶ森	150	
たけのこ	169	
竹の水仙	169	
蛸		
居酒屋	12	

蛸坊主	169	
棒だら	260	
橘		
植木のお化け	20	
狸		
石返し	12	
お見立て	47	
権兵衛狸	108	
狸寝入り	172	
狸の遊び	172	
狸の釜	172	
狸の鯉	172	
狸の札	173	
狸の化寺	173	
狸　賽	173	
田能久	173	
化け物使い	230	
浜野矩随	238	
まめだ	259	
身代わりポン太	45	
タバコ		
六郷の煙草	311	
▽ち, つ		
稚児桜		
植木のお化け	20	
萵苣（ちしゃ）		
夏の医者	209	
蝶		
西　行	109	
燕		
雁風呂	72	
鶴		
浮世根問	21	
御　慶	77	
たらちね	177	
つ　る	189	
▽と		
ドジョウ		
居酒屋	12	
小言念仏	99	
二人旅	215	
能狂言	228	
虎		
宗珉の滝	158	
動物園	198	
任侠流山動物園	217	

抜け裏	220	
ねずみ	225	
鳥		
四人癖	302	
トンボ		
真二つ	267	

📖 な 行

▽な, に		
茄子		
茄子娘	208	
ナメクジ		
弥次郎	285	
南縁草		
百年目	248	
鰊（にしん）		
権助魚	106	
鶏（にわとり）		
臆病源兵衛	36	
提灯屋	182	
任侠流山動物園	217	
旅行日記	308	
▽ね		
猫		
王子の尅間	31	
金明竹	80	
杭盗人	82	
猿後家	114	
太鼓腹	163	
だくだく	168	
にせ金	214	
猫怪談	221	
猫　久	221	
猫　定	222	
猫　忠	223	
猫と金魚	223	
猫の恩返し	224	
猫の災難	224	
猫の皿	224	
ねずみ	225	
めがね泥	279	
夢　八	297	
ろくろ首	311	
鼠		
いが栗	10	
小　粒	101	

豊竹屋	202
生兵法	211
猫と金魚	223
ねずみ	225
ねずみ穴	225
藪入り	289

📖 は行

▽は, ひ
鳩	
鵜衣	149
中沢家の人々	261
花	
しびん	135
パンダ	
任侠流山動物園	217
真夜中の襲名	241
平目	
噺家の夢	236

▽ふ
フカ（サメ）	
桑名船	87
河豚（ふぐ）	
節分	155
ふぐ鍋	250
豚	
任侠流山動物園	217
旅行日記	308
鮒	
あたま山	4
家見舞	10
真二つ	267

▽へ, ほ
蛇	
穴子でからぬけ	4
有馬のおふじ	6
怪談阿三の森	51

蛙茶番	69
松竹梅	141
まんじゅうこわい	269
やかんなめ	285
弥次郎	285
→ウワバミも見よ	
ボウフラ	
あたま山	4
無精床	251
ホウレンソウ	
植木のお化け	20
蛍	
怪談乳房榎	52

📖 ま行

▽ま, み
鮪（まぐろ）	
噺家の夢	236
棒だら	260
松	
稲葉さんの大冒険	16
しわいや	144
つる	189
天狗裁き	193
羽衣の松	231
ふたなり	253
吉田御殿	300
六郷の煙草	311
松茸	
東北の宿	199
ミミズ	
稲葉さんの大冒険	16
ミミズク	
二人旅	215
茗荷	
茗荷宿	275

▽む, め, も
椋（むく）	

茶の湯	181
椋鳥（むくどり）	
野ざらし	228
メザシ	
権助魚	106
メダカ	
めだか	62
モグサ	
強情灸	92
モグラ	
もぐら泥	281
百舌鳥（もず）	
棒だら	260
紅葉	
粟田口	6

📖 や行, ら行

▽や, ゆ, よ
柳	
江島屋騒動	27
柳の馬場	289
山吹	
道灌	196
ヤモリ	
薬違い	83
雪の下	
植木のお化け	20
葭（よし）	
野ざらし	228

▽ら, れ
ライオン	
動物園	198
ラクダ	
らくだ	304
蘭	
植木のお化け	20
蓮華	
植木のお化け	20

食べ物・嗜好品索引

📖 あ行

▽あ
アイスクリーム
　　かんしゃく　　70
青黄粉
　　茶の湯　　181
熱　燗
　　→燗
油
　　もう半分　　281
　　藁人形　　315
油揚げ
　　尼寺の怪　　5
阿部川（唐茄子）
　　唐茄子屋政談　　198
甘納豆
　　明　烏　　2
　　汲み立て　　86
飴
　　壁　金　　65
　　初天神　　234
鮑（あわび）
　　鮑のし　　8
　　菅原息子　　148
粟　餅
　　粟　餅　　8
鮟鱇（あんこう）
　　居酒屋　　12
あんころ餅
　　幸助餅　　93
　　黄金餅　　95
　　不動坊　　254

▽い
稲　荷
　　紋三郎稲荷　　283

猪
　　猪買い　　126
猪　鍋
　　二番煎じ　　216
今川焼
　　権助魚　　106
　　代書屋　　164
芋
　　位牌屋　　17
　　芋　俵　　19
　　徳ちゃん　　200
　　本　膳　　264
いもりの黒焼
　　薬違い　　83
鰯（いわし）
　　青　菜　　1
　　猫　久　　221

▽う
鶯餅（うぐいすもち）
　　よいよい蕎麦　　299
うどん
　　うどん屋　　23
　　替り目　　69
　　三十石　　116
　　探偵うどん　　178
　　豊竹屋　　203
うどん粉
　　里帰り　　112
鰻
　　いかけ屋　　11
　　鰻の幇間　　23
　　うなぎ屋　　24
　　後生鰻　　100
　　子別れ　　105
　　素人鰻　　143
　　ちりとてちん　　183
　　→蒲焼も見よ

卯の花
　　→おから
うま煮
　　馬大家　　24
梅　干
　　三人片輪　　117
　　しわいや　　144

▽え，お
枝　豆
　　馬のす　　24
海老の尻尾
　　金明竹　　80
縁切榎
　　縁切榎　　28
おから
　　甲府い　　93
　　鹿政談　　124
　　狙徠豆腐　　161
　　千早振る　　180
　　味噌蔵　　271
おこわ（赤飯・強飯）
　　居残り佐平次　　17
　　熊の皮　　85
　　子別れ　　105
　　長崎の赤飯　　205
お新香
　　家見舞　　10
　　うなぎ屋　　24
　　派手彦　　235
　　包　丁　　261
おでん
　　替り目　　69
　　五銭の遊び　　100
おにぎり
　　お神酒徳利　　47
　　鈴ヶ森　　150
　　相撲風景　　152

食べ物・嗜好品索引　401

夢　八		207
お　椀		
蛸坊主		169

か行

▽か
会席料理		
おせつ徳三郎		39
柿		
鍬盗人		88
菓　子		
荒　茶		5
王子の幇間		31
長　短		182
寝　床		226
かしわ		
提灯屋		182
柏　餅		
五月幟		95
カステラ		
大どこの犬		33
禁酒番屋		79
数の子		
寄合酒		302
鰹		
髪結新三		68
鰹　節		
蛸坊主		169
たばこの火		174
寄合酒		302
カツカレー		
寿司屋水滸伝		149
カツレツ		
西の市		203
蒲　焼		
後生鰻		100
→鰻も見よ		
カボチャ		
かぼちゃ屋		65
蒲　鉾		
桑名船		87
権助魚		106
長屋の花見		207
粥		
佐野山		114
出来心		191
芥子（からし）		

納豆や		209
カラスウリ		
碁どろ		102
燗		
替り目		69
一人酒盛		246
夢の酒		297
→酒，冷やも見よ		
かんてん		
豊竹屋		203
がんもどき		
子別れ		105
寝　床		226

▽き，く
木の芽和え		
七度狐		128
きびだんご		
桃太郎		283
牛　肉		
意地くらべ		13
きらず		
鹿政談		124
→おからも見よ		
切り餅		
叩き蟹		170
くさや		
須磨の浦風		152
くず湯		
くず湯		81
クワイ		
おせつ徳三郎		39
クワイのきんとん		
百　川		282

▽こ
鯉		
二十四孝		213
万金丹		268
鯉こく		
鯉盗人		92
狸の鯉		172
鯉の洗い		
青　菜		1
鯉盗人		92
孝行糖		
孝行糖		92
氷		

青　菜		1
黄金餅		
黄金餅		95
叩き蟹		170
胡　椒		
くしゃみ講釈		81
胡椒のくやみ		99
棒だら		260
ご　飯		
家見舞		10
阿武松		31
からくり屋		69
袈裟御前		89
五銭の遊び		100
三十石		116
たらちね		177
短　命		178
ちりとてちん		183
八九升		233
一つ穴		245
本　膳		264
将　門		266
四段目		301
コーヒー		
ナースコール		208
反対夫婦		243
ごま塩		
居残り佐平次		17
米		
網棚の荷物		81
米　粒		
鷺とり		110
強飯・赤飯（こわめし）		
→おこわ		
蒟蒻（こんにゃく）		
蒟蒻問答		108
胴斬り		196

さ行

▽さ
肴		
穴どろ		4
居酒屋		12
永代橋		27
紺屋高尾		94
藁人形		315
魚		

食べ物・嗜好品索引

権助魚	106
ざこ八	111
鈴振り	150
佃島	186

桜餅
おせつ徳三郎	39

サクランボ
あたま山	4

酒
明烏	2
穴どろ	4
按摩の炬燵	9
幾代餅	11
居酒屋	12
市助酒	14
稲川	15
居残り佐平次	17
植木のお化け	20
浮世床	17
鵜衣	149
鰻の幇間	23
うなぎ屋	24
馬のす	24
厩火事	25
梅若礼三郎	25
永代橋	27
応挙の幽霊	30
王子の狐	30
大坂屋花鳥	32
大山詣り	34
臆病源兵衛	36
おせつ徳三郎	39
お富与三郎	40
お初徳兵衛	42
お藤松五郎	44
親子酒	48
親子茶屋	48
怪談乳房榎	52
怪談牡丹燈籠	54
鶴満寺	58
壁金	65
がまの油	66
替り目	69
祇園祭	73
菊江の仏壇	73
九州吹き戻し	76
禁酒番屋	78
黄金の大黒	79
幸助餅	93
紺屋高尾	94
五月幟	95
小烏丸	96
後家殺し	98
子ほめ	102
蒟蒻問答	108
盃の殿様	109
酒の粕	110
酒の素	81
三人片輪	117
四宿の屁	126
七度狐	128
質屋庫	130
品川心中	131
芝浜	134
渋酒	135
虱茶屋	142
素人鰻	143
心眼	144
鈴振り	150
酢豆腐	151
相撲風景	152
せむし茶屋	155
宗珉の滝	158
高尾	166
高田馬場	167
竹の水仙	169
たちきり	170
館林	171
たばこの火	174
魂の入れ替え	175
試し酒	176
たらちね	177
ちきり伊勢屋	179
長者番付	181
付き馬	184
突き落とし	184
つづら	188
釣りの酒	189
つるつる	190
鉄拐	192
転失気	194
転宅	184
電話の遊び	195
胴乱の幸助	199
富久	203
長屋の花見	207
なめる	211
にせ金	214
二丁ろうそく	214
二人旅	215
二番煎じ	216
抜け裏	220
抜け雀	220
ねぎまの殿様	221
猫忠	223
猫の災難	224
ねずみ	225
ねずみ穴	225
寝床	226
年枝の怪談	227
能狂言	228
野ざらし	228
羽衣の松	231
橋の婚礼	231
橋場の雪	232
花筏	235
鼻ねじ	236
花見酒	237
備前徳利	244
一人酒盛	246
ひねりや	246
百年目	248
夫婦に乾杯	241
福禄寿	251
不孝者	250
坊主の遊び	260
棒だら	260
包丁	261
法華長屋	263
仏馬	263
松曳き	267
万金丹	268
木乃伊取り	271
味噌蔵	271
緑林門松竹	273
宮戸川	275
妾馬	278
もう半分	281
安兵衛狐	286
柳田格之進	288
闇夜の梅	291
夢の酒	297
吉田御殿	300
寄合酒	302

食べ物・嗜好品索引　　403

夜の慣用句	303	百　川	282	📖 **た行**		
ラーメン屋	304	醬　油				
らくだ	304	徂徠豆腐	161	▽た		
両国八景	307	汁　粉		鯛		
両どろ	308	石返し	12	大どこの犬	33	
和歌三神	314	白馬（どぶろく）		おしゃべり往生	38	
綿医者	314	馬大家	24	桜　鯛	110	
藁人形	315			猫の災難	224	
→燗，冷やも見よ		▽す，せ		寄合酒	302	
酒の粕		すき焼き		大　根		
酒の粕	110	意地くらべ	13	長屋の花見	207	
刺　身		寿　司		のめる	229	
居残り佐平次	17	寿司屋水滸伝	149	大　福		
廐火事	25	相撲風景	152	ナースコール	208	
とんちき	204	とんちき	204	よいよい蕎麦	299	
一人酒盛	246	ねずみ	225	大仏餅		
砂　糖		するめ		大仏餅	165	
粟　餅	8	てれすこ	192	沢　庵		
サワラ		赤　飯		擬宝珠	74	
日和違い	248	→おこわ		質屋庫	130	
山　椒		ぜんざい		長屋の花見	207	
小　粒	101	ぜんざい公社	156	筍		
秋刀魚（さんま）		膳　部		たけのこ	169	
さんま火事	121	三方一両損	120	二十四孝	213	
さんま芝居	122			蛸		
目黒のさんま	280	▽そ		居酒屋	12	
		雑　炊		蒟蒻問答	107	
▽し		噺家の夢	236	にせ金	214	
椎の実		そ　ば		蛸の三杯酢		
鉄　拐	192	アジアそば	3	棒だら	260	
塩		石返し	12	たぬきうどん		
貝野村	56	稲　川	15	遥かなるたぬきうどん	239	
擬宝珠	74	おすわどん	38	狸　汁		
塩　辛		疝気の虫	156	権兵衛狸	108	
親子酒	48	そば清	160	煙　草		
芝翫糖		蕎麦の殿様	160	碁どろ	102	
孝行糖	92	団子坂奇談	177	三国誌	116	
しっぽく		時そば	200	城木屋	143	
時そば	200	豊竹屋	203	田能久	173	
じゃがりこ		中村仲蔵	206	夏の医者	209	
月のじゃがりこ	185	のっぺらぼう	229	にらみ返し	216	
蛇含草		よいよい蕎麦	299	六郷の煙草	311	
蛇含草	135	藁人形	315	綿医者	314	
紹興酒		そば粉		卵（玉子）		
純情日記横浜編	139	おすわどん	38	蒟蒻問答	107	
焼　酎				二人旅	215	
青　菜	1			百　川	282	
釣りの酒	189					

玉子酒
- 鰍沢 ... 62
- 鰍沢二席目 ... 62

玉子焼
- 王子の狐 ... 30
- 長屋の花見 ... 207

団子
- おかめ団子 ... 35
- 怪談阿三の森 ... 51
- 紺田屋 ... 107
- 殿様団子 ... 202
- 菜刀息子 ... 205
- 初天神 ... 234
- 幽女買い ... 293

▽ち
萵苣（ちしゃ）
- 夏の医者 ... 209

ちまき
- 五月幟 ... 95
- 人形買い ... 217

茶
- 荒茶 ... 5
- 江戸の夢 ... 149
- 王子の幇間 ... 31
- お茶汲み ... 39
- ご印文 ... 92
- 崇徳院 ... 151
- 節分 ... 155
- 茶金 ... 180
- 茶の湯 ... 181
- 長屋の花見 ... 207
- 猫の皿 ... 224
- 寝床 ... 226
- バスガール ... 232
- ハワイの雪 ... 240
- 反対夫婦 ... 243
- 百年目 ... 248
- 法事の茶 ... 260
- 元犬 ... 282

茶漬
- 京の茶漬 ... 77

チャーハン
- 寿司屋水滸伝 ... 149

中華料理
- 純情日記横浜編 ... 139

▽つ, て
佃煮
- 包丁 ... 261
- 旅行日記 ... 308
- 京の茶漬 ... 77
- 一人酒盛 ... 246

つまみ菜（青菜）
- 位牌屋 ... 17

田楽
- 馬の田楽 ... 25
- 味噌蔵 ... 271
- ん廻し ... 316

天ぷら
- 新聞記事 ... 146
- 道具屋 ... 197

店屋物
- 歓喜の歌 ... 45

▽と
唐辛子
- くしゃみ講釈 ... 81
- 疝気の虫 ... 156
- 唐茄子屋政談 ... 198
- よいよい蕎麦 ... 299

豆腐
- 釜どろ ... 66
- 伽羅の下駄 ... 76
- 鹿政談 ... 124
- 酢豆腐 ... 151
- 徂徠豆腐 ... 161
- ちりとてちん ... 183
- 鍋草履 ... 210

ところてん
- 豊竹屋 ... 203

ドジョウ
- 小言念仏 ... 99
- 蒟蒻問答 ... 107

どじょう汁
- 居酒屋 ... 12
- 二人旅 ... 215

鳥鍋
- 旅行日記 ... 308

な行

▽な
直し（柳蔭）
- 青菜 ... 1

梨
- 佃祭 ... 186

茄子
- 茄子娘 ... 208
- 人情八百屋 ... 218

納豆
- 納豆や ... 209

七草粥
- 七草 ... 210

菜のおひたし
- 青菜 ... 1

鍋
- 鍋草履 ... 210

ナマズ
- 紋三郎稲荷 ... 283

南京豆
- 鷺とり ... 110

握り飯
→おにぎり

▽に
肉
- 動物園 ... 198

濁り酒
- 長者番付 ... 181

煮しめ
- らくだ ... 304

煮付け
- おしゃべり往生 ... 38

ニンジン
- 馬大家 ... 24

▽ぬ, ね
糠
- のめる ... 229
- 藁人形 ... 315

糠味噌
- 品川心中 ... 131

ネギ
- たらちね ... 177
- ねぎまの殿様 ... 221
- 遥かなるたぬきうどん ... 239

ねぎま
- ねぎまの殿様 ... 221

📖 は行

▽は
バター
　　酉の市　　　　　　　　203
バナナ
　　ぺたりこん　　　　　　257
馬鈴薯
　　馬大家　　　　　　　　24
番茶
　　→茶

▽ひ，ふ
干鱈（ひだら）
　　寄合酒　　　　　　　　302
冷や
　　夢の酒　　　　　　　　297
　　らくだ　　　　　　　　304
　　→燗，酒も見よ
冷奴
　　家見舞　　　　　　　　10
ビール
　　酉の市　　　　　　　　203
フグ
　　節分　　　　　　　　　155
　　らくだ　　　　　　　　304
ふぐ鍋
　　ふぐ鍋　　　　　　　　250
豚鍋
　　旅行日記　　　　　　　308
鰤（ブリ）
　　日和違い　　　　　　　248

▽へ，ほ
弁当
　　愛宕山　　　　　　　　3
　　開帳の雪隠　　　　　　56
　　なめる　　　　　　　　211
　　人情八百屋　　　　　　218
　　堀の内　　　　　　　　264
　　真二つ　　　　　　　　267
ホウボウ
　　七草　　　　　　　　　210
ぼたもち
　　王子の狐　　　　　　　30
　　国訛り　　　　　　　　84
本膳

　　本膳　　　　　　　　　264

📖 ま行

▽ま
巻煎餅
　　辰巳の辻占　　　　　　171
鮪（マグロ）
　　ねぎまの殿様　　　　　221
鮪の刺身
　　棒だら　　　　　　　　260
マタタビ
　　金明竹　　　　　　　　80
松茸
　　東北の宿　　　　　　　199
豆
　　越後屋　　　　　　　　28
　　品川の豆　　　　　　　131
　　豆や　　　　　　　　　268
　　厄払い　　　　　　　　285
まる（スッポン）
　　提灯屋　　　　　　　　182
饅頭
　　加賀の千代　　　　　　57
　　佐々木政談　　　　　　111
　　清正公酒屋　　　　　　154
　　にゅう　　　　　　　　216
　　まんじゅうこわい　　　269
　　万病円　　　　　　　　269
　　悋気の独楽　　　　　　308

▽み
蜜柑（ミカン）
　　千両みかん　　　　　　157
　　母恋いくらげ　　　　　238
水
　　義眼　　　　　　　　　73
　　伽羅の下駄　　　　　　76
　　胴斬り　　　　　　　　196
　　浜野矩随　　　　　　　238
　　水屋の富　　　　　　　271
味噌
　　馬の田楽　　　　　　　25
　　寄合酒　　　　　　　　302
味噌汁
　　尼寺の怪　　　　　　　5
　　位牌屋　　　　　　　　17
　　春雨宿　　　　　　　　240

味噌豆
　　味噌豆　　　　　　　　272
茗荷
　　茗荷宿　　　　　　　　275
みりん
　　鶯とり　　　　　　　　110

▽む，め，も
村さめ
　　二人旅　　　　　　　　215
飯
　　→ご飯
餅
　　幾代餅　　　　　　　　11
　　かつぎや　　　　　　　64
　　狂歌家主　　　　　　　77
　　蛇含草　　　　　　　　136
　　尻餅　　　　　　　　　142
　　ぜんざい公社　　　　　156

📖 や行，ら行，わ行

▽や
焼き芋
　　稽古屋　　　　　　　　89
　　真田小僧　　　　　　　113
　　雛鍔　　　　　　　　　246
焼き塩
　　泣き塩　　　　　　　　208
焼き豆腐
　　二人旅　　　　　　　　215
焼き海苔
　　家見舞　　　　　　　　10
柳蔭（直し）
　　青菜　　　　　　　　　1

▽ゆ，よ
湯
　　胴斬り　　　　　　　　196
ゆで卵
　　梅若礼三郎　　　　　　25
　　おせつ徳三郎　　　　　39
　　長屋の花見　　　　　　207
湯豆腐
　　付き馬　　　　　　　　184
羊羹
　　質屋庫　　　　　　　　130

茶の湯	181	道　灌	196	ぺたりこん	257
出来心	191	ラーメン		▽わ	
洋　食		ラーメン屋	304	山葵（ワサビ）	
西の市	203	璃寛糖		磯の鮑	13
▽ら，り		孝行糖	92	笑い茸	
ライスカレー		利休饅頭		茶の湯	181
かぼちゃ屋	65	茶の湯	181	笑い茸	314
		林　檎			

行事・行動・習慣索引

あ行

▽あ
挨　拶
　鮑のし　　　　　　　　8
　加賀の千代　　　　　57
　熊の皮　　　　　　　84
　結婚式風景　　　　294
　粗忽の釘　　　　　159
　たけのこ　　　　　169
逢　引
　おせつ徳三郎　　　39
　お富与三郎　　　　40
　お若伊之助　　　　49
あくび
　あくび指南　　　　　1
足抜け
　粟田口　　　　　　　6
　徳ちゃん　　　　　200
　雪の瀬川　　　　　296
遊　び
　あくび指南　　　　　1
　明　烏　　　　　　　2
　愛宕山　　　　　　　3
　粟　餅　　　　　　　8
　磯の鮑　　　　　　13
　居残り佐平次　　　17
　梅若礼三郎　　　　25
　王子の幇間　　　　31
　近江八景　　　　　32
　大坂屋花鳥　　　　32
　おかふい　　　　　34
　お茶汲み　　　　　39
　お富与三郎　　　　40
　お直し　　　　　　41
　お初徳兵衛　　　　42
　おはらい　　　　　43

　お祭佐七　　　　　46
　親子茶屋　　　　　48
　義　眼　　　　　　73
　菊江の仏壇　　　　73
　伽羅の下駄　　　　76
　首ったけ　　　　　85
　蔵前駕籠　　　　　86
　廓大学　　　　　　87
　五銭の遊び　　　100
　五人廻し　　　　102
　子別れ　　　　　105
　盃の殿様　　　　109
　ざこ八　　　　　111
　三助の遊び　　　117
　三人片輪　　　　117
　三人旅　　　　　118
　三人息子　　　　119
　三枚起請　　　　121
　しじみ売り　　　126
　品川心中　　　　131
　品川の豆　　　　131
　写真の仇討　　　136
　虱茶屋　　　　　142
　せむし茶屋　　　155
　たちきり　　　　170
　辰巳の辻占　　　171
　狸寝入り　　　　172
　狸の遊び　　　　172
　たばこの火　　　174
　ちきり伊勢屋　　179
　縮み上がり　　　179
　千早振る　　　　180
　付き馬　　　　　184
　突き落とし　　　184
　辻駕籠　　　　　187
　電話の遊び　　　195
　唐茄子屋政談　　198
　徳ちゃん　　　　200

　とんちき　　　　204
　七　草　　　　　210
　二階ぞめき　　　213
　錦の袈裟　　　　213
　羽織の遊び　　　230
　化物娘　　　　　231
　備前徳利　　　　244
　ひねりや　　　　246
　干物箱　　　　　247
　不孝者　　　　　250
　文違い　　　　　255
　へっつい幽霊　　257
　法事の茶　　　　260
　坊主の遊び　　　260
　棒だら　　　　　260
　万歳の遊び　　　269
　木乃伊取り　　　271
　緑林門松竹　　　273
　山崎屋　　　　　290
　幽女買い　　　　293
　雪とん　　　　　295
　雪の瀬川　　　　296
　よかちょろ　　　299
　吉住万蔵　　　　299
　怪気の火の玉　　309
仇　討
　粟田口　　　　　　6
　怪談乳房榎　　　　52
　怪談牡丹灯籠　　　54
　真景累ヶ淵　　　145
　高田馬場　　　　167
　道具屋曽我　　　197
　花見の仇討　　　237
　宿屋の仇討　　　287
雨乞い
　空に願いを　　　241
雨宿り
　夢の酒　　　　　297

▽い

言い合い
- 病を楽しむ男 210

言い訳
- 言訳座頭 10
- 掛取万歳 59
- 狂歌家主 77
- 三人息子 119
- 代脈 165

家出
- 菜刀息子 205

家見舞
- →引っ越し祝い

いかさま
- 小猿七之助 99
- しじみ売り 126

伊勢参り
- 鴻池の犬 33
- 七度狐 128
- 夢八 297

いたずら
- 粟餅 8
- いかけ屋 11
- 浮世床 20
- 馬の田楽 25
- 権兵衛狸 108
- 虱茶屋 142
- 坊主の遊び 260
- まんじゅうこわい
- →驚かすも見よ

いびき
- 釜どろ 66

井戸替え
- つるつる 190
- 姿馬 278

居眠り
- 浮世床 20
- 馬の田楽 25
- 天狗裁き 193
- 夢の酒 297

居残り
- 居残り佐平次 17

飲酒
- 青菜 1
- 穴どろ 4
- 家見舞 10
- 居酒屋 12
- 市助酒 14

植木のお化け 20
浮世床 17
うなぎ屋 24
厩火事 25
大山詣り 34
お初徳兵衛 42
お藤松五郎 44
親子酒 48
怪談乳房榎 52
怪談牡丹灯籠 54
鶴満寺 58
鰍沢 62
壁金 65
釜どろ 66
がまの油 66
替り目 69
菊江の仏壇 73
禁酒番屋 78
五月幟 95
盃の殿様 109
三軒長屋 115
三人片輪 117
芝浜 134
渋酒 135
虱茶屋 142
心眼 144
ずっこけ 150
酢豆腐 151
宗珉の滝 158
高田馬場 167
館林 171
魂の入れ替え 176
試し酒 176
長者番付 181
ちりとてちん 183
突き落とし 184
釣りの酒 189
つるつる 190
鉄拐 192
転宅 184
胴乱の幸助 199
西の市 203
長屋の花見 207
にせ金 214
二人旅 215
二番煎じ 216
抜け裏 220
抜け雀 220

ねぎまの殿様 221
猫忠 223
猫の恩返し 224
猫の災難 224
寝床 226
羽衣の松 231
橋の婚礼 231
備前徳利 244
一人酒盛 246
ふぐ鍋 250
棒だら 260
包丁 261
法華長屋 263
万金丹 268
木乃伊取り 271
味噌蔵 271
姿馬 278
もう半分 281
紋三郎稲荷 283
闇夜の梅 291
幽女買い 293
吉田御殿 300
寄合酒 302
夜の慣用句 303
らくだ 304
両国八景 307

▽う

嘘
- 網棚の荷物 81
- 粟田口 6
- 粟餅 8
- 幾代餅 11
- 唖の釣 37
- お文様 45
- お神酒徳利 47
- 廓大学 87
- 裃御前 89
- 源太の産 90
- 紺屋高尾 94
- 後家殺し 98
- 駒長 104
- 権助魚 106
- 三国誌 116
- 三助の遊び 117
- 三人片輪 117
- 三人息子 119
- 三枚起請 121

行事・行動・習慣索引　　　409

品川の豆	131	占い		▽え			
しびん	135	近江八景	32	英会話			
社長の電話	122	お神酒徳利	47		英会話	81	
酢豆腐	151	虱茶屋	142	エープリルフール			
須磨の浦風	152	辰巳の辻占	171		御前落語	261	
清書無筆	154	ちきり伊勢屋	179	回向			
高田馬場	167	辻八卦	187		野ざらし	228	
他行	169	日和違い	248		反魂香	242	
蛸坊主	169	悋気の独楽	308		将門	266	
辰巳の辻占	171	売り声			安兵衛狐	286	
長者番付	181	石返し	12	絵解き			
ちりとてちん	183	位牌屋	17		雁風呂	72	
突き落とし	184	うどん屋	23	江戸見物			
搗屋無間	185	おすわどん	38		勘定板	70	
付き馬	184	かつぎや	64		よいよい蕎麦	299	
釣りの酒	189	壁金	65		江戸の夢	149	
出来心	191	かぼちゃ屋	65	宴会			
転失気	194	がまの油	66		応挙の幽霊	30	
長崎の赤飯	205	からくり屋	69		鶴満寺	57	
錦の袈裟	213	首屋	84		須磨の浦風	152	
にせ金	214	孝行糖	92		長屋の花見	207	
猫の災難	224	甲府い	93		二丁ろうそく	214	
羽織の遊び	230	五百羅漢	102		二番煎じ	216	
初音の鼓	234	ざる屋	114		橋の婚礼	231	
鼻利き源兵衛	235	紫檀楼古木	127		松曳き	267	
表札	81	祖徠豆腐	161		味噌蔵	271	
星野屋	262	探偵うどん	178		寄合酒	302	
法華長屋	263	唐茄子屋政談	198	縁起			
骨違い	263	時そば	200		かつぎや	64	
真二つ	267	菜刀息子	205	縁切			
まんじゅうこわい	269	泣き塩	208		縁切榎	28	
緑林門松竹	273	姫かたり	247		名人長二	277	
紋三郎稲荷	283	豆や	268	遠足			
弥次郎	285	水屋の富	271		母恋いくらげ	238	
宿屋の仇討	287	浮気		縁日			
宿屋の富	287	紙入れ	67		水神	148	
柳の馬場	289	権助魚	106				
病を楽しむ男	210	塩原多助一代記	123	▽お			
山崎屋	290	洒落小町	137	追いだき			
よかちょろ	299	風呂敷	255		将門	266	
四段目	301	噂		お祝い			
討入り		つづら	188		鮑のし	8	
山岡角兵衛	290	運転			家見舞	10	
打つ		かんしゃく	70		牛ほめ	22	
→博打		幽霊タクシー	294		黄金の大黒	79	
腕相撲		運動会			子ほめ	103	
ハワイの雪	240	空に願いを	241		→引っ越し祝いも見よ		
→相撲も見よ				往生			

朝友	2	
おしゃべり往生	38	

往診
　→診察・診療

おうむ返し
青菜	1	
尼寺の怪	5	
鮑のし	8	
磯の鮑	13	
位牌屋	17	
牛ほめ	22	
看板のピン	71	
金明竹	80	
高野違い	94	
胡椒のくやみ	99	
小粒	101	
子ほめ	103	
酒の粕	110	
十徳	130	
新聞記事	146	
代脈	165	
町内の若い衆	183	
つる	189	
天災	193	
道灌	196	
時そば	200	
トンビの夫婦	203	
二十四孝	213	
にゅう	216	
猫久	221	
半分垢	243	
一目上がり	245	
両どろ	308	

　→失敗・真似も見よ

大食い
阿武松	31	
甲府い	93	
蛇含草	136	
そば清	160	

大引け
大坂屋花鳥	32	

大晦日
加賀の千代	57	
掛取万歳	59	
狂歌家主	77	
芝浜	134	
除夜の雪	259	
尻餅	142	

にらみ返し	216	

大山詣り
大山詣り	34	

臆病
臆病源兵衛	36	

お籠り
明烏	2	

お産
安産	9	
怪談阿三の森	51	
源太の産	90	
子なさせ地蔵	210	

お七夜
氏子中	21	
お七	36	
子ほめ	103	
寿限無	138	
二丁ろうそく	214	

おしゃべり
おしゃべり往生	38	

おじゃん
火焔太鼓	57	

お世辞
酢豆腐	151	
ちりとてちん	183	
王子の幇間	31	
猿後家	114	

お告げ
橋の婚礼	231	

脅し
怪談乳房榎	52	
怪談牡丹灯籠	54	
髪結新三	68	
寿司屋水滸伝	149	
にらみ返し	216	
豆や	268	
緑林門松竹	273	
山崎屋	290	

踊り
男の花道	39	
替り目	69	
源平盛衰記	90	
虱茶屋	142	
ランゴランゴ	305	

驚かす
粟餅	8	
臆病源兵衛	36	
お化け長屋	42	

　→いたずらも見よ

お願い
空に願いを	241	
ラーメン屋	304	

　→願掛け

お祓い
おはらい	43	
富久	203	

おまじない
清書無筆	154	
品川の豆	131	

お役所仕事
ぜんざい公社	156	

親孝行
啞の釣	37	
孝行糖	92	
里帰り	112	
佐野山	114	
鹿政談	124	
二十四孝	213	
松山鏡	268	

泳ぎ
おしゃべり往生	38	
泳ぎの医者	49	

お礼
熊の皮	85	

恩返し
金魚の芸者	78	
幸助餅	93	
徂徠豆腐	161	
狸寝入り	172	
狸の遊び	172	
狸の釜	172	
狸の鯉	172	
狸の札	173	
狸賽	173	
ちきり伊勢屋	179	
佃祭	186	
猫定	222	
猫の恩返し	224	
安兵衛狐	286	

怨霊退散
怪談阿三の森	51	

か行

▽か
開墾

行事・行動・習慣索引

福禄寿	251
解釈	
千早振る	180
道灌	196
改心	
笠と赤い風車	61
子別れ	105
芝浜	134
出来心	191
やんま久次	291
買物	
買い物ぶぎ	45
五月幟	95
壺算	188
西の市	203
人形買い	217
嗅ぐ	
鼻利き源兵衛	235
かくし芸	
浮世床	17
隠し言葉	
青菜	1
隠す	
ぺたりこん	257
賭け	
穴子でからぬけ	4
しじみ売り	126
七の字	129
そば清	160
試し酒	176
のめる	229
四人癖	302
藁人形	315
→博打も見よ	
駈け落ち	
おせつ徳三郎	39
お茶汲み	39
鰍沢	62
髪結新三	68
からくり屋	69
駒長	104
紺田屋	107
藁人形	315
掛け声	
浮世床	20
くしゃみ講釈	81
後家殺し	98
掛け取り	
言訳座頭	10
掛取万歳	59
よかちょろ	299
掛け値	
かぼちゃ屋	65
かじる	
豊竹屋	203
貸す	
馬大家	24
お化け長屋	42
帯久	43
開帳の雪隠	56
小言幸兵衛	98
敵討（かたきうち）	
→仇討	
片棒	
片棒	64
合唱	
歓喜の歌	45
合戦	
源平盛衰記	90
やかん	284
我慢	
強情灸	92
からかう	
居酒屋	12
川涼み	
汲み立て	86
川開き	
たがや	167
土器（かわらけ）投げ	
愛宕山	3
願掛け	
景清	58
甲府い	93
心眼	144
中村仲蔵	206
真二つ	267
元犬	282
→お願いも見よ	
観光	
大山詣り	34
祇園祭	73
猿後家	114
地獄巡り	124
勘定	
鰻の幇間	23
おかめ団子	35
おはらい	43
勘定板	70
ずっこけ	150
付き馬	184
突き落とし	184
もぐら泥	281
藪医者	289
勘違い	
有馬のおふじ	6
稲葉さんの大冒険	16
今戸の狐	18
馬の田楽	25
永代橋	27
鶯宿梅	31
臆病源兵衛	36
おすわどん	38
おはらい	43
お藤松五郎	44
おもと違い	48
貝野村	62
課長の犬	294
壁金	65
きらいきらい坊主	78
金明竹	80
くず湯	81
薬違い	83
国訛り	84
桑名船	87
玄関の扉	219
源太の産	90
小間物屋政談	104
三助の遊び	117
猪買い	125
蛇含草	136
純情日記横浜編	139
千両みかん	157
粗忽長屋	159
そば清	160
佃島	186
辻駕籠	187
壺算	188
釣りの酒	189
道灌	196
胴乱の幸助	199
西の市	203
庭蟹	217
猫久	221

	年枝の怪談	227	祈 祷				八九升	233
	八九升	233		大名道具	166		棒だら	260
	母恋いくらげ	238		魂の入れ替え	175	苦 情		
	平 林	248	気 長				碁どろ	102
	ふたなり	253		長 短	182		鼻ねじ	236
	遍照金剛	258	疑 念			癖		
	松田加賀	267		後家殺し	98		笠 碁	59
	松曳き	267		名人長二	277		しの字嫌い	133
	宮戸川	275	御 慶				素人鰻	143
	目 薬	279		御 慶	77		七 草	210
	貰い風呂	219	求 婚				バスガール	232
	安兵衛狐	286		羽衣の松	231		四人癖	302
	柳田格之進	288	教 育			愚 痴		
	雪とん	295		極道のバイト達	97		ぼやき酒屋	239
	龍 宮	307	吟 行			口 癖		
鑑 定				鼓ヶ滝	187		のめる	229
	井戸の茶碗	15	金 策			功 徳		
	にゅう	216		穴どろ	4		後生鰻	100
勘 当				死 神	132	首ったけ		
	お祭佐七	46		つづら	188		首ったけ	85
	火事息子	63		もぐら泥	281	首つり		
	髪結新三	68	禁 酒				夢 八	297
	肥辰一代記	95		親子酒	48		ふたなり	253
	五目講釈	105		禁酒番屋	78	くやみ		
	しじみ売り	126		芝 浜	134		胡椒のくやみ	99
	染色（そめいろ）	161		にせ金	214		短 命	178
	たちきり	170	謹 慎				近日息子	78
	唐茄子屋政談	198		三人息子	119		手向けのかもじ	176
	長崎の赤飯	205		たちきり	170		佃 祭	186
	船 徳	254						
	雪の瀬川	296	▽く			▽け		
	湯屋香	298	空 想			芸		
	六尺棒	311		たらちね	177		浮世床	20
堪 忍				提灯屋	182		くしゃみ講釈	81
	堪忍袋	71		妻の旅行	239		桑名船	87
	天 災	193		道具屋	197		後家殺し	98
	柳田格之進	288		不動坊	254		五目講釈	105
				湯屋番	298		旅の里扶持	175
▽き			空 腹				寝 床	226
祇園祭				甲府い	93		夕立勘五郎	293
	祇園祭	73		袒褓豆腐	161	稽 古		
聞き違い				唐茄子屋政談	198		あくび指南	1
	馬の田楽	25		人情八百屋	218		鍬 潟	86
	紀 州	74		目黒のさんま	280		稽古屋	89
	きらいきらい坊主	78		四段目	294		三軒長屋	115
	百 川	282	くしゃみ				館 林	171
狐釣り				胡椒のくやみ	99		汲み立て	86
	親子茶屋	48		くしゃみ講釈	81	化 粧		

行事・行動・習慣索引

替り目	69	喧嘩長屋	90	検札	
未練の夫婦	276	里帰り	112	網棚の荷物	81
け　ち		三軒長屋	115	見　物	
あたま山	4	三十石	116	奈良名所	211
位牌屋	17	三方一両損	120		
片棒	64	仕立おろし	127	▽こ	
黄金餅	95	芝居の喧嘩	134	碁	
さんま火事	121	洒落小町	137	笠碁	61
しわいや	144	宗論	138	碁どろ	102
大名房五郎	149	生徒の作文	154	文七元結	256
二丁ろうそく	214	節　分	155	柳田格之進	288
ねずみ穴	225	大工調べ	163	孝　行	
はなむけ	238	たがや	167	→親孝行	
味噌蔵	271	蛸坊主	169	口　上	
結婚・婚約		手向けのかもじ	176	男の花道	39
幾代餅	11	長者番付	181	がまの油	66
紺屋高尾	94	長　短	182	黄金の大黒	79
松竹梅	141	つづら	188	節　分	155
高砂や	167	鉄拐	192	粗忽の使者	160
たらちね	177	天狗裁き	193	高田馬場	167
月のじゃがりこ	185	天　災	193	出来心	191
表札	81	胴乱の幸助	199	厄払い	285
不動坊	254	都々逸親子	201	夜店風景	302
宮戸川	275	トンビの夫婦	203	強　情	
息子の結婚	122	長持	207	笠碁	61
妾馬	278	二階ぞめき	213	意地くらべ	13
山崎屋	290	任侠流山動物園	217	強情灸	92
嫁取り	81	猫久	221	年枝の怪談	227
結婚式		バスガール	232	蛸坊主	169
→婚礼		反対夫婦	243	名人長二	277
喧　嘩		一つ穴	245	交　代	
按摩の炬燵	9	一人酒盛	246	裃裃御前	89
氏子中	21	夫婦に乾杯	241	告　白	
厩火事	25	へっつい盗人	258	幾代餅	11
永代橋	27	棒だら	260	お初徳兵衛	42
大山詣り	34	骨違い	263	紺屋高尾	94
お藤松五郎	44	松田加賀	267	純情日記横浜編	139
お祭佐七	46	松山鏡	268	搗屋無間	185
火焔太鼓	57	未練の夫婦	276	同棲したい	241
掛取万歳	59	名人長二	277	息子の結婚	122
笠碁	61	百川	282	小　言	
壁金	65	よかちょろ	299	かんしゃく	70
堪忍袋	71	悋気の見本	309	小言幸兵衛	98
岸柳島	72	剣　術		小言念仏	99
祇園祭	73	蚊いくさ	51	干物箱	247
首提灯	83	怪談牡丹燈籠	54	百年目	248
首ったけ	85	館林	171	四段目	301
汲み立て	86	生兵法	211	六尺棒	311

御前公演			江島屋騒動		27	里帰り		112
	御前落語	261	おせつ徳三郎		39	裁 き		
ご馳走			怪談阿三の森		51		一眼国	14
	京の茶漬	77	怪談牡丹灯籠		54		おかふい	34
言葉遊び			結婚式風景		294		帯 久	43
	山号寺号	116	心のともしび		149		五貫裁き	96
	ん廻し	316	ざこ八		111		小間物屋政談	104
言葉使い			三年目		120		佐々木政談	111
	しの字嫌い	133	持参金		125		匙加減	112
ごまかす			松竹梅		141		三方一両損	120
	網棚の荷物	81	真景累ヶ淵		145		鹿政談	124
	英会話	81	高砂や		167		しゃっくり政談	136
	五銭の遊び	100	長崎の赤飯		205		城木屋	143
	桜 鯛	110	泣き塩		208		大工調べ	163
	四宿の屁	126	橋の婚礼		231		てれすこ	192
	須磨の浦風	152	不動坊		254		天狗裁き	193
	よいよい蕎麦	299	ろくろ首		311		名人長二	277
殺 し						参 詣		
	粟田口	6	▣ さ 行				王子の狐	30
	大坂屋花鳥	32					大山詣り	34
	お藤松五郎	44	▽さ				鰍 沢	62
	怪談累草紙	52	再 会				後生鰻	100
	怪談乳房榎	52		帯 久	43		匙加減	112
	怪談牡丹灯籠	54		怪談乳房榎	52		七面堂	129
	髪結新三	68		怪談牡丹灯籠	54		ぞろぞろ	162
	裃裟御前	89		小間物屋政談	104		縮み上がり	179
	後家殺し	98		子別れ	105		初天神	234
	小猿七之助	99		紺田屋	107	散 髪		
	里帰り	112		ざこ八	111		ざんぎり地蔵	115
	塩原多助一代記	123		真景累ヶ淵	145		ぞろぞろ	162
	真景累ヶ淵	145		髑髏柳	61		無精床	252
	戸田の渡し	201		戸田の渡し	201			
	猫 定	222		ハワイの雪	240	▽し		
	双蝶々	252		雪の瀬川	296	試 合		
	骨違い	263	催 促				三軒長屋	115
	緑林門松竹	273		宗珉の滝	158	仕送り		
	名人長二	277		人情八百屋	218		ガーコン	59
	闇夜の梅	291		抜け雀	220		団子坂奇談	177
	夢 金	297	祭 礼			仕返し		
声 色				佃 祭	186		→復 讐	
	干物箱	247		派手彦	235	地 口		
	藪医者	289	叫び声				→洒 落	
婚 約				ジョーズ	219	試 験		
	→結 婚		殺 人				親の顔	45
婚 礼				→殺 し		事 故		
	鮑のし	8	里帰り				佃 祭	186
	いが栗	10		貝野村	62		反対夫婦	243
	浮世根問	21		甲府い	93	仕事探し		

行事・行動・習慣索引　　415

	アドバルーン	81		青　菜	1	猫の皿	224
	動物園	198		あくび指南	1	花見酒	237
死　罪				愛宕山	3	花見の仇討	237
	お七の十	37		尼寺の怪	5	反対車	242
自死（含む未遂）				荒　茶	5	一目上がり	245
	あたま山	4		一分茶番	14	干物箱	247
	粟田口	6		位牌屋	17	武助馬	251
	江島屋騒動	27		うなぎ屋	24	不動坊	254
	おかめ団子	35		かぼちゃ屋	65	船　徳	254
	死　神	132		がまの油	66	へっつい盗人	257
	千早振る	180		看板のピン	71	法華長屋	263
	唐茄子屋政談	198		くしゃみ講釈	81	本　膳	264
	人情八百屋	218		九段目	82	茗荷宿	275
	ねずみ穴	225		鯉盗人	92	もぐら泥	281
	化物娘	231		高野違い	94	藪医者	289
	浜野矩随	238		胡椒のくやみ	99	柳の馬場	289
	ふたなり	253		五段目	101	雪てん	295
	身投げ屋	274		子ほめ	103	遊山船	296
	吉住万蔵	299		権兵衛狸	108	→おうむ返し，真似も見よ	
	→身投げも見よ			鷺とり	110	質　問	
自　首				酒の粕	110	佐々木政談	111
	子なさせ地蔵	210		猿後家	114	芝　居	
	名人長二	277		三人片輪	117	近日息子	78
辞　退				七の字	129	一分茶番	14
	紀　州	74		十　徳	130	稲　川	15
支度金				品川の豆	131	男の花道	39
	江島屋騒動	27		松竹梅	141	掛取万歳	59
質入れ				新聞記事	146	紙屑屋	67
	蚊いくさ	51		寿司屋水滸伝	149	きゃいのう	75
	質屋庫	130		鈴ヶ森	150	九段目	82
	つづら	188		蕎麦の殿様	160	五段目	101
	つづら泥	188		太鼓腹	163	七段目	128
下取り				代　脈	165	七面堂	129
	壺　算	188		高砂や	167	質屋芝居	130
	へっつい幽霊	257		他　行	188	菅原息子	148
しつけ				館　林	171	節　分	155
	人情八百屋	218		町内の若い衆	183	田能久	173
知ったかぶり				辻駕籠	187	中村仲蔵	206
	貝野村	62		つづら泥	188	能狂言	228
	酢豆腐	151		つ　る	189	武助馬	251
	千早振る	180		天　災	193	四段目	301
	ちりとてちん	183		東北の宿	199	淀五郎	301
	手紙無筆	191		時そば	200	→芝居見物，素人芝居も見よ	
	転失気	194		殿様団子	202	芝居見物	
	能狂言	228		生兵法	211	今戸焼	19
	やかん	284		二丁ろうそく	214	浮世床	20
	弥次郎	285		にゅう	216	さんま芝居	122
失　敗				庭　蟹	217		

芝居の喧嘩 134
鍋草履 210
なめる 211
毛氈芝居 281
よいよい蕎麦 299
→芝居，素人芝居も見よ
島流し
　お富与三郎 40
島抜け
　お富与三郎 40
自慢
　祇園祭 73
　病を楽しむ男 210
　六郷の煙草 311
　柳の馬場 289
四万六千日
　お初徳兵衛 42
　船徳 254
締める
　締め込み 135
　年枝の怪談 227
借金
　言訳座頭 10
　意地くらべ 13
　帯久 43
　加賀の千代 57
　掛取万歳 59
　雁風呂 72
　狂歌家主 77
　幸助餅 93
　持参金 125
　死神 132
　節分 155
　大工調べ 163
　月のじゃがりこ 185
　にらみ返し 216
　ねずみ穴 225
　はなむけ 238
　福禄寿 251
　ふたなり 253
　不動坊 254
　吉住万蔵 299
借金取り
　掛取万歳 59
　駒長 104
　狸の札 173
　にらみ返し 216
しゃっくり

しゃっくり政談 136
酒落
　酒落小町 137
　染色（そめいろ） 161
　庭蟹 217
　日和違い 248
習慣
　→癖
祝儀
　山号寺号 116
　四宿の屁 126
　松竹梅 141
　たばこの火 174
　つるつる 190
　西の市 203
　羽織の遊び 230
襲撃
　池田屋 12
修繕
　大仏の眼 165
柔道
　青畳の女 241
襲名
　真夜中の襲名 241
修業
　アジアそば 3
　阿武松 31
　肥辰一代記 95
　宗珉の滝 158
　団子坂奇談 177
　中村仲蔵 206
　浜野矩随 238
　読書の時間 239
修行
　尼寺の怪 5
　西行 109
　鈴振り 150
　蛸坊主 169
　万金丹 268
酒宴
　→宴会
宿泊
　麻のれん 3
　怪談累草紙 52
　貝野村 56
　三人旅 118
　竹の水仙 169
　東北の宿 199

抜け雀 220
ねずみ 225
宿屋の仇討 287
宿屋の富 287
→「職業・人物（普通名詞）」索引の宿屋も見よ
趣向
　須磨の浦風 152
　錦の袈裟 213
　花見の仇討 237
手術
　犬の目 16
　義眼 73
　ナースコール 208
　綿医者 314
　→診察・診療も見よ
出産
　→お産
出世
　阿武松 31
　甲府い 93
　肥辰一代記 95
　佐々木政談 111
　三味線栗毛 137
　妾馬 279
呪文
　いが栗 10
巡業
　大安売り 33
　花筏 235
正月
　粟田口 6
　かつぎや 64
　御慶 77
正直
　井戸の茶碗 15
乗馬
　三人旅 118
　三味線栗毛 136
　鼻ほしい 237
　妾馬 278
　柳の馬場 289
商売
　→「職業・人物（普通名詞）」索引
勝負
　笠碁 61
　禁酒番屋 78

行事・行動・習慣索引　　417

食　事
　　家見舞　　　　　　　　10
　　君よモーツァルトを聴け
　　　　　　　　　　　　239
　　鯉盗人　　　　　　　　92
　　徂徠豆腐　　　　　　 161
　　たらちね　　　　　　 177
　　長　短　　　　　　　 182
　　唐茄子屋政談　　　　 198
　　東北の宿　　　　　　 199
　　時そば　　　　　　　 200
　　茗荷宿　　　　　　　 275
　　目黒のさんま　　　　 280
　　旅行日記　　　　　　 308
初七日
　　お　七　　　　　　　　36
　　子ほめ　　　　　　　 103
素人芝居
　　蛙茶番　　　　　　　　69
　　道具屋曽我　　　　　 197
　　→芝居・芝居見物も見よ
診察・診療
　　麻のれん　　　　　　　 3
　　男の花道　　　　　　　39
　　泳ぎの医者　　　　　　49
　　義　眼　　　　　　　　73
　　肝つぶし　　　　　　　75
　　金玉医者　　　　　　　79
　　死　神　　　　　　　 132
　　三味線栗毛　　　　　 137
　　疝気の虫　　　　　　 156
　　宗　漢　　　　　　　 158
　　代　脈　　　　　　　 165
　　魂の入れ替え　　　　 176
　　転失気　　　　　　　 194
　　ドクトル　　　　　　 200
　　夏の医者　　　　　　 209
　　姫かたり　　　　　　 247
　　百　川　　　　　　　 282
　　柳の馬場　　　　　　 289
　　薮医者　　　　　　　 289
　　綿医者　　　　　　　 314
　　笑い茸　　　　　　　 314
心中（含む，未遂）
　　お　七　　　　　　　　36
　　おせつ徳三郎　　　　　39
　　小言幸兵衛　　　　　　98
　　品川心中　　　　　　 131

　　清正公酒屋　　　　　 154
　　辰巳の辻占　　　　　 171
　　星野屋　　　　　　　 262
　　身投げ屋　　　　　　 274
　　吉住万蔵　　　　　　 299
信　心
　　お血脈　　　　　　　　36
　　小　粒　　　　　　　 101
　　宗　論　　　　　　　 138
　　堀の内　　　　　　　 264
診　療
　　→診察・診療

▽す
助太刀
　　花見の仇討　　　　　 237
相　撲
　　稲　川　　　　　　　　15
　　阿武松　　　　　　　　31
　　蜘蛛駕籠　　　　　　　86
　　鍬　潟　　　　　　　　86
　　佐野山　　　　　　　 114
　　千早振る　　　　　　 180
　　花　筏　　　　　　　 235
　　宿屋の仇討　　　　　 287
　　→腕相撲も見よ

▽せ
清　書
　　清書無筆　　　　　　 154
政　談
　　→裁　き
関所破り
　　長崎の赤飯　　　　　 205
切　腹
　　小判一両　　　　　　 149
　　蕎麦の殿様　　　　　 160
　　やんま久次　　　　　 291
　　四段目　　　　　　　 301
　　淀五郎　　　　　　　 301
節　分
　　節　分　　　　　　　 155
　　厄払い　　　　　　　 285
背　広
　　明日に架ける橋　　　 241
戦　争
　　→戦　い
洗　濯

　　寄合酒　　　　　　　 302
▽そ
葬　式
　　片　棒　　　　　　　　64
　　紺田屋　　　　　　　 107
　　三人無筆　　　　　　 119
　　おしゃべり往生　　　　38
　　近日息子　　　　　　　78
　　黄金餅　　　　　　　　95
　　胡椒のくやみ　　　　　99
　　短　命　　　　　　　 178
　　ちきり伊勢屋　　　　 179
　　佃　祭　　　　　　　 186
　　猫怪談　　　　　　　 221
　　万金丹　　　　　　　 268
　　らくだ　　　　　　　 304
想　像
　　→空　想
粗　忽
　　永代橋　　　　　　　　27
　　粗忽長屋　　　　　　 159
　　粗忽の釘　　　　　　 159
　　粗忽の使者　　　　　 160
　　堀の内　　　　　　　 264
　　松曳き　　　　　　　 267
蘇　生
　　朝　友　　　　　　　　 2
　　紺田屋　　　　　　　 107

た行

▽た
退　治
　　蚊いくさ　　　　　　　51
　　猫　久　　　　　　　 221
逮　捕
　　探偵うどん　　　　　 178
他　行
　　他　行　　　　　　　 168
托　鉢
　　尼寺の怪　　　　　　　 5
　　五百羅漢　　　　　　 102
戦　い
　　三国志　　　　　　　 116
　　髑髏柳　　　　　　　　61
店立て
　　薬違い　　　　　　　　83

寝　床		酢豆腐	151	ハンカチ	259
七　夕		大名房五郎	149	まんじゅうこわい	269
ねずみ	225	高田馬場	167		
建て増し		辰巳の辻占	171	▽ち	
町内の若い衆	183	田能久	173	茶の湯	
狸寝入り		長者番付	181	荒　茶	5
狸寝入り	172	ちりとてちん	183	茶の湯	181
旅		付き馬	184	茶　番	
→「種別索引」の		突き落とし	184	一分茶番	14
「旅の噺」		転失気	194	蛙茶番	69
旅立ち		転　宅	184	花見の仇討	237
はなむけ	238	道具屋曽我	197	仲　裁	
ダブルブッキング		とんちき	204	堪忍袋	71
歓喜の歌	45	なめる	211	喧嘩長屋	90
騙　す		にせ金	214	締め込み	135
明　烏	2	二番煎じ	216	胴乱の幸助	199
粟田口	6	人形買い	217	長　持	207
粟　餅	8	抜け裏	220	松田加賀	267
家見舞	10	猫の皿	224	注　文	
石返し	12	羽衣の松	231	居酒屋	12
磯の鮑	13	初音の鼓	234	鯉盗人	92
居残り佐平次	17	姫かたり	247	時そば	200
植木屋娘	20	表　札	81	遥かなるたぬきうどん	239
鰻の幇間	23	不動坊	254	びっくりレストラン	219
江島屋騒動	27	文違い	255	名人長二	277
臆病源兵衛	36	風呂敷	255	治　療	
お茶汲み	39	包　丁	261	→診　療	
お化け長屋	42	星野屋	262		
お文様	45	仏　馬	263	▽つ	
鰍沢二席目	62	真二つ	267	佃　祭	
岸柳島	72	万金丹	268	佃　祭	186
禁酒番屋	78	まんじゅうこわい	269	辻斬り	
首　屋	84	緑林門松竹	273	首提灯	84
源太の産	90	身投げ屋	274	胴斬り	196
小猿七之助	99	めがね泥	279	美人局（つつもたせ）	
蒟蒻問答	108	闇夜の梅	291	お富与三郎	40
真田小僧	113	夜店風景	302	駒　長	104
三軒長屋	115	藁人形	315	通　夜	
三人片輪	117	試　す		七度狐	128
三人旅	118	厩火事	25	猫　定	222
三枚起請	121	辰巳の辻占	171	幽女買い	293
品川心中	131	星野屋	262	夢　八	297
品川の豆	131	喞　呵		釣　り	
死　神	132	鮑のし	8	馬のす	24
死ぬなら今	133	大工調べ	163	噌の釣	37
しびん	135	短　気		風の神送り	64
樟脳玉	141	長　短	182	佃　島	186
新聞記事	146	誕生日		釣りの酒	189

行事・行動・習慣索引

野ざらし	228	
夢八	297	

釣鐘
将軍の賽	140	
除夜の雪	259	

▽て
定年退職
明日に架ける橋	241	

手討ち・手打ち
おすわどん	38	
たけのこ	169	

出来心
出来心	191	

デート
純情日記横浜編	139	

伝言
金明竹	80	
胴斬り	196	

伝法
芝居の喧嘩	134	

▽と
東京見物（江戸見物）
紺田屋	107	
猿後家	114	

湯治
鼻ほしい	237	
名人長二	277	

同棲
同棲したい	241	

同窓会
路地裏の伝説	241	

逃亡
うなぎ屋	24	
大坂屋花鳥	32	
泳ぎの医者	49	
鰍沢	62	
杭盗人	82	
駒長	104	
ざこ八	111	
山号寺号	116	
千両みかん	157	
長者番付	181	
突き落とし	184	
道具屋曽我	197	
寝床	226	
厄払い	285	

龍宮　307
六郷の煙草　311

道楽
九州吹き戻し	76	
ざこ八	111	
染色（そめいろ）	161	
胴乱の幸助	199	
ひねりや	246	
干物箱	247	

読書
浮世床	17	
廓大学	87	
読書の時間	239	

吐血
五段目	101	

溶ける
蛇含草	136	
そば清	160	

登山
愛宕山	3	
遥かなるたぬきうどん	239	

取引
粟田口	6	

捕物
大坂屋花鳥	32	
真景累ヶ淵	145	
双蝶々	252	

頓智
佐々木政談	111	
辻八卦	187	

とんちき
とんちき	204	

📖 な行

▽な
内緒（内密）
紙入れ	67	
目黒のさんま	280	
山岡角兵衛	290	

内職
今戸の狐	18	

流す
質屋庫	130	
つづら	188	

謎かけ
三十石	116	
二人旅	215	

七草
七草	210	

訛り
国訛り	84	
授業中	261	
春雨宿	240	
徳ちゃん	200	
バスガール	232	
夕立勘五郎	293	
よいよい蕎麦	299	

舐める
擬宝珠	74	
なめる	211	
初天神	234	
やかんなめ	285	

馴れ初め
明鳥	2	
お初徳兵衛	42	
宮戸川	275	

▽に
逃げる
→逃亡

にらむ
笠碁	61	
にらみ返し	216	

妊娠
お若伊之助	49	
怪談阿三の森	51	
真景累ヶ淵	145	
町内の若い衆	183	
植木屋娘	20	
氏子中	21	
化物娘	231	

▽ぬ
縫い物
堪忍袋	71	
仕立おろし	127	

盗み
芋俵	19	
梅若礼三郎	25	
帯久	43	
お神酒徳利	47	
小判一両	149	
七面堂	129	
締め込み	135	
鈴ヶ森	150	

だくだく	168	
旅の里扶持	175	
出来心	191	
夏どろ	209	
へっつい盗人	257	
緑林門松竹	273	
やかん泥	284	
→「職業・人物（普通名詞）」索引の泥棒も見よ		
盗み聞き		
長持	207	

▽ね，の

寝小便		
按摩の炬燵	9	
たらちね	177	
根問		
浮世根問	21	
小町	103	
野駆け		
目黒のさんま	280	

は行

▽は

墓参り		
お見立て	47	
普段の袴	254	
博打		
今戸の狐	18	
梅若礼三郎	25	
大坂屋花鳥	32	
親子茶屋	48	
看板のピン	71	
小猿七之助	99	
ざこ八	111	
しじみ売り	126	
品川心中	131	
将軍の賽	140	
狸賽	173	
猫定	222	
猫の恩返し	224	
文七元結	256	
へっつい幽霊	257	
やんま久次	291	
→賭けも見よ		
化物退治		
お若伊之助	49	

狸の化寺	173	
猫定	222	
猫の恩返し	224	
化ける		
王子の狐	30	
お若伊之助	49	
蒟蒻問答	107	
七度狐	128	
水神	148	
狸寝入り	172	
狸の遊び	172	
狸の釜	172	
狸の鯉	172	
狸の札	173	
狸の化寺	173	
狸賽	173	
田能久	173	
茄子娘	208	
猫忠	223	
化け物使い	230	
不動坊	254	
法華長屋	263	
仏馬	263	
万歳の遊び	269	
紋三郎稲荷	283	
弥次郎	285	
安兵衛狐	286	
畑仕事		
馬の田楽	25	
茄子娘	208	
はてな		
茶金	180	
花会（はなかい）		
三軒長屋	115	
はなむけ		
はなむけ	238	
花火		
たがや	167	
めだか	61	
遊山船	296	
花見		
あたま山	4	
おせつ徳三郎	39	
鶴満寺	58	
長屋の花見	207	
鼻ねじ	236	
花見酒	237	
花見の仇討	237	

百年目	248	
やかんなめ	285	
破門		
阿武松	31	
宗珉の滝	158	
早起き		
鹿政談	124	
早合点		
宮戸川	275	
腹つづみ		
狸の遊び	172	
張り付く		
ぺたりこん	257	
番		
市助酒	14	
禁酒番屋	78	
二番煎じ	216	
抜け裏	220	
釜どろ	66	
二番煎じ	216	
半畳改め		
芝居の喧嘩	134	

▽ひ

火あぶり		
お七の十	37	
帯久	43	
晶屓（ひいき）		
稲川	15	
大安売り	33	
幸助餅	93	
髭剃り		
ぞろぞろ	162	
よかちょろ	299	
尾行		
お富与三郎	40	
団子坂奇談	177	
一つ穴	245	
悋気の独楽	308	
引っ越し		
馬大家	24	
三軒長屋	115	
粗忽の釘	159	
引っ越しの夢	244	
引っ越し祝い		
家見舞	10	
ディア・ファミリー	45	
へっつい盗人	258	

行事・行動・習慣索引　　　421

人助け
　おかめ団子　　　　35
　大名房五郎　　　149
　佃　祭　　　　　186
　唐茄子屋政談　　198
　人情八百屋　　　218
　表彰状　　　　　210
　文七元結　　　　256
人身御供
　→身代り
一目惚れ
　幾代餅　　　　　　11
　宇治の柴船　　　　22
　怪談牡丹灯籠　　　54
　紺屋高尾　　　　　94
　真景累ヶ淵　　　145
　崇徳院　　　　　151
　搗屋無間　　　　185
　派手彦　　　　　235
独り言
　あんま　　　　　　61
　野ざらし　　　　228
　不動坊　　　　　254
　湯屋番　　　　　298
　嫁取り　　　　　　81
火の用心
　市助酒　　　　　　14
　牛ほめ　　　　　　22
　二番煎じ　　　　216
火物断ち
　てれすこ　　　　192
冷やかし
　伽羅の下駄　　　　76
　二階ぞめき　　　213
　万病円　　　　　269
　両国八景　　　　307

▽ふ
夫婦喧嘩
　今戸焼　　　　　　19
　お直し　　　　　　41
　堪忍袋　　　　　　71
　死　神　　　　　132
　締め込み　　　　135
　橋場の雪　　　　232
　夢の酒　　　　　297
復　讐
　石返し　　　　　　12

お　七　　　　　　36
怪談乳房榎　　　　52
髪結新三　　　　　68
くしゃみ講釈　　　81
七度狐　　　　　128
品川心中　　　　131
写真の仇討　　　136
将棋の殿様　　　139
もう半分　　　　281
藁人形　　　　　315
不作法
　荒　茶　　　　　　5
　茶の湯　　　　　181
　本　膳　　　　　264
富士詣り
　富士詣り　　　　251
無　精
　無精床　　　　　251
舟遊び
　あくび指南　　　　1
　百年目　　　　　248
　遊山船　　　　　296
無礼講
　夜の慣用句　　　303

▽へ
変　装
　稲　川　　　　　　15
　三人片輪　　　　117
　せむし茶屋　　　155
　宗　漢　　　　　158
　たばこの火　　　174
　探偵うどん　　　178
　長崎の赤飯　　　205
　不孝者　　　　　251
　雪の瀬川　　　　296

▽ほ
放　火
　帯　久　　　　　　43
奉　公
　按摩の炬燵　　　　9
　紙屑屋　　　　　　67
　塩原多助一代記　123
　胴斬り　　　　　196
　化け物使い　　　230
　引っ越しの夢　　244
　元　犬　　　　　282

藪入り　　　　　289
湯屋番　　　　　298
法事
　名人長二　　　　277
焙じる
　法事の茶　　　　260
　元　犬　　　　　282
放　屁
　四宿の屁　　　　126
　代　脈　　　　　165
　転失気　　　　　194
菩　提
　怪談阿三の森　　51
方　言
　→訛り
褒める
　牛ほめ　　　　　　22
　子ほめ　　　　　103
　盃の殿様　　　　109
　佐々木政談　　　111
　半分垢　　　　　243

▽ま行

▽ま
真面目
　稲葉さんの大冒険　16
町おこし
　身代わりポン太　45
間違い
　後家殺し　　　　98
　小間物屋政談　　104
　清書無筆　　　　154
　縮み上がり　　　179
　ドクトル　　　　200
　松曳き　　　　　267
待ち伏せ
　越後屋　　　　　28
　戸田の渡し　　　201
待った
　笠　碁　　　　　61
祭　り
　永代橋　　　　　27
　お富与三郎　　　40
　たばこの火　　　174
　百　川　　　　　282
真　似
　荒　茶　　　　　　5

杭盗人	82	柳田格之進	288	無筆			
くしゃみ講釈	81	山崎屋	290	植木屋娘	20		
七段目	128	雪の瀬川	296	三人旅	118		
七の字	129	磨　く		三人無筆	119		
質屋芝居	130	井戸の茶碗	15	七の字	129		
尻　餅	142	身代り		品川心中	131		
菅原息子	148	按摩の炬燵	9	清書無筆	154		
鈴ヶ森	150	梅若礼三郎	25	代書屋	164		
せむし茶屋	155	男の花道	39	提灯屋	182		
蕎麦の殿様	160	桑名船	87	突き落とし	184		
代　脈	165	しじみ売り	126	手紙無筆	191		
館　林	171	狸寝入り	172	泣き塩	208		
手向けのかもじ	176	動物園	198	平　林	248		
茶の湯	181	中沢家の人々	261	棒　屋	262		
道具屋曽我	197	花　筏	235	万病円	269		
東北の宿	199	干物箱	247	村祭り			
時そば	200	見立て		一分茶番	14		
豊竹屋	203	お見立て	47	さんま芝居	122		
抜け裏	220	密　通					
猫　久	221	→浮　気		▽め，も			
能狂言	228	身投げ（含む未遂）		命　令			
雛　鍔	246	一文笛	259	落語家の兵隊	81		
干物箱	247	小猿七之助	99	目利き			
普段の袴	254	染色（そめいろ）	161	→鑑　定			
法事の茶	260	佃　祭	186	面　接			
本　膳	264	唐茄子屋政談	198	極道のバイト達	97		
マキシム・ド・のん兵衛		文七元結	256	浪曲社長	261		
	266	身投げ屋	274	餅つき			
松田加賀	267	もう半分	281	尻　餅	142		
遊山船	296	→自死も見よ		物真似			
四段目	301	見張り		→真似，おうむ返し			
六尺棒	311	質屋庫	130	物忘れ			
→おうむ返し，失敗も見よ		身振り手振り		粗忽の釘	159		
廻　し		啞の釣	37	粗忽の使者	160		
五人廻し	102	ひねりや	246	茗荷宿	275		
廻　す				紅葉狩り			
貝野村	62	▽む		粟田口	6		
万　歳		武者修行		問　答			
掛取万歳	59	館　林	171	蒟蒻問答	108		
万歳の遊び	269	弥次郎	285	八問答	233		
		無　心		万病円	269		
▽み		福禄寿	251				
身請け		文違い	255	📖 や行			
王子の幇間	31	無銭飲食					
匙加減	112	鰻の幇間	23	▽や			
高　尾	166	王子の狐	30	八百長			
文七元結	256	付き馬	184	佐野山	114		
緑林門松竹	273	ラーメン屋	304	ハワイの雪	240		

行事・行動・習慣索引

焼き餅
- 今戸焼 19
- 後家殺し 98
- 橋場の雪 232
- 夢の酒 297
- 悋気の独楽 308
- 悋気の火の玉 309
- 悋気の見本 309

約束
- 朝友 2
- 男の花道 39
- 親子酒 48
- 三年目 120
- 三味線栗毛 137
- 水神 148
- つるつる 190
- 転宅 184
- 錦の裂裟 213
- にせ金 214

厄払い
- 節分 155
- 厄払い 285

役不足
- 一分茶番 14
- 蛙茶番 69

役揉め
- 五段目 101

藪入り
- 藪入り 289

山登り
- →登山

▽ゆ

雪見
- ねぎまの殿様 221
- 和歌三神 314

強請り（ゆすり）
- お富与三郎 40

夢
- 按摩の炬燵 9
- 浮世床 17
- 宇治の柴船 22
- 肝つぶし 75
- 御慶 77

金魚の芸者 78
小粒 101
芝浜 134
心眼 144
つるつる 190
天狗裁き 193
ねずみ穴 225
のっぺらぼう 229
橋の婚礼 231
橋場の雪 232
噺家の夢 236
備前徳利 244
引っ越しの夢 244
水屋の富 271
宮戸川 275
夢金 297
夢の酒 297
夢八 297

▽よ

酔っ払い
- →「職業・人物（普通名詞）」索引の酔っ払い

夜逃げ
- 九州吹き戻し 76
- 蒟蒻問答 108
- 旅の里扶持 175

夜這い
- 三人旅 118
- 引っ越しの夢 244

呼び出し
- 呼び出し電話 122

夜廻り
- 市助酒 14
- 二番煎じ 216

読み違い
- 浮世床 20
- 泣き塩 208
- 二人旅 215
- 松曳き 267
- ラブレター 304

嫁いびり
- 胴乱の幸助 199

ら行，わ行

▽り, る

離縁
- 子別れ 105
- 水神 148
- 未練の夫婦 276

療治
- →診察・診療

療養
- 宇治の柴船 22
- 蒟蒻問答 108
- 名人長二 277

料理
- そばの殿様 160
- 狸の鯉 172
- 殿様団子 202
- 寄合酒 302

旅行
- →「種別索引」の「旅の噺」

留守番
- 金明竹 80
- 玄関の扉 219
- 他行 168
- 夢八 297

▽わ

和歌
- →歌（古歌など）

別れ
- 九州吹き戻し 76
- 子別れ 105
- 派手彦 235
- はなむけ 238

術（わざ）
- 鉄拐 192

笑い上戸
- 胡椒のくやみ 99

笑う
- 荒茶 5
- 笑い茸 314

事物・事象・その他索引

📖 あ行

▽あ
合薬（あいぐすり）
　　やかんなめ　　285
垢
　　半分垢　　243
秋田音頭
　　春雨宿　　240
秋葉様
　　牛ほめ　　22
「朝顔やつるべ取られて
　　もらい水」
　　加賀の千代　　57
あたぼう
　　大工調べ　　163
頭
　　貝野村　　56
後継ぎ
　　紀州　　74
　　長崎の赤飯　　205
アドバルーン
　　アドバルーン　　81
穴っぱいり
　　洒落小町　　137
穴釣り
　　闇夜の梅　　291
『姉川の合戦』
　　浮世床　　17
　　小町　　103
油
　　禁酒番屋　　78
　　三人旅　　118
　　もう半分　　281
　　ろくろ首　　311
　　藁人形　　315
雨具

道灌　　196
網
　　風の神送り　　64
阿弥陀様
　　粗忽の釘　　159
　　おはらい　　43
雨
　　笠碁　　61
　　髪結新三　　68
　　天災　　193
　　とんちき　　204
　　庭蟹　　217
　　春雨宿　　240
　　日和違い　　248
嵐
　　九州吹き戻し　　76
　　佃島　　186
アルコール
　　不動坊　　254
　　綿医者　　314
淡島様
　　夢の酒　　297
粟田口（刀）
　　粟田口　　6
行灯（あんどん）
　　もう半分　　281
　　ろくろ首　　311

▽い
筏
　　鰍沢　　62
イカモノ
　　江島屋騒動　　27
錨
　　遊山船　　296
生き胆
　　肝つぶし　　75
生簀（いけす）

鯛　　239
生け花
　　雪の瀬川　　296
石
　　石返し　　12
石垣
　　船徳　　254
『石松三十石船道中』
　　夕立勘五郎　　293
伊勢音頭
　　夢八　　297
『一谷嫩軍記』
　　武助馬　　251
一分
　　一分茶番　　14
一文笛
　　一文笛　　259
一割
　　搗屋無間　　185
一升瓶
　　臆病源兵衛　　36
一升袋
　　福禄寿　　251
一中節
　　お藤松五郎　　44
　　お若伊之助　　49
稲荷
　　お神酒徳利　　47
　　紋三郎稲荷　　283
亥の年月
　　肝つぶし　　75
位牌
　　位牌屋　　17
　　将門　　266
　　吉田御殿　　300
今戸焼
　　今戸の狐　　18
　　今戸焼　　19

事物・事象・その他索引　425

色
　染色（そめいろ）　161
囲炉裏
　江島屋騒動　27
　鰍沢　62
岩
　弥次郎　285
　鰍沢　62
因果・因縁・因果応報
　栗田口　6
　お若伊之助　49
　怪談牡丹灯籠　54
　真景累ヶ淵　145
　ちきり伊勢屋　179
　名人長二　277
因果塚
　お若伊之助　49
印形
　三方一両損　120

▽う
植木
　植木のお化け　20
　植木屋娘　20
後足
　武助馬　252
臼
　大師の杵　164
歌（歌謡曲など）
　掛取美智也　58
　ガーコン　59
　母恋いくらげ　238
　棒だら　260
　ぼやき酒屋　239
　夢八　297
歌（古歌など）
　掛取万歳　58
　五銭の遊び　100
　西行　109
　洒落小町　137
　崇徳院　151
　手向けのかもじ　176
　千早振る　180
　鼓ヶ滝　187
　道灌　196
　はなむけ　238
　雪てん　295
　夢の酒　297

りん廻し　310
腕相撲
　ハワイの雪　240
午年
　馬大家　24
馬の尻尾
　馬のす　24
厩
　厩火事　25
恨み
　→祟り
売上
　おかめ団子　35
ウンコ
　肥辰一代記　95
うんつく
　長者番付　181

▽え
絵
　宇治の柴船　22
　応挙の幽霊　30
　雁風呂　72
　小町　103
　質屋庫　130
　大名房五郎　149
　だくだく　168
　つる　189
　道灌　196
　普段の袴　254
絵草紙
　幾代餅　11
越後縮
　狸の札　173
胞衣（えな）
　氏子中　21
恵比寿様
　三井の大黒　272
縁起
　お七　36
　ざる屋　114
　厄払い　285
　からくり屋　69
縁の下
　出来心　191
円盤
　宇宙戦争　219

▽お
扇の的
　源平盛衰記　90
大奥
　大名道具　166
大入道
　化け物使い　230
お燗
　→燗
置物
　ディア・ファミリー　45
　身代わりポン太　45
お経
　黄金餅　95
　寿限無　138
　万金丹　268
押入れ
　青菜　1
　風呂敷　255
お題目
　おせつ徳三郎　39
　鰍沢　62
小千谷縮
　縮み上がり　179
お使い姫
　水神　148
おでき
　なめる　211
音
　火焔太鼓　57
おとぎ話・昔話
　こぶ取り爺さん　45
　シンデレラ伝説　146
　桃太郎　283
お腹
　太鼓腹　163
　芋俵　19
　転失気　194
　武助馬　252
鬼
　鬼背参り　241
　地獄巡り　124
　死ぬなら今　133
　ねずみ穴　255
斧
　シンデレラ伝説　146
お化け・化け物
　植木のお化け　20

お化け長屋	42	
親子酒	48	
質屋庫	130	
狸の化寺	173	
化け物使い	230	
ろくろ首	311	

お鉢
からくり屋	69

帯
相撲風景	152
不動坊	254
宮戸川	275

お櫃（おひつ）
京の茶漬	77
甲府い	93
元 犬	282

お雛様
樟脳玉	141
道具屋	197
雛鍔	246

お札（おふだ）
安 産	9
牛ほめ	22
怪談牡丹灯籠	54

お文様
お文様	45

おまけ
買い物ぶぎ	45

おまる
越後屋	28
野ざらし	228

お神酒徳利
お神酒徳利	47

思い出話
粗忽の釘	159
不孝者	250
旅行日記	308

「親はなくとも子は育つ」
茄子娘	208

親指
素人鰻	143

📖 か行

▽か
カーナビ
江戸前カーナビ	241

海音如来像

怪談牡丹燈籠	54

怪　談
→「種別索引」の怪談噺

開　帳
開帳の雪隠	56
ご印文	92
名人長二	277

開　店
提灯屋	182
棒　屋	262

蚊いぶし
夏どろ	209

戒　名
万金丹	268
吉住万蔵	299

かかあ天下
女天下	50

鏡
松山鏡	268

書置き
駒 長	104
紺田屋	107
ふたなり	253

柿渋
田能久	173

書付け
三方一両損	120

掛け軸
応挙の幽霊	30
質屋庫	130
大名房五郎	149
普段の袴	254

掛け守り
双蝶々	252

駕籠
蜘蛛駕籠	86
蔵前駕籠	86
真景累ヶ淵	145
代 脈	165
ちきり伊勢屋	179
辻駕籠	187
妾 馬	278
紋三郎稲荷	283
雪の瀬川	296

籠
抜け雀	220

傘
愛宕山	3

お藤松五郎	44
髪結新三	68
金明竹	80
中村仲蔵	206
庭 蟹	217
橋場の雪	232
船 徳	254

笠
笠 碁	61
笠と赤い風車	61

風車
笠と赤い風車	61

火事
粟田口	6
厩火事	25
大坂屋花鳥	32
お七の十	36
お祭り佐七	46
火事息子	63
首提灯	83
首ったけ	85
稽古屋	89
紺田屋	107
さんま火事	121
塩原多助一代記	123
祖徠豆腐	161
富 久	203
ねずみ穴	225
味噌蔵	271
弥次郎	283
ん廻し	316

鎹（かすがい）
子別れ	105

風邪
うどん屋	23
風の神送り	64
清書無筆	154

風の神
風の神送り	64

刀
粟田口	6
おせつ徳三郎	39
お藤松五郎	44
怪談牡丹灯籠	54
がまの油	66
首 屋	84
小烏丸	96
善悪双葉の松	155

事物・事象・その他索引　　427

高尾	166
たがや	167
胴斬り	196
道具屋	197
猫久	221
雛鍔	246
真二つ	267
堅物	
明烏	2
雪の瀬川	296
悋気の火の玉	309
鬘（かつら）	
きゃいのう	75
『桂川連理柵』	
胴乱の幸助	199
金鏨	
やかん泥	284
『仮名手本忠臣蔵』	
九段目	83
七段目	128
中村仲蔵	206
山岡角兵衛	290
四段目	301
淀五郎	301
→『忠臣蔵』も見よ	
金	
愛宕山	3
井戸の茶碗	15
黄金餅	95
五段目	101
真田小僧	113
持参金	125
芝浜	134
樟脳玉	141
善悪双葉の松	155
時そば	200
ドクトル	200
中村仲蔵	206
ねずみ穴	225
雛鍔	246
遍照金剛	258
山崎屋	290
夢金	297
笑い茸	314
被り笠	
笠碁	61
壁	
壁金	64

粗忽の釘	159
太鼓腹	163
釜	
いかけ屋	11
釜どろ	66
三助の遊び	117
やかん泥	284
がまの油	
がまの油	66
高田馬場	167
紙	
他行	169
紙入れ	
永代橋	27
紙入れ	67
突き落とし	184
藪入り	289
紙屑	
紙屑屋	67
上方唄	
怪談累草紙	52
稽古屋	89
上方弁	
金明竹	80
神様	
ぞろぞろ	162
橋の婚礼	231
裃（かみしも）	
故郷へ錦	97
質屋芝居	130
剃刀	
大山詣り	34
おかふい	34
権兵衛狸	108
品川心中	131
無精床	251
坊主の遊び	260
神棚	
粟餅	8
雷	
お初徳兵衛	42
宮戸川	275
湯屋番	298
髪の毛	
大山詣り	34
三年目	120
品川心中	131
星野屋	262

かめのぞき	
紺屋高尾	94
髢（かもじ）	
手向けのかもじ	176
星野屋	262
蚊帳（かや）	
麻のれん	3
蚊いくさ	51
出来心	191
カラオケ	
カラオケ病院	294
からし湯	
くず湯	81
「烏の行水」	
くず湯	81
カランコロン	
怪談牡丹燈籠	54
軽石	
湯屋番	298
カルタ	
悋気の見本	309
枯葉	
まめだ	259
皮	
たけのこ	169
『かんかんのう』	
らくだ	304
雁首	
岸柳島	72
簪（かんざし）	
トンビの夫婦	203
双蝶々	252
神田明神	
氏子中	21
堪忍袋	
堪忍袋	71
天災	193
観音様	
浜野矩随	238
お神酒徳利	47
看板	
看板のピン	71
首屋	85
ん廻し	316
眼病	
犬の目	16
男の花道	39
義眼	73

	文違い	255		臆病源兵衛	36		巾着	
還暦				薬違い	83		闇夜の梅	291
	帯久	43		十徳	130	▽く		
				樟脳玉	141		釘	
▽き				遊山船	296		かつぎや	64
義眼			灸				粗忽の釘	159
	義眼	73		強情灸	92		釘抜き	
汽車				胴斬り	196		粗忽の使者	160
	胴乱の幸助	199	給料				鼻ねじ	236
	反対車	242		月給日	261	くしゃみ		
起請文			狂歌				くしゃみ講釈	81
	三枚起請	121		掛取万歳	59	薬		
	品川心中	131		狂歌家主	77		泳ぎの医者	49
	吉住万蔵	299		鍬盗人	88		肝つぶし	75
傷・疵				紫檀楼古木	127		金玉医者	79
	お富与三郎	40		蜀山人	142		酒の素	81
	たらちね	177		鼻ほしい	237		三十石	116
	にゅう	216		雪てん	295		地獄巡り	124
	名人長二	277	教科書				猪買い	126
	やかんなめ	285		都々逸親子	202		ドクトル	200
奇声			許可書				納豆や	209
	しゃっくり政談	136		ぜんざい公社	156		なめる	211
煙管（キセル）			玉代				反魂香	242
	浮世床	20		五人廻し	102		まめだ	259
	帯久	43	清元				万病円	269
	岸柳島	72		稽古屋	89		目玉	267
	三枚起請	121		包丁	261		やかんなめ	284
	紫檀楼古木	127		猫忠	223	九段目		
	芝浜	134	キリスト教				九段目	82
	長短	182		宗論	138	口止め料		
	トンビの夫婦	203	切れ端				姫かたり	247
	花見の仇討	237		江島屋騒動	27	靴		
	普段の袴	254	金一封				子別れ	105
	綿医者	314		表彰状	210		落語家の兵隊	81
義太夫			近眼			首		
	掛取万歳	59		だくだく	168		がまの油	66
	後家殺し	98	金魚鉢				首提灯	83
	転宅	184		猫と金魚	223		首屋	84
	豊竹屋	203	禁句			『熊谷陣屋』		
	寝床	226		猿後家	114		男の花道	39
切符			金庫			熊手		
	みどりの窓口	45		だくだく	168		酉の市	203
杵				双蝶々	252	熊の皮		
	大師の杵	164	近日				熊の皮	85
擬宝珠				近日息子	78	車		
	擬宝珠	74	金玉				かんしゃく	70
着物				金玉医者	79		トラタク	122
	江島屋騒動	27		狸の化寺	173			

事物・事象・その他索引　　429

免許証	294	
黒　船		
将軍の賽	140	
鍬（くわ）		
鍬盗人	88	
軍　歌		
ガーコン	59	

▽け

毛		
ざんぎり地蔵	115	
→髪の毛も見よ		
計　算		
壺　算	188	
怪　我		
大仏餅	165	
西の市	203	
裃　裟		
錦の裃裟	213	
下　剤		
夏の医者	209	
下　駄		
鰻の幇間	23	
怪談阿三の森	51	
怪談牡丹灯籠	54	
髪結新三	68	
伽羅の下駄	76	
辻駕籠	187	
つづら	188	
出来心	191	
宿屋の富	287	
湯屋番	298	
血脈のご印		
お血脈	36	
仮　病		
お見立て	47	
怪談乳房榎	52	
三人旅	118	
干物箱	247	
双蝶々	252	
まんじゅうこわい	269	
煙		
稽古屋	89	
さんま火事	121	
長　短	182	
検　校		
三味線栗毛	137	
懸　賞		

藪入り	289	
玄翁（げんのう）		
子別れ	105	

▽こ

碁		
笠　碁	61	
しじみ売り	126	
のっぺらぼう	229	
柳田格之進	288	
恋		
青畳の女	241	
幾代餅	11	
越後屋	28	
お七の十	37	
おせつ徳三郎	37	
怪談阿三の森	51	
怪談牡丹灯籠	54	
薬違い	83	
裃裟御前	89	
故郷へ錦	97	
小猿七之助	99	
紺屋高尾	94	
小　町	103	
純情日記横浜編	139	
真景累ヶ淵	145	
染色（そめいろ）	161	
崇徳院	151	
大師の杵	164	
滝口入道	294	
たちきり	170	
月のじゃがりこ	185	
搗屋無間	185	
派手彦	235	
宮戸川	275	
雪とん	295	
雪の瀬川	296	
鯉のぼり		
五月幟	95	
恋　文		
紙屑屋	67	
城木屋	143	
たちきり	170	
恋煩い		
お若伊之助	49	
幾代餅	11	
宇治の柴船	22	
越後屋	28	

貝野村	62	
肝つぶし	75	
薬ちがい	85	
源太の産	90	
紺屋高尾	94	
故郷へ錦	97	
崇徳院	151	
大師の杵	164	
たちきり	170	
団子坂奇談	177	
搗屋無間	185	
派手彦	235	
雪とん	295	
ご印文		
ご印文	92	
香		
にゅう	216	
反魂香	242	
睾　丸		
→金　玉		
広　告		
提灯屋	182	
棒　屋	262	
講釈（講談）		
くしゃみ講釈	81	
桑名船	87	
五目講釈	105	
真田小僧	113	
人形買い	217	
荒神様		
氏子中	21	
強　欲		
夢　金	297	
肥		
肥辰一代記	95	
五月人形		
五月幟	95	
「故郷に錦」		
故郷へ錦	97	
極　楽		
浮世根問	21	
臆病源兵衛	36	
お血脈	36	
死ぬなら今	133	
腰　巻		
堀の内	264	
腰元彫		
浜野矩随	238	

事物・事象・その他索引

五十両
 中村仲蔵 206
 文七元結 256
 もう半分 281
五寸釘
 藁人形 315
五 銭
 五銭の遊び 100
炬燵（こたつ）
 按摩の炬燵 9
 福禄寿 251
五段目
 中村仲蔵 206
小遣い
 真田小僧 113
骨相・骨相学
 三味線栗毛 137
 虱茶屋 142
小 判
 愛宕山 3
 小判一両 149
 死ぬなら今 133
 たばこの火 174
こ ぶ
 寿限無 138
 将棋の殿様 139
小 骨
 七 草 210
独 楽
 悋気の独楽 308
ゴ ミ
 火焔太鼓 57
 道具屋 197
 母恋いくらげ 238
こより
 八九升 233
ご利益
 景 清 58
 ぞろぞろ 162
コレラ
 旅行日記 308
五郎正宗
 善悪双葉の松 155
金勢大明神
 大名道具 166

📖 さ 行

▽さ
さいころ
 今戸の狐 18
 看板のピン 71
 将軍の賽 140
 狸 賽 173
 へっつい幽霊 258
才 槌
 名人長二 277
財 布
 三方一両損 120
 芝 浜 134
 狸の札 173
 探偵うどん 178
 もう半分 281
 もぐら泥 281
材 木
 おせつ徳三郎 39
 鰍 沢
棹
 船 徳 254
盃
 盃の殿様 109
 高 尾 166
 試し酒 176
 転失気 194
酒 樽
 花見酒 237
作 文
 生徒の作文 154
差し毛
 仏 馬 263
札（さつ）
 狸の札 173
 長屋の花見 207
雑 俳
 雪てん 295
 りん廻し 310
里扶持
 旅の里扶持 175
『真田三代記』
 真田小僧 113
座右の銘
 夜の慣用句 303
皿

 厩火事 25
 お菊の皿 35
 猫の皿 224
ざ る
 ざる屋 114
 猫の災難 224
猿回し
 猿後家 114
三国時代
 三国誌 116
『三十三間堂棟由来』
 後家殺し 98
三途の川
 おしゃべり往生 38
 地獄巡り 124
産 地
 六郷の煙草 311
讃美歌
 宗 論 138
三 文
 ねずみ穴 225
三 両
 三方一両損 120
 猫の恩返し 224
 猫の皿 224
 星野屋 262

▽し
四
 しの字嫌い 133
死
 おしゃべり往生 38
 怪談牡丹灯籠 54
 笠と赤い風車 60
 三年目 120
 死 神 132
 死ぬなら今 133
 たちきり 170
 ハワイの雪 240
 反魂香 242
 →死骸も見よ
 →「行事・行動・習慣」
 索引の殺しも見よ
字
 生徒の作文 154
塩
 貝野村 62
 泣き塩 208

事物・事象・その他索引　431

死骸
　永代橋　　　　　　27
　粗忽長屋　　　　159
　猫怪談　　　　　221
　骨違い　　　　　263
時間
　時そば　　　　　200
地獄
　浮世根問　　　　21
　臆病源兵衛　　　36
　おしゃべり往生　38
　地獄巡り　　　　124
　死ぬなら今　　　133
持参金
　持参金　　　　　125
　山崎屋　　　　　290
磁石
　辻駕籠　　　　　187
地震
　釜どろ　　　　　66
　四宿の屁　　　　126
四神剣
　百川　　　　　　282
地蔵
　ざんぎり地蔵　　115
士族の商法
　素人鰻　　　　　143
　殿様団子　　　　202
死体
　→死骸
仕立おろし
　仕立おろし　　　127
質草
　質屋庫　　　　　130
　質屋芝居　　　　130
　つづら　　　　　188
質流れ
　おもと違い　　　48
七の字
　七の字　　　　　129
七福神
　かつぎや　　　　64
　一目上がり　　　245
知ったかぶり
　貝野村　　　　　56
　新聞記事　　　　146
　千早振る　　　　180
　つる　　　　　　189

転失気　　　　　　194
　やかん　　　　　284
十徳
　十徳　　　　　　130
尻尾
　七度狐　　　　　128
　紋三郎稲荷　　　283
自転車
　寄合酒　　　　　302
四天王
　小町　　　　　　103
自動車
　→車
死神
　死神　　　　　　132
しびん
　しびん　　　　　135
癪
　おせつ徳三郎　　39
　姫かたり　　　　247
　やかんなめ　　　285
写真
　写真の仇討　　　136
ジャズ
　ガーコン　　　　59
三味線
　三味線栗毛　　　137
　たちきり　　　　170
　転宅　　　　　　184
　道具屋曽我　　　197
　豊竹屋　　　　　203
　猫忠　　　　　　223
砂利
　祇園祭　　　　　73
　佐々木政談　　　111
就業規則
　ぺたりこん　　　257
宗旨
　小言幸兵衛　　　98
　宗論　　　　　　138
十二単
　シンデレラ伝説　146
十八檀林
　鈴振り　　　　　150
宿題
　都々逸親子　　　201
酒呑童子（しゅてんどうじ）
　試し酒　　　　　176

寿命
　死神　　　　　　132
呪文
　死神　　　　　　132
『傷寒論』
　転失気　　　　　194
将棋
　浮世床　　　　　17
　将棋の殿様　　　139
　のめる　　　　　229
ジョーズ
　ジョーズ　　　　219
浄土真宗
　宗論　　　　　　138
樟脳
　樟脳玉　　　　　141
上半身
　吉田御殿　　　　300
賞品
　ハワイの雪　　　240
商品
　夫婦に乾杯　　　241
小便
　浮世床　　　　　20
　大どこの犬　　　33
　禁酒番屋　　　　78
　ずっこけ　　　　150
　相撲風景　　　　152
　突き落とし　　　136
　胴斬り　　　　　196
　道具屋　　　　　197
　へっつい盗人　　257
　弥次郎　　　　　285
証文
　帯久　　　　　　43
　匙加減　　　　　112
醤油樽
　ねぎまの殿様　　221
浄瑠璃（じょうるり）
　胴乱の幸助　　　199
除夜の鐘
　言訳座頭　　　　10
尻
　粗忽の使者　　　160
　尻餅　　　　　　142
白ざつま
　菊江の仏壇　　　73
心学

事物・事象・その他索引

天　災	193
腎　虚	
大名道具	166
新　内	
旅の里扶持	175
新聞・新聞紙	
家見舞	10
新聞記事	146
人力車	
替り目	69
反対車	242

▽す

水　道	
酒の素	81
『菅原伝授手習鑑』	
菅原息子	148
鋤（すき）	
鍬盗人	88
筋書き	
山崎屋	290
鈴	
鈴振り	150
すてれんきょう	
てれすこ	192
スマホ	
スマチュウ	45
炭	
塩原多助一代記	123
すりこぎ	
位牌屋	17
猫　久	221
味噌蔵	271
すり鉢	
七度狐	128

▽せ

贅　沢	
噺家の夢	236
咳	
紋三郎稲荷	283
節　句	
七　草	210
人形買い	217
石　鹸	
酢豆腐	151
湯屋番	298
瀬戸物	

匙加減	112
台詞（せりふ）	
きゃいのう	75
禅	
蒟蒻問答	107
膳	
手紙無筆	191
本　膳	264
疝気（せんき）	
疝気の虫	156
線　香	
お直し	41
お見立て	47
たちきり	170
煎じ薬	
二番煎じ	216
扇　子	
しわいや	144
扇風機	
かんしゃく	70
千　両	
千両みかん	157
宿屋の富	287

▽そ

草　履	
鍋草履	210
宿屋の富	287
算　盤	
お神酒徳利	47
勘定板	70
壺　算	188

📖 た行

▽た

大　黄	
夏の医者	209
『大学』	
廓大学	87
第　九	
歓喜の歌	45
太　鼓	
火焔太鼓	57
太鼓腹	163
狸の遊び	172
不動坊	254
大黒様	

かつぎや	64
黄金の大黒	79
三井の大黒	272
大神宮様	
おはらい	43
富　久	203
大八車	
ひねりや	246
大　仏	
大仏の眼	165
奈良名所	211
大名行列	
盃の殿様	109
太　陽	
笑い茸	314
た　が	
たがや	167
滝	
宗珉の滝	158
鼓ヶ滝	187
凧	
小判一両	149
初天神	234
無料客（ただのきゃく）	
芝居の喧嘩	134
畳	
青畳の女	241
祟　り	
江島屋騒動	27
怪談累草紙	52
怪談乳房榎	52
怪談牡丹燈籠	54
累裟御前	89
真景累ヶ淵	145
化物娘	231
もう半分	281
脱穀機	
ガーコン	59
炭団（たどん）	
よいよい蕎麦	299
棚	
引っ越しの夢	244
店　賃	
馬大家	24
大工調べ	163
髪結新三	68
唐茄子屋政談	198
長屋の花見	207

事物・事象・その他索引　　433

	人情八百屋	218
煙　草		
	位牌屋	17
	きゃいのう	75
	九段目	82
	相撲風景	152
	たばこの火	174
	長　短	182
	トンビの夫婦	203
	普段の袴	254
	悋気の火の玉	309
	六郷の煙草	311
煙草入れ		
	城木屋	143
	中村仲蔵	206
	夏どろ	209
煙草盆		
	粟　餅	8
足　袋		
	反対夫婦	243
魂		
	魂の入れ替え	175
袂（たもと）		
	長　短	182
盥（たらい）		
	貝野村	62
	転　宅	184
	遊山船	296
たらちね		
	たらちね	177
ダリ		
	ねぎまの殿様	221
俵		
	芋　俵	19
	黄金の大黒	79
	館　林	171
	日和違い	248
檀　家		
	きらいきらい坊主	78
	錦の袈裟	213
短　冊		
	鼻ねじ	236
箪笥（たんす）		
	出来心	191
短　命		
	短　命	178

▽ち		
血		
	がまの油	66
	写真の仇討	136
	だくだく	168
地　図		
	大河への道	45
茶　釜		
	狸の釜	172
茶　殻		
	お茶汲み	39
茶　碗		
	井戸の茶碗	15
	京の茶漬	77
	短　命	178
	茶　金	180
	道具屋曽我	197
『忠臣蔵』		
	九段目	82
	五段目	101
	質屋芝居	130
	辻八卦	187
	中村仲蔵	206
	能狂言	228
	淀五郎	301
	→『仮名手本忠臣蔵』も見よ	
銚　子		
	替り目	69
	三国誌	116
長者番付		
	長者番付	181
手水（ちょうず）		
	貝野村	62
提　灯		
	権助提灯	107
	提灯屋	182
	道　灌	196
	二丁ろうそく	214
ちりとてちん		
	ちりとてちん	183
▽つ		
衝　立		
	抜け雀	220
杖		
	松田加賀	267
	真二つ	267

月		
	月のじゃがりこ	185
机		
	ぺたりこん	257
造り酒屋		
	渋　酒	135
辻　占		
	辰巳の辻占	171
	悋気の独楽	308
『蔦紅葉宇都谷峠』		
	さんま芝居	122
	毛氈芝居	281
槌の音		
	紀　州	74
鼓（つづみ）		
	高　尾	166
	狸の遊び	172
	鼓ヶ滝	187
	初音の鼓	234
葛（つづら）		
	つづら	188
	つづら泥	188
鍔（つば）		
	宗珉の滝	158
	雛　鍔	246
壼		
	壼算	188
釣り糸		
	馬のす	24
釣鐘		
	将軍の賽	140
	除夜の雪	259
釣瓶		
	きらいきらい坊主	78
▽て		
手　紙		
	粟田口	6
	近江八景	32
	お文様	45
	髪結新三	68
	駒　長	104
	城木屋	143
	清正公酒屋	154
	高　尾	166
	たちきり	170
	手紙無筆	191
	長崎の赤飯	205

	泣き塩	208	天 女			禁酒番屋	78	
	ハワイの雪	240		狸の化寺	173	相撲風景	152	
	平 林	248		羽衣の松	231	備前徳利	244	
	文違い	255	天秤棒			どっこいどっこい		
	松曳き	267		かぼちゃ屋	65	からくり屋	69	
テスト				花見酒	237	都々逸		
	極道のバイト達	97	天保銭			都々逸親子	202	
鉄扇				雛 鍔	246	妾 馬	278	
	将棋の殿様	139	天 窓			富くじ（富札）		
鉄瓶				遊山船	296	御 慶	77	
	締め込み	135	電 話			富 久	203	
	やかん泥	284		純情日記横浜編	139	水屋の富	271	
鉄砲				電話の遊び	195	宿屋の富	287	
	鰍 沢	62		ぺたりこん	257	富本		
	鰍沢二席目	62		病を楽しむ男	210	真景累ヶ淵	145	
	五段目	101		呼び出し電話	122	鳥 居		
	塩原多助一代記	123				安 産	9	
	善悪双葉の松	155	▽と			とりもち		
	辻八卦	187	ド ア			ざんぎり地蔵	115	
	四人癖	302		玄関の扉	219	丼		
出刃包丁			唐辛子			時そば	200	
	後家殺し	98		くしゃみ講釈	81	遥かなるたぬきうどん	239	
	仕立おろし	127		納豆や	209			
	包 丁	261	道 具			📖 **な行**		
	→包丁も見よ			大名道具	166			
てれすこ				吉田御殿	300	▽な		
	てれすこ	192	道具箱			内 臓		
テレビ				大工調べ	163	綿医者	314	
	バールのようなもの	45	遠眼鏡			ナイフ		
天 気				めがね泥	279	西の市	203	
	長 短	182		吉田御殿	300	菜刀（ながたん）		
	母恋いくらげ	238	胴 乱			菜刀息子	205	
	日和違い	248		胴乱の幸助	199	長 持		
	富士詣り	251	常磐津（ときわず）			粟田口	6	
電 気				百 川	282	須磨の浦風	152	
	母恋いくらげ	238	毒・毒薬			長 持	207	
天 狗				里帰り	112	鳴き声		
	天狗裁き	193		ふぐ鍋	250	猫 定	222	
	山崎屋	290		緑林門松竹	273	薙 刀		
天 使			毒消しの護符			鼻ほしい	237	
	ナースコール	208		鰍 沢	62	山岡角兵衛	290	
天井画			髑髏（どくろ）			真二つ	267	
	怪談乳房榎	52		髑髏柳	61	ナースコール		
天神様				野ざらし	228	ナースコール	208	
	心のともしび	149		安兵衛狐	286	なぞなぞ		
	狸 賽	173	都市伝説			穴子でからぬけ	4	
天水桶				路地裏の伝説	241	雪 崩		
	胴斬り	196	徳 利			遥かなるたぬきうどん	239	

事物・事象・その他索引　435

鍋
　いかけ屋　11
　石返し　12
　鵙衣　149
　仕立おろし　127
　二番煎じ　216
　やかん泥　284
　旅行日記　308
　藁人形　315
涙
　磯の鮑　13
　お茶汲み　39
　ドクトル　200
南無大師遍照金剛
　遍照金剛　258
鳴り物
　孝行糖　92
縄
　愛宕山　3

▽に
錦
　錦の裃裘　213
錦　絵
　幾代餅　11
　搗屋無間　185
贋　金
　死ぬなら今　133
　にせ金　214
　星野屋　262
日照権
　日照権　294
にゃあ
　ねぎまの殿様　221
ニュース
　パールのようなもの　45
にわか雨
　道灌　196
　日和違い　248
人　形
　長崎の赤飯　205
　人形買い　217

▽ぬ，ね
布
　鼻利き源兵衛　235
猫　塚
　猫　定　222

猫の恩返し　224
ねずみ穴
　ねずみ穴　225
寝　床
　寝　床　226
眠り薬
　魂の入れ替え　176
念　仏
　小言念仏　99
　法華長屋　263
　吉住万蔵　299

▽の
能狂言
　能狂言　228
のこぎり
　道具屋　197
熨斗（のし）
　鮑のし　8
のぞきからくり
　からくり屋　69
　くしゃみ講釈　81
のっぺらぼう
　のっぺらぼう　229
　化け物使い　230
幟（のぼり）
　稲川　16
　五月幟　95
　遙かなるたぬきうどん　239
暖　簾
　麻のれん　3
　鼻利き源兵衛　235

📖 は行

▽は
灰
　粟餅　8
　長者番付　181
俳　句
　和歌三神　314
梅　毒
　おかふい　34
バイトニュース
　極道のバイト達　97
端　唄
　節　分　155
羽　織

黄金の大黒　79
紫檀楼古木　127
十　徳　130
水　神　148
そば清　160
羽織の遊び　230
初天神　234
双蝶々　252
墓
　お見立て　47
　怪談牡丹燈籠　54
　たけのこ　169
　団子坂奇談　177
　安兵衛狐　286
袴（はかま）
　故郷へ錦　97
　普段の袴　254
　妾　馬　278
白線流し
　明日に架ける橋　241
禿げ頭
　大山詣り　34
　やかんなめ　285
化け物
　→お化け
羽　衣
　羽衣の松　231
箸
　時そば　200
　七　草　210
梯　子
　御　慶　77
　三人息子　119
　引っ越しの夢　244
バス
　東北の宿　199
　バスガール　232
八（数字）
　八問答　233
罰　金
　四人癖　302
初音の鼓
　初音の鼓　234
鼻
　おかふい　34
　鼻利き源兵衛　235
　鼻ほしい　237
花活け

	しびん	135	▽ひ			おかふい	34
花 火			ピアノ			おすわどん	38
	鰍沢二席目	62		君よモーツァルトを聴け		男の花道	39
	たがや	167			239	お神酒徳利	47
	めだか	62	髭（ひげ）			泳ぎの医者	49
花 道				荒 茶	5	髪結新三	68
	男の花道	39		金明竹	80	擬宝珠	74
	淀五郎	301		権兵衛狸	108	金玉医者	79
羽目板				ぞろぞろ	162	黄金餅	95
	堀の内	264	柄 杓			紺田屋	107
歯磨き粉				肥辰一代記	95	ざこ八	111
	貝野村	62	非常線			佐野山	114
早 桶				探偵うどん	178	三年目	120
	付き馬	184	火 玉			猪買い	126
	猫怪談	221		長 短	182	死 神	132
早口言葉			人魂・火の玉			死ぬなら今	133
	ランゴランゴ	305		樟脳玉	141	三昧線栗毛	137
流行り言葉				不動坊	254	善悪双葉の松	155
	よいよい蕎麦	299		悋気の火の玉	309	せむし茶屋	155
腹			一つ目・一つ目小僧			疝気の虫	156
	→お 腹			一眼国	14	千両みかん	157
針				化け物使い	230	ドクトル	200
	いかけ屋	11	火 縄			長崎の赤飯	205
鍼				善悪双葉の松	155	夏の医者	209
	太鼓腹	163	火 箸			なめる	211
張り紙				浮世床	20	任侠流山動物園	217
	お化け長屋	42		江島屋騒動	27	猫の災難	224
	喧嘩長屋	90	火 鉢			化物娘	231
	抜け裏	220		くしゃみ講釈	81	姫かたり	247
張り子				八九升	233	文違い	255
	首 屋	84	秘 密			目 薬	279
張り手				空に願いを	241	紋三郎稲荷	283
	花 筏	235		息子の結婚	122	やかんなめ	285
バール			干 物			病を楽しむ男	210
	バールのようなもの	45		干物箱	247	表 札	
腫 物			百人一首			表 札	81
	真景累ヶ淵	145		鶴満寺	58	表彰状	
	なめる	211		高野違い	94	表彰状	210
反魂香				崇徳院	151	瓢 箪	
	反魂香	242		千早振る	180	鉄 拐	192
反魂丹			百年目			屏 風	
	反魂香	242		百年目	248	雁風呂	72
半 鐘			百物語			金明竹	80
	火焔太鼓	57		尼寺の怪	5	小 町	103
	富 久	203	病 気			佐々木政談	111
	首提灯	83		朝 友	2	ピ ン	
				いが栗	10	看板のピン	71
				犬の目	16	瓶	

事物・事象・その他索引　437

虱茶屋	142	
貧　乏		
佐野山	114	
尻餅	142	
▽ふ		
ファックス		
踊るファックス	45	
風　流		
茶の湯	181	
笛		
粟田口	6	
源平盛衰記	90	
滝口入道	294	
フォーク		
酉の市	203	
福　助		
今戸焼	19	
福　徳		
福禄寿	251	
房楊枝		
明烏	2	
貝野村	62	
節　穴		
牛ほめ	22	
不祝儀		
羽織の遊び	230	
符　丁		
今戸の狐	18	
三助の遊び	117	
仏教伝来		
お血脈	36	
仏　像		
井戸の茶碗	15	
狸の化寺	173	
仏　壇		
浮世根問	21	
菊江の仏壇	73	
五百羅漢	102	
粗忽の釘	159	
名人長二	277	
筆		
品川の豆	131	
布　団		
粟餅	8	
おかめ団子	35	
紺田屋	107	
鷺とり	110	

質屋芝居	130
死神	132
宗漢	158
手向けのかもじ	176
出来心	191
ねずみ	225
橋場の雪	232
宮戸川	275
宿屋の富	287
船・舟	
あくび指南	1
宇治の柴船	22
大山詣り	34
お初徳兵衛	42
岸柳島	72
九州吹き戻し	76
桑名船	87
三十石	116
四宿の屁	126
胴乱の幸助	199
橋場の雪	232
船徳	254
宮戸川	275
遊山船	296
夢金	297
→渡し舟も見よ	
フラスコ	
龍宮	307
プレゼント	
稲葉さんの大冒険	16
ハンカチ	259
風　呂	
蛙茶番	69
くず湯	82
三人旅	118
不動坊	254
貰い風呂	219
→「職業・人物（普通名詞）」	
索引の湯屋も見よ	
風呂敷	
故郷へ錦	97
締め込み	135
出来心	191
風呂敷	255
寄合酒	302
分　身	
鉄拐	192
褌（ふんどし）	

蛙茶番	69
蔵前駕籠	86
品川の豆	131
宗漢	158
錦の袈裟	213
やかんなめ	285
寄合酒	302
▽へ	
屁	
芋俵	19
四宿の屁	126
転失気	194
塀	
三人息子	119
やかん泥	284
『平家物語』	
源平盛衰記	90
ペスト	
藪入り	289
別　荘	
疝気の虫	156
へっつい	
へっつい盗人	257
へっつい幽霊	257
ヘリドメ	
代書屋	164
返　歌	
鍬盗人	88
西行	109
紫檀楼古木	127
鼻ねじ	236
弁　天	
かつぎや	64
弁　当	
子別れ	105
唐茄子屋政談	198
弁当幕	
中村仲蔵	206
▽ほ	
棒	
棒屋	262
六尺棒	113
奉加帳	
五貫裁き	96
箒	
粗忽の釘	159

法事		
法事の茶	260	
帽子		
相撲風景	152	
めだか	62	
宝珠		
擬宝珠	74	
疱瘡		
化物娘	231	
宝丹		
なめる	211	
包丁		
黄金餅	95	
駒長	104	
寿司屋水滸伝	149	
→出刃包丁も見よ		
褒美		
孝行糖	92	
松山鏡	268	
木刀		
道具屋	197	
星		
佐々木政談	111	
笑い茸	314	
蛍狩り		
怪談乳房榎	52	
牡丹灯籠		
怪談牡丹灯籠	54	
法華（宗）		
甲府い	93	
法華長屋	263	
仏		
ざこ八	111	
仏様		
お血脈	36	
彫物		
火事息子	63	
彫り物		
宗珉の滝	158	
三井の大黒	272	
惚れ薬		
薬違い	83	
本		
明烏	2	
廓大学	87	
道具屋	197	
夜店風景	302	
本棚		

読書の時間	239	
『ぽんぽん唄』		
ぽんぽん唄	265	

📖 ま行

▽ま		
薪		
狸の鯉	172	
骨違い	263	
枕		
堀の内	264	
末期の水		
浜野矩随	238	
幽女買い	293	
豆鉄砲		
鵯衣	149	
万歳		
掛取万歳	59	
万歳の遊び	269	
万金丹		
万金丹	268	
万病円		
万病円	269	
▽み		
みいら取り		
木乃伊取り	271	
身売り		
文七元結	256	
柳田格之進	288	
見返り柳		
明烏	2	
水カステラ		
禁酒番屋	78	
水瓶		
家見舞	10	
お神酒徳利	47	
茶金	180	
壺算	188	
水沸かし		
やかん	284	
見世物		
一眼国	14	
お菊の皿	35	
鉄拐	192	
味噌蔵		
味噌蔵	271	

みやげ（土産）		
しびん	135	
旅行日記	308	
▽む		
昔話		
→おとぎ話		
無間の鐘		
搗屋無間	185	
無尽		
笠と赤い風車	61	
三人旅	118	
無筆		
心のともしび	149	
三人無筆	119	
手紙無筆	191	
泣き塩	208	
目薬	279	
紫式部		
高野違い	94	
▽め		
目		
犬の目	16	
男の花道	39	
義眼	73	
大仏の眼	165	
文遣い	255	
名刀		
粟田口	6	
善悪双葉の松	155	
命日		
きらいきらい坊主	78	
権兵衛狸	108	
ざこ八	111	
名物		
幾代餅	11	
鹿政談	124	
酢豆腐	151	
ちりとてちん	183	
眼鏡		
めがね泥	279	
「目から鼻へ抜ける」		
大仏の眼	165	
目薬		
目薬	279	
メニュー		
びっくりレストラン	219	

事物・事象・その他索引　　　439

面
　　二つ面　　　　　　　61
免許皆伝
　　柳の馬場　　　　　289
免許書
　　免許証　　　　　　294

▽も
亡　者
　　大山詣り　　　　　　34
　　松竹梅　　　　　　141
　　幽女買い　　　　　293
毛　氈
　　長屋の花見　　　　207
　　毛氈芝居　　　　　281
盲　目
　　景　清　　　　　　　58
　　三味線栗毛　　　　137
　　心　眼　　　　　　144
　　大仏餅　　　　　　165
木　魚
　　七面堂　　　　　　129
『桃太郎』
　　桃太郎　　　　　　283
股　引
　　道具屋　　　　　　197
紋
　　真田小僧　　　　　113
　　提灯屋　　　　　　182
悶　死
　　真景累ヶ淵　　　　145
紋　日
　　品川心中　　　　　131

📖　や行

▽や
「八重一重」
　　包　丁　　　　　　261
『八百屋お七』
　　くしゃみ講釈　　　　81
屋形船・屋根船
　　お初徳兵衛　　　　 42
　　小猿七之助　　　　 99
　　百年目　　　　　　248
　　夢　金　　　　　　297
やかん
　　締め込み　　　　　135

　　やかん　　　　　　284
　　やかん泥　　　　　284
やかん頭
　　五百羅漢　　　　　102
　　やかんなめ　　　　285
『八木節』
　　源平盛衰記　　　　 90
薬　籠
　　宗　漢　　　　　　158
　　夏の医者　　　　　209
　　百　川　　　　　　282
家　賃
　　→店　賃
八咫の御鏡
　　鼻利き源兵衛　　　235
ヤニ
　　三枚起請　　　　　121
　　田能久　　　　　　173
屋根舟
　　→屋形船
『山のあなた』
　　授業中　　　　　　261
槍
　　怪談牡丹燈籠　　　 54
　　たがや　　　　　　167
　　だくだく　　　　　168

▽ゆ
遺言
　　三年目　　　　　　120
　　死ぬなら今　　　　133
『夕立勘五郎』
　　夕立勘五郎　　　　293
幽霊
　　朝　友　　　　　　　2
　　江島屋騒動　　　　 27
　　応挙の幽霊　　　　 30
　　お菊の皿　　　　　 35
　　お七の十　　　　　 37
　　おすわどん　　　　 38
　　怪談阿三の森　　　 51
　　怪談牡丹灯籠　　　 54
　　三年目　　　　　　120
　　さんま芝居　　　　122
　　品川心中　　　　　131
　　樟脳玉　　　　　　141
　　年枝の怪談　　　　227
　　野ざらし　　　　　228

　　化物娘　　　　　　231
　　反魂香　　　　　　242
　　不動坊　　　　　　254
　　へっつい幽霊　　　257
　　星野屋　　　　　　262
　　安兵衛狐　　　　　286
　　幽女買い　　　　　293
　　幽霊タクシー　　　294
　　幽霊の辻　　　　　259
　　吉田御殿　　　　　300
床（ゆか）
　　寝　床　　　　　　226
浴衣
　　仕立おろし　　　　127
湯灌
　　真景累ヶ淵　　　　145
雪
　　朝　友　　　　　　　2
　　鰍　沢　　　　　　 62
　　除夜の雪　　　　　259
　　大仏餅　　　　　　165
　　戸田の渡し　　　　201
　　橋場の雪　　　　　232
　　ハワイの雪　　　　240
　　半分垢　　　　　　243
　　双蝶々　　　　　　252
　　雪とん　　　　　　295
　　雪の瀬川　　　　　296
　　夢　金　　　　　　297
　　和歌三神　　　　　314
雪見酒
　　しじみ売り　　　　126
　　和歌三神　　　　　314
湯呑み
　　酒の粕　　　　　　110
指
　　一文笛　　　　　　259
　　蒟蒻問答　　　　　108
　　しわいや　　　　　143
指　輪
　　月のじゃがりこ　　185
夢　枕
　　金魚の芸者　　　　 78
　　備前徳利　　　　　244
「宵越しの銭は持たない」
　　三人旅　　　　　　118

▽よ

謡曲
- 松竹梅 141
- 高尾 166
- 高砂や 167
- 二番煎じ 216

用箪笥
- 猫の恩返し 224

『よかちょろ』
- よかちょろ 299

横笛
- 滝口入道 294

『義経千本桜』
- 猫忠 223

『吉原細見』
- 廓大学 87

四段目
- 四段目 301

蘇る
- 毛氈芝居 281

📖 ら行

▽ら

落語
- 純情日記横浜編 139
- ランゴランゴ 305

ラッパ
- へっつい盗人 257

ラブレター
- ラブレター 304

▽り, る

寮
- 怪談阿三の森 51
- 怪談牡丹灯籠 54

履歴書
- 代書屋 164

留守番
- 金明竹 80
- 玄関の扉 219
- 渋酒 135
- 他行 168

『礼記』
- 名人長二 277

礼式
- 荒茶 5
- 本膳 264

▽ろ

浪曲
- 夕立勘五郎 293
- 浪曲社長 261

ロウソク
- 死神 132
- 二丁ろうそく 214
- 吉住万蔵 299

ロウソク立て
- 浮世根問 21

六尺棒
- 六尺棒 311

六道の辻
- 地獄巡り 124

ろくろ首
- 三十石 116
- ろくろ首 311

📖 わ行

▽わ

輪
- 錦の袈裟 213

和歌
- 西行 109
- 鼓ヶ滝 187

脇差
- 怪談累草紙 52
- 髪結新三 68
- 大坂屋花鳥 32

綿
- 綿医者 314

渡し舟
- おしゃべり往生 38
- 岸柳島 72
- 佃祭 186
- 戸田の渡し 201
- →船・舟も見よ

わらじ
- ぞろぞろ 162

藁人形
- 怪気の火の玉 309
- 藁人形 315

主な参考文献

作者・編者による五十音順

事典類

- 今村信雄『落語事典』(青蛙房)
- 川戸貞吉『落語大百科』(冬青社)
- 北村一夫『江戸東京地名辞典』(講談社)
- 東大落語会編『増補落語事典』(青蛙房)
- 武藤禎夫『江戸小咄辞典』(東京堂出版)
- 武藤禎夫『江戸小咄類話辞典』(東京堂出版)
- 武藤禎夫『定本落語三百題』(岩波書店)
- 保田武宏『ライブラリー落語事典 東京編』(弘文出版)

速記類・個人

- 八代目桂文楽『桂文楽全集』(立風書房)
- 三代目桂三木助『桂三木助集』(青蛙房)
- 二代目桂小南『桂小南集』(青蛙房)
- 六代目桂文枝『桂三枝爆笑落語大全集』(レオ企画)
- 七代目雷門助六『雷門助六落語全集』(大衆社)
- 七代目雷門助六『蛙茶番』(南旺社)
- 十代目金原亭馬生『金原亭馬生集成』(旺国社)
- 五代目古今亭今輔『今輔おばあさん集』(東峰出版)
- 五代目古今亭今輔『今輔の落語』(土屋書店)
- 五代目古今亭志ん生『五代目古今亭志ん生全集』(弘文出版)
- 古今亭志ん朝『志ん朝の落語』(筑摩書房)
- 三代目三遊亭圓歌『ただいま授業中』(芳賀書店)
- 三代目三遊亭圓歌『落語新幹線』(桃源社)
- 六代目三遊亭圓生『圓生全集』(青蛙房)
- 三遊亭円丈『円丈18ラウンド・デスマッチ』(立風書房)
- 三遊亭圓朝『三遊亭圓朝全集』(角川書店)
- 三遊亭圓朝『圓朝全集』(岩波書店)
- 三代目三遊亭金馬『三代目三遊亭金馬集』(青蛙房)
- 三代目三遊亭小圓朝『三遊亭小圓朝集』(青蛙房)
- 三遊亭白鳥『砂漠のバー止まり木』(講談社)
- 六代目春風亭柳橋『柳橋の名作落語』(新風出版社)
- 八代目春風亭柳枝『春風亭柳枝全集』(弘文出版)
- 春風亭柳昇『おもしろ落語グラフィティ』(レオ企画)
- 立川志の輔『話の後始末』(マドラ出版)
- 立川談志『立川談志独り会』(三一書房)

- 立川談志『立川談志遺言大全集』（講談社）
- 林家正雀『正雀芝居ばなし』（立風書房）
- 八代目林家正蔵『林家正蔵集』（青蛙房）
- 六代目三升家小勝『新作落語』（金園社）
- 柳家金語楼『金語楼落語名作劇場』（新風出版社）
- 五代目柳家小さん『柳家小さん集』（青蛙房）
- 十代目柳家小三治『小三治名席』（講談社）
- 十代目柳家小三治『柳家小三治の落語』（小学館）
- 柳家小満ん『小満んてきすと』（テキストの会）
- 五代目柳家つばめ『73版つばめ政談 角さんどーする』（立風書房）
- 五代目柳家つばめ『私は栄ちゃんと呼ばれたい』（立風書房）

速記類・オムニバス

- 『怪談ばなし傑作選』（立風書房）
- 『口演速記明治大正落語集成』全七巻（講談社）
- 『古典落語』全十巻（角川書店）
- 『古典落語』全五巻（筑摩書房）
- 『古典落語大系』全八巻（三一書房）
- 『昭和戦前傑作落語全集』全六巻（講談社）
- 『新日本古典文学大系 明治編』（岩波書店）
- 都家歌六『落語レコード八十年史』（国書刊行会）
- 『名人名演落語全集』全十巻（立風書房）
- 『落語全集』全三巻（金園社）
- 『落語名作全集』全五巻（普通社）
- 『落語名作全集』全六巻（立風書房）
- 『落語名作全集（第二期）』全五巻（普通社）
- 『落語文庫』全十八冊（講談社）

雑誌類

- 『百花園』全二百四十号（金蘭社）
- 『文藝倶楽部』（博文館）
- 『落語ファン倶楽部』（白夜書房）

その他

- 小島貞二『落語三百年』（毎日新聞社）
- 三遊亭円丈『ろんだいえん』（彩流社）
- 創作落語の会『創作落語』パンフレット
- 瀧口雅仁『噺家根問』（彩流社）
- 瀧口雅仁『落語の達人』（彩流社）
- 中込重明『落語の種あかし』（岩波書店）
- 山本進『落語ハンドブック』（三省堂）
- 落語研究会事務所編『落語研究』パンフレット

あとがき

　個人的な話で恐縮だが，中学に入って最初の誕生日にもらったプレゼントが，東大落語会編『落語事典』（青蛙房）であった。
　芸事や遊び事の大好きな父親に連れられ，小さな頃から寄席に通い，落語や諸演芸に親しんできたが，聴いたことがなかったり，知らない落語がまだまだ沢山あり，そうした時には父親に尋ねたり，帰宅してから『落語事典』で根気よく調べたりしたものだ。演芸情報誌『東京かわら版』を少ない小遣いの中から買いはじめたのも同じ頃だったが，そこに『縁切榎』や『品川の豆』といった見なれない演題を見つけると，やはりそれらをコツコツと調べては，分かったことを『落語事典』に書き込んでいった。インターネットの検索機能を使い，複数の項目を打ち込めば，すぐに結果が出てくるという時代が来るのは，まだまだ先の話である。
　その内に書き込みが大変になってきたのは，三遊亭円丈を中心に新作落語の動きが活発になってきたことと，当時の若手演者により三遊亭圓朝作の長編噺などが演じられるようになってきたこと。さらに落語研究が盛んになり，原話や噺の背景が判明していったことにある。そうして個人的なリストをまとめていく中，日頃，親しくさせていただいている落語家からも多くの情報を得ることができ，ここ数年は現代に即した事典ができないものかと思っていた。そんなところへ，今回，こうして事典にする話をいただいたのが刊行に到る経緯である。
　執筆，編集に臨む前には，当たり前のことだが，いくつかの基本的な方針を決めた。前出の『落語事典』と差を設けることも必要と思ったからだ。そのいくつかは「まえがき」に記した通りだが，本書ではまず，落語は日本文化とともに息をし続けているものであることから，現段階で寄席や落語会などの高座で聴くことのできる落語の掲載を第一とした。
　そうした点から，いわゆる「新作落語」も収載することにした。ただし，新作落語は日々生まれていくものであり，既に演じられなくなってしまったものもある。それらをすべて収めるのは大変なことであり，その取捨選択の基準も複雑になってくるので，ここにも基本方針を設けた。

まず，準古典化されている作品（古典として扱われている落語）を優先させることにした。例えば『試し酒』や『猫と金魚』といった噺のように，一人の演者（作者である場合が多い）が演じているばかりでなく，複数の演者がその噺を継承し，それぞれの視点によって演じており，おそらく近い将来には，また新たな演者が登場すると思われる作品といったものである。

　実はこの基準は，落語が「古典落語」になっていくための重要なプロセスを示すものなのではないかと思っている。これまで古典落語と新作落語の区別が諸説によってなされてきたが，正直言って，決定打というものがなかった。そもそも二つに分ける必要があるのかという問題や，落語は落語でいいじゃないかという考えもあろうが，既に落語に対する見方において「古典」と「新作」は分けて考えることが一般的になっており，事典として必要に迫られる多くの落語を収載していくのであれば，その二つを一旦分ける必要があると考えた。今後，古典と新作の差異を考える時に，ここで挙げた基準が一つの方針なり，方向性になりうるのではないだろうか。

　そうした準古典に含まれる作品をはじめ，多くの落語に関しては，その落語を背景とともに継承している演者へ聞き込みを行い，重要と思われるものを極力掲載した。特に本書に採録した新作落語に関しては，その作者および演者に内容などの校正をお願いしたものもある。お世話になった作者や演者には，名前を別掲させていただき，改めて深くお礼を申し上げたい。

　また，三遊亭圓朝作をはじめとした長編落語も収載した。これまで主に圓朝作品については圓朝全集にあたるか，吉田章一著『江戸落語便利帳』（青蛙房）などに頼るしかなかった。『髪結新三』や『三人旅』といった噺もそうで，特に『三人旅』のように，全編をまとめて演じる機会が少なく，その一部のみを独立させて演じることの多い噺については，各話ごとの演題や解説を紹介をした。

　ただし圓朝作品については圓朝作とされるもの（圓朝作と伝えられるもの）を含め，その全作品を掲載しなかった。それは前述したように，現在演じられることの少ない作品もあり，演じられる優先順位の高いものを第一としたからである。したがって，本書に掲載がなくても，今後そうした作品が演じられる可能性は大いにあり得ることをお断りしておきたい。

　さらに各噺について，原話と考えられるものの再調査を行い，噺としての原話により近いものがあれば，解説部でそれを併記した。江戸・東京落語には，上方落語から移植したものが多いという論著を多く見掛けるが，上方から移される以前に，江戸の小噺集などに原話が求められるものも多く，今後，噺の形成過程や噺自体の東西交流についての分析も必要であると感じている。

他に，本書で特に力を入れたものに索引検索がある。長屋噺，廓噺，禁演落語といった噺の種別や，場所・舞台，職業・人物，食べ物，事物・事象などといった，個々の作品の中に登場する重要ワードを抽出し，それを索引化したことで，はじめて聴いた落語で，演題のわからないものであっても，その噺の中に登場する代表的な項目を検索ワード索引からあたることで，その噺の演題と解説にいたることができるというものである。

　たとえば，ある知らない噺を聴いたときに，二，三の思い出せる単語を索引から見つけることで，最小公倍数的に演題にたどりつける（例：「屋敷」→場所・舞台索引，「柳蔭（直し）」→食べ物索引，「真似」→行事・行動・習慣索引，とたどることで，三つに共通する『青菜』という演目にたどりつける）。他にも，与太郎や花魁が登場する噺や吉原を舞台とする噺。また，禁演落語についても，戦前に落語家が自主制定したものと，戦後にGHQの指示により選び出したものを分けた（前者は「禁演」，後者を「禁演（戦後）」と示した）りと，多角的に落語へ迫ることのできる試みは，これまでにないものと自負している。

　なお，場所・舞台に関しては，落語の中に登場する江戸の舞台の詳細を調べられる「落語江戸歴史地名事典」を別掲したので，あわせて活用していただきたい。

　落語は日本の文化の一つである。時代や生活様式などが変わっていく中で，落語自体も姿を変えたり，新しい落語が生まれたりしていく。したがって本書も時間の経過とともに変わっていかなければならないと思っている。新しい落語が登場し，演じられなくなった落語が出てきたとき，改めて精査し，調査する必要も出てくるだろう。

　したがって，あの落語は載せないのかとか，どうしてあの作品が掲載されていないのか等々の疑問が生じるのも当然であると思っている。そうしたご意見を頂戴したいのとともに，作品の細かな背景などをご存じの方がいらっしゃれば，ご教示いただければ幸甚である。

　あと10年後，50年後，100年後に落語がどんな姿を見せているのかが楽しみである。そのときに本書の大改訂が必要になるはずであり，また携われたら…と思いつつ，これからも落語を楽しんでいきたい。

　最後に執筆の一部を助けてくれた瀧口理恵と，企画立案から編集，校正，そして叱咤激励を最後までし続けてくれた丸善出版の中村俊司氏にお礼を申し上げたい。

2016年　麦秋

瀧　口　雅　仁

編集・執筆・資料協力

　以下の方々に本書の編集，執筆に当たり，種々ご協力を賜りました。ここにお名前を掲げて謝意を表します。

　　　　　桂　右女助　　　　橘家　蔵之助
　　　　　桂　文治　　　　　林家　正雀
　　　　　雷門　小助六　　　柳家　一琴
　　　　　きんじ（腹話術師）　柳家　花緑
　　　　　黒田　絵美子　　　柳家　喬太郎
　　　　　古今亭　菊志ん　　柳家　権太楼
　　　　　三遊亭　圓橘　　　柳家　さん喬
　　　　　三遊亭　円丈　　　柳家　蝠丸
　　　　　三遊亭　丈二　　　柳亭　市馬
　　　　　三遊亭　白鳥　　　柳亭　左龍
　　　　　隅田川　馬石　　　柳亭　芝楽
　　　　　昔昔亭　桃太郎

　　　　　　　　　　　　　　　（五十音順）

瀧口雅仁（たきぐち・まさひと）
1971年東京生まれ。演芸評論家。現在，恵泉女学園大学，早稲田大学エクステンションセンター講師。主な著書に『噺家根問』『落語の達人』『演説歌とフォークソング』（彩流社），『平成落語論』（講談社），『落語を観るならこのDVD』（ポット出版），編著に『八代目正蔵戦中日記』（青蛙房）などがある。またCD「現役落語家名演集」（ポニーキャニオン）の監修・解説も担当している。東京都墨田区（江戸落語中興の祖・烏亭焉馬により「咄の会」が開かれた地）在住。

古典・新作　落語事典

平成 28 年 6 月 20 日　発　　行
令和 6 年 1 月 25 日　第 5 刷発行

著作者　　瀧　口　雅　仁

発行者　　池　田　和　博

発行所　　丸善出版株式会社
　　　〒101-0051 東京都千代田区神田神保町二丁目17番
　　　編集：電話(03)3512-3266／FAX(03)3512-3272
　　　営業：電話(03)3512-3256／FAX(03)3512-3270
　　　https://www.maruzen-publishing.co.jp

© Masahito Takiguchi, 2016

装丁・桂川　潤
組版／藤原印刷株式会社
印刷・製本／大日本印刷株式会社

ISBN 978-4-621-30035-0 C 0576　　　　Printed in Japan

JCOPY 〈(一社)出版者著作権管理機構 委託出版物〉
本書の無断複写は著作権法上での例外を除き禁じられています．複写される場合は，そのつど事前に，(一社)出版者著作権管理機構（電話 03-5244-5088, FAX 03-5244-5089, e-mail : info@jcopy.or.jp）の許諾を得てください．